道法學

中国古代法俗释义

杜文忠　杜珩　著

本书获得

西南民族大学社科精品成果文库项目（2022SCGWK01JP）

西南民族大学"双一流"建设经费（2023-2025ZXXMK-G-9）资助

杜文忠　男，系国家百千万人才工程人选、有突出贡献的中青年专家、享受国务院特殊津贴专家；国家民委领军人才、国家民委有突出贡献的专家；四川省学术和技术带头人、四川省有突出贡献的优秀专家，《国家哲学社会科学成果文库》入选者、国家社会科学基金重大项目首席专家。于电子科技大学、西南政法大学、云南大学、中国政法大学、国立首尔大学获学士、硕士、博士学位及博士后，国立首尔大学、布鲁塞尔自由大学访问学者。

现为西南民族大学二级教授、博士生导师、博士后合作导师、铸牢中华民族共同体意识法治保障研究中心主任、国家民委"一带一路"国别与区域研究东南亚研究中心主任。历任贵州财经大学法学院院长、西南民族大学法学院院长、人文社会科学处处长。兼任四川省人大立法顾问、四川省检察院法律咨询专家、中国法律史学会常务理事、中国民族法研究会副会长、中国法律思想史专业委员会副会长、中国法律史学会民族法律文化分会执行会长等。

著有《王者无外：中国王朝治边法律史》（上海古籍出版社）、《边疆的法律：对清代治边法制的历史考察》（人民出版社）、《近代中国的宪政化：兼与韩国比较》（法律出版社）、《法律与法俗：对法的民俗学解释》（人民出版社），主持过国家社科基金项目6项，在《民族研究》、《中国人民大学学报》、《法学》、《现代法学》等国内外学术刊物发表法学论文70余篇。独立获省部级哲学社会科学优秀成果一、二、三等奖6项。主要从事治边法律史、比较法律文化、儒家法、韩国法研究，2023年入选艾瑞深校友会最新发布的"中国高贡献学者"。

杜　珩　男，日本关西大学文学部综合人文学科世界史专修毕业，筑波大学人文社会科学学术院人文社会科学研究群（博士前期课程）研究生。

自　序

随着中国经济的崛起，中国学者的文化自信心也在逐渐增长，对民族历史文化的认同感不再只是一种虚浮的信仰或希望，而是开始成为一种实实在在的自我确认。这种自我确认在历史研究领域表现为对历史事件进行细化研究的热情，以及史论评价立场的变化。

从鸦片战争算起，中国向西方学习的历史已近 200 年。正如英人艾伦·麦克法兰《英国个人主义的起源》中所言："在公元 1400 年至 1800 年，大约四百年间，中国与欧洲之间发生了平衡的双向交流。在接下来的大约二百年间，交流开始易向。欧洲的以及嗣后美国的科技发明和影响力反过来流入中国。然而当前，中国与西方的交流再一次日趋平衡。"① 这说明一切并不仅仅是官方倡导所致，更有现实的经济、文化和历史基础。中国人仿佛在短短几年时间里，突然感觉到自己在世界上的真实存在，也许再过些年中国学者中的绝大多数人会更明显地感觉到自己在中国历史研究中的话语权的回归。

在法学研究领域，从民国至今，研究中国法律史的学者多怀有"重塑中华法系"的情怀，聚焦于中国传统法律文化的研究，民族性（中国化）和时代性（现代性）始终是影响中国法学发展的两大因素。早在民国时期法律学者孙晓楼《法律民族化之检讨》一文，即已提出中国存在一个"法律民族化运动"，"即自我定义自我的法律运动"。② 时人刘世芳提出中国司法有四大德性，即以"不忍人之心""和平性""大公允观念""信义"等，为我民

---

① ［英］艾伦·麦克法兰著，管可秾译：《英国个人主义的起源》，商务印书馆 2008 年版，第 7 页。
② 《东方杂志》第三十四卷第七号，第 41 页。

族之四大德性而为欧化司法所缺乏者。① 在该文中，孙晓楼认为我们要求法律适应中国社会不可不注意以下数点：一不强求法律的统一，二是文义通俗，三是法令的减少，四是法律的稳定，五是诉讼手续的便捷，六是司法机关的简单，"以上所述的法律民族性和法律社会性，都是法律民族化运动上所亟应注意之点"。② 时隔70多年后，随着"构建中国法学话语体系"的提出，近年来法律中国化命题被再次提出，学界又重新兴起对于中国传统法学理论的研究。从目前的相关论文和项目来看，中国法理学及部门法学界的转变、跟进之快已经超乎想象，其速度甚至超过了法律史学界本身，这可以理解成自近代以来法律中国化的又一次开始。在这一转变过程中，真正的法律史学者反而应显得更持重，这是因为他们知道这种转变不是一个标题的变化，也不是一个简单的概念转换。

首先，法律中国化意味着对一种我们已经有些陌生的传统的认同，这种认同必须建立在对这种传统的事件、理论、情感的认知上，它不仅是古籍的阅读，更应该是一种美学意义上的体验，而绝不是变换一个标题那么简单。

其次，法律中国化意味着对中国传统文化和法文化的复原性研究，这种复原性研究解决的是认知层面的问题。对于长期以西法理论和方法为研究指南的学者来说，这是一件十分困难的事情，因为它需要长时间的、大量的重新学习，需要一种历史观和价值观的转变，而不是继续玩弄概念而致张冠李戴，因此需要我们在研究中长时间地保持对学术的敬畏之心。

再次，法律中国化意味着要将对中国传统法学的重要认识与现代法律相结合，进行理论化的梳理和建构。这更是一件艰难的事情，它需要我们进行理论思维范式的转化，需要重新建立一套法学研究范式。至于建立话语体系，则更需要确立一套新的法学逻辑，为此需要"重述中国法律史"。

鉴于以上认识，作为一名长期以研究传统法律文化为业的学者，在"建构"这个问题上，自然会感觉到探索和创新的困难，但是至少在复原与重述

---

① 《东方杂志》第三十四卷第七号，第43页。
② 同上书，第46页。

这一点上,仍可以做一些工作。为此,本书以《道法学:中国古代法俗释义》为题,以"道法学"作为研究中国法律史的基本理论,从"道"这一中国法学的元概念出发,以"道""法""俗"作为研究中国古代法俗的基本话语,力图从上古就存在的道文化开始去探索中国法文化,超越各种法律形式的局限,更多展现传统中国法学作为道法学的本质。

由于中国古代法律具有礼、刑的形式,这使得我们在研究中国古代法学时,常囿于礼和刑的形式范畴,为此还有倡导"礼法学"者。就中国法律史的研究而言,相关教材的编写是从夏朝这样的"神权法"时代开始的。然而这些从"神权法"时代开始进行研究的惯习,在理论方面只是从王朝理性或国家理性的层面展开,并不是在文化理性意义上来解释传统法学,不能完全反映中国传统法学的本原义理。而在本书中,笔者试图从"俗"的意义上去看待传统中国法,从被人们披上"俗"的外衣的"道"的意义去解释中国传统法学,这既不同于现有的关于中国法学话语的研究理路,也不同于一般中国民俗学的研究方法。传统中国的民俗学研究惯于以"乡村"和"乡民"为考察对象,这只是以城市与乡村、现代与传统割离的视角进行的研究,往往隐喻出凡城市的就是现代的,乡村的就是传统的。这样的民俗学研究同样妨碍了我们对古代法学的整体性考察。

与中国原始文化一样,中国古代法学的许多内容虽然是世俗王朝形式理性的结果,但笔者认为在本质上它更是中国原始道法的产物。不仅如此,在形式上,中国古代法学还绵延出其独特的风俗性样式,因此我们需要从"俗"这一极具文化性的概念出发,去讨论那些被人们习惯看作是"俗"的"道",进而讨论中国法的形而上问题,这就是本书将"道法"与"法俗"概念结合在一起进行研究的缘故。法学的终极关怀应当来自人类的终极关怀,"道"是中国人进行宇宙人生思考时使用的原概念,为此本书从"道"这一概念出发,认为中国古代法学本是一种道法学,中国法学的基本逻辑是"以道成理,以理统法,以法化俗",道法学就是中华法系的法理学。围绕这一基本观点,本书以法俗史研究为对象,通过对法俗史的研究,揭示中国道法学的缘起和内涵。

目　　录

中篇 法与俗:道法之俗义

绪　　论

一、"施于国则成俗"

　　关于中国古代风俗史总结性的研究,古有汉代应劭之《风俗通义》,民国时期较为全面的著作有陈汉章编著之《中国历代民俗考》、胡朴安之《中华风俗志》(6 卷本)等,近年又有钟敬文主编的《中国民俗史》(6 卷本)(人民出版社 2008 年版)。此等著作可谓研究中国古代风俗史之大作,但是这些著作不仅不是法律史著作,亦非法俗史之专著。而以"法俗"为题对古代民俗进行的研究,当属拙著《法律与法俗:对法的民俗学解释》,依古代"法俗"概念来解释中国古代法律史。但拙著主要是对传统政教法俗体系的初步研究,仍没有从道法学的理论上来阐述中国古代法俗史,没有将"法俗"这一概念建立在"道法"的基础上进行研究。

　　中国古代有"风俗""民俗"之谓,又有"法俗"之称,如《后汉书·东夷列传·倭》谓:"其地大较在会稽东冶之东,与珠崖、儋耳相类,故其法俗多同。"这是"法俗"一词之早见于史料者。"法俗"与中国古代的"法律"一样,都是一个广义的概念。中国古代对法律的定义,往往是就法律之所用而非法律之所出而言,故中国古代"法"的词汇甚多。中国法的一个特点是法律不仅指向社会,还指向自然。道法的意义在于由天而地,由地而人。过去,儒家法被人们普遍地从"社会"的角度界定成"伦理法",学术界"伦理法"的定义由来已久。实际上,将儒家法简单地界定为"伦理法",是对儒家法的肢解,儒家法是包含天法、地法、人法的大法,天地大法才是儒家法之本,"伦理法"只是儒家法一个方面的特征,或者说只是一个部分,即人法这个部分。如果说天法是儒家大法之首,那么人法只是其肢体。儒家于春秋乱世，上承尧舜文武之道，下为百代宗师，继承和维系了中国自上古伏羲以来的"道法"传统，所谓"天不生仲尼，万古如长夜"是也，绝非"伦理法"可以一言蔽之。因此，中国古代法学之涵义，只有在"道法"的意义上才可以进行复原。

先秦诸子中，可以称为道法家之著作，当首推《管子》。《管子》以道为论，兼融道、儒、法诸家，76 篇中论"道"者有 65 篇，"道"字出现 486 次。最初论"法"这一概念者，亦当以《管子》为首，其《七臣七主第五十二》曰："法者，所以兴功惧暴也。律者，所以定分止争也。令者，所以令人知事也。"认为法的功能在于"兴功惧暴""定分止争"。其《权修第三》又曰："凡牧民者，使士无邪行，女无淫事。士无邪行，教也。女无淫事，训也。教训成俗而刑罚省，数也。"认为法的功能还在于"止邪扶正"，而法、律、令、教、训都是为此而设。因此法、律、令、教、训皆是法，凡能"兴功惧暴"者是法，凡能"定分止争"者是律。将"法"与"俗"合而论之者，亦当首推《管子》，《管子》认为凡能"令人知事者"是令，凡能"教训成俗"者是教、训。总之，《管子》认为具有这些规范形式都是法。其《任法第四十五》中说"所谓仁义礼乐者，皆出于法"，《法禁第十四》又认为法、刑、爵皆是"法"，而且也都是"俗"，皆认为法、刑、爵三者藏之于官则为法，施于国则成俗。《法禁第十四》曰："法制不议，则民不相私。刑杀毋赦，则民不偷于为善。爵禄毋假，则下不乱其上。三者藏于官则为法，施于国则成俗。其余不强而治矣。"①因此，若依《管子》之义，中国古代的号治、爵治、谥治皆是法治，号、爵、谥也都是法，同样藏于官则为法，施于国则成俗，此乃中国古代"法俗"之谓。

中国古代最早的道、理、法都表现为"俗"，其"天道""地道""人道"于

---

① 《管子·法禁》，见《诸子集成》（第 5 册），上海书店 1986 年版，第 77 页。在《管子·牧民》中讲礼、义、廉、耻为国之"四维"，"四维"就是社会之公序良俗，认为"四维张"关乎"民之正"，"四维"是成就国家治道之根本。要实现"四维张"，需要通过正确行使法、刑、爵来"教训成俗"。《管子·牧民》："凡牧民者，使士无邪行，女无淫事。士无邪行，教也。女无邪事，训也。教训成俗而刑罚省，数也。"认为凡"欲民之正"，需要"教训成俗"；要"教训成俗"，则需从禁民之"微邪"抓起，《管子·牧民》："欲民之正，则微邪不可不禁也。"又曰："修小礼，行小义，饰小廉，谨小耻，禁微邪，治之本也。"（清）马骕撰，王利器整理：《绎史》卷四四引《管子·牧民》，中华书局 2002 年版，第 1093—1094 页。

上古时都是以"俗"的形式来表现其规范意义的。古人所说"法俗"的概念首先也包涵了"道",笔者以为中国法学形成的基本逻辑是以道成理,以理统法,以法化俗。因此,中国法律史研究之"史"不仅应是官家制定之刑典,还应该包括涉及"政教风俗"之法俗史。法界研究者至今不习惯把古人所说的"法俗"作为"法"来研究,而往往只将之视为风俗,因此法俗一直没有引起研究者的注意。风俗往往就是最古老的规范,法律只是这些规范的表现形式,这是法律一直具有民族性、历史性的原因。中国历来是一个地理、风俗都十分复杂的国家,因此理解古代王朝国家治理不全在其法,亦在其道;不全在其律,亦在其俗。中国自古在客观上存在着俗与法之间的矛盾关系,中国疆域内的地方性法俗更是十分复杂,不仅涉及内地的礼法,还涉及边疆的风俗;不仅涉及国家理性,还涉及社会理性,然而却最终能够不断发展为一统,实因其有道法合一、礼法合一的传统,从而使得国家与社会能够实现统一之故。

二、"法俗范式"的提出

"法俗"的概念与武树臣先生提出的中国古代法律是"混合法"的理论是一致的,①之所以有"混合法"之说,是因为中国古代讲究"政教法俗""礼乐政刑",本就是一个综合而治的概念。中国古代法学不同于西方法学的一个主要特点,在于其有综合而治的法学理念,其根本乃是源于中国法学古老的道法学传统。这种道法学始终影响着中国法律的发展,使得中国法在形式上表现出多样性与统一性的特点,又因其多样性而有风俗性的样式。可以说,古代中国法的形式不仅包含了礼、律、例,还包含了道、理、情、俗这些概念,且这些概念在司法中往往可以被援引为判案的理由。因此,本书采用"法俗"这一能够涵盖这些法律形式的概念,去研究中国古代道与法的关系,不仅有助于解释中国传统的道法理论,还有助于理解中国古代法学的特质。

关于"法俗"这一概念,有研究者称之为"法俗范式":

---

① 参阅武树臣《中国传统法律文化》,北京大学出版社 1994 年版。

作为维系中国古代社会最根本的制度，礼法合治以什么为基础才能建立起治国理政之根本制度地位？对此有不同的解释。典型的理论范式有四种。即瞿同祖先生的适应性范式、滋贺秀三先生的价值共享范式、寺田浩明先生的"拥挤列车"范式和杜文忠先生的法俗范式。

……

杜文忠先生认为，中国传统法律最显著的特征是它的风俗性。按照"大传统"和"小传统"的二分法，法俗是一种"小传统"，是构成法律传统这一概念的基础性部分。法律传统是一个历史剧场，主权者的法律就是演员，而法俗则是这个剧场的大众。法律往往起源于风俗，由风俗进而为法俗，由法俗进而为之法律。在杜文忠先生看来，法俗不仅具有构造论地位，而且具有法律进阶意义上的中介作用。一部分法俗依"王官学"创制为国家法律，一部分在民间留存起作用。这一理论范式继承了吕思勉先生的法俗概念。吕思勉先生认为："法俗指无形者言，有意创设，用为规范者为法，无意所成，率由不越者为俗。法俗非旦夕可变，故观于今则可以知古也。法俗二字，为往史所常用。"这一认识与管子"藏于官则为法，施于国则成俗"（《管子·法禁》）的认识一脉相承，是一种分析中国传统法律文化的有效理论范式。①

西方法的范式之所以难以解释中国古代法文化，很大程度上是因为中国法文化起源之客观条件从一开始就异于西方。西方法的范式严格区分了习俗、惯例、习惯法、法律，并极力在它们之间划出清晰的界限，从而为实现其法治社会的目的提供明确的"法"规范。马克斯·韦伯关于习俗、惯例、习惯法关系的研究是这一法律范式的代表，按照其思路，我们可以得出以下结论。

首先，认为习俗只是一种群体性的模仿行为。从根本上讲，道德只是一种观念，而习俗与习惯几乎是同一个概念，都是一种衡稳的社会行为，"这种行为仅仅由于它的习惯和不加思索的模仿，在传统的常轨中得以保

---

① 程关松：《礼法合治传统的两种法学范式——以管商为例证的现代解释》，《法律科学》2017年第 5 期。

持,亦即一种'群众性行为',没有任何人在任何意义上'强求'个人继续进行这种行为"。① 习俗对于共同体的经济、文化有深远的意义,共同体成员在某种程度上可能丢掉习俗而不会引起不赞同,然而大多数情况下却极难摆脱它。在一个共同体中,如果要改变习俗,也只能通过缓慢地模仿另外的某种习俗来实现。因此,我们可以把习俗理解成只是一种群体性的模仿行为和生活传统。

其次,惯例是一种依据默契而适用的准则。共同体中存在的惯例也不是出于有形的或心理的强迫,并不是由于某种强迫的机制,惯例可以被理解为一种准则,"一种不是依据章程,而是仅仅依据默契而适用的准则"。②因此,我们可以把惯例理解成一种依据默契而适用的准则。在特定的社会环境中,惯例有各种强制手段的支撑,这对敢于违反共同体惯例的人是不利的,如在一个有"门当户对"惯例的家族中,违反这一惯例的家族成员可能会受到家法的处罚;在没有军法规定的情况下,违反军人的荣誉者,可能会受到上级解除其职务的处罚。而习俗是没有这种强制性的,习俗有可能向惯例过渡,由单纯的习俗向惯例过渡的界限,通常是极为模糊的,"是模模糊糊被感觉到的某些特定的'默契'性质迈进"。③ 而违反"惯例"并不一定违反"法","惯例"需要得到"法"的赞同,被视为"公序良俗"才可能向习惯法迈进。比如"门当户对"只是惯例,而当它被认为是"公序良俗"时,就可能变成中国古代法律上的"贫贱不婚"。如此,遵守惯例的义务同时就变成了遵守法的义务,惯例就会变成得到间接保障的法,即习惯法。

再次,惯例与习惯法的区别在于是否有"强制的机器"的支撑。在一般的术语上,习惯法存在于特定的共同体中,在这个共同体中,它的习惯法实际上已经具有了法的一般强制属性。与惯例不同,习惯法意味着存着一种"强制的机制",惯例依靠共同体的"默契"而发生作用,习惯法产生作用则需要依靠某种"强制机器"。惯例与习惯法的区别在于是否有"强制的机器"的支撑,这种"强制机器"表现为有某种固定的人随时准备彻底地执

---

① [德] 马克斯·韦伯著,林荣远译:《经济与社会》(上卷),商务印书馆 1997 年版,第 356 页。
② 同上。
③ 同上书,第 357 页。

行习惯法的某种任务。

我们可以把人的社会行为进行划分，包括共同体行为、默契行为、社会行为、团体行为、机关行为，也可以分为组织行为和非组织行为，与此相应，还可以划分为正式行为和非正式行为，习俗、惯例、习惯法都发生在这些不同类别的社会行为当中。从"习俗"到"惯例"，从"惯例"到"法"，其过渡的界限是模糊的。与法的强制性不同，习俗的制约性受到宗教禁忌、传统惯例的支配。与法相比，它们之间的界线往往是模糊的，但是它们仍然可以同时存在于这些不同类别的社会行为当中，并发挥着引导、规范人们行为的作用。

而"法"在中国古代的社会表达形式极其复杂，中国古代的习俗、惯例、法之间的界线尤其模糊，因此武树臣先生才称其为"混合法"，笔者在这里才用"法俗"这一概念来定义中国古代的"法"。历史上，只有西方法学才对风俗、惯例、习惯法、法律这些概念进行界定和区分，而在中国古代是没有这样的划分的，也没有这样的概念。中国古代在相当长的历史时期里，其法律形式十分复杂，常见的有刑、律、礼、俗。而在《尚书》当中，还有别的一些概念。

中国历经数千年创造出的"法"的范式，最早的比较完整的表现形式是《尚书》中的典、范、谟、誓、诰、训、命、刑，这些形式都属于我们通常所说的"法"。发展到后世，能够称为法律的形式遂演变成为礼、律、令、格、式、比、例、诰等。从理论上讲，除了礼之外，其他也可以统称为"刑"。其中礼和刑属于王朝的"国家法"，自然是可以直接适用于司法，但是中国古代能够直接运用于官方司法领域的还有道、理、情、俗这样的概念。不仅礼和刑可以并用于国家司法的情况在西方法律史上没有出现过，让西方法学更不能理解的是，在中国古代道、理、情、俗也能够像法律一样直接运用于司法。用现代法律的概念来看，只有礼、律、令、格、式、比、例、诰这些由国家权力机关发布的东西才符合法律的定义，是属于国家理性范畴的概念。而道、理、情、俗这些社会意识性的东西，则只能属于社会理性范畴的概念，是不能运用于官方司法的。但是在中国古代，道、理、情、俗又常常成为官方司法的准据，适用于法官的司法过程，并在法官的判决书中得到明确体现。

这就形成了中国古代司法史上,法律不排斥道、理、情、俗的局面,形成了一种对国家理性与社会理性不作严格区分的法学理论。为了更明确地分析中国传统法律形式的特点,按照上述关于"法俗"的定义,从国家理性与社会理性相区分的角度,我们可以把道、理、情、俗统一归结为"法俗"的范畴。如此,除了把礼和刑归为法律之外,道、理、情、俗都可以统一称为"法俗",于是"法俗"这个概念也就成为我们认识中国古代法学的一个新的切入点。

三、法俗之于法学的意义

"法俗"一词并非是"继承了吕思勉先生的法俗概念",亦诚如吕思勉先生所说:"法俗二字,为往史所常用。"①实际上,今天用"法俗"这一概念讨论传统中国法的特质,主要在于"法俗"一词符合儒家重视个体、社会、国家统合的法律精神。

中国传统法律文化本是一种道法文化,这使得它具有"软法"的特质,这种"软"直观地表现为"礼乐政刑"都是法,法的概念几乎包含了道、理、情、礼、律、例、俗,在中国古代司法中,这些内容都是可以被援引为判案的依据,其法与俗之间仿佛存在着同一关系,中国古代国家法的形成往往是由俗而礼,由礼而法。反之,其道、理、情、礼、律、例通过在司法活动中的运用,又有"以法化俗"的功能,这正是其国家治理与社会治理相统一的原因。中国古代"道法合一""法俗合一"的特点,一直影响着王朝国家的治理,表现为"德主刑辅""礼乐政刑"综合而治,这使得中国古代王朝治理不同于西方国家治理模式。从12世纪开始,西方法律就表现出王室法、城市法、行会法、教会法多元冲突的特点,而中国古代则不然,其王朝治理始终能够实现政教、法律、风俗的统一,或者说是王朝、国家、社会的统一。

在儒家"三纲八目"的政教理论中,个人、社会是实现化成天下的逻辑起点,又是其逻辑的归宿点,彼此统一连贯。由于个人、社会存在于不同的地理和种落之中,因此王朝国家的治理十分重视对于"俗"的研究。由于

---

① 吕思勉:《先秦史》,上海古籍出版社2005年版,第4页。

两汉开始崇儒，故关于中国古代风俗史的研究，以两汉为盛。汉代论风俗者有应劭、陆贾、贾谊、韩婴、贾山、晁错、董仲舒、司马迁、扬雄、班固、崔寔、荀悦、仲长统等人，这些人都是从"为政之要"的角度去看待风俗的，其中以应劭之《风俗通义》最为系统。应劭著有《律略》《春秋断狱》等，又著《风俗通义》，其人可谓法与俗兼修。《风俗通义》为世界上最早之风俗专著，以为政治国为目的，认为"为政之要，辨风正俗，最其上也"。① 后宋之司马光、明末清初之顾炎武，至于清代新疆布政使王树枏著《新疆礼俗志》皆一脉相承。

中国古人研究风俗的目的是"为政治国"，这是中国人研究风俗的传统，亦是后来所谓实学的主要内容。清末至于民国，时值文化、学术大变之际，学者中多有对州县、乡村民俗研究者，且成为一时之潮流，中国民俗学会所编之《民俗丛书》就是例证。正如民国时研究"国学"有两类人一样，研究民俗者亦可分为两类：一类以西学（西方人类学）引进为指引，是所谓人类学意义上之民俗学；另一类则以维护中学（儒家经学）为目的，是所谓"经学"或"学术"，此类人仍主张以经学化风俗之传统，而非进行单纯的人类学的"科学分析"，如湘儒皮锡瑞《经学历史》所云："学非一端所能尽，亦非一说所能该。先在读书穷理，务其大者远者，将圣贤义蕴，了然于心中。古今事变、中外形势，亦须讲明切究，方为有体有用之学。"② 又如民国时胡朴安所编著《中华全国风俗志》，胡朴安在其"自序"中就明确表达了自己研究全国风俗的目的："功利之说兴，儒家仁义之说不能与之相抗，学术分裂，各执一端，于是不同风俗之国家，遂无统一之望矣。"③

由此可知，中国人的风俗研究是为政治服务的，而不是为科学服务的，这就是中国的风俗学与西方人类学或民俗学的区别所在。之所以如此，其原因有三：一是中国文化追求"道"的层面上天、地、人之中和，即所谓"天人合一"，"天人合一"寻求人与自然的和谐，自然要在国法与风俗之间努力达成一致；二是中国文化追求"国"的层面上政治、社会、民性之中和，即

---

① （东汉）应劭撰，王利器校注：《风俗通义校注·原序》，中华书局1981年版，第8页。
② （清）皮锡瑞撰，周予同注：《经学历史》，中华书局2004年版，第257页。
③ （民国）胡朴安编著：《中华全国风俗志·自序》，广益书局1923年版。

所谓政风、社风、民风之同一,是所谓"一同于俗";三是中国文化追求"天下"的层面上家、国、天下之中和,中国人的世界观中除家、国之外还有一个"天下",这个"天下"有不同的民族及其风俗,这些不同的民族及其风俗之间也需要求同,即所谓"化成为天下"。因之,中国人论风俗总是与政法联系在一起,在此暂不赘述。

从理论上讲,不是所有的风俗都是"法俗",具有规范意义的风俗方为法俗,古人所说"法俗"的概念应当是涉法风俗的意思。历史上的官家治理亦是先俗而后法。法律史研究之"史"不仅是官家制定之刑典,还应该包括涉及"政教风俗"之法俗史,法界研究者至今不习惯把古人所说的"法俗"作为"法"来研究,而往往只是视之为"风俗",因此一直没有引起研究者的注意。每个社会政治和法律的形成都离不开民间风俗的影响,这是法律总是具有民族性、历史性的原因,此于中国社会尤甚。由于中国历史绵延不绝,在中国法文化史上,法律往往源于风俗,由风俗进而为法俗,由法俗进而为法律,中国古代法律的发展史恰恰体现了中国文化的统一性特征。

总之,研究中国古代的"法俗"史,对于丰富和拓展中国法律史研究,对于更全面地理解"中华法系"的道法本质具有十分重要的学术价值。近世以来,中国每次政治大变局都会要求重新审视礼法关系,从清末法律改革学习西方法治开始,礼法关系就是一个存疑的问题,当时就表现为所谓的礼教派和法理派之争,就面临是"中体西用"还是"会通中西"的理论课题。今日中国和世界格局都在发生深刻的变化,逢"百年未有之变局","法律中国化""构建中国法律话语体系"的命题被再次提出,时势需要我们再次回顾和反思中国法的价值,对传统中国"礼法合治"的范式进一步深入研究,在思想、概念、法理上进行提炼,即所谓"重塑中华法系"。故笔者在此于法律形式上不言学者常谓之"礼法",而以"法俗"论之,实于法学理论上有复原中国传统道法论之意义。

上 篇

道与法：中国古代道法学原理

第一章　王朝与社会：多元化规范的理性

一、多元化规范的统一性

在几千年的发展史中,中国古代社会一直是一个规范、多元的乡俗社会,这是中国社会的一个重要特点,"俗"在中国法学中也是一个富有特色的概念。《汉书·王吉传》:"百里不同风,千里不同俗,户异政,人殊服。"又《汉书·货殖传》:"国异政,家殊俗。"对于不同风俗的态度,在中国的法律谚语中有"入境而问禁,入国而问俗",有"入乡随俗,入港随湾",有"五里异风,十里改俗",《淮南子·齐俗训》有"入其国者从其俗"之语,[①]乡村、港口、行会各有其俗。《晏子春秋·内篇》:"古者,百里而异习,千里而殊俗,故明王修道,一民同俗。"[②]这是讲明王修道而同俗,而不是说修法而同俗,这突现了"道"对于"一民同俗"的意义。近代以前,中国乡俗社会本身也缺乏对国家法统一性的绝对诉求,这为各类各地乡俗的长期存在提供了历史条件。反之,虽然中国古代王朝"国家理性"一定程度上有着对规范统一性的追求,如有发达的国家律典,国家也有一些关于财产关系、交易关系的法规,但这并不能代替具有地方特色的物权关系和交易习惯的存在,而且这些习惯也不构成其法律的主要内容。

中国古代社会法规(法俗)的多样性还来自其权威的多元性。从黄帝、尧舜这类已经形成了中央权威的时代开始,地方性的权威就一直存在着。中国以"分封"为前提的封建时代历时很长,"方伯"的概念很早就出

---

① 何宁撰:《淮南子集释》(中),中华书局1998年版,第784页。
② 见(东汉)应劭撰、王利器校注《风俗通义校注·序》,第11页。

现了，有些时候还存在"政由方伯"的情况，还会有由封邑、国、族构成的地方性权威，这些地方性权威在法理上遵循着依地方法俗进行统治的原则。以王朝为主体的中央权威则掌握着"刑德"二柄，同时在法律上依靠"礼刑"而治，在法理上一直传承着"道"的意识形态，成为王朝合法性的指标。统一的道法、刑律、礼制构成了王朝的国家理性，差异化的乡俗、国禁、民风构成了王朝的社会理性。① 国家对社会的统合一直是历代王朝统治的重要内容，"明王修道，一民同俗"，这说明作为国家理性的道和法，不仅具有"定分止争"的功能，而且还承担着"化俗"这一对社会进行统合的特殊任务。

二、王朝的国家理性

中国古代王朝的"国家理性"与"近代理性"之间虽然有许多看似相同的地方，但是却存在着本质上的差别。

首先，作为王朝国家理性的"道"。"道"是中国古代最具有政治统合性的概念，也是中国古代政治的终极概念。在逻辑上，"道"是关于自然和社会的一切理论的原点，是关于中国传统政治、法律、社会的自然法。在法学层面看中国的"道"，可以将其作为自然法来理解。

中国古代所说的"道"，具体来说就是天道和人道，人道来自天道。在实在法的意义上讲，人道是中国古代的"大法"，也被称为"常道"，具体内容是父义、母慈、兄友、弟恭、子孝这"五常"之法，在《尚书》中也被称为"民彝""彝伦"。如果依现代法理，"彝"这种自然法是不具有"近代理性"的。"五常"是儒家人格主义法律思想的基础，"五常"的合法性不是单纯地因为它被纳入王朝国家的法律，"五常"作为一种社会法被认为是天道的内容，是"天经地义"的。或者说，"五常"这种自然法是将天地这种自然关系置换成为现实的父子、兄弟、夫妇关系，它们之间的关系成为了天和地的关系。同样，中国古代的政治关系与家族社会关系混淆在一起，所谓的"三纲"，将君臣、父子、夫妇的关系统统看作是自然天道，他们之间都是天和地

---

① "国禁"之"国"，是指地方之城、邑，多是指中国古代分封制时代的封国，因此"国禁"仍是指地方风俗。

的关系。天地的这种上下自然关系对应着君与臣、父与子、夫与妇的现实社会关系。正是基于这种自然秩序，王朝治理实现了"天治""人治""法治"的统一，进而发展成为一种实在法上的法律关系。

"道"是中国文化的元概念，这种被称为"道"的自然法具有天然的恒定性，"道"作为王朝理性的哲学基础，一直是国家权威主义的支柱。而中国古代的"人"，一直被埋没在这种"道"的秩序当中，这样的"人"不是西方社会契约论法理上具有个体自由的人。历史上，无论是儒家的人格主义，还是法家的法治主义，都没有挑战过这种"道"的天然秩序。相反，他们的理论及其理想中的王朝恰恰是建立在这种自然秩序之上的。这种自然法的权威来自"天命"，从一开始就来自皇、帝、王这些圣神对天地关系的感通，在中国的古籍中尽管也有"从道不从君"的思想，但也只是以天道与君王的上下关系秩序为前提，"道"与人民之间并没有发生过直接的历史关联，人民也不把自然法当作是保卫和实现自己欲望的东西。

当然，儒家也有"民本"的思想，孟子提出"君为轻，民为本，社稷次之"，①但是"民为本"仍然只是君主、国家应该主动作为的事，以"道"为秩序的大法终究还是来自上面的东西，人民不能参与制定，也不能对它进行解释，人民只是这种秩序下法律的被适用者。而且，即使是法家的法治主义，仍然也只是权力者的法治主义。因此，儒家的人格主义和法家的法治主义，都没有改变过王朝的威权逻辑。在中国古代，"俗"的原始含义是指人欲，是指人作为个体的自然欲望，作为有自然欲望的个体的人，他们的欲望必须要局限于这种天然的上下关系之中，因为只有这样他们的欲望才合于"道"。因此在"道"的理论的支持下，除非出现天地乾坤颠倒，没有新的哲学上的革命，古代的中国人要挑战这样一种道法权威几乎是不可能的，在"道"与"法"的关系上，只能遵循以道统理、以理造法、以法化俗的逻辑。

其次，再看中国王朝国家的律典。律典是王朝国家理性的表现，中国古代王朝律典的数量庞大。一部法典可达数十卷数千条之多，而且至少在

---

① 《孟子·尽心章句下》。

公元前三、四世纪其法典已出现，远早于欧洲的《查士丁尼法典》。《尚书》《周礼》《法经》《秦律》《唐律》《大清律例》等共同构成了中国古代具有代表性的律典系统，它们是王朝国家制度理性的体现。《尚书》的内容更多了一些"大宪"的色彩，其篇目表现为典、范、谟、誓、诰、训、命、刑这些古老的、概念化了的法律形式。《尚书》反映的是一个睿哲文明、圣王制法的"神道设教"的世界，其内容具有道宪的性质；《周礼》《法经》则表明中国古老的"道宪"文化，开始以礼和刑的形式进一步世俗化、法典化了；《秦律》的法律部门化更加清楚，进一步推动了王朝国家制度理性的法典化进程；至于《唐律》和《大清律例》，则不仅是"礼法合一"的成熟法典，而且已经成为中国道宪文化精细化的代表。在法律形式上，从《秦律》《唐律》以至《大清律例》，以王朝权力为中心制定的律、令、格、式成为公共权力的象征，它们代表着中国王朝国家制度理性。这种制度理性在理论上仍然贯彻了伏羲以来的天人道法秩序，遵循着以天地阴阳为尊卑的自然道法逻辑，以三纲五常来划分上下贵贱的政治权威逻辑，以国家礼刑为手段对人民进行"一民同俗"的教化活动。

三、王朝的社会理性

从法学意义上讲，虽然中国古代王朝更迭频繁，但是中国的社会理性却没有发生大的变化，这是因为王朝的国家理性一直没有本质的变化。与王朝的国家理性遵循的"天不变，道亦不变"的确定性相比，中国的社会理性一直是多元且不断变化的，道宪与律礼是王朝国家理性的内容，土俗与惯例是王朝社会理性的基础。

作为王朝国家理性的"道"，有天地之道，有人之道。天地之道大概有历法、天干地支、五行八卦、五运六气等；人之道，有皇道、帝道、王道、霸道，从自然天地之道到社会人文之道，二者合一才是中国古代治道的全部内容。在中国的人道理论中，皇而降帝，帝而降王，王而降霸，是人间治道在层次上的衰减，而法治（刑治）则是最低层次的治道。首先最理想、最符合"道"的政治是皇道政治，其次是帝道政治，再次是王道政治，最后才是霸道政治。如同一个公式一样，衡量是否是皇道、帝道、王道、霸道政治的标准，是看它们使用法律(刑措)的多少。

如黄帝之治在中国历史上已属典范，已经是"置法而不变，使民安其法"的境界了。《管子·任法第四十五》："黄帝之治天下也，其民不引而来，不推而往，不使而成，不禁而止。故黄帝之治也，置法而不变，使民安其法者也。"①黄帝时治四夷，按照《尸子》的说法："四夷之民，有贯胸者，有深目者，有长肱者。黄帝之德尝致之。"②其德治不可谓不广大。黄帝时治狱讼，按照《说文》的说法，已经有神兽解廌为之决讼："解廌，兽也，似山牛，一角。古者决讼，令触不直，神人以廌遗黄帝，帝曰：何食何处？曰：食荐，夏处水泽，冬处松柏。"③其法治亦不可谓不神明。按照《淮南子》说法，黄帝治天下，其效果已经是日月精明，风调雨顺，五谷丰登，四夷来朝了。"日月精明，星辰不失其行，风雨时节，五谷登熟，虎狼不妄噬，鸷鸟不妄搏，凤凰翔于庭，麒麟游于郊，青龙进驾，飞黄伏皂，诸北、儋耳之国，莫不献其贡职"。④

又如神农之世，神农时代已有明堂之制，其治理已经达到了"法省而不烦，故其化如神"的境界。《淮南子》："昔者，神农之治天下也，神不驰于胸中，智不出于四域，怀其仁诚之心。甘雨时降，五谷蕃植，春生夏长，秋收冬藏，月省时考，岁终献功，以时尝谷，祀于明堂。明堂之制，有盖而无四方，风雨不能袭，寒暑不能伤，迁延而入之。养民以公其民，朴重端悫，不忿争而财足，不劳形而功成，因天地之资而与之和同。是故岁厉而不杀，刑错而不用，法省而不烦，故其化如神。……当此之时，法宽刑缓，囹圄空虚，而天下一俗，莫怀奸心。"⑤但黄帝、神农的这些成就，与伏羲时的皇道之治相比，却也是"犹未及虑戏氏(伏羲)之道"。⑥

从霸道、王道、帝道至于皇道，它们依赖法律(刑措)进行治理的程度依次减少。在这样一种道法理论的指导下，以道宪与礼法为内容的王朝国

① 《诸子集成》第5册，上海书店出版社1986年版，第255—256页。另见(清)马骕撰、王利器整理《绎史》卷五《黄帝纪》引《管子》，中华书局2002年版，第47页。
② 同上。
③ 同上书，第49页。
④ 同上书，第47页。
⑤ 同上书，第28页。
⑥ 同上书，第47页。

家理性对于社会的干预是比较少的，至少在政治哲学上认为理想的政治状态下国家对社会的干预是很少的，甚至不需要运用刑措来治理，这为中国社会中"俗"的广泛而多元的存在提供了政治理论条件。"俗"的多元而广泛的存在，又是中国社会理性的内容。这些"俗"被称为"方俗"，其内含的人物价值观、是非观、正义观和规范意识与王朝的国家理性之间虽然有共同的地方，但却因为种落、气候、地理山川、人物故事的不同而呈现出许多"异俗"的特点。因此，不同的方俗表现出不同的法意识，不同的方俗规定着不同的法现象，不同的方俗遵循着不同的法逻辑。由于王朝国家理性追求的理想道宪本身就比较排斥刑措的运用，故几千年来中国地方社会较少受到法治权威主义的干预。

　　影响中国社会理性多元化的另一个重要因素是宗教，中国社会一直没有统一的宗教，在王朝国家层面也没有出现过政教合一。中国的宗教具有多元性和很强的地域性，存在着诸如道教、佛教、伊斯兰教以及各地本生的自然宗教，且各有大致的地域分布，在同一个地方也有不同宗教混合的情况。中国的宗教对法律也产生了影响，对此我们需要有更细致的研究。从上述法意识、法现象、法逻辑这些概念来看，中国的宗教对于中国地方社会理性的影响应当是深刻的。在地方，宗教不一定都能够像藏传佛教、伊斯兰教那样与法律直接挂钩，成为西方社会的宗教法，但是它却影响着当地人的法意识、法现象、法逻辑，成为当地宗教性的法俗，比如南方那些具有自然宗教传统的地方就存在许多宗教性的法俗。相对于王朝的律典威权和儒家教化，这些宗教性的法俗成为法意识、法现象、法逻辑多样性的社会的基本面，当它们面对王朝国家世俗法治权威主义的时候，这种宗教性法俗就成为他们自己的社会理性，故而宗教性的法俗是造成中国社会理性多元化的重要因素。因此，无论是中国王朝国家的道宪与礼法，还是王朝社会的土俗和惯例，中国古代社会都是一个包含了不同法意识、法现象、法逻辑的法俗社会。

第二章　法皇：道法之缘起

中国的法俗起源于上古一个被称为"道"的概念，"道"作为一个概念出现于何时，不得而知。《道德经》第二十五章云："寂兮寥兮，独立而不改，周行而不殆，可以为天地母。吾不知其名，字之曰道。"由此有了"道"的概念，而实际上在很早之前，象征"道"的太极图符号就已经出现。距今5 000年左右的湖北省京山县屈家岭晚期文化就出现了类似太极图的彩陶纺轮，其后期更是出现了有呈顺时针方向旋转的太极式阴阳纹彩陶纺轮。《老子》说："一阴一阳，谓之道。"在太极图中，阴阳代表两种自然状态，而因为有周而复始的顺时针旋转，才有了阴阳的互变，这与我们要讲的"卍"字符是同样的含义，故"卍"字符就是"道"或"大法"的象征。以此可以推断，由于马家窑文化中出现了"卍"字符，表明中国至少在7 000年前就有了代表"道"的符号，"吾不知其名，字之曰道"，也只是老子试图用"道"这个字去概括这一古老的认知成果而已。

研究上古之道，不能用今天的哲学去解释，进而视之为一个哲学概念。先秦诸子论道时，"道"这一概念已经具有很强的学理性了，而在此之前的夏商周，却很难看到有对"道"的学理性讨论，或许在上古之时"道"只是一个类似于"俗"一样的东西。从文明史来看，"道"的内容反映的是一种十分古老的"俗"，这个"俗"历史极其悠久，它甚至不是后来的"族俗"的概念，而是早已就具有了普适意义的大法概念。

一、论道者：伏羲之道

在中国先秦"轴心时代"，诸子常用"道"的概念来论述他们的理论，而且已经将"道"视为一种原始规范，重视"道"在治国、平天下中的规范意义。儒家、道家、墨家、法家、兵家、阴阳家等无不以道立论，就连兵家这种实用性的学问也是以道为首出，提出战争制胜的因素在于道、天、地、将、法。① 英国学者葛维汉所著《论道者：中国古代哲学论辩》一书，对中国先秦儒、墨、道诸子关于"道"的理论进行了哲学式的逻辑解析，却没有关注"道"的历史证成。② 实际上，先秦各家"论道者"虽然对道的解释有些差异，也有些含混不清，但从没有对道进行分析式的解构。在先秦论道者那里，"道"一直是一个整体性的概念。总体上，先秦诸子论道，在空间上仍然局限于天、地、人这个场域，在时间上没有超越上古伏羲传说时代，在种族上也一直保持于华族一脉，具有族俗的性质。

　　"道"分天道、地道与人道，作为一种关于天、地、人的规律、规范、大法，支撑起了中国人的天命秩序观，这在先秦诸子论道之前就已经如此。春秋是继夏、商之后又一个天命秩序崩溃的时期。孔子虽"信而好古"，③"志于道"，④但也只是"祖述尧舜，宪章文武"，⑤即孔子只言尧舜、文武之道。尧舜被称为帝，文武被称为王，尧舜之道是帝道，文武之道是王道，帝道、王道都只是人道，而孔子不怎么说伏羲的皇道（天道），但孔子也说尧之道是法天之道，"巍巍乎！唯天为大，唯尧则之"。⑥ 孔子"法先王"只是效法尧舜、文武，尧舜之道是法天之道，而非天道本身，故可以认为孔子可能对尧舜之前的伏羲之天道并无太多了解。《论语·公冶长》云："子贡曰：'夫子之文章，可得而闻也。夫子之言性与天道，不可得而闻已矣。'"《匡谬正俗疏证》云："而近代学者乃谓夫子之言语、性情并与天道合，所以不可得而闻。"⑦这是说孔子之学虽不专言天道，然而与天道相合。伏羲之道是关于"仰观象于天""俯察法于地"的天地之道，先秦文献中也没有关于天地的神话，孔子"不语怪、力、乱、神"。⑧ 在原始的祭祀神话中，孔子陷

---

① 《孙子兵法·计篇》。
② ［英］葛瑞汉著，张海晏译：《论道者：中国古代哲学论辩》，中国社会科学出版社2003年版。
③ 《论语·述而》。
④ 同上。
⑤ 《礼记·中庸》。
⑥ 《论语·泰伯》。
⑦ （唐）颜师古撰，严旭疏证：《匡谬正俗疏证》卷第一《论语》，中华书局版2019年版，第1页。
⑧ 《论语·述而》。

入了既要强调祭祀天地,却又不语天地的自相矛盾中,这也是儒家人文主义法思想中,总是保持了一些原始神秘主义的原因。

在孔子看来,"道"在现实中的行与废属于"天命"的范畴。对孔子来说,尧舜之前的历史几乎就是一片空白,孔子不怎么说尧舜之前"道"的行与废的情况。当然孔子也讲"天",孔子也努力去"知天命",试图去理解"天道",但是仍然持有宿命论的色彩:"道之将行也与,命也;道之将废也与,命也。"①但是对于孔子来说,天命、天道是"天何言哉"、②"不可得而闻也"③的事情。既然天道是"天何言哉","不可得而闻也",就只能是"人能弘道,非道弘人"。④ 因此,孔子的理论所集中关注的只能够是人道,是尧舜之德仁和文武之礼乐,而其中周朝关于祭祀天地祖先之类的礼,则只能是儒家依赖的一种具有风俗性的、存而不论的规范式的信仰。

汉武之后,孔学从民间学问成为帝王之学,孔学中这些"不可得而闻也"的天命神秘信仰也一同被历代王朝国家所继承。在汉武之后的王朝国家理性中,儒家之"道"是其政治法律的哲学基点。儒家之"道"不仅包含《诗》《书》《礼》《春秋》这样的人文大法,还包涵了《礼》《乐》《易》中的天命信仰成分,"道"正是以这样的面目影响着中国的政治和法律。"道"之中的天命信仰成分同时也内含了古老的"俗"的内容。这里需要另外提及的是,如果承认伏羲不只是一个神话而是一段真实的历史,那么中国古代"道"的历史就是从伏羲之道开始的,伏羲之道是天地之道,是"道"之开端。伏羲之道包含了天道和人道,内含了天文历法、六气四时这样一些科学的内容,这些科学内容又是中国历史上"大法"的起源。与伏羲沟通天、地、人的大道相比,孔子敬畏天道,他说:"君子有三畏,畏天命,畏大人,畏圣人之言。"⑤这句话是针对小人不畏天命、不畏大人、不畏圣人而言,天命是指天道,大人、圣人代表的是遵循天道的人文教化传统。因此,孔子所关注的更多是人道。

①　《论语·问宪》。
②　《论语·阳货》。
③　《论语·公冶长》。
④　《论语·卫灵公》。
⑤　《论语·季氏》。

二、伏羲与上古“大法”

（一）“法皇”：伏羲

儒家法俗的历史十分悠久，究其源流当来自上古的道法，是道法成就了教法，再由教法与刑罚相结合，进而铸就了儒家的法律文明。在法律形式上，中国后来独特的礼刑合治的法律范式，受到上述教法与刑罚两大系统的影响。不仅如此，在法学意义上，中国古代还形成了自己独特的以“道”为核心价值理念的教法学，这里可以统称之为“道法学”。

关于这种“道法学”，至少可以追溯至伏羲时代。从历史传说来看，围绕着与天文历法的关系，在漫长的文明史中，伏羲文明只代表了渔猎文明，神农代表了农耕文明，这两种文明都需要有天文知识的指导，由此开始了对天道的探索。传说中，在伏羲之前还有豨韦氏，豨韦氏是早见的得道之人，他们是得天道的大宗师，《庄子·大宗师》中为我们描述的上古“得道者”的顺序是：豨韦氏、伏羲、堪坏、冯夷、肩吾、黄帝、颛顼，这些所谓的“得道者”仿佛就是一个天文学家群体，《庄子·大宗师》云：

> 夫道，有情有信，无为无形；可传而不可受，可得而不可见；自本自根，未有天地，自古以固存；神鬼神帝，生天生地；在太极之上而不为高，在六极之下而不为深，先天地生而不为久，长于上古而不为老。豨韦氏得之，以挈天地；伏羲氏得之，以袭气母；维斗得之，终古不忒；日月得之，终古不息；堪坏得之，以袭昆仑；冯夷得之，以游大川；肩吾得之，以处太山；黄帝得之，以登云天；颛顼得之，以处玄宫。

与《庄子》不同，儒家谱系中将这些“得道者”称之为“圣神”，有伏羲、神农、黄帝、唐尧、虞舜、夏禹、商汤、文王、武王、周公、孔子这样一些人。这些圣神被认为是中国人最杰出的祖先和先知，在儒家史籍中，最早与“天”有关系的是伏羲。

从中国的法律起源来看，学术界通常以蚩尤作为中国古代刑法的创始人，于是才有“刑起于兵”之说。《商君书·画策》言黄帝之前是“刑政不用而治,甲兵不起而王",及黄帝之世,才开始"内行刀锯,外用甲兵"。① 是说中国法律的起源是从刑罚开始,蚩尤创造的"五刑"成为中国法律的主要内容,于是以刑为主被认作是中国法律的基本特点。这使得中国法律史成为一部刑法史,中国古代法学几乎成了刑法学,蚩尤也因此成为了中国法律的创始人,进而成为了中国的法祖。此说不仅在形式上排除了中国传统教法的礼俗形式,而且在内容上也排除了它的义理价值,之所以形成这种对中国法学的片面认识,是因为我们忽视了对上述中国教法系统的研究。实际上,在刑和礼之上,"道"是关于中国法学缘起的一个根本性的概念,也是中华法俗最为原始的概念,其首见者当是伏羲之属。

中国上古法律起源的正脉,通常认为有两大路径:一是"刑起于兵",二是"礼源于祭祀",因此"礼"和"刑"构成了我们解释中国法律起源的两个基本概念。这两个概念虽然有助我们认识中国法的发展路径,但并不能充分说明中国法的根本特质。实际上,如果我们结合上古传说和现代考古,将之上升到法理层面来解释,我们会发现,中国法文化最早呈现出两大系统:一是以伏羲氏为代表的道法系统,二是以蚩尤为代表的刑罚系统。由于过去我们习惯于仅从西方实在法的意义上去解读中国古代法,又因为视"三皇"为传说而仅依《尚书》《史记》讲述中国法的起源和发展,无论是研究著作还是教科书都是以蚩尤创制的"五刑"为主线,因此形成了以蚩尤创制的"五刑"为代表的律典系统为研究对象的范式。依照这一范式,我们会发现很难解释中国法的形式特点,同时也很难把握中国法的精神特质。而如果我们将对中国法文化的研究上溯到传说中的伏羲时期,就会发现文献中还存在着一个以伏羲为代表的道法系统,还会发现这个系统才是华族法文化的正脉,而蚩尤所代表的刑罚律典系统则多是来自异族。由此可以认为,中国古代真正称得上"法祖"(法皇)的是伏羲氏而不是蚩尤。

在古代中国人普遍认可的"历史故事"中,中国法的起源亦可追溯至伏羲时代。依应劭《风俗通义·三皇》之言"三皇",伏羲氏为"戏皇",燧人

---

① 《商君书·画策第十八》,《诸子集成》第 5 册,第 30—31 页。

氏为"遂皇"，神农氏为"农皇"。① 燧人氏对应天，神农氏对应地，伏羲氏对应人，如此，天、地、人三道备，"而三五之运兴矣"。② 在"三皇"之中，伏羲氏的"戏皇"之称自有其含义，伏羲又称为"伏戏"，所谓"伏"，是"别""变"之意；所谓"戏"，是"献""法"之意，而"献"本也是"法"的意思。如此，伏羲就是别法、变法的意思，是社会生活法则的创制者，其代表作就是八卦。因之，我们可以称伏羲为中国之"法皇"。

按《风俗通义》的说法，燧人氏也通天道，借天上太阳之光热，钻木取火，炮生为熟，令人无腹疾，有异于禽兽，饮食的进步是人有异于禽兽之第一步。因燧人氏，人得了上天之利，"故托燧皇于天"。神农氏通地道，悉地力，教人耕种，种谷蔬，美其食食，这是人有异于禽兽之第二步。因神农氏，人得了地之利，"故托农皇于地"。伏羲氏仰则观象于天，俯则观法于地，画八卦以变化天下，故伏羲氏之道是天、地、人之道，伏羲又是中国人文大道之始祖。③ 因此，《风俗通义·三皇》有云："天下法则，咸伏贡献。"这是因伏羲能够因天地而成人事之法则，这是人类依法、依则共同生活的开始，"故托戏皇于人"。

如此看来，伏羲这个法皇与天文观测的关系密切，他很可能是当时的一个大祭师，他观象于天，通天象；法于地，通地利。通过祭祀天地构造等级秩序，而最早的人间法则，就存在于这个从祭共同体中。在祭祀过程中，每个人所居的前后左右的尊卑地位就是社会秩序的起源，这种秩序以"礼"的形式表现出来，本身就是因祭祀之俗而成礼。至于说伏羲通天地之理，是说他是一个具有"通神"能力且能占卜预测的大祭师，同时也是一个大"法皇"。

伏羲创制的"八卦"有预测的功能，这一功能最大的特点就是基于"吉"与"凶"的概念。区分"吉"与"凶"，是基于人生活、生存的利与害。能知吉凶，自然能识利害。利与害是人类最基本的感受，趋利避害是人基

---

① 《风俗通义校注·三皇》。
② 同上。
③ 若只是以伏羲为传说，而依司马迁《史记》所述之《黄帝本纪》为开端，则中国人文始祖则只是黄帝。如此，中国的政法文明史自是大大缩短了。

本的欲望。在古汉语中,俗的原始含义就是"欲"。中国古代法学在逻辑上很早就与"欲"联系在一起,凡关于法律必要性的解释,通常是从"欲"说起的,在先秦古籍《逸周书》中关于原始制度出现的解释就是如此,这有点类似后来西人所谓的功利主义法学。而"八卦"区分凶吉,就是区分好和坏、善与恶;"八卦"预测吉凶,就是对吉凶、善恶的指示和明判,这才是中国法律思想的起源,也是中国上古"三五之运"的开始。① "三"是指合于天、地、人的运行之道;"五"是指"言语不通,嗜欲不同"的东、南、西、北、中的五方之民,故所谓的"三五之运",就是指皇帝之治的运道,即上古"三皇五帝"之运道。所谓的"三",是要解决人与自然的关系问题,是人相对于自然而发生的吉与凶的问题;所谓的"五",是要解决人与人的关系问题,是人相对于人而发生的善与恶的问题。吉凶、善恶都直接与人欲相关。因此,伏羲之法从一开始就与欲(俗)联系在一起,可以说,伏羲的"八卦"是关于吉凶、善恶、人欲的学问,是上古中国法思想的源代码,是中国制度文化的开端。

伏羲是中国的圣神之首,在理论上,中国的政治是圣贤政治,中国的法学也是圣贤的法学。后世之人常感叹"中国"何以能出圣人,如东汉的应劭在《风俗通义》中就认为,只有"中国"这副天地才出生这样的圣人;清代学者金圣叹在其《唱经堂语录纂》中亦认为,有这副中国天地,才出生了这些圣人,并有这些圣人来住持中国这副天地。故作为儒家经典的《大学》之义,其"大"是指天地,"学"则是指圣人,"《大学》统举法界,大是天地,学是圣人。有这副天地,出生这个圣人;有这个圣人,住持这副天地"。② 那么圣人何以产生华于华夏呢? 有认为这是地理的原因。

华夏之地,"其人性和而才惠,其地产厚而类繁,所以诞生圣贤,继施法教,随时拯弊,因物利用。三五以降,代有其人。君臣长幼之序立,五常十

---

① "三五之运"者,三皇五帝也。所谓"三",老子《道德经》:"一生二,二生三,三生万物。"又《史记·律书》:"数始于一,终于十,成于三。"又《说文》:"三合,天地人之道也。"谓以阳之合阴之二,次第重之,其数三。是说"三"是天、地、人三者之合,先分后合,分而合之义。所谓"五",东、南、西、北、中是也,东、南、西、北为四方,为四裔;中为中国,故孔颖达疏云:"五方之民者,谓中国与四夷也。"古时五方之民的情况,如《礼记·王制》云:"五方之民,言语不通,嗜欲不同。"

② (清)金圣叹撰:《金圣叹文集》,巴蜀书社 1997 年版,第 123 页。

伦之教备,孝慈生焉,恩爱笃焉。主威张而下安,权不分而法一,生人大赍,实在于斯"。① 夷狄之地,"其地偏,其气梗,不生圣哲,莫革旧风,诰训之所不可,礼义之所不及,外而不内,疏而不戚,来则御之,去则备之"。②

与西方关于法律的概念不同,中国古代的法律从一开始就是指"大法",而且是"天地大法"。既然"大"是指天地,"学"则是指圣人,那么"大法"就是指天地之大法,伏羲这样最早精通天地之学、知晓"大法"的人自然就是最早的圣人。清人张伯行撰《道统录》,对道统进行总结,其所录中华道统谱系是以伏羲为首,依此伏羲也是中华圣人之首。关于伏羲的来处,其描述如:"太昊伏羲氏风姓,母曰华胥,生帝于成纪,有圣德,象日月之明,故曰太昊。承木德而王,作都于陈之宛丘。帝生而聪明睿智,德合上下。"③

伏羲是风姓,与黄帝时期"三公"之首的"风后"是什么关系尚不可考,伏羲是风姓血缘,风姓为春秋时任、宿、须、句、颛臾等姓的来源。其有母曰华胥,还有具体的出生地,其人有草木之德,即有春天之德。春天者,化育万物也,《礼记·月令》有"盛德在木",故伏羲居木位,"承木德而王,作都于陈之宛丘"。

伏羲又称为太昊。昊者,明也,伏羲"象日月之明",故曰太昊。以日月来形容伏羲,是隐喻伏羲通晓天文,所谓伏羲"德合上下",首先在于他能够"变混沌之质",并以之成教,故言其"变混沌之质,文宓其教"。伏又曰宓,宓,音伏。伏羲又称作是宓羲,取其"文宓其教"的意思,故伏羲又是中国上古教法之始祖。不仅如此,伏羲"见阴阳有奇偶之数,始画八卦",更是上古"大法"(基本法)的创制者。古籍又说伏羲之名乃是因其能化天下之俗,《绎史·太皞纪》云:"天下伏而化之,故谓之伏羲也。"④又引《论语摘辅象》言伏羲有六佐(六相),即金提、鸟明、视默、纪通、仲起、阳侯,其中"金提主化俗"。⑤《绎史·太皞纪》引《淮南子》又言伏羲不设法度,"伏

---

① （唐）杜佑撰,王文锦等点校:《通典·边防一》,中华书局1988年版,第4979页。
② 同上书,第4980页。
③ （清）张伯行撰:《道统录》（影印本）上卷,第1页。
④ （清）马骕撰,王利器整理:《绎史》卷三《太皞纪》引《白虎通》,第20页。
⑤ 同上。

戏、女娲不设法度，而以至德遗于后世。何则？至虚无纯一，而不嘤喋苟事也"。① 伏羲之治是化俗而治，伏羲之法是天地大法，故不多设具体的法度。

（二）"大法"：伏羲的创制

中国古代所言之"大法"，实可以理解为治法，包含了观测天文之历法、祭祀天地祖先之法，然后才是政治法律活动之法。也就是说其所称之"大法"，是贯通天治、人治之法，是贯通自然、历史、人文之法。伏羲创制之大法，就是这种天地人文之法。

始制嫁娶，成人伦之法 "上古男女无别，帝始制嫁娶。正其姓氏，以俪皮为礼，通以媒妁，而民始不渎"。② 如此，伏羲是姓氏、婚聘、媒妁的创制者，正姓氏、婚聘、媒妁是中国古代婚姻"六礼"的开始，"六礼"本是一种风俗，也是证明婚姻社会合法性效力的法俗，如此，伏羲则是中国传统"六礼"创制者，俨然是中国婚姻法俗之祖。中国古代的"六礼"婚姻法俗不可以法律言之，传统中国婚姻本质上只是一种"俗"，直到今天在中国的县、乡、村，以婚姻为"俗"的观念仍然广泛存在。在人们的观念中，婚礼的社会合法效力胜过到国家民政部门登记的那一纸婚书。所以，在观念或实际生活中，古代婚姻的本质属于社会"私权"活动的领域，而不是国家"公权"干预的范围。古代"六礼"法俗之下的婚姻，本是不需要到公共机构登记的，不似今日之《婚姻法》要求奉行"登记主义"而受公权力干预，其婚姻的效力是在社会风俗语境下来界定的。故伏羲于婚姻之创制奠定了中国人视婚姻为俗的婚俗范式，视婚姻为礼的法俗范式。

此外，古代的婚姻在构设社会秩序中有独特意义，其意义在于"立元正始"。所谓"立元正始"，是指婚姻是社会秩序之元、社会秩序之始。中国古代制度建构一直以婚姻为人伦之"立元正始"，以人伦为社会秩序之"立元正始"，这自然意味着是伏羲奠定了华制之元制。而伏羲创制婚姻之法

① （清）马骕撰，王利器整理：《绎史》卷三《太皞纪》引《淮南子》，第21页。
② （清）张伯行撰：《道统录·伏羲》（影印本），第1页。

俗，这一切亦来自对天地乾坤运行规律的认识，效法乾坤运行之自然法则而得人伦之治道，"法乾坤，以正君臣、父子、夫妇之义，而民始知人伦"。①

得自然象数，作甲历岁时之法 清代张伯行的《道统录》说伏羲的"观天""察地"之功有："作甲历以定岁时，起于甲寅干支相配。岁以是纪，而年不乱；月以是纪，而时不易；书夜以是纪，而人知度东西南北，以是纪，而方不惑。故曰治历明时，则敬天勤民之本也。"②归纳起来，伏羲的原始创制包括：因其作甲历，以甲寅干支定纪岁时；因定岁时，故有了年、月、日的时间概念；因观测天象，以知有东西南北的四方空间概念。也就是说，所谓伏羲之道，首在其观测到的天文历法之道；所谓伏羲之法，首在其创制的天文历法。上古之世，人类蒙昧，年月日的时间概念和东西南北的空间概念的形成是十分重要的事情，只有"定岁时""知度东西南北"才能够敬天勤民，若不知自然运行规律，则难以从自然获取生产，因此天文历法的重要性可想而知。在上古之人看来，天文历法是人间生活的根本"大法"。

伏羲作甲历，做的是天文学家的事情，他对天文岁时规律的掌握，让人们有可能遵循自然而有规律地生活，进而使得漫无目"活着"的人们有了规律的生活，从而形成社会生活的规则。人们知道了"年月日""东南西北"的自然规律，懂得按照甲历去生活，才有了"敬天"之说；依照岁时指导生产，才有了"勤民"之论。甲历岁时这些自然规律本身就是人间遵循的自然"大法"，因此我们对伏羲"法皇"历史地位的理解要从这里开始。

天文历法在中国法律史上有其特殊意义，它是天道、天意的基本内容，是农猎社会的基本知识，也是政治权威的理论依据。对天文历法的垄断就是对天意的垄断，也是对农猎生活秩序的主宰。伏羲作甲历，其天文历法就是当时的人间大法。从文献看，天文历法是中国最早的"大法"，它与中国古代道文化的起源有着直接的关系。在中国上古文化中，天文历法就已经被上升到了"道"的层面，天文历法的理论中很早出现了阴和阳两个基本概念，据此解释天、地、人之一切自然、人事现象。而这两个概念合起来，

---

① （清）张伯行撰：《道统录·伏羲》（影印本），第1页。
② 同上。

就是"道"这样一个关于宇宙人生的大法则，即是所谓的"一阴一阳，谓之道"，①甲历岁时就是万物阴阳生化之道。"阴阳之道"是对天文地象变化的研究和总结，伏羲甲历岁时是依据天文法则而得出的自然象数，有了对自然象数的研究，才能法自然之变化而作甲历岁时。

以号名族，成官制之法　中国上古官制的出现很早，若只以《尚书》观之，无法得知尧舜之前的官制情况；若只以《史记》《管子》之类的史籍观之，则无以得知黄帝之前的官制情况。中国官制从出现到完备是一个漫长的过程，《史记》《管子》所云黄帝时的官制，只是言其已经完备。如《管子·五行》云："黄帝得六相而天地治。""是故春者土师也，夏者司徒也，秋者司马也，冬者李师也。"

这里所谓完备，不过是言其较前分工更细一些，但在中国古代的风俗类和道统类著述中，黄帝之前的伏羲、燧人、神农之世，已经形成了五官制度，清人张伯行《道统录》中采用了古代风俗类著述中关于伏羲时五官之制起源的说法。

严格来讲，伏羲应该叫伏羲氏，非一人也，而是指一族。伏羲氏显然是当时氏族部落联盟的共主，按照《庄子·胠箧》的说法推演，在伏羲氏成为共主之前，已有包括伏羲氏在内的容成氏、大庭氏、伯皇氏、中央氏、栗陆氏、骊畜氏、轩辕氏、赫胥氏、尊卢氏、祝融氏、神农氏诸部，他们之间的关系是邻国相望，不相往来："当是时也，民结绳而用之，甘其食，美其服，乐其俗，安其居，邻国相望，鸡狗之音相闻，民至老死而不相往来。"②后来伏羲氏才成为共主，故云："上古之世，茹毛饮血，帝乃作网罟，教民佃渔，养六畜为牺牲充庖厨祀神祇，故后世称之曰庖牺氏而共兴也。"③

伏羲之世，由于伏羲氏有"龙马之瑞，因而名官，故亦号为龙师"。④ 所以这个氏族部落联盟的各部皆统一以"龙"为号，其族长又都称为龙师，他们是飞龙氏、潜龙氏、居龙氏、降龙氏、土龙氏、水龙氏，这几个氏族在生产

---

① 《易经·系辞上》。
② 《庄子·胠箧》。
③ （清）张伯行撰：《道统录·伏羲》（影印本），第1—2页。
④ 同上。

方面各有所长，"飞龙氏，造书契者也；潜龙氏，造甲历者也；居龙氏，治屋庐者也；降龙氏，驱民害者也；土龙氏，治田里者也；水龙氏，繁滋草木以疏导泉流者也"。① 又《绎史》引《帝王世纪》云："女娲氏没，大庭氏王有天下，次有柏皇氏、中央氏、栗陆氏、骊连氏、赫胥氏、尊卢氏、祝融氏、混沌氏、昊英氏、有巢氏、葛天氏、阴康氏、朱襄氏、无怀氏，皆袭庖牺之号。"②庖牺即伏羲，"皆袭庖牺之号"即是皆袭伏羲之龙号，其中大庭氏以下诸氏，在《汉书·古今人物表》中亦俱在伏羲以后。

伏羲氏作为共主，又因各部之所长而对其各有分工。官制之起源必先有分工，分工必会各有职掌，故伏羲氏对各氏族仍以"龙"为号任命"五官"，五官即中官、春官、夏官、秋官、冬官，即"春官为青龙氏，夏官为赤龙氏，秋官为白龙氏，冬官为黑龙氏，中官为黄龙氏"。③ 这些氏族是伏羲联盟集团的核心部分，依蔡墨的说法，五官"实列受氏姓，封为上公，祀为贵神。社稷五祀，是尊是奉"，④他们亦皆属"华族"或曰"龙族"。因此，伏羲氏的官制是以"四官"之数，对应春、夏、秋、冬"四时"历法；以"五官"之数，对应东、南、西、北、中"五运"之说，即金、木、水、火、土五行生衰之转变。除此之外，联盟中还有如共工、柏皇、朱襄、昊英、栗陆、赫胥、昆吾、葛天、阴康诸族，他们各有辖地，各明刑政，以怀四方，故《道统录》云："于是共工为上相，柏皇为下相，朱襄、昊英常居左右，栗陆居北，赫胥居南，昆吾居西，葛天居东，阴康居下，各明刑政，以怀四方，百令既举，万民化洽。"⑤

伏羲氏作为共主时，中国的官制已经出现。这一官制有两个特点：一是以号名族。伏羲氏之号为龙，这原是伏羲氏本族之号，伏羲氏以此龙号为其他五族（青龙氏、赤龙氏、白龙氏、黑龙氏、黄龙氏）取名，并将他们任命为"五官"，由此形成了族与权合一的氏族联盟的核心集团，这一核心集团属于"龙族"，构成了华族初始之主体，故华族之名最初本应是龙号之称，有别于共工、柏皇、朱襄、昊英、栗陆、赫胥、昆吾、葛天、阴康诸族；二是

① （清）张伯行撰：《道统录·伏羲》（影印本），第1—2页。
② （清）马骕撰，王利器整理：《绎史》卷三《太皞纪》，第22页。
③ （清）张伯行撰：《道统录·伏羲》（影印本），第1—2页。
④ 《左传·昭公二十九年》。
⑤ （清）张伯行撰：《道统录·伏羲》（影印本），第1—2页。

"天人之和"。伏羲氏本族所长在于"仰则观象于天,俯则观法于地,观鸟兽之文与地之宜,以类万物之情",是历时八卦的创制者,这一成就远高于飞龙氏造书契、潜龙氏造甲历、居龙氏治屋庐、降龙氏驱民害、土龙氏治田里、水龙氏繁滋草木以疏导泉流。伏羲氏运用其天文知识定义了春、夏、秋、冬之"四时",同时确立了东、南、西、北、中之"五方",并以此对应各族职掌,其官制可谓"通神明之观,以合天人之和"。[①] 其治理局面是"百令既举,万民化洽"。

合元履中,成人间大法 清人张伯行《道统录》言伏羲云:"有龙马负图于河上,于是仰观象于天,俯察法于地,中观万物之宜,见阴阳有奇偶之数,始画八卦:乾一,兑二,离三,震四,巽五,坎六,艮七,坤八,有三爻。因而重之,得卦六十四,所谓先天之易也。"[②]这是说伏羲"仰观于天"而"始成八卦",还有"神化潜通"的能力,因此伏羲被称为"皇"。关于"三皇"有不同说法,但伏羲作"三皇"之一,在历史上却是没有异议的,伏羲氏不仅被称为"皇",而且是三皇之首。从应劭《风俗通义》的口气看,伏羲当早于燧人氏和神农氏,伏羲氏、燧人氏和神农氏都被称为"皇",但是伏羲在这个谱系中的成就和地位似乎也高于燧人氏和神农氏,这是因为伏羲特殊的贡献。古籍中对皇的解释往往是专门针对伏羲而言:"皇者,合元履中,开阴布纲,指天画地,神化潜通。"按照这一解释,"皇"应当有三层意思:一是能够"指天画地",具有观察天象和地利的能力;二是"神化潜通",能够知晓天地运行之规律;三是"合元履中",能够辨识阴阳中和关系,这里提到了"天地""神化""履中"。伏羲作为"皇",不仅在于他具有这些观察和认识能力,更在于他对这些天地现象用八卦的形式进行了理论总结,故言其"始成八卦","开阴布纲"。

在后世所见的《易》书中,都有这样一句话来说明伏羲的贡献:"易曰:古者庖牺氏之王天下也,仰则观象于天,俯则观法于地,观鸟兽之文与地之宜。近取诸身,远取诸物,于是始作八卦以通神明之德,以类万物之情。"[③]

---

① （清）张伯行撰:《道统录·伏羲》（影印本）,第2页。
② 同上书,第1页。
③ 同上书,第2页。

这里所说的"神化潜通""通神明之德"都直接与天地有关，中国古代讲的"神"与今日不同，中国古代讲的"神"是通晓天地的意思，说伏羲"指天画地"是说伏羲有"神通"天地之能，能够知晓天文历时，并用天文历时指导人们的生产、生活，故言其"以类万物之情"。① 因此，伏羲"始作八卦"是中国人对自然、人事规律最早的总结，伏羲因天地之理而画八卦，创设了人间生活的法则，如果伏羲被看作是中国古代第一个"法皇"，那他的八卦就是中国人最早"指画天地，神化潜通"的人间大法。

伏羲的这个"大法"（八卦）应该理解为"道法"，是"道法自然"之法，是源于上古对天文历法的研究。"卦"是由"圭"和"卜"组成，系左右结构。"圭"的原始含义是盛食物的器具，若用玉作成则为"珪"，在中国古代，"珪"也作为通天用的礼器。"圭"又可以解释为"尺"，故称"圭尺""圭表"，是测日影的仪器，在石座上平放着的尺曰"圭"，南北两端立着的标杆曰"表"，故"圭"被引申为等级、尺度之意。"卜"的基本含义是预测，因此"卦"的原初含义，一是指用"圭"进行的天文观测活动，二是指根据对天文观测结果的研究进行"卜"（预测），三是指在"圭"和"卜"的基础上，总结出天文历时的规律，是谓"卦"。而所谓的"八卦"，就是在"卦"的基础上，"观鸟兽之文与地之宜，以类万物之情"，进行符号化的逻辑推演而形成定律，这个定律就是历史上所谓的伏羲"大法"。

此外，伏羲氏还有造琴瑟、教佃渔这些成就。但与伏羲氏画八卦之易道相比，伏羲氏作甲历、制嫁娶、成官制、造琴瑟、教佃渔这些不过是伏羲"类万物"之"术"而已，非伏羲大法之本。如《绎史》引《帝王世纪》注云："仰观俯察，因自然之象数，法自然之变化，则象作《易》，以通神明，类万物。……盖天地民物之理，已备于六十四卦之中，圣人犹留不尽之藏，以俟后圣之制作，不然爻象具陈，何以衣裳栋宇、舟楫弧矢诸事，犹需炎、黄以下取象也哉？呜呼，至矣！"②伏羲画八卦，成就易道，沟通天地上下，得天地之大法，非其他神圣能比，故云"唯伏羲氏能德洽上下"。③ 因此，中国人最

① （清）张伯行撰：《道统录·伏羲》（影印本），第2页。
② （清）马骕撰，王利器整理：《绎史》卷三《太皞纪》引《帝王世纪》注，第23页。
③ 同上。

早之"法律"应该是来自天文历法。伏羲是社会生活法则的创制者，其代表作就是八卦，因之古籍亦皆言伏羲是"大法"的创制者。

"大法"不是今天狭义的法律渊源，不能用今天的法律形式去理解。中国古代与"法"同义的字极多，单纯"法"字的内涵，也不局限于今天所说的法律。

《尔雅》是中国最早的字典，其中表述法律的文字大致有范、宪、刑、律、彝、常、典、则、法、矩、辟，还有庸、恒、夏、职、秩、柯、辟、坎，以下对这些文字略作解释。疏云：律者，常法也。"柯宪"至"法也"，释曰：此亦谓常法，转互相训。柯者，执以取法也。宪者，大法也。《大雅·桑扈》云："百辟为宪。"辟，罪法也，刑、范、律、矩、则皆谓常法也；彝者，《洪范》云："彝伦攸叙。"则，法也，《天官·冢宰》："以八法治官府……以八则治都鄙。"郑注云："邦国官府谓之礼法，常所守以为法式也。""则亦法也。典、法、则所用异，异其名也。"范者，模法之常也。矩者，度方有常也。庸者，《尚书·皋陶谟》云："自我五礼有庸哉！"恒者，久之常也，《汤诰》云："若有恒性。"夏者，《康诰》云："不率大夏。"职者，主之常也。秩者，《商颂·烈祖》云："有秩斯祜。"关于法的文字如此众多，而不似西人只有 Law 或 Rule，故"法律"一词于中国古语中，其表达规范的意义本就是十分宽泛的，且含有较为丰富的社会生活内容。而在中国古代，法律最早多是"坎""典""范""宪""辟""诰"这样的形式，如"三坟""五典""洪范"，这些"法律"产生于对天人之际的探究，是早期华制文明的结晶。而从历史来看，能够代表华制文化的大法（天则）应当始于更早出现的天文历法，而不限于蚩尤族发明的刑之类的其他法律形式。

（三）"法王"：周公与孔子

伏羲之八卦在古代又称为"八索"，如《尚书正义》云："八卦之说，谓之《八索》。"索又有"戎索""周索"之说，如《左传·定公四年》中有"疆以周索""疆以戎索"之说。索还称为素，故"八索"又称为"八素"，因此八卦、八索、八素同义，都是指伏羲之八卦，故东汉刘熙撰《释名·释典艺》载："八索，索，素也。著素王之法，若孔子者，圣而不王，制此法者有八也。"而所谓的周索实是指周法，而所谓的"周法"，先后经历了"文王拘而演《周易》"的道法演绎，①又经历了周公制礼作乐的制度化建设，使得周朝在继承了伏羲道法的基础上，建立起自己的礼法体系，进而奠定了中国古代的制度文化体系，亦当称之为中国古代的第一法王，故周公之法可以以"索"称，如杜预注《左传·定公四年》云："居殷故地，因其风俗，开用其地，疆理土地以周法。索，法也。"因此，"素"和"索"都是指上古之大法。孔子是伏羲、周公大法的继承者，是八卦、八索、八素的继承者，孔子虽然不是世俗之王，但由于孔子是伏羲、周公大法的继承者，所以孔子可以称为素王。而素王本是法王之义，故孔子才有素王之称，此乃是言其得法王之大义矣！如此追根溯源，孔子当是法祖伏羲的继承者，是继周公之后的又一法王。

三、对道法起源的解释

（一）天：对"自然状态"的解释

前文说过，中国古代的道可以分为科学之道和人文之道，从起源讲，道应当源于科学之道，恰恰是科学之道赋予了其人文之道以神圣性。天文历法是"道"最原始的起源，所谓的伏羲之道，本质上就是天文历法，伏羲最大的成就是对天文现象进行了规律性的总结，创制了"大法"，古籍中所说的"大法"的原始内容就是天文历法。这里我们试作解析。

伏羲时代的天文历法一直具有神秘的神话色彩，在中国古代一直将伏羲称为"皇"，"皇治"是我们说的这个道法系统的最高境界。与"皇治"对应的是"道治"，又称为"天治"。按中国古人的说法，中国政法史的发展应该是经历了从天治、人治、法治三个阶段，其法哲学理论上的理想政法状态是天治（道治）状态，其后世王朝可能达到的政法状态，只是尽量追求天治、人治、法治三者的统一，即天、人、法三者合一的政法状态。因此伏羲之治是"天治"的开始，我们甚至可以将伏羲依天而治视为是中国古代法理学上的"自然状态"。

除了对上帝的假说外，西方法理学又有对人类早期"自然状态"的假

---

① 司马迁：《报任安书》，载《汉书·司马迁传》。

设。如果说西方的"自然状态"只是法律假说的话，那么中国的"自然状态"则是法律传统；如果说近代西方的"自然状态"假说是从人和人的原始关系开始（如卢梭、霍布斯等所说的"自然状态"），那么中国古代的"自然状态"传说则是从天与人的关系开始；如果说近代西方的"自然状态"假说是从人开始的话，那么中国古代的"自然状态"则是从天开始的。

中国古代的"天"，有昊天、苍天、旻天、上天，总之曰"皇天"。今、古文《尚书》以及《尔雅》皆如是称："《今尚书》欧阳说：春曰'昊天'，夏曰'苍天'，秋曰'旻天'，冬曰'上天'，总曰'皇天'。"①《古尚书》说云：天有五号，各用所宜称之：尊而君之则称'皇天'，元气广大则称'昊天'，仁覆悯下则称'旻天'，自上监下则称'上天'，据远视之苍苍然则称'苍天'。"②古"天"字可见于殷虚卜辞、盂鼎、大丰敦，其中的"天"皆象人形，《说文》释天为颠，是云："天，颠也。"《易·睽·六三》有"其人天且劓"一句，马融释此句之"天"为"凿颠之刑"，凿颠就是凿人的头顶，战国时秦人曾用之，故王国维解释说："是谓天乃是指人之颠顶，故象人形。"③因此，"天"的一种原始含义是指人行于地上，其头上就是天，这个天需要"仰观"才能识得。与近代西方古典法学中说的"自然状态"不同，尽管人类的生活都是从地上开始的，但是中国人对生活之"道"的认识却是从仰观于天开始的。

中国人认为"天生万物"，天、地、人之间有着亲密的养育关系，人是天地所生所养，故云"父天母地"。万物之中以人为贵，如汉代刘向《说苑·杂言》云："天生万物，唯人为贵。"《道德经》又有"道生一，一生二，二生三，三生万物"。④将"天生"思想与"道"的概念联系在一起，所有的生养关系都归于道。"道"曰"规"，"规"又曰"法"，故《淮南子·天文训》释曰："道曰规，始于一，一而不生，故分而为阴阳，阴阳合和而万物生。故曰'一生二，二生三，三生万物'。"意思是道生于一，一是指天地阴阳未分之混沌状

---

① 顾颉刚：《古史辨自序》（上册），商务印书馆 2011 年版，第 173 页。
② 同上。
③ 王国维：《观堂集林》卷第六《艺林六·释天》，河北教育出版社 2003 年版，第 171 页。
④ 《道德经》第四十二章。

态,此种状态不可能生长出万物,"道"也只孕于阴阳未分之混沌当中;二是指天地阴阳有分的状态,只是天地有分、阴阳有别也并不能生养包括人在内的万物;三是指天地阴阳相合的状态,只有天地阴阳与万物生长的属性相合,才能够生养出包括人在内的万物,万物之中唯人为贵,故只有天、地、万物(人)相合,才能完成这一生养关系的闭合,故有"三生万物"之说。因此,"一生二,二生三,三生万物"就是"道"(规)的初始展开。

天干、地支、五运六气是对天、地、人之"道"的规律性总结。天干有十,是甲、乙、丙、丁、戊、己、庚、辛、壬、癸,纪十数为一旬,纪三旬为一月,指天之道;地支有十二,曰子、丑、寅、卯、辰、巳、午、未、申、酉、戌、亥。纪每日之十二时、纪每年之十二月,是地之道;五运六气又叫气运,是对人所生长其中的环境变化的总结,是人之道。天干与地支相合,用以纪年、月、日时,俗语所谓"在天成象,在地成形,在人成运"是也。

天干象征天之道,又与地之阴阳五行(金、木、水、火、土)相合。在十天干中,甲、丙、戊、庚、壬为阳,乙、丁、己、辛、癸为阴。天干与五行合而有甲木、乙木、丙火、丁火、戊土、己土、庚金、辛金、壬水、癸水,用以说明每年季节的阴阳之性,故俗诗云:"春季甲乙东方木,夏季丙丁南方火,秋季庚辛西方金,冬季壬癸北方水,戊己中央四季土。"

天干地支来自对天象变化的"仰观",对地之"俯察",如《春秋命历序》曰:"定天之象,法地之仪。"其中天干是依据北斗的变化来测定的。北斗有斗柄,依据斗柄顺时针旋转所指来确定四方(东南西北),依据所指之四方来确定四时(四季)。具体是:斗指正东为春天,斗指正南为夏天,斗指正西为秋天,斗指正北为冬天。中国古人认为,四季的变化是北斗变化所致,正是因为北斗旋转从而产生了人间阴阳的变化,阴阳的概念最终来自天象。天干又与卦象联系在一起,如:斗指正东,天干甲乙,五行属木,时在仲春,卦象为震;斗指正南,天干丙丁,五行属火,时在仲夏,卦象为离;斗指正西,天干庚辛,五行属金,时在仲秋,卦象为兑;斗指正北,天干壬癸,五行属水,时在仲冬,卦象为坎。

天干地支又与人事相合,目的是要实现人事与天地之道相合,以得人与天地之道的中正之合，中国古人认为这才是最理想的"三生万物"状态，故又有所谓的"天干合""天干禄"，皆是人之运。所谓"天干合"，就是将人事分为阴和阳，以在婚姻嫁娶之时，研究双方的干支阴阳属性之间的相生相克关系，以此将婚嫁择偶分为中正之合、仁义之合、威制之合、淫慝之合、无情之合。所谓"天干禄"，就是依此干支，研究人是否可以得势而享福禄。其所谓的"五气六运"，都来自对天人对应关系的研究，形成一套推演逻辑，内容也十分复杂。

因此，中国古代的"道"作为"大法"，包含了上述"仰观""俯察"得来的一套天人定律。"道"最初就是起源于这样的天文历法研究，这也是为什么中国古代最高之大治是"天治"、最初之大法是"天法"的原因。故《管子·五行》云："故通乎阳气，所以事天也，经纬日月，用之于民。通乎阴气，所以事地也，经纬星历，以视其离。通若道然后有行，然则神筮不灵，神龟衍不卜，黄帝泽参，治之至也。"[1]

（二）"天法"：天道循环的法则

法律符号学是一门交叉学问，涉及文献记载、神话传说以及考古研究。中国的法律符号学可追溯至上古之世，中国法律的起源涉及两种重要符号，且都与天文观测有关。

首先，是"卍"符号。"卍"符号是我们至今可见的人类史上最早的符号，"卍"符号可能是中国最早的"法"。"卍"字符与伏羲创制的"献""法"一样，最初实是指其天文历法。今天佛教中的"卍"字符有"法轮常转"的意思，武则天最早将"卍"字符定音为"万"，宋人所编之《翻译名义集》卷六有载："主上（武则天）权制此文，著于天枢，音之为万，谓吉祥万德之所集也。"由此"卍"符"音之为万"，发"万"字音。"卍"符在佛教中被看作是佛法的象征符号，代表佛陀。梵文音译为"室利踞蹉洛刹那"，是"吉祥所集"的意思，是吉祥的象征。藏语词汇最直接的解释有二：一是永恒不变，二是吉祥。《大般若经》第381卷云佛祖如来的胸前、手足画的"卍"符是"吉祥喜旋"的意思，[2]印度教、

---

① 《管子·五行》，《诸子集成》（第5册），第242页。
② 魏红友：《马家窑彩陶中的"卍"形纹饰》，《文物鉴定与鉴赏》2012年第3期。

耆那教中也有。在藏传佛教中，"卍"符是"永恒不变"的象征。总体上讲，"卍"符象征两种含义：一是吉祥，二是永恒不变。在中国文化中，万事万物之中永恒不变的是"天"。中国出土的器物中同样有"卍"符，与世界其他地方相比，中国出土器物所见的"卍"符年代更久远，字形更为多样。从天文历法符号来看，对"卍"字符的研究有助于我们探究上古"大法"的内涵。

"卍"符是迄今人类所见最古老的符号，而且全球可见，印度人、凯尔特人、犹太人、希腊人、拉普兰人、巴厘岛人等皆有。其形虽不尽同，其状则无差异，卢浮宫所藏美索不达米亚的大碗上有"卍"符，希腊神殿建筑中都有"卍"符图案，雅典娜女神、神殿少女祭司的衣着及罗马神殿上也都有此符号。在世界各地出土文的"卍"字符中，中国出土数量最多，时间也最早。中国河姆渡文化的"四鸟骨兽尺"，简称为"四鸟万字符"，是最早的"卍"符，①大约在7 000年以前。甘肃临洮马家窑出土的彩陶上有"卍"符，距今5 800年以上。青海、辽宁也多有"卍"符出土。河姆渡文化的"四鸟骨兽尺"、马家窑出土的"卍"符有从右向左旋转的，也有少数从左向右旋转的，还有数个向左倾斜之"卍"字符，是马家窑文化的代表性符号。1977年新疆塔里木盆地出土的吐火罗人墓穴的陶碗上有一个"卍"符（距今4 000年以上），赤峰小沿河文化四件陶器上刻有七个"卍"符，大汶口文化晚期的一件陶器上有目前最早的双"卍"符。此一符号及变体又可见于商、西周、春秋、战国青铜器上，在中古以后的玉器、青铜器、帛画、漆画、画像砖、岩画上也不鲜见。因其年代和数量之故，有学者认为"卍"符源于中国而后才外传："传统观点认为万字符为苏美尔人首创，然后传遍全球，然而两河流域的万字符，与马家窑万字符基本同时，晚于河姆渡万字符上千年。"②考古显示，"卍"符是一个十分古老的符号，虽然形式多样，但形状基本相同。

甘肃的马家窑文化被考古学家认为是伏羲文化的发源地。从符号学的角度看，"卍"符应是伏羲文化的代表，中国所有古籍中伏羲氏文化的特

---

① 　张远山：《玉器之道》，中华书局2018年版，第89页。
② 　同上书，第309页。

点都是与"天"有关,伏羲也一直被公认为是天皇,《绎史》引《三坟》云《神农政典》云:"昔在天皇,肇修文教,始画八卦。"①这是说天皇始画八卦,八卦之成首先是从伏羲"仰观象于天"开始。在中国古籍中,天皇伏羲所行的治道是"天治","天治"自然要"仰观象于天","仰观象于天"才可知万物的阴阳属性及其变化。伏羲八卦的基本符号是阴阳,而伏羲之道的原素也是阴阳,因此张远山《玉器之道》一书认为中国古代的阴阳源代码就是"卍"符,"卍"符就是最早的天文星象符号。② 实际上,"卍"字符在华族文化中一直是象征"天枢"的符号,故武则天才有"着于天枢,音之为万"之说。"天枢"就是指中国古人说的"天枢星",是北斗七星之首。"北斗七星"指大熊座的天枢、天璇、天玑、天权、玉衡、开阳、摇光七星,因此"卍"符号是代表天枢星(北斗神)的符号。

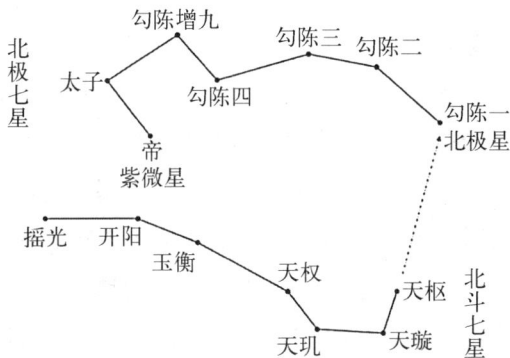

北极七星
勾陈增九
太子
勾陈四
勾陈三
勾陈二
勾陈一
北极星
帝
紫微星
摇光　开阳
玉衡
天权
天枢
北斗七星
天玑　天璇

根据相关学者的解读,从结构上看,河姆渡文化的"四鸟骨兽尺"反映的正是新石器时代中期的北极天象图。③

而原始的"卍"符号应该是北斗七星(拱极星)和北极七星(天极星)形状的合成符号,形成了"四季北斗绕极符",最早是河姆渡"四鸟骨兽尺"反映了北斗七星和北极七星之间的运行关系。西方神话中"四季"依据每一天太阳在天空的位置以及月亮绕日转动的周期来计算时间,根据月亮与太

---

① （清）马骕撰,王利器整理:《绎史》卷四《炎帝纪》引《三坟》,第28页。
② 参见张远山《玉器之道》,第89页。
③ 此图转引自张远山《玉器之道》,第88页。

阳的相对位置来编制历法。四季不仅象征太阳和月亮,每个季节还有专属的神灵、动物、花卉或颜色。① 但中国天文历法的起源不是从研究日、月之间的相对关系开始的,而是通过对星辰的观测,从研究北极星与北斗七星的相对绕行关系开始。

中国上古天文学源于对"北极七星"(天极星)和"北斗七星"(拱极星)之间关系的观测,中国人关于"中"的概念,最早应该是指天上的"中宫"。"中宫"又称"天极星",是由"北极七星"组成,其中有一星曰紫微星,紫微星又称帝星、太极星、天一、太一、泰一。中国人以十为天数,由于"一"为天数之所始,以"一"为贵,紫微星(帝星)被当作是"一",自然就是以紫微"中宫"为贵。中国上古历法为十月历,后来才发展为一年十二个月,还认为人天生有十指且是十月怀胎而成,合于"天之大数,毕于十旬"。②《义证》释云:"天数始于一,天上地下,贵贱判也。"③ 既然"一"是天数(天道)之始,且以"一"为贵,故紫微星又以天一、太一、泰一相称。唐司马贞《史记》索隐引宋均云:"天一、太一,北极神之别名。"《史记·封禅书》载亳人谬忌奏祠太一方云:"天神贵者太一。"《老子》曰:"道生一。"此外,北斗七星指大熊座的天枢、天璇、天玑、天权、玉衡、开阳、摇光七星,合称拱极星。中国古代先民夜观天象,形成了天道、天法、天数的概念,其内容包括:

首先,发现北斗七星总是环绕北极七星中的紫微星(帝星)顺时针循环旋转,是以形成了宇宙(天)是有"中心"的观念。紫微星又称北辰、紫宫、紫微垣。紫是玄的代称,紫宫也就是玄宫。仅从北半球来看,由地面观

---

① [英]米兰达·布鲁斯-米特福德、菲利普·威尔金森著,周继岚译:《符号与象征:图解世界的秘密》,生活·读书·新知三联书店 2009 年版,第 40 页。

② (清)苏舆撰,钟哲点校:《春秋繁露义证·阳尊阴卑第四十三》卷第十一,中华书局 1992 年版,第 323 页。

③ 在中国古代文化中,一直认为天数始于一,而止于十,从一到十就是天数。关于此天数之起源,古历法《夏小正》就是十月历,彝族历亦为十月历。如董仲舒《春秋繁露》云:"天之大数,毕于十旬。……十者,天数之所止也。古之圣人,因天数之所止,以为数纪。十如更始,民世世传之,而不知省其所起。……人亦十月而成,合于天道。"《义证》释云:"人生有十指,上古简朴,纪数以手,故止于十,天数实原于人。"又释云:"《易》:'天一地二,天三地四,天五地六,天七地八,天九地十。'"由于"天数始于一",故以"一"为贵,故又云"天一""太一""太极""泰一"。从一到十,又从十归于一,阳气以正月开始,"物随阳而出入,数随阳而始终",如此循环往复。引见(清)苏舆撰,钟哲点校《春秋繁露义证·阳尊阴卑第四十三》卷第十一,第 323—324 页。《白虎通》《春秋繁露》论仁义道礼、阴阳刑赏,其理论之源发于此。

之，紫微星（北极星）的位置几乎不变。对紫微星的位置几乎不变的这种认识，是上古中国人关于天象的第一个稳定的概念。而知道了天有一个不变的"中心"，于是就有了天一、太一、泰一的概念，有了"中宫"的概念。

其次，发现北斗七星总是围绕"紫微星"（帝星）有规律地循环旋转，于是将每旋转360度的时间定为一年，由此形成了"年"的概念。

再次，发现北斗七星斗柄绕"帝星"顺时针每旋转90度，地上气候寒暑不同，《鹖冠子》："斗柄东指，天下皆春；斗柄南指，天下皆夏；斗柄西指，天下皆秋；斗柄北指，天下皆冬。"进而分其东指为春，南指为夏，西指为秋，北指为冬，是以形成了"四时"（四季）的概念。

复次，同样以北斗七星斗柄围绕"帝星"顺时针每旋转90度分出东、南、西、北，是以形成了"四方"的概念。

最后，华族先民将四季北斗合一图，画出了"四季北斗合成图"，在此基础上形成了分别代表天球（顺时针）和地球（逆时针）旋转规律的两种万字符，中国古代占星所用的天盘和地盘就是因此原理而来。

于是中国上古先民有了"年""季""四时""四方"的概念，这些就构成了天道、天法（天文历法）最早的基本内容。"年""季""四方""四时"（四季）概念的形成是中国上古文明的一大进步，这些关于时间和空间的概念可以有效地指导人们的生产、生活。这些具有循环规律性的概念首先是建立在天上有一个永恒不变的中心的基础上的，《史记·天官书》："中宫天极星，其一明者，太一常居也。"如果没有位处中宫的"紫微星"（帝星、太一）这个不变的中心，这些关于时间和空间的概念也都无从产生。因此，中国人很早就有了对天的崇拜，具体来说就是对紫微星的崇拜，因此紫微星才被称为"帝星"。

董仲舒《春秋繁露·阴阳始终》云："天之道，终而复始。"所谓的"天道循环"，实际上是来自对这些星象循环运动规律的观测、研究和总结。所谓的"天法"，就是指北斗七星斗柄围绕着"帝星"按顺时针方向循环旋转的法则。因其绕转而形成四季变化的阴阳概念，是所谓"成四时而行阴阳也"，[1]从

---

[1] （唐）柳宗元撰：《柳河东集·天爵论》，上海人民出版社1974年版，第50页。

而形成了阴阳太极图。所谓太极，就是"太一"（帝星）之极的意思，后又因阴阳变化而有了《易》的理论。《易》就是对上古天文大法的总结，它的象征性符号就是阴阳太极图，而在更古老的意义上讲，《易》的象征性符号应该为"卍"符。"卍"符用最简单的形式反映"天道循环"的理论。故《淮南子·天文训》亦云："帝张四维，运之以斗。月徙一辰，复反其所。正月指寅，十二指丑，一岁而匝，终而复始。"简言之，"卍"符的秘密实际上就是指一年十二个月之"终而复始"。

（三）明堂大政：《月令》之天则

《月令》见之于《礼记·月令》《吕氏春秋·十二纪》《逸周书·月令》，是依据上述中国古老的历法，"为天子居明堂的大政"，[1]虽然对其是否出自《周礼》或《吕氏春秋》尚有异议，但是至少可以肯定，其酝酿于战国至西汉时期。[2]《月令》的内容不仅反映了中国古老的天文历法，更反映了中国人对四季法则的认识。在这个意义上讲，《月令》反映的是天道的具体内容，属于"天法"，是上天的法律。《月令》主要采取以"以时系事"的方式，由时而定事，由事而定法，依一年四季十二月之时令，记述了祭祀礼仪、职务、法令、禁令，并归之于五行相生的系统中，是王者以此来安排生产生活的政令，故名《月令》。

"法天"是中国法律的一个重要概念，是其制度发生的元命题。"天道""天理""天心"一直是中国文化和中国制度文化的终极概念，中国人贵天、美天、尚天，"仁之美者，在天。天，仁也"，"仁，天心"，[3]"天之任阳不任阴，好德不好刑"。[4] 人受命于天，取仁于天，人道的原则在于"法地顺天"，[5]对天的敬畏来自中国是以农耕文化为基础，故中国人研究"天"不是为了研究"天"本身（西方的自然科学是要研究"天"本体的），而是为了研究"天数""天意"，这正是传统文化一直"敬天""配天"的原因。"天道"是

---

[1]　顾颉刚：《古史辨自序》上册，第 171 页。
[2]　同上。
[3]　（清）苏舆撰，钟哲点校：《春秋繁露义证》卷第六，第 161 页。
[4]　（清）苏舆撰，钟哲点校：《春秋繁露义证》卷第十一，第 338 页。
[5]　《白虎通·五行篇》云："子顺父，妻顺夫，臣顺君，何法？法地顺天也。"见（清）苏舆撰、钟哲点校《春秋繁露义证》卷第十一，第 326 页。

中国人的"原道"，是中国一切政治和法律的元始。自上古以来中国人最早的"官"，是研究天象历法的"天官"，在中国统治者的号俗之称中，无论是最初的"王"还是后来的"皇帝"，都被称为是"天王"，《春秋左传》云："施于夷狄称天子，施于诸夏称天王。"①中国的法律一直不允许民间研究或妄议天象，这不仅是人们常说的会动摇"天王"的权威，更因为会影响具有很强季节性的、国家赖以生存的农事。

《白虎通》《春秋繁露》以政法为内容的阴阳五行论，同样也是《尚书》中《洪范》的基本理论，《洪范》的地位相当于今天宪法的基本理论。阴阳五行的理论同样被应用于《月令》当中，《月令》把阴阳五行配入一年四季（四时）十二个月中，作为天道运行的法则，而五行的周而复始又成为历史运行的法则。《礼记》中的《明堂》一章就是说明这个原则，明堂是指古代天子的宫室，天子在这里按照阴阳五行四时十二月的宇宙运行规律发布政令，主持政务，以及处理日常生活的一切。也就是说，明堂是天子在施政上、生活上"法天地"的神圣之地。故《月令》由时而定事，由事而定法，是每年依时间的变化而应为之事，中国古代有称时令，意思是这不是人的命令，而是天之法则，兹举《礼记·月令》可知，内容略如：

1. 春天之令，春天分孟春、仲春、季春。

孟春 孟春乃四季之初，天子的政治活动及禁忌如下：赏庆，施惠，布农事，息兵戎，守典奉法，禁伐木，禁杀幼鸟虫卵，修封疆，审经术。毋聚大众，毋置城郭，掩骼埋胔。

（1）"乃命大史，守典奉法"，"王命布农事，命田舍东郊，皆修封疆，审端经术"。

（2）"不可以称兵，称兵必天殃。兵戎不起，不可从我始。毋变天之道，毋绝地之理，毋乱人之纪"。

（3）"命祀山林川泽，牺牲毋用牝。禁止伐木。毋覆巢，毋杀孩虫、胎、夭、飞鸟。毋麛，毋卵，毋聚大众，毋置城郭，掩骼埋胔"。

（4）"赏公、卿、诸侯、大夫于朝。命相布德和令，行庆，施惠，下及兆

---

① （清）陈立撰，吴则虞点校：《白虎通疏证》卷一《爵》，淮南书局影印本，光绪元年春第1页。

民。庆赐遂行,毋有不当"。

(5)"孟春行夏令,则雨水不时,草木蚤落,国时有恐。行秋令,则其民大疫,猋风暴雨总至,藜莠蓬蒿并兴。行冬令,则水潦为败,雪霜大挚,首种不入"。

仲春

(1)"命有司省囹圄,去桎梏,毋肆掠,止狱讼"。

(2)"先雷三日,奋木铎以令兆民曰:雷将发声,有不戒其容止者,生子不备,必有凶灾"。

(3)"毋竭川泽,毋漉陂池,毋焚山林"。

(4)"仲春行秋令,则其国大水,寒气总至,寇戎来征。行冬令,则阳气不胜,麦乃不熟,民多相掠。行夏令,则国乃大旱,暖气早来,虫螟为害"。

季春

(1)"天子布德行惠:命有司发仓廪,赐贫穷,振乏绝;开府库,出币帛,周天下;勉诸侯,聘名士,礼贤者"。

(2)"命司空曰:时雨将降,下水上腾,循行国邑,周视原野,修利堤防,道达沟渎,开通道路,毋有障塞"。

(3)"田猎罝罘、罗网、毕、翳、餧兽之药,毋出九门"。

(4)"命野虞无伐桑柘。鸣鸠拂其羽,戴胜降于桑。具曲、植、籧、筐。后妃齐戒,亲东乡躬桑。禁妇女毋观,省妇使,以劝蚕事"。

(5)"季春行冬令,则寒气时发,草木皆肃,国有大恐。行夏令,则民多疾疫,时雨不降,山林不收。行秋令,则天多沉阴,淫雨蚤降,兵革并起"。

2. 夏天之令,夏天分孟夏、仲夏、季夏。

孟夏

(1)"继长增高,毋有坏堕,毋起土功,毋发大众,毋伐大树。是月也,天子始絺。命野虞出行田原,为天子劳农劝民,毋或失时。命司徒巡行县鄙,命农勉作,毋休于都"。

(2)"驱兽毋害五谷,毋大田猎"。

(3)"聚畜百药。靡草死,麦秋至。断薄刑,决小罪,出轻系。蚕事毕,后妃献茧。乃收茧税,以桑为均,贵贱长幼如一"。

（4）"孟夏行秋令,则苦雨数来,五谷不滋,四鄙入保。行冬令,则草木蚤枯,后乃大水,败其城郭。行春令,则蝗虫为灾,暴风来格,秀草不实"。

仲夏

（1）"其帝炎帝,其神祝融"。

（2）"令民毋艾蓝以染,毋烧灰,毋暴布。门闾毋闭,关市毋索。挺重囚,益其食"。

（3）"君子齐戒,处必掩身,毋躁。止声色,毋或进。薄滋味,毋致和。节耆欲,定心气,百官静,事毋刑,以定晏阴之所成。鹿角解,蝉始鸣。半夏生,木堇荣"。

（4）"仲夏行冬令,则雹冻伤谷,道路不通,暴兵来至。行春令,则五谷晚熟,百螣时起,其国乃饥。行秋令,则草木零落,果实早成,民殃于疫"。

季夏

（1）"其帝炎帝,其神祝融"。

（2）"命四监大合百县之秩刍,以养牺牲。令民无不咸出其力,以共皇天上帝、名山大川、四方之神"。

（3）"树木方盛,乃命虞人入山行木,毋有斩伐。不可以兴土功,不可以合诸侯,不可以起兵动众,毋举大事,以摇养气。毋发令而待,以妨神农之事也"。

（4）"土润溽暑,大雨时行,烧薙行水,利以杀草,如以热汤。可以粪田畴,可以美土强"。

（5）"季夏行春令,则谷实鲜落,国多风咳,民乃迁徙。行秋令,则丘湿水潦,禾稼不熟,乃多女灾。行冬令,则风寒不时,鹰隼蚤鸷,四鄙入保"。

3. 秋天之令,秋天分孟秋、仲秋、季秋。

孟秋

（1）"是月也,以立秋"。

（2）"天子乃命将帅,选士厉兵,简练桀俊,专任有功,以征不义。诘诛暴慢,以明好恶,顺彼远方"。

（3）"命有司修法制,缮囹圄,具桎梏,禁止奸,慎罪邪,务搏执。命理瞻伤、察创、视折、审断。决狱讼，必端平。戮有罪，严断刑。天地始肃，不可以赢"。

（4）"命百官，始收敛。完堤防，谨壅塞，以备水潦。修宫室，坏墙垣，补城郭。是月也，毋以封诸侯、立大官，毋以割地、行大使、出大币"。

（5）"行冬令，则阴气大胜，介虫败谷，戎兵乃来。行春令，则其国乃旱，阳气复还，五谷无实。行夏令，则国多火灾，寒热不节，民多疟疾"。

仲秋

（1）"乃命有司，申严百刑，斩杀必当，毋或枉桡。枉桡不当，反受其殃"。

（2）"乃命有司，趣民收敛，务畜菜，多积聚。乃劝种麦，毋或失时。其有失时，行罪无疑"。

（3）"易关市，来商旅，纳货贿，以便民事。四方来集，远乡皆至，则财不匮，上无乏用，百事乃遂"。

（4）"行春令，则秋雨不降，草木生荣，国乃有恐。行夏令，则其国乃旱，蛰虫不藏，五谷复生。行冬令，则风灾数起，收雷先行，草木蚤死"。

季秋

（1）"申严号令，命百官贵贱无不务内，以会天地之藏，无有宣出"。

（2）"霜始降，则百工休。乃命有司曰：寒气总至，民力不堪，其皆入室"。

（3）"大飨帝，尝牺牲，告备于天子。合诸侯，制百县，为来岁受朔日，与诸侯所税于民轻重之法，贡职之数，以远近土地所宜为度，以给郊庙之事，无有所私"。

（4）"草木黄落，乃伐薪为炭。蛰虫咸俯在内，皆墐其户。乃趣狱刑，毋留有罪。收禄秩之不当、供养之不宜者"。

（5）"行夏令，则其国大水，冬藏殃败，民多鼽嚏。行冬令，则国多盗贼，边竟不宁，土地分裂。行春令，则暖风来至，民气解惰，师兴不居"。

4. 冬天之令，分孟冬、仲冬、季冬。

孟冬

（1）"天子亲帅三公、九卿、大夫以迎冬于北郊，还反，赏死事，恤孤寡"。

（2）"命司徒循行积聚，无有不敛。坏城郭，戒门闾，修键闭，慎管钥，固封疆，备边竟，完要塞，谨关梁，塞徯径。饬丧纪，辨衣裳，审棺椁之薄厚，茔丘垄之大小、高卑、厚薄之度，贵贱之等级"。

（3）"功有不当，必行其罪，以穷其情"。

（4）"孟冬行春令，则冻闭不密，地气上泄，民多流亡。行夏令，则国多暴风，方冬不寒，蛰虫复出。行秋令，则雪霜不时，小兵时起，土地侵削"。

仲冬

（1）"仲冬行夏令，则其国乃旱，氛雾冥冥，雷乃发声。行秋令，则天时雨汁，瓜瓠不成，国有大兵。行春令，则蝗虫为败，水泉咸竭，民多疥疠"。

季冬

（1）"命有司大难，旁磔，出土牛，以送寒气"。

（2）"征鸟厉疾，乃毕山川之祀，及帝之大臣，天之神祇"。

（3）"命渔师始渔，天子亲往。乃尝鱼，先荐寝庙"。

（4）"令告民出五种，命农计耦耕事，修耒耜，具田器"。

（5）"命乐师大合吹而罢。乃命四监收秩薪柴，以共郊、庙及百祀之薪燎"。

（6）"专而农民，毋有所使"。

（7）"天子乃与公卿大夫共饬国典，论时令，以待来岁之宜"。

（8）"乃命太史，次诸侯之列，赋之牺牲，以共皇天上帝、社稷之飨"。

（9）"乃命同姓之邦，共寝庙之刍豢"。

（10）"命宰历卿大夫至于庶民土田之数，而赋牺牲，以共山林名川之祀。凡在天下九州之民者，无不咸献其力，以共皇天上帝、社稷寝庙、山林名川之祀"。

《月令》之用，在于遵循春夏秋冬的自然规律以"敬授人时"，"以为大法"，以行明堂之大政。如柳宗元云："《吕氏春秋》十二纪，汉儒论以为《月令》，措诸《礼》以为大法焉。"[①]又揆之云："诚使古之为政者，非春无以布德

---

① （唐）柳宗元撰：《柳河东集·时令论上》，第53页。

和令,行庆施惠,养幼少,省囹圄,赐贫穷,礼贤者;非夏无以赞杰俊,遂贤良,举长大,行爵出禄,断薄刑,决小罪,节嗜欲,静百官;非秋无以选士厉兵,任有功,诛暴慢,明好恶,修法制,养衰老,申严百刑,斩杀必当;非冬无以赏死事,恤孤寡,举阿党,易关市,来商旅,审门闾,正贵戚近习,罢官之无事者,去器之无用者。"①

(四)灵台：天治的场所

中国古代很早就有用于观天的天坛和察地的地坛,由于天坛、地坛各分三层,即上台、中台、下台,所以又被后人称为"三层台"。上台用于观测天象,又叫"昆仑台""灵台";②中台用于祭祀,又叫"祭坛",或者叫"宗庙";下台是人王居所,又叫"宣室",或叫"明堂"。

"三层台"是指天、地、人合于一处,古之造坛、造屋均不过三层,即是源于此。"三层台"还是天坛与地坛的统称,天坛与地坛的区别在于:天坛顶层是"仰观于天"夜观天象之昆仑台,地坛的顶层是"俯察于地"昼测圭影之昆仑台;天坛中层是祭天之祭坛,地坛的中层是祭地(兼祭祖)之祭坛;天坛底层是酋长王族之墓冢,地坛底层是贵族墓冢。凡此二坛,居上台之昆仑台或灵台观测天象者为天文官,居中台之祭坛、宗庙祭祀天、地、王族的祖先者为祭司,居下台之宣室、明堂者为王族、贵族之墓冢。依此三层秩序,天、地、人自上而下统归于一坛,形成了天人合一的关系,合于天、地、人之大法、大道,故后之《道德经》云:"人法地,地法天,天法道,道法自然。"③总之,无论天坛还是地坛,上层都作观测之用,中层都作祭祀之用,下层都作墓冢之用。因此,出土所见的"三层台"的功能是观测、祭祀、墓冢,是观测、祭祀、墓冢合于一台,应该是上古时期天文观测的中心,也是上古之时的政治中心。

上古之世,"三层台"的上层和中层为天地场域,底层为人之场域。上

---

① (唐)柳宗元撰:《柳河东集·时令论上》,第54页。
② 所谓"灵台",马瑞辰撰《毛诗传笺通释·灵台》云:"瑞辰按:'毛传:神之精明者称灵。'"又《诗》云:"爰始灵台。"传:"神之精明者称灵,四方而高曰台。"马瑞辰又按:"许慎《五经异义》又引公羊说:'天子三,诸侯二。天子有灵台以观天文,有时台以观四时施化,有囿台以观鸟兽鱼鳖。诸侯当有时台、囿台,诸侯卑,不得观天文,无灵台。'"是言灵台是用以观天文之台。见(清)马瑞辰撰《毛诗传笺通释》卷二四《灵台》,中华书局1989年版,第857页。
③ 《道德经》第二十五章。

古"三层台"的形制与中古夏商周的"明堂"的形制相合，中古时的"明堂"亦是三层，其上层为灵台，中层为宗庙，下层为宣室。明堂"堂方一百四十四尺，高三尺，阶广六尺三寸，室居中，方百尺，室中方六十尺，户高八尺，广四尺，牖高三尺，门方十六尺东应门，南库门，西皋门，北雉门。东方曰青阳，南方曰明堂，西方曰总章，北方曰玄堂，中央曰太庙，亦曰太室，左曰左介，右曰右介"。又，孟子对齐宣王解释明堂功能，曰："夫明堂者，王者之堂也。王欲行王政，则勿毁之矣。"集注："明堂，王者所居，以出政令之所也。"①

此外，明堂与辟雍指同一个地方，只是称谓不同。明堂或辟雍都是由上古"三层台"演化而来，本是观测天文之所。明堂"上通于天"，是明天气、象日辰之地；辟雍"水环四周"，象征如此可以"统万物"而"广德及四海"。先秦史书《逸周书·明堂解》有云："明堂，明诸侯之尊卑也。"②《月令》："明堂者，所以明天气，统万物。明堂上通于天，象日辰，故下十二宫象日辰也。水环四周，言王者动作法天地，广德及四海，方此水也，名曰辟雍。"如此，明堂及辟雍是王者"作法天地"的地方，又是古代王官学之所在地，直至清代，辟雍仍然是最高学府国子监之所在，是培养国家官员的地方。那些在辟雍学习的士人在此学习，"以期作圣"而与天地合。自古明堂还是进行王会之地，夏、商、周皆有王会之制，是古代最重要的政治活动，也中国古代最重要的政治制度。

明堂又曰帝宫，后又是灵台、太庙、辟雍之所。传说中是从神农氏时开始称为帝宫的，成为帝王祭祀上帝、先祖和朝聘诸侯的地方。故阮元《明堂论》云："神农氏作，始为帝宫，祀上帝则于是，祀先祖则于是，朝诸侯则于是，此古之明堂也。"③蔡邕《明堂月令论》称明堂是清庙、太庙、明堂、太室、太学、辟雍，皆"异名而同事，其实一也"。④ 由此，三层台的功能已经从原

---

① 《孟子·梁惠王章句下》，朱熹撰：《四书章句集注》，中华书局1983年版，第218页。
② 黄怀信、张懋镕、田旭东撰：《逸周书汇校集注·明堂解第五十五》，上海古籍出版社2007年版，第715页。
③ （清）阮元撰，邓经元点校：《揅经室集·明堂论》，中华书局1993年版，第57—58页。
④ （汉）蔡邕撰：《明堂月令论》，邓安生编：《蔡邕集编年校注》，河北教育出版社2002年版，第518页。

来观测、祭祀、墓冢合一演化为祭祀、朝聘、政学合一，成为了神教、①政法活动的中心场所。

无论是出土所见的上古之坛，还是中古以后的明堂，都是古代的神教、政法活动中心。上古（太古）三层台的下层虽然是墓冢，但也是帝王从事日常政法活动之所在，神农氏之后开始用于朝聘诸侯，因此阮元才称"神农氏作，始为帝宫"。上古的三层台和中古的明堂都遵循了天、地、人合一的"天治"格局，中古的明堂实是仿上古三层台之制。古之帝王于上层仰观于天，于中层俯察于地并怀念先人之训，于下层从事政事法律活动，由此成就帝王之道，成为沟通天、地、人的王者。"王"字的本义自古就是能够沟通天地上下的人，《说文》记孔子曰："一贯三为王。"三者，天、地、人也。董仲舒云："古之造文者，三画而连其中，谓之王。三画者，天地与人也，而达其中者，通其道也。取天地与人之中以为贯而参通之，非王者孰能当是？"②"王"又被解释成"王道"，是人道之始，故董仲舒又曰："道，王道也。王者，人之始也。王正则元气和顺、风雨时、景星现、黄龙下。王不正则上变天，贼气并现。"③汉代何休注"王"字，言其是"人道之始也"。④"王"之所以被解释成为"人道之始也"，是因为凡王者，当是"取天地与人之中以为贯而参通之"。故古代对王者之治的定义，乃是言其能够合天、地、人之治者，由此王者需要有因天而治的天人合治场域。

中：古坛的形制　上古"卍"字符的基本形状是双钩"十"字形，又与"中"类似。"卍"作为双钩"十"字形，又与"三层台"的形制相对应。

张远山先生在其所著的《玉器之道》一书中，对"三层台"的形制、功能有比较细致的考证，据此我们可以更清楚地了解中国上古天治的场景。从中国治道史的角度看，"三层台"应当就是中国古代"天治"时期的中心场所。关于"三层台"的考古，如甘肃大地湾四期遗址（公元前4500年）有"大庭"，其底层为"亞"字形；姜寨一期（公元前4500年）底层为"亞"字形

---

① 指儒家说的"神道设教"。
② （清）苏舆撰，钟哲点校：《春秋繁露义证·王道通三第四十四》，第328—329页。
③ （清）苏舆撰，钟哲点校：《春秋繁露义证·王道第六》，第101页。
④ 同上。

地基,疑似为伏羲文化遗址;辽宁喀左东山嘴、辽宁建平牛河梁红山文化遗址有上古时的"天坛""地坛",疑似为黄帝族之文化遗迹。① 一般天坛为方形,地坛为圆形,二者紧邻,故《礼记·郊特性》云:"以圆丘祭天,以方坛祭地。"辽宁红山文化遗址出土的"三层台"与后之"明堂"的平面形制一样呈"亞"字形。三层台的"亞"字形也可以用"中"字型来表示,基本轮廓是"十"字型,这与代表天法的"卍"符相一致,"卍"符的基本形状也是"十"字型。从文字上看,"亚"字的旧体为"亞",在甲骨文、金文中之"亚"字的形体呈"十"字轮廓的双钩线,②这是"亚"的原型,后讹变为"亞"。明朝张自烈《正字通·二部》曰:"亚,赵古则曰:'物之岐者曰亚。'"③根据对夏商周青铜铭文的研究,夏商周巫史家族族徽均是"亞",如商周金文中羲和氏、共工氏、豨韦氏、玄鸟氏、伯赵氏、青鸟氏、丹鸟氏、方相氏这些巫史家族的族徽都是"亞"字形。④ 在古汉语中,"亞"字本就是表"祭坛"之形意。上古三皇时三层台的顶层又叫昆仑台,即是中古夏商周时明堂之灵台,昆仑台、明堂都是三层结构,都是观测天地以明历法的所在,中国古代历代天文台都是方形三层。不仅如此,其形制均为"亞"字形。

中国古代的明堂、宣室、宗庙、燕寝皆源于此古制,从王国维《观堂集林》中所绘明堂平面结构图看,后之宣室、宗庙、灵台也皆是此种形状,简而言之,就是"中"字形。⑤ 王国维《观堂集林·明堂庙寝通考》云:"明堂之制,既为古代宫室之通制,故宗庙之宫室亦如之。"⑥又云:"则《吕氏春秋》之四堂、一太室实为古制。《考工记》中世室、五室、四旁、两夹、四阿、重屋等语,均与古宫室之制度合。"⑦"此置室最近之法,最利于用,而亦足以为观美。明堂、辟雍、宗庙、大小寝之制,皆不外由此而扩大之缘饰之者也。古制中之聚讼不决者,未有如明堂之甚者也。"⑧其明堂、宗庙、大寝、燕寝

---

① 张远山:《玉器之道》,第 373 页。
② 高明编:《古文字类编》,中华书局 1980 年版,第 5 页。
③ 张远山:《玉器之道》,第 377 页。
④ 同上。
⑤ 王国维:《观堂集林》卷三《艺林三·明堂庙寝通考》,第 84—85 页。
⑥ 同上书,第 77 页。
⑦ 同上书,第 73 页。
⑧ 同上。

之平面图如下：①

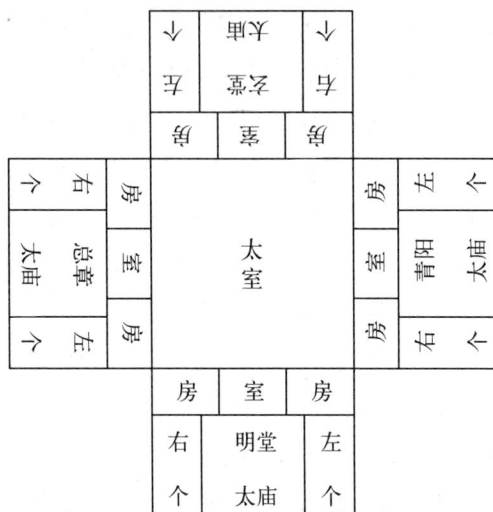

明堂图

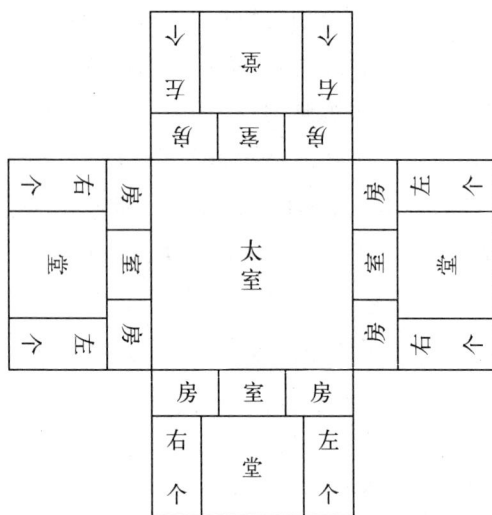

宗庙图

---

① 王国维：《观堂集林》卷三《艺林三·明堂庙寝通考》，第84—85页。

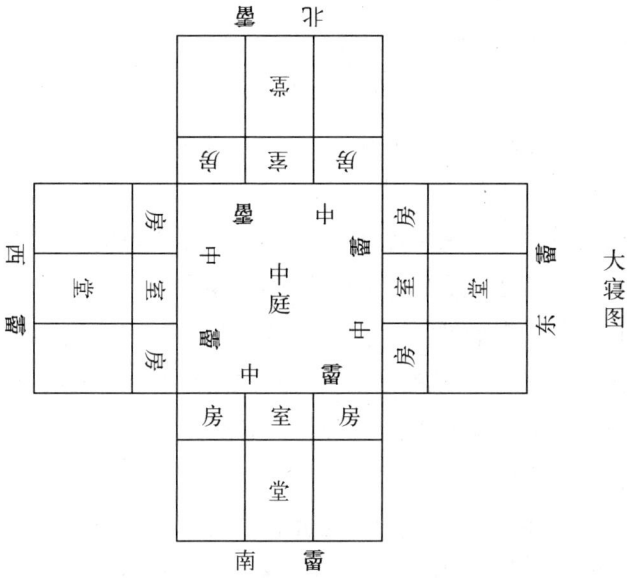

大寝图

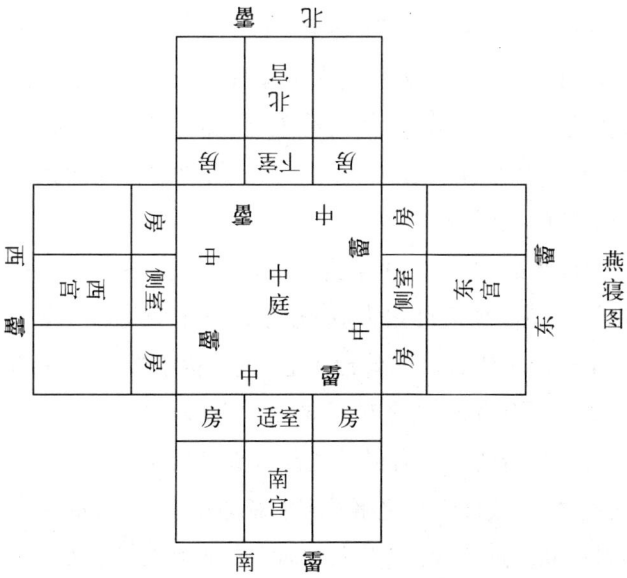

燕寝图

此外，在中国古代传说中，天上的"太一"（帝星）也有三台，即上台、中台、下台，这对应了地上观天、祭天的昆仑台或明堂。中国叫昆仑山、昆仑虚的地方不少，此名称源于上古之"昆仑台"，天上的"太一"与昆仑山相对应，故又称太一山、太乙山、太白山或太极山，甚至就叫三层台，如今陕西武功县之太一山、太白县之太白山，《水经注》："太一山，亦曰太白山。"汉代纬书《河图括地象》云："昆仑者，地之中也。"又称："地中央曰昆仑，东南五千里名曰神州，中有五山，帝王居之。"因此昆仑的意思是地上的中央，昆仑是大地的中心。三层台（明堂、宣室、宗庙、灵台）的平面结构是一个"中"字形，将"昆仑"解释为大地的中央，这与三层台对应的是天的中央是一致的，这就是中国人总是强调"中"的概念的起源。

前述中国古代有以三公配三台之说，晋人皇甫谧之《帝王世纪》云："黄帝以风后配上台，天老配中台，五圣配下台，谓之三公。"[1]风后、天姥、五圣为黄帝的"三公"。其中风后为伏羲之后，晓悉天道，故使配上台。《路史·国名记》："上世式国于风而为姓，故伏羲之后，有风后。"又郑樵《通志·氏族略》："（风氏）姓也，伏羲氏之姓。……此虽姓也，古之时亦有以为氏者，黄帝之臣风后是也。"《路史·国名记》言风后："且善伏羲之道，因八卦设九宫，以安营垒，定万民之窜。蚩尤之灭，多出其徽猷。"《史记·五帝本纪》皆注风后于天道，故使之配上台，而职天官。《职官要录》亦云"以风后配上台"，风后就是黄帝的天事官。因此，这里讲的黄帝时的三台就是我们前面说的三层台。

三层台对应天的中央，因此自然被认为是大地的中央。考古所见最早的三层台是甘肃大地湾遗址之大庭，建于山顶的大庭处于整个遗址的中心。三层台是中国古代最早的政治中心，上古因有"三台"而配"三公"之职。"三公"之职历代所称虽略有不同，然"三公"却一直为中国古代职官中的至尊者。三层台的上台为观天之台，《春秋内事》又言："黄帝师风后，风后善于伏羲之道，故推阴阳之事。"[2]伏羲仰观于天，俯察于地，得阴阳之理，能推阴阳之事，乃行"天治"之人。风后因擅伏羲之道而成为黄帝的天

---

① （清）马骕撰，王利器整理：《绎史》卷五《黄帝纪》引《帝王世纪》，第38页。
② 同上。

事官,自然是居于三层台之上台,承担着最重要的观天任务,故当时风后为三公之首。由此可知,"三层台"是华族最早的政治中心,其自上而下以三公配三台。

"三层台"也是中国宫殿的原型,颖容《春秋释例》释"宫",以为清庙、太庙、辟雍、灵台、太学、太室,总谓之曰"宫","肃然清静,谓之清庙。行禘祫,序昭穆,谓之太庙。告朔行政,谓之明堂。行飨射,养国老,谓之辟雍。占云物,望氛祥,谓之灵台。其四明之学,谓之太学。其中室,谓之太室。总谓之宫"。[①] 因此,我们可以说原始的三层台是集"宫"于一体,是中国上古天治时代的政治中心,也是中国道法秩序的开始和象征。

中国古代天文学产生极早,但却没有进一步成为可以自由研究的科学,这与中国天文学发展史上"绝地天通"的故事有关。《山海经·大荒西经》、《尚书·吕刑》伪孔传、《国语·楚辞下》、《史记·历书》中都有"绝地天通"的记载。所谓"绝地天通",也许并不是什么神话,"实为严禁传播天文历法知识,包括天文历法符号"的事件,[②]上古华族的天法秩序出现过两次大的混乱:一是"神农世衰"时,出现过蚩尤"惟始作乱";二是"少皞之衰也",出现的"九黎乱德"。这是与"绝地天通"相关的两个大事件。

四、天则的秘密：蚩尤乱天法

讨论古代中国法不可以一味言"法律"二字,而应以"道法"言之。中国上古道法始于天则,即指古代的历法。历法之用在于有利于农事,这可以说是当时的大宪,因此凡是王者易姓而兴,必推天之元气运行所在,以奉承天意而施教法,故《史记·历书》云:"王者易姓受命,必慎始初,改正朔,易服色,推本天元,顺承厥意。"上古之官制法律亦起于"历法",历法有四时,有五行,故而才有五官,这是上古官制之起源,《史记·历书》云:"盖黄帝考定星历,建立五行,起消息,正闰余,于是有天地神祇物类之官,是谓五官。各司其序,不相乱也。"由于上古官制起于"历法","历法"已是其制度

---

① （清）阮元校刻：《十三经注疏·毛诗正义》卷十六《灵台》,孔颖达疏引,中华书局2009年版,第1128页。
② 张远山：《玉器之道》,第232页。

文明的标志，因此"五帝"之世，尤忌"历法"混乱。如黄帝之子少皞之世衰，因九黎乱德，废南北二官，导致"历数失序"，乱其大法，"其后三苗服九黎之德，故二官咸废所职，而闰余乖次"。[①] 到了尧之时，才重立羲和之官，明时正度，恢复其旧典常道。"复遂重黎之后，不忘旧者，使复典之，而立羲和之官。明时正度，则阴阳调，风雨节，茂气至，民无夭疫"。[②] 上古天法（历法）从三皇之始从无相乱，天法（历法）之乱，见之于"九黎乱德"以及蚩尤"爰始作乱"。

（一）释"绝地天通"

中国历史上关于"绝地天通"的史料大致有：

《山海经·大荒西经》言："帝（颛顼）令重献上天，令黎抑下地。"

《尚书·吕刑》中引周穆王的话："王曰：若古有训，蚩尤惟始作乱，……罔中于信，以覆诅盟。……（颛顼）哀矜庶戮之不辜，报虐以威，遏绝苗民，无世在下。乃命重、黎绝地天通，罔有降格。"

《尚书·吕刑》孔安国传云："重即羲，黎即和。尧命羲和世掌天地四时之官，使人神不扰，各得其序，是谓绝地天通。"

《国语·楚语下》中观射父对楚昭王说："及少皞之衰也，九黎乱德，民神杂糅，家为巫史，民渎齐盟，无有严威。颛顼受之，乃命南正重司天以属神，命火正黎司地以属民，无相侵渎，是谓绝地天通。"

《史记·历书》云："少皞之衰也，九黎乱德，民神杂糅。乃命南正重司天以属神，命火正黎司地以属民，无相侵渎。尧复遂重黎之后，而立羲和之官，明时正度。"

根据上述史料提供的信息，我们试作可以分析：

第一，重氏、黎氏就是羲氏、和氏两个家族。如《大荒西经》言，颛顼令"重献上天"，"黎抑下地"，说明至少从颛顼时，重氏和黎氏两个家族就开始掌握天数历法。如《吕刑》言"重即羲，黎即和"，《史记·历书》又云："尧复遂重黎之后，而立羲和之官。"因此尧之时的羲氏与和氏就是颛顼时的重氏和黎氏，这两个家族是世掌天地四时之官，且如古之史官是家传继

---

① 《史记》卷二六《历书第四》，上海古籍出版社2011年版，第1045页。
② 同上。

承一样，有家族"世掌"的传统，故《史记·历书》有云"天之历数在尔躬"，这也是前述伏羲时代"五官"的继承传统。如《国语·楚辞下》和《史记·历书》所说，南正与火正是重氏与黎氏两个家族的官名，古之官名多以"正"命名。且二书都提到颛顼时命南正重司天，命火正黎司地，意思是重氏负责观测天象变化，黎氏负责考察地利民生，观测天象的"属神"，考察地利民生的"属民"。

第二，所谓"绝地天通"，是指颛顼之世或颛顼之前，重氏司天，黎氏司地，二者本各有分工，因此"人神不扰，各得其序"，"无相侵渎"，以致于天文历法不乱，这就是所谓的"绝地天通"。这种分工在"神农氏世衰"之时出现了一次大的混乱，导致了原有的依靠天法权威进行统治的部落联盟出现了分离，破坏了原来"人神不扰"的"绝地天通"的局面，以致于有了"轩辕乃习用干戈，以征不享"的故事。后来少暤之衰时，又有九黎乱德，出现"民神杂糅"，"家为巫史"的局面。

（二）神农氏世衰：蚩尤惟始作乱

蚩尤氏"明于天道"　关于蚩尤，有史料认为蚩尤本是"明于天道"的，神农之世，蚩尤氏可能是天官。按《管子·五行》的说法：

> 帝得蚩尤而明于天道，得大常而察于地利，得奢龙而辩于东方，得祝融而辩于南方，得大封而辩于西方，得后土而辩于北方。黄帝得六相而天地治神明至。蚩尤明乎天道，故使为当时；大常察乎地利，故使为廪者。奢龙辨乎东方，故使为土师；祝融辨乎南方，故使为司徒；大封辨于西方，故使为司马；后土辨乎北方，故使为李（狱官）。是故春者土师也，夏者司徒也，秋者司马也，冬者李（狱官）也。[1]

这是说黄帝有蚩尤、大常、奢龙、祝融、大封、后土"六相"辅佐，他们分别掌管天时、地利、东方、南方、西方、北方。其中首先明确说到了蚩尤是"六相"之首，黄帝因为得了蚩尤而"明于天道"，因为"得六相而天地治"，

---

[1] 《管子·五行》，《诸子集成》第5册，第242页。

依此，蚩尤无疑是黄帝的天官。蚩尤"明于天道"或曰"明乎天道"，"故使为当时"。所谓"当时"，"谓知天时之所当也"，[1]被任命为掌管观测天文的官员，因此黄帝之世通天观测应该是蚩尤族的本职。不仅如此，蚩尤族可能在此之前就已经是观测天文的天官了，故《逸周书·尝麦》中又有："昔天之初，□作二后，乃设建典，命赤帝分正二卿，命蚩尤于宇少昊，以临四方，司□□上天莫成之庆。"[2]

在史籍中，蚩尤的身份较难确认。按《史记》所说"神农世衰"的政治格局，依《新书》言，黄帝与他同母异父的兄弟炎帝"各有天下之半"。[3]依《史记》，黄帝之初，神农无能掌握世权，诸侯间相互侵伐，"而蚩尤最为暴"，这至少说明在"神农世衰"时，蚩尤与炎、黄一样都是一方诸侯，这其中蚩尤的力量十分强大，显然是一支可与黄帝可以抗衡的力量。但是有一些史料却说蚩尤是黄帝的天官，那此处的蚩尤又如何成为黄帝的天官呢？

我们可以从黄帝的官制说起，黄帝时的官员有三公（风后、天老、五圣）、六相（蚩尤、大常、奢龙、祝融、大封、后土）、五官（木正、火正、金正、水正、土正）之说。古代传说中，"黄帝四面"，有四张脸，但实际上是说黄帝使四人治理四方。故《尸子》："子贡问于孔子曰：'古者黄帝四面，信乎？'孔子曰：'黄帝取合己者四人，使治四方，不谋而亲，不约而成，大有成功，此之谓四面也。'"[4]这是说黄帝依四方而有"四官"之设，此又是一说。

首先，看"五官"。《史记》卷二六《历书》言黄帝时，"有天地神祇物类之官，是谓五官。各司其序，不相乱也"。《正义》："应劭云：'黄帝受命有云瑞，故以云纪官。春官为青云，夏官为缙云，秋官为白云，冬官为黑云，中官为黄云。'"五官者，东（春官）、南（夏官）、西（秋官）、北（冬官）、中（中官）。这是说地上的方位和时间的概念是随天体运动而得，属于天道的范畴。通行本《周易》中只说阴阳而不言五行，马王堆出土的帛书《周易》中有"天道言阴阳，地道言五行"，[5]"天之道曰阴与阳，地之道曰柔与刚，位人

---

① 《管子·五行》，《诸子集成》第5册，第242页。
② （清）马骕撰，王利器整理：《绎史》卷五《黄帝纪》引《周书》，第33页。
③ （清）马骕撰，王利器整理：《绎史》卷五《黄帝纪》引《新书》，第33页。
④ （清）马骕撰，王利器整理：《绎史》卷五《黄帝纪》引《帝王世纪》，第38页。
⑤ 于豪亮：《马王堆帛书〈周易〉释文校注》，上海古籍出版社2013年版，第187页。

之道曰仁与义"。① "五行"属于地道，是柔与刚之道，"五官"在理论上还对应"五行"（木、火、金、水、土）之柔与刚，柔与刚之性是五官之道。黄帝时的五官与伏羲时的大体一致，《左传·昭公二十九年》载昭公二十九年龙出现在绛地郊外，惊为奇事，魏献子问蔡墨古代养龙的历史，蔡墨说古代有专门的养龙官曰豢龙氏、御龙氏，帝舜时也"世有畜龙"，②有五官之一的水正专门养龙，后"水官弃矣，故龙不生得"。③ 同时谈到了上古的五官之制，蔡墨曰："故有五行之官，是谓五官。实列受氏姓，封为上公，祀为贵神。社稷五祀，是尊是奉。木正曰句芒，火正曰祝融，金正曰蓐收，水正曰玄冥，土正曰后土。"④五官虽地位高贵，"实列受氏姓，封为上公，祀为贵神。社稷五祀，是尊是奉"，但是五官（木正、火正、金正、水正、土正）也只是五行之官，属于"物有其官，官修其方"的一般事务官，五官中本没有天官，也没有史籍说过蚩尤在五官之列。

其次，看"六相"。"六相"之说见于《管子·五行》，即蚩尤、大常、奢龙、祝融、大封、后土六相之说，其中蚩尤为六相之首。如前所述，六相之首是天官，其地位最贵，天官之外才是五官。从他们的职务看，《管子·五行》所说的大常、奢龙、祝融、大封、后土之职对应《左传》中提到的五官，而且都属于一般性的事务官，与《帝王世纪》中所说的"其余知命、规纪、地典、力牧、常先、封胡、孔甲等，或以为师，或以为将"，⑤在职务上没有区别。因此，蚩尤为六相之一，又不在五官之列，蚩尤很可能本是天官，而位列"三公"。

再次，看"三公"。在黄帝的官员队伍中还有风后、天老、五圣这三公，晋人皇甫谧之《帝王世纪》云："黄帝以风后配上台，天老配中台，五圣配下台，谓之三公。"⑥此为"三公"配"三台"之说。前述《管子·五行》"帝得蚩尤而明于天道"此说为人所疑，如《外纪云》云："风后明乎天道，管子称蚩

①　于豪亮：《马王堆帛书〈周易〉释文校注》，第 128 页。
②　《左传·昭公二十九年》。
③　同上。
④　同上。
⑤　（清）马骕撰，王利器整理：《绎史》卷五《黄帝纪》引《帝王世纪》，第 38 页。
⑥　同上。

尤者,疑误。"①依此质疑,是说"风后明乎天道"而不是"帝得蚩尤而明于天道",但是如果黄帝时的风后既是"三公"之首,同时又是"五官"之首,这似乎也说不过去。

黄帝时风后、天老、五圣同为"三公",黄帝时又有"二后""二卿""二监"之说。"二后""二卿""二监"同义,只是称谓不同。"二后"在先,"二卿""二监"当源于"二后"。《逸周书》潘振云注:"二后,伏羲、神农也。"②所谓最早之"二后",乃是指伏羲(天皇)、神农(地皇),陈逢衡注此句又谓:"二后,天皇、地皇也。"③至于所谓黄帝时的"风后"即是"二后""二卿""二监"之一,在平定蚩尤氏之乱后,黄帝所"置左右大监"之"二监"亦当源于"二后""二卿"的官制传统,还有"二伯"之说,皆当是同义。

《绎史·黄帝纪》卷五引《周书》:"昔天之初,□作二后,乃设建典,命赤帝分正二卿,命蚩尤于宇少昊,以临四方,司□□上天莫成之庆。蚩尤乃逐帝,争于涿鹿之河,九隅无遗。"是说蚩尤氏受神农帝之命,往西方少昊之地任职,陈逢衡注:"少昊主西,东方为黄帝氏之先主之。"④所谓"司□□上天莫成之庆",这段话可以理解为蚩尤受神农之命,履行"大正"职责,督查西方的天时农事。

又有说蚩尤氏是古诸侯,是"二卿"之一,朱右曾注《逸周书·尝麦》,认为:"蚩尤,古诸侯,即二卿之一。"⑤蚩尤氏为古之部族诸侯,此氏族的出身应该是世袭之天事官。此处"二卿"之职,丁宗洛注此句云:"二卿指重、黎,《吕刑》所谓乃命重、黎是也。"⑥古有"九黎"部,蚩尤部为九黎之首。又《国语·楚语》:"九黎乱德,民神杂糅。"此处的九黎恐与作为天事官之一的黎氏是同一氏族,而蚩尤氏作为九黎之首,也自然属于二卿之一,如此蚩尤氏极可能就是作为古天事官的黎氏之一部,而且是黎氏之首。

蚩尤乱"大正" 《史记·五帝本记》云:"轩辕之时,神农氏世衰。诸

---

① (清)马骕撰,王利器整理:《绎史》卷五《黄帝纪》引《帝王世纪》,第38页。
② 黄怀信、张懋镕、田旭东撰:《逸周书汇校集注》,第731页。
③ 同上。
④ (清)马骕撰,王利器整理:《绎史》卷五《黄帝纪》引《周书》,第33页。
⑤ 黄怀信、张懋镕、田旭东撰:《逸周书汇校集注》,第732页。
⑥ 同上书,第733页。

侯相侵伐，暴虐百姓，而神农氏弗能征。于是轩辕乃习用干戈，以征不享，诸侯咸来宾从。而蚩尤最为暴，莫能伐。"《逸周书·尝麦》云黄帝"执蚩尤杀之于中冀，以甲兵释怒，用大正顺天"。这实际上是说蚩尤乱了天文历法，不然怎么会说黄帝杀了蚩尤后"用大正顺天"。《史记·五帝本记》也说黄帝"顺天地之纪，幽明之占，死生之说"。《吕刑》说蚩尤"爰始作乱"，之所以说"爰始"，说明蚩尤作乱之前，原来的"大正"（历法）从未出现过混乱。

蚩尤虽然与中国世俗五刑的起源有直接关系，但是蚩尤所创之"五刑"却不是上古道法的正脉，蚩尤也从没有被列入中国道法谱系。蚩尤与中国法律生成关系的相关史料，可见于两个方面：一是汉文典籍，二是民族传说。一般来说蚩尤被认为是中国刑法之祖，蚩尤所创者实为原始的刑法，因其刑法又被认为是中国最早出现的法律，以此推演，蚩尤又被认为是中国法祖。若以蚩尤创制刑法的路线观之，中国人的法律源于蚩尤所创之刑罚，这仿佛是蚩尤的一大功绩。然据相关的原始记载，从整个中国上古"法"的起始路线看，蚩尤造法行为又是一条违反上述天法的路线。中国刑法史上关于刑法的论述最早见于《尚书·吕刑》，然而在周成之《吕刑篇》中却把蚩尤视为祸首。在《吕刑》中，蚩尤是以悖道者的形象出现的，即使在后世的史书中，也难有肯定其功绩者。在类似清人张伯行《道统录》这样的书中，蚩尤更是被排除在正道谱系之外。不仅如此，对蚩尤多有恶评，古籍中也没有说过蚩尤创制五刑是件功绩。关于蚩尤的记载还可见于《山海经·大荒北经》《逸周书·尝麦》《史记·五帝本纪》和《史记·封禅书》、汉代纬书《龙鱼河图》、三国《皇览·冢墓记》、南朝祖冲之《述异记》、唐朝徐坚《初学记》、《黄帝四经》等，其中有言其战事、形象、冢墓，其与法律相关的是《尚书·吕刑篇》，兹录于下：

　　吕命穆王训夏赎刑，作《吕刑》。惟吕命，王享国百年，耄，荒度作刑，以诘四方。王曰："若古有训，蚩尤惟始作乱，延及于平民，罔不寇贼、鸱义、奸宄、夺攘、矫虔。苗民弗用灵，制以刑，惟作五虐之刑曰法。杀戮无辜，爰始淫为劓、刵、椓、黥。越兹丽刑并制，罔差有辞。民兴胥渐，泯泯棼棼，罔中于信，以覆诅盟。虐威庶戮，方告无辜于上。上帝监民，罔有馨香德，刑发闻惟腥。黄帝哀矜庶戮之不辜，报虐以威，遏绝苗民，无世在下。乃命重、黎绝地天通，罔有降格。群后之逮在下，明明棐常，鳏寡无盖。"①

《吕刑》的本意在于区分以蚩尤为代表的刑罚系统和以上古伏羲为代表的教法系统。除蚩尤这个非轩辕谱系的族群外，我们并没有看到太昊（伏羲）、炎帝（神农）、黄帝（轩辕）、颛顼、帝喾这个谱系中有什么刑罚。在这个谱系中，后世言其"规范"，多称之曰"教""禁""道""法"，伏羲氏之"规范"，亦以"伏羲之教""伏羲之道"称之；神农氏之"规范"，终以"神农之书""神农之教""神农之法""神农政典"称之。观清人严可均所辑上古之文，伏羲、神农的"规范"多是教人们怎么去做，而不是关注如何去处罚人，也并不见有类似"五刑"的刑罚，故清人沈家本说"唐虞以前，刑法无闻"。②

律令是中国古代最重要的法律形式，③一般认为"律"始于虞时之皋陶造律，"律"在根源上也只是指"常法"，《尔雅·释诂》："律，常也，法也。""律者，与法则同意，故同训。"④沈家本考云："《汉书·律历志》：'律，法也，莫不取法焉。'《释言》：'律，述也。'郝氏《疏议》'述者'，《说文》云：'循也。'"⑤《广雅》云又将"律"解释成"率"，沈家本又考云："《广雅》云：'律，率也。'率、循即述也。"⑥由此，"律"被解释成"常""法""述""率""循"，"常"被解释成"述"，"述"又被解释成"循"，根本上都是循古之教法的意

---

① （唐）孔颖达正义，（汉）孔安国传：《尚书正义·吕刑》，上海古籍出版社 2007 年版，第 771—775 页。

② （清）沈家本撰，邓经元等点校：《历代刑法考·律令一·黄帝李法》按语，中华书局 1985 年版，第 814 页。

③ "律令"二字往往合称，秦汉之时律令已经成为王朝最主要的法律形式，"如律令"为汉代公文用语，汉朝每行下文书皆云"如律令""急急如律令"，后世用之为道教符咒习语，云"急急如律令"，是言虽非律令之文书下行，亦当如律令急急行之，如宋人王楙《野客丛书》卷一二就有《如律令》。

④ （清）沈家本撰，邓经元等点校：《历代刑法考·律令一·律》，第 809 页。

⑤ 同上。

⑥ 同上。

思。此外，中国人以水喻法当早见于《易》，古籍有"《易·坎卦》主法"之说，[1]故沈家本云："坎者，水也，水主法者。《左氏宣十二年》杜预注'坎为法象'。"[2]这是说中国古代的法律有如水之属性，坎即是水，"水"之性平。"铨"亦是平轻重，故法"律"又可以称"坎""铨"。总之，中国古代"律"一字与"常""法""述""率""循""坎""铨"同义，有循古法、铨轻重的教率内涵，言循古法、铨轻重方可以为教法。中国古代常律、令合称，"令"在习惯上常与教、号合称，《论语集解》："令，教令也。教，所以导民。"《说文》："令，发号也。"沈家本按："令者，上敕下之词，命令、教令、号令，其义同。法令则著之书策，奉而行之，令甲、令乙是也。"[3]故中国古代的"令"本有教、号之深义。唐虞以前，上古之道法以教法为主，教法是其法文化主流。关于神农之治，《淮南子·览冥训》："神农无法制而民从。"《路史·后纪》云神农之时，"赏诚设矣，然不施人而天下化。……法诚立矣，然刑罚不施于人而俗善"。[4] 沈家本以为其"非无制令，特设而不用"。[5] 关于黄帝之治，《黄帝李法》只遗一条，"奸人者杀"，似其刑罚已详，如《通典》卷一六三云："黄帝以兵定天下，此刑之大者。陶唐以前未闻其制。"但如《管子·任法》云黄帝"置法而不变"。《淮南子·览冥训》云："法令明而不暗。"

即使与蚩尤关系最近的神农氏，其教法也早于蚩尤的刑罚。上古时期，所谓教法的内涵根本上是指天德（天道），而蚩尤的刑罚内容则是人罚。在《吕刑》中有"香德""善刑""祥刑"这样一些词汇，《吕刑》显然反对蚩尤苗民"罔有馨香德，刑发闻惟腥"的滥刑做法，其意在说明"哀敬折狱"的德罚思想。但蚩尤滥刑的行为也只是一个方面，蚩尤最主要的罪过是犯了"天条"，破坏了原来的"天治"政治文化格局。杨儒宾《五行原论》一书说蚩尤是"原理"的破坏者，"《广雅》释'蚩'曰'乱也'，释'尤'曰'异也'。'蚩尤'两字意味着'反秩序'，他是'反义逆时''反义背宗'的代表，一言

---

① （清）沈家本撰，邓经元等点校：《历代刑法考·律令一·律》，第809页。
② 同上书，第810页。
③ 同上书，第812页。
④ 同上书，第814页。
⑤ 同上。

以蔽之,蚩尤可视为破坏原理。"[1]

考古界普遍认为黄帝系统的文化是玉文化,擅长制玉以神通天象,而蚩尤系统则是长于采铜矿以铸造兵器,传说中蚩尤八十一个兄弟都有铜头铁额,《太平御览》卷七八引《龙鱼河图》云:"蚩尤兄弟八十一人,并兽身人语,铜头铁额,食沙石子。"玉器最早的用途不是装饰,而是用于"灵台"之上观测天象,这具体涉及玉琯(玦琯)、玉衡、璇玑三种玉器。

首先是玉琯(玦琯)。琯有"光"的意思,故琯又称"珖",是用琯观测星光的意思。玉琯最早的用途,是用于观测天象,如《庄子·秋水》:"用管窥天。"又有说玉琯的"中孔瞄准北极天枢,玦口瞄准特定亮星,随着斗转星移,玦口同步旋转"。[2]

其次是璇玑与玉衡。璇玑与玉衡二者一体同用,因此往往合称为"璇玑玉衡"。《尚书·尧典》:"正月上日,(尧)受终于文祖,在璇玑玉衡,以齐七政。"璇玑玉衡四字皆为斜玉旁,指玉器,孔颖达疏云:"王者正天文之器,可运转者。"[3]这说明了其最早的用途是"王者正天文之器",又云:"运玑使动于下,以衡望之,是王者正天文之器,汉世以来之谓浑天仪者是也。"[4]古之以玉琯观星,以玉衡套于玉琯外,起到平衡作用,故曰"衡"。又以璇玑套于玉衡外,玉衡可以承托璇玑,璇玑有三牙,以旋转之三牙对应北极三垣,随其顺时针同步旋转,故曰"璇玑"。故《周髀算经》云:"欲知北极枢,璇玑四极。"[5]又有刘昭注《续汉书·天文志》引《星经》云:"璇玑,谓北极星也;玉衡,谓斗九星也。"还有《汉书·律历志》解释玉衡的用途:"衡,平也。其在天也,佐助璇玑,斟酌建指,以齐七政。"

再次,是璇玑玉衡与政治的关系。《尚书·尧典》除篇首赞美尧之功德外,紧接着就是言尧命世为天文官的羲氏、和氏分居东西,以观测天象,"乃命羲、和钦若昊天,历象日月星辰,敬授人时",可见"钦天"是头等政事。《尚书·舜典》言舜即位时于祖庙"受终文祖",尧与舜进行政权交接

---

① 杨儒宾:《五行原论:先秦思想的太初存有论》,上海古籍出版社 2020 年版,第 222 页。
② 张远山:《玉器之道》,第 8 页。
③ (唐)孔颖达正义,(汉)孔安国传:《尚书正义·尧典》,第 76 页。
④ 同上。
⑤ 钱宝琮点校:《算经十书》,中华书局 1963 年版,第 54 页。

仪式，其首要内容即是"在璇玑玉衡，以齐七政"。这就是说尧将璇玑和玉衡交与了舜，舜因此才能够得"七政"之齐，才可以治理好天下。用"璇玑玉衡"观天象的目的，是为了因循天象变化而"敬授人时"，按历时指导农牧政事，以得天时之利。可见，"璇玑玉衡"当时是国之重器，故尧授舜以璇玑玉衡，实际上就等于交出了政权。所谓"以齐七政"，七政是指春、夏、秋、冬、天、地、人，即所谓的四时三才，《尚书大传》曰："春、秋、冬、夏、天文、地理、人道，所以为政也。"故"齐七政"是为了实现天人之合，于农牧社会而言此乃政之大道。因此，"璇玑玉衡"与"七政"紧密相连。可以想象，上古华族文明发蒙之初，凡"灵台"之上，玉器布之于上下八方，以不同形制的玉器工具观测天地变化，因此后来人们认为玉器可以神通天地，并用玉器来祭祀天地，于是玉器祭礼之物又成为了礼的起源。因此才有后人的"礼起源于玉""礼源于祭祀"之说，如此，古之玉器与观天、祭祀、祭礼密不可分。

华族的祭祀是以祭天为大，但祭天不能仅仅解释为是一种宗教活动，三层台之上的观天活动是神通天地大法的手段，这导致了人们对"天"的崇拜，中国人关于祭祀的概念也因此产生。华族之祭祀，最古老且最重要者：一是祭天，二是祭人。祭天（天崇拜）是"天治"，祭人（祖先崇拜）是"人治"，"天治"是基于对天的崇拜，"人治"是基于祖先崇拜。因此，华族的祭天原是为了观测天象，祭祀之玉不过是用于观测天象之具，祭祀之坛正是上古之天文观测台。故祭坛、玉礼均用于祭天，祭天又本是观测天象的目的。在伏羲、神农之世，天象即是天法，其社会是依天法而治，而祭祀则是将这一天文观测活动神圣化。这一切或许正是中国人玉崇拜和敬天观的缘起，如此之天治造就了华族之礼法文明，为华族首重之法俗，这与蚩尤系统的文化大不相同。

蚩尤显然是这种"天治"格局的叛逆者，由于蚩尤系统的苗民"弗用灵"，扰乱了"民神不杂"的天法旧俗。其中"灵"字一直让许多法学研究者费解，《吕刑》中这个"灵"字当是指上古三层台之上台，前面我们说过三层台之上台又称为灵台，《广雅》："灵，善也。"《楚帛书》说楚人崇拜"天灵"，《尚书》云："上帝不蠲，降咎于苗。"说苗民"弗用灵"

是指他们不遵从"天灵"，以致于天象变乱。又因变乱天象，裁决者不通神意，故审案不公，杀戮无辜，百姓向上帝（天）申诉，于是上帝降灾惩罚苗民。

"大正"的本义　我们说蚩尤之乱在于乱了"大正"。"大正"一词在典籍中有两个意思：一是指"大正"官职，为诸"正"之长；二是指"天法"。蚩尤氏是古诸侯，如朱右曾注《逸周书·尝麦》认为蚩尤氏亦曾是"二卿"之一，黄帝是在"得风后"之后与蚩尤战，《路史·国名记》："蚩尤之灭，多出其徽猷。"说明蚩尤氏在此之前有可能曾经担任过"大正"之职。"大正"之职属于"二后""二卿""二监"之一，"大正"最初当是来自天事官，也是最初的大司法官，是西周大司寇的前身。

五官指分掌金、木、水、火、土之官。《左传·昭公二十九年》蔡墨曰："少昊有四叔，曰重，曰修，曰该，曰熙，实能金木及水，世不失职。"潘振云注："据此则金、木、水三官，少昊氏一家掌之，而火则祝融氏掌之，土则句龙氏掌之。"①古代有"五帝""五官""五行"之说，《逸周书》说"五帝，五行之帝，主四时者"，②"五帝"即能通晓"四时"者，此系成为"帝"者之始也。"五帝"既为"五行"之"帝"，那么"五帝"之官自然要以"五行"配之，故"五官"为分掌金、木、水、火、土之官。五官皆曰"正"，而作官名之"大正"最早应该是作为这五官之长，是以"大正"统"五官"。而"大正"的主职仍是"正官师以成天事"，③承担天事官的职责。

"大正"的本义是天法，就是天文历法，后演化为官名。"大正"不仅履行"以成天事"，即指导农业的责任，还有处罚有违天时的"五官"之责，也就是说"大正"是最早的天事官，后来成为大司法官之称。《逸周书·尝麦》有"是月，王命大正正刑书"。④ 古有"夏四月，初尝麦"的岁典，祈祷于宗庙，乃尝麦于太祖，君臣彼此相与儆戒，畏天忧民，鳏寡臣仆，恐有一人失其所而干天地之和。凡夏四月，"大正"要"正刑书"。古语"刑"同于

---

① 黄怀信、张懋镕、田旭东撰：《逸周书汇校集注》，第 736 页。
② 同上书，第 735 页。
③ 同上。
④ 同上书，第 722 页。

"正"，《广雅》曰："刑，正也。"这是对"正"作为法律之义的解释。而"正"也可以作四时历法来解释，如《左传》中多有"王，正月"，是言"四时"之始，又有夏朝之历法曰"夏小正"，《逸周书·尝麦》云黄帝"执蚩尤杀之于中冀，以甲兵释怒，用大正顺天"，[①]此句"用大正顺天"的"大正"也是指历法。此亦为"大正"本为天事官之证明。

"大正"作为大司法官，其最初当是天事官，故潘振云注此句云："大正，五官之长，二伯也。"[②]所谓"二伯"，即上所言之"二后""二卿""二监"。有指导就有监督，有监督就会有处罚。从因循天象历法指导"五官"之四时生产到监督执行，从监督执行到对违规者的处罚，"大正"逐渐完成了从天事官向司法官的转变。故从上古至后世，人们对"大正"的解释发生了变化。至周朝，"大正"已经被明确地解释为"大司寇"，"正"被解释成"定"，即占卜天意以定之："正，定也，卜以定之。"[③]"正"与"刑"（法律）逐渐同义，《广雅》："刑，正也。"由此，后来司法官皆以"正"命名，故《王制》曰："成狱辞，史以狱成告于正，正听之。正以狱成告于大司寇，大司寇听之棘木之下。"郑玄注云："正，于周乡师之属。""乡"谓乡士，"师"谓师士，皆可曰之"正"。又有《周礼·大宰》："乃施法于官府而建其正。"而所谓"大正"者，孔颖达注云："司寇为诸正之长，故曰大正。"[④]惠氏《礼说》亦曰："大正者，大司寇，凡秋官皆曰正。"[⑤]由此，"正"本是"定"的意思，最早是指观测天象，"卜以定之"。由于"正"与政、刑、法同义，刑、法又与辟相通，如《御览》卷六二〇引《洪范》大法曰："惟辟作福，惟辟作威，惟辟玉食。"[⑥]因此"正"就是政法的意思。故《御览》卷六二二云："政者，正也。下所以取正也。"[⑦]又云："季康子问政孔子，孔子对曰：政者，正也，子帅以正，孰敢不正。"[⑧]如此，周朝时才称大司寇为"大正"，称小司寇为"小正"，称乡士、

①　黄怀信、张懋镕、田旭东撰：《逸周书汇校集注》，第33页。
②　同上书，第722页。
③　同上。
④　同上。
⑤　同上书，第723页。
⑥　《太平御览》卷六二〇《治道部一·治政一》，中华书局1960年版，第2782页。
⑦　《太平御览》卷六二二《治道部三·治政一》，第2789页。
⑧　同上书，第2792页。

师士曰"正"。

综上所述，神农之世，蚩尤氏可能是五帝之天事官，属"二后"之一，行"大正"之事。然"神农世衰"，蚩尤为暴，其祸尤烈。蚩尤不仅与炎帝争势，造成"九隅无遗"的惨状，而且更乱历法、五官，于是黄帝平定蚩尤后恢复上古以来的天法秩序，"以甲兵释怒，用大正顺天"。关于此，《逸周书·尝麦》有云："蚩尤乃逐帝，争于涿鹿之河，九隅无遗。赤帝（炎帝）大慑，乃说于黄帝，执蚩尤，杀之于中冀。以甲兵释怒，用大正顺天思序，纪于大帝，……天用大成，至于今不乱。"①这段话清楚地说明蚩尤之暴在于"争于涿鹿之河"，其杀戮到了"九隅无遗"的程度；蚩尤之乱，乱了"大正"（天法），以致于"天用"不成。这里所谓的"大正"是指历法，历法是"天治"时代的根本大法，蚩尤氏本系天事官，却乱了"大正"，犯了天忌，有违天道，原来的五帝之官法、历时大坏，黄帝之功正在"用大正顺天思序"，重正了原来的历法、官制，恢复了"天法"。

（三）少皞之衰：九黎乱德

发生在少皞之衰时的九黎乱德，并不是指黄帝初时的蚩尤之乱。关于"少皞之衰"时的情况，《史记·历书》云："少皞之衰也，九黎乱德，民神杂糅。"《国语·楚语下》中楚国大臣观射父将"九黎乱德"说得最为清楚。

观射父是楚之大巫师，也是最有学问的大臣。九黎所处之地，本就在楚地，春秋之际，楚地尚无大的社会流动，楚民当仍是九黎之后，故楚昭王自然关心蚩尤作乱这段历史。观射父先讲述了原来"民神不杂""各司其序"的天法秩序的内容，这个秩序包括山川之号、高祖之主、宗庙之事、昭穆之世、齐敬之勤、礼节之宜、威仪之则、容貌之崇、忠信之质、禋洁之服，还有四时之生、牺牲之物、玉帛之类、采服之仪、彝器之量、次主之度、屏摄之位、坛场之所、上下之神、氏姓之出，还提到了"觋巫""旧典""五官"之制，阐明了这一切秩序的根本在于"民神异业，敬而不渎"。《国语·楚语下》云：

---

① 黄怀信、张懋镕、田旭东撰：《逸周书汇校集注》，第33页。

　　昭王问观射父曰："《周书》所谓重黎实使天地不通者,何也？若无然,民将能登天乎？"对曰："非此之谓也。古者,民神不杂。民之精爽不携贰者,而又能齐肃衷正,其知能上下比义,其圣能光远宣朗,其明能光照之,其聪能听彻之,如是则明神降之,在男曰觋,在女曰巫。是使制神之处位次主,而为之牲器时服,而后使先圣之后之有光烈,而能知山川之号、高祖之主、宗庙之事、昭穆之世、齐敬之勤、礼节之宜、威仪之则、容貌之崇、忠信之质、禋洁之服,而敬恭明神者,以为之祝。使名姓之后,能知四时之生、牺牲之物、玉帛之类、采服之仪、彝器之量、次主之度、屏摄之位、坛场之所、上下之神、氏姓之出,而心率旧典者为之宗。于是乎有天地神明类物之官,是谓五官,各司其序,不相乱也。民是以能有忠信,神是以能有明德。民神异业,敬而不渎,故神降之嘉生,民以物享,祸灾不至,求用不匮。"①

　　然后观射父讲述了少暤之衰时,因为九黎乱德破环了原来"绝地天通"的秩序,导致"家为巫史""民神杂糅""民神同位"的局面。《国语·楚语下》云：

　　　　及少暤之衰也,九黎乱德,民神杂糅,不可方物。夫人作享,家为巫史,无有要质,民匮于祀而不知其福。烝享无度,民神同位。民渎齐盟,无有严威。神狎民则,不蠲其为。嘉生不降,无物以享。祸灾荐臻,莫尽其气。颛顼受之,乃命南正重司天以属神,命火正黎司地以属民,使复旧常,无相侵渎,是谓绝地天通。②

　　观射父最后向楚昭王讲述了在经历了少暤之衰后华族天法的历史。观射父说尧恢复了重、黎后人的职务,"使复典之"。夏朝、商朝时"重、黎氏世叙天地",周宣王以后重、黎的后代虽"失其官守而为司马氏",但是仍然继续"宠神其祖,以取威于民"。

---

① 　徐元诰撰：《国语集解·楚语上·昭王问于观射父》,中华书局 2002 年版,第 512 页。
② 　同上书,第 514—515 页。

其后，三苗复九黎之德，尧复育重、黎之后，不忘旧者，使复典之。以至于夏、商，故重、黎氏世叙天地，而别其分主者也。其在周，程伯休父其后也。当先王时，失其官守而为司马氏。宠神其祖，以取威于民，曰："重实上天，黎实下地。"遭世之乱，而莫之能御也。不然，夫天地成而不变，何比之有？①

"九黎乱德"是指九黎扰乱了原来重氏司天、黎氏司地的这种分工，也就是说九黎挑战了重氏和黎氏世掌天地四时的权威，自行观察并发布天地四时的信息，由此导致"民神杂糅""家为巫史""民渎齐盟"的局面。所谓"民神杂糅"，就是指司天、司地职掌出现了混乱；所谓"家为巫史""民渎齐盟"，是指原本为重氏、黎氏这两个家族独掌天文历法的官学和官权被民间化了。换言之，"九黎乱德"打破了只有重、黎二氏才能研究天文历法的垄断局面，动摇了原来的统治权威，故观射父才对楚昭王说"无有严威"。所谓"无有严威"，不仅是对以重、黎二氏代表的三皇五帝的权力的破坏，还意味着对伏羲氏以来的知识权威的挑战。自伏羲氏以来，伏羲氏的"大法"是上古华族最重要的科学成就，随着伏羲时代官制的确立，伏羲"大法"逐渐为以"龙"命名的华族所世袭分掌。如前所述，伏羲时期官制核心集团以"龙"为号，并开始形成了龙族，这是华族之始。伏羲氏时期尚有其他氏族也属于伏羲集团，他们是共工、柏皇、朱襄、昊英、栗陆、赫胥、昆吾、葛天、阴康，他们"各明刑政，以怀四方"。② 随着华族长时间的发展，这些氏族的后裔与龙族之间的关系也变得复杂，而世袭分掌的龙族对伏羲"大法"知识的垄断性也会越来越强，但是并没有在"立法"的意义上形成垄断，神农世衰时才会出现九黎破坏"大法"，以至于"家为巫史"的情况。顾炎武《日知录》卷三〇《天文》云："三代以上，人人皆知天文。'七月流火'，农夫之辞也；'三星在天'，妇人之语也；'月离于毕'，戍卒之作也；'龙尾伏晨'，儿童之谣也。后世文人学士，有问之茫然者矣。若历法，则古人

---

① 徐元诰撰：《国语集解·楚语上·昭王问于观射父》，第516页。
② （清）张伯行撰：《道统录·伏羲》，第1—2页。

不及近代之密。"①顾炎武认为三代之前,民间人人知道天文历法,流传于后世,农夫、戍卒、童谣以民俗的形式亦可诵一二,而文人学士反而"问之茫然"。这也说明在九黎乱德、蚩尤扰乱天法之世,并没有真正形成对伏羲"大法"的垄断。

在九黎之乱恢复了"绝地天通"的秩序之后,历史仿佛翻开了新的一页,新的天法秩序得以确立。到颛顼之时,重新"令重献上天,令黎抑下地"。② 到尧的时候,"重即羲,黎即和。尧命羲、和世掌天地四时之官"。③ 重(羲)、黎(和)这两个家族独揽了天文历法知识,这个天法秩序成为政治秩序,天法也被进一步垄断,这就是此后中国天文历法作为"大法"而被统治者垄断的开始,也是后来只有天子可以祭天的原因。我们知道西周时知识的传播是"学在官府",当时天文历法已经不为民间所知,民间已不能研究天文历法。春秋以降,周王室衰微,开始了"学在民间",逐渐打破了王室对知识的垄断。但是民间诸子中仍有习此学者,此为谶纬学之滥觞,也是春秋以后中国民间滥假天象、言说怪力乱神的开始。秦汉以后,谶纬之学、怪力之说继此不绝,以致于风俗变乱。

因此,一方面,孔子以谨慎的态度不语"怪力乱神",以恐"人神杂糅",混乱天道、天法;另一方面,孔子弘扬周礼传统,从没有反对过只有天子才能祭祀天地,相反对天文历法的研究仍然只是帝王的权力,为王室的钦天监所独占,故才有顾炎武之所云:"后世文人学士,有问之茫然者矣。"④

总之,蚩尤"惟作乱始"和"九黎乱德"的后果不仅导致政治失序,还导致文化失序。文化失序比政治失序似乎更加严重,表现为"民神杂糅,不可方物",韦昭注:"方,别也。物,名也。""不可方物"是指扰乱了人们对世间名实事物的认知。两次混乱变乱了大正历法,在此之前,中国人已有了观测天文历法的"旧典",有了伏羲氏的易卦这样比较成熟的天文理论,有了观测、祭祀天地的固定程式,有了羲氏、和氏这样专业化的世袭天官,这是

---

① （清）顾炎武撰,黄汝成集释,栾保群、吕宗力点校:《日知录集释》卷三十《天文》,上海古籍出版社 2006 年版,第 1673 页。
② 《山海经·大荒西经》。
③ 顾颉刚、刘起釪:《尚书校释译论·周书·吕刑》,中华书局 2005 年版,第 1954 页。
④ （清）顾炎武撰,黄汝成集释,栾保群、吕宗力点校:《日知录集释》卷三十《天文》,第 1673 页。

自伏羲氏以来中国人在对"天道"认知上的文化成果。对"天道"的认知不仅是涉及农事生产和日常生活的科学问题，还是一个关涉原始治权的问题。拥有了"天道"的知识，就拥有了指导人们生活的治法；拥有了指导人们生活的治法，就拥有了统治的话语权。上古之世，中国人用天道统合治道，多以天治而不尽以人治，从天治到人治的这个过程，如陈汉章《中国历代民俗考》引魏源之语云："实为上古之一大升降。"①此天治者，乃上古之根本治道，而天象之法则，为上古之基本大法，"天治"从观测天文制定历法指导生产、生活，到逐渐发展成为祭祀天地祖先的人礼之制。

① 陈汉章：《中国历代民俗考》，娄子匡主编：《民俗丛书》（第三辑），东方文化书局 1971 年版，第 10 页。

第三章 "天"之法意

中国古代的治道分为天治、人治、刑治，具体又可分为皇治、帝治、王治、霸治、君子之治。与此相对应的是天治、德治、仁治、义治、群治，如此可归纳为皇以天治，帝以德治，王以仁治，霸以义治，君子以群治。中国古代的政法理论正在这些概念的基础上展开的，它们共同构成了中国古代政法价值理论的话语体系。

一、天治论：中国古代治道之本

从中国古代的治道史观来看，中国古代的治道可分为天治、人治与刑治。三者之中天治是华族治道的本源，在理论上人治与刑治皆应以天治为本，且都不可以违反天治。上古诸帝纯以"人治"者，如魏源所说，当是从作为黄帝之后的颛顼开始："开辟之初，圣而帝者以天治，不尽以人治，纯以人治者，自颛顼始。"①

中国古代天治的传统始于伏羲的传说，伏羲氏最早运用阴阳两个基本概念，抽象出自然与人文的基本属性，由此肇修文教而画成了八卦，沟通了天、地、人的基本关系，从而确立了基于天人、阴阳演绎出的法理逻辑，由此形成了华族的天治理论。由于有了以天象、天时、四方这些自然理性为概念的天法，使得华族可以正天时，因地利，避免"农不正，食不丰。民不正，业不专"，②催生了华族农业社会的形成。在此正天时、因地利的基础上，华族又出现了"出言惟辞，制器惟象，动作惟变，卜筮惟占"的人文气象，③

① 陈汉章：《中国历代民俗考》，娄子匡主编：《民俗丛书》（第三辑），第 10 页。
② （清）马骕撰，王利器整理：《绎史》卷四《炎帝纪》引《三坟》，第 28 页。
③ 同上。

伏羲之教开启了中国法律起源的道法之门，继伏羲之后，神农氏"惟若古道以立政"，[1]史书中又出现了神农之书、神农之教、神农之法、神农政典这些概念，[2]伏羲、神农这些源于天人、阴阳的政教之典共同构成了中国的"古道"，是为中国道法学的开端。

典籍载中国古代的三皇之治是天治，在古汉语中"皇"本就是"天"的意思，《风俗通·皇霸》释"皇"云："皇者，天也。"又云："皇者，中也，光也，弘也。"[3]天、光、弘、中这些概念都是在说"天"，能成为"三皇"者，皆因天而得"皇"之名，故所谓的"三皇"之治实是天治。古籍中提到可以称为"三皇"的氏族名称很多，至少有天皇氏、地皇氏、人皇氏、燧人氏、华胥氏、盘古氏、有巢氏、伏羲氏、女娲氏、大庭氏、朱襄氏、神农氏，其中伏羲氏与天皇氏、大庭氏、朱襄氏之间可能多有重合，此不赘述。三皇时期的天治是依据天道而治的意思。中国人自古有天道崇拜的传统，所谓的天道实是指事物阴阳循环之道，而所谓的阴阳循环之道，则是来自上古时期人们关于天文运行规律的理论，因此，所谓的天治就是依据天文运行规律而治，是以天文历法为基本内容的治法，这就是所谓的天治。这种天治理论可总结如下：

首先，认为天有一个中心。天治首先需要有天法，中国古代的"天法"首先来自其在天文学上"天极""皇极"概念的确立。中国上古天文学上的"中"是指"中宫"，"中宫"又称"天极星"，由北极七星组成，其中有一星曰紫微星，紫微星又称帝星、太极星、太一、太初、泰一。又有北斗七星，合称拱极星。先民夜观天象，知北斗七星总是环绕北极七星之紫微星（帝星）顺时针旋转，是以形成了宇宙（天）有"天极"的概念。《道德经》第二十五章专论这一宇宙现象，其云"有物混成，先天地生"，是指天上的物质星系；其云"独立而不改，周行而不殆"，是指某物质星系独立而自在的运行规律；其云"可以为天下母，吾不知其名，字之'道'，强为之名曰'大'"，是指其独立的中心地位，故为万物之始、万物之本、万物之极。

其次，这个天的运行规律包括：北斗七星总是环绕北极七星之紫微星

---

① （清）马骕撰，王利器整理：《绎史》卷四《炎帝纪》引《三坟》，第28页。
② 同上。
③ （汉）应劭撰，王利器校注：《风俗通义校注》卷一《皇霸》，中华书局1981年版，第10页。

依顺时针循环旋转；北斗七星围绕紫微星每旋转 90 度为一季，每旋转 360 度为一年，是以形成了"年"和"季"的概念；又以北斗七星斗柄绕紫微星顺时针每旋转 90 度，可以分出东、南、西、北，是以形成"四方"的概念；依北斗七星斗柄绕紫微星顺时每旋转 90 度，而地上气候寒暑不同，进而分其东指为春、南指为夏、西指为秋、北指为冬，是以形成"四季"的概念，如《鹖冠子》云："斗柄东指，天下皆春；斗柄南指，天下皆夏；斗柄西指，天下皆秋；斗柄北指，天下皆冬。"于是，据此有了"年""季""四方""四季"（四时）的概念，是为天文历法之初成，也是"天法"的原始内容。

再次，以"一"为本的本末观念。由于知道了北斗七星以"帝星"为中心而环绕不息的规律（天道），从而得出了"天道循环""无往不复"的道理；由于知道北斗七星总是围绕"帝星"旋转，从而认为"天"有"中宫"（天极星）；由于认为中宫有"太一"（紫微星、帝星、天一、泰一），如《史记·天官书》云："中宫天极星，其一明者，太一常居也。"是以有了法学上"礼本于太一"的发生论。中国上古以来就有的"太一"论，是中国人习惯于本末思维的前提，后世儒家也常说"一"，认为："一，天下之大本也；精，天下之大用也。"①"故曰'惟精惟一'。精，精也；专，一也。精则明矣，明则诚矣。是故明，精之为也；诚，一之基也。"②又云："是故专于道，斯谓之专；精于道，斯谓之精。"③精于道，则精于一，方能求得事物之根本。又有《礼记·礼运》"礼必本于太一"之说，因其斗柄绕紫微星一周所指之四方而分出四大天区，示以东方苍龙七宿（青帝伏羲）、南方朱雀七宿（赤帝炎帝）、西方白虎七宿（白帝少昊）、北方玄武七宿（玄帝颛顼），分别是青、红、白、黑，计四方、四色、二十八星宿，再加上中央的黄帝（黄色），是以有"五行"（五帝）之说。"太一"观是中国人本末观、体用观的逻辑起点，故中国人喜欢专"一"求"本"，《礼记·大学》中"物有本末，事有始终，知所先后，则近道矣"，在法学上，"德礼为政教之本，刑罚为政教之用"的理念亦源于此。④

---

① （明）王守仁撰，吴光等编校：《王阳明全集》卷七《送宗伯乔白岩序》，上海古籍出版社 2014 年版，第 255 页。
② 同上。
③ 同上。
④ 《唐律疏议·名例》。

历史上以中国为天下之本，中国是天下中心的观念亦源于此。传说中黄帝是北斗之神，其四围为东伏羲、南炎帝、西少昊、北颛顼。黄帝居中，与紫微星（帝星）对应，故古人称黄色为"中和"之色，《白虎通》："黄者，中和之色，自然之性，万世不易。黄帝始作制度，得其中和，万世常存，故称黄帝。"①黄帝本轩辕氏，轩辕之意，旋玑也。旋玑者，观天之玉具也。黄帝这一称谓正说明黄帝象征着人间的"中和"之道，后《诗经》"普天之下，莫非王土"一说，其理论依据亦出于此，所以历史上中国人总认为中国是本，其他地方都是末。

复次，从天治论中发展出人法上的更始循环理论。由于确定了天上的中心，也就确立了地上的中心。这个天上的中心或曰帝星，或曰上帝，或曰太一，或曰泰一，这个中心是永恒不变的。所谓的天法，就是万物围绕着这中心循环的规律。明清的皇城曰紫禁城亦是依此得名，以"宫城"与天上的"中宫"相对应，以此得天、地、人之合，得天、地、人之中。由这一理论出发，不仅定位了世俗权力在地理上"中"的位置，而且确立了"皇""帝""王"在政法上与"天"之间的道法关系和永恒性质。这种依天合人的中心点的确立，不仅仅是一种隐喻和象征，更是中国人依据古老的天文学构建起来的世界秩序。这种世界秩序像紫微星的位置一样永恒不变，遵循着"天不变，道亦不变"的基本理论。王朝的不断更迭，就像北斗七星围绕北极七星有规律的循环旋转一样，被看作是"天道循环，无往而不复"，因此，尽管历史上王朝更迭不断，但中国人几千年来对天道（天法）的崇拜从来没有改变过。有了天上永恒不变的紫微星，才会有地上国祚万年的政治理想；有了围绕紫微星旋转往复的永恒天则，才有地上"四时"的循环运行。于是，"天道循环""天人合一""天人感应""四方拱极"的天法思想由此而产生。

中国古代的"易"被解释成为"变化"，在易道理论中，围绕着中心循环往复仍然是天的基本法则，万物因这一法则才具有阴和阳的属性，万物因这一法则而始终遵循着阴阳化生的规律。这个规律来自伏羲"仰观于天"和"俯察于地"的天文学实践，伏羲画八卦是基于阴阳变化规律演绎而成，

---

① （清）马骕撰，王利器整理：《绎史》卷二《皇王异说》，第 11 页。

阴阳概念的产生来自因天道运行产生的寒暑体验。而对天道这种不变(中心)与变(循环围绕)的关系的认知,形成了《易》的基本思想。在"变"与"不变"的问题上,中国的天文历法从一开始就从"不变"("太一")去研究"变"的规律。古籍里提到的"中"的概念往往被解释成太一、无极、道,如果说太一、无极、道构成了关于"不变"的解释系统,而围绕"中"(不变)运行的那些"易"(变)的事物则可以被解释成"象"或"相",所谓的"卦象"即是由此而来。因此,上古的天法始于对北极星与北斗七星关系的认知,中国古代的政法理论也始于天文学上中心概念的确立。

二、中正论:中国古代政法义理之所出

正义观是政法理论的价值基础,中正论是中国人的正义观,这就是所谓的《中庸》之义。自古中国人无论是为人处世还是从事公共活动,无论是司法判决还是中人调解都是以实现中道为正,不偏执于一端,不偏执于一事,以和合为目的。因此,中国人很早就形成了以中为正、以正为政的观念,中正论不仅是指天文、地理之中,还是中国古代政法义理之所出,故《论语·颜渊》:"季康子问政于孔子,孔子对曰:'政者,正也。子帅以正,孰敢不正?'"

首先,以中为正被视为是天法。以中为正首先需有中心的概念,中国人中心概念的确立乃是源于对上天法(天道)的崇拜,如《史记·天官书》所云:"斗为帝车,运于中央,临制四乡。分阴阳,建四时,均五行,移节度,定诸纪,皆系于斗。""斗为帝车,运于中央"是中国中心崇拜传统的理论依据,它表明天下有一个中心,以这个中心为基准,可以观测和解释整个世界。这种解释正是一切"规律"的开始,同时也是一切思想和文明的开始。具体来说,这个规律就是以紫微星为中心进行观测,发现北斗七星的斗柄总是围绕紫微星按顺时针方向循环运行。依据这个规律,中国人形成了最早的年、四时、四方、阴阳、五行、节度、诸纪的概念,这一切从宇宙来看是天道,而对于人间来说就是天法,它是一切人间政治和法律的起始和根本。

其次,是中正观念在公共领域的确立。天法的逻辑起点是以紫微星为中心,天法又是一切人间政治和法律的起始和根本,那么这个中心就应该是一切规律和概念的开始,是衡量一切规律和概念的准据。中国自古有天

有司中星为正、事有治中之官为正的正义观，认为"中"是一切正义的本源，这就是所谓的中正观。中国人的公权理论无不是建立在这一理论基础上。在公权领域，中国古代的皇、帝、王都有天子之号称，属于天号。他们对应的都是天上的中心（紫微星），儒家对皇、帝、王的要求就是需要他们"譬如北辰，居其所而众星共之"，①像天上的紫微星一样总是保持"中"的立场。

在中国古文字中，"中""巫""史""吏"同义，中国最早之官为史官，史官与巫祭联系在一起，故巫与史合称"巫史"。"巫"字是从前述上古"亞"字形三层台衍生而来，"亞"字是世袭巫史家族的族徽，其于夏商周青铜器中常见，故有"巫史"合称。"史"最早又被解释为"中"，"史"字形是人以手执"中"，"中"字又是"天文台加圭表的象形字"，②史官在天文台上进行天文观测和历法编制，因此史官最早实是天文官。《说文解字》云："史，记事者也，从又，持中。"中，正也。上述"中"字像古三层祭坛、明堂平面之形，似"中"字之形源于此。吴大澂又曰："史象手执简形。"是谓在篆文之前，"中"字上下本有一横或两横划。如此"中"又与书简联系在一起。江永《周礼疑义举要》云："凡官府簿书谓之'中'，故诸官言'治中'、'受中'。小司寇断庶民讼狱之'中'，皆谓簿书，犹今之案卷也。此中字之本义。故掌文书者谓之史，其字从又从中。又者，右手以手持簿书也。吏字、事字皆从中，天有司中星，后世有治中之官，皆取此义。"③如此，"中""史"皆与公共权力有关，是表述官府的词汇，与天及天上之"中星"有关，"中星"是指天上的紫微星（帝星），"中""史"还与官制书记有关，这是古"吏"字的来源。

再次，在礼法上认为礼法来源于中正。儒家一直认为天上的"太一"是世间的礼法之源。一般认为中国古代法律起源于"礼"和"刑"两种形式，是所谓"礼源于祭祀"，"刑起于兵"。中国最早的五刑被认为是蚩尤时代的产物，而作为祭祀的礼的起源则应当更早。传说中蚩尤创造"五刑"，

---

①　《论语·为政》。
②　张远山：《玉器之道》，第 240 页。
③　王国维：《观堂集林》卷六《艺林三·释史》，第 159 页。

其在起源上似乎只是一个因战争而出现的偶然事件,而起源于祭祀的
"礼"才是中国法律之正脉。礼的出现不仅在时间上早于刑,而且一直被
认为是来自那个居于中央的"太一"。《礼记·礼运》云:"礼必本于太一,
分而为天地,转而为阴阳,变而为四时。"前面说过,在中国古代天文学中,
"太一"对应的是紫微星,紫微星居中,被视为宇宙的中心。"太一"为万物
之元始,宇宙之中央,"百神抑制焉"。故《淮南子·天文训》:"太微者,太
一之庭也。"《鹖冠子·泰鸿》:"中央者,太一天位,百神抑制焉。"《庄子·
天下》:"建之以常无有,主之以太一。""礼必本于太一",是说华夏之礼的出
现是从对"太一"这个中心的崇拜和祭祀开始。既然如此,那么"礼"的元始
义理就是对天文"中心"的崇拜,"礼"的起源具有某种天文学上的科学理性。

因此,可以说"礼"最早发生于上古对天文的观测。从天文观测到祭
天,中国古人经历了由科学认知而宗教崇拜的过程,也是一个从知识通往
信仰的过程。正因其是出自对天的祭祀信仰,从而让人们对"礼"内在的
中道思想有了神秘主义的解读,而忽略了"礼"的原始科学精神。学界通
说有礼源于祭祀、礼源于玉、礼源于饮食之说,这正说明礼的出现与天文观
测有直接的关系。《说文》:"靈,巫也。以玉事神,从玉。"段注云:"巫能以
玉事神,故其字从玉。"徐灏《说文解字笺》:"礼之名起于事神,引申为凡礼
仪之称。"礼的繁体字是"禮",其左偏旁表示"神",右偏旁是祭物。所谓祭
神,不过是观天、祭天,故可以认为,中国古代礼的起源具有科学性和宗教
性两种属性,起源于天事官的观天活动和巫师的祭天活动,这种起源于祭
天活动的礼法自然包涵了对中心(太一、紫微星、帝星)的崇拜。

复次,在司法上要求法官要"咸庶中正"。"中""史"还与法典、狱讼直
接相关,《礼记·王制》:"史以狱成告于正。"《蜀郡太守何君阁道碑》碑文
曰:"蜀郡太守平陵何君,遣掾临邛舒鲔,将徒治道,造尊楗阁。袤五十五
丈,用功千一百九十八日,建武中元二年六月就。道史任云、陈春主。"其中
有"道""史"二字,"史,春秋时为太宰的副官,掌管法典和记事,后来一般
指副贰"。① 秦汉时,"道史"是"道"这一级政权中的属官,当是"道"的主

---

① 李炳中、潘红兵等:《〈何君尊楗阁刻石〉发现及考释》,载《四川文物》2004 年第 6 期。

要司法者，"道史"与"道吏"相通，《孔子家语·刑政》"史"作"吏"，《大戴礼记·保傅》"不习作吏"，《新书·保傅》"吏"作"史"，《史记·张丞相列传》"吏今行斩之"，《汉书·申屠嘉传》"吏"作"史"。① 此外，王子今在其《秦汉边疆与民族问题》一书中也认为汉代的"史""吏"有通假之例，认为《何君阁道碑》"道史"即相当于武梁祠画像的"道吏"。他说："武梁祠画像石有榜题'道吏车'，与'君车''行亭车''主簿车''贼曹车''功曹车''游徼车'并列。可知'道吏'与'主簿''贼曹''功曹''游徼'等类同，是官职之称。"②可见"史"是掌管法典和狱讼记事之官，属于公权力的范畴。因此，古语"中""史""正"这几个字，都与狱讼、司法原则直接相关。

对中正的崇拜同样也反映在《尚书·吕刑》中，《尚书·吕刑》第一次较为全面地阐述了以上古"大法"为圭臬的部门法思想。在《尚书·洪范》中，《洪范》作为"大法"被认为是上天所授予大禹的，即所谓"天乃锡禹洪范九畴"。③《洪范》《吕刑》思想的核心都是一个"德"字，如何才能实现"德"呢？秉持中道就是德，因此"德"的心法是"中"。《尚书·吕刑》有"民兴胥渐，泯泯棼棼，罔中于信"，是说蚩尤罔中滥刑，破坏了"中"的刑罚原则。《吕刑》中有"非佞折狱，惟良折狱，罔非在中""咸庶中正"，与此相印证，《周官·小司寇》有"断庶民狱讼之中"，《吕刑》中讨论司法是以蚩尤作乱之事为例证，来说明狱讼持"中"的重要性，这至少说明当时已将"中"的思想贯彻到司法中了。中国上古时已将"中"与"正"结合在一起，形成了"中正"之说，在司法方面也很早就要求法官要"咸庶中正"。

这里需要说明的是，中国古代的"法官中正"与西人的"法官中立"不尽相同，两者在司法价值上都追求公正，但在程序法上仍有区别。起源于12世纪英国的普通法奉行"法官中立"原则，这实际上是英王室中央集权的要求与地方习惯法之间博弈的产物。在没有王室统一的法典作为司法依据的情况下，当时中央派出的巡回法官只能依据当地日耳曼人的原始习惯法进行裁判，由于法官不懂得当地习惯法，因此巡回法官在诉讼程序中只能保持中立

---

① 高亨、董治安：《古字通假会典》，齐鲁书社1989年版，第417页。
② 王子今：《秦汉边疆与民族问题》，中国人民大学出版社2011年版，第219页。
③ 《尚书·洪范》。

并奉行当事人主义,如此才发展出普通法系中的"法官中立"原则。所谓普通法的法官中立原则、当事人主义及其判例法之传统,盖因中世纪欧洲国家文明不济,无能力制定成熟法典之故,故普通法系这些原则的出现,实缘当时其法律文明之陋。相比之下,就中国法律文明的起源而言,远不说伏羲大法、神农政典、黄帝政典,仅禹时就有"天乃锡禹洪范九畴,彝伦攸叙(常道)",①周朝时又有《周礼》《吕刑》的立法成就,就说明中国早在《尚书》的时代,就有了"常道"作为司法依据。因此,中国古代的司法原则,只需在"常道"的指引下,在适用礼法的基础上去追求"法官中正"即可,而不需要如普通法系那样,必须依靠法官在司法实践(判例)中进行"法官造法"。

又次,"中正"是中国古代道法思想的本义所在。后世儒家一直把"中"理解为"天下之大本",②道家将之解释为"阴阳和顺",于是"中"成为中国人的价值观,引导着中国人的人生观。在地理上,古代中国人一直认为中国是世界的中心,在政治上也有凡王者必居中国方为正统,才可以和顺阴阳以达天道。为什么会有这样的要求呢? 这是因为中国关于"中"的观念不仅来自类似《中庸》这样的义理论证,究其历史渊源,"中"的概念更源于古人的天文学,来自中国人的天文秩序和人文秩序相对应的中央与四方关系的认识。因此,"中"不仅是皇、帝、王这些概念的内含之义,而且是公共权力需要遵循的"道"。朱熹在解释《中庸》时,称"中"为儒门之心法,是以人心对天心,因此中庸政治是儒家理想的政治,中正的法律是儒家理想的法律。"中"不仅是天之本,而且是"道"之本;"中"不仅是自然之理,而且是人事之"理";"中"不仅贯穿了中国的自然史,而且贯穿了中国的政法史。

三、中国古代号治之法意

(一) 号称之类别

表面上,中国古代的号称表达的是一种世俗的政治秩序,但从其本义讲,号称反映的却是一种理想的道法秩序,它主要有王朝之号、皇号、帝号、

---

① 《尚书·洪范》。
② (宋)朱熹撰:《四书章句集注·中庸章句》,中华书局 1983 年版,第 18 页。

王号、霸号以及君子之号。

首先，王朝有号。王朝之号亦是为彰显道法而称。

三皇之朝指伏羲、神农、燧人，又或指伏羲、神农、祝融。伏羲本就是号，伏羲因观象于天，察法于地，因夫妇，正五行，始定人道，画八卦以治下，"下伏而化之"，故谓之伏羲也。神农本是号，神农因天之时，分地之利，制耒耜教民农作，神而化之，故号之神农也。燧人本是号，燧人钻木取火，教民熟食，养人利性，避臭去毒，故号之燧人也。祝融本是号，祝，属也；融，续也，言能属续三皇之道而行之，故号之祝融也。

五帝之朝的黄帝、颛顼、帝喾、尧、舜皆本是王朝之号。黄帝，"黄者，中和之色，自然之性，万世不易，黄帝始作制度，得其中和，万世常存"。① 颛顼，"颛者，专也；顼者，正也"。② 帝喾，"喾者，极也，言其能施行穷极道德也"。③ 尧，"尧者何？尧犹峣峣也，至高之貌。清妙高远，优游博衍。众圣之主，百王之长也"。④ 舜，"舜犹僢僢也，言能推信尧道而行之"。⑤

三王之朝的夏、殷、周亦是王朝之号。夏朝之夏，"夏者，大也，明当守持大道"。⑥ 殷朝之殷，"殷者，中也，明当为中和之道也"。⑦ 周朝之周，"周者，至也，密。道德周密，无所不至也"。⑧ 可见，王朝之号本质上是一种道德称谓，反映了王朝政治基本的道德理想。中国古代王朝亦不以姓氏为号，这是因为"号"的意义在于彰显德，而非是彰显人或族。夏商周三代虽为王者，其王朝亦世袭，然却不以王者一姓为号，此乃古道。"不以姓为号何？姓者，一字之称也，尊卑所同也。诸侯各称一国之号，而有百姓也。天子至尊，即备有天下之号兼万国矣"。⑨

其次，天子也是号。战国被称为道法家者，当首数稷下学宫最有影响力之慎到，《慎子》中有云上古天子之号的义理："古者，立天子而贵之者，

---

① （清）陈立撰，吴则虞点校：《白虎通疏证》卷二《号》，第 6 页。
② 同上书，第 7 页。
③ 同上书，第 6 页。
④ 同上。
⑤ 同上。
⑥ 同上书，第 9 页。
⑦ 同上。
⑧ 同上。
⑨ 同上。

非以利一人也。曰：天下无一贵，则理无由通，通理以为天下也。故立天子以为天下，非立天下以为天子也；立国君以为国，非立国以为君也；立官长以为官，非立官以为长也。"[①]是说"天子"之号于道法的义理在于"立天子以为天下，非立天下以为天子也"，这是对"天子"之号的政法定义。

再次，皇帝、王霸、君子都是号。皇、帝、王、霸、君子之号是为了"表功明德"："帝王者，何号也？ 号者，功之表也，所以表功明德，号令臣下也。"[②]中国古代皇、帝、王都是针对圣神统治者的号称，天子之号则是它们的通称，它们之间的区别只是层次不同。中国的法律史亦可从"三皇"开始，依《白虎通·爵篇》，天子之号因其"父天母地"，故古之皇、帝、王俱称"天子"。"天子"又是爵称，因其"德"之优劣，得皇、帝、王之号者又各不相同。依《白虎通·号篇》，伏羲、燧人、神农称"皇"，得"三皇"之号；黄帝、颛顼、帝喾、尧、舜称"帝"，得"五皇"之号；夏殷周称"王"，得"王"之号。

（二）天子之号：天秩的维护者

中国古代的天子是号称，古代的皇、帝、王、霸、君子也是号称，其中皇、帝、王皆可称"天子"之号，而霸则属于方伯，不可以称天子号。天子之号是因为古老的天治传统而得，天治可以称为天人之治，因此中国古代凡讲历史、法律，都要强调"究天人之际"，强调人事要遵循"天秩"的规律。"天秩"是指什么？上古之世人们观天不过日月星辰，对天象的观测集中在北斗七星和北极七星之间的运行关系，以此知晓"天"之秩序。

传说中，北极七星是以紫微星（帝星）为主宰的"太一"世界，北斗七星是以天枢星（北斗神）为主宰的"黄帝"的世界。依神话，自黄帝开始这样的天人对应秩序即已存在，黄帝为北斗七星之首的"天枢星"下凡，《轩辕本纪》："其母西乔氏女，名附宝，暝见大电光绕北斗枢星照于郊野，附宝感之而有娠，以枢星降，又名曰天枢。"《春秋运斗枢》曰："第一天枢，第二天旋，第三天玑，第四天权，第五玉衡，第六开阳，第七摇光。"《晋书·天文上》载："轩辕十七星，在七星北。轩辕，黄帝之神，黄龙之体。"东汉纬书《河图始开图》："黄帝名轩辕，北斗神也，以雷精起。"这是黄帝与北斗七星

---

① 《慎子·威德》，《诸子集成》第 5 册，第 2 页。
② （清）陈立撰，吴则虞点校：《白虎通疏证》卷二《号》，第 1 页。

之间的对应关系。又有其子孙分别对应北斗七星中之一星，如此北斗七星俨然是黄帝家族的世界。这样的神话并非空穴来风，恐与神农氏世衰时蚩尤"惟作乱始"以及少皞之衰时"九黎乱德"之后，黄帝及其子孙颛顼重建天人秩序的伟绩有关。

中心的概念往往是秩序的开始，依据传说，至少在黄帝时期就已经有了这种与天星相对应的人间秩序，并在此基础上逐渐形成了"礼"。华族因在祭祀天、地、祖先的过程中形成了人伦尊卑排位，这种排位秩序就是"三礼"的实质内容。《尚书·舜典》言舜之时，舜使伯夷作"秩宗"，"典三礼"。"秩，序；宗，尊也"，秩宗即是祀天神、享人鬼、祭地祇三礼之官。之所以叫"秩宗"，是突出祭祀享时的人伦尊卑秩序。《周礼》有"大宗伯"："大宗伯之职，掌建邦之天神、人鬼、地示之礼，以佐王建保邦国。""示"表达的是祭祀的意思，"示"的本义是天垂象以示人，故（疏）云："《说文·示部》云：'示，天垂象，见吉凶，所以示人也。'"①又（疏）云："天神为祀，地祇为祭，人鬼为享。"②此言"祀""祭""享"三礼活动。据对辽宁建平牛河梁等红山文化的考古研究，所见的三层台都是天坛祀（观测）天，地坛祭地，底层祭人鬼，上古三层台的底层是用于祭人鬼，实是当时部落贵族的墓冢。③

古代祭人鬼称为"享"，"享"又表现为先秦的昭穆制度。笔者以为昭穆制度是原始祭祀之礼向家族内部身份等级制度转化的结果，④其主要内容是对族人在墓地或宗庙祭祖时按辈分进行排位的规定。《礼记·王制》："天子七庙，三昭三穆，与大祖之庙而七；诸侯五庙，二昭二穆，与大祖之庙而五；大夫三庙，一昭一穆，与大祖之庙而三；士一庙，庶人祭于寝。"这种祭祀排位秩序正是中国人文秩序的起源，是中国宗法制度最古老的法俗之一，故《周礼·春官·小宗伯》："掌五礼之禁令，与其用等，辨庙祧之昭穆。""祀""祭""享"三礼涉及"通三统"，是华夏最原始的天人交集活动，

---

① 王文锦、陈玉霞点校：《周礼正义》卷三三《大宗伯》，中华书局 1987 年版，第 1296 页。
② 同上。
③ 张远山：《玉器之道》，第 374 页。
④ 依此昭穆之制，始祖居中，左昭右穆，二世、四世、六世居左，称昭；三世、五世、七世居右，称穆。以此分辨本宗族的辈分高低，长幼亲疏之序。

也是华夏法俗之初创。

"祭"在礼制中属于"吉礼",《祭统》云"礼有五经,莫重于祭",[1]充分体现了"礼以事神致福为本义"的原始诉求,故为"五礼"之首。"大宗伯"是"吉礼"的大祭师,作为职官,其渊源于黄帝时期,《史记·历书》:"盖黄帝考定星历,建立五行,起消息,正闰余,于是有天地神祇物类之官,是为五官。"[2]又《职官考》云:"陶唐氏以前之官所治者,天事也。虞夏以后之官所治者,民事也。"是说尧之前的官都是治天事之官,舜之后才有了治民事的官职。由此可见,周之"大宗伯"一职源于尧舜之"秩宗",其职不仅在于祭、祀、享,还在于"考定星历,建立五行,起消息,正闰余"。因为"大宗伯"之职十分重要且尊贵,故《周礼》言其"佐王立安邦国"。[3] 依《史记》所言,黄帝在平定蚩尤之乱后,其最重要的政治活动不在经济方面,而是重新恢复天文与人文秩序,确立五种与之相关的官职,"各司其序,不相乱也"。[4]关于这种天人秩序,张远山先生于其所著《玉之道》中有归纳,为明文意,兹转录如下:

> 斗居天中,而有威仪,王者法而备之。(《春秋·说题辞》)
>
> 斗为帝令,出号布政,授度四方,故置辅星以佐功。为斗,为人君之象,而号令之主也。(《春秋元命苞》)
>
> 斗为人君之象,号令之主也。(《晋书·天文上》)
>
> 圣人受命必顺斗。(《诗含神雾》)
>
> 天覆地载,谓之天子,上法斗极。(《孝经援神契》)
>
> 法北斗而为七政。(《礼斗威仪》)
>
> 天子所心昭察,以从斗枢,禁令天下。(《春秋汉含孳》)[5]

按此对应关系,与黄帝世系的神话一样,后世的天子也是地上唯一对

---

① 王文锦、陈玉霞点校:《周礼正义》卷三三《祭统》,第 1279 页。
② 《史记》卷二六《历书第四》。
③ 王文锦、陈玉霞点校:《周礼正义》卷三三《祭统》,第 1279 页。
④ 《史记》卷二六《历书第四》。
⑤ 张远山:《玉器之道》,第 403 页。

应天上北斗的人，所谓"上法斗极"，又谓"天子法斗，诸侯应宿"，故"天子"含义本具有唯一性。[①]《吕氏春秋·听言》引《周书》云"天子"，曰："往者不可及，来者不可待，贤明其世，谓之天子。"[②]《道德经》曰："故道大，天大，地大，王亦大。域中有四大，而王居其一焉。"[③]"天子"的运势对应的也是北斗七星，云"斗居天中"，天子要"法而备之"。天子的作为是依照天秩而行，如《礼斗威仪》云："法北斗而为七政。"如《春秋汉含孳》云："以从斗枢，禁令天下。"因此，天子的首要责任是要遵循天道。

按汉代纬书《孝经援神契》的说法，天子当以自己的德行来"法斗"，《孝经援神契》："天子不事祠名山，不敬鬼神，则斗弟一星不明。数起土功，坏决山陵，逆地理，不从谏，则弟二星不明。天子不爱百姓，则弟三星不明。发号施令，不从四时，则弟四星不明。用乐声淫泆，则弟五星不明。用文法深刻，则第六星不明。不省江河淮济之祠，则第七星不明。"这大概就是西周初时提出的，天子要"以德配天"的道法含义。在中国古代，"以德配天"几乎适用于所有人，诸侯、卿大夫、士、庶人亦然，如《后汉书·杨赐传》引《周书》云："天子见怪则修德，诸侯见怪则修政，卿大夫见怪则修职，士、庶见怪则修身。"[④]

在这样的天人对应关系中，"天子"不仅仅是拥有治权的统治者，还负有道德上的义务。"天子"不仅是"号"，它还是"爵"。中国古代的"号"与"爵"有特定的道德含义。天子作为天号，是一种抽象的道德符号，天子负有"以德配天"的义务，主要是调和天、地、人之间的关系，系天下万物和谐于一身，也集道与法于一体。

（三）号称：中国古代治道的五个层次

中国古代王朝的治法，往往被上升为"道"来看待，而所有的"道"又都终极于"天"。就天下治法而言，根据中国古籍中提到的相关概念，我们可

---

①　"天子"一词，早见于《诗经·大雅·常武》："赫赫业业，有严天子。"《史记·周本纪》中祭公谋父称周穆王为"天子"。《礼记·曲礼下》："君天下曰天子。"《洪范》："是训是行，以近天子之光。"

②　黄怀信、张懋镕、田旭东撰：《逸周书汇校集注》附录《佚文》，第 1155 页。

③　《道德经》第二十五章。

④　黄怀信、张懋镕、田旭东撰：《逸周书汇校集注》附录《佚文》，第 1156 页。

以有这样几类划分,即天治(道治)、人治、刑治;皇治(道治、天治)、帝治、王治、霸治、君子之治;号治、爵治、谥治、君子之治;道治、正治。这里大致可以归纳为号之治、爵谥之治、道治与正治。这些治法都是从不同角度、不同层次提出的,它们共同构成了中国古代道法学的概念体系,这种道法学是围绕着"道"这个概念而展开的,这些治法无不源于"道",而所有的"道"无不以天道为根本。在这些概念中,天治、道治、皇治这三个概念是同义的,处于这个道法学体系中的最高阶位,体现了中国古代治道的终极理想。

从号称来看,按照皇、帝、王、霸、君子的顺序,它们分别对应的是天治(皇治、道治)、人治(德治)、仁治、义治、群治,共同构成了中国古代道法之治的不同层级,是所谓"优劣之异,厚薄之降",故《意林》引《新论》云:"三皇以道治,五帝德化,三王由仁义,五霸用权智。"①阮籍《通考论》又云:"三皇依道,五帝仗德,三王施仁,五霸行义,强国任智,盖优劣之异,厚薄之降也。"②从最高的天子以至最低的士,中国古代的道法理论对这五种号称都赋予了相应的道德要求,反映了由高到低不同的道德阶位,是衡量其治道境界高低的标准。《周易·系辞下》讲的"德不配位",③就是基于这些道德要求而言的。从法治的意义上看,还可以根据其法治内含的刑治(法治)成分的多少不同,来衡量这五种号称的治道境界的高低。因此,在理论上,凡是能够称为皇、帝、王、霸、君子之号者,皆是以"道"为依归的不同层次的治道,兹分述如下:

1. "皇"之天治

皇治又可以称为天治、道治,"皇"仿佛就是"天"和"道"本身,具有天和道一样的自性。《绎史·皇王异说》引《白虎通·号》篇说"皇"是"天之总美大称":"皇,君也,美也,大也;天之总美大称也,时质故总之也。"④又《风俗通·皇霸》云:"皇者,天。天不言,四时行焉,百物生焉,三皇垂拱无为,设言而民不违,道德玄泊,有似皇天,故称皇。皇者,中也,光也,宏也。

①（清）陈立撰,吴则虞点校:《白虎通疏证》卷一《爵》。
② 同上。
③《周易·系辞下》有云:"德薄而位尊,智小而谋大。力小而任重,鲜不及矣。"
④（清）马骕撰,王利器整理:《绎史》卷二《皇王异说》,第8页。

含宏履中,开阴阳,布纲纪。"①《御览》七六引应劭《汉官仪》云:"皇者,大也,言其煌煌盛美。"蔡邕《独断》上云:"皇者,煌也,盛德煌煌,无所不照。"又《御览》卷七六引《春秋运斗枢》云:"皇者,合元履中,开阴布纲,指画天地,神化潜通。"是说皇者像天一样,具有居中、光明、宏大的属性。而关于皇治,如《御览》卷七六引《白虎通·号》篇云:"号之为皇者,煌煌人莫违也。烦一夫,扰一士,以劳天下,不为皇也。不扰匹夫匹妇,故为皇。"②这是具体说皇治是合元履中、垂拱无为,而且"不扰匹夫匹妇",如《道德经》云:"处无为之事情,行不言之教。"③所谓"皇治",只是指画天地,神化潜通,开阴布纲,皇者设言,而人民却不相违道,这就是所谓的"三皇以道治",即三皇是以天治。

　　"三皇"之所以被称为"皇",是因为他们有天的秉性,有"中和"和"光大"之美,因此才被称为"皇"。因此"皇"是指天,它是光明弘美、煌煌盛大的天,它自在无为,"不扰匹夫匹妇"而又"煌煌人莫违也",也就是说它不干扰凡间俗事。它是"太一"而未分阴阳,故《绎史·皇王异说》又引《管子》有云"明一者皇",这里的"一"是指太一。因此,凡是皇者,"不设法度"就能够治理天下,如古人认为伏羲、女娲称皇,他们皆不设法度,《绎史》卷三引《淮南子》云:"伏羲、女娲不设法度,而以至德遗于后世。何则?至虚无纯一而不喋喋苛事也。"④而伏羲之所以被称为伏,乃是因其能伏化天下之俗,《绎史·太皡纪》引《论语摘辅象》言伏羲有六佐(六相),即金提、鸟明、视默、纪通、仲起、阳侯,其中"金提主化俗",正是在伏羲的治理下,"天下伏而化之,故谓之伏羲也"。⑤

　　2. "帝"之德治

　　如果说皇治的特点在于道,那么帝治的特点就在于德,相对于皇治之道治,帝治又可以称为德治、人治。就其原始本义而言,皇和帝都是天号,如果说皇是天和道本身,那么帝就有类于圣与神,帝虽然不是天和道本身,

① (汉)应劭撰,王利器校注:《风俗通义校注》卷一《皇霸》,第10页。
② (清)陈立撰,吴则虞点校:《白虎通疏证》卷二《号》。
③ 《道德经》第二章。
④ (清)马骕撰,王利器整理:《绎史》卷三《太皡纪》引《淮南子》,第21页。
⑤ (清)马骕撰,王利器整理:《绎史》卷三《太皡纪》引《论语摘辅象》,第20页。

但却是能"德象天地",奉行天道者,因此帝号是德号。故《白虎通·号》云:"号言为帝者何?帝者,谛也,象可承也。"《独断》:"帝者,谛也,能行天道,事天审谛。"《白虎通·号》曰:"帝王者何?号者也。号者,功之表也,所以表功明德,号令臣下也。"①"帝"是能够德合天地者,《礼记·谥法》曰"德象天地称帝"。既然帝是"德象天地者",如果说"皇"就是天和道本身,那么"帝"是最接近天道者,是"道"的体察者,故《绎史·皇王异说》引《管子》云:"察道者帝。""帝"是可以德象天地,并"号令臣下",因此帝之治是德治。

与"皇"相比,"帝"的世俗内涵更多一些,不仅"号令臣下",还"任德设刑"。"帝"好像是"皇天"的体现者和执行者,黄帝之所以被称为"帝",不仅言其能行天道之德,而且其始作制度,可以根据天意来创制法律,故云其"任德设刑"。《风俗通·皇霸》说"五帝",认为是天立五帝(黄帝、颛顼、帝喾、尧、舜)以为相,这是说"帝"属于能够通行天道,奉行春夏庆赏、秋冬刑罚、任德设刑之人。"天立五帝以为相,四时施生,法度明察,春夏庆赏,秋冬刑罚。帝者,任德设刑,以则象之,言其能行天道"。②

由于"察道者帝",帝能够"德象天地",而天地之道又本有中和、光大之美,因此帝号中还有"得期中和"之义。《风俗通·皇霸》说黄帝"始作制度,得期中和",故而称帝。古之皇与黄相通,三皇之"皇"与黄帝之"黄"通义,"黄"字有"中和"和"光大"之义:"黄者,光也,厚也,中和之色。德施四季,与地同功,故先黄以别之也。"③《风俗通·皇霸》又引《白虎通·号》篇,说明了轩辕氏之所以被称为"黄帝",是因为轩辕氏的治理能够"得期中和"。所谓"得期中和",是说"帝"的治理行为达到了中和天地的境界:"黄者,中和之色,自然之性,万世不易,黄帝始作制度,得期中和,万世长存,故称黄帝也。"④

---

① (清)陈立撰,吴则虞点校:《白虎通证疏》卷二《号》。
② (汉)应劭撰,王利器校注:《风俗通义校注》卷一《皇霸》,第10页。
③ 同上。
④ 同上书,第11页。

3."王"之仁治

就本义而言,与皇、帝作为天号相比,王则属于人称,故《绎史·皇王异说》引《尚书刑德考》:"帝者,天号也。王者,人称也。"①后世因为皇、帝、王三者皆拥有天下,故云王亦是"有天下者之号"。中国上古的"三王"常被称为"先王",所谓"法先王"即是指效法禹、汤、文武。《风俗通·皇霸》云:"禹者,辅续舜后,庶绩洪茂。汤者,攘也,昌也,言其攘除不轨,改亳为商,成就王道,天下炽盛,文武以其所长。"②禹、汤、文武都是"有天下者之号"的人。自秦始皇称"皇帝"之后,今之王成为古之帝,以是否拥有天下来定义天号,使得皇、帝作为天号的原始道德含义发生了变化,"王"虽然是"人称",但亦是拥有天下的人,因此王与皇、帝一样成为天号,这大概就是后来的皇帝为什么总是认为自己是天下主宰者的理论来源。故皇、帝、王皆有天下者之号也。是以三皇以来,皆曰王天下,而夏殷之主,犹然以帝称。《传》曰:"今之王,古之帝也。"③

"王"之治是仁治。所谓"王者","一以贯之,故于文贯三为王。王者,居中也,皇极之道也"。④ 中国人认为天道是"仁"和"美"的代表,故曰"天志仁",⑤王者的任务是参通天、地、人,参通天之所施于人者,王者要法天时、天命、天数,循天法以出人法,由此率民以得天道之仁,若得此天之仁,则其治法就可合于天之美:"是故王者唯天之施,施其时而成之,法其命而循之诸人,法其数以以起事,治其道而以出法,治其治而归之于仁。"⑥负有循天法以率民而治的责任。《绎史·皇王异说》引《白虎通》云:"仁义合者称王。"又云:"王者,往也,天下所归往。"又引《说文》云:"三画连其中,谓之王。三画者,天、地、人也。而参通之者,王也。"⑦又引《淮南子》:"王者法阴阳。"⑧又引《独断》云:"天王,诸夏之所称,天下之所往归,故称天王。

①　(清)马骕撰,王利器整理:《绎史》卷二《皇王异说》,第8页。
②　同上书,第12页。
③　同上书,第14页。
④　(清)苏舆撰,钟哲点校:《春秋繁露义证·王道通三第四十四》,第328页。
⑤　同上书,第329页。
⑥　同上。
⑦　(清)马骕撰,王利器整理:《绎史》卷二《皇王异说》,第9页。
⑧　同上。

天子,夷狄之所称,父天母地,故称天子。"①看来所谓"王"者,是合仁义之人,故又引《管子》云:"通德者王,谋得兵胜者霸。"②《绎史·皇王异说》云:"王者天子之所称,霸者强侯之号。"③这是"王"与"霸"的区别。

王者之治还在于化俗,因此王者的化俗活动被称为"王化"。由于"王"需要循天道而出治法,需要"与天共持变化之势",因此王者还负有变易风俗的责任。所谓的"王化"就是指"天化","王化"应合于"天化","天化"是指万物都与天的变化相适应,是所谓"天地之化"。社会风俗的形成、变化都应当应天而化,汉代董仲舒《春秋繁露》云:"物莫不应天化,天地之化如四时。所好之风出,则为暖气而有生于俗;所恶之风出,则为清气而有杀于俗。"④与董仲舒的理论一样,魏人丁仪在《刑礼论》中以"天化"来解释儒家"先教后刑"的王化之俗:"天垂象,圣人则之。天之为岁也,先春而后秋;君之为治也,先礼而后刑。春以生长为德,秋以杀戮为功;礼以教训为美,刑以威严为用。故先生而后杀,天之为岁;先教后罚,君之为治也。"⑤

王者的仁治不仅表现在要"通德",还表现在王者要有"百姓有过,在予一人"的政治担当。如《尚书·汤誓》云:"予一人有罪,无以万方;夫万夫有罪,在予一人。"⑥这或许是古籍中关于古代帝王"罪己"传统的最早记载,故《白虎通·号》篇云:"或称一人。王者自谓一人者,谦也。欲言己材能当一人耳,故《论语》曰:'百姓有过,在予一人。'"⑦

王者的仁义之治,还表现为王者"赏善诛恶、诸侯朝事"的法律实践,《绎史·皇王异说》引《新论》对皇、帝、王、伯的治法有一番总结:"无制令刑罚谓之皇,有制令而无刑罚谓之帝,赏善诛恶、诸侯朝事谓之王。"⑧这里是说"皇"既无制令又无刑罚,垂拱无为,这是因为它以"道"的形式存在,

①　(清)马骕撰,王利器整理:《绎史》卷二《皇王异说》,第9页。
②　同上书,第10页。
③　(清)马骕撰,王利器整理:《绎史》卷二《皇王异说》引《白虎通》注,第14页。
④　(清)苏舆撰,钟哲点校:《春秋繁露义证·天容第四十五》,第332页。
⑤　同上。
⑥　(唐)孔安国传,(汉)孔颖达正义:《尚书正义》,上海古籍出版社2007年版,第285页。
⑦　(清)陈立撰,吴则虞点校:《白虎通疏证》卷二《号》,第3页。
⑧　(清)马骕撰,王利器整理:《绎史》卷二《皇王异说》,第10页。

并以无为的方式进行统治；"帝"是有制令而无刑罚，这是因为他是以对"道"的解释者的形式存在，进而"任德设刑"，进行法律创制；"王"则有刑罚，行赏善诛恶、诸侯朝事之事，故《新论》云："赏善诛恶、诸侯朝事谓之王。"①不过在理论上，与"皇治""帝治"不同，"王治"缺乏永恒性，如《御览》卷七六引《周书》云："三王之统若循环，周则复始，穷则反本。"

4."霸"之义治

历史上，项籍曾自称"霸王"，乃是混淆了霸与王的区别，故《绎史·皇王异说》云："王者天子之号称，霸者强侯之号，未有兼称霸王者，而兼称霸王者，项籍之陋也。"②

在中国古代的道法理论中，皇、帝、王、霸是不可以兼称的，它们代表着不同的政治德性，区分皇、帝、王、霸是道法秩序的内在要求。秦政之后，这种秩序开始出现了一些混乱。比如秦始皇称"皇帝"，项籍称"霸王"，汉高祖开始，功臣子弟得以封王，混乱了五等之爵"未有以王命其臣者"的传统。

霸与王的区别，相当于诸侯与天子的区别，因此霸与王不可以合称，如果将二者合称则"陋也"，历史上将霸与王合称者始自项籍，如《绎史·皇王异说》云："未有兼称霸王者，而兼称之陋也，自项籍为之也。"③先秦时期皇与帝本也不可以合称，二者合称是自秦朝才开始的，《绎史·皇王异说》卷二引《白虎通》注云："而云古有泰皇，因去泰著皇，采帝号而合称之以为有天下者之名，自秦政始也。"④此外，先秦时期亦"未有以王命其臣者"，以王称命其臣者，是从汉高祖时才开始的，《绎史·皇王异说》卷二引《白虎通》注云："古者五等之爵，公、侯、伯、子、男，未有以王命其臣者，而功臣子弟皆得以封王，自汉高始也。"⑤

对霸者的道法要求是，霸者需奉行义治，而且不得僭用天子之号。所谓霸者，是指伯，伯又称为方伯。"霸"的出现是"政由方伯"的局面使然，

---

① （清）马骕撰，王利器整理：《绎史》卷二《皇王异说》，第10页。
② 同上书，第14页。
③ （清）马骕撰，王利器整理：《绎史》卷二《皇王异说》引《白虎通》注，第14页。
④ 同上书，第14—15页。
⑤ 同上。

历史上"春秋五霸"皆是霸者,故称霸伯之号,其行事时也要讲求道义,如五霸之首的齐桓公是以"尊王攘夷"的义举而称霸。因此,从道法理论上讲,凡霸伯之治,奉行的都应当是义治,故儒家才有"春秋大义"之说,如《绎史·皇王异说》引《新论》云:"兴兵约盟、以信义矫世谓之伯。"①这种"义治"表现为盟约和信义。

5. "君子"之群治

在理论上,君子亦是号,故俗语云"号称君子"。之所以言"君子以群治",是因为君子作为号称本是为人父者(丈夫)之通称,"以天子至于民"凡是为人父者皆可以称君子,因此与皇、帝、王、霸不同,能够称为君子的人很多,故云:"君子者何? 道德之称也。君之为言群也。子者,丈夫之通称也。故《孝经》曰:'君子之教以孝也,所以敬天下之为人父者称也。'何以知其通称也? 以天子至于民。故《诗》云:'恺悌君子,民之父母。'《论语》曰:'君子哉若人。'此谓弟子,弟子者,民也。"②孔子称赞其弟子子贱是一个君子,是谓弟子,弟子即民,此上举天子,下举民。弟子虽然只是"民",然亦可以成为君子。《诗·东门之池》之《毛诗序》:"而思贤女子以配君子也。"这是妻称夫为君子。又《诗·小戎》有"言念君子"一句,是庶人亦称君子。

君子原本是指丈夫、人父的意思,也有父母的意思,中国古代官员往往自奉君子之号以治民,因此其自称"父母官"的传统也大多出于此。君子之治之所以被称为是"群治",还因为在"男主外,女主内"的传统社会中,男人是社会活动的主流群体,需要对成年男人有相应的道德要求,于是君子之号就有了对社会进行"群治"的作用,"君子"之群治是孔子治世理论关注的重点。

(四)中国古代"号称"的道法意义

总之,从"道"的意义上讲,"天""皇""帝""王""君子"形成了五个层次。首先是"天","天不言,四时行焉,百物生焉";其次是"皇","三皇垂拱无为,设言而民不违";再次是"帝"和"王","天有五帝以立

---

① (清)马骕撰,王利器整理:《绎史》卷二《皇王异说》,第10页。
② (清)陈立撰,吴则虞点校:《白虎通疏证》卷二《号》,第4页。

名，人有三王以正度"。从天"不语"到皇"设言"，从皇"设言"到帝王开始制订法律制度，这是一个从抽象到具体的层级，更是一个从抽象到具体变化的历史进程。这一进程是从"皇"（三皇：伏羲、女娲、神农）到"帝"（五帝：黄帝、颛顼、帝喾、帝尧、帝舜），再从"帝"到"王"（三王：夏、商、周）。这一过程不是空间概念，而是个时间概念，显然是"道"在时间上不断"显现"的过程，恰如柏拉图式的"理念"。在这一过程中，统治者的法制同样是"道"的"显现"，法律创制的过程源于"道"，而且始终承载并应当体现着"道"，而所谓的"有教无类"，则都是来自这样一个从抽象到具体的天道观念。[①] 不仅关于王者的治道理论来源于此，后世儒家关于君子治道的思想也来源于此，"是故君子不赏而民劝，不怒而民威于鈇钺。诗曰：'不显维德，百辟其刑之。'是故君子笃恭而天下平"。[②]

从"法"的意义上看，皇、帝、王、霸、君子五种号依次代表了道治、德治、仁治、义治、群治五个层次的治道境界，他们之间的区别是"优劣之异，厚薄之降"。[③] 他们共同形成了以"道"为核心价值的、由高到低的治道层级，反映了中国古代政法的道法学内容，共同构成了其政法的基本德性，这种政法的道德属性至少在汉代的《白虎通》中就已经得到了充分的阐述。单纯从刑治（法治）的角度来看，源于上古的道法理论可以分为四个层次，而不是主张多用刑治（法治）。

因此，中国的道法理论遵循着这样一个原则，即是刑治（法治）的程度越高，只能说明其治道的层次越低，这一原则也是区分皇治、帝治、王治、霸治的道德标准。根据对"刑"的使用程度，在王朝国家理性层面上，人们将治道由高到低分为四个层次、四种境界，即皇治、帝治、王治、霸治，抑或是天治、德治、仁治、义治；在社会理性层面上，则是指群治。无论是王朝国家理性层面的治道，还是社会理性层面的治道，这五个层次的治道仍都遵循了由天道而及于人事的自然理性原理，如果用现代的法学话语来讲，这种原理可以总结为一句话，即"法治的最高境界，就是没有法治"。

---

① 杜文忠：《王者无外：中国王朝治边法律史》，上海古籍出版社 2017 年版，第 202—203 页。
② （宋）朱熹撰：《四书章句集注》，第 40 页。
③ （清）陈立撰，吴则虞点校：《白虎通疏证》卷一《爵》。

此外,中国古代还有谥号之治。中国古代"谥"与"号"合称,是为"谥号"。"谥号"同样是一种道法称谓,是依死者生前德行、行状所赐的追封之号。古代"谥"还与"法"合称,是为"谥法",《周书》中有《谥法解》专论谥法。在周之前本无谥法,《礼记·郊特牲》曰:"古者,生无爵,死无谥。"又云:"此言生有爵,死当有谥也。"如此,谥法的传统应当是始于周初,《周书》《大戴礼记》皆认为"谥法"始于周,周公旦、太公望"将葬,乃制谥,遂作《谥法》",武王"将葬,议谥时,乃作《谥法》"。① 如此观之,周公旦不仅制礼,而且制谥,或者说周公制谥是其制礼的一部分。"谥"是"引列行之迹",通过"进劝成德",达到"使尚务节"的目的。"谥者,何也? 谥之为言引也。引列行之迹也。所以进劝成德,使上务节也",②是谓"谥"的意义在于根据某人一生的行迹,谥之以号,以此树立社会榜样,使得整个社会崇尚节操。

中国古代的"谥"具有"合于道"的意义,通过对生前有爵的人物进行政治、社会评价,以此构建起具有历史意义的道法谱系,这个道法谱系的创制是"道"的世俗化、社会化的过程,也是在历史中创制和维护道德规范的过程,如《诗》云"靡不有初,鲜克有终",是说人的言行终始难以如一,故其德行可以据其一生而知,故古代"临葬而谥"有"盖棺定论"的意思。之所以"临葬而谥",其目的是"因众会,欲显扬之也",③是用社会评价的方法,对死者优秀的德行进行"显扬",这不是一般人所拥有的荣誉,而是有"君子德风"之义。

总之,中国古代的"号"其本义都是对政治人物和社会人士的道德称谓,它们都是中国古代治道的基本义理所在。

四、爵称之治:爵制的道法内涵

至少在商周时期中国就有了封"爵"的传统,中国的爵称在精神价值层面自有其道法学上的含义。

---

① (清)陈立撰,吴则虞点校:《白虎通疏证》卷二《谥》,第15页。
② 同上书,第67页。
③ 同上书,第68页。

（一）天爵与人爵

关于爵称，中国古代还有一套自己的理论，儒家将爵称分为天爵和人爵，赋予人爵以"道"的精神价值，如《孟子》云："有天爵者，有人爵者。仁义忠信，乐善不倦，此天爵也；公卿大夫，此人爵也。"①认为修天爵（仁义忠信）而自可以得人爵（天子、公、侯、伯、子、男），天爵是人爵的精神价值所在，得天爵者方得人爵之根本，如果只是追求人爵之地位而失去了天爵的修养，则"终亦必亡而已矣"。故孟子云："古之人修其天爵，而人爵从之。今之人修其天爵，以要人爵，既得人爵，而弃其天爵，则惑之甚者也，终亦必亡而已矣。"②因此，理论上，中国古代的爵称是天爵与人爵的统一，是精神与制度的统一。无论中西方，爵称都是贵族地位的标志，而中国古代的爵称不仅是身份上的人爵，更是道法意义上的天爵，这与源于日耳曼"蛮族"文化的欧洲中世纪爵称有本质上的差异。

在中国古代，天子、公、侯、伯、子、男是爵称，公、卿、大夫、士亦是爵称。通常"爵"又分正爵和内爵，公、侯、伯、子、男称为正爵，公、卿、大夫、士称为内爵。封爵意味着对社会层级的固化，社会层级的出现是人类政法文明的第一步，能够保持社会层级之间的合理流动（如科举制）则是人类政法文明的第二步，就中国古代史而言，这还可以视为是"大一统"在制度上的开始。号治主要是针对帝王德性的规定，爵治则是对臣子德性的规定。作为号治的皇、帝、王、霸、君子，他们沟通和对应的是天，需要体现的是天的中和光大之美；作为爵治的公、侯、伯、子、男，他们沟通和对应的则是具体的三光（日、月、星）或五行（金、木、水、火、土），需要体现的是具体的天人之合。

（二）爵称的"三五之说"

什么是"爵"？"爵"本是礼器，为祭祀之用。爵的本义是"尽量"的意思。《说文》："爵，礼器也。"但作为礼器的"爵"，已经由物而及于人了，由礼器（酒器）而喻义为"量其职，尽其才"，故《广韵》曰："爵，量也，量其职，

---

① 《孟子·告子章句上》。
② 同上。

尽其才。"《白虎通》亦云:"爵者,尽也,各量其职,尽其才也。"①

古之王朝制禄爵有"三五之说",殷商爵有三,为公、侯、伯;周之爵有五,为公、侯、伯、子、男。何以有三与五之别? 这是依据天有三光,地有五行,三光为日、月、星,五行为木、金、水、火、土。殷商据天有三光而有三爵,周据地有五行而有五瑞。瑞者,玉也,五瑞即五种沟通五行的玉。故古之人爵秩序,亦是依日月星辰、金木水火土而设,是为了"顺天应地"而成。

中国古代有文家和质家之学,其学派亦有文家、质家之分,文家尚华,质家尚实。清人谭嗣同《报贝元徵书》:"西人分舆地为文、质、政三家。文家言地与日月诸行星之关系……质家辨土石之新旧层,各种僵石五金凝结之故。"这是用中国古代的文、质概念去解释西学。《大戴礼记》引含文嘉曰:"质以天德,文以地德,殷授天而王,周据地而正。"故又春秋家有"质家三等,文家五等"之说。② 公羊疏引《春秋元命苞》云:"质家爵三等者,法天之有三光也;文家爵五等者,法地之有五行也。"古代又有"周之文从殷之质"之说,③《汉书·袁盎传》:"殷道质,质者法天;周道文,文者法地,是质者据天文者法地也。"是云殷商据天称神,是为殷道质;周朝据地称人,是为周道文。周道据天而法地,以三光而合五行,得天与地之合,得"文质彬彬"之道,④故周朝的爵制合有公、侯、伯、子、男五等。周朝之所以制爵五等,实是为了表达天、地、人互相和合的愿望,这是用文质、三光、五行这些概念解释周朝五等爵位的由来和内涵。此外,古之"爵",又可以分为天子、正爵、内爵。

(三) 爵制之义理

天子 "天子"不仅是天号,还是最高的爵位,"帝者,天称也;王者,美行也;天子者,爵号也"。⑤ 因此,皇、帝、王都可以称"天子"。除"天子"之爵外,爵又分为"正爵"和"内爵","正爵"对应的是各地诸侯国的国君,

---

① (清) 陈立撰,吴则虞点校:《白虎通疏证》卷一《爵》,第9页。
② 同上书,第4页。
③ 同上书,第3页。
④ 《论语·雍也》:"质胜文则野,文胜质则史,文质彬彬,然后君子。"
⑤ (清) 陈立撰,吴则虞点校:《白虎通疏证》卷一《爵》,第1页。

"内爵"对应的是朝臣；"正爵"为公、侯、伯、子、男，"内爵"指公、卿、大夫、士。这些爵号又各有其义理。

正爵 "正爵"有公、侯、伯、子、男。所谓公，"公者，通也。公正无私之意也"。① 所谓侯，"侯者，候也。候逆顺也"，②是作为王者之斥候。所谓伯，"伯者，白也"。《元命苞》云："伯之言白，明白于德。"③所谓子，"子者，孳也。孳孳无已也。"《释名》释《亲属》："子，孳也，相生蕃孳也。"④所谓男，"男者，任也"。《礼》疏引《元命苞》："男者任功立业，皆上奉王者之政教礼法，统理一国，修身洁己矣。"《独断》："云男者，任也，立功业以化民。"

内爵 "内爵"有公、卿、大夫、士。所谓公卿，是"公"和"卿"的合称。所谓公，"公之言公，公正无私"；所谓卿，"卿之为言章也。章善明理也"；⑤所谓大夫，"大夫之为言大扶，扶进人者也"，"进贤达能，谓之卿大夫"；⑥所谓士，"士者，事也，任事之称也。故《传》曰'通古今，辩然否，谓之士'"。⑦"士"在殷商时不是爵，周时始为爵。

"爵"不仅规范生者，依功德对生者赐予不同爵位的荣誉，还对死者生前的"行迹"进行道德评价。中国古代的"爵"还有特殊的道德含义，这是西方关于"爵"的词汇中没有的。如"公爵"，在中国古代被解释成为"公正无私"，而在西语中则不然，无论是拉丁文 dux 衍生出的法语 Duc、英语 Duke，还是以日耳曼语作为词源的德语 Herzog，"公爵"都只是"领头"的意思。如"侯爵"，在中国古代被解释成为"候逆顺"（《公羊》疏引《元命苞》），"其外方五百里谓之侯服"（《职方氏》），"侯禳祷祈之祝号"（《周礼·小祝》），是斥候王者敬奉宗庙祷祈之号的意思。英语中的 marquis（侯爵）来自法语 marchis，与英语单词 march（行军）一样，都是来自拉丁语 marca（边疆）。再如"伯爵"，在中国古代被解释成为"明白于德"，⑧而英语

---

① （清）陈立撰，吴则虞点校：《白虎通疏证》卷一《爵》，第 6 页。
② 同上。
③ 同上。
④ 同上。
⑤ 同上书，第 10 页。
⑥ 同上。
⑦ 同上。
⑧ 同上书，第 6 页。

中的"伯爵"earl 是源自古英语 eorl ，与北欧国家的"伯爵"Jarl 同源，其本意仍然只是指"首领"。

五、老子与孔子：道治与正治

上述这些治法经历了皇（三皇）、帝（五帝）、王（三王）、霸（五霸）四个阶段，是对古之治法的历史经验总结。依据号、爵、谥之高低，可以分为：皇、帝、王、霸、君子、公、侯、伯、子、男、公、卿、大夫、士，这如同是对治法的道德水准的高低进行的纵向划分，这些都是儒家推崇的划分方法。除此之外，道家的老子又对这些治法进行了哲学化的抽象总结，我们于此又可以将古之治法分为道治与正治。

老子《道德经》中反映出的道治思想属于上古皇治（天治、道治）时代的治法，《道德经》中有一段话充分说明了老子的治法观，是云："以正治国，以奇用兵，以无事取天下。吾何以知其然哉？以此。天下多忌讳，而民弥贫；民多利器，国家滋昏；人多伎巧，奇物滋起；法令滋彰，盗贼多有。故圣人云：'我无为而民自化，我好静而民自正，我无事而民自富，我无欲而民自朴。'"[1]这种治法的特点是"无为""好静""无事""无欲"，正是《风俗通·皇霸》所说的"三皇垂拱无为，设言而民不违道德"，[2]属于中国古代治法理论中的最高境界。这一境界与帝治的"任德设刑"不同，它既无需任德，又不用设刑，只需设言而天下自化。由此可见，老子在这里所说的"以正治国"是皇治意义上的"以正治国"。

后世将老子与黄帝合称，将老子的治法与黄帝的治法混为一谈，这就意味着将老子本来所说的皇治、道治与黄帝时期奉行的帝治合称。皇治时代是天治的时代，是纯粹循自然而化天下的时代，这个时代显然不属于国家时代。在理论上，国家时代不可能"不赏""不罚"，更不可能做到如《吕氏春秋·上德》所说的"不赏而民劝，不罚而邪止"，"不赏""不罚"恰恰是帝治时代的治法特点，即强调用德和义来进行治理，是所谓神农、黄帝之政"莫如以德，莫如行义"，因此其所以追求的境界才是"不赏而民劝，不罚而

---

① 《道德经》第五十七章。
② （汉）应劭撰，王利器校注：《风俗通义校注》卷一《皇霸》，第10页。

邪止"。《吕氏春秋·上德》曰："为天下及国，莫如以德，莫如行义。以德以义，不赏而民劝，不罚而邪止。此神农、黄帝之政也。"如此，老子《道德经》中主张的"以正治国"所说的"正"，是"道"的意思，其所说的"正治"是指"无为""好静""无事""无欲"的道治，也就是指上古的皇治（天治、道治）而言。而孔子所追求的治法则不然，孔子所追求的应该是帝治和王治，是"祖述尧舜"的尧帝、舜帝之帝治，是"宪章文武"的文王、武王之王治，这在中国古代道法学发展史上的顺序也晚于老子《道德经》所说的道治。因此，虽然同为春秋时期的人，同是上古道法理论的传承者，如《道德经》所云："执古之道，以御今之有。以知古始，是谓道纪。"①但是老子比孔子具有更为古老的历史情结，追求的治道境界也更高。这或许是因为二者阅历、身份不同，抑或许与他们当时各自接触到的历史文化信息不同有关。

　　值得一提的是，对于《道德经》所说的"以正治国，以奇用兵，以无事取天下"一句，清人魏源在其《老子本义》中释云："以道治国，则国平；以正治国，则奇正起也。"②所谓"奇正起也"，是说"正治"之法已经不是"法自然"，而是有了阴阳奇偶之分，有了人物之对立，有了对政刑法令之运用和依赖。故老子云："其政察察，其民缺缺。"③所谓"察察"，就是"立刑名赏罚，以检奸伪，故曰'察察'"。④ 由此推演，魏源认为此句中老子所说的"以正治国"其本义是指道治，而非古代通常所说的正治。实际上，在魏源的解释中，已经将中国古代的治法区分为"道治"和"正治"了。后世所说的"正治"，是指帝治、王治时代的治法，故其"正"即是"政"。《太平御览》卷六二二云："政者，正也。下所以取正也。"⑤如前所述，上古黄帝时期的"五官"皆称"正"，此亦是"三王"时期所说的"大正""小正"之意。相对于古老的道治而言，其含义已经接近于我们今日所说的德法之治了。

－－－－－－－－－－

① 《道德经》第十四章。
② 《老子本义》，见《诸子集成》第3册，第34页。
③ 《道德经》第五十八章。
④ 《老子本义》，见《诸子集成》第3册，第35页。
⑤ 《太平御览》卷六二二《治道部三·治政一》，第2789页。

第四章 "道"之法意

在"蚩尤作乱"和"九黎乱德"之后,黄帝、颛顼之后"绝地天通",结束了顾炎武说的"三代以上,人人皆知天文"的局面,[①]从此"天法"(天文历法)为统治者独有之"神通",不再是民间可以研究的"自然"。

春秋以来,孔子亦不妄言"天命""天道",而是偏重于人道(社会)的建设,故其后儒家之道统表现为本于社会而不专注于自然,精于人而不精于神;儒家之法统,重人民而轻社稷,重礼俗而轻国法,故虽多有律典,却仍以问俗而治为要。所谓"问俗而治",实是轻国家治理,而重社会治理。所谓重"社会治理"者,自然是问俗、化俗的"法俗"之治。缘于此,其法者,俗也;俗者,法也。古之社会治理,是以化其俗而成其教,成其教而立其法,故其边疆之治,仍以社会为重;其治边之法,秉承"法俗"特质,或曰"礼",或曰"制",或曰"教",或曰"俗",此几种形式,尤不专以"国家"律令为根本,皆因其文化有重"社会"之品格所致。此如贵州《独山县志》云:"观风俗之美,可以征政教之得失;化民成俗,其在斯乎!"[②]

中国的学术,是基于"道"之学术;中国之政治,是本于"道"之政治;中国之法俗,是缘于"道"之法俗。中国上古之法俗,并非散乱无章,亦非粗鄙浅陋,而是缘于"常道",有"道"可循。由"道"而成就其道学,由道学而成就其道统,由道统而成就其法统。

"道"的历史可谓源远流长。"道"是中国文化的基本概念,是中国文化的"逻各斯"。"道"所包含的一切义理,构成了中国人关于宇宙人生的解释学,中国的哲学思想、政治文化、法律文化无不以"道"为始基。同理,如果解

---

① (清)顾炎武撰,黄汝成集释,栾保群、吕宗力点校:《日知录集释》卷三十《天文》,第 1673 页。
② 《独山县志》卷十三《风俗·苗蛮附》。

释中国的法律文化,不确立"道"的信念,则极易偏离其以"道"为核心的解释系统。先秦以"志古之道"为志业的儒家是"道"的信奉者和继承者,先秦的儒家之学,本质上是中国上古至于西周发展起来的道学,这一学术传统亦是西周之政治、法律传统。《老子》有"一阴一阳谓之道",汉代董仲舒重塑儒家道学,借阴和阳来解释"天道",从而巩固了儒家之"人道"。

一、道体:"道"的逻辑证成

儒家关于"道",涉及的概念有道体、道学、道统,中国古代的宪制和礼乐政刑有源于道统,道统政治一直是儒家理想的政治形式,这正是儒家的"道"之于政法的意义所在。对于儒家之"道"的理解有两个方面:一是基于"道体"的逻辑证成,二是基于"圣神"的历史证成。儒家之"道"创制、统合了其政法并赋予其法意,由此形成了中国古代"道统政治"理论的圣神性、常法性、文教性、风俗性特点,同时还原生出其"化俗而治"的政法传统。

儒家的"道统政治"涉及道体、道学、道统、礼乐、法俗、律典这样一些概念,其中道体、道统是解释中国政法文化的切入口。中国的儒学可以理解为道学,中国的儒家政治可以理解为道统政治。道统是道学的形式,是道学向政治领域的延伸,而道学本身在哲学上需要有一个"道体"的概念来进行提升。在儒学史上,朱熹是"道统"说的建立者和集大成者,按照余英时的说法,"朱熹的历史世界只能以道统与道学为中心,政治文化最多居于边缘地位"。① 而研究道统这一概念,又需要从研究道体开始。

作为道学入门教本的《近思录》,是朱熹精选的周、张、二程的语录,其首篇是"道体"篇,其余篇目则本之于《大学》"八目",即格、致、诚、正、修(内圣)、齐、治、平(外王)的"内圣外王"之学。这充分说明了"道体"被视为"内圣外王"学,这一儒家政治哲学的根本,儒家政法之学也即是"内圣外王"之学,而儒家政法哲学也是基于道体论的道学。因此,解释这个道体是理解中国道统政法文化的开始。

---

① (宋)朱熹、吕祖谦编,查洪德注译:《近思录》,中州古籍出版社 2008 年版,第 7 页。

　　道体是什么？儒家讲的道体与道家讲的道有没有区别？道体之论是本体论，又可以解释成道的承载之体，涉及的概念比较抽象，如太极、性、命、中、和、理、气、心，"中"是这些概念中最为突出者。

　　"中"被儒家看作是天下之"大本"。道体之说本源于《中庸》，《中庸》之论在于一个"中"字，"中"被儒家看作是本："中也者，天下大本也。"朱熹注云："大本者，天命之性，天下之理皆由此出，道之体也。"[1]故《中庸》既是儒学之道体，也是儒学之心法。朱注："此篇乃孔门传授心法。"因此这个"中"是大本，是天道之"中"，是人道之"中"，居中者才可以致于和，和是什么？"和也者，言感而遂通者也"。[2] 即然中为心法，人道之本则当在心而不在物，是以"内圣"先于"外王"。

　　关于本，《近思录》中说中是天下之大本，这是从天道的层面来讲的本，就是作为天命之性的"中"。而董仲舒《春秋繁露》从人道的层面来说的本，就是源于天、地、人的客观存在的礼。董仲舒《春秋繁露·立元神》中有云：

　　　　何谓本？曰：天、地、人，万物之本也。天生之，地养之，人成之。天生之以孝悌，地养之以衣食，人成之以礼乐，三者相为手足，合以成体，不可一无也。无孝悌则亡其所以生，无衣食则亡其所以养，无礼乐则亡其所以成也。三者皆亡，则民如麋鹿，各从其欲，家自为俗。[3]

　　由此可见，道体就是道的本体，作为天道，它体现为中；作为人道，它体现为礼。礼的合理性论证是由本（天、地、人）而生人道（天生、地养、人成），这里的道是基于本的自然法则，因此儒家言人道不是抽象的逻辑演绎，而是把本（天、地、人）当作是人道（天生、地养、人成）最基本的客观场景，"天地人，万物之本也"。人道发生于这个天然的客观世界中，由此推之，天、地、人这个客观的本不变，那么道也就不变。

---

① （宋）朱熹撰：《四书章句集注》，第14页。
② （宋）朱熹、吕祖谦编，查洪德注译：《近思录》，第20页。
③ （清）苏舆撰，钟哲点校：《春秋繁露义证》卷第六《立元神第十九》，第168页。

礼是道的产物，孝悌、衣食、礼乐三者是本于天、地、人而自然产生的道，由于孝悌、衣食、礼乐三者"合以成礼"，因此礼就是"天经地义"的。由于道源于自然之本，礼又源于自然之道，因此礼就是基于自然法则而成，如此礼就具有了自然合理性，礼也就有了无论在何种社会形态下都具有的"天经地义"的、无可辩驳的"常道"性质，这种性质正是由本的自然存在的客观性和道是基于本的自然法则使然。由本而生道的客观性，因此由道而成礼，支撑起了儒家礼法在现实社会生活中的常道性，这也正是儒家礼法具有高度"文化自信"的理由。

如此，道体有天道和人道，天道之本在于中，人道之本在于礼。中体现了天命之性，是"天下之理所由出"；礼体现了万物之本，是由天、地、人"合以成礼"。

二、圣神观："道"的历史证成

上述这些只是单纯的理性逻辑演绎，然而儒家论"道"不仅是这般抽象的逻辑演绎，还有历史故事作为其证成。

在儒家精神世界中，中国的上古圣神是"道"在历史中的显现，他们是"道统之传"，因此"道"具有了人文历史传统的性质，可以称之"常道"或"道统"。朱熹于《中庸章句·序》中云："盖自上古圣神继天立极，而道统之传有自来矣。"这里"统"字又作何解？有以"道"外化于世界人心，以统"六合"的"放之则弥六合"之意。依照以上逻辑，即是以"中"和"礼"这一"大本"统合世界人心的意思，自然也统合了"内圣外王"的全过程，"内圣外王"体现了"道"在社会中由内而外的显现过程。

"道"的历史性在于它来自上古圣神的治道传统和经验，道统之统除了统合的意思外，应该有历史相因相承的义理。道统最初来自"圣神"们得道和守道的历史叙事，这些历史叙事是中国道统的起源和历史记忆，也是对道统神圣性最有力的论证。道统的概念始于宋儒的说法，常道的概念却被常用于各类史籍。之所以称"常道"，并不仅是做人之"五常"（仁、义、礼、智、信），而且也包括了治理天下国家的"九经"或曰"九常"，"常"与"经"相通，《中庸》言治理天下国家有"九经之序"，此处的"经"即是"常"

的意思,集注:"经,常也。""凡为天下国家有九经,曰:修身也,尊贤也,亲亲也,敬大臣也,体群臣也,子庶民也,来百工也,柔远人也,怀诸侯也。"① 既已成"经",是言其原生原理,亦是言其有悠久的历史传统。

上古的伏羲、神农、黄帝、尧、舜以及后来的汤、文、武这些"圣神",他们即是人中之圣,也是天造之神。他们既是人又是神,所以他们能感通天、地、人。他们上可通天道,知天(乾)之"四德",曰元、亨、利、贞,以元统"四德",得天道之祥和正固;下可通人道,知"五常"之仁,曰仁、义、礼、智、信,以仁统"五常",得人道之根本。天之"四德"和人之"五常",可分别看作是天道和人道的基本内容,属于道统。而所谓的"九经",只是基于道统的治道而已。于此,道统有了神圣之渊源。

所以说道统不单纯是抽象思辨的产物,更是历史经验,或者说是依历史故事而成的。道统的历史故事推至上古神话,其中有两个要素:一个是"圣",一个是"神"。"圣"是指圣人,"神"是指天子。② 故道体之说的历史依据在于"圣人天子"的故事,具体说就是伏羲、神农、黄帝、尧、舜这样的人的历史,他们既是圣人,也是天子,他们才是掌握了"道"的人,他们的政治经验也才是"道"的"显现",所以他们的经验就是道统。

既然道统之说的历史依据在于"圣人天子"的故事,那么是"圣人天子"显现了"道",还是"道"显现了"圣人天子"呢?具体说,是"中"这个"大本"体现在"圣人天子"身上呢?还是只有"圣人天子"才能体现"中"?这个问题很重要,因为它关系到道体的神圣性和道统的确定性。庄子反对儒家的"圣神"先出而后天下才会有"道"的说法,认为"天下无道,圣人生焉。方今之世,仅免刑焉"。③ 因为"圣人生,而大盗起",④但是儒家认为没有"圣神"的教化,无所谓大道,无所谓"外王",因此是"圣人天子"显现了"道"。从儒家一直讲的伏羲、神农、黄帝、尧、舜以及后来的汤、文、武这些"圣人天子"来看,他们既是人中之圣,也是天造之神,是神人合一。作为

① (宋)朱熹撰:《四书章句集注》,第29页。
② 三国东吴太常卿徐整撰《三五历记》,最早言盘古天地开辟,中有盘古"神于天,圣于地"之说。
③ 《庄子·内篇·人间世第四》。
④ 《庄子·外篇·胠箧》。

人中之圣，他们的政治行为符合"中"这个"道"；作为天造之神，他们赋予了"中"这个"道"以神圣性，他们的"圣神"身份和一生的德行、创制被完美地结合在一起。在身份上，是"道"和"神"合于一体；在政治上，他们的行为和创制活动又成为后世的楷模和经典，进而在理论上确立了只有"神道"才可以"设教"，故云"神道设教"。何以为"教"？礼乐制度也；何人可以"设教"？《中庸》云："虽有其位，苟无其德，不敢作礼乐焉；虽有其德，苟无其位，亦不敢作礼乐焉。"①朱熹引郑玄注云："言作礼乐者，必圣人在天子之位。"②如此这般，"内圣"与"外王"方可合一。

　　与上述"圣人天子"相比，孔子"述而不作"，是因为孔子还不是天子，缺少了一个要素，还不符合"圣神"的要求，因此孔子不能做到"神道设教"，只能"述而不作"，才有"罪我者其惟《春秋》乎"之说。③故依此道体或道统文化逻辑，中国古代政教礼法的创制者必须具备"圣神"的身份。那么周公为臣，并不是天子，周公又何以"制礼作乐"呢？儒家需要对此作出解释。朱熹的《中庸序》云：

　　　　自是（尧、舜、禹）以来，圣圣相承：若成汤、文、武之为君，皋陶、
　　伊、傅、周、召之为臣，既皆以此而接夫道统之传，若吾夫子，则虽不得
　　其位，而所以继往圣、开来学，其功反有贤于尧、舜者。④

　　这里的解释就是一个"继"和"开"，"继往圣"和"开来学"为孔子之事功，并非言孔子可以"神道设教"，孔子只是"接夫道统之传"。如此，孔子与皋陶、伊、傅、周、召为臣之功是一样的。但在逻辑上这仍不能解释周公并非天子，又何以能"制礼作乐"？因此从周公开始，在中国的圣教史和法律史上"内圣"与"外王"不复合一，从此道统已失，而周公、孔子之能，只能算作"接夫道统之传"罢了。

---

① 《中庸》第二十八章。
② （宋）朱熹撰：《四书章句集注》，第14—15页。
③ 《孟子·滕文公下》。
④ （宋）朱熹撰：《四书章句集注》，第15页。

"神道设教"本来应当是道统的完美状态,然周、孔之能只能说是事功、道学,而难以言"设教",故孔子自称"志古之道",朱子言其"接夫道统之传",周、孔之为不过是一种在实践中对"道"的创制或学说。于是乎,孔子之"六艺"成为通往"道"的途径,是谓之"道学","六艺"只是显现"道"的应世之学,而非"道"本身。

"孔学"或者说"道学"之形成,意味着"道"具有了实践解释学的意义,是道统形成的开始。道统一词,宋以后开始流行,最早见于李元纲《圣门事业图》,是谓"传道正统,以明道、伊川承孟子"(《道统条》)。① 道统实际上是对"神道设教"或者说"圣神合一"的扩张性解释。从此,在"神道设教"的语境下,宋儒为确立儒家圣贤政治上的独立性格,需要这样的扩张性解释。依照余英时的说法,朱熹是"故意将'道统'与'道学'打并归一,从此'道统'的尊号基本上便属于有'德'无'位'的儒家圣贤了"。② 在"人皆可以为尧舜"的理论下,任何成为儒家圣贤的人都可以是道体的承载者。这实际上是确立了儒家圣贤在政治领域的教主地位,解决了有德者(知识阶层)和有位者(天子及其官僚系统)之间在"设教"上的矛盾,为"从道不从君"的政治思想提供了一个有力的概念。由此,"圣"与"神"可以分离,道统与政统可以分离,教与政可以分离,孔子成道学,又以"素王"居,这在客观上又是孔子对"道统政治"的一大贡献。由于有了这一先例,"道"不仅行于世(尧、舜、禹、汤、文、武、周公圣神之行),还开始明于世(孔、孟圣贤之学),并承继于世(周、程、张、朱贤者之传),如此则成"道统之传"。

> 尧、舜、禹、汤、文、武、周公生而道始行,孔子、孟子生而道始明。孔、孟之道,周、程、张子继之;周、程、张子之道,文公朱先生又继之。此道统之传,历万世而可考也。③

---

① 转引自余英时《朱熹的历史世界:宋代士大夫政治文化研究》,生活·读书·新知三联书店2011年版,第15页。
② 同上书,第16页。
③ 《勉斋集》卷一九,见余英时《朱熹的历史世界:宋代士大夫政治文化研究》,第15—16页。

　　历史上能够"接夫道统之传者"，都是合于"中正仁义"者。天道之混元在于一个"中"字，道统的核心也是一个"中"字，它与道家学说中的"道"在理念上互通。自伏羲画八卦到文王演周易，其内涵虽然丰富，但都只是用形而下（金、木、水、火、土和四时）的内容阐明阴阳两极的关系。孔学之一个"中"字最与"道"字相合，"立天之道，曰阴与阳；立地之道，曰柔与刚；立人之道，曰仁与义"。《周易·说卦》道家学说之"道"，其义理在逻辑起点和终点上的境界，都是"无极""混元"之义。而"中"正两极（阴阳、刚柔、仁义）之中，处于"无极""混元"这个点上。故"中"者，"大本者，天命之性，天下之理皆由此出，道之体也"。从这意义上讲，儒家之"道"与道家之"道"是一个"道"，是谓"圣人定之以中正仁义"，①谓之"中和之道"。所谓的"中和"，是居中才能和，才能致"天下之达道"。努力靠近这个中点，就是实现"和"的最佳方式，故儒道又称为"中和之道"。由此，儒家政法的基本义理就是"中正仁义"，所谓的儒家政法就是儒家所持的"中庸政治"主张。

　　那么何人可至此"中和达道"的境界呢？"上古圣神"可矣！"接夫道统之传者"可矣！这些"接夫道统之传者"由此在理论上拥有了独立于君王的传道、弘道责任，故才有孔门关于人与道的关系之言："士能弘道，非道弘人。"②"士不可以不弘毅，任重而道远。"③

三、道统政治："道"的政法意义

　　孔子之学只可谓道学，至宋儒方有道统之论。道统论的出现使得孔子的道学走向更成熟的政论高度，它是继汉代"独尊儒术"确立了孔子道学的政教地位之后，宋儒又用历史上的圣神故事来阐发道统，从而在理论上确立了儒家的道统政治。但是，儒家的道统政治却源于圣神，而终于文教政法，其"道"的实践意义正在于此。

（一）德位相合：合法性的原始要素

　　从原初的圣神观看，儒家的"道统"之于"大一统"是有位格上的要求

---

① （宋）朱熹、吕祖谦编，查洪德注译：《近思录》，第16页。
② 《论语·卫灵公》。
③ 《论语·泰伯章》。

的,具体来说,就是上述关于对德和位的要求。在儒家原初的道统观中,德和位分别对应了圣和神,中国自上古就有了以"德"为人道和以"位"为天道的思想,这一思想的形成自有其地理、种落的原因,这也是中国自来有大一统思想的历史缘由。

首先,看"德"。"德"应该属于"圣"的范畴,在儒家看来"孝"和"德"都是其政统于"道"的显现,都是其道统政治的核心内容,而"孝"也是"德"的一种,是天道亦是人道,但这只是从义理层面来说的。在实践的意义上,"德"的概念与"大一统"有因果关系,"大一统"是其道统政治的另一个重要概念。传说中的黄帝是最早的"大一统"的实现者,与蚩尤相比,黄帝的胜利不在于武力强过于蚩尤,而在于其以德"合诸侯",故云"黄帝以德","蚩尤以暴"。黄帝之所以能够实现"大一统",亦在于黄帝有《史记》所说的"有土瑞之德"。上古中华大地上地理复杂、交通困难、种落繁多,虽历史漫长,其法俗仍不易趋同,若只是依靠武力而不以德,则显然任何一个统治者都不能够做到"合诸侯"而统一天下。正是因为这一客观条件和历史经验,中国古代才一直有"巡狩""王会""朝贡"等制度,才有"王者无求""王者无外""薄来厚往"这些涉外治道。如此看来,黄帝的胜利对于确立中国古代的德位政统观和法术治道有初始意义。同样,中国历来讲的大一统,非是强调武力之一统,而是强调礼乐法俗之一统,礼乐法俗之一统,又有上述"国情"之制约。"德"是治道的品性,依德治才可以从根本上实现政治一统;"礼"是治道的手段,依礼治才可以逐渐实现"一同于俗"。在这个意义上,可以说地理的复杂性和种落的繁异性,才是中国出现并形成"大一统"的根本原因。

其次,看"位"。"位"应该属于"神"的范畴,没有"神"就没有"神道立教",在这个问题上儒家理论并不十分牢固,这也是儒家最后走向具有文教特点的道统政治的原因。

中国的神在起源上也十分复杂,同样中国上古"圣神"在起源上也各不相同。严格说来,儒家不欲言鬼神,儒家关于神的传统并不直接起源于中国神话。中国古代本没有"神话"这个名词,古人几乎相信上古的故事都是真实的,至少班固依《七略》作《汉书·艺文志》把《山海经》列在形法家之首而当作实用之书；汉明帝时王景治水，明帝曾赐之以《山海经》等著。① 明代胡应麟才对之有所质疑（《少室山房笔丛》），清代修《四库全书》方将它归于子部小说家之类。儒家不欲言鬼神，于上古神的采择也有限，孔子只以《尚书》人物为"六艺"之教，最远始于《尧典》；删《诗》三百篇中，只提到《商颂》之玄鸟，亦无神迹。至于太古荒诞之说，俱为儒者所不道。司马迁《史记》只推及黄帝，以《黄帝本纪》为篇首已甚是不易了。

若依据司马迁的《史记》，从黄帝开始，儒家的"圣神"故事中只有黄帝、蚩尤、颛顼、羲氏、和氏、共工这些神话人物。以此推之，与上古神话相关的有共工任刑罚，强霸而不王，触不周之山；共工与颛顼相争为帝；女娲补天，聚土止滔水，以济冀州等说。若依《尚书》，从唐虞算起，儒家的"圣神"故事中与上古神话相关的，则不过尧舜时的"四凶"而已。因《尚书》《史记》之故，我们最多可以把它们归之为"历史化"的神话，这些神话中正邪已现，其中相关的人物具有正邪评判的价值，有些被纳入了儒家道统的人物谱系，形成了儒家关于是非曲直的初始形象，成为儒家道统的原始内容，如《尚书》中儒家的尧、舜、禹与"四凶"之间就有了正邪之别。孔子以《尚书》作为历史教材，说明了孔子追溯的是"圣"的历史，而不是"神"的历史，是以尧这一先圣人物为信史，这不仅具有明显的儒家正邪价值论，还具有明显的儒家政治实践论取向，有用人的历史来阐明儒家法政义理的考量。所以，孔子编订《尚书》至少客观上有确立"圣"道统的意义，而司马迁《史记》则是纯粹的史家，其中黄帝与蚩尤的故事推及"传说"，虽言黄帝以德、蚩尤以暴，似有正邪之分，但仍以说"史"为目的，没有像《尚书》那样一味地对"圣"进行描述。

但是，上古神话与儒家的"圣"之间又有一定的联系，所以中国古代才有"皇""帝""王"之分，但由于孔子不语鬼神的文教理论，这些神话与"皇""帝""王"之间又缺乏连贯性。盘古开天地是中国人的创世神话，是天、地、人生成的最原始的神话，也是关于"圣神"（三皇）之所出的神话。盘古开天地的神话材料见之于三国时吴国徐整的《五运历纪》，《太平御

---

① 玄珠：《中国神话研究》（上），娄子匡编：《国立北京大学中国民俗学会民俗丛书》，东方文化书局1972年版，第1—2页。

览》卷七八所引徐整的《三五历纪》言三皇五帝之史,其逸文则有盘古开天辟地的描述,并谓天地和盘古生成后"乃有三皇",此神话言"三皇"之所出。女娲补天则是天地生成之后的神话,也是与"圣神"人物(颛顼)有关的神话。女娲补天神话的材料见之于《淮南子·览冥训》,其中直接言女娲采石补天;相关材料则见之于《淮南子·天文训》,其中言共工与颛顼争帝位而怒触不周山,致"天倾西北"。虽然玄珠(沈雁冰)在《中国神话研究ABC》一书中把这两个神话都归为北方神话,显然是北方中心论的说法,玄珠只是因屈原《楚辞》未有记载就认为此二者属于北方神话系统有些牵强,但是中国神话有很强的地域性并呈现出南、中、北不同的系统却可能是事实,这也是中国上古神话起源本就杂异的表现。

由于中国上古神话起源的杂异性和上古神话过早"历史化"的特点,①客观上必然要求儒家要有统一的神话谱系。换句话说,它不仅需要说明有德者的圣性,还需要阐发有位者的神性,最后还要有一个"圣神合一"的帝王谱系,形成具有历史合法性的道统、政统、治道、法术相统一的政治标本。因此,在理论上"圣神合一"是其政法的合法性来源,道统政治的合法性最早源自儒家的"圣神合一"观。

由此可见,中国古代政统的合法性可以有三种解释:一是符合圣贤道统,其人虽无位,然可"有德者居之";二是符合天子嫡系血缘继承传统,如此可具有"有位者"的神性;三是虽然居天子之位,但仍然需"圣神合一",做到与"道"的一致。此三者分别构成了中国古代对"有位者"在"道"上的约束,古代出现的天子下"罪己诏"就是这种"道"的约束的表现。即使法家有"王子犯法,庶民同罪"之说,法律上也没有涉及"有位者",相反还借助了上古"皇""帝"的神性,实行皇帝制度,从而达到其"隆君"的目的。《史记·商君列传》中有商鞅因太子犯罪而"刑其傅公子虔,黥其师公孙贾"的典型案例,但也并不涉及国君、天子这些"有位者",因为他们还有一个作为天子的"神"的身份。

---

① 玄珠:《中国神话研究》(上),载娄子匡编《国立北京大学中国民俗学会民俗丛书》,第1—2页。

（二）天与道：圣神传统的标准

儒家有"从道不从君"的传统，这个传统在理论上确立的依据是天。那么何以"从道不从君"呢？为此，儒家政治文化高举天的旗帜，以天抑制君王。由于"天"与"道"同义，这实际上是以"道"来抑制君王，"夫天，专言之则道也"。[1] 在这里，天与道是同义的，"天者，乾之形体；乾者，天之性情"。[2] 天具有乾"健而无息"的特性，故曰"天行健"。天的这一特性是因为天具有自在性和自为性，这就是天的自然性，也是天作为道体的特性。为此，儒、道、墨都认为由于天是自在运行而不会因人意而改变，所以天是最公正无私的。由于天具有这样的特性，所以天可以自在自为地对人的行为进行佑或罚，人的政治行为与天之间是有感应的，是可以合天的自在之性的，天的自在性和自为性正是"道"的特性，因此天与道同义，故有"天且弗违"于道，[3] 如此君道自然也要符合天道。

"天"作为一个政统概念，逻辑上是因为人的政治行为可以感应天，这种感应最早见于夏、商之"代天"和"天罚"的天命观，又可见于周公旦之"配天""敬天"之天命观。周公"以德配天"是基于"皇天无亲，惟德是辅"的认识，故"德"又作为一个政统概念，成为中国传统政治文化的核心词汇。"德"把"天"和"人"联系在一起，成为天道与人道沟通的桥梁和判断是与非、正与不正的标准。由于把政治行为（人道）与天道互相感应联系在一起，在君道与天道之间形成了对应，"德"和"位"之间就有了统一的关系，这为儒家的"神道设教"奠定了理论基础。因此，中国人的天道观于西周时已然十分成熟，这一理论历数千年以至清朝都没有被动摇过。

君王的行为不过是人道而已，因此为君之道自然也高不过天，高不过"道"。既然作为人道的君道高不过天，高不过道，那么君道就必须要合于天道才具有神圣的合法性；如果君道不配天道，则为君"有位者"就会失去这一合法性。古之所谓"有德者"，根本上是指其行为合于天道者，合于"中和"之道者。由于"人人皆可以为尧舜"，故人人都可以成为"有德者"，

---

① （宋）朱熹、吕祖谦编，查洪德注译：《近思录》，第21页。
② 同上。
③ 《周易·乾卦·文言》。

成为能够感应"道"的人,如董仲舒之"天人感应"论,进而成为有"从道"能力的人。儒家的这一理论是中国古代宪制的基本理论,儒家这一"圣神"理论的法理内涵有三:

首先,尽管只有天子可以祭天,但在"道"的意义上,每个人都有资格以自己的德行直接面对天。既然"人皆可以为尧舜",①那么人皆可以成为感应天道的圣贤,这类似基督教新教理论中所说的每个人都可能从上帝那里获得启示一样。在这人道的资格意义上,无论天子还是庶民,每个人都是平等的,这也是儒家与基督教理论相同的地方。

其次,既然每一个人都有资格直接面对天且都有可能感应天道,那么如何才能实现对天道的感应呢?儒家认为就是要"固本",即所谓的"本立而道生"。那么"本"是什么?前面讲过"本"在天道的意义上就是中,在人道的意义上就孝。孝本是华夏民族自上古以来之法俗,它明显有异于"四裔"的"贵壮贱老"之俗。在道学意义上,孝具有天道的自然属性,也是人道中最具自然性的,最不可能以人意而改变的。可以说,孝是最具有天道属性的人道,通过孝是可以感应天道的,是人道之始。自汉代始,历代王朝皆奉行"以孝治天下",以孝为政统之基础,天子与庶民皆然,孝道遂成为了治道,成为了政统的基本内容。

再次,由君王这类"有位者"制定的法律,相对天道而言,它们不过是人道的内容之一,只是人道体现天道的一种形式。良法与恶法的区别,在于此法是否合于天道而不在于它是由谁来制定的,故良法当要合于德、合于道。由于有了这样的法理,那些合于"圣神"的"有德者"成为了天道的显现者。在人的世界里,除了君王制定的法律外,还有高高在上审视、评判着这个法律世界的天或道,人所有的努力都是为了去感应它、了解它、遵循它,那些先知先觉的圣神们以自己对天道的感知和实践去随时校正偏离航向的人事世界,由此政统、法统都要服从于道统,因此治道法术定然也应该服从于天道,这正是中国古代国家治道的根本,"民为本,君为轻,社稷次之"这就是儒家合于天道的治道,也是其不同于西方的治道所在,西方的治

---

① 《孟子·告子章句下》。

道中没有这样的"天道"逻辑,在此作一比较。

首先,西方文化中没有中国这样一个"天理循环"的自在自为的永恒的天,更没有可以去感应"天"的中国式的"圣神",因此他们只能去遵循人自身理性的逻辑思维形式,如人与生俱来的归纳、推理等能力。在古希腊、罗马多神教时期,由于没有中国式的感应了天道的"圣神"先王谱系,于是出现了各持己见去探索真理的哲人。从中国道统文化载体的角度看,这些哲人既算不上是能感应天道的"有德者",也不是德位合一的"有位者"。

其次,西方文化中没有中国式的"常道"文化,无法形成中国式的道统政治,因此在西方政法文化前期,他们对治道的讨论流于热衷演讲术的"广场政治",这也是他们的政法理性主义甚为发达的原因。依道统政治,可以将西方政法文化分作两个时期:一是多神教时期,二是基督教时期。在古希腊、罗马尚处于多神教的时候,由于没有一元化的神崇拜,又没有中国式的"天",他们无所谓是否有一元化的"道",也就无所谓是否超越人事的道统,更无所谓道统政治,他们所谓的权利、自由、民主这些关涉人道的问题,只能在多元化的理性思辨和政治博弈中展开。公元325年,君士坦丁才谕令罗马臣民皈依基督教,狄奥多西于393年才立基督教为国教。由此,一元化的上帝才与人事结合在一起,西方的治术才上升至"道"的层面,出现了中世纪政教合一的局面,后来又发展为《圣经》理性"的近现代道统政法文化。

再次,由于中世纪以前一直没有出现道统政治,所以他们的治术更多是从人与物的关系(商业关系)出发,更热衷于用人的逻辑思维形式来构建现世的民法秩序,更重视对人与人、人与物的权利关系的设计。这正如罗马法一样,他们的法律也正是依赖人的思维形式而抽象出的系列概念的组合 。换句话说,古希腊、罗马的帝国治术只是在人道领域展开的,在基督教深入其社会政治生活之前,西方的这些人道没有可以作为准据的神道,这就是古希腊、古罗马政治文化之所以热衷于研究法律和法治之术,而不似中国那样重于教化之道的原因。

中国之治道的特点是重于道而轻于术,道家对"道治"的理解,甚至已经到了"以无事取天下"的程度。① 儒家"法先王""法先圣"而治国平天下,实际上也是追求道治的理想,"先圣之治"是道治,如《道德经》言:"法令滋彰,盗贼多有。故圣人云,我无为而民自化,我好静而民自正,我无事而民自富,我无欲而民自朴。"② 依此理论,凡法律之治、教化之治,也只是以"正"治国而已,远没有达到"道治"的境界。

故中国儒家的帝国之治多言道而少论术,多言教而少论法。始终相信只要合于"道本",自然会有正确的治术,就像只要读好儒家经典,懂得了"道本",官员就有了主持司法活动的能力一样。显然这是一个本末关系,每当讨论人事的时候,本末关系一直是儒家十分重视的问题。两千余年来,由于对本末关系的不断强调,凡事不能舍本逐末已经成为了中国人的思维方式。治道是本,治术是末,治术不能高于或偏离治道,这也是中国古代治道的基本要义。

复次,自中世纪以来,西方治道虽然也在"道"的意义上寻求政教的永恒性,寻找人和人之间最合于"道"的关系,在教与罚之间寻找最合于"道"的裁判者,但是中国人的"天"却大异于西人的"上帝"。近代以来,西人有"天赋人权"之说作为其政教之立元正始,细察之,这不过是近代人翻译的附会。所谓"天赋"之"天",不过是"造物主"(上帝)的意思,且其"造物主"之义理大不同于中国人所谓之"天"。中国人说的"天"等同于"道",它自在自为,不说话,它只是如柏拉图的"理念"一般"显现"天理,天理即真理。西人之"上帝"也等同于"真理",是要说话的,上帝说"我就是真理,就是道路,就是光明"。此外,同中国的天罚观一样,西人的上帝也会惩罚人,这是天和上帝的相同之处。但是天和上帝的性格、治道又大不相同,一个是自在自为不说话,像一个无言而教的老师,但爱民如子,只是以天人感应的方式显示征兆以示警;一个自在有为地说了很多话,总是以禁止性方式指示人的行为。一个是仁厚中和的长者,是仁义公道的化身,时不时对不肖者施以"天罚";一个是凶恶任性、为我独尊的裁判者,拥有绝对的权

---

① 《道德经》第五十七章:"以正治国,以奇用兵,以无事取天下。"这是说以道治国则国平,以正治国则奇正起也,以无事则能取天下也。

② 《道德经》第五十七章。

力并预言人类最终的毁灭。可见，中国人的"天"的道统与西人的"上帝"的道统是如此的不同。

（三）循道而治："道"之于政法的实现

"神道设教"　中国古老的"道"的精神被儒家所全面继承。儒家有自己关于天命（天道）的圣神观，与上述西方的上帝不同，儒家的天人感应不是来自抽象的上帝的神谕或指示，儒家信仰的天地会表现许多重复性的现象，因此儒家对天地的信仰，正是来自他们对自然客观现象的不断解释和判断，这自然会催生中国较早地出现理性化的教法传统。儒家的教法传统建立在天人合一的信仰基础上，因此儒家的天命信仰也有对自然现象进行抽象解释的成分，但除了对这些自然现象进行神化的解释之外，中国人自身的历史也为儒家提供了圣神信仰。中国早出的文明积累了三皇五帝或尧、舜、禹、汤、文、武、周公这样一些圣神的故事，这些圣神的故事与儒家天命信仰结合在一起，构成了儒家关于圣神世界的信仰。儒家圣神谱系不经常提到伏羲、女娲、盘古等神话，"盘古开天辟地""女娲采石补天"这些神话甚至可能属于"子不语"的内容，"自孔子出，以修身、齐家、治国、平天下为教，不欲言鬼神，太古荒唐之说，俱为儒者所不道，故其不特无所光大，而又有散亡"。[①] 中国儒家文化史上也没有长篇的故事诗，从神话到《诗经》，中国人一直过的是散文般的生活，而不是宗教式的神话生活。但是，从《尚书》内容看，中国上古神话人物在商周之际就已经历史化和义理化了。至孔子之时已经有了人类大同的思想，打破了许多传说中的迷信，抛弃了君权神授的内容，更多了平民思想和平天下的思想，孔子也没有提到过这些可能出自南方的神话，儒家的圣神世界最终只是循历史而生成的世界，而不是一个宗教神化世界。

同先秦诸子的许多思想流派一样，儒家有自己的天命观，也有某种模糊的鬼神观，儒家将"鬼"解释成"人死为鬼"，正是其奉行的祖先崇拜、历史崇拜的一种表现。因此，我们可以说儒家的信仰是由天命和历史构成的，天命信仰使儒家在精神上有了安身立命之道的"绝对精神"，历史信仰

---

① 玄珠：《中国神话研究》（上），载娄子匡编《国立北京大学中国民俗学会民俗丛书》，第7页。

使儒家在生命实践中为实现道而有了"舍我其谁"的榜样力量。所以,儒家所说的"神道设教"具有本于自然历史变化的相对性,不能同伊斯兰教、基督教的神化世界相提并论,也不能用黑格尔基于所谓的"绝对精神"来理解。儒家所说的"神道设教"同时包含了变与不变的精神,这种精神在中国文化中一直是以基于伏羲八卦而成的《易》为代表的。如果从法哲学的角度来说,这种同时包含了变与不变的教法理论一直深刻地影响着中国古代的政治和法律。早在《尚书》的时代,中国就已经有这种关于变与不变的法哲学了,《吕刑》篇中就有了"轻重诸罚有权,刑罚世轻世重,惟齐非齐,有伦有要"的法学理论,是说刑罚轻重要因时代的需要而改变。这一理论在后来的中国法律史上一直没有被质疑过。近世法学界不乏有因中国古代的"刑罚世轻世重"而批判中国古代法律缺乏稳定性,认为这有悖于现代法治的公平原则。提出这种观点的根本原因,在于他们是以西方"绝对精神"演绎出的法哲学为参照,来讨论中国古代法学。从这一角度来看,当然会认为儒家的"神道设教"具有不稳定性。

批判儒家"神道设教"的另一种观点,是认为儒家的"神道设教"缺乏精细化的制度设计,本书第五章会提到德国马克斯·韦伯就此问题的观点。总体而言,这类观点一是针对中国古代"民本"治道的实现,二是以道统制约政统的道法理想。具体来说,即是认为在制度上,中国古代一直缺乏对皇帝和官吏的政法行为进行精细化的分权制衡设计,难以实现教与法俗、道与政法的统一,并认为这是中国古代法学不能适应现代性法治建构的一个重要原因。从历史来看,在讲求"内圣"的儒家法文化中,无论是孔子的道学,还是朱熹的道统,抑或是王阳明的心学,都很少有关于道统与政统的制约理论,更不见他们对此有精细化的制衡设计。讲求"外王"的孟子,其"民本"思想仍是以教论政,虽然其"民本"思想也影响了后世的统治者,后世的统治者实行的税赋大多数时候是在三十税一和十五税一之间,根据相关的历史学研究,这比例并不算高,但是孟子的理论中仍然缺乏制度上的相关制衡设计。董仲舒虽然提出了自己比较成熟的、基于"道"的大一统理论,但是在他的著作中仍然没有关于如何保证道与法相统一的具体的、精细化的制衡设计。

道与大一统　就大一统的理论而言，仅就《尚书》体现出来的法律形式及其法意来看，中国很早就形成了自己的道法学传统；这可以看作是中国道与法合一的法学范式形成的开始，关于这一观点在本书第八章将有专门论述，此不赘述。到西周时，中国法学的道法范式在内容和形式上更加精细化，在形式上形成了以《周礼》为标志的礼与法合一的政法范式，还出现了"溥天之下，莫非王土；率土之滨，莫非王臣"的政法理论。只是在这一漫长的历史时期，建立在道法学基础上的"大一统"理论还不十分成熟，这为特定历史条件下战国法家提出悖离传统道法学的"纯粹法学"提供了可能，如《韩非子·五蠹》所言："明主之国，无书简之文，以法为教；无先王之语，以吏为师。"就是既不循天道（天法），也不尊人道（先王），而是"废书去教"，破除"神道设教"的道法传统，将法律彻底世俗化。

秦朝废诸子之书，全面奉行"以法为教，以吏为师"的法学理论，由此奠定其"君主首出""法律首出"的理论，改变了上古以来建立在分封制基础上的皇、帝、王的道法价值秩序，并借上古以来具有特定道法内涵的皇、帝之号，新创了秦朝的皇帝专制一统制度。在疆域治理上全面推行郡县制，同时还统一了文字、度量衡，并修建驰道，以此服务其一统政治。秦朝本着"法律首出"的理念，在制度上为大一统提供了客观条件，确立了以皇帝制度为核心的大一统政法格局，却在很大程度上偏离了之前的道法传统，因此其大一统有政统之建构，却无道统之依归，缺乏"道"之根基。这体现在秦朝的"法律首出"论难以为中国的大一统提供具有确定性的神圣价值论，难以打通传统道统与专制法统之间的关系，在制度上也没有界定二者之间的制约关系。秦制建立在"法律首出"理论之上的大一统，远不及汉代董仲舒建立在"通三统"之上的大一统。董仲舒在"汉承秦制"的基础上，独尊代表古老的道法学理论的儒学，用儒学经义重新打通了道与法的关系，确立了依经立法、以经释法的立法和司法原则，以"经义首出"为准据形成了道统高于政统的道法理论，奠定了后来中国大一统理论范式，因此，中国基于道法的大一统理论当是成熟于董仲舒。

此外，我们说秦朝的大一统政法理论缺乏"道"的支撑，还体现在政法哲学上的"变"与"不变"的关系上。从理论上讲，"不变"是对"变"的制约和规定,由于建立在"法律首出"基础上的秦制偏离了自《尚书》以来的道法学传统,使得其大一统实践缺乏理论上"不变"的确定性和规定性。这个任务是由西汉董仲舒来完成的,在董仲舒《春秋繁露》中,有"新王必改制"说,其中说明了改与不改、变与不变的内容。

在中国道法学的历史上,阐明道统对政统制约关系的是汉代的董仲舒。首先,董仲舒以天和地的绝对性、古与今的继承性来确立其大一统理论的合理性,将"大一统"上升至人类社会组织的公理的高度。他针对"今师异道,人异论,百家殊方,指意不同",①提出"大一统者,天地之常经,古今之通谊"。② 同时,董仲舒还将大一统建立在"道"的层面上,将道统论与政统论统一起来,使得"大一统"的内涵同时包含了道统与政统,以此沟通天道、地道、人道,由此形成了他的大一统理论。

董仲舒在其《春秋繁露》中具体阐明了中国传统道法理论中"变"与"不变"的内容。针对"新王必改制",董仲舒提出"非改其道,非变其理",凡新王改制,只是"更称号","改正朔","易服色",除此之外"无他焉"。这是新王于传统有更、有改、有易的部分,即王朝称号可以改,将哪一月定为岁首可改,服饰的颜色可改。而新王于传统不能更改的部分才是传统的根本,"若夫大纲、人伦道理、政治教化、习俗文义尽如故",③即人伦、道理、政治、教化、习俗、文义的基本内容不可以改。这就是董氏总结的中国"王者之治"的历史传统,"故王者有改制之名,无易道之实",认为道之实是不能变的,政之名是可以变的,政统之变有可以改与不可以改之处,是名改而实不改。所谓的王者之治,当是"异治而同理"。④ 董仲舒还提到了"先王遗道","亦天下之规矩六律己",⑤认为是否遵循这些基本法则才是治与乱的区别。这些基本法则来自"天",是"天法"的表现,因此"圣者法天,贤者法圣,此其大数也"。⑥ 认为遵循先王之法就是遵循了天法,这个"法"不仅

---

① 《汉书》卷五六《董仲舒传》,中华书局 2012 年版,第 2523 页。
② 同上。
③ (汉)董仲舒撰:《春秋繁露·楚庄王第一》,中华书局 2012 年版,第 19 页。
④ 同上。
⑤ 同上书,第 16 页。
⑥ 同上。

是"祖先成法"，更直接是"天法"，先王的成法本就是来自天法，这就是治与乱之"大数"，也是所谓的"天数"。故王者之治的基本原则应当是"奉天法古"，①而要做到"奉天法古"，天子就应当代表人民孝天，代表宗族孝祖。这一"不变"的逻辑就是中国传统政法的"逻各斯"，它应当是一切政治法律的基本法或高级法，是所有人类、国家、民族共同体政治法律中"不变"的基本法则。

在董仲舒看来，这些他所谓的大纲、人伦、道理、政治、教化、习俗、文义本就来自天道、地道、人道，是"道"在人类社会生活中的自然客观体现，也是人类构建宪章政治必须永久遵循的道理和法则。从人类法律史来看，良好的制度并不是一味求变的制度，制度的稳定性是良法善治十分重要的命题。首先我们要弄清楚什么是良法善治。对于特定的国家共同体或社会共同体而言，通过任何一种制度构建出来的生活习惯和生活方式，只要人们形成了惯习就难以轻易改变，基于某种新的情势或新的理念的变革从来都是一件很艰难的事情，尤其是涉及基本制度的变革更是难上加难。基本的制度往往基于基本的价值理念，它通常是某一共同体不变的部分，在根本上为共同体的稳定提供了基础。关于为什么两千多年的中国政治是一种"超稳态结构"的分析可能有各种角度和理由，但纵观五千多年的中国史，这种稳定性不仅表现在自实行分封制以来的整个中国历史，更表现在自秦汉以后的中国政法史之中。这种稳定性从根本上来自中国历史上长期保持的政法思想的确定性，具体讲就是中国一直坚持了从上古时期就已经形成了的传统"道法"理论，这才是中国这个共同体中真正不变的部分，是这个共同体的"压舱石"。董仲舒的大一统理论不过是对之前中国历史上这个"不变"部分的历史总结，其意在沟通天道、地道、人道，沟通道统与政统的内在关系，将秦朝的世俗法学重新置于传统道法的制约之下，使得之前以"天法"为中心的道法学理论更为丰富。

道与中国法的古老精神　汉代董仲舒以儒法为宗还秦法于"道"，在

---

① （汉）董仲舒撰：《春秋繁露·楚庄王第一》，第16页。

秦法的基础上重新为中国法确立了"道"的规定性。在先秦诸子中,法家并不是中国传统道法的继承者,相反它甚至是传统道法的反动者,儒家才是传统道法的真正继承者。在春秋"礼崩乐坏"之前,传统的道法学一直以"王官学"的形式存续着,春秋之际所谓的文化危机实际上就是王官学被颠覆的危机。因此,儒家强调对"道"的传扬,志在通过教化恢复传统的道法学,因此儒家十分重视教化,认为只有通过教化而不仅仅是暴力,通过教化而不仅仅是法律,才是实现"天下有道"的最佳方式。

儒家的"化",是指"人文"之化,这反映在其对《易》的解释上:"观乎人文以化成天下。"何谓人文?人物之杂相就是人文。如人有男女、老幼、尊卑,有不同的血统,归于不同种族等等。何谓"化"?钱穆先生认为"相通相和"就是"化"。① 如此,"化"就是"和"的意思。依此义,男女相通相和,化成了家庭;尊卑长幼相通相和,可化成家族;不同种族相通相和,可化成国族;不同家国相通相和,可以化成天下。此一"化"的过程,是由个人而至天下,故"化"超越了人类各种杂相,超越了民族和国家。因"化"的宗旨在于通和人类,是以全人类、全天下作为化成的目的。因此,中国古代"化成天下"的理论中从无鲜明之民族观,抑无坚强之国家观。② 自古中国人对于文化的理解,对于知识、活动、技术能动意义的理解,都集中在天人之和、人人之和,终极于达成世界人文之和,这就是《大学》"止于至善"之义,也是传统儒家文化讲的以仁为准矩的"人道"之义,并且还是儒家要求士人要一直死守的"善道"。

儒家文化的古老渊源决定了它贵族化的精神品格。儒家从来没有否认过上古圣神人物的存在,相反,儒家还构建了一个上古道德化的帝王圣神谱系,赋予了他们"皇""帝""王"的号称。这些号称各具特定的道德含义,是一个由历史道德人物而不是神组成的政治领袖和精英群体。也就是说,它是一个由上古贵族阶层的杰出人物构成的群体,具有明显的英雄崇拜和道德崇拜的特点,因此可以认为儒家是中国原始英雄时代文明的直接承继者。从儒家倡导的经义来看,重视个人道德品质是其理论最主要的特

---

① 钱穆:《民族与文化》,九州出版社 2012 年版,第 6 页。
② 同上。

点,《尚书·尧典》中"慎徽五典,五典克从"是儒家道法的原始核心内容,既是其典法、常法,亦是其教法。在儒家关于"五典"(仁、义、礼、智、信)的道法论中,充满着对智慧、勇敢、克制、诚信、宽仁、荣誉的崇尚,在人类学上这些都是原始英雄时代的精神遗产,这种精神遗产直到今天仍然彰显着人类文明的品格,是人类能够继续存在和发展必备的人文精神品质。在原始时期,这些品质更是部族生存必备的素质和人们崇拜的对象。在早期严酷的生存环境中,没有这样的品质人类是无法战胜各种困难的,作为上古以来知识阶层的文化后裔,儒家正是中国上古文明中这些高贵品质的继承者,这就是为什么每逢乱世,儒家总会感叹"吾道不孤"的原因。

儒士文化源于上古以来的贵族精神,这正是儒家以贤人为载体的道法文化的资源。按照《汉书·艺文志》的说法,儒家既然源于司徒之官,必是上流贵族官学文化的正宗,《论语》中充满着关于忠诚、勇敢、智慧、尊严、诚信、刚毅、荣誉、自律的解释,而且这些品质融入儒家的"五常"(仁、义、礼、智、信)之中,成为儒家政法文化的价值取向。因此,儒家文化的实质不是草根文化,而是中国真正古老的贵族文化、精英文化。从孔子教授学生的内容礼、乐、射、御、书、数看,这种文化活动是文学与武艺的结合,是文教与武教的结合,春秋战国时期这样的文化精神仍是上古贵族文化的遗脉,有点类似于日本藩国时期文学与武艺相结合的武士道,不同之处在于武士道还没有如孔子的儒道那样脱离了神话,以礼乐人文为主脉。孔子陷于匡地时,其自信就来自"天之未丧斯文",认为自己继承的是一种人文精神:"文王既没,文不在兹乎?天之将丧斯文也,后死者不得与于斯文也;天之未丧斯文也,匡人其如予何?"[1]

之所以说儒家是贵族文化,是指它的历史渊源;之所以说儒家是精英文化,是指它养士尚贤的特质。前者决定了它的理论的非暴力性,天然缺乏反对现世统治的精神,决定了它维护现存秩序的精神多于它的反抗精神;后者决定了它首先是在承认正统政治的基础上去服务于现实政治,然

---

[1]　《论语·子罕》。

后才是用道统标准去参与、教化、校正现实政治的暴虐。故儒家的文教不特别用心于法律制度的约束,更多的在于通过养士尚贤进而推行"以教化政"的贤人政治。这一治道的一个特点是它需要依托某一政权去"为教百年",实现"胜残去杀"。历史上,如公孙弘之流的儒家之人都有求仕附政的传统,往往喜欢迎合、依附于某一贤君圣主,依赖圣贤政治正是儒家贵族精英文化传统的表现。

中国上古神话在孔子之后的儒家那里实际上就已开始中断,孔子删"六经"本就是一次以学术的方式对中国杂异的民间法俗文化进行改造的活动。从上古以来的人类政治史看,即使在工业革命以前,人类的治道都是在不断走向同一化而不是多元化,工业革命后,这一趋势更甚。工业革命以前,人类经数千年之斗争演进,在各自的地域范围内,或通过武力征服建立庞大帝国疆域,或通过宗教传播建立意识形态疆域,或通过法律移植建立法系疆域,或通过中国式的儒教文治建立起文化疆域,如此等等。世界在这些不同类型的"疆域"内渐归于同一,此乃人类治道演进之大势。从根本上讲,自今以往,因武力、因神话、因法律、因文治、因经济而形成的"疆域"之间的融合并衍生出新的"常道",发展出新的"道法政治"才是人类大同的希望所在。从人类的治道史来看,我归纳出这样几个层次:道统、法统、俗统,由低到高分别可以理解为依惯习而礼治(俗统)、依律刑而法治(法统)、依教法而文治(道统)。这其中"道统政治"自然处于政治文明比较高级的阶段,因此只观察人类的法律文明史则不得其政治文明之要义。

历史上中国之治道恰经历了这三个阶段:首先是从上古至于战国和秦的礼法治理为主的阶段,这一阶段中国已经形成了以《周礼》为标志的礼俗系统,经春秋之"攘夷",更在比较中凸显出其依俗而治的特质;其次是秦时"以吏为师,以法为教"的短暂时期,这一阶段形成了以《秦律》为标志、以法律刑赏为内容的法统,经始皇帝和李斯之实践,出现了"不合于俗""一断以法"的法后王的法治阶段;再次是由汉儒生和汉武的努力,逐渐形成了独尊儒教并以"六经"为标志的教、法、俗三者合一的教法系统,又自贾谊《陈政事疏》始阐扬文教,从百家"法后王"而"法先王",尤其是始于战国的博士官，这时已从宗祭占卜这类方伎神怪任务的太常属官，转为以往历史里研究政治、专研治道义理的"五经博士"，逐渐实现了中国学术和政治的统一，从而开启了中国道统政治阶段。

"中国"大一统之形成，是不同风俗归于同一之过程。"中国"不同风俗归于同一之过程，又依赖于中国常道文化的出现。中国常道文化的出现，又是学术统一风俗的过程。中国之大一统非全是政治之一统，更是常道文化之一统，是故其"道法政治"又可以称之为"常道政治"，"常道政治"也正是中国古人说的"大同"的前提，这里可以重温《礼记·礼运》里的这段话："大道之行也，天下为公，选贤与能，讲信修睦。故人不独亲其亲，不独子其子，使老有所终，壮有所用，幼有所长，矜寡孤独废疾者皆有所养。男有分，女有归。货恶其弃于地也，不必藏于己；力恶其不出于身也，不必为己。是故谋闭而不兴，盗窃乱贼而不作，故外户而不闭，是谓大同。"在这段话中，"大同"的前提是"天下为公"，"天下为公"的前提是"大道之行"，"大道之行"在形式上就是"道统政治"，那么这个"大道"是什么"道"？应该是具有普世意义的"常道"，依之则可消弭纷争，能统合各种异俗而治。

（四）"道"之嬗变："学术"之于政法

中国自汉朝始，历代王朝以礼乐化俗为其治世之首虑，以仁义礼智信为其道法之要义，凡逢传统礼崩乐坏之世，即是常道异化之时。历史上，中国道法学经历了两次嬗变。

五德转移：阴阳五行论的影响　自孔学之后，儒家道学的历史嬗变首先发生于汉代，与阴阳五行说有直接的关系。阴阳五行论历史悠久，阴阳之说可上启于伏羲画八卦，下则成化于春秋之老子，战国时又为诸子之一说。五行之说早见于《尚书》之《甘誓》《洪范》二篇，[1]太史公《史记·历书》言黄帝时即已"建立五行"，说明五帝、三王之世，在政法理论上已经奉行此说。战国时齐人邹衍于稷下讲学传播此学，遂成"五德终始"之论，将

---

① 《甘誓》曰："威侮五行，怠弃三正。"将"五行"（水、火、木、金、土）与"三正"（天、地、人）对接，是说有扈氏违悖了"则天之明，因地之性"（《左传·昭公二十五年》）的道法原则。而《洪范》则是直接将"五行"作为九畴之初畴，作为王道政治的基础。

历史系统与五行系统结合,形成了一种基于循环论的王朝天命观。秦人焚书,至于汉朝学术资源几无,然阴阳之书多有保留,汉兴奉行道家,一因秦政暴烈,二缘有此学术资源,且汉之董仲舒、刘向有传,董氏又以之添附儒学义理,又形成了刑罚阴阳之论。可见,阴阳学说对汉儒影响甚大。就先秦儒家传统的道学而言,"五德终始说""刑罚阴阳论"实是对道学的一种异化。

首先,战国末期邹衍的"五德终始"说实际上是改变了西周的"天命无常"的天命观,异化了西周"以德配天"之说。在邹衍的理论中,将五行说与以德配天之说对接起来,"德"被解释成"五德",指五行(水、火、木、金、土)的属性,认为依五行之性,王朝各据其德,且依据五行相胜的原理,而有王朝更迭之五德转移,"五德转移,治各其宜,而符应若兹"。① 提出虞朝属土德、夏朝属木、殷朝属金、周朝属火,即虞土、夏木、殷金、周火,《文选·魏都赋注》引《七略》曰:"邹子有终始五德,从所不胜。土德后,木德继之,金德次之,火德次之,水德次之。"后之汉儒依此说又有秦属水德、汉属土德之说。如此,自汉以后,邹衍的理论成为影响已深的历史解释学,如汉文帝时鲁人公孙臣上书云:"始秦得水德,及汉受之,推终始传,则汉当土德,土德之应黄龙见。宜改正朔,服色上黄。"② 由于"土为木胜,木为金胜,金为火胜",自然是虞后为夏,夏后为殷,殷后为周,秦后为汉。依此,王朝的更迭规律成了神秘主义的"五德"嬗变。若按此论,殷属金,周属火,金为火胜,故周朝代替殷朝当是自然规律。周公所言的"以德配天"的这个"德"本是"敬天保民"之德,周初以殷为鉴,提出"敬天保民""明德慎罚",确立了周王朝政法统治的基本德性,这本是一种具有普适性的王朝价值观,但若依邹衍的五德转移论,周初提出的"以德配天"就失去了它的人文之道,而成为依据自然属性进行解释的自然之道,这显然不是周公之道、周公之德。

"五德始终"说认为历史依五行相胜的关系进行循环,是所谓历史循环论。这一理论的关键词仍然是"德",汉儒进一步将"五德终始"说与王

---

① 《史记·邹衍传》。
② 《汉书》卷二五上《郊祀志第五上》,第1009页。

朝政法联系起来进行解释，如认为秦朝属于水德，因此秦政才尚刑杀。《史记·封禅书第六》云："秦始皇既并天下而帝，或曰：'黄帝得土德，黄龙地蟝见。夏得木德，青龙止於郊，草木畅茂。殷得金德，银自山溢。周得火德，有赤乌之符。今秦变周，水德之时。昔秦文公出猎，获黑龙，此其水德之瑞。'於是秦更命河曰'德水'，以冬十月为年首，色上黑，度以六为名，音上大吕，事统上法。"①服虔解释"事统上法"是"政尚法令也"，西晋学者臣瓒的解释是："水阴，阴主刑杀，故尚法。"②

这是对上古以来至于西周形成的政治德性的异变，是对历史进行简单的五行（天理）循环论的解释。春秋战国以前，所谓阴阳五行，其语甚稀见。孔、老、墨、孟、荀、韩诸大哲亦未尝齿及，其始盖起于燕、齐方士。其本源于上古主掌天文历法的羲和之官，战国齐威、宣之时，"邹衍以阴阳主运显于诸侯，而燕、齐海上之方士传其术，不能通，然则怪迂阿谀苟合之徒自此兴，不可胜数"。③《汉书·艺文志》言其特点是擅长天文历法，但是"牵于禁忌，泥于小数，舍人事而任鬼神"。④梁启超在其《饮冰室文集·阴阳五行说之来历》中说阴阳学说之害："春秋战国以前，所谓阴阳，所谓五行，其语甚希见，其义极平淡，且此二事，从未尝并为一谈。诸经及孔、老、墨、孟、荀、韩诸大哲皆未尝齿及。然则造此邪说以惑世诬民者谁耶？其始盖起于燕、齐方士。而建设之，传播之，宜负罪者三人焉……曰邹衍，曰董仲舒，曰刘向。"⑤梁启超评价董仲舒，认为其所著之《春秋繁露》中，祖述阴阳家言者几居半，"仲舒二千年来受醇儒之徽号，然其书祖述阴阳家言者几居半"。⑥又云："其中所含精深之哲理固甚多，要之半袭阴阳家言（最少亦受其影响），而绝非孔、孟、荀以来之学术，则可断言也。仲舒以儒家大师，而态度如此，故一时经学家皆从风而靡。"⑦如果说战国邹衍的"五德转移"

---

① 《史记》卷二八《封禅书第六》，第 1366 页。
② 同上。
③ （清）赵在翰辑：《七纬》，中华书局 2012 年版，前言第 12 页。
④ 《汉书》卷三〇《艺文志第十》，第 1371 页。
⑤ 梁启超撰，吴松、卢云昆、王文光、段炳昌点校：《饮冰室文集点校·阴阳五行说之来历》，云南教育出版社 2001 年版，第 3282 页。
⑥ 同上书，第 3284 页。
⑦ 同上书，第 3285 页。

说是建立在"五行相胜"说(金胜木、木胜土、土胜水、水胜火、火胜金)基础上,那么西汉董仲舒则在其基础上发展出了"五行相生"说(土生金、水生木、火生土、金生水、木生火),是云:"五行者五官也,比相生而间相胜也。"①此两说共同构成了一种新的五行系统论,在解释历史时董仲舒用其相生说以济邹衍的相胜说,由此形成其对历史系统更为完善的解释学。

因此,从邹衍到董仲舒,西周以来"以德配天"的传统治道发生了变异。以阴阳五行说与王朝所属的神秘自然属性(虞、夏、殷、周所属之五行)相对应,并以此界定某一王朝的政治德性,这本身就是偷换了传统道法学中的"德"的概念,抽离了"道"的人文内涵,这也是对周公人文治道的实质性背离。这一学说为秦汉时期的政治学所接受,实是上古以来中国传统道法学之一倒退。

道法学于近世之困境 清季民国时期,传统的道法学虽存,然已不复可以一统。凡怀"旧学"者,无不忧于此政治学术面临的挑战,无不忧于传统学术治道之崩溃;凡有志于"新学"者,无不以批判此"道统政治"为能事。故民国时怀旧者有兴调查民俗之风,欲以此为正道明辨,以重立道统;以此为坊化风俗,以明治术;以此为拯救道学,以收拾人心;以此为学术与政治之统一,以有济于当时。此录民国胡朴安之《中华全国风俗志·自序》中片言为一证明:"以中国不同之风俗,数千年来,在统一国家之下,卒能相维相持于不敝者,其道安在?间尝求之而得其故,盖以学术统一而已矣。"②

此语于近世,是言学术统一对于中国这一种落众多、风俗各异国家的重要性。今法犹有"由一统",而学无有"由一统",学术事关不同民族,风俗相维相持于一国,无统一之学术,自无收拾人心之具。否则,至于今日,凡言"普世价值"者,学者士人又何以喋喋不休?故"化俗"之治道,首在学术之统一;学术之统一,又首在建立新的道学,此为"道统政治"需要解决的基本问题。

---

① 董仲舒《春秋繁露》第五十八篇为《五行相胜》,第五十九篇为《五行相生》。
② (民国)胡朴安:《中华全国风俗志》,第1页。

近世中国治道学术之变根本在于经济之变，而非天道循环、人道伦理之变，是所谓"天不变，道亦不变"。故凡中国之治道，仍当基于中国之"常道"；中国之"常道"，仍当基于中国之"常理"；中国之"常理"，仍当基于中国之"常情"，此当为传统政统、法统之治道。历史上中国之治道之所以有礼乐为治的传统，实缘于其多族异俗之国情。礼乐为治可以深入社会、人心之具体，化干戈为玉帛，有很强的文教功能。

在中国有文字记载的历史上，至少在三皇五帝时期，即已有文教之典册。尧舜之时，《舜典》云："慎徽五典，五典克从。"《史记·五帝本纪》云："尧善之，乃使舜慎和五典，五典能从。"其中"慎徽""慎和"说明"徽"是完善的意思，至于何以完善，《尚书》没有讲明，但至少说明这时以五典为内容的文教已经完善。"五典"即是五常之教，"五常"语出《尚书·泰誓下》，是谓"狎侮五常"，唐孔颖达《尚书·泰誓下》疏云："五常即五典，谓父义、母慈、兄友、弟恭、子孝。"此外，在舜之时，不仅"五典"得以完善，还有了专门从事文教的机构。《尚书·舜典》又云："帝曰：'契，百姓不亲，五品不逊。汝作司徒，敬敷五教，在宽。'"这是说舜命契为司徒，作为专门施行"五常"教育的官员。司徒后又为儒者群体之所出，形成了关于治道的学统（儒学）。这一学统为后世继之，经千年不易，故近世中国治道，凡照抄照搬他人概念，常会有悖此学统。

概言论之，儒家之道统，是天下之统；儒家之治道，是中道之治；孔子之学，是大同之学；士人之责，是天下道义之责。顾炎武在《日知录》卷十三《正始》中表达了"天下兴亡，匹夫有责"的思想，顾氏所言之"天下"，是相对于王朝国家的"天下"而言的，这个"天下"在道统论的语境中实际上就是指传统意义上的"中国"。换言之，他所说的是匹夫有责于天下，而不是有责于王朝；有责于维护道统，而不是有责于维护某一政权。

首先，顾氏于此处所谓之"匹夫"，是相对于"肉食者"而言，主要是指承载儒家学术道统的士人学者。维护某一政权或国，是肉食者的责任；维护天下道统，才是"匹夫"的责任。不过从顾氏原意看，"肉食者"不仅有维护国家政权的责任，也有维护大道的责任，这里讲的"匹夫有责"，是"匹夫也有责"的意思："是故知保天下，然后知保国。保国者，其君其臣肉食者谋之;保天下者,匹夫之贱与有责焉耳矣。"①

其次,顾氏所谓"匹夫有责"亦有专指。顾氏是针对魏明帝正始以来魏晋"名士风流,盛于洛下。乃其弃经典而尚老、庄,蔑礼法而崇放达,视其主之颠危若路人然"的"正始余风"而言。②如《晋书·儒林传序》云:"摈阙里之典经,习正始之余论,指礼法为流俗,目纵诞以清高。"认为"是以讲明六艺,郑(玄)、王(肃)为集汉之终;演说老庄,王(弼)、何(晏)为开晋之始,以至国亡于上,教沦于下,羌胡互僭,君臣屡易,非林下诸贤之咎而谁咎哉"!③魏晋正始以来,天下陷入"羌胡互僭,君臣屡易"的局面,正是士人学者习正始之余论,指礼法为流俗,目纵诞以清高,弃儒家经典而习老庄,放弃自己传承、倡明汉儒道学之责,致使学术不兴、天下失道的结果,士本肩负传承、倡明儒道的责任,此乃正始以来"诸贤之咎"。汉武以来,儒家造士以弘道,学者本肩负传承倡明儒道的责任,若士人学者"指礼法为流俗",无疑会使得汉武以来的"道统政治"失去学术之基础而陷天下于混乱,这就是所谓的"匹夫之贱与有责焉耳矣"。④

再次,匹夫虽有责,然匹夫之责在于维系儒家道统政治之责,此语为近人常用。近世西学东渐,东亚诸国皆被其泽,然中国仍有"中体西用",日本有"和魂洋才",朝鲜有"东道西器"。凡以弘道为己任的儒家士人学者,多以"匹夫"之身而倡论天下,于西化之政治文化探寻建设东亚新的道统政治。新的道统政治首先要有新的道统可以循,然此新道统又何而来?"匹夫"之责又以何承载?庶民风化又何可以依?古人云:"天不变,道亦不变。"儒道以天道为正始,历百余年之探索,于今之世,何补益于"新道"耶!窃以为至少在几个方面有补于当世:从儒道的基本精神来看,儒家的中庸精神可以避免政治的极端性;儒家的社会本位思想可以成为治理中国特色社会主义国家的理论资源;儒家"天下归仁"的理想可以成为建设"法治中国"的依归;儒家重视个人修身、重视良性社会关系建构的特点,可以

---

① (清)顾炎武撰,黄汝成集释,栾保群、吕宗力点校:《日知录集释》卷十三《正始》中,第757页。
② 同上书,第755页。
③ 同上。
④ 同上书,第757页。

成为中国社会治理的借鉴；儒家重视礼、俗的法律思想，可以成为中国法治建设的制度性资源。为此，我们要坚持以人民为中心、以社会为本位的法治理念，努力在国家治理中做到"德治"与"法治"相统一。

复次，顾氏于此所言之"国家"，亦非现代"民族国家"。"民族国家"是西化的话语，儒家政治文化中不以"民族""国家"言"天下"，儒家政治文化始终是道统层面"化成天下"的思想，儒家所论皆以天下为己任，故儒家常言"王者无外"，"王者无外"亦是儒家于"天下"之治道，古之所谓"化成天下"而非"化成国家"，这正是儒家社会本位思想的表达。

历史上中国能居不同之风俗而卒归于一统，何也？盖儒学风化之功也。中国之一统，盖因有此道统学术，王朝不一定一统，然学术终能够一统。春秋之际最能彰显"中国"之含义，"中国"有极强的常道文化义理。当时地理上华夷杂处，游牧与农耕混杂，彼此只有经济、礼俗上的差异，并非是诸夏在中原，夷、蛮、戎、狄远居四裔的格局。当时的形势是太室山一带的犬戎杀周幽王于骊山，后黄河北岸的太行山脉中北戎（山戎）又不断入侵齐、鲁、燕、郑等；南方的荆蛮崛起，楚国武王乘华夏内乱，"欲以观中国之政"，《公羊传》云："南夷与北狄交，中国不绝若线。"此时若不坚持上古以来之礼俗，则无"中国"可言。自孔子立儒学，汉武又表彰六经，恢复华夏常道，化诸域之异俗，以求法俗之一同，藉此以为收拾人心之具。至此，无儒家之"经学"，即无"中国"可言。至于佛教盛于晋唐，因其是出世而非入世，故不能与儒家争政治之权，无以成政教之形势。宋儒以理学而称"道统"，于"道学"有理论上抽象集成之贡献，大有裨于"道统政治"，有益于筑牢大一统之理论根基，此时若无"道统"则无"中国"可言。故近世学人多言中国是因学术一统而成国家之一统（如钱穆、胡朴安等）。

追思秦之统一中国，六国文化在形而下层面的民风、文字、习惯尚且各异，法家李斯虽于法律、器物、文字有一统之功，然各国故地仍风俗各异。且秦朝享国日短，又"以吏为师"，无以言形而上之学术，不足以完成此国家之下各国、各种落之相维相持，从而由学术一统风俗之重任。各国、各种之异，血缘宗庙、生活习惯、行为法俗皆为不同。以血缘论，虽有赖周朝宗法分封维系，似有同宗同源这一历史记忆可以求同，但毕竟以此不足以维持国家之一统,春秋战国之纷争就是明证,其时又有何人言同宗同源?春秋以来的"礼崩乐坏"是对制度化(礼)的破坏,更是对这一共同历史记忆的破坏。故儒家重拾周文化之大旗构建相关学说,以图恢复这一共同历史之记忆,而后二千余年一直十分强调孝道文化,并以之为经典(《孝经》),加以弘扬不倦。于天子,有宗庙以明其先祖来源;于家族,有祠堂以显承继。宗庙、祠堂是神圣化的历史记忆,在文化上对内对外都有极强的统合作用,故其孝道之实在于求同,求同则可以求安。是以"孝"(祖先崇拜)为其形而下的治道之根本,有维护一统之重大意义,关于"孝"的学术论证遂成经典,这是儒学应世极重要的内容。

故中国之政治最在意其历史记忆之承继,被神圣化的祖先,依然只是有血缘关系的祖先,他们是人而不是神。所谓孝道,不过是关于血缘的学说而已。孝道在一定程度也可以升华为全社会的崇拜,有某种神圣性,由此成为社会行为道德的约束力。由于历代"以孝治国","孝"甚至成为国家律典保护的内容,由是关于孝道的学说又成了关于法律的学说,并融汇于法律之中,借助法律的强制性而得以在社会、国家贯彻,孝道由此实现于国家、社会之域,儒学也因此成为治世的学问。

世人论道,常谓儒家之仁义学说只是儒学的抽象部分,然依儒学之历史而言,仁义之说仍只是起源于华族之法俗。孝道本缘起于风俗,但此一风俗并非一开始就是中国境内的风俗。"孝"的血缘关系是人修身的开始,故《大学》云:"自天子以至于庶人,壹是皆以修身为本。"这是人人遵从之道,亦是合于天道的"有位者"应该遵循之人道,也是应当"从道不从君"的理由,因此"从道不从君"正是人道服从天道的一个重要内容。但是,服从父母之孝、服从上级、服从君王,这一切人的行为最终都是要服从一个"道"字,因为君王、上级、父母并不是"道"本身的显现,因此他们不具有"道"的绝对性,不能"止于至善",故《荀子·子道》云:"入孝出悌,人之小行也;上顺下笃,人之中行也;从道不从君,从义不从父,人之大行也。"这一理论与《墨子》的思想极为契合。墨家主张"法天",而不是法父母、法师说、法君王,因为父母、为师者、为君者皆"仁者寡",认为

"法不仁不可以为法"。① 墨家讲的"法天""法仁"都是指人可以不经过向父母、师长、君王学习，就可以直接"法天"而得循天道。这不同于儒家重孝、尊师、"法先王"，从"历史记忆"中去学习、感应天道，更不同于法家的"以吏为师"，向由天子主导的官僚系统学习，法家实际上是通过"法天子""法君王"而循天道。

可见，在如何"从道""从义"上儒、墨、法的区别甚大，但是在"从道而治"这一基本点上，儒、墨、法之间在理论没有根本上的不同，都认为治道的基本在于"从道""从义"。在这一点上中国的道统政治文化是一贯的，也反映出中国政治文化已至于拥有"治道"这一相当成熟的高度，是谓治统要合于道统，故中国之所以是"中国"，不仅在其王朝政统，而更在于其学术道统。

近世西学东渐，功利之说兴，儒家仁义之说不与之相抗，学术为之分裂，各执一端，"道统"面临崩溃，不同法俗"遂无统一之矣"。西法之新词蜂拥而至，形成了对传统教法概念之间的纠结，于是胡氏在《序》又云：

> 夫求治之道，须因病施药，不可削足适履。学术既无统一之能力，当留意于风俗之习惯，而为因病施药之举。今之从政者，昧于中国情形，稗贩东西成法，强纳不适宜之中国，本无约束也，盛为自由之说；本无阶级也，盛为平等之说；本无资本家也，盛为经济支配之说；本不轻视农民也，盛为劳工神圣之说。多数人民，未受种种之痛苦，故对于自由、平等、经济支配、劳工神圣之说，漠然不动于心；而为此说者，卒不能以之增进人民之幸福，适为少数人借为争权夺利之资。此不知国情者不足以言治道也。②

不仅如此，中国古代本无"民族"之概念，只以"氏""人"称，如此称谓始见于《尚书》，又著于《春秋》。礼俗的思想贯彻于孔子的《春秋》之中："凡书公、侯，书字、名，几乎都是指中原诸夏；凡书国、氏、人等，都是夷狄。

---

① 《墨子·法仪》。
② （民国）胡朴安编著：《中华全国风俗志》，1—2 页。

若以《春秋》以来计,中国谓夷狄之称氏、人,其时久矣。"①又云:"不周知全国风俗,而欲为多数人民谋幸福,纵极诚心,于事无济。"②

这一研究倾向,实反映了西学东渐的历史背景下中国内部出现的政法文化焦虑,也可以视之为中国出现了道统政治危机。一些来自西方法学的诸如民主、自由、权利、阶级、宗教、民族、政党、资本等这些概念是中国传统"道统政治"中没有的。反观之,传统中国的"道统政治"文化中的仁义、三纲、五常、礼乐、政刑、法俗、律典、王道这些概念,在西方基督教政治文化中也是没有的。当人们在运用这些概念解读社会时,彼此自然各执一词,难以会通,尤其是各政治文化的价值取向差异甚大。

儒家道统政治文化的特质是立足于用"常道""常教"之教化来实现其政法的最终目的,追求的是以王道、王法来实现王土,以实现社会"大同"为政法之终极目的。在现实世界中,儒家希望通过大道来实现大同。所谓的"大同"意味着"天下为公","天下为公"就是"大同"。"天下为公"是一个极具超越性的概念,是一个超越了种族、宗教、阶级、国家的概念,这在《礼记》对大同的解释中已经体现得十分具体了:"大道之行也,天下为公,选贤与能,讲信修睦。故人不独亲其亲,不独子其子,使老有所终,壮有所用,幼有所长,矜寡孤独废疾者皆有所养,男有分,女有归。货恶其弃于地也,不必藏于己;力恶其不出于身也,不必为己。是故谋闭而不兴,盗窃乱贼而不作,故外户而不闭,是谓大同。"③在儒家看来,他们奉行的这个"道",由于具有"天经地义"的神圣性,因而具有普世价值。不同种族、宗教、阶级甚至国家的"人"在"道"的意义上本是没有差别的。因此儒家道统政治的着力点在于"化俗",而不在于"治民",这在历代王朝对周边的治理实践中表现得尤为显著,《论语·子路》:"子曰:'如有王者,必世而后

---

① (春秋)左丘明撰,(晋)杜预集解,李梦生整理:《春秋左传集解·点校说明》,凤凰出版社2015年版,第2页。

② (民国)胡朴安编著:《中华全国风俗志》,第2页。

③ 《易》卦中有同人卦,其卦爻之义有"同人于野""同人于郊""同人于宗""同人于门",其义都是指若与人和谐相处,自然无咎。在抽象的意义上,"同"相对于"异",然而"同"又可以解释成无、无极、太极、体这样一些表达抽象的概念。与之对应,"异"则可解释成有、用之类表示具体的概念。《礼记》《易》对于"同"的解释是比较具体的,属于"有""用"的范畴。

仁；善人为邦百年，亦可以胜残去杀矣。'"①《汉书·刑法志》释云："言王者承衰拨乱而起，被民以德教，变而化之，必世然后仁道成焉；至于善人，不入于室，然犹百年胜残去杀矣。此为国之程式也。"②还有《汉书·礼乐志》："故汉得天下以来，常欲善治，而至今不能胜残去杀者，失之当更化而不能更化也。"

《论语·子路》这段话所说的"王者"在此自不赘言，而所谓的"善人""不入于室"则源自子张问善人之道。孔子对曰："不践迹，亦不入于室也。"③这是说只需善人践旧迹，为政百年，而无需创制，就能够做到"变而化之"，"胜残去杀"。王者、善人之治道（王道），是以"化俗"为着力点，由此"变化"治道而至于"胜残去杀"的政法境界的意思。若以"百年"而计，足可见其以化俗为手段、以王道而化成王土的道统政治理想。尤其要注意的是，这里讲的"变而化之"是"教化"之化，是以文教学术而"化"，而不是以强力而"化"。

概言之，数千年以来，中国形成了以太极、性、命、中、和、理、气、心为基本概念的道体理论体系，以德、仁、义、三纲、八目、五常、王道等为道学的道统话语体系，以礼乐、法俗、政刑、律典为治道的法律形式体系。这些"体系"中包含的"道"和"教"合而成为儒家"道"之法意，可以称之为中国道学之品格，也可以称之为中国法政之德性。近世这些概念在中国不断的政法变革中渐行渐远，如此以往，若道体不存，可以有道统乎？若道统不存，可以有道学乎？若道学不行，法俗可以得一统乎？

近代以来，中国人逐渐形成了一种维新、革命的思维方式。中国发展的主旋律就是"变"，中国人衡量进步和文明这些概念的标准亦是"变"，"变"具有时代的合理性和实践性。在外部，因与国际世界的差异，有要求中国变革的压力；在内部，因外部挤压而出现的纷乱，更强化了赶超的需求。在这一历史实践中，从维新、改革到革命，一直没有停歇。可以说，近代以来中国人的思维中，"变"成为一种时尚，成为一种哲学，这还有传统

① 《论语·子路第十三》。
② 《汉书》卷二三《刑法志第三》，第 937 页。
③ 《论语·先进篇》。

文化中的《易》作为其理论依据。但在儒家的政法理论中,虽然也有《易》中的变化理论,但更多的是强调"不变"。儒家的法律承担着三大功能:一是维护天理自然秩序,二是维护代表天理的帝王的政治秩序,三是维护人伦的社会秩序。这三种秩序在儒家看来,是一种"道"的秩序。在"道"的秩序中,"天道"贯穿了"人道",而且是一切人道社会活动的基准,是人类历史活动中永远"不变"的领域。所以,一切人类的政治、经济、文化活动无不以"天道"为其合理性依归。天理也是最根本的法理,是法律合理性的来源,这种合理性又是法律是否具有合法性的前提。因此,中国古代的法理学中,道才是法的基本渊源,是法不变的基础。在儒家看来,道具有相当的稳定性,具有不变的恒常性,是所谓的常道。有所谓的常道,才有所谓的常法。常法在中国古代法律中应该是常道之法的意思,而不能简单地理解成由君主这样的主权者制定的"国之常法",后者只是今人对法律安稳性的解释。在"常道"的法理学的指导下,中国文化和中国法律具有了"不变"的性质。这种不变性就是中国的历史性,"常道"不是宗教,不是国教,也不是某种抽象的意识形态,它是一种自然发展过程,并有其客观历史证成。

第五章 "理"之法意

一、"讲理"：中国人的"理性"

中国人历来喜欢"讲理"，中国古代就有"以理统法"之说，情理、道理中包含了中国人的法意识、法观念，"讲理"之风，一直是中国人法律生活的重要内容。历史上中国讲的理，从来都不是西方式的形式理性；历史上的中国法律理性，也不是如机械般可以计算的法律理性。与西方形式理性化的法理学不同，中国人的"法理化"包括了天道神性（道）、社会理性（理）、国家理性（法）三个部分，包括了道、理、法三个部分。由道而生理，由理而生法，因此既可以称之为"道法学"，又可以称之为"理法学"。

"讲理"是中国古代"天理—人情—国法"法律格局中最首要的部分，正如梁漱溟先生所说，中国人"唯理所在甘之如饴，于是就开出来中国人数千年好讲理之风。所谓'有理讲倒人'，'有理走遍天下，无理寸步难行'，'什么也大不过理去'，从这些话看出他们的信念要求何等坚强"。① 如此基于道理的"讲理"之风，一直是中国人法律生活的重要内容。

中国人判断行为之善恶，一般是因循其理；中国人判断行为正当与否，亦会看其是否符合情理、道理。情理、道理之中，包含了中国人对是非的判断标准；情理、道理之中，包含了中国人关于正与非正的法意识。在中国人的法律生活中，当面对一个法律行为、事件时，人们甚至并不十分关心是否合法，而更关心合理还是不合理。我们今日批评某人缺乏法律意识、法律思维，或言其法律观念淡漠，言下之意是说他只以情理、道理为其判断标

---

① 梁漱溟：《乡村建设理论》，上海人民出版社 2006 年版，第 38 页。

准,而不顾法律的规定。因此,与西人言法治不同,情理、道理中包含了中国人的法意识、法观念,这很大程度上支配着中国人的法思维,这是中国社会一种独特的法现象。这些约定俗成的情理、道理寓于风俗之中,其内容十分丰富且复杂,同中国人的历史一样古老,有数千年的社会心理积淀,构成了中国人"法俗"的主要内容。尽管这些情理、道理十分复杂,但也不是无章可循。相反,这些情理、道理正是中国古代法理的基本内容。

如前数章所述,历史上的中国王朝理性,从来不是西方式的国家理性;历史上的中国社会理性,也从来不是西方式的宗教理性;历史上的中国治法,更不是现代西方式的法治。历史上的中国是一个由道而成理、由理而成法、由法而成俗的道法国家和礼俗社会,因此有外国学者甚至说中国是一个道义国家,而不是民族国家,"是一个装扮成国家的文明"。① 这句话实际上说出了辛亥革命以前中国制度文化的基本特征,它形象地描绘了中国以文治教化为根本的"王道政治"传统。这种传统的一个特征就是讲求"文道",对内实行"德主刑辅""明刑弼教",对外奉行"王者无外"的化外主义道法传统,②中国人喜欢讲理而不是讲法的习惯,就来自这样一种古老的道法传统。

中国古代对于法治也是十分重视的,在理论上,以儒家、法家为代表的先秦诸子对法律治理的意义也有深刻的论述。不仅如此,中国在立法方面有自己伟大而独特的建树。在上古时期,中国就有如伏羲《政典》、神农《政典》、黄帝《政典》以及《洪范》这些世界上最早的宪法。这些宪法包含了中国人古老的法学价值观,具备了今天的宪法在形式上的所有要求。中国很早就有了自己系统化的法律形式,中国早期的历史书《尚书》各篇中的典、范、谟、誓、诰、训、命、刑都是"法",《尚书》就如同是一部由典、范、谟、誓、诰、训、命、刑这些法律形式构成的法典。即使仅从《周礼》和战国的《法经》算起,中国法律的法典化也远远早于西方。《唐律》在立法技术上曾经代表了世界法律史上最高的立法成就,它完备的内容和成熟的编纂

---

① 这一结论最早是由美国汉学家白鲁恂(Lucian Pye)提出,美国学者亨廷顿加以引用,见［美］塞缪尔·亨廷顿著、周琪等译:《文明的冲突与世界秩序的重建》,新华出版社1999年版,第24页。这句话是从西方近代民族国家的概念出发,对古代中国文明进行的解读,对此《王者无外:中国王朝治边法律史》一书中对"中国的文化义理"有专门的论述。
② 杜文忠:《王者无外:中国王朝治边法律史》,第35页。

体例,对于我们今天的立法工作仍然有丰富的借鉴价值。《大清律例》已经是一部由成文法和判例法构成的著有成宪且既备既详的法典,而且中国很早就有了以《会典》为代表的详备的行政法典,中国自汉代以来就形成了自己的经法、律学传统,有了自己的理性化法律科学。

但是,中国古代在法治方面却始终奉行着"道"的优先主义原则。在中国,"道德"的概念首先是"道","道德"与"道理"几乎是同义语,中国人常说"道理",是谓有道才有理,反之,无道则无理。理是根据"道"而来,"道"是有理、无理的标准。中国古代的法理学,除了可以名之曰"道法学",还可以称之为"理法学""礼法学"。"礼"与"理"的关系如《韩诗外传》卷一所云是"由礼则理达",[1]礼是理的表达形式,礼与理合一,故《韩诗外传》卷一言《诗经》曰:"人而无礼,胡不遄死!"[2]不仅如此,"理"和"礼"也只是"道"的具化,无"道法学"则无所谓"理法学"或"礼法学"。因此,中国古代法学在内涵上总是追求道、理、法(礼)的统一,在治理上追求道、理、情、法(礼)的统一,主张化俗而治;在立法上,追求理与法的合一,即是理与法(理)合治;在司法上,努力实现在理、情、法中寻求公正。中国古代的道、理、情、法(礼)本是一体,皆可以合称为"俗",故《管子》云:"藏于官则为法,施于国则成俗。"[3]相互之间难以分解。为方便理解,在此单独对"理"进行分析。

二、理与理性:中西之辨

汉语中与"讲理"有关的词汇,有道理、治理、法理、文理、纹理等,即使中国一些少数民族语言中,虽然没有"讲理"一词,但也有类似的意思,如苗人所谓的"讲歹"。与中国人的"讲理"不同,西方人喜欢用"理性"来表达,但是中国人讲的"理",与西方人说的"理性"却不完全是一个概念。中国人讲的"理",在逻辑上仍然是基于"一阴一阳"的关系生发出来的,无论是物还是人,所有的冲突都是阴和阳的冲突,因此"理"是针对阴、阳之间

---

①　(西汉)韩婴撰,赖炎元注释:《韩诗外传今注今译》,台湾商务印书馆1979年版,第7页。
②　同上。
③　《管子·法禁》。

的矛盾产生的。不仅如此,如同中医的医理一样,"理"的最终目的是和顺阴阳。凡道是如此,理亦如此;凡事物如此,人际如此;凡政治如此,法律亦如此。

古代中国人用玉来表达"理"。《说文解字》:"理,治玉也。"在中国人看来,玉有玉质细密、文脉条理、和顺阴阳的特质,因此理可以解释成纹理,即有分析的意思;也可以解释成为和顺,即有化解矛盾的意思。"理"之所以同于玉,还因为中国人认为玉有祭祀通神、和顺阴阳的作用。之所以认为玉可以通神,是因为我们前面所说的玉最早是观测天象、晓识天道(天理)的器具,玉可以"通神"(通天)的传统认识即来源于此。因此,玉俨然是"道"的象征,既然玉可以通神,那么玉就内涵着道,包含着理,因此在文字上以"玉"喻"理"。"理"在中国文化语境中的基本含义是指和顺阴阳,中国人对"合理性"的解释就是"阴阳和谐"。在个体层面,中国人学习(格物)的目的是"明理"(致知),就是要知理懂理;在社会层面,中国人对待纠纷、冲突的态度是理解、燮和,是运用"理"去解释、解决的意思;在国家层面,家族、政治需要"条理"化,疆域需要疆理,如《毛诗》所云"疆理天下""我疆我理"。

与中国人的"讲理"不同,西方人在对待事物和处理人际关系时更喜欢用"理性"一词,"理性"一词也是西方法学的重要概念,而且贯穿于整个西方法学史。崇尚理性,运用理性去解释、研究事物,界定和处理社会关系,是西方法律的特质所在。

首先,在范畴界定上,理性在罗马法中被解释成排斥个人情感的公共理性,通过公共理性(法律)以实现社会行为的理性化(法治化),西塞罗的法律理性主义就是其法律精神的代表。

其次,在逻辑上,一方面这种理性被解释成抽象的概念和推理,可以对事物和人际关系进行确定性的分类界定,可以对事物和人际关系进行如三段论这样的形式推理,这种形式推理如同只要 A 大于 B,且 B 大于 C,那么 A 就肯定大于 C 一样。这些概念和推理被认为是人固有的能动思维,是人脑思维的基本逻辑程序。另一方面,这种理性又是建立在古希腊关于"数"的哲学基础上的,在对事物和人际关系进行确定性的分类界定的基础上,还可以对事物和人际关系进行精确的计算。

再次,在哲学和法学上,这种理性仿佛是与生俱来的,如同柏拉图的"理念"一样是先验,又如同康德的"理性"一样也存在逻辑上的二律悖反。在法学上如同马克斯·韦伯讲的"形式理性",并用这样的"形式理性"去构建出一种精细化分类的可以计算的法律之笼,并用这个法律笼子去规范人民的行为和日常生活。在这种"形式理性"的支配下,人的社会关系、社会生活开始脱离原来的血缘自然属性,在很大程度上成为"公共理性"的一部分,人的生活被人的"形式理性的法律"进行分析和解构,这就是西方法律理性的基本特点。

中国古代虽无"理性"(reason)一词,但中国亦有"井井有条"之类"条理化"思维,"理"一字在春秋时期的诸子文献中已见频繁使用。中国人讲的"理"不同于西方法学上所说的理性,中国人讲的"理"不只是形式思维逻辑。虽然中国古代律典中也有一些抽象的概念和严格的体例,中国古代判案中也有基本逻辑推理和勘验之类的实证学问,但是除一般性的形式思维逻辑外,中国人讲的"理"更多的是"自然天理"的意思。《易》在中国也被称为"易理","易理"是天、地、人的阴阳变化之理,是阴阳理分的变化之理。"易理"虽是六十四卦变化之理,但其万变不离阴阳这两种属性。除阴阳之外,中国人还用"五行"(金、木、水、火、土)这种"法自然"的概念去解释人事,"黄帝考定星历,建立五行",①形成了《黄帝内经》的"天五地六""顺天察运"的"五运六气"之说,②并运用这些"易理"去指导人们的生活,马王堆帛书《周易》有云:"顺于天地之心,此谓易道。故《易》又(有)天道焉,而不可以日月星辰尽称焉也,故为之以阴阳;又(有)地道焉,不可以水火金土木尽称焉也,故律之以柔刚;又(有)人道焉,不可以父子君臣夫妇先后尽称焉也,故要之上下。又(有)四时之变焉,不可以万物尽称也,故为之以八卦。"③不仅如此,"五行"的概念还被用于政法领域,如《洪范》

---

① （清）马骕撰,王利器整理:《绎史》卷五《黄帝纪》,第39页。
② "五运六气"之说出自《黄帝内经·素问》,是《素问》的主要内容。其《天元大论篇》云:"天有五行,御五位。"又云:"人有五脏,化五气。"见《黄帝内经》,中华书局2010年版,第217页。《六节脏象论篇》亦云"五运相袭而皆治之",见《黄帝内经》,第79页。
③ 于豪亮:《马王堆帛书〈周易〉释文校注》,第187页。

《春秋繁露》之类，又形成了"奉天承运""立端于始，表正于中"之政理。①

因此"五运六气"也是根据天理而来，天干地支、阴阳五行是其基本概念，"五运六气"是因天道而固有的自然之理，中国人认为一切事物和人际关系都是因天理而存在。中国古代讲的天理，实际上就是前面所讲的天道、天法，天道是指天文历时的自然、永恒、循环变化，具有自然、永恒、变化、循环的特性，是一个来自既存的天然定律，而不仅是人的大脑进行抽象思维的产物。天道的内容中也有逻辑抽象的概念，这就是"易理"中的阴和阳，由于有了阴和阳，天道才有了"阴阳理分"；有了"阴阳理分"，天道也才能够成为天理。这就是中国人关于"理"的基本理论。

三、理与法律："以理统法"

"合理性"是个内涵了文化区分的概念，中国人的"合理性"概念来自上述天理，天理与德是联系在一起的。由于确定了天文历时的循环变化规律，天上星象的变化与地上的阴阳节气变化相一致，生于天地之间的人也应当努力去和顺天地阴阳之变，这就是中国古代所谓的"德"，因此所谓的合理性，就是合"道"与"德"。中国古代还有"命"的概念，中国人认为一个人的"德"与他的"命"联系在一起。所谓"命"，《礼记·祭法》："大凡生于天地之间者，皆曰命。"②于是中国人认为天理与德、命之间有感应互通关系，天心与人心联系在一起，天志与人欲（感觉、情绪、意志）联系在一起。因此，《墨子》有"天志"之说，儒家又有"天心"之说，民间俗语中又有"天地良心"之说。所以，中国人讲的理中包含了公理性的自然天理（天道循环），也包含了具有非理性的天然人情（人欲），二者构成了中国人关于合理性的基本认识。对于这种合理性，我们可以把它理解成是一种基于"自然欲望"的自然合理性。中国古代法律就是追求这样的合理性，并承担着使社会条理化的功能。但是在"条理化"这个问题上，中国古代法律不完全同于西方。

---

① 《黄帝内经·素问·六节脏象论篇》，第 76 页。
② （清）孙希旦撰，沈啸寰、王星贤点校：《礼记集解》，中华书局 1989 年版，第 1197 页。

　　关于理性或者合理性与法律概念之间的关系，具有代表性是马克斯·韦伯的理论。马克斯·韦伯的法律文化分类，实际上是依据理与法的关系进行界定的。马克斯·韦伯认为："每种法律系统若非根据形式法学的原则，就是根据实质的原则。所谓实质的原则是指基于功利的及公道原则的考虑，例如回教的'卡地'法官(kadi)即依此原则来审判。"①"巫术性"的概念是马克斯·韦伯用于法律类型化的概念，马克斯·韦伯认为中国古代社会和法律的基本特点是缺少"形式理性"。关于这一问题，马克斯·韦伯用诸如"巫术性"和"卡地审判""卡地法官"这样一系列的概念来进行解释，他认为中国古代社会和国家属于没有职业法官的法律共同体，其法官为"卡地法官"；漠视法律或行政在程序上的合理性的审判，被他称为"卡地审判"。历史上，法律的理性主义往往来自世俗政治内部与外部的斗争，法律的"巫术性"则往往来自某种学说或宗教。法律的非理性主义早于法律的理性主义，也就是说早期的法律往往具有"巫术性"。而所谓"卡地(Kadi)审判"，是指回教国家的法官负责有关宗教法的裁决。他认为希腊的"法庭"(Heliastengericht)采取的是"卡地审判"(Kadijustiz)，②如雅典的"人民法庭"、近代陪审制、英国"治安长官"的审判、集权君主的"王室裁判"(Kabinettsjustiz)、神权政治或家产制君主的审判以及中国古代的法庭都具有此种性质。简言之，凡是只追求某种实质性的价值目标而没有程序上的形式合理性的法律，都可以称之为"卡地法"。"卡地法"的概念不同于"人治—法治"的范畴，它是被马克斯·韦伯冠以具有"巫术性理念"的法律，涉及法律与道德、法律与宗教、法律与礼相混合的情况。如回教国家的法官，中国古代国家法庭审判和家族法庭审判都具有这样的"巫术性"。

　　针对中国古代法律的"卡地法"性质，韦伯有这样一段有趣的描述：

---

① ［德］马克斯·韦伯著，郑乐平编译：《经济·社会·宗教：马克斯·韦伯文选》，上海社会科学院出版社1997年版，第188页。

② 同上书，第185—190页。所谓卡地(Kadi)，是指回教国家的法官，特别负责有关宗教法的裁决。韦伯经常以此为"革命法庭"的审判方式的代表。所谓"革命法庭"的审判，基本上重视实质上的公道、平等或某些实际的目标，而漠视法律或行政在程序上的合理性审判。雅典的"人民法庭"、近代陪审制、英国"治安长官"的审判、集权君主的"王室裁判"(Kabinettsjustiz)、神权政治或家产制君主的审判，都具有此种性格。

合理的国家仅只西方有之。古代的中国,在氏族团体与行会的牢不可破的势力上,有少数的"士大夫"(mandarin)。士大夫是受过古典人文教育的文人,他们接受俸禄,但没有任何行政与法律知识,只能吟诗挥毫,诠释经典文献,有无政治业绩,对他们而言并不重要;他们不亲自治事,行政工作是掌握在幕僚(师爷、胥吏)之手,为了防止官吏在地方上生根,他们须不断调任,而且绝对不能在原籍地任职。他既无法通晓所治州县方言,故此无法与民众接触。有这种官吏的国家,与西方的国家是不同的。实际上,在中国,一切都是将基于这样的一种巫术性理念:只要"慈禧"太后与官员能有德行——也就是完备的文学教养——即可使事物各安其所。一旦遭遇水旱或其他灾祸,政府就颁布诏令,要求更公平的科举取士及鞠狱释囚,以平鬼神之怒。①

中国古代是由文士担任法官而没有专职的法官,中国是行政官员同时兼理司法,因此中国的司法被马克斯·韦伯认为是具有"巫术性",是不符合法律的"理性"原则的。马克斯·韦伯认为只有符合"理性"的法律才具有"合理性","合理的国家仅只西方有之"。反之,就是说中国古代行政和法律都没有"理性"精神,是不合理的国家,这显然是一种西方中心论的武断,是用西方的"形式理性"概念来观察或取代中国的"理"。也许马克斯·韦伯并没有真正读过中国的法律典籍,韦伯的理由是认为中国没有职业化的法官,法官由经受古典人文教育的文人(士)担任,且审判也只是以道德(礼)为标准,依赖官员的德行和教养进行着,审判缺少程序上的形式合理性。因此在韦伯看来,中国作为国家也属于不符合理性的国家:"自其结构言之,每种法律系统若非根据形式法学的原则,就是根据实质的原则。所谓实质的原则是指基于功利的及公道原则的考虑,例如回教的'卡地'法官(kadi)即依此原则来审判。神权政治或专制主义的司法,也都根据实质的原则,这与官僚制的司法之根据形式的原则正好相反。"②

从这段文字看,马克斯·韦伯的确认识到了中国古代司法的原理是依

---

① [德]马克斯·韦伯著,郑乐平编译:《经济·社会·宗教:马克斯·韦伯文选》,第185页。
② 同上书,第185—190页。

赖官员的德行和教养，承认了中国的法律属于"实体理性"，①这仿佛可以用来解释上述依赖"德行"和"教养"的审判。依赖"德行"和"教养"的审判之所以不符合"理性"，理由是因为它缺乏"恒常性"。但是，从更深的层面看，中国古代法律不仅有律典的"恒常性"，同时还有作为"王官学"的教法的"恒常性"，还有作为民间法俗的"恒常性"特征。中国古代的行政官员从事司法，是因为他们"通理"且"通俗"，而并不一定需要"通法"。因为中国古代法、俗、理的终极标准是由儒家经义礼教来确定的，中国古代法律甚至直接以礼的形式来表现，而且其宗教崇拜亦同归于礼。这恰是其"伦理因循性"的表现，这些都可以证明中国古代法律具有"实体理性"。此外，至于说"无法通晓所治州县方言"，由于秦代已"书同文"，其文字、语言基本同一，许多发声不同的方言并不构成施政和审判上的很大困难。马克斯·韦伯所言的"理性国家"是通过理性原则来构建的，通过"事际"标准，而非"人际"（血缘、地缘、种姓、等级）标准建立的国家，其形式是"公民社会"，其价值意义是个体的"主体自由"（黑格尔语）。他所谓的"实体理性"同样也是建立在西方中心论基础上的，他把形式主义等同于理性主义，实体法等同于非理性的法律，如果照此推理，中国古代法律最多只具有"实体理性"，而不具有"形式理性"，中国仍然是不合理的国家，中国法仍然是不合理性的法律。这显然是从西方理性主义法学出发，来对法律概念进行界定的。

在中国法律史上，春秋以前的法官就有"大理""理官"之称，后法院又称"大理寺"，"法""律"与"理"几乎同义。汉代有以经学为其立法、司法提供"理"，但只是比附适用，如董仲舒"春秋决狱"之类。晋代张斐开始专说"理"与"法"的关系，认为理和法是道与器的关系，法要体现"理"的精神。张斐作为一个具有概念法学特点的律学家，在他的《律注表》中对"理"与"律"进行了界定，是云："理者，精玄之妙，不可以一方行也；律者，幽理之奥，不可以一体守也。"②凡"律"都有其"理"，没有"律"则"理"不可

---

① 马克斯·韦伯后来另外提出了一个称为"实体理性"的命题。见黄宗智《清代的法律、社会与文化：民法的表达与实践》，上海书店出版社 2007 年版，第 211 页。

② 《晋书·刑法志》载张斐之《律注表》，中华书局 1996 年版，第 930 页。

行;没有"理"则"律"不可以独守,这类似于我们今天讲的法理。张斐认为,"理"与"律"是形而上和形而下的关系,二者是道和器的关系:"夫刑而上者谓之道,刑而下者谓之器,化而裁之谓之格。"①又认为"理"在上为"道",在下为"礼","礼乐崇于上,故降其刑;刑法闲于下,故全其法",②即理是对道在理论上的分理,而礼又是理的表现形式,三者的义理具有同一性。

张斐之"以理统法"论,实质上是在沟通道、理、礼、法的关系;张斐之"理"终于"易理",是曰:"王者立此五刑,所以宝君子而逼小人,故为救慎之经,皆拟《周易》有变通之体焉。"③"易理"就是"律"应该持的"道"。在立法上,张斐认为"律"不可以轻变,凡"律"都要察其"理"之所在:"律者,当慎其变,审其理。"④在司法上,认为只有"理直"才能做到"刑正","论罪者务本其心,审其情,精其事,近取诸身,远取诸物,然后乃可以正刑"。⑤此外,张斐之"理"还受到汉代阴阳论的影响,在司法上与董仲舒"春秋决狱"论类似,都继承了"法自然"的天法传统,是谓:"刑杀者是冬震曜之象,髡罪者似秋凋落之变,赎失者是春阳悔吝之疵也。五刑成章,辄相依准,法律之义焉。"⑥因此,在张斐的理论中,道、理、礼是同义的,张斐之学可以称为"道法学""礼法学",名之曰"理法学"更为恰当。

在所有社会现象中,法律应当是最具有理性的一种社会现象,在西方法学中,理性与科学、法律几乎是可以互换的词汇,法律被视为科学,称为"法律科学",甚至被认为要符合几何学的原理。法律被视为理性,故称为"理性法学"。其良法与恶法之分,是以人的理性逻辑为标准,其合法性几乎等同于合理性,反之亦然。中国古代法律也同样是基于人的理性逻辑思维建立起来的,不过如前所述,由于古代中国法上讲的"理",很大程度上不等同于西方法学讲的理性,其法律的合理性是建立在天理、人情之上的,

① 《晋书》卷三〇《刑法志》,中华书局1996年版,第931页。
② 同上书,第929页。
③ 同上书,第931页。
④ 同上书,第928页。
⑤ 同上书,第930页。
⑥ 同上书,第931页。

因此中国人认为只有符合了这种自然合理性的法律才是良法。中国人讲的"以理统法"不完全等同于西方人讲的法理。中国古代理法同西方人的法理一样，都是实现社会"条理化"的工具，但它也只是实现社会"条理化"的基本工具，而并不是全部手段。如《晋书·刑法志》云："主簿熊远奏曰：'礼以崇善，法以闲非，故礼有常典，法有常防，人知恶而无邪心。'"①中国人实现社会"条理化"的手段比西方多，与西方人讲的"理性化"所包含的内容不同，中国人的"条理化"包括了天道神性（道）、社会理性（理）、国家理性（法律）三个部分，包括了道、理、法律三个部分。由道而生理，由理而生法律，因此可以简称为"道法学"或者"理法学"，而不是西方的"法理学"，它融合道、理、人情、国法于一体，由此体现出"天人合一"的法学境界，所以，它不是单纯的法治主义的法学。西方法学是由基督教神性（自然法）、国家理性（法律）和社会理性（法律）构成，其国家理性和社会理性都通过法律来实现，以罗马法为代表的法律精神主要是以纯粹理性主义为追求。在理论上，追求人的形式逻辑理性的独立性；在实践上，西方法学在近代实行政教分离的原则，法学向纯粹法学的方向发展，法治等同于形式理性，国家行为、社会行为更多地等同于法律行为。

四、理与俗：天理因循性和伦理因循性

哈耶克讲的"自生自发的秩序"我们可以把它归于"法俗"的范畴，但是我们说的"法俗"概念不等同于"自生自发的秩序"。中国古代法、刑、爵三者"藏之于官则为法，施于国则成俗"，②除了哈耶克的"自生自发的秩序"外，中国的法俗概念在国家层面，至少还包括了号、爵、谥、法、刑、礼在内，它们皆可曰"法俗"。此外，中国古代在国家和社会层面还有"礼"，所谓的"自生自发的秩序"更容易让我们将它等同于民间的礼或习惯法。

因此，中国的法俗概念包括了王朝国家理性（号、爵、谥、法）、社会理性（礼）。由于号、爵、谥、法同礼一样，都源于对天道（天理、天法）的崇拜，因此它们之间在"道"和"理"上能够实现统一。用今天的话来讲，这意味

---

① 《晋书》卷三〇《刑法志》，第938页。
② 《管子·法禁》。

着其法俗(号、爵、谥、法、刑、礼)在国家与社会之间能够实现统一,这是中国古代王朝治理能够追求"一民同俗"的条件。① 所有的"理"都能够统一于"天理",其所有的法和俗都可以循天理而得以统合,能够做到从不自相悖离。哈耶克的"自生自发的秩序"是指一种在形式逻辑上不符合"理性"的秩序,这与马克斯·韦伯的"形式理性"的立场是一致的,都是以是否符合"形式理性"作为划分标准。中国古代王朝的国家理性和社会理性,既包括了形式逻辑的成分,也有天道信仰的成分,因此自然有马克斯·韦伯说的"巫术性"成分,这是因为中国人讲的理不仅是形式逻辑,还有被后世神秘化了的天理。② 所以,在中国人的"理"的内涵中,包括了号、爵、谥、法、刑、礼中的"理",这些"理"均来自对"天理"的崇拜,这些概念不仅将天—国—民统一起来,还形成了统一于"天理"的法俗。与此相较,今日中国人的"讲理",其所持之理在道理上并不十分统一,每有公私纠纷、争议,就会"公说公有理,婆说婆有理",此盖因其理不正、其说不一之故,是法俗混乱的表现。

中国古代的"法俗",基本上是建立在统一的"天理"基础上的。由于婚姻关系是人类最基本的社会关系,在此以婚姻关系为例。从伏羲建立婚姻制度以来,中国古代的婚姻制度基本没有发生性质上的变化。古人认为婚姻是人类"立元正始"的大事,"男大当婚,女大当嫁"是天经地义,一如孔子说的"食、色、性也"一样,认为结婚本就是天理,男女婚姻关系不仅被看作是私人的事情,更被看作是天道自然法则的体现,婚姻也一直被称为"婚俗"或"婚礼",而从不谓之"婚姻法"。因此,中国古代对婚姻关系确立的规制一直是在礼和俗的层面进行,而不是在国家法律层面上来确证的。至少从西周开始,结婚遵循的是"六礼"(纳采、问名、纳吉、纳征、请期、亲迎)程序,男女双方结婚只要履行了"六礼"程序就具有了合法性。"六礼"程序从头至尾都是一件私人的事情,而没有今日法律奉行的"登记主义",

① 《晏子春秋·内篇问上》有景公问明王之教曰:"古者,百里而异习,千里而殊俗,故明王修道,一民同俗。"见(东汉)应劭撰、王利器校注《风俗通义校注·原序》,第11页。
② 这种"神秘化"来自对天的神秘化,主要是因为历史上"绝地天通",对天文历法进行垄断的后果。

不需要去政府登记就具有了合法性。从程序上讲同样不失其"理性"，只是"六礼"这样的结婚法俗属于一种社会理性而已。"六礼"程序比较繁琐，"六礼"程序中最重要的一道是"拜天地"，人们认为这才是其婚姻是否具有合法性的真正依据，因此婚姻的合法性是来自于天，婚姻的法理就是遵循天理。

　　虽然结婚往往如此，但是离婚则不尽然。结婚是一件自然的事情，是遵循了"天地人之合"，因此在法理上只需遵循民礼、民俗即可。与此相反，离婚在理论上则是分离了天、地、人之合，从某种程度上讲还是一种违反天道之举，因此中国古代离婚要受到政府更多干预。西周以来奉行的离婚原则是"七出三不去"，"七出三不去"也被看作是礼俗，但它更多来自官方的意志，属于官方对民事活动介入的规范。如果违反了"七出三不去"，是要受到官法处置的，所以与结婚相比，古代的离婚法俗具有更多的国家理性。不过，中国古代无论是结婚还是离婚，其法俗在理论上都源于"天理因循性"，"天理因循性"是一种不需要国家干预的传统（俗），尽管在史料中存在官府介入的情况，但是从理论上讲只有婚姻关系有悖天理，才是官府介入的法理理由，所以在中国古代的司法中，官方与民间之间不是简单的支配和从属关系，这在研究清代司法的学者的研究中也有类似的结论。[1]

　　由此可见，中国古代法俗内含的"理"，具有国家和社会的双重性质。并非完全是风俗性和民间性的，而对于违反这些法俗的处罚方式也具有双重性质，中国古代经常是采取诸如族内司法的方式来解决。古代中国人自幼生活在家族当中，汉代以后的法律一般不允许"分家"。在由大家族形成的社会中，不仅不分家成为了一种传统，家族逐渐形成的族规也成为一种民间法俗。到民国结束时，这些传统仍然被认为是一种普遍的旧俗。族规的形成导致了族内司法的出现，这就是中国古代"民间调解"的客观条件。族内司法是依靠人伦旧俗进行的，因而其法俗又具有"伦理因循性"。因此我们可以说，"天理因循性"和"伦理因循性"是中国古代法俗的两大特点。中国的民俗规则大抵都具有这两个特点，传统的习惯是将具有这两

---

[1]　黄宗智在研究清代司法时，认为在民间和官方之间存在着"谈判性的层面"，见黄宗智《清代的法律、社会与文化：民法的表达与实践》，第 215 页。

个特点的地方风俗看作是"懂礼"或"知礼仪教化"。

在中国古代法律史上,经过儒家的努力,"礼"具有了"王官学"和民间风俗的性质。作为"王官学",礼成为了官方法律和行为的标准,但是并没有在所有的社会领域充分实现其法律化而成为"官法"(主要是民事商业领域),同时也没有职业化的法官。因此在具体案件中,"理"缺乏具体而系统的立法标准,更没有司法上的准则。历史上,英国的普通法即使仍有原始习惯法的特征,但在司法层面上已经形式化了,它后来的衡平法也有了具体的原则。因此,中国传统商业贸易即使是在国家干预经济活动的情况下,它也无法在脱离礼教、鬼神、天谴这些不确定的因素,这种局面也是中国上古以来原生态文化发展的结果。

但是中国古代的"理"仍有衡平司法的作用,这与英国历史上出现的基于普通法的衡平法具有同样的功能。应该说,历史上中国很早就有了针对普通司法的衡平机构,并一直持续到中华法系的消失,这表现在中国至少从西周开始就有了针对直诉的会审制度。依周制,天子有四朝:一曰外朝,二曰中朝,三曰内朝,四曰询事之朝。这四朝是古代天子进行政法活动的机构和场所,不同的"朝"履行不同的政法功能,四朝之中的询事之朝不是常行之朝。

询事之朝是民意机构所在,由小司寇掌之,遇有国危(有兵寇)、国迁(迁都)、立君(无嫡时立庶为君)的情况时,于此聚集万民以备咨询,询事之朝在雉门外举行。因此三类情况不常有,故询事之朝往往不计,恒言只有三朝,是为三朝之制。

中朝是行政机构所在,在路门外,由夏官司士掌之,"朝夕视政",是百官处理日常政务之朝。

内朝是内庭决策机构所在,亦称为路寝之朝,是人君于中朝处理完政务后退于路寝进行听政之朝。路寝之门有五:其最外曰皋门,听讼决狱之外朝就是在皋门内举行;二曰库门,库门之内有宗庙、社稷;三曰雉门,询事之朝就是在雉门外举行;四曰应门,应门内曰中朝,为处理日常政务之所在,为九卿理事之处,白天九卿入而理事,晚上则归于库门之外;五曰路门,路门之外、应门之内是举行中朝的地方,路门内则是路寝。

外朝是最高级别的朝会司法机构所在，是中国古代较早的一种会审制度。外朝为决罪听讼之朝，由秋官朝士掌之。外朝在皋门内，其左有嘉石，其右有肺石。嘉石是有纹理之石，"嘉石，文石也"，[1]用于"平罢（音疲）人焉"，"平，成也，成人之善也"，有古"成均"之义。肺石是红色之石，"肺石，赤石也"，用于"达穷人焉"，"穷人，夫人之穷无告者"。[2] 嘉石、肺石皆是听讼决狱之所在，此决罪听讼曰外朝，外朝在皋门内举行。

外朝嘉石制的目的是成人之善，有"成均"的意思，"成均"即是追求衡平，体现的是理对法的衡平。肺石制的目的是"达穷人焉"，即是审理那些按普通法院层级不能够得到公正的诉讼者的案件。这种外朝制度在中国被称为会审制，它与英国15世纪由御前会议演化而来的大法官法院（衡平法院）在层级和功能上几乎相同，都是最高级别的审判机构，都超越了普通法院，发挥着普通法院不具有的衡平功能，但是在时间上却比英国的衡平法院至少要早两千多年，二者的不同之处只是各自的外在表现形式不同。

中国古代法律的创制方式具有"伦理因循性"，这集中体现在它的"教法"当中。中国上古帝王创制，通称之"教"，上古有所谓"十言之教"者，是曰"教"者而非"罚"也。《礼记·经解》："孔子曰：入其国，其教可知也。其为人也，温柔敦厚，《诗》教也；疏通知远，《书》教也；广博易良，《乐》教也；洁静精微，《易》教也；恭俭庄敬，《礼》教也；属辞比事，《春秋》教也。"除此之外的所谓法律规则曰"刑"，"刑"亦教也，是谓"刑教"。之所以言"罚"言"刑"，是因为"顺阴阳而运动"，有圣贤之类的知识阶层"因是之道，寄之天地之间，岂非古之所谓得道者哉"。他们是得道之人，故而成为"教"的载体。

中国人的法意识亦是遵循自然之理、圣贤之教，圣贤之教努力的方向是"一同于俗"。故中国古代诸人事有"一同"的思想习惯，是所谓"道统""政统""党统""财统"之惯习。[3] 所谓"道统"又云"士统"，此非宗教，不成"教统"，然又如孟子所言"士尚志"，具有相当的独立性格。一如天道和人

---

① （宋）马端临撰：《文献通考》卷一〇六《王礼考一·朝仪》，中华书局2011年版，第3223页。
② 同上。
③ 钱穆：《国史新论》，生活·读书·新知三联书店2001年版，第198—199页。

道的统一,上古的政统文化和道统文化二者本互通声气而贯于一,如"若汤、武之君,伊、吕之臣,因天时而行罚,顺阴阳而运动,上瞻天文,下察人心,以寡服众,以弱制强,革车三百,甲卒三千,征敌破众,以报大仇,讨逆乱之君,绝烦浊之原,天下和平,家给人足,匹夫行仁,商贾行信,齐天地,致鬼神,河出图,洛出书,因是之道,寄之天地之间,岂非古之所谓得道者哉"。①是此汤、武之君,伊、吕之臣,同行政统与教统,因天时而行罚,顺阴阳而运动,这正是古代依天道而得人道、依天道而行人法之谓。因此,中国古代的实在法是从自然之法而得人法。由于有圣贤这样知识阶层的"得道"之说,依天道成人道就变成了"依教成法",此不同于西方基督教的"教会法",也不同于伊斯兰教的教法,因为此两种教法乃"人为设计"之教法,具有很强的理性人为因素。而中国之教法是依如天象、血缘等自然之理,由于这种教法的神秘主义和伦理主义性质,因此才同样被马克斯·韦伯视为是具有"巫术性"的法律。

五、文化理性:理法学的时代困境

长期以来,马克斯·韦伯的观点成为人们对于中国古代法律特质的一种普遍性认识,但如果我们把韦伯的"形式理性"完全看作是"理性"的代名词,那就是我们认识的简单化,也是一种"误区"。近代以来的"新儒家"关于"理性"的解释也不同于此说,他们往往认为中国法律是具有"理性"的,因为中国法的原始创制都来自他们的"道理"。中国早期的知识阶层把"天道"和"人道"相统一,把宗教、法律、制度以及私人生活都看作为一个"自然世界",天道循自然(五行),人道也循自然(血缘);"公道"循自然(政治法律),"私道"也循自然(族内生活),既然天道和人道本自有其理,那么只要遵循其理,就是遵循了自然,因此中国人的理是自然之理。中国人的道被分为天地之道和人道,中国人的理分天理和人理,同样,中国人的礼也可以分为祭天之礼和祭人之礼。从本质上看,这些道、理、礼概念之间没有大的区别而只有形式上的区分,道、理是礼的内容,礼则是它们的表现

① 王利器撰:《新语校注》,中华书局1986年版,第95页。

形式,礼化则是使人进于理性的手段。

　　"礼"集中体现了中国人的伦理主义精神,中国古代把一切宗教形式、行为规范、制度形式都归之于"礼",如梁漱溟所说:"礼之一物,非宗教、非政治;亦宗教、亦政治,为中国所特有,居其文化之最重要部分。"①这成为了古代儒家追求的目标,儒家"想将宗教化为礼,将法律、制度化为礼,将政治(包含军事、外交、内政)化为礼,乃至人生的一切公私生活悉化为礼……将这些生活行事里面愚蔽的成分、强暴的气息,阴为化除,而使进于理性"。②

　　我们很难分清中国古代理和礼的关系,儒家的礼本身即来自规范化的社会风俗,是法与俗、法规则与法意识的混合体,礼之中本就包含了理。中国古代的理往往与天联系在一起,是所谓的"天理",符合"天理"是社会风俗能够成为"官法"之礼的根本依据,礼在三代时就具有了世俗的"官法"的性质,因此礼比一般抽象的"讲理"更具有法理的属性。中国古代的理和礼都有化俗的功能,中国传统的经教之学就是礼教之学,理和礼都可以成为"讲理"的内容,中国人的理性也由此而习得。如日本学者五来欣造之《儒家之合理主义》中讨论中国文化,说中国人之崇拜者,"不是天,不是神,不是君主、国家权力等,并且也不是多数人民(近代西洋要服从多数),只有将这一些(天、神、多数等)当作一个理性的代名词用的时候,儒家才崇拜他"。③ 于是,中国人有"讲礼"或"讲理"之风气。无论是家庭也好,国家也罢;无论是多数也好,少数也罢;无论是国内也好,国外也罢;无论是华夏也好,蛮夷也罢;无论是对内,还是对外,古代中国的法律都表现出"礼"和"理"的态度。在这一点上,即使是民族地区的法律,也与内地是一样的,故在此意义上可谓"一视同仁",具有同质的特点,此为其治内之法与治外之法的共性。由于这样的局面,中国传统法的文化属性必然也是中国民间法和民间商业习惯的特质。民间法和民间商业习惯亦有"讲礼"和"讲理"的文化属性,具有自己独特的"文化理性"。

---

① 梁漱溟:《乡村建设理论》,第39页。
② 同上。
③ 同上。

这种"文化理性"的逻辑出发点就是"理"或"道",构成了中国人的"理性",故而中国人喜用"道理"一词来明事。中国文化绵延不断,中国人的理性多来自数千年之原始文化。经过知识阶层长期的总结、归纳、筛选,中国的"理"才与"法"贯通,法律才可以有"理"之实,有俗之形,有道之源,国家法典与民间风俗才不相矛盾而渐成同一,中国法的"理性"才存在于其间。中国古代法学是基于"自然理性"的法学,中西方历史上"理"都被当成是社会行为正当性的依据,而在中国,比"理"更高的是"道"。在中国古代,对一个人社会具体行为合道、合理性的要求,在一定程度上要高于对其合法性的要求。中国人讲的道理,是指先有道后有理。而中国的道首先是起源于天道,然后才是地道、人道,中国古代的法律史正是经历了从天治到人治,以至于天、人、法合治的过程。

但是,这种"文化理性"使得其法律与礼仪、道德、宗教无法分离,马克斯·韦伯认为,这样的法律不属于"有如机械般可以计算的法律",不能促进资本主义的产生和发展,因为"有如机械般可以计算的法律"正是产生资本主义所必须的。马克斯·韦伯著作中曾经有一标题"计算精神与近代资本主义企业的兴起",在该文中韦伯认为与近代资本主义企业的兴起相匹配的法律,应当是一种可计算的形式主义的法律,而这恰巧是传统中国法所不具备的。马克斯·韦伯说:"不过这种形式主义的法律是可计算的。中国法律的性质即与此不同,在中国,一个将自己住屋卖掉的人在遭遇穷困时,有时就会赖在买主家里,如果买主不顾同胞有互助之谊的古俗,他就得担心鬼神作祟;因此,贫穷的卖主即可不付房租强行搬入原屋居住。这样一种性质的法律,是无法实行资本主义的,资本主义需要的是一种有如机械般可以计算的法律,礼仪的、宗教的、巫术的观念都得清除掉。"①

在这段文字中,中国法的"理"当中包含了鬼神、天谴这些十分不确定的内容,这与"有如机械般可以计算的法律"之间是格格不入的,前者可以为民间商业的发展提供一定的"理"的信誉保障,但是无法为大规模的资本主义商业提供十分具体的、形式化的"理性"保障。马克斯·韦伯说:

① [德]马克斯·韦伯著,郑乐平编译:《经济·社会·宗教:马克斯·韦伯文选》,第188—189页。

"归根究底，产生资本主义的因素，乃是理性的持久性企业、理性的簿记、理性的技术及理性的法律。不过，这还不算完全，我们还得再加上：理性的精神（rationale Gesinnung）、理性的生活态度以及理性的精神伦理（rationale Wirschaftsethos）。"①但是，就"讲理"而言，我们不能否定中国传统文化理性的社会、经济道德价值，这样的文化理性完全可以成为现代大规模商业社会的法治文化基础，它至少可以减少"有如机械般可以计算的法律"的司法成本。

关于法律与道理（道德、文化）的关系，兹以古罗马帝国衰亡为例。罗马帝国以罗马法著称，既不缺武力，也不缺精深的法律，但却因缺乏道德而衰落，最终为蛮族所亡。当日耳曼人进入罗马帝国境内的时候，罗马社会日趋衰败，政府日益腐败，法律不再公正，人们对法律已丧失了信心。当时的历史学家普力斯克斯出使匈奴时，遇到一位被俘的罗马人，这个罗马人说："我认为，我现在的生活方式比我过去好得多。"②当谈到罗马时他说："如果一个富人犯了法，他总是设法逃避处罚。但是，如果一个不明事理的穷人犯了法，他必须遭受严厉的处罚，除非在宣判前，他确已死去；而后一种情况，从法院颟顸作风所造成的丑事看来，不是不可能的。但是我认为最可耻的是，一个人必须用金钱来获取他的合法权利。因为一个受到伤害的人，如果不先付一大笔钱给法官和官吏，甚至不能得到法院的受理。"③正直的人也因为"不能容忍罗马人中的野蛮人性，想在蛮族中找寻罗马的人性"。④ 可见这一时期罗马法治表现出来的德性尚不及日耳曼蛮族法，当时的人民对罗马法治的评价也大有"礼失求诸野"的感觉。

公元 5 世纪末期，伴随着蛮族人对罗马帝国的征服，日耳曼习惯法逐渐取代了罗马法在欧洲的主体地位，欧洲从此进入近千年的黑暗时代，至文艺复兴之前，其希腊、罗马艺术、法律不复继于世。与同一时期的中国相比，中国之衰只是王朝之衰，而非数千年道法之亡，此盖因罗马法仅是理性

① ［德］马克斯·韦伯著，郑乐平编译：《经济·社会·宗教：马克斯·韦伯文选》，第 121 页。
② ［美］詹姆斯·W·汤普逊著，徐家玲译：《中世纪晚期欧洲经济社会史》，商务印书馆 1992 年版，第 134 页。
③ 同上书，第 134—135 页。
④ 同上书，第 42 页。

的产物,不似古代中国道、理、法一体,倘立法、司法有弊,法律尚有道理可循可据,而古罗马则不然,当其社会道德败坏时,其法律必独木难支并彻底丧失德性,社会也必迅速呈哀败之象,故当时古罗马政权与法律俱亡,盖因其缺乏与法律一体的道德支撑之故。

因此,人类社会的治理似乎存在这样一个公式:法律与社会道德之间、司法成本与社会文化理性之间是成反比的。一个道德完善的社会对法律的需求低于一个道德腐败而混乱的社会,一个社会文化理性发达的社会可以降低这个社会的司法成本。中国传统的"理"包含了丰富的社会道德内容且历史积淀深厚,只是在现代大规模商业化的法治社会语境下,现代法理与维科所讲的"英雄时代"的理不同,与古典精英式的"哲学王""圣人""君子"之理不同,现代法理对应的理,不再只是圣人、君子之理,而多了普通"明理人"基于计算和交换层次的法理,这样的法理往往少了些圣贤的高缈气质。

第六章　道法学的基本内涵

上古伏羲等先圣创"道"之义，老子论"道"之体，文王、孔子论"道"之用，孟子、朱熹论"道"之治，这是一个"道"的历史展开过程，是所谓中国的道统。中国"道"的历史展开过程也是一个由道而法的"条理化"的过程，如前所述，这个"条理化"的过程不属于"理性化"的逻辑论证过程，而是从古老的天文学中形成的自然公理开始，经过了遵循这一公理的圣贤们的创制而成。

台北故宫博物院藏有南宋马麟所画的《道统五祖像》，以伏羲、帝尧、夏禹、商汤、周武王为中国道统五祖，每幅画上都分别有文字颂扬五祖之功德，从各图的诗句中我们可以看出这个由道而法的"条理化"过程。

其图一言伏羲曰："继天立极，为百王先。法度肇建，道德纯全。八卦成文，三坟不传。无言而化，至治自然。"此语以伏羲为人间奉行天治之始，已达无言而化的自然境界。又言伏羲为世间百王治世之先，为万世肇法之祖，伏羲作为法祖之意已然若此，不过此处之法乃是指万法之先的自然"天法"，即"天道"。

其图二言尧帝曰："大哉帝尧，盛德巍魏。垂衣而治，光被华夷。圣神文武，四岳是咨。揖逊之典，万世仰之。"上图说伏羲是无言而化，此图言尧则是无为而治，以至四裔宾服，从无言到无为，与伏羲之治相比，尧之治显然是低了一个层次，但仍属于天治。故其又言尧既圣而神，既文而武，以至万世仰之。

其图三言夏禹曰："克勤于邦，蒸民乃粒。历数在躬，厥中允执。恶酒好言，九功由立。不伐不衿，振古莫及。"此图言夏禹勤于人治，与伏羲之无言、尧之无为相比，夏禹之治其德在于勤于人事，纯然已属降至人治的范畴，但仍历数在躬，属于循于天道的中道人治。

其图四言商汤曰："顺天应人，本乎仁义。以贤继忠，匪曰求异。盘铭一德，桑林六事。人纪肇修，垂千万世。"此图言商汤之治是修己之治，其《盘铭》曰："苟日新，日日新，又日新。"同时其修己之治又是循于天道的仁义之治。商汤修人纪，合于天人之感应，开始了以人治应天治的治道。相传天降大旱，汤祷于桑林，以六事责己，《荀子·大略》："汤旱而祷曰：'政不节与？使民疾与？何以不雨至斯极也！宫室荣与？妇谒盛与？何以不雨至斯极也！苞苴行与？谗夫兴与？何以不雨至斯极也！'"宋诗人黄庭坚的《常父惠示丁卯雪十四韵谨同韵赋之》："桑林请六事，河水问九畴。"宋苏舜钦《大风》诗："六事不和暴风作，尝闻洪范有此言。"《金史·百官志一》言"六事"云："宣宗兴定元年，行辟举县令法，以六事考之，一曰田野辟，二曰户口增，三曰赋役平，四曰盗贼息，五曰军民和，六曰词讼简。"

其图五言武王曰："受天眷命，继志前人。遐迩悦服，偃武修文。惟贤是宝，法度彰明。建用皇极，爰叙彝伦。"此图言武王之治在于能继承前人之《洪范》大法，循皇极天道，虽以武克殷，但能偃武修文，任用贤良，彰明法度。故武王之治一方面循于天道，继承《洪范》彝伦之法的道治，另一方面武王之治已经进入了"制礼作乐""宪章文武"的法治阶段。

由上可见，在传统中国士人心中，中国古代的治道经历了从天治到人治、从人治到法治的历史过程，这是"道"的自然展开的过程。无论是在天治阶段，还是在人治和法治的阶段，对于治法的理解从未脱离过天道。因此，中国古代对法的理解不是单纯的法律概念，而始终是道法合一的法学概念，这种道法学是一种自然理性主义法学，而不是人为可以任意设定的。它认为国家、社会、个人行为的"条理化"，从来都是因天法自然而成的，这种法学在理论上包含以下几种学说。

一、自然天道说

中国法律史的发展，同样也是一个"道"的自然展开过程。在先秦诸子那里，"道"是用"非常道""非常名""道无言""道无形"这些语言来表达"道"的存在，又用"无极""太极""太一""泰一""混沌"这些概念来表示。

实际上，这些概念异语同义，皆指我们前面说的天法的内容。由于历史上对天法的长期垄断，"无极""太极""太一""泰一""混沌"这些概念的具体所指，在人们心中早已是神秘化的存在。又因"道"由阴、阳两种属性构成，阴、阳是由道生化而来，万事万物皆有阴阳属性，阴阳属性亦是抽象的概念，因此"道"难以用具象形式直接表现出来。故《老子》才称其"玄而又玄"，但又说它是"众妙之门"。因此上古时期中国人的法律同样是混沌未开的，因为法律的概念仍被裹含在"道"这样的"大法"之中，不全是以十分明确而具体的制度形式存在着。

中国的"道"超越古希腊的逻辑学和数学，中国的"道"是不需要用逻辑学去证伪的，那是理性主义和科学主义的做法。中国的"道"也难以产生西方式的科学技术和法学，阴阳只是超越物质的抽象属性，用科学的概念去解释古代的阴阳之道，属于理性证伪思维的做法。中国古代的文化也是"道"的产物，比如它的法律和医学（中医）都不能被看作是西方式的科学，不能单纯用西方式的逻辑学和数学去解释，纠结于科学和伪科学本身就是对科学主义的迷信。历史上周文王同样对伏羲的八卦进行了类似数学式的演绎，构建了中国人的数理逻辑系统，历史上对西方的数学也产生过深刻的影响。不仅如此，文王、孔子还对"易卦"进行了详细的人文解释，这使得"易卦"能够超越逻辑学和数学的分析，成为中国道法学的基本内容。

中国道法文化遵循的"自然理性原理"，其突出特点是对自然的崇拜和对自然的依赖。对自然的崇拜和依赖是其理论的出发点，这意味着它首先承认了人的理性的有限性，否定了"人定胜天"。近世西方理性主义、科学主义随着工业化、信息化的发展而扩张了其科学价值，极大提升了用人的理性去改造自然的能动信心，"人定胜天"成为一种政治法律哲学。然而与此截然不同的是，中国的道法文化具有一种天然的宗教式的宿命论，凡宿命论都会内生出具有反科学和反智主义的倾向，所谓的"自然理性原理"在于一个"道"字，它首先确定了"道"发生的场域在天地之间，"道"发生的原理在阴阳之变化。于自然，一草一木皆是道，春生秋杀是道，一岁枯荣是道，寒来暑往是道，四季阴阳变化是道，年复一年的循环是道；于人事，人是父母所生是道，人是天地所养是道,生老病死是道,盛衰荣辱是道,王朝更迭是道,如此等等皆因自然而注定,不为人任意支配。这一切昭示了人作为一种生命体有着生存的自然前提,人事的政治、法律活动也不能超越这个前提。

因此,中国古代的政治、法律活动发生在这个自然场域,其发展也局限于这个自然理性当中。"人道要服从于天道",人的理性活动始终保持着谦抑性,这也决定了其政治、法律的谦抑性,所以中国至少在西周时期就出现了关于环保的法律,法律也一直保护着人作为人的天然性,而不是保护人作为兽的天然性。在中国古代,仁、义、礼、智、信或忠、孝、仁、爱被认为是人与兽的天然区别。孝具有天然性,因为人皆父母所生,所以孝成为了一种道;义具有天然性,因为人只有群居才能生存,所以仁、义、礼、智、仁成为一种道;俗具有天然性,因为俗因人欲而生,所以俗成为了一种道;法具有天然性,因为人法本源于自然的天地之法,所以法才可能成为一种道。人道所有的能动性都在于"配天",遵循"天法"而生活,遵循"常道"(仁、义、礼、智、信)而生存,此数者合而称德,如此"以德配天"。作为人道的法律,其发生的逻辑是由天道而成人道,由天法而成人法,因此所谓的道法就是指源于天人之际的自然定律,相反,一切违反天法的人法都不具有道法所要求的属性。因此,是否合于自然理性原则,是"易理"区分恶与善、凶与吉的基本标准,这就中国道法学的基本原理。

二、中道天理说

中国人常说"不可逆天而行",就是说人的社会行为不可以违背天理。在哲学的意义上讲,中国古代的"天理"是什么?中国人讲的"天理"根本上就是阴阳和谐之理,《易》以符号的形式集中总结了中国人的"理",中国人以《易》作为万理之源,中国人的学术、政治、法律、日常生活根本上依据的就是古老的"易理",易理是中国人用于使万事万物合理化、条理化的哲学根据。中国的易理起于由天象变化而导致的事物变化的属性论,易理从事物阴、阳两极属性出发,将包括人的社会行为在内的一切事物的属性都用阴和阳来定义,把事物的一切变化都归结为阴和阳的相互转化,由此形成了关于人事的"理"。这个"理"具体来说就是"发挥于刚柔而生爻,和顺于道德而生义"，①易理"和顺阴阳"的这种思想成为中国法学理论的基本哲学观点。

中国古代的法学也是基于"和顺阴阳"原理的法学。在中西法律史上，"理"都被当成是社会行为正当性的依据，在中国比"理"更高的是"道"。在中国古代，对一个人社会行为的合道理性要求，在一定程度上要高于对其行为合法性的要求。日常生活中，中国人的"道理"很多，也很复杂，有些甚至包括了地方性的风俗成分，因此自古总是存在着因风俗习惯不同出现的道理纷争。然而，中国古代阴阳调和、允执厥中的"天理说"却往往能够为那些复杂的道理纷争提供有效的解决方案。"国法"或者叫"律法"的调整范围往往局限于刑事领域，只表达了"历史上的中国"的国家理性，而中国古代民族及其异俗几千年不易地存在着，当面对这些不同风俗支配着人们行为的社会理性时，"律法"只能显得无能为力。因此，"天理说"在中国古代司法中一直有着高于国法的地位，形成了"以理统法"的理论。

从法学的角度讲，"和顺阴阳"实际上是一种求"中"的法学理论，《论语·子罕》："子曰：'吾有知乎哉？无知也。有鄙夫来问于我，空空如也。我叩其两端而竭焉。'"因此，中国法学本质上是一种中道法学。如《讼》"有孚，窒惕，中吉"，象曰："讼，上刚下险，险而健，讼。讼：有孚，窒惕，中吉，刚来而得中也。"又云："利见大人，尚中正也。"王弼注云："中乃吉也。"②如何做到中正呢？需要从开始就执两而明制，象曰："君子作事以谋始。"王弼注云："契之不明，讼之所以生也。……讼之所以起，契之过也。"③

中国古代没有真理的概念，有的只是天理的概念，不能将天理等同于真理，我们却可以将天理看作是公理。西方式的"竞争论"和"真理论"是近代进入中国并对中国产生重大而深刻影响的两种理论。近代以"物竞天择，适者生存"为口号的社会达尔文主义，作为一种"公理"出现在中国社

---

① 《易·说卦》。
② （魏）王弼撰，楼宇烈校注：《周易注》，中华书局2011年版，第40页。
③ 同上书，第41页。

会,使得提倡社会竞争成为一种不证自明的"公理",甚至成为是否符合社会现代化概念的标志。按照这一理论,现代化的法律就应该服务于这样的社会竞争,这对中国自古形成的"和顺阴阳""允执厥中"的公理论在价值观和正义观上形成了很大的冲击。建立在社会达尔文主义之上的对立竞争思想,慢慢销蚀了中国以"和顺"为目的的社会价值观以及以中为正的正义观。也就是说,外来的竞争学说代替了原来"圣人不禁民之争,而教之以让"的和顺说,[1]社会竞争成了公理,法律成为鼓励社会竞争的法律。西方的真理论在于求真,中国的天理论在于求和,求和在于求中道。"求和"被认为是天理而不是真理,法律的意义更在于"求和",法律只是实现和谐社会的工具,而不是追求真理的手段。

三、中和正义说

儒家的正义观就是"中庸之道",奉行中道的政治、中和的法律就是儒家对何为正义的理解,这也是中国传统道法学的正义观。与今天的法律一样,原始的法俗同样有其遵循的正义理念。在原始的意义上,人类的正义观曾经具有很强的共性,法律人类学的研究充分证明了这一点,比如此消彼长的生命循环观念是一种共有的原始正义观,这就是我曾经说过的原始"循环正义原则"。[2] 但是,中国人的天道循环论要远高于一般法律人类学意义上的原始循环正义原则,中国的天道循环论来自中国上古的天文学,而非人类学上"獭祭鱼""豺祭兽"一样循环不已的动物世界。

上古的中国人认为天道有一个"中心",即以紫微星为中心,七星以之绕行不息,故曰"天道循环,无往不复";认为地道有一个"中国",凡是居中国者即是正统,故曰"是故三代必居中国,法天奉本,执端以统天下,朝诸侯也";[3]认为人道有"中庸",中庸之道即是中和之道,"中也者,天下之大本

---

① （清）苏舆撰,钟哲点校:《春秋繁露义证·度制第二十七》,第231页。
② 在原始的社会中,"人们以各自的方式来执行自然的正义。甲被乙谋杀导致甲的儿子或朋友丙杀掉乙,乙的独生子或朋友丁又会杀掉丙,诸如此类的事情正如'獭祭鱼''豺祭兽'一样循环不已,这正是法律文明发展的第一步,它孕育了原始'同态复仇'的循环正义原则"。见杜文忠《法律与法俗:对法的民俗学解释》,人民出版社2013年版,第137页。
③ （清）苏舆撰,钟哲点校:《春秋繁露义证·三代改制质文第二十三》,第195—196页。

也；和也者，天下之达道也"，①"致中和，天地位焉，万物育焉"。② 因此，从天道循环到人道中庸，逐渐形成了中国人的"中道正义"观。这种观念中包含了中国人强烈的中心意识，这种中心意识不仅来自天上自然星象规律，而且来自因这种自然星象规律而出现的自然哲学，这种自然哲学认为世界万物皆有阴阳两极属性，而万物和谐则来自它们总是围绕着一个中心在循环运行，因此一切矛盾对立的解决都不过是"和顺阴阳"，一切的正义不过是"允执厥中"，这就是"法天奉本"。

前面我们说过中国古代的治道，依据法治程度上的不同，分成了皇治、帝治、王治、君子之治四个层次。这四个层次的划分同样体现了儒家追求"中和"正义的原则，中国上古圣神之法本无刑罚，刑罚有来自异族之说，蚩尤创制的刑罚系统本非华族法文化之正脉。上古三皇、五帝、三王之治法本是循天治、人治，而不以刑治，因此在所有治法中，刑罚的适用程度是最能体现其"中和"的程度。

儒家"宪章文武"，在诸子当中继承了上古治道的主脉，其治道理论最后落在"王治"上，是所谓"王道政治"。儒家的王道与霸道不同，王道与霸道是德和刑的关系，正如陆贾所言："齐桓公尚德以霸，秦二世尚刑而亡。故虐行则怨积，德布则功兴。"③这是说齐桓公的霸道是尚德，而秦朝之霸道是尚刑，可见二者的霸道不同，霸道的内涵之中有德亦有刑。儒家之治道是孔孟之治道，关于孔孟之治道我们可以用三句话来概括：祖述尧舜，宪章文武，宗师孔子，即儒家以尧舜之道为祖而效之，以文武之制为宪而从之，以孔子之经而释之。《孟子·告子下》总结说："尧舜之道，孝悌而已矣。"尧舜之道重在崇孝悌，尚贤德，行禅让，谐四方。那么尧之治道是什么？"昔者尧之治天下也，以名。其名正，则天下治。桀之治天下也，亦以名。其名倚，而天下乱"（《申子·大体》）。这个"名正"亦是指依天理、正贤德之名，故尧之治道在任贤而治，舜继承了尧之治道，本行孝道，以皋陶掌五刑，以契管五教，流放四凶，亦是以教化为主，故尧舜之道主要在于依天理、天心，任贤尚德而治，虽有刑罚

---

① （宋）朱熹撰：《四书章句集注·中庸章句》，第 18 页。
② 同上。
③ 王利器撰：《新语校注》卷上《道基》，第 29 页。

而不妄加,故《史记·五帝本纪》云:"天下明德,皆自虞舜始。"《礼记·大学》说:"大学之道,在明明德,"这就是明尧舜人道之德,明德是《大学》之道,《大学》亦可以理解为是"大法",是为帝道。

文武之制在于礼乐刑罚,是更具化了的"道",司马迁《报任安书》说"文王拘而演《周易》",文王之道在于阐明易理,《易》是自伏羲以来形成的关于天道的符号,文王之易理实际上已经开始向人道发展了,周朝礼法文明的道义原理由此发端。文王演《周易》为周朝宪章礼法提供了天道哲学的基础,武王之功在于推翻商之暴政而实践了天道,周朝宪章礼法的制定是由周公来完成的,所谓的"周公制礼"的"礼"不仅仅是一般意义上的礼,而是礼与刑的进一步深入结合,孔子所谓的"宪章文武"即是如此。儒家主张的王道政治仍然是崇尚中庸,在理论上奉行中庸政治,正如"王"字的本义是天、地、人"一以贯之",本就体现了作为"王"的使命就是中和天、地、人,只有能够中和、平衡天、地、人的"王"才是真正的王者。因此,儒家关于正义的理念,在"道"的意义上,要求王者要贯通天、地、人之间的关系;在法的意义上,要求王者要去中和人与人的关系;在道德的意义上,则要求人们的行为要做到"中庸"。

一是"允厥执中"才符合"道"的要求。孔子将"道"与"中"联系起来,认为"道"在现实中实现的关键在于坚持"中"的思想方法,故称中庸之道。古之圣人在现实生活中,无论智者还是愚者,都有可能"过之"或"不及",如孔子所说:"道之不行也,我知之矣,知者过之,愚者不及也。道之不明也,我知之矣,贤者过之,不肖者不及也。人莫不饮食也,鲜能知味也。"[1]故孔子曰"君子而时中",万物都有两端,舜之为政,"舜好问而好察迩言,隐恶而扬善,执其两端",[2]此圣人之所为也。

二是常存敬畏之心,凡行事知道忌惮,是"中庸"的开始。"戒慎乎其所不睹,恐惧乎其所不闻",[3]故"君子之道,辟如行远必自迩,辟如登高必

---

① （宋）朱熹撰:《四书章句集注·中庸章句》,第19页。
② 同上书,第20页。
③ 同上书,第17页。

自卑"。① 知道敬畏，知道自卑，人才不会固执己见，不会偏执于一端，于是才会有和合之心。所以，知敬畏、自卑，乃是知"中庸"之始，故朱熹在《朱子集注》才认为中庸是儒家的心术。

三是需要"遵道而行"，②不做"素隐行怪"之事，不做"半途而废"之事，不做"不当强而强"之事。这些都是偏执之举，有悖"中庸"的要求。就人道的"中道"而言，人所当遵守的这个"道"又是什么呢？"道者，率性而已"，③正是因为"率性而已"，所以众人都可以"能知能行"，④因此孔子才说"道不远人"，"人之为道而远人，不可以为道"，⑤如此自然可得中庸。

四是需要"素其位而行"，不做僭越非分之事。"素富贵，行乎富贵；素贫贱，行乎贫贱；素夷狄，行乎夷狄；素患难，行乎患难；君子无入而不自得焉"。当居于上位时，"在上位不陵下"；当居于下位时，"在下位不援上"。⑥当居于平地时，"居易以俟命"，"上不怨天，下不尤人"，⑦不做"行险以徼幸"的事情。

五是需要"至诚"才可得"中"。"中"是天下之大本，而"唯有天下至诚，为能经纶天下之大经，立天下之大本"。⑧ 古之圣人"聪明睿知""宽裕温柔""发强刚毅""齐庄中正""文理密察"，以其中正之德行"配天"，故能够"从容中道，圣人也"。⑨ 而对于普通人来说，则需要进"内圣"的"至诚"修养能达于中道，"诚者不勉而中，不思而得"。⑩

在儒家的"内圣"（格物、致知、诚意、正心、修身）体系中，"格物致知"不过是一个人知识性学习的阶段，而真正的修身要是从"诚意"开始。何为"诚"？"诚以心言"，"诚"是指物之所自成，是自然本心，故曰"诚者自成"。⑪

---

① （宋）朱熹撰：《四书章句集注·中庸章句》，第 24 页。
② 同上书，第 22 页。
③ 同上书，第 23 页。
④ 同上。
⑤ 同上。
⑥ 同上书，第 24 页。
⑦ 同上。
⑧ 同上书，第 38 页。
⑨ 同上书，第 31 页。
⑩ 同上。
⑪ 同上书，第 33 页。

儒家认为只有做到"诚"才可以"明","诚则明矣"。① 人只有达到"诚明"，才能由个体致于天下的认识上得"中"，是谓"诚者不勉而中"。那么，如何才能做到"至诚"呢？一是要努力体识人、物之本性。"唯天下至诚，为能尽其性"，②"能尽人之性，则尽物之性"，能尽物之性，则可以"赞天地之化育"，"与天地参"，③如此人性与物性中合，人性与天地中合；二是要做到"致曲"。人各有其本性，是所谓"曲"，"曲，一偏也"，④是指各人不同之本性（善端）。所谓"致曲"，"必自其善端发现之偏，而悉推致之，以各造其极也"，⑤由此达到"致诚"。三是要做到"成物"。"无诚则无物"，⑥认为天下之物皆有其理，物是理之使然，"天下之物，皆实理之所为"，⑦只有通过"诚"才能通理，才能以"理"成物，故"诚者非自成己而已也"，⑧"成己，仁也；成物，知也。性之德也，合内外之道也"。⑨ 君子不仅要"成己"，还要"成物"，如此达于"致诚"，且可得内外之中道。

　　儒家追求的"中庸"是一种世界观、价值观、人生观，此三观内涵了儒家的正义观。儒家深深地知道，人类的生存、生活根本上在一个"和"字，故曰"和为贵"。儒家认为"和"是人类继续生存下去的前提，而如何才能做到这个"和"？儒家认为万事万物只有追求"中"，才能"致中和"。关于"中和"，"喜怒哀乐之未发，谓之中；发而皆中节，谓之和。中也者，天下之大本也；和也者，天下之达道也"。⑩ "中"被认为是天下之大本，是一切公理之源，也是一切法理之源，因为"中"是"大本"，"大本"是"天命之性"，"天下之理皆由此出"。⑪ 因此，只有"致中和"，天地才能安其所；只有"致

---

①　（宋）朱熹撰：《四书章句集注·中庸章句》，第32页。
②　同上。
③　同上。
④　同上书，第33页。
⑤　同上。
⑥　同上书，第34页。
⑦　同上。
⑧　同上。
⑨　同上。
⑩　同上书，第18页。
⑪　同上。

中和"，万物才能遂其生，故曰："致中和，天地位焉，万物育焉。"①

所以，可以认为"中"就是儒家的正义观，在人与天地、贫与富、贵与贱、高与低、真与假、善与恶、美与丑这些关系中，有人类社会万世不易的矛盾。如何处理这些矛盾，儒家认为只有秉承"执中"的态度去构建一切，才能达到"中庸"（中和）的状态，才可以为天下法。"不偏谓之中，不易谓之庸。中者，天下之正道。庸者，天之定理"。② 以中国古代对《周易》中"讼卦"的解释为例，在《周易》中，"讼卦"实际上就是以中为正、以中为和的。《讼》是上乾下坎，乾者，天也，象天道是也；坎者，水也，象法是也。天刚健，法凶险，上刚下险，故《讼》象曰："讼，上刚下险，险而健。"意味着争讼本是刚险之事。因此，对《讼》的解释是："终凶，利见大人，不利涉大川。"③是说《讼》是终凶之卦，无论输赢都是互害不利之事，即使是以刚居上，讼而得胜，亦不足敬，故《讼》卦上九象曰："以讼受服，亦不足敬也。"又明朝朱用纯《朱子家训》亦云："居家戒争讼，讼则终凶"。

既然《讼》是终凶之卦，那么就只能是"利见大人"以中正的方式来解决，而不可以"涉大川"，"入于渊"，彼此纠缠不清。那么，"大人"又如何来解决争讼的呢？"大人"应当秉持"中道"来解决争讼，故对《讼》的解释有："讼，讼有孚，窒惕，中吉，刚来而得中也。"④《讼》象又曰："利见大人，尚中正也。"⑤魏王弼对《讼》九五的注释是："处得尊位，为讼之主。用其中正，以断枉直。中则不过，正则不邪，刚无所溺，公无所偏。"⑥唐孔颖达疏云："凡讼之体，不可妄兴，必有信实。被物止塞而能惕惧，中道而止。"⑦

因此，"中"是人们在诉讼中实现公正的标准，"和"是正义得以实现的状态。数千年来，中国人的正义观就是一种基于道之上的中和观，凡得中和者，即是得天道。故《讼》是上乾下坎，象征上天下水，这是要告诉争讼

---

① （宋）朱熹撰：《四书章句集注·中庸章句》，第18页。
② 同上书，第17页。
③ （魏）王弼撰，楼宇烈校释：《周易注》，第40页。
④ 同上。
⑤ 同上。
⑥ 同上书，第42页。
⑦ 同上书，第43页。

者和裁判者都应当以中和为贵,不可因偏执而"入于渊",如此方可以合于天道。在中国人看来,世界的和谐来自于得中,世上没有绝对的是与非、对与错,任何对人和事的终极追求都是偏执于一端而不得中,因此产生不了和谐,这与古代中国人在进行法律争讼时讲求礼让的法观念是一致的。因此,在中国古代司法中,那些《易》中所称的"大人"们总是努力去贯彻这一原则。此外,中国人始终持有一种动态平衡的法观念,在人和事的动态发展中寻找中和、平衡。历史上,所谓的"三世三典"、所谓的"刑平世用中典"、所谓的"和为贵"、所谓的"中国式调解",这一切都是为了追求"致中和",所以中和正义观就是中国法哲学的基本内容。

中　篇

法与俗：道法之俗义

第七章　法　俗　原　论

　　中国法有着很强的地域性格,中国法的地域性格源于其地域和种族的差异,中国法的地域性格表现为俗,是谓法俗。后之谓"法俗",是相对于"国法"概念而言,于上古时期"国法"产生之前,所有地域、种族之法,也都可以统称为俗。这些俗就是法,有的甚至是大经、大法,如华族上古之三坟五典。"俗"之产生或源于某一血族,或源于某类宗教,或源于某种科学,或源于特定的地理风土。

一、风与俗:法俗的自然性

　　俗产生的风土条件　在中国人的风俗观念中,所谓的"俗"是指人的风俗,而不是指物。"俗"产生于风土,风是指春夏秋冬四季之风,是来自天的变化;土是指有山川河流、平原沼泽的大地。在中国人看来,风与土的结合是天地、乾坤的结合,风土是人的基本生存场域,这个场域的基本状态是四季之风的阴阳变换循环和五行的相生相克。人都是生活在特定的阴阳五行场域中,因此人生而有风土之性,阴阳对转,风土拶合,使得不同的风土塑造出不同的人格,不同的风土形成不同的人欲,也就形成了不同的风俗。在这个意义上,中国社会的原生文化是一种风土文化,风土是解释人俗或人格形成的依据,因此中国人的早期风俗观是一种地理决定论。

　　在"中国"形成的过程中,这个风土场域自古广大,其边界游动不居,种族民性不同,故其风俗各异。中国古代文献中所谓的"九州岛"之说起于尧之时,尧时有大洪水,人民居于水中高土,故曰九州岛。《说文》川部有:"州,水中可居曰州。"疏曰:"一曰州,畴也,各畴其土而生之。"[①]所谓

---

①　(清)孙诒让撰,王文锦、陈玉霞点校:《周礼正义·夏官》,中华书局1987年版,第2640页。

"九州岛"，按后世的说法是：

> 东南曰扬州，其山镇曰会稽，其泽薮曰具区，其川三江，其浸五湖，其利金锡竹箭，其民二男五女，其畜宜鸟兽，其谷宜稻。正南曰荆州，其山镇曰衡山，其泽薮曰云梦，其川江汉，其浸颖湛，其利丹银齿革，其民一男二女，其畜宜鸟兽，其谷宜稻。河南曰豫州，其山镇曰华山，其泽薮曰圃田，其川荥雒，其浸波溠，其利林漆丝枲，其民二男三女，其畜宜六扰，其谷宜五种。正东曰青州，其山镇曰沂山，其泽薮曰望诸，其川淮泗，其浸沂沭，其利蒲、鱼，其民二男二女，其畜宜鸡狗，其谷宜稻麦。河东曰兖州，其山镇曰岱山，其泽薮曰大野，其川河、沛，其浸卢、维，其利蒲、鱼，其民二男三女，其畜宜六扰，其谷宜四种。正西曰雍州，其山曰岳山，其泽薮曰弦蒲，其川泾汭，其浸渭洛，其利玉石，其民三男二女，其畜宜牛马，其谷宜黍稷。东北曰幽州，其山镇曰医无闾，其泽薮曰貕养，其川河、沛，其浸菑时，其利鱼、盐，其民一男三女，其畜宜四扰，其谷宜三种。河内曰冀州，其山镇曰霍山，其泽薮曰扬纡，其川漳，其浸汾潞，其利松柏，其民五男三女，其畜宜牛羊，其谷宜黍稷。①

此处《职方氏》所举只有七州，而在贾疏云《尔雅》中："两河间曰冀州，河南曰豫州，济东曰徐州，河西曰雍州，汉南曰荆州，江南曰扬州，燕曰幽州，济河间曰兖州，齐曰营州。"②共有"九州岛"。舜时有十二州，《汉书·地理志》周朝改禹时的徐、梁二州合之于雍州和青州，分冀州之地以为幽州和并州。然而按《史记·孟子荀卿列传》的说法，"九州"又有战国末期阴阳家邹衍之大小九州说，所谓中国只是天下八十一分居其一分，完全是另外一番景象。

> 儒者所谓中国者，于天下乃八十一分居其一分耳。中国名曰赤县神州。赤县神州内自有九州，禹之序九州是也，不得为州数。中国外如

---

① （清）孙诒让撰，王文锦、陈玉霞点校：《周礼正义·夏官》，第 2640—2674 页。
② 同上书，第 2683 页。

赤县神州者九,乃所谓九州也。于是有裨海环之,人民禽兽莫能相通者,如一区中者,乃为一州。如此者九,乃有大瀛海环其外,天地之际焉。[①]

如此,中国只是赤县神州,中国之外"如赤县神州者九","有裨海环之"。邹衍大约是公元前324年至前250年的人,他的大小九州之说可能与燕昭王(公元前335年—前279年)的地理考察有关,如卫挺生《山海经地理考》中所云:

> 燕昭王之遣使在邹子之组织、训练、指导下,而踏勘宇内外之山川。北知有北冰洋,南达印度洋之孟加拉湾,东达日本东京湾,西越帕米尔高原而达阿富汗之阿姆河中流之涂泽及浩罕之锡洱河之玄池。此种惊人之成就,却在公元前第三世纪之初。[②]

如果此说可信,那么关于先秦中国人的"天下"观可能就是另外一番景象了。不管怎么说,"天下""九州"说反映了古代中国人广阔而复杂的地理观,其说有异而难以算定,尤其是邹衍的大小九州说。但至少说明了中国人知道在赤县神州外还有一个更大的世界,由于这个世界的存在,中国人知道除了家国、王朝的地理疆域之外,还有一个更大的"天下"。正因如此,儒家道法学中所谓的"化俗"才扩大到了"化成天下",中国古代的历代王朝都认识到,即使是九州之地,其种落、民性、风俗、物产甚至文字亦是各不相同,而且这些不同种落又是以"国""邑"的形式存在。因此,中国古代的风俗、政治和法律都由此场域展开。在这个地理范围内,依"天道"论,人皆是天下之人,凡合天道者,本不该有所歧视;依"人道"论,人皆居于不同族群、种落之中,因此具有实现"一民同俗"的难度,这也是中国古代"法俗"产生的历史条件。

法俗　"法俗"之谓,非今人臆造,为往史所常用,近人吕思勉如是解

---

① 《史记·孟子荀卿列传》,第2344页。
② 卫挺生:《山经地理图考》,凌纯声:《〈山海经〉新论》,东方文化书局1951年版,第151—152页。

释"法俗"："法俗指无形者言，有意创设，用为规范者为法；无意所成，率由不越者为俗。法俗非旦夕可变，故观于今则可以知古也。法俗二字，为往史所常用。"①由于法俗往往历时长久，非旦夕可变，因此观于今则可以知古。"法俗"二字较早的记载可见于《后汉书·东夷传》，是谓："其地大较在会稽东冶之东，与朱崖、儋（同单音）耳相类，故其法俗多同。"上述"非记载之物，虽不能以古事诏后人，然综合观之，实足见一时之情状，今之史家，求情状尤重于求事实，故研求非记载之物，其所得或转浮于记载也。非记载之物，足以补记载之缺而正其伪，实通古今皆然，而在先史及古史茫昧之时，尤为重要"。②

解释"法俗"当先解释"风俗"，"风俗"分"风"和"俗"。"俗"字虽本源于"欲"字，"欲"自然是先发端于个人，但是中国人讲"俗"却是"风俗"并用，无"风"则无"俗"。"风"本有社群之义，故无社会则无俗可言。欲解"法俗"之意，首先需知何为"风"？何为"俗"？

东汉应劭之《风俗通义》是研究古代风俗的钜典，《诸子汇函》曰应劭，"作《风俗通》，为一时钜典，诚为政辨风正俗之本也"。③《风俗通义·序》言"风俗"云："风者，天气有寒暖，地形有险易，水泉有美恶，草木有刚柔也。俗者，含血之类，像之而生，故言语歌讴异声，鼓舞动作殊形，或直或邪，或善或淫也。圣人作而均齐之，咸归于正；圣人废，则还其本俗。"④《汉书·五行志下》中"风"和"乐"的关系是"省乐以作风"，又"省风以作乐"。《汉书·五行志下》云："夫天子省乐以作风。""应劭曰：'风，土地风俗也。'"⑤这是《风俗通义》关于"风俗"的解释，其主旨是说"风"是指客观的天气、地理、水泉、草木之特性；"俗"是在风的基础上形成的人之性情、言语、歌讴、动作等差异，俗有"或直或邪，或善或淫"之分。因此，风俗需要有"圣人作而均齐之，咸归于正"。在中国古代，所谓的"圣人"，是指"闻声

① 吕思勉：《先秦史》，上海古籍出版社2005年版，第4页。
② 同上。
③ （东汉）应劭撰，王利器校注：《风俗通义校注·序》，第8页。
④ 同上。
⑤ 同上书，第9页。

知情,通于天地,条畅万物,故曰圣"。① 由于"俗"有直邪、善淫之别,所以"俗"总是与圣人"作而均齐之"的教化联系在一起。

对"风俗"最典型的解释是班固在《汉书·地理志》的说法:"凡民函五常之性,而其刚柔缓急,声音不同,系水土之风气,故谓之风;好恶取舍,动静亡常,随君上之情欲,故谓之俗。"依班固之意,其说有三:

一是"凡民函五常之性"。人天生皆有五常之性,即有父义、母慈、兄友、弟恭、子孝五常之本性,或曰有仁、义、礼、智、信。与之对应,又有如孟子的恻隐之心(仁)、羞恶之心(义)、辞让之心(礼)、是非之心(智)"四端"。五常之性,与生俱来,是人之本性,这都是儒家性善论的表达。儒家论人性、风俗自有其理论逻辑。儒家本是行教之人,以教为根本。儒家所教者,五常之教也,儒家认为的善亦是五常,儒家认为的文明还是五常。若人性本无"五常之性",将何以教之? 故儒者的人性观、善恶观皆是以"五常"为标准,故云"凡民函五常之性"。

二是"风"。由于群落社会之间,各处水土、风气不同,导致其"刚柔缓急,声音不同",由此即形成所谓的"风",这个"风"是自然形成的民风。但是,中国古代儒家所谓的"风"已经不是这种自然民风了,而是义理之风、社会之风、道德之风,这从对"风"的音训解释即可看出。如《匡谬正俗疏证》认为"风"就是自上而下进行教化的意思,上以风化下曰"风",下以讽刺上曰"讽"。其文有曰:"《毛诗序》云:'《关雎》,后妃之德也。《风》之始也,所以风天下而正夫妇也。'今人读'风'为'讽天下',案:《序》释云:'上以风化下,下以讽刺上。'此当言'所以风天下',不宜读为'讽'。又云:'风,风也,教也。风以动之,教以化之。'今人读云'风以动之',不作'讽'音。案:此盖《序》释'风'者训讽、训教,讽刺谓自下而上,教化谓自上而下。"② 故孔子曰"君子之德风"就是教化的意思。③ 作为义理之风,"风"又被儒家解释成为"中和之风",《诗》之《国风》即是"中和之风"。《汉书·五行志第七下之上》应劭又注云:"风,土地风俗也。省中和之风以作乐,

① (东汉)应劭撰,王利器校注:《风俗通义校注·序》,第9页。
② (唐)颜师古撰,严旭疏证:《匡谬正俗疏证》卷第一《风》,中华书局2019年版,第7页。
③ 《论语·颜渊》。

然后可移恶风、易恶俗也。"风、乐、诗之间是相生互和的关系。风、乐、诗都应该具有中和之性，符合中和之性的风、乐、诗才不是恶风、恶俗。如此，是否符合"中和"之性成为区分善良风俗和邪恶风俗的标准。此外，中国很早就用"风"来表述罪名，如商代官刑就有巫风、淫风、乱风之罪名，《尚书·伊训》："制官刑，儆于有位。曰敢有恒舞于宫，酣歌于室，时谓巫风。敢有殉于货色，恒于游畋，时谓淫风。敢有侮圣言，逆忠直，远耆德，比顽童，时谓乱风。卿士有一于身，家必丧；邦君有一于身，国必亡，臣下不匡，其刑墨，具训于蒙士。"这些都是关于节制"各从其欲"的法律规定。

三是"俗"。这种所谓的"中和之风"与儒家提倡的"五常之性"联系在一起，成为华族的法俗。"风"与"俗"的关系本是地理与人文的关系，是由地理之风而成人文之俗，是所谓"风俗"。"风"是因声音、水土这些因素而形成的某种刚柔缓解之自然民性，"俗"更多的是在"风"的基础上形成的自然惯习，它包含了人之"好恶""取舍""情欲"等社会习性。由于儒家认为"凡民函五常之性"，"五常之性"是生所俱来，于是儒家就可以以"五常"为标准，去判别各类族群"风俗"之善恶优劣，有了判断善恶优劣的标准，也就有了"五常之教"。

由此可知，"中和之风"和"五常之性"是儒家赋予风俗的道德规定性，使得散漫、各异的风俗有了规范意义上的标准，可以区分风俗的直和邪、善和淫，从而使其具有了法俗的意义。

二、欲与俗：法俗的本义

"中和之风""五常之性"是中国传统"常道"的内容，然"中和之风"和"五常之性"又起于民欲。中国古代法学认为，凡法皆托于民生而定，民生自有民欲，民欲自有民利，故对法律价值和目的的理解仅从"利"出发，而不像西方法学是从"权"出发。中国古人认为生民之俗，即是生民之欲，《商书·仲虺之诰》曰："惟天生民有欲。"《周书·文酌解》曰："民生而有欲。"又将"俗"解释成"欲"，即民之欲望，故《释名·释言》曰："俗，欲也。俗，人所欲也。"然而动物亦有欲，且同人一样有群，何以动物之欲不以"俗"称？《荀子·王制》云："禽兽有知而无义，人有气、有生、有知，亦且有义,故最为天下贵。"①又有人何以能"群"?"力不若牛,走不若马,而牛马为用,何也?曰:人能群,彼不能群也。人何以能群?曰:分。分何以能行?曰:义"。②什么是"义"呢?注云:"义,谓裁断也。"③王念孙曰:"禁民为非曰义。"④"禁民为非",《白虎通》亦曰:"义者,宜也,断决得中也。"⑤这些都是说人能够"定分止争",而动物不能。因此,与动物相比,人不仅有知,而且有教有义;人不仅能群,还有分有义。故凡是人之欲,皆可以"俗"称。

"俗"被解释成民之欲,民之欲即是民之利,故夫"利"者,"欲"之所以致也;"欲"者,"俗"之所由生也。因此,中国法所依者是"benefit"而不是"right"。西方法学讲利,但归之于外部之权,依个人于外部社会之权,构建制度而以制人欲,求得社会利益之公正;中国古代法学亦讲"利",但归之于内在之心,是以针对内在人欲,而行风俗教化以节制之,同时用法律去调整其利欲之冲动,以求得内心利欲的平衡和外部社会利益之中和。近世西方法学强调"法律必须被信仰"者,如美利坚伯尔曼之徒,盖因其所行法治亦出现了有内在心力之教化要求。

"民之所欲,政之所从"是中国古代政治法律之一准则。中国古代强调政治法律要服从民欲,《孟子·离娄下》:"得天下有道,得其民,斯得天下矣。得其民有道,得其心,斯得民矣。得其心有道,所欲与之聚之,所恶勿施,尔也。"这都是指天下之道在于得民;得民之道,在于得民心;得心之道,在于从其所欲,勿施其所恶。《白虎通·三教》言夏商周三代之俗,皆是指其民欲。

民欲在不同的时代会有变化,故《白虎通·三教》论三代民俗有易,因之而有"三教"之说。后之所谓"三教",有儒、道、释之说。古之"三教"是依据夏、商、周风俗之文与质而论忠、敬、文之教:"夏人之王教以忠,其失野,救野之失莫如敬。殷人之王教以敬,其失鬼,救鬼之失莫如文。周人之

---

① （清）王先谦撰,沈啸寰、王星贤点校:《荀子集解·王制》,第164页。
② 同上。
③ 同上。
④ 同上。
⑤ （清）陈立撰,吴则虞点校:《白虎通疏证》卷八《性情》,第382页。

王教以文,其失薄,救薄之失莫如忠。"①又有:"王者设三教者何? 承衰救弊,欲民反正道也。"②

故古之民俗,皆可以分为文与质,即是孔子所谓"文质彬彬"之文与质。儒家关于文质的理论是:质法天,文法地,先质而后文,"事莫不先有质性,后乃有文章也"。③ 所谓的夏人之教以忠而失敬,殷人之教以敬而失文,周人之教以文而失忠,这些都是指夏商周的民俗而言。《白虎通·三教》认为夏商周三代教与俗的关系变化是"三者如顺连环,周而复始,穷则反本"。④ 内容都是言其俗与教的变化关系,其中所谓的质与文,皆是指民欲之物质与精神、形式与内容而言。故中国古代之教在于追求一个理想的"良俗"社会,而"良俗"社会就是一个人民的利欲成均、平衡的社会,以平衡利欲为目的构建良俗社会也一直是中国古代法学的目的。与西方不同的是,西方法学把"利"归之于个人,归之于权利,归之于法律本身,而不似中国古代将之归于社会、归于教化、归于良俗。中国古代对"良俗"的追求非指个人之欲望,而是社会之义(宜、中)。

中国古代"法俗"产生于调节社会利欲之度制。与我们今天所谓的"法律"的概念相对应,古代有度制、礼节、法俗、法律这四个概念,它们在中国古代典籍中是可以互通贯用的,是中国古代对"法律"的定义,故董仲舒《春秋繁露》中有:"谓之度制,谓之礼节。"⑤法的功用在于"禁欲",若不"禁欲",则无以调节社会利欲。所以,古代使用度制、礼节、法俗、法律这些概念时,都是以"禁欲"为目的,它们都是为"禁欲"而设的概念。故后世有"存天理,灭人欲"之说,其所灭之"人欲",是指过度之人欲,是指不符合天理之人欲。那么何为天理? 天理乃是指天道,中国文化讲求人道要符合天道,要天人合一。人道是指人间之事,故曰人事;人欲亦是人间之事,所以人欲要符合天理;法律也是人间之事,自然也要符合天道。

"各从其欲"是百乱之源,所以如果要建设一个理想的社会,"禁欲"是

---

① (清)陈立撰,吴则虞点校:《白虎通疏证》卷八《三教》,第382页。
② 同上。
③ 同上书,第368页。
④ 同上书,第369页。
⑤ (清)苏舆撰,钟哲点校:《春秋繁露义证》卷第八《度制第二十七》,第231页。

必须的,不"禁欲"无以有理性中和之风俗,无以有贫富相对均衡之社会。这个相对均衡的社会在中国古代是"朝廷在位,乡党有序,则民有所让而不敢争,所以一也"。① 从教化的角度看,则是"圣人不禁民之争,而教之以让,则民俗自美"。② 在社会生产、生活中,争是必然存在的,法律的意义正是在于"定分止争";教化的意义则在于"教之以让"。这些都是针对民间而言,针对民风、社风而言。

法俗者,在于治世。治世之道,又在于有良善之风俗。风俗之形式,又生于人之欲望。俗者,欲也。风俗者,如对待生寿死葬、行止食色,其俗其礼依时依种落虽各不相同,但皆生发于社会中人的欲望,而人的欲望,若无度制可循,无所节制,必生冲突,必为世风民俗之乱源。因此,度制、法律之价值首在防止"各从其欲"而导致的法俗混乱、欲望无极、贫富悬殊。从贫富差距的角度,董仲舒曾论及法俗与社会治理的关系,他认为贫富差距过大,会导致法俗的混乱而戾气横生,今之所谓社风、民风即是此法俗之谓,"今世弃其度制,而各从其欲,欲无所穷,而俗得自恣,其势无极"。③ 在《春秋繁露》中,董仲舒认为社会有"易治"和"难治"之别。何为"易治"?董氏云:

> 圣者则于众人之情,见乱之所从生。故其制人道而差上下也,使富者足以示贵而不至于骄,贫者足以养生而不至于忧。以此为度而调均之,是以财不匮而上下相安,故易治也。④

何谓"难治"?董氏又云:

> 今世弃其度制,而各从其欲。欲无所穷,而俗得自恣,其势无极。大人病不足于上,而小民赢瘠于下,则富者愈贪利而不肯为义,贫者日

---

① (清)苏舆撰,钟哲点校:《春秋繁露义证》卷第八《度制第二十七》,第231页。
② 同上书,第231页。
③ 同上书,第228页。
④ 同上。

犯禁而不可得止，是世之所以难治也。①

　　在董仲舒看来，"易治"的社会不是"消除"贫富差距，贫富差距自古以来都是难以"消除"的，圣者所能做的只是"调均之"，做到富而不骄，贫而不忧，古之所谓"均贫富"实是此意。

　　与此相应，中国古代一直有"成均"的思想，甚至中国古代的学问也是以"成均"为目的，大学有成均之教，法律有成均之法。《周礼·春官·大司乐》中有"成均之法"，汉董仲舒认为"成均"是五帝之学，是古老的政治传统。唐高宗曾改国学为"成均监"，南朝宋颜延之《宋武帝谥议》中有对"成均"的解释："国训成均之学，家沾抚辜之仁。"认为国当有"成均"之学，家当有抚辜之仁。董仲舒之贫富论实际上就是成均论，"成均"需要节欲，要防止"各从其欲"。如此，"成均之法""成均之教"皆是节欲之法俗，这与上述"俗"有"中和之风"是一致的。

　　在儒家看来，中国先秦的土地制度体现了"成均"要求。先秦的井田、爵禄之制是西周以来的基本制度，是为了"限等差"而设。② 如同"礼有差等"一样，"限等差"在古代被看作是公与私、贫与富之间的"上下相安"之道。古之设井田采邑，"以赡身家"，同养公田，"公事毕，然后敢治私事"，公私兼顾，使民人生活有了基本经济保障；古之设制爵服用，"以限差等"，"苟无其禄，不敢用其财"，③目的是使富贵者不可妄取财富，避免贫富差距过大。故《孟子·藤文公上》有云：

　　　　夫仁政必自经界始。经界不正，井地不均，谷禄不平。是故暴君污吏，必慢其经界。经界既正，分田制禄，可坐而定也。……无君子莫治野人，无野人莫养君子。请野九一而助，国中什一使自赋。卿以下必有圭田，圭田五十亩，余夫二十五亩。死徙无出乡，乡田同井，出入相友，守望相助，疾病相扶持，则百姓亲睦。方里而井，井九百亩，其中

① （清）苏舆撰，钟哲点校：《春秋繁露义证》卷第八《度制第二十七》，第228—229页。
② 同上书，第228页。
③ 同上。

为公田,八家皆私百亩,同养公田。公事毕,然后敢治私事,所以别野人也。此其大略也。若夫润泽之,则在君与子矣。

因此,实行井田、爵禄之制,其目的同样是为了防止因"各从其欲"而导致"俗得自恣",进而社会"其势无极",走向极端化,成为"难治"之社会,这就是儒家在政治上一直主张的节欲思想,也是儒家区分善俗与恶俗的标准。董仲舒在《春秋繁露》中的相关论述,实际上阐明了国家法律应当具备"成均"的功能,体现了古代儒家治世的"有限政府"原则,此类似于西方法律政治学上所说的法治原则。

在"欲""俗""法"的关系中,儒家所说的"法俗"在义理上体现了它的"中道"思想,体现了儒家关于世界的中和哲学,体现了儒家的政治德性,也体现了儒家的法律德性。以此推之,儒家认为法律应该是针对侈、淫、无禁、无度、从欲这些概念而制定的,法律给人们提供的应当是一种不使其"自恣其欲"、不使"其势无极"的限制性生活。故孔子认为饮食有量、衣服有节、宫室有度、畜聚有数、车器有限,是防乱之源:"中人之情,有余则侈,不足则俭,无禁则淫,无度则失,从欲则败。饮食有量,衣服有节,宫室有度,畜聚有数,车器有限,以防乱之源也。故夫度量不可不明也,善言不可不听也。"[1]又云:"君子不尽利以遗民。"[2]"故君子仕则不稼,田则不渔,食时不力珍。"[3]这仍是说君子之道,于利欲之上有节制,而且不与民争利,认为这是"天理":"故已有大者,不得小者,天数也。……故明圣者象天所为,为制度,使诸有大奉禄亦皆不得兼小利,与民争利业,乃天理也。"[4]"大富则骄,大贫则忧。忧则为盗,骄则为暴,此众人之情也。……圣人不禁民之争,而教之以让,则民俗自美。"[5]

凡此皆是儒家所说的"富而不骄"的中和之义。儒家也知道要使人没有过分的欲望,要让人与人之间没有竞争这是不可能的事情,因贫富之间

---

① (清)苏舆撰,钟哲点校:《春秋繁露义证》卷第八《度制第二十七》,第228页。
② 同上书,第229页。
③ 同上。
④ 同上书,第230页。
⑤ 同上书,第231页。

的差异而产生的或骄或忧、或盗或暴,这些都是"众人之情",是人之常俗、常情。因此,董仲舒说"圣人不禁民之争,而教之以让",圣人立法,化正风俗,其宗旨是依人欲而化之。从理论上讲,既然禁民之争是不可能的,那么作为制度的设计者就应当一方面通过各种制度设计,使社会不致于出现大富大贫的局面;另一方面通过社会教化而"教之以让",形成"互让",而不是一味"互争"的社会价值取向。从这个意义上讲,儒家在理论上已经为我们提供了关于什么才是良俗和善法的基本标准。

三、道与俗：化俗求道

道与俗　"道"包含了儒家所追求的关于人事生活的所有理想,《论语·八佾》有:"二三子何患于丧乎？天下之无道也久矣,天将以夫子为木铎。"又有《论语·公冶长》:"子曰：'道不行,乘桴浮于海。从我者,其由与？'"道分为天道、地道、人道,这种对道的划分由来已久,更不应该被认为是始于孔子。从起源上看,儒家之道当起自伏羲这一文化始祖。

中国人一直用"道"去解释天象和人事的合理性,道所表现出的理,是中国人关于人事合法性的准据。上古道、礼、刑在其原生之际都只是体现为一种民俗,形式上都可以用"俗"去概括。因此要了解道、礼、刑的历史,就需要先研究中国人最早的俗。可以这样说,以"道"为中心,"俗"既是中国法律文化在逻辑上的形式起点,又是中国法律文化的逻辑终点,而所谓的礼、刑不过是"俗"在形式上的逻辑展开。在上古中华多民族的视野下,上古华族之"道"最初不过是一个"族俗"的概念。由于这个"族俗"(道)解释了自然和人的关系,并内涵了一套天地阴阳、五云六气、五常中和的理论,所以很早就具有了世界观和人生观的高度。从大的概念来讲,天、地是这个"族俗"发生和运行的场域;从华族所处的地理范围来讲,中国就是这个"族俗"发生的场域。

如前面我们对"风俗"的解读,中国这个"族俗"具有化合的特点,有"中和之风"和"五常之性",中和、五常本是华族之道的内涵,也是其对良俗的要求和规定。正是因为有了这一规定性才有了法俗的概念,因此"法俗"概念体现了"道"对于"俗"的意义,是"道"在"俗"中的显现。而"道"之于"俗"实现的途径是通过"化俗"。

"化"的理论:二五之说　关于"人生天地之间"的论说。凡世有太极而有阴阳,是谓"二";有阴阳而有五行,是谓"五"。而五行具太极,因此二与五妙合而人物生,人因天地而生,秀而灵,有形有神,有性有情。

> 精气凝而为形,魂魄交而为神,五常具而为性,感于物而为情,措诸用而为事。物之生也,虽偏且塞,而亦莫非太极二五之所为,此道原之出于天者然也。圣人者又得秀之秀而最灵者焉。于是继天立极而得道统之传,故能参天地、赞化育而统理人伦,使人各遂其生,各全其性者。其所以发明道统以示天下后世者,皆可考也。[①]

无极而太极,太极而阴阳,阳阳而五行,一切都不过是"二五"之变化而成。然太极之道,不在阴,亦不在阳,而在"中","中"才合符太极,才是道的本义。历史上,尧之道在于"中"。尧命舜曰:"允执厥中。"舜之命禹曰:"人心惟危,道心惟微,惟精惟一,允执厥中。""中者,无所偏倚,措之事而无过不及,则合乎太极矣!此尧之得于天者。"[②]太极之道,是在阴阳二分之间求平衡,故太极之道就是中间平衡之道,合乎这个"中"就是合乎太极。为此,先秦儒家政法思想中贯穿了中庸政治或中道政治的理念,这也就是儒家讲的道统,即可以理解为中道之统。儒家关于"中道"的历史证成,恰如清人张伯行之论"道统之传",这是说尧之得于天道,是因为尧奉行中道政治,合乎太极。

由于舜得尧奉行中道政治之命,所以舜得以统于尧。禹得舜"允执厥中"之命,舜命禹曰:"人心惟危,道心惟微,惟精惟一,允执厥中。"故禹又统于舜。成汤曰:"以义制事,以礼制心。"这又是得尧之言"中"、舜之言"精一",由此而制心以礼,制事以义,这就是儒家所谓的"道心","道心"常存,而中可以执矣!此汤之所以统于禹。文王曰:"不显亦临,

---

① (清)张伯行撰:《道统录》,第4页。
② 同上书,第4—5页。

无射亦保。"这是遵循了汤之"以礼制心"，又曰："不闻亦式，不谏亦人。"这是汤之"以义制事"，这是周文王之所以统于汤。武王曰："敬胜怠者吉，义胜欲。"周公亦曰"敬天保民"，曰"敬"，曰"义"，这是指"制心""制事"，此武王、周公之得统于文王。孔子言博文约礼，克己复礼，格物致知，修身齐家治国平天下，无非也是制心、制事而致中和的意思，此孔子得统于周公。颜子得于孔子之博文约礼、克己复礼，曾子得之为大学之教，亲受道统之传；子思先之以戒惧谨独，次之以知仁勇，而终之以诚，得曾子之传；孟子则先之以求放心，次之以集义，终之以扩充，此孟子得统于子思；周子以诚为本，以欲为戒，得孔孟不传之绪者；二程言涵养须用敬，进学则在致知，为四箴以著克己复礼之义，此二程得统于周子；朱子之《四书》尤以《大学》为入道之序，内圣外王，此皆制心制事之传也。由以上观之，这一圣贤相传之儒家道统谱系，其核心义理仍在于一个"中"字。

由于儒家着重于人道，故儒家关注制心制事，所以儒家的义理就是从人心开始的。然而"人心惟危"，"道心惟微"，又何以使人皆能秉持道心呢？所谓"精惟一"，"一"者，无也，无极也，无极而太极。太极者，有阴阳之分也，有阴阳之分则有阴阳之道，"一阴一阳，谓之道"。阴阳之道在于"中"，求阴阳两极之中和，阴阳之中和又使得阴阳归于"一"，故"一"又与"道""中"同义。"中"是万事之"本"，"中"就是二（阴阳）五（五行）变化之中和之道。由于"中"与"一""道"同义，因此"一"是"道"的代名词。在中国的道法哲学中，"道"是大法，是一切规则之母，二者都被表述成"一"，"一"代表的是大道，也就是大法，这个大法是万法的准据，就是"允执厥中"的"中"，就是"一"。

在中国法的精神世界中，人们认为依此大法可以成万法。中国古代有大法与万法之说，大法与万法的关系是本与末的关系，故《文子·微明》："见本而知末，执一而应万，谓之术。"《吕氏春秋·有度》："先王不能尽知，执一而万治。"战国《鹖冠子·度一》："守一而制万物者，法也。"由此，"法"有本末，有大法（道）和万法（法律只是其中之一）之分，"守一"就是守阴阳合一之道，就是守大法，所谓的"万法"不过是依此变化而成。在中国古代法理学中,"化"是一个十分重要的概念,是中国人处事的原则和智慧,是一种人间哲学,而"化"的哲学理论则来自"二五之说","化"从一开始就有守大法而化万法之义。所谓的"化",就是《鹖冠子·度一》说的"守一而制万物",这个"一"有不阴不阳、无偏无私的中道内涵,这个"中"就是万物之道,是万法之准则,是万法之法。

"化俗"的手段是通过教(礼、刑)来实现的,教的基本内容是道、理、法,这就是后来所谓的"道统政治"的基本内容。自"孔学"之后形成的"道学",其任务在于将"道"的实践理论化,这一任务最早是由孔子来承担的。孔子总结了历代先王在"道"上的实践,尤其是周公制礼以来的实践,编撰"六艺"成儒家千年道学之基,至汉武表彰孔子"六艺"之后,经学鼎盛,阐幽发微,遂成"六经","六经"之成即可谓是道统、道学之成。由于道统、道学之成,遂为道之于俗的实现提供了系统理论。

从理论上讲,道统既是一个神学(天道)概念,也是一个学术(道学)概念;是一个政治(正统)概念,也是一个法律(儒法)概念。这些合为一体,形成了中国古代的"道统政治"。宋儒在学术上称"道统",但"道统政治"至少在西周已有实践,因此中国古代政治所循之治道,是道学与治法的一统,是礼乐与政刑的一统。因循此理,礼乐政刑都当是道学的体现,只有道学才能为礼乐政刑提供学术正名。故而其治法形成的路径是由道法而礼乐政刑,从而成就德主刑辅之治法。由于德主刑辅的实质是道法在礼乐政刑之上,因此儒家治法的终极首先在于求道。

既然儒家治法首先在于求道,因此那些被"道"规范了的礼乐政刑都可称之为法俗。从民族学的角度讲,礼乐政刑本质上也都是俗,都是由特定环境形成的俗。儒家的礼乐政刑概念是从天、地、人的关系讲起的,儒家讲"礼乐政刑四达而不悖",[①]将礼乐看作是一种教化,而不仅仅是娱乐,认为教化是从自然人向社会人转变的方式,或者说是从禽兽向人转变的一种手段。礼乐是对人之"常情"的风化,政刑是对"常情"的规化,这些都是一个化俗的过程。"人函天地阴阳之气,有喜怒哀乐之情","人性有男女之

---

① 《汉书》卷二二《礼乐志第二》,第 881 页。

情,妒忌之别","有哀死思远之情","有尊尊敬上之心",①如此等等。然"天禀其性而不能节,圣人能为之节而不能绝也,故象天地而制礼乐,所以通神明,立人伦,正情性,节万事者也",如此"礼节民心,乐和民声,政以行之,刑以防之。礼乐政刑四达而不悖,则王道备矣"。②

从礼乐至于政刑,针对的是从人性(喜怒哀乐)至于社会(纲常伦理),礼乐政刑皆由人之"常欲""常情"而起。在儒家看来,它们是需要服从于"常道"(曰仁、义、礼、智、信,或曰君义、母慈、兄友、弟恭、夫义妇随)的,"常道"被中国人认为是维护社会良性存继的基本之道,是人类的普世价值,因此礼乐政刑的目的不是要一味维护某一王朝政权,而是要达成维护社会揖让、止争、中和、存继的目的。所以《汉书·礼乐志》云:"乐以治内而为同,礼以修外而为异;同则和亲,异者畏敬;和亲则无怨,畏敬则不争。揖让而天下治者,礼乐之谓也。二者并行,合为一体。"③礼乐中包含了"道",礼乐是实现"内圣"这个"道"的手段,相对于政刑而言,礼乐合治才是儒家治道的精髓所在。而礼乐合治是通过学习"六艺"实现的,"六艺"是以教化为目的的,教化则不在于求"真",而在于使人达到化于"中和"的内圣境界。

真与善:化俗的目标　先秦时期,与对自然"求真"相关的问题,除了天文数算就是鬼神。在先秦百家之中,阴阳家是最关注天文数算这类客观事物的,但这既不是道家也不是儒家感兴趣的事。阴阳家与道家都讲阴阳,二者的理论来源都与上古道法有直接的渊源关系,然二者出身不同,任务自然也就不同。阴阳家出身于羲和之官,其特点是舍人事而任鬼神,《汉书·艺文志》言阴阳家重在关注历象日月星辰,本是出自上古天文官传统,是上古天文学的继承者:"阴阳家者流,盖出于羲和之官,敬顺昊天,历象日月星辰,敬授民时,此其所长也。及拘者为之,则牵于禁忌,泥于小数,舍人事而任鬼神。"④说阴阳家舍人事而任鬼神,不过是说阴阳家继承的是被神

① 《汉书》卷二二《礼乐志第二》,第881页。
② 同上。
③ 同上书,第882页。
④ 《汉书》卷三〇《艺文志第十》,第1371页。

秘化了的上古天文学,或者说阴阳家是上古天文学的异种。而道家则是出于史官,关心古今人事的存亡祸福之道:"道家者流,盖出于史官,历记成败存亡祸福古今之道,然后知秉要执本,清虚以自守,卑弱以自持,此君人南面之术也。合于尧之克攘,《易》之嗛嗛,一谦而四益,此其所长也。及放者为之,则欲绝去礼学,兼弃仁义,曰独任清虚可以为治。"[①]可见,道家虽然也以阴阳立论,但道家关注的对象是人类历史的兴衰及其祸福之道。

儒家不仅对阴阳家关注的天文数算和鬼神的"真"缺乏兴趣,而且对历史人事的"真"也不甚在意,因此即使是关于历史的"真",也不是儒家执着的事情。儒家的道法政治在根本上是"道"和"德"的政治,渴求天命的惠顾(天意),但并不去研究"天"是什么;执着于社会(仁义)的整合,但并不在意历史的真实性。孔子删《诗》和《春秋》的笔法表明,儒家追求的是社会的合目的性,而不是历史的真实性。人事的历史从未停止过罪恶,但以教化为治道的儒者总是要以"至善"为目的。在充满罪恶的人事中,"抑恶扬善"才是心怀仁义的儒者可以选择的治道。孔子基于教化的考量而有选择性的著史笔法影响了后世史家,司马迁的《史记》和中国的官史都使用这样的笔法,唐中宗景龙年间吴兢撰《贞观政要》,意在"随事载录,用备劝戒",[②]但也是"择善而行,引而伸之,触类而长",[③]有隐恶扬善之意。如此,"考虑社会影响"渐成中国人习惯性的治世思维。

"隐恶扬善"或"抑恶扬善"是出于儒家教化的需要,"考虑社会影响"正是为社会养成谦谦君子而"天下化成"的需要,如《荀子·君道篇第十二》载:"法者,治之端也。君子者,法之原也。故有君子则法虽省,足以遍矣;无君子则法虽俱,失先后之施,不能应事之变,足以乱矣。"因此,法律作为讲求事实和逻辑的形式理性,其内在对"真"的追求,并不完全等于儒家治道的合目的性,所以在儒家看来法律追求的"真"只能是辅助性的。

恰如孔子之《春秋》,其文"笔则笔,削则削"(《史记·孔子世家》),定

---

① 《汉书》卷三〇《艺文志第十》,第1370页。
② (唐)吴兢撰:《贞观政要·上贞观政要表》,贵州人民出版社1991年版。
③ 同上。

名分，制法度，以息邪说，以禁暴行，劝恶扬善，同时褒华夏而疏夷狄。这意味着《春秋》是以道德论史，而不是一味以"真"记史。在孔子看来，历史应该为道德服务，所以历史的真实性不是绝对的，也不是最重要的。对孔子而言，"历史"的真正意义在于能够为后世提供是与非、善与恶的道德标准，良好的法律就应当是产生于这样的道德标准之上，产生于这样的"历史"评判之上，这些标准本身就应当是制定法律的准据。因此，从这个意义上讲《春秋》也是一本法理学著作，是儒家法理的历史学阐释，可以看作是儒家法理学的原著。同样，《诗经》也可以被看作是儒家法理学的美学阐释，同《春秋》这样的"历史"一样，文学、音乐来自生活，虽然《诗》所抒发、记录的是客观存在，但这种客观上的"真"同样不是最重要的，文学、音乐同样要为确立社会道德服务，所以孔子才会删诗、删乐，除其俚俗而成雅颂。在孔子看来，"历史"和"生活"的真实性不能等同于真理，简单地记录它们并不是人类文明的价值所在。人类文明的价值在于守护文明本身，正如法学的价值在于守护正义本身一样，去恶扬善才应该是人类传承"历史"和"生活"的目的，而维护善与恶的标准才是守护了"真理"。这个"真理"在儒家看来就是自上古以来就形成了的"常道"，它早已超越了"历史"和"生活"本身，这就是中国人的"道"思维，是中国人的法理学。

　　同样，儒家的"化俗而治"在于求善，而不以"求真"为目的，这导致了把法律视为"求真"科学的今人对中国古代"法律"一词的困惑。关于法律制度，儒家或曰华制，或曰礼制，或曰法俗，"法俗"的概念应该高于"礼"的概念，至少比它的外延更广泛。法俗有中国之法俗和夷狄之法俗，而"礼"则独以中国之法俗称之，中国古籍不常言法律，凡称"法"者多有言"法俗"，如《后汉书·东夷传》："其地大较在会稽东冶之东，与朱崖、儋耳相类，故其法俗多同。"又如《后汉书·东夷传·濊》："耆旧自谓与句骊同种，言语、法俗大抵相类。"还如《晋书·江统传》："《春秋》之义，内诸夏而外夷狄，以其言语不通，贽币不同，法俗诡异，种类乖殊。"再如南朝梁宝唱《序》："大弘经教，并利法俗，广延博古，旁采遗文。"近世人等皆倡西法，以法律论法，不复以"法俗"言之。

四、道、礼、俗：法俗的内涵

道与礼　中国古代的道与礼具有同一的性质,礼可以看作是维护道的一套秩序,又可以看作是道的表现形式,甚至还可以看作是"道"的内容。

在上古时期,礼应该是被解释成人们认识道的一种方式。礼的出现最早是因为人们用"璇玑玉衡"作为工具来观测星象,关于"璇玑玉衡"的用途和材料,如孔安国说是"正天之器,可以运转",又如郑玄说是"运动为玑,持正为衡,以玉为之,视其行度"。在古汉语中"璇玑玉衡"这四个字本都是玉的意思,《尚书·尧典》中说"在璇玑玉衡,以齐七政",意思是指用玉器制作的"璇玑玉衡"来观测星象,根据星象(天道)运行规律而"视其行度",从而指导各种公共政治活动。"礼"最早就是用玉来祭祀的意思,"禮"字的结构是左祀右丰,郭沫若解释这个"丰"字:"是在一个器皿里面盛两串玉具以奉事神,《盘庚篇》里面所说的'具乃贝玉'就是这个意思。"[1]王国维释礼,亦直接说"盛玉以奉神人之器谓之若丰"。[2]联系前段文字可知,中国古代的祭祀最早应该是祭祀天,儒家的礼乐亦都是为了"事神",而所谓"事神"就是祭祀天。但是中国古代所谓的"敬天""尚天""祭天",其源头均来自"观天",中国人的祭天最早应该是源于对天象(天道)的观测。因此,"礼"字和"道"字从一开始就密不可分。

从古代道法学的理论上来讲,礼与道的这种关系说明《乐记·乐本》中合称的"礼乐政刑",最早都应当是用于"事神"的。礼乐本是用以规范祭祀的形式,先有礼乐后有政刑,政刑是对礼乐的补充,礼乐当是政刑之始,所以西周时才有"出礼入刑"之说。而所谓的"事神",自始至终就是指尊崇天道的意思。中国古代讲的礼乐政刑都只是人道,天之道决定地之道,天地之道又决定了人之道。在中国人看来,若无天道永恒的循环往复,就无地上春夏秋冬的四季变换;没有春夏秋冬的四季循环变换,就没有地上万物的生死繁衍。故人类当以天法为始尊,而不是以人法为始尊,世间诸法只有能沟通天、地、人,方使得人道具有王道的性质。在儒家看来,礼

---

①　郭沫若:《十批判书·孔墨的批判》,人民出版社 1954 年版,第 82—83 页。

②　王国维:《观堂集林》卷六《艺林六·释礼》,第 177 页。

乐政刑合于王道就合于仁，故《乐记·乐本》曰："礼乐政刑，四达而不悖，则王道备矣。"

"道"被孔子更多地解释成为仁，孔子从表和里的关系来看道和礼，认为礼是表，而仁才是里。在孔子看来，礼乐不过是仁的外部表现形式，没有仁心的礼乐就不是真正的礼乐，因此孔子说："人而不仁，如礼何？人而不仁，如乐何？"①老子不仅从表里关系，而且还从历史顺序上来看道与礼的关系，这也符合道与礼发生的历史顺序。历史上中国人是先有观天地之道，后才有用于祭天地之礼。老子说失道而后有礼，认为包括法律在内的所有规则都是失道之后的产物。"礼"是表而非实，人无忠信而后需要有礼，人无道德而后才需要有法。在老子看来，礼法皆是社会失道后的产物，故《老子》云："上德不德，是以有德；下德不失德，是以无德。上德无为而无以为，上仁为之而无以为，上义为之而有以为，上礼为之而莫之应，则攘臂而扔之。故失道而后德，失德而后仁，失仁而后义，失义而后礼。夫礼者，忠信之薄而乱之首。"②

由此，道—德—仁—义—礼，形成了人间秩序堕落和救赎的等级。老子为人们勾画出了一幅人间秩序优劣图，居最高者为"道"，居最低者为"礼"。这里老子还没有谈及"刑"（法律），作为周朝官吏老子本应谈到"出礼入刑"之类的话，但在老子的人间秩序等级图中，"礼"已经是失道社会的最低秩序范式了。至于所谓的"刑"的社会，即今日所谓的"法治社会"，在老子眼中已经不是"失道"，可能已经是"无道"的世界了。故此，老子所云者，道法之学；孔子所论者，礼法之义。老子避世是因为他要囿守道法之本，老子多以道而观礼法；孔子入世，以求解失道之乱，故孔子多以礼法求道。此二人所持治道境界不同，然皆是以"道"为根本去解释人类的生活秩序，只是所论所求的"道"的层次不同罢了。

"礼有等差"是一种秩序，具有两种主要的属性：一是礼的政阶性，二是礼的道德性。礼既是一种政治秩序，又是一种道德秩序，无论是政

---

① 《论语·八佾篇》。
② 《老子》第三十八章。

阶性还是道德性,在老子看来这都是"大道伪"的表现。老子向往的世界是"道"之阴阳未分的世界,这个世界无所谓秩序也就无所谓"礼"。孔子向往的世界是"道"之阴阳有分的世界,这个世界有阴阳矛盾,需要有"礼"这样的秩序。因此,老子追求的是"皇治",皇治无为,是无为而治;孔子追求的是"帝治"和"王治",孔子说的"祖述尧舜,宪章文武",就是虽有为而少为之,在儒家看来这正是帝王之道,需要有"礼"这种形式的本源秩序。

这种本源秩序既是一种政治等级秩序,又是一种道德秩序。孔子将礼与君子联系在一起,赋予礼这种等级秩序以"仁"的道德内涵。君子是相对于小人而言,君子是指贵族和有地位的人,小人是指奴隶和地位低下的人,君子和小人的区别本是等级地位之间的差异,而当孔子把这种差异放在"仁"的天秤上进行衡量时,君子与小人的差异就成了道德上的差别,"礼有等差"和它表达的"亲亲尊尊"的含义就发生了质的变化,如此"礼"也就更接近"道"的本质,礼、仁、君子也因此有了超越等级、阶级、族类的性质,这为后来中国贵族的消失创造了理论条件。

相对于周朝的礼法论而言,这是孔子在礼法思想上的重要理论创新。从以世袭爵禄(阶级)为基础来论礼和君子,到以道为标准来界定礼和君子,孔子已经超越了"周公制礼"以来的礼法观,而且重新阐释了以"君子"为核心概念的道德观,这就是为什么中国古代一直没有出现"阶级"概念的原因,也是为什么后来会出现科举制的理由。中国古代科举制的一个重要功能是引导功能,引导和提升社会的道德水平。因此,自孔子之后的儒家思想中,礼作为一种形式虽然仍然有差等,但实际上已经有了敬、仁、德这样的"道"的内涵;"君子"作为一种身份原本是为人父者之通称,但实际上已经成为道德之称。既然礼的内涵发生了如此的变化,那么礼的功用亦有了新的意义,经过孔子对礼的重新解释,礼不再仅是用于区分人的社会、政治等级,而且有了在"道"的意义上的规范作用。

孔子常用"德""仁"的概念,孔子讲的"德"和"仁"都是人道的范畴。与"道"的抽象性、神秘性不同,"德"和"仁"是指人的具体行为。经过孔子因事而议的例举式解释,从君王以至于庶人,孔子对"德"和"仁"的解释,使人道的内容更为具体。在孔子看来，他所阐释的德和仁是"志于道"的，"道"与"德"是一对互相依存的概念，《论语·述而》："志于道，据于德，依于仁，游于艺。"《论语 子张》曰："执德不弘，信道不笃，焉能为有？焉能为亡？"一个人的"德"是他遵循"道"的潜在性。

中国人讲的"德"，在德治与法治之间形成了一个礼俗世界。仅从时间上看，中国人的"礼"应该远远早于"刑"的出现，中国的礼治应该早于刑治。按学术界的共识，夏商周时期就有"五刑"（墨、劓、宫、剕、大辟），上古即有蚩尤苗人之"五刑"（刖、劓、琢、黥等），一般认为前者来自后者，五刑制度至今仍然是中国法科学生法律史教科书的主线内容。但依孔子所说，中国夏商周时期都有礼，《论语·八佾》："夏礼吾能言之，杞不足征也；殷礼吾能言之，宋不足征也。文献不足故也，足则吾能征之矣。"周之礼自不待言，其内容已经十分丰富。依孔子所言，夏商之时，礼已经属于王朝制度，而且按孔子的口气，夏商的礼制已经并不简单了。中国古代的礼和德是表里关系，礼和德应该是相伴而生的。礼作为形式，德为其内容，德在儒家的观念中往往是道的代名词，但德、礼都不过只是道在现实中的形式而已，道在逻辑上是礼和德的原因。

礼与俗：作为节欲的"法俗"　　与许多文化不同，中国人讲"俗"更多的是在欲望和规范之间来讲的。如前所述，"俗"在中国文化中其本义是人的欲望，凡能够节制人的欲望的，自然只能是社会化的规范，而古人讲的"法俗"则正有节制欲望之义。在中国人的法观念中，法律是一个广义的概念，礼和俗都具有约束欲望的性质，因此中国人常常将礼乐政刑都看作是法，这使得中国法具有很强的风土或风俗性，用今天的话来说就是具有很强的社会性。

"风土"在中国古代的理论体系中被解释成阴阳五行，所谓的"风"，是阴阳变化的结果，是具体的阴和阳。道（一阴一阳）是中国文化的原概念，而阴阳和五行是中国文化的两个原生话语，早期的中国人用这两个概念来解释他们所有的自然秩序和社会秩序。作为自然秩序，阴阳和五行是对包括人在内的所有自然属性的概括，同对道的解释一样，阴阳和五行的属性特点在于它们具有天然的活性，阴阳是两种属性之间的变化不居，五行是指五种元素的流行,这是一种典型的"物活论",故而中国古人将这种理论称为"易"。因此,在研究自然规则时,中国人习惯关注人和事物的流动变化,即所谓的"品物流形",具体来说,习惯于关注风、土、气这些有变化特点的概念,中国法俗的形成也就是从这些概念开始的。

自然物是以自在的状态存在的,而人则具有自为的特点,这是人与自然物的差异所在。"俗"字其左边是人,右边是谷,是指人的欲望,是针对人对于物的自为活动而出现的语词。而在"俗"字前加一个"风"字,则是固化了人与物的内在活性联系,因此中国古代风与俗是不分的。风又与自然的土、气联系在一起,是所谓的"风气"。对"风"的解释,汉班固《汉书·地理志下》云:"凡民函五常之性,而其刚柔缓急,音声不同,系水土之风气,故谓之风。"①中国人认为包含了人欲的"俗"来自于"风",风土决定了自然物和人的气性,风土涵阴阳五行之性,不同的风土其"品物流形"不同,故其人欲之气性不同。中国人将人看作是自然的一部分,人类终其极不过是自然的产物,中国人向来有父天母地的观念,喜欢将人的才能、气质、品性与自然联系在一起,故有所谓"人杰地灵"之说,进而形成了只有"中土"才出圣人之说,如刘安云:"衍气多仁,陵气多贪,轻土多利,重土多迟,清水音小,浊水音大,湍水人轻,迟水人重,中土多圣人。皆象其气,皆应其类。"②这些人的才能、气质、品性构成了特定自然环境下的"俗"。除了与土、气相联外,风更常与俗联系在一起来说。风与土都是指自然环境,是一种具有客观性的自然秩序,而气和俗则是指"好恶取舍、动静亡常",是一种因风土而成的社会性的气性、欲望。它因风土而成,是风土自然之性化育人的结果,故谓之风俗。风俗的形成对于社会的发展至关重要,如斯宾诺莎说:"只是因为获得这两样东西:制度和习俗,才使得每个民族获得了他自己的特殊的品格,他自己的存在方式和他自己的观念。"③

从普遍意义上讲,制度和习俗都是人类早期的法律形式,二者形式上的分合关系十分复杂,在不同地域的社会中往往表现出不同的分合形式,

---

① 《汉书》卷二八下《地理志下》,第 1640 页。
② 刘文典撰,冯逸、乔华点校:《淮南鸿烈集解·坠形训》,中华书局 1989 年版,第 141 页。
③ 〔荷兰〕斯宾诺莎著,温锡增译:《神学政治论》,商务印书馆 1996 年版,第 245—246 页。

形成了不同的法文化范式，中国古代的礼、刑、法、律、俗这些概念正是其制度和习俗之间分合变化的产物。礼源于祭祀之俗而成为礼俗，刑因异族之俗而成为法律。其法规则或俗或礼、或俗或法、或法或律、或社会或国家，彼此互为渊源，难以割舍，故而礼乐政刑、理情法至始至终不得分离。因此中国古代礼乐是法，政刑也是法，天理、人情、国律皆是法，这些都源于其制度与古老习俗之间的分合变化，因此用古人所说的"法俗"一词来概括中国古代的法律是至为恰当的，比"礼法"一词更能够表达出中国古代法律规范的风俗性特点。

我们说过中国古代关于"规范"的汉字很多，如此丰富的用字，与其说是其法律形式的多样性，不如说是缺乏对"法律"这一概念的形式逻辑界定。科学是形式逻辑的产物，或许在中国人的观念中，法律从来就没有被看作是一种"法律科学"。从晋朝至于清朝，所谓的律学并未如西方那样被作为科学来看待，今天被视为科学的法律概念，不仅要求在立法上要有十分严格的表述，而且在司法适用上也要排斥律文概念以外的用语。而在中国古代，发源于社会生活的俗语可以用于法律领域，儒家的道德语言也同样可以用于法律领域。晋代以来由于张、杜律学的出现，虽然在立法上也创造了专门的法律用语，有了《唐律》这样发达的律典，并形成了从《法经》以至于《大清律例》的成熟律典系统，但不仅在立法上这些律典中有许多道德概念，而且在司法上也从来不严格遵从律典。这与我们今天的法律思维在根本上是不同的，尤其是在司法上，儒家奉行的是天理、人情、国法三位一体，天理是常教（礼），人情是社会（俗），国法是国家（律），礼、俗、律都一并适用于司法，其律典之治中包含了许多道德、风俗的成分，其对律例的解释自然也可能有道德褒贬，或受到土俗的影响，法官的判决也容易被这些俚语创造出的语境所左右。

表示"规范"的汉字的丰富性正说明了中国古代对"法律"的理解是广义的，同时也体现了上古以来中国人对"治道"的理解。中国人对"治道"的理解更多的是礼俗这种自然形式，礼俗本身只具有社会惯习的性质，而无所谓成为一种"科学"。儒家的法律德性本就体现为以"常道"为标准，以构建良俗社会为目的，这种法律德性在形式上尤其体现为一个"俗"字。

建立在"俗"字之上的社会关系本就具有极强的风土属性,由于西方法学认为法律关系本身并不完全等同于社会关系,所以儒家这种以构建"社会良俗"为目的的风土性司法不具有"法律科学"的性质。在儒家典籍史志中,凡言"俗"者,实是指儒家讲的礼乐。礼乐关乎民风、社风、政风之礼化,礼是"常道"的显现形式,故儒家讲的风俗、法俗这两个概念也都指向了礼乐。如汉贾谊《论定制度兴礼乐疏》就认为:

> 汉承秦之败俗,废礼义,捐廉耻,今其甚者杀父兄,盗者取庙器,而大臣特以簿书不报期会为故,至于风俗流溢,恬而不怪,以为是适然耳。夫移风易俗,使天下回心而乡道,类非俗吏之所能为也。①

"移风易俗"是儒家道法系统的基本内容,也是实现儒家道统政治的基本方式。"移风易俗"根本上是靠礼乐之治,而非依赖政刑之治。汉董仲舒针对西汉七十余年之治,认为"兴礼乐""行教化"才能"息狱讼",才能从根本上做到"胜残去杀":"教化已明,习俗已成,天下尝无一人之狱矣。"②"自古以来,未尝以乱济乱,大败天下如秦者也。习俗薄恶,民人抵冒。……故汉得天下以来,常欲善治,而至今不能胜残去杀者,失之当更化而不能更化也。"③认为兴礼乐教化之治才能使社会合于"常道"。而社会行为合于"常道",即是说社会已"风化成俗",不致于"法出奸生",故前者是本,后者是末。

就汉代风化实践而言,前七十余年尤"习俗薄恶,民人抵冒"。至武帝时,虽表彰六艺,独尊儒术,但也因忙于征讨四夷而"不暇留意礼文之事"。④ 可见汉武之世,汉儒并不十分满意当时社会风化的现状。应劭撰《风俗通义》,《汉书》中班固开一代研究地理志之先河,还收录了《尚书·禹贡》《周礼·职方》之部以及朱赣之《风俗》、刘向之《域分》,这些对风俗

① 《汉书》卷二二《礼乐志第二》,第883页。
② 同上书,第884页。
③ 同上。
④ 同上。

的研究，正说明他们并不认为社会风化已经达到了合乎"常道"的水平，所以才会做相应的学术准备。

中国礼乐之治大异于西法者，在于其尤重问俗说理（天理、情理），而非建构抽象思辨理论。衡量社会"风化"的水平，其标准是"常理""常道"，合于"常理"往往合于"常道"，合于"常道"则合于道学、道统，合于道学、道统则才算是沟通了天、地、人，才合于"王道"这一道统政治的标准，并具有了义理上的合法性（正统）。关于是否实行礼乐之治，秦朝时有一番争论。秦朝时出现的儒法之争，是中国上古以来道统文化面临的一次挑战，具体来说，就是关于是否"合于俗"的争论，是否合于儒道的争论。

所谓"故俗"，是指上古以来的先王礼乐，是谓"常道"也。对此，《史记·商君列传》有一段甘龙、杜挚与商鞅的争论，[1]据此可见儒、法对于"故俗"的态度。甘龙认为"圣人不易民而教，知者不变法而治。因民而教，不劳而成功"，杜挚说"法古无过，循礼无邪"，卫鞅则认为"论至德者不和于俗，成大功者不谋于众"，又云："苟可以强国，不法其故；苟可以利民，不循其礼。""治世不一道，便国不法古。故汤武不循古而王，夏殷不易礼而亡。"在这场辩论中，秦孝公以商鞅的观点为善，"卒定变法之令"。这是对中国历史悠久的先王治道的一次否定，是中国自上古以来学术治道之一大突变。秦经二世而亡后，汉代的儒家学者无疑都对商鞅"法治"给予了否定性的评价，这也是后来中国学人对"法治"一词总是有些纠结的原因，问题的根本仍在于人们经常认为的那样，若道统不立，则不足以言法。

> 孝公既用卫鞅，鞅欲变法，恐天下议己。卫鞅曰："疑行无名，疑事无功。且夫有高人之行者，固见非于世；有独知之虑者，必见敖于民。愚者暗于成事，知者见于未萌。民不可与虑始而可与乐成。论至德者不和于俗，成大功者不谋于众。是以圣人苟可以强国，不法其故；苟可以利民，不循其礼。"孝公曰："善。"甘龙曰："不然。圣人不易民而教，知者不变法而治。因民而教，不劳而成功；缘法而治者，吏习而民安

---

[1] 《史记》卷六八《商君列传》。

之。"卫鞅曰："龙之所言,世俗之言也。常人安于故俗,学者溺于所闻。以此两者居官守法可也,非所与论于法之外也。三代不同礼而王,五伯不同法而霸。智者作法,愚者制焉;贤者更礼,不肖者拘焉。"杜挚曰："利不百,不变法;功不十,不易器。法古无过,循礼无邪。"卫鞅曰："治世不一道,便国不法古。故汤武不循古而王,夏殷不易礼而亡。反古者不可非,而循礼者不足多。"孝公曰："善。"以卫鞅为左庶长,卒定变法之令。

可以说,中国古代奉行的是法俗治道,而非法律治道。在西方,法律是一门独立的科学,既然是科学就必然讲究概念的严密性、确定性和逻辑性。仅仅从立法和形式上看,中国古代的律学是具有这种科学性的,但是从司法上看则不符合韦伯所说的"形式合理"性,因此我们难以用"法律"来解释中国古代的政法治术。要认识中国古代的政法治术,关键不在于立法而是在于其法律形式和司法。从法律形式上讲,儒家之治道是合礼乐政刑为一体的治道,故仅仅用"人治"与"法治"这一对应概念来言其治道,则殊不能全其意。在中国古籍中,凡言治道,不言人治,亦不言法治,而常言法俗,要真正解释中国古代治道,应当超越人治与法治的片面。既然法俗一词为古人常用,因此可以用法俗这一概念对礼乐政刑作一概括,即法俗之"法"可以理解为"政刑",法俗之"俗"可以理解为"礼乐"。法俗者,礼乐政刑也,法俗乃是由俗而法,故在《汉书》中《礼乐志》位于《刑法志》之前。

第八章 《尚书》的道法学意义

《尚书》的义理所表达的是古之"彝伦"(常道)。从法学的角度看,《尚书》的篇目本身就是一套体系化的法律形式。作为上古之书,《尚书》的法学特点是因法律形式而言义理,很早就采用了道法合一、以宪统法的表达形式。《尚书》的形式、体系和内容都说明了它既是一部古老的法典,又是一部古老的法理学著作,还是中国古老的"道法学"在法律上的最早体现。

一、《尚书》是一部古老的法典

当前法学界开始围绕建构"中国法学的话语体系"展开研究,在"重塑中华法系"的语境下,人们开始关注传统典籍中的法理,这必然要求将中国古代法当作一种法学来看待,而不再仅仅是一种传统文化。任何一个民族的法现象都可以称为法律文化,从古至今中国疆域内存在过的任何一种"法现象",我们都可以称之为是一种法律文化。历史上中国没有现代的"民族"概念,却有不同种落的法俗表现出来的法现象,这些法现象并不能够构成体系化的法学。构建"中国法学话语体系"基本是指向历史上的中华法系,其目的更多的是希望在当代中国法学体系中融入中华传统法理的内容。古代的中国法很早就有一套成体系的法律形式,有自己系统化的法理学。这个法理学不是用"礼法学"可以概括的,而应当在"道法学"的意义上进行研究,①而中国古老的"道法学"在法律上最早体现于《尚书》。

---

① 关于"道法学"的这一概念和观点,请参考拙文《道之法意》(《中国人民大学学报》2019 年第 4 期)、《理之法意》(《兰州大学学报》2020 年第 4 期,以及《人大复印报刊资料》2021 年第 3 期)和《〈尚书〉之法性:中国古代道法学初步》(《西南民族大学学报》2022 年第 5 期,以及《人大复印报刊资料》2022 年第 8 期)。

日本学者仁井田陞在《中国法制史》中提及中国法律的法典化远早于西方时，不过只是指战国之《法经》、西汉之《九章律》而已，①这无疑大大缩短了中国出现法典的历史。与其他法系能够提供的最早的法典形式相比，中国古代有位阶性的法律形式成熟甚早，作为中国现存最早的史书，《尚书》的内容上自唐虞，下迄春秋前期，记录了公元前一千三四百年的中国历史，早在公元前即已为先秦诸子所引用。

《尚书》到底是一部什么样的书？对于研究历史的人来讲，《尚书》是一部历史书，它记载了尧舜禹夏商周的历史。对于研究文学的人来说，《尚书》是一部古文字作品，是一部需要逐字逐句解读的古汉语著作。对于研究法学的人来讲，从法律的价值层面看，《尚书》表达的则是古之"彝伦"（常道）；从其篇目反映出的法律形式来看，《尚书》已采用了道法合一、以宪统法的表达形式，它也可以被看作是一部古老的法典。

关于《尚书》的篇目，顾炎武《日知录》有云："《正义》曰：《尚书》遭秦而亡，汉初不知其篇数。"②汉代《尚书》有孔壁之传、伏生之授，因其文字古今之异，其源有古今文索本之辨，篇目、文字又有损益分合之说，此不赘言。然其义其理，皆在昭示所谓的"彝伦"，因此还可以将《尚书》看作是一部法理学著作，其法学特点是因制度而言义理。"彝伦"一词一直被解释为古之"常道"，具有历史继承性，《尚书》中所说的五行、五事、八政、五纪、皇极、三德、稽疑、庶征、五福、六极皆是表现古之"常道"的义理，故顾炎武说："彝伦者，天地人之常道，如下所谓五行、五事、八政、五纪、皇极、三德、稽疑、庶征、五福、六极，皆在其中，不止孟子之言人伦而已。能尽其性，以至能尽人之性，尽物之性，则可以赞天地之化育，而彝伦叙矣。"③

《尚书》属于儒家的六艺、六经之一，一直是儒家最重要的经典之一，在六经之中一般《诗》《书》并称，合而序其志，即汉代董仲舒《春秋繁露·玉杯》所说"《诗》《书》序其志"。所谓"志"，就《尚书》而言，在于曰义、曰仁、曰诚、曰度、曰美，故《尚书大传》言："六誓可以观义，五诰可以观仁，

---

① ［日］仁井田陞著，牟发松译：《中国法制史》，上海古籍出版社 2011 年版，第 36 页。
② （清）顾炎武撰，黄汝成集释，栾保群、吕宗力点校：《日知录集释》，第 122 页。
③ 同上书，第 91 页。

《甫刑》可以观诚，《洪范》可以观度，《禹贡》可以观事，《皋陶谟》可以观治，《尧典》可以观美。"《尚书》篇目中有誓、诰、刑、范、典、谟等几种法律形式，这些法律形式所追求之法意在于义、仁、诚、度、美，也就是说义、仁、诚、度、美是《尚书》追求的法价值所在。观儒门六经，在《诗》《书》《礼》《乐》《易》《春秋》的关系中，《尚书》之学的本质在"内圣"。

"六经"之中，《诗》《书》言圣神，《易》是言天道，表面上看《书》《易》是古俗，《诗》是民俗，实际上《诗》《书》《易》合而为"内圣"之学，其义理指向皆在于"内圣"，乃是"六经"之本学。而《礼》《乐》《春秋》为"外王"之学，其义理指向皆在于"外王"，乃是"六经"之末度。何谓"圣"？何谓"王"？《荀子·解蔽》："圣也者，尽伦者也；王也者，尽制者也。两尽者，足以为天下极矣。"故圣与王的意义在于圣尽伦，王尽制。由此可知，"六经"是合内与外、圣与王、伦理与制度、古与今而成就儒道。作为"六经"之一的《尚书》是一部阐明王道、王制的内圣之书，其书写的风格是因制度而言法理，当是中国最早的一部法理学著作。

二、《尚书》的法律形式

仅从《尚书》的篇目观之，有"誓""谟""诰""训""命""刑""典""范"，这些很可能是当时的法律形式，是我们能够看到的中国最早的具有部门法属性的法律形式。《尚书》为我们展现的这些早期法律形式，其共同特点是它们已经不再是某种习俗，已经是由公共权力发布的、体系化的强制性规范。这里分别对"典""范""誓""诰""训""命""刑"进行阐述。

典范　《尚书》的篇目向我们展现了"典""范""谟""誓""诰""训""命""刑"这样一些法律形式，其形式的多样性和层次性，是目前所见诸如《汉莫拉比法典》《摩奴法典》等这类世界早期法典中所没有的。《尚书》中的《尧典》《舜典》《洪范》，其形式是"典"和"范"，在后世常以"典范"合称。"典"和"范"作为法律形式已经具有高位法的性质，已属于今日基本法的位阶，如《尧典》记载了王位继承、官吏任免的内容和原则，涉及禅让制、任贤制、举荐制、考验制这些基本法律制度。《舜典》中具体确定了"典"的内容，即所谓"五典"（父义、母慈、子孝、兄友、弟恭）的基本治理原则和要求，规定了以"百揆"为首的行政机构职能的划分,以"汝谐"为原则的朝廷议事形式,对官员五年一次的巡查,对官员三年一次的政绩考核,立法上以流、鞭、扑、赎作为补充的五刑制度,司法上区分故意与过失、恤刑明允的原则。《洪范》本就是"大法"的意思,开头几句为"序言",介绍了此法制定的时间、过程、原因及支持者,内容分五行、五事、八政、五纪、皇极、三德、稽疑、庶征、五福六极共九章,是为"九畴"。其内容和结构,即使在今天,仍然符合大陆法系对一部典型宪法的体例要求,虽然为周武王时期商朝旧臣箕子所作,但内容却说"天乃赐禹《洪范》九畴",这说明箕子只是向武王叙其旧典而已,如此《洪范》应早在夏禹时就已经存在。因此,我们可以认为"典"和"范"作为一种法律形式,至少在尧、舜、禹以至周朝的一千三四百年中是作为王朝的宪法形式存在着的。

《尚书》依照时间顺序进行编排,从整个上古历史来看,依传统的"三坟五典"之说,《尚书》所记"典"和"范"的法律形式都应当属于"典"的范畴。孔氏所作《尚书序》认为:"伏羲、神龙、黄帝之书谓《三坟》,言大道也。少昊、颛顼、高辛、唐虞之书谓之《五典》,言常道也。"[1]孔疏以为皇书称为"坟",帝书称为"典",[2]坟、典都属于"道",一个是"大道",一个是"常道"。仅从法学的角度看,在"坟""典""范"这三个概念当中,中国古代所说的"坟"的阶位要高于"典","典"的阶位要高于"范"。《洪范》本应当属于"典",《洪范》本就是箕子对尧、舜、禹以至周朝奉行的"典"(宪法)进行的总结性忆述,《洪范》之所以用"洪"作为定语进行修饰,是因为"洪"是大的意思,是想说明这个被称为"范"的法律具有"典"的阶位。因此,无论是属于"坟"还是属于"典",无论是属于"大道"还是属于"常道",对于"坟""典"这两个概念,我们都可以视之为大法,视之为基本法,视之为中国上古的宪法形式。创制"三坟五典"的皇和帝,在相当长的时期内只是作为上古传说人物而存在,一些史籍中提到的"三坟五典"的内容也只是被作为上古零碎的风俗来看待,但依上述对《尚书》内容的分析,这些皇和帝创制的"坟""典"已经具有概念化和体系化的特征,而且它还是某个王朝所

---

① (汉)孔安国传,(唐)孔颖达正义:《尚书正义》,第4页。
② 同上书,第7页。

发布的。

誓　誓是一种军事性质的法律形式。《尚书》篇目中的"誓"，见于《夏书》《商书》《周书》，其中《夏书》中有《甘誓》，《商书》中有《汤誓》，《周书》中有《泰誓》《牧誓》《费誓》《秦誓》。誓是一种普遍存在于许多民族的古老的"法现象"，关于誓的历史及其古老的人类学意义本书将在后面进行阐释，我们不能说夏之前的唐虞之世就没有"誓"这样的法律形式，但依《尚书》可以肯定，从夏至于周，"誓"已经作为一种法律形式存在了。从《甘誓》《牧誓》《费誓》《泰誓》的内容看，"誓"发生的场景都是在誓师大会上，誓的恐吓性很强，显然不是教喻性的，而是一种强制性的法律形式。

《夏书》中的《甘誓》描述了夏启征讨有扈氏时，在甘这个地方进行战争动员时的场景，内容是夏启发布的强制士兵必须勇敢作战的军规。

《商书》中的《汤誓》描述了商汤伐夏时著名的鸣条之战。内容是伊尹相商伐桀，将战时发布"誓"，以训诫士众，宣布赏罚，要求军队听从指挥。其中特别提到了"上帝"，以"上帝"的名义历数夏桀之罪，论证了战争的合法性，"夏氏有罪，予畏上帝，不敢不正"，①体现了商朝神罚的思想。

《周书》中的《费誓》描述了周公的儿子伯禽讨伐徐淮（东夷）时，于鲁地费邑誓师的场景。内容仍然是伯禽向军队宣布军规，对当地百姓提出战时义务。与《甘誓》相比，《费誓》的军规内容更具有恤民的色彩，体现了周朝的保民思想，有许多禁止抢劫、禁止私入民宅、不得诱拐男女奴隶的规定："无得寇攘。逾垣墙，窃牛马，诱臣妾，汝则有常刑。"②《周书》中的《牧誓》描述了著名的牧野之战，内容是周武王伐商纣于牧野，这其中提到"天罚"，"今予发惟恭行天之罚"，其他则多是激励之辞。

《泰誓》三篇是武王伐纣，会诸侯于孟津，师渡孟津前后作誓三篇，强调纣王荼毒生灵，逆天而行，武王恭行天罚。虽然是"徇师而誓"，③但却阐述了许多天人关系的道理，提出了"天有显道"④"惟天惠民"的天仁思

---

① （汉）孔安国传，（唐）孔颖达正义：《尚书正义》，第 285 页。
② 同上书，第 810 页。
③ 同上书，第 407 页。
④ 同上书，第 414 页。

想,①以及人是"万物之灵"、②天从民欲的人本主义思想。可能出于周武王"孟津观兵"是会盟诸侯的原因,《泰誓》多了用法理说教来增强其号召力的内容。

至于《秦誓》,则讲秦穆公伐郑,为晋襄公所败,秦穆公当着群臣的面悔过而自誓。虽然《秦誓》的内容不同于上述几种宣布军规、激励将士之誓,而是因君王军败所发的"罪己"之誓,但是此《秦誓》之誓,仍然属于法律的形式。秦穆公因师败罪己,这仍与军事有关。秦穆公罪己的誓辞,似乎只是对自己的规诫,不能够成为具有普遍意义的法律,但是由于中国古代君王的继承者有遵循"祖宗成法"的传统,罪己之誓对于君位的继承者却在一定意义上有"成法"的性质。

诰 诰是一种君臣会同时发布的具有政治性质的法律形式。《尚书》中的诰见于其《商书》《周书》。《商书》中有《仲虺之诰》《汤诰》,《周书》中有《大诰》《康诰》《酒诰》《召诰》《洛诰》。所谓诰,《周礼·士师》云:"以五戒先后刑罚,毋使罪丽于民:一曰誓,用之军旅;二曰诰,用之于会同。"誓用之于军旅,诰用之于会同,故会同曰诰。所谓"会同",是指王会同诸侯、卿士、群公。诰是在君臣会同之所,设言以诰众。

首先,《商书》中有《仲虺之诰》《汤诰》。《仲虺之诰》中的"虺"字是中国古代传说中的一种毒蛇,《述异志》中说虺五百年化为龙。此处"仲虺"是人名,是仲溪后人,为汤之左相。汤伐桀功成,流放夏桀,心中惭德,恐因流放天子而被后世非议,故于大坰之地会同参与伐桀的诸侯,由仲虺设言,作《仲虺之诰》。其内容是指责夏桀昏德,托天以行虐于民,以此说天子存在的法理,有三层意思:一是阐述了天下为何要有君主,"无主乃乱"的道理,认为上天生万民,民皆有欲望,若民无君主,则民必然恣情纵欲,导致祸乱;二是吸取夏亡的教训,阐明了君主要有德,"惟王不迩声色,不殖货利","德日新,万邦为怀。志自满,九族乃离";三是认为君主当钦崇天道,立大中之道于民,要"以义制事,以礼制心",率义奉礼以治。这里除了讲

---

① （汉）孔安国传,（唐）孔颖达正义:《尚书正义》,第409页。
② 同上书,第401页。

君主要崇德自律外,还具体提到了君主要以"中"为治世之本,以"义""礼"为治世之道。此诰有借仲虺劝汤之辞,阐明商汤的治世理念,其内容有大宪之义。

继从大坰返回至亳之后,商汤聚天下诸侯,又作《汤诰》,复以天命大义告诫万方。商汤于此诰中再次说到自己的灭夏之举,不知是否会得罪上天,是一篇关于商汤"谦以求众心"的诰文。[1] 诰文中表达了自己"慄慄危惧",[2]相信上天心自明,能简阅善恶,提出:"万方有罪,在予一人。予一人有罪,无以尔万方。"[3]要诸侯们无需过虑,"各守尔典,以承天休"。[4] 此《汤诰》实有为君者抚聚诸侯,自我担当之义。

以上两诰是商汤伐夏桀立国之诰,其重点在于斥责夏桀虐民违天之罪,论证了伐桀灭夏的合法性,阐明了治世大宪原则,同时表明了在那个"天罚"的时代,汤为除夏桀之恶,无奈自担天罚的态度,具有"天治"时代的特点。

其次,《周书》中有《大诰》《康诰》《酒诰》《召诰》《洛诰》《康王之诰》。《大诰》是周朝之诰,是周公辅成王,为诛管(鄘)、蔡(卫)、武庚(邶,纣子武庚封地)三监及淮夷之叛乱而作。此《大诰》言征讨四国,是施大义于众国君臣上下以至于御事者。之所言"大",是陈述大道以诰天下,指责叛乱者"尔时罔敢易法",[5]胆敢违天命、易天法,以此明伐叛之义。继灭三监之后,周公以殷商遗民封之于康叔,封康叔为孟侯,为五侯之长,亦称方伯。康叔为文王第九子,因封于康地,故称康叔。后因参与平定"三监之乱",改封于殷地(卫地)作国君,后又任司寇,主刑狱、诉讼。时周公以王命警戒康叔,遂作《康诰》。在《康诰》中,周公告诫康叔要贯彻"明德慎罚"的原则,"不敢侮鳏寡,庸庸,祗祗,威威,显民"。[6] 要求康叔到任后务要惠恤穷民,不侮慢鳏夫寡妇,用可用,敬可敬,刑可刑,明此德刑之道以示民。《康

---

① （汉）孔安国传,（唐）孔颖达正义:《尚书正义》,第299页。
② 同上。
③ 同上。
④ 同上。
⑤ 同上书,第517页。
⑥ 同上书,第532页。

诰》中还具体说明了如何才能做到"慎刑",即首先要原心定罪。"人有小罪,非眚,乃惟终,自作不典,式尔,有厥罪小,乃不可不杀。乃有大罪,非终,乃惟眚灾,适尔,既道极厥辜,时乃不可杀"。[1] 其意:一是凡行刑罚,当明其犯意;二是凡故犯、惯犯者,虽小罪而不赦;三是凡过失犯、偶犯者,虽大罪而不杀,即确立了原心定罪为断狱之本。此外,《康诰》提出"法蔽殷彝,用其义刑义杀",刑罚断狱用殷之旧典需宜于时,更为重要的是阐明了常道与刑罚的关系以及刑罚的底线。《康诰》认为"五常"是上天授予人民的常法,"天惟与我民彝",[2]此处所谓民彝,即是指父义、母慈、兄友、弟恭、子孝"五常"之法,认为如果废而不行,则是灭乱天道。"五常"是刑罚的底线,凡是违反者,当"刑兹无赦"。

又因殷商之民有嗜酒之旧习,遂又作《酒诰》,是康叔封卫时周公以成王名义发布的诰令。其中言早在周文王时就以酒为重诫,告诫众士少正,"朝夕曰:祀兹酒",始令人民知道作酒者,惟为祭祀之用,而非滥饮以致"大乱丧德"。[3] 历史上大小之国之所以亡国,无不因滥饮酒所致,"越小大邦用丧,亦罔非酒惟辜"。[4] 又告教官员"有事,无彝酒",不准其常饮酒,更不可醉酒,"饮惟祀,德将无醉"。正因得文王慎酒之教,"克用文王教,不腆于酒",所以周室才能受殷之王命而得天下。相反,商纣王大厚于酒,无所忧惧,"辜在商邑,越殷国灭无罹。弗惟德馨香祀,登闻于天"。《酒诰》中说纣王时是"庶群自酒",酒俗之滥,已至"腥闻在上",酒气上闻于天的程度,并认为此等社俗,其德不配于天,故"天降丧于殷,罔爱于殷",酒俗之滥是殷商之所以灭亡的原因。

武王克商后,迁九鼎于洛邑欲以为王都。成王时欲居之,先遣召公前往"相宅"(相所居而占卜之),因相宅而作《召诰》。成王与周公从后而往,周公作《洛诰》。《召诰》的内容首述改殷命配皇天,协调殷制与周制,欲使殷臣比周臣,以致新旧和协,天下归一。阐述了孔疏所云之"若使设难从之

---

[1] (汉)孔安国传,(唐)孔颖达正义:《尚书正义》,第536页。
[2] 同上书,第541页。
[3] 同上书,第594页。
[4] 同上。

教,为易犯之令,虽迫以严刑,而终不用命"的道理,①提出"不可不监于有夏","不可不监于有殷",新朝居新邑洛都后需"王疾敬德"且当即行教化之义。

《洛诰》在召公相宅卜之后,周公以召公所卜吉兆告之成王,献图告以居洛之义,名曰《洛诰》。内容是召公使人先卜于河北黎水之上不得吉兆,又卜涧水东、瀍水西、瀍水东,惟有近洛其兆得吉,故王宜居洛可得之为治。时周公辅政已七年,成王长成,周公勉励成王奉礼治国,成王答以与二人共正其美。后成王返镐京,请周公治洛邑。

《康王之诰》是康王登基之后向诸侯、卿士、群公发布之大诰,重申文、武之治道,诫令群臣"服于先王之道而法循之,亦当以忠诚辅我天子"。②

训　训也是一种有成法性质的法律形式。"伊尹乃明言烈祖之成德,以训于王",③是指伊尹训太甲,重申汤时的官刑制度,以儆戒百官,是谓"三风十愆",曰:"敢有恒舞于宫,酣歌于室,时谓巫风;敢有殉于货色,恒于游畋,时谓淫风;敢有侮圣言,逆忠直,远耆德,比顽童,时谓乱风。"④此"三风十愆"是官刑之根本,之所以言"风",风俗也。因以儆戒百官,乃是特指官风。所谓巫风,因巫以歌舞事神,为巫觋之风俗;所谓淫风,因人贪于货色,常于游畋,为过淫之风俗;所谓乱风,因其侮慢先圣之言,拒逆忠直之谏,疏远耆年有德者,亲比顽愚幼童,以致国荒乱,是为荒乱之风俗。凡君、臣、士,有一于身,则国亡家丧。太甲初立,伊尹恐其亲近恶人,故以汤之官法训之,乃至忠之训也。因此训有古训之谓,此种法律形式乃是指"祖宗成法"的一种。

命　命是一种针对具体人和事的法律形式,《周书》中有《顾命》《毕命》《冏命》《文侯之命》。顾,远视也,有将去回顾之意。命是指王命,古时王者凡发大命,临群臣,必斋戒沐浴,被以冠冕,加朝服,凭玉几以出命。因病不能沐浴者,亦乃洮颒水,洗手洗面。顾命即是后之顾命大臣之意。《顾

---

① （汉）孔安国传,（唐）孔颖达正义:《尚书正义》,第585页。
② 同上书,第305页。
③ 同上书,第302页。
④ 同上书,第305页。

命》是周成王将崩,依礼制命召公、毕公率诸侯辅助康王继位的王命。命康王君临周邦,率诸侯群臣循守大法,燮和天下,弘扬文王、武王之大教。

《毕命》是康王命史官作册书以命毕公,使其治理成周东郊之民,使令得其所。《毕命》是康王就治国之政对毕公提出的要求,仍针对殷商遗民问题而作。言及殷民迁洛地已历三纪,其顽者渐化,但仍有怙恃奢侈、服饰过制、骄淫矜夸之风,其文云:"道有升降,政由俗革,不臧厥臧,民罔攸劝。"[1]指出天道有上下交接之义,政教有用俗改更之理,民若俗善,以善养之;俗有不善,以法御之。要求毕公别民俗之善恶,别异其居里,若有不循教俗之常者,则殊其井居田界,摈出族党之外,使其能畏为恶之祸,慕为善之福。康王认为"邦之安危,惟兹殷士",[2]指出国家安危的关键在于能否化和殷商旧人,要求毕公不刚不柔、能和其中、惟公克成、宽猛相济,处理好与殷商旧臣的关系。

《囧命》是周穆王任命伯囧为周之太仆正而作。太仆掌燕朝,此命是穆王自警之命,要求伯囧身为大正之臣,要正于君仆侍御之臣,使其无敢佞伪。且要求伯囧忠直谏言,左右前后有职位之士匡正穆王不及之处,弹正其过误,即"绳愆纠谬,格其非心"。[3] 因犬戎之乱,平王东迁洛邑,晋文侯迎而安定之,故平王锡命晋文侯,以文侯为方伯,作册书命之,是谓《文侯之命》。是大明乎周之先王之道,言先王得贤臣之力,谓己无贤臣,叹而自伤,恐不能自立,惟恃赖诸侯。虽是思晋文侯之功,实是命戒文侯归国,以文治安彼远人而善治其民。

刑 中国古代法律以"刑"相称,这个"刑"是刑罚,且是肉刑。最初的"五刑"包括黥(刺面额)、劓(割鼻)、膑(去膝)、宫(去势或幽闭)、大辟(处死),除宫刑中幽闭女子之法外,"五刑"皆是惩罚人的肉刑。《慎子》云:"斩人肢体,凿人肌肤,谓之刑。"刑者,罚也,因此《玉篇》曰:"刑,罚之总名也。"与今天讲的刑不同,当时"凿人肌肤"才称为刑,属于中国古代刑法最初的形式。《尚书》言刑,仅相对于上述诸种法律形式,刑的部门法性质更

---

[1] (汉)孔安国传,(唐)孔颖达正义:《尚书正义》,第752页。
[2] 同上书,第756页。
[3] 同上书,第766页。

为明确。《尚书》言刑仅有《吕刑》一篇，《吕刑》是周穆王命吕侯为司寇而作。作《吕刑》的背景是"穆王训夏赎刑"，因夏有赎刑，故穆王命吕侯作刑，有使当时的刑法更改从轻之意。刑作为法律形式，可以追溯到蚩尤时的"五刑"，这是十分古老的法律形式，但不是源于汉文化之正脉。夏商周时期，刑亦有轻重之变化，《周礼》："司刑掌五刑之法，以丽万民之罪。墨罪五百，劓罪五百，宫罪五百，刖罪五百，杀罪五百。"传："《周礼》五刑皆有五百，此则轻刑少而重刑多。……变周用夏，是改重从轻也。然则周公圣人，相时制法，而使刑罚太重。令穆王改易之者。"①成、康之间刑措不用，下及穆王，民犹易治，故吕侯度时制宜，劝王改从夏法。《吕刑》类似一篇早期中国的刑法史论文，文中先回顾了蚩尤、尧、舜以降的刑法历史，同时阐明了历史上形成的基于"道"的一系列刑罚原则。如刑法要循道以治；刑法要度时制宜，世轻世重；用刑要中正，上下比罪；轻重有权，无僭乱辞等用刑之道及具体方法。

除《尚书》中见到的上述法律形式外，秦朝以后中国逐渐形成了律、令、格、式、例等法律形式构成的王朝国家法律体系。按照中国传统习惯用语，律、令、格、式、例，包括《明大诰》的诰以及皇帝发布的敕都可以统称为刑，刑在中国古代成为法律的通称，中国古代也习惯将法学称为"刑名之学"，这往往让今天非专业的人们对中国古代法学产生歧义，以为中国古代的法即是"刑"。

三、《洪范》的道法体系

中国道法学起源于上古之事，上古之事多表现为上古人物的传说故事，关于上古的史料有真有伪，这是考证者的兴趣所在，却无不关乎中国古人之观念。凡观念之形成，一是需要一定的史实，二是要依据一定之理论。某一理论之形成，或来自于圣，或假托于神；或来自于知识，或来自于信仰。在中国古代的制度理论系统中，圣与神并现，圣与神合称。如孔子后来即使是圣，也会逐渐被人塑造成神。又如上古人物，虽本是人，亦会伴有许多

---

① （汉）孔安国传，（唐）孔颖达正义：《尚书正义》，第769页。

神话色彩的传说。史上许多文字史料、风俗流言也真假莫辨，如《山海经》《穆天子传》之类的荒诞故事。也有不少伪书，如早出之《周礼》，晚出之莽、晋两朝伪书，其有王肃伪造之《孔子家语》《孔丛子》《尚书传》《论语注》《孝经注》五书，假托于孔安国、孔鲋。

"书愈古者，伪品愈多"。① 这些故事或伪书往往是托古之伪品，但也并非完全是伪造。虽是作者托古以自重，但又反映了中古之文化观念，这些观念所含之是非、义理对于某种制度之生成和遵从又影响甚深。又如西人的《圣经》、阿拉伯人的《古兰经》，其上帝、安拉虽只是信仰，然以上帝、安拉为核心形成的观念、习俗则会主导其法律的形成。因此，凡研究史上制度之形成和价值，其所依据史料的真伪并不十分重要，科学在于求真，然中国经史子集的价值并不全在于真。人类社会不等同于自然，有时候求善的价值甚于求真。因此，研究这些史料及其所反映的文化价值观，才是研究制度生成和发展最有价值之处。若从这一认识出发，史上所有的史料或都有其法学研究的价值；研究中国古代法俗之缘起，《尚书》中的神迹也可以成为解释的对象。

中国法之起源，在形态上表现为习俗，这些习俗由许多历史神话故事交集而成，亦非圣神可毕功于一役的创制。中国上古之习俗、神话虽凌乱无章，其法俗之生成似无以言系统，然仅以法而言之，史籍中多以"大法"称之。在中国人的法观念中，一切法律皆起源于"大法"，所谓法首先是指大法。中国人所谓的这个"大法"，又可称之为"道"，这个"道"又首先是指天道，因此中国古人之言"大法"，实是指上天之大法。何为上天之大法？寻迹探微，古之所谓大法，最早是指天文历法。

中国系统化的宪法形式最早见于《尚书·洪范》，"洪范"的本义就是"大法"，就是上古之宪法。殷商遗老箕子向新朝周武王的讲述，为其提供了传统的治国大法。据箕子的回忆，至少在尧舜禹时已有《洪范》："我闻在昔，鲧陻洪水，汩陈其五行。帝乃震怒，不畀洪范九畴，彝伦攸斁。鲧则殛死，禹乃嗣兴，天乃锡禹《洪范》九畴，彝伦攸叙。"② 这里的"彝伦"，是指

---

① 梁启超：《中国历史研究法》，河北教育出版社 2003 年版，第 105 页。
② 《尚书·洪范》。

古之"常法""常理""常道"，蔡沉集传："彝，常也；伦，理也。"顾炎武《日知录·彝伦》："彝伦者，天地人之常道。如下所谓五行、五事、八政、皇极、三德、稽疑、庶征、五福、六极皆在其中，不止《孟子》之言人伦而已。"[1]晋朝范宁《春秋谷梁传序》："昔周道衰陵，乾纲绝纽。礼乐崩坏，彝伦攸斁。"故"彝伦"皆是指常道大法。《洪范》被解释为是属于"彝伦"，而"彝"释为"常"，"伦"是释为"理"，"彝伦"自然就如顾炎武所说是"天地人之常道"，是古之所谓"大法"。

依箕子的回忆，既然《洪范》可以追溯至尧舜之时，那《洪范》的历史已经十分久远，而作为"常道"的《洪范》，其出现可能还要早于尧舜之世。《洪范》中讲述武王访问箕子说"我不知其彝伦攸叙"，是武王说自己不知道上古九章大法的历史和内容，只知道鲧治水的时候，扰乱了五行（自然），"帝乃震怒，不畀《洪范》九畴"，[2]上天没有将《洪范》教给鲧。由于失去了《洪范》九畴的指导，导致"彝伦攸斁（音度）"，"攸斁"是败坏、没落的意思，是说人间纲常大法败坏。这说明《洪范》是来自于天，是上天恩赐的法则，看上去仿佛是一种神迹，但是我们也可以理解为是对天道的解释。《洪范》是古已有之的纲常大法，尧舜之时鲧治水只是败坏了"彝伦"而已。

从《洪范》的内容看，《孔传》称其是"言天地之大法"，其内容针对现实世界而作，基本上是实体法的内容，并不能够理解成是抽象自然法。《洪范》的内容共有"九畴"，即九章基本大法的意思。是曰："初一曰五行，次二曰敬用五事，次三曰农用八政，次四曰协用五纪，次五曰建用皇极，次六曰乂用三德，次七曰明用稽疑，次八曰念用庶征，次九曰向用五福。"[3]即《洪范》包括《五行》（自然物性）、《五事》（社会行为）、《八政》（公共行政）、《五纪》（历法农事）、《皇极》（最高统治者）、《三德》（国家治道）、《稽疑》（议事判决规则）、《庶征》、《五福》，共九章。

《五行》乃是"九畴"之首出，这说明了五行理论在"九畴"中的重要性，是《洪范》这一部大宪的理论基础，很可能其他八畴由此推演而来。五行

---

① （清）顾炎武撰，黄汝成集释，栾保群、吕宗力点校：《日知录集释·彝伦》，第91页。
② 《尚书·洪范》。
③ 同上。

是指金、木、水、火、土,是构成世界的五种自然元素,并据以构建中国古代关于世界的知识体系,这些构成世界的自然元素都内涵阴阳之性,在中国上古哲学、政法理论中,五行的理论层次要低于阴阳,故曰阴阳五行。比阴阳更高级的概念是道,道内涵着阴阳,故《老子》曰:"一阴一阳谓之道。"由此推演,它们之间的关系应当是由道而阴阳,由阴阳而五行,五行仍然是天道的显现。关于"五行"的含义,不同的典籍有不同的解释,比如在《礼记·乡饮酒义》中,"五行"就被解释为:"贵贱明,隆杀辨,和乐而不流,弟长而无遗,安燕而不乱,此五行者,足以正身安国矣。彼国安而天下安,故曰:'吾观于乡,而知王道之易易也。'"①这里的"五行"是指五种乡饮酒礼遵循的法则,与王道一词联系在一起,是王道之治的体现。在《淮南子·兵略训》中,"五行"被解释为"柔、刚、仁、信、勇",这是说为将者的品行人格,是谓"五行者,柔而不可卷也,刚而不可折也,仁而不可犯也,信而不可欺也,勇而不可陵也"。② 在《吕氏春秋·孝行》中,"五行"被解释为"庄、忠、敬、笃、勇",这是说符合孝的五种行为,是谓:"居处不庄,非孝也;莅官不敬,非孝也;朋友不笃,非孝也;临战不用,非孝也。五行不遂,灾及乎亲,敢不敬乎?《商书》曰:'刑三百,罪莫重于不孝。'"③这些都是指人事意义上的五种德行,而不是自然意义上的五行,自然意义上的五行特指金、木、水、火、土所代表的物性,是关于天地的自然属性的认识。《洪范》中的五行所指,是自然意义上的五行,如《洪范》:"水曰润下,火曰炎上,木曰曲直,金曰从革,土爰稼穑。润下作咸(水),炎上作苦(火),曲直作酸(木),从革作辛(金),稼穑作甘(土)。"④这些是自然物的基本属性,是一种自然法则,它关乎人赖以生存的稼穑,也是一切政治、社会秩序的基础,故在《洪范》中,"五行"作为人间秩序的基础,为"九畴"之首,是指自然法则意义上的五行。而按《洪范》中箕子的说法,鲧就是因为用塞堵之法治水而扰乱了五行,天帝才没有将《洪范》九畴赐给鲧,导致人间"彝伦攸斁"而秩序混乱。

① 陈戍国撰:《礼记校注》,岳麓书社出版 2004 年版,第 498 页。
② 《淮南子》卷十五《兵略训》,《诸子集成》第 7 册,第 266 页。
③ 《吕氏春秋》卷十四《孝行览》,《诸子集成》第 6 册,第 137—138 页。
④ 《尚书·洪范》。

后来禹用疏导之法治水，天帝才将《洪范》九畴赐给禹，于是人间秩序才"彝伦攸叙"而归于正常。

《五事》所讲的不再是自然物性，而开始讲个人在社会活动应当遵循的五项道德规则，是对社会生活中人们的貌、言、视、听、思的基本要求，是关于人与人交往中的态度、语气、认知、交流、思考的生活规范，故《五事》是涉及人与人相处关系的社会法。

《八政》是指政府要履行的食、货、祀、司空、司徒、司寇、宾、师八种公共政务，包括农业、商业、祭典、民政、教育、司法、外事、国防八种政治职能，故《八政》属于涉及公共事务的行政法。

《五纪》是指导农业生产需要的五项天文历法，《正义》："算日月行道所历，计气朔早晚之数。"即是岁、月、日、星辰、历数，这些天象是中国上古关于天道的具体内容，故《五纪》属于涉及农事的天文法。

《皇极》是对最高统治者的德性要求，最高统治者的行为要合于天道，实行王道政治。"皇建其有极"是指皇者与天上的北斗相对应，是说皇者有应天之能："皇者，中也，光也，宏也。含宏履中，开阴阳，布纲纪。"[1]这是我们前面讲的皇字的本义。所谓"极"，是指北斗星，故蔡传云："犹北极（北斗）之极，至极之义，标准之名，中立而四方所取正焉者也。……而无一毫过及不及之差，则极建矣。"这是说天道的终极所在，自然界在天文上有北斗之极，是终极之极。在人间与之对应的则是皇建之极，"皇极"不能够作为一般意义上的"皇权"来理解，[2]而代表着一种追求中正的道德、政治、法律理想，"皇极"有天道自然的属性，如天上北斗之极，居中正而无偏差，是至神至圣的真理标准，是为皇极之义，是天道最核心的部分，故《皇极》是言天道教法。皇极的内涵还可以具体化为王道，《洪范》说的王道是"无偏无党，王道荡荡。无党无偏，王道平平。无反无侧，王道正直"。[3] 王道

---

① （汉）应劭撰，王利器校注：《风俗通义校注》卷一《皇霸》，第 10 页。

② 如在张紫葛、高绍先二先生所著之《〈尚书〉法学内容译注》一书中，就认为"皇极"不是指一般意义上的"皇权"。见张紫葛、高绍先《〈尚书〉法学内容译注》，商务印书馆 2014 年版，第 47 页。

③ 《尚书·洪范》。

的最终依据是"会其有极,归其有极",①即王道最终仍然是会于天道,归于天道。

《三德》是指治理方针,提出正直、刚克、柔克的公权治道,要求政治要"平康正直""强弗刚克""友燮和柔克",是说政治要秉公持正,要维护努力公共秩序,要着重于怀柔与安抚,刚柔相济,此亦合五行相生相克之义。

《稽疑》是指公共议事、判决的规则,所谓"稽疑"就是决疑难之事。稽疑的原则是求"大同",天子、公卿大夫、百姓都是稽疑的参与者,稽疑的方式有龟从、筮从、卿士从、庶民从。《稽疑》:"汝则有大疑,谋及乃心,谋及卿士,谋及庶人,谋及卜筮。"②意指有疑难之事尽可言于天子,天子有疑,谋及庶人;又有"汝则从,龟从,筮从,卿士从,庶民逆吉"。③ 若卿士,庶民皆反对,而天子借龟,筮之赞成,可以专断;又有"庶民从,龟从,筮从,汝则逆,卿士则吉",意思是如果天子、士卿皆反对,而庶民借龟卜、筮占之赞成,亦可使天子、士卿放弃其主张,这有合天、地、人以求天人上下大同之义。

《庶征》是指通过观天道的变化以警人事。在《洪范》中,天法依然是最高的法,天道依然是人事的规定性所在,天道是人道的依据,人的行为不能违背天道,人如果犯了过错,天就会出现相应的征兆,为此需要研究自然征兆之凶吉,去不断纠正人的社会行为。为此《洪范》指出了雨、旸、燠、寒、风五种征兆,认为只有五者皆合于时令,不失其度,才会"各以其叙,庶草蕃庑"。④《洪范》将人的行为与雨、光、热、寒、风五种征兆联系起来判定吉凶,吉兆(休征)时雨若(雨水均)、时旸若(日照和)、时燠若(暑温适度)、时寒若(寒冷适时)、时风若(时风和畅),这些自然征兆分别对应人君的肃(严谨)、乂(清明)、哲(贤能)、谋(判断)、圣(圣德);凶兆(咎征)有恒雨若(雨多成灾)、恒旸若(久旱不雨)、恒燠若(高温酷热)、恒寒若(异常寒冷)、恒风若(狂风违时),这些自然征兆分别对应人君的狂(行事情悖谬)、僭(施政失度)、豫(政务懈怠)、急(决策急躁)、蒙(昏庸当道),如此

---

① 《尚书·洪范》。
② 同上。
③ 同上。
④ 同上。

等等。这种天人感应的思想不独董仲舒之《春秋繁露·五行之义》篇有论，在《洪范》中就已经体现为"九畴"大法之一。正如在《洪范》中，鲧的治法违背五行而导致天帝震怒，禹由于治法合于五行而得赐《洪范》九畴，二者不同的治水方法导致不同的天人感应。

《五福》《六祸》是指天道对于人的行为的赏罚。其赏有五：寿（长寿）、富（富贵）、康宁（健康平安）、攸好德（有高尚的道德）、考终命（得以善终）；其罚有六：凶短折（短命）、疾（疾病）、忧（忧患）、贫（贫穷）、恶（丑恶）、弱（卑贱）。

《洪范》被认为是天赐的"大法"，这说明《洪范》是整个《尚书》的核心部分，其内容反映了中国古代法学由"天"而至于"人"的发展路径。《洪范》作为一部从五行论出发而构建的"大法"，从其内容看，其道法理论至少已经包括了天道论、五行论、天人合一论、王道论、大同论、天人感应论。《洪范》九畴的内容有其内在的逻辑关系，内涵了协调人与自然、人与人、政府与人民关系的道法宗旨，《洪范》如孔安国传云，是"所以恢弘至道，示人主以规范也"。从《洪范》内容中提到的时间看，至少早在尧舜之世，中国就已经有了《洪范》这种道法合一的系统法学理论，有了《洪范》这种体系化的"宪法"。

总之，通过以上对《尚书》的分析，我们可以看出《尚书》的篇目实际上是一部由"誓""谟""诰""训""命""刑""典""范"这些法律形式构成的法典，这些形式包含的内容也都是具有法律性质的规范。不仅如此，这些具有法律性质的规范还体现了"彝伦"的法律精神，这使得《尚书》成为一部道与法相结合的法典。这里需要补充的是，《尚书》中有一些如"帝乃震怒，不畀洪范九畴"之类具有神话色彩的内容，这使得《尚书》反映出的道法学理论有一点"俗"的面貌。上古之世由神话故事交集而成"俗"，往往给我们凌乱无章的感觉，这恰恰说明中国古代法学与法典之早出，说明这些法学成就并非只是某一圣神毕功于一役的创制。《尚书》继承了中国上古时期形成的道法传统，它告诉我们，关于中国法律起源的研究不能只以"礼"和"刑"作为原点，对于中国古代法学的理解也不能只停留在"礼"和"刑"的关系上。仅从《尚书》观之，中国古代法学的确成熟较早，在中国人的法观念中，很早就有了超越于"法"之上的"大法"，认为一切法律皆源于这个"大法"。中国人关于"法律"的概念,首先应当是指"大法",除《尚书》中的"誓""谟""诰""训""命""刑""典""范"这些早出的法律形式外,也许由于周朝时的"制礼作乐",使得后来对中国法学理论的研究更多地集中在"礼"和"刑"这两种法律形式的关系上,而不是集中在"道"与"法"的关系上。

四、道法系统：先王之法籍

中国古代之所以形成"道法合治"的范式,而没有出现西方式的纯粹形式主义法学,是因为中国法学的形成从一开始就存在着两个系统:一是以道法为内容的教法系统,二是以刑罚为内容的刑罚系统。正是因为这两个系统的"二合一",才有了后来所谓的"诸法合体"或曰"礼法合治"的范式。可以说中国先秦以前的法律文明史,一直是沿着这两条不断趋合的路线展开的。

三皇五帝 "常道"文化是中国文化和中国法文化的缘起,也是现在作为中国文化代表的儒家文化的根基。研究中国的儒家法文化,则必须了解大量史料中反复记载的上古"常道"文化,而作为上古"常道"文化的创始者,则是被近人认为只是属于传说的"三皇五帝"。[①] 上古"三皇五帝"之治,虽非"王朝"之治,但在后世儒家的政治法律理论中,却是"王道"的蓝本,因此欲探知中国法文化史,必然要以此为元始。

上古之"三皇"者,其说有异,所谓"天皇""地皇""人皇"却不见于正史。司马迁《史记》中对"三皇五帝"之说有其考论,《史记》中不言"三皇",而是以《五帝本纪》为首篇,这说明司马迁承认了"五帝"的存在,而不敢妄以"三皇"为史。《尚书》也是从《尧典》开始,并没有说到"三皇"。[②]

---

① 经过战国、秦火的文化浩劫,汉人于文化已然缺乏,王朝需要立以王道而治,因此,汉代面临文化整备的使命,汉儒便趋于训诂一途,其中郑玄"但念述先圣之玄意,思整百家之不齐,亦庶几以竭吾才",遍注六经。郑玄的意思十分清楚,这样做是为了"念述先圣之玄意",以便"圣圣传心"。
② 汉朝纬书中三皇为天皇、地皇、人皇,是三位天神。后来在道教中又将三皇分初、中、后三组:初三皇具形,中三皇则人面蛇身或龙身,后三皇中的后天王皇人首蛇身,即伏羲;后地皇人首蛇身,即女娲;后人皇牛首人身,即神农。杜钢建教授根据《元始上真众仙记》和《路史》记载,认为道教中所说的太元圣母,生有天皇十三头,是分别掌管十三方的部落首领,传说中的西王母就属于天皇地位或者天皇十三头之一。见《王母文化、世界新儒家与古代君子文化》(上),《大同思想网》2016 年 10 月 26 日。

《史记·历书》："盖黄帝考定星历，建立五行，起消息。"①《汉书·律历制上》又说："传黄帝律历，汉元以来用之。"因此，1912 年 1 月 2 日孙中山发布《改历改元通电》规定："中华民国改用阳历，以黄帝纪元 4690 年即辛亥 11 月 13 日，为中华民国元年元旦。"确定民国纪年与黄帝纪年同用，以黄帝为中国之"人文初祖"，这是中国采用公元纪年以来，在政治上对于远古五帝历史的确认，由此以黄帝为始祖且以中华为号，统合域内各族群，亦有统合人文、政治于"中华民族"之意义。

《史记》所言"五帝"以黄帝为始，司马迁认为"百家言黄帝，其文不雅训"。这是指关于黄帝之传说，也不都是雅训之说。至于《宰予问五帝德》《帝系姓》都是《大戴礼记》和《孔子家语》中的篇名，而《大戴礼记》和《孔子家语》在儒家看来"皆非正经"，不是圣人之言，因此"儒者或不传"。② 司马迁通过自己在民间的实地考察，确认了五帝的存在，认为《五帝德》《帝系姓》"其所表见皆不虚"，已无需更深考论了。因此司马迁据古文并诸子百家论次，择其言语典雅者，著为《五帝本纪》。

"三皇五帝"之说为华夏文化之始，民国以黄帝为中国之"人文初祖"，是因为黄帝是"五帝"之始，更因有《史记》的考论可为信史，其目的如台湾学者李伟泰所说：

> 将中国境内及周边民族皆纳入黄帝子孙范围，只能说是顺应秦汉大一统的局面，继承和发展了民族一元论，对中华民族的团结和凝聚，起了不可估计的作用。③

"三坟五典"与"常道"　当世界各"民族国家"处于早期"文化民族"之际，其法律形式往往多样，或道德的形式，或宗教之形式。中国上古法律同样也有其道德风俗之形，多称之曰"教"。其教之法，有古朴之性，其规

---

① 所谓"起消息"，"乾者阳，生为息；坤者阴，死为消也"。《史记》卷二六《历书第四》，第 1044 页。另外太昊（伏羲）"十言之教"中亦有"消、息"。
② 《史记·五帝本纪》，第 31 页。
③ 李伟泰：《〈史记〉叙事何以始于黄帝诸说述评》，转引自黄发恭《荆州历史上的战争》，湖北人民出版社 2006 年版，第 17 页。

范民风性情之形式,非今人可以理解。此外,上古之治世之道和治世之法关乎民性,亦极讲究德性,由己及人,于周边四海族群的治理同样如此。

上古治道的一个特点是"自然性",尤其重视历法,并以之设官制,立大宪,是谓其根本大法。讨论中国古代的法律不可以一味言"法律"二字,而应以"道法"言之。中国上古道法始于历法,历法之用在于利于农事,这可以说是当时的大宪。因此,凡是王者易姓而兴,必推天之元气运行所在,以奉承天意而施法,故《史记·历书第四》云:"王者易姓受命,必慎始初,改正朔,易服色,推本天元,顺承厥意。"

上古之中央官制亦起于"历法","历法"有四时,有五行,故而才有五官,这是上古官制之起源,《史记·历书第四》云:"盖黄帝考定星历,建立五行,起消息,正闰余,于是有天地神祇物类之官,是谓五官。各司其序,不相乱也。"由于上古官制起于历法,历法已是其文明的标志,因此五帝之世,尤忌历法混乱,如黄帝之子少皞之世衰,因九黎乱德,废南北二官,导致"历数失序",乱其大宪。"其后三苗服九黎之德,故二官咸废所职,而闰余乖次"。① 到了尧之时,才重立羲和之官,明时正度,恢复其旧典常道。"复遂重黎之后,不忘旧者,使复典之,而立羲和之官,明时正度"。②

上古治道的另一个特点是道器同一,有形有典。文明之起源往往始于器而终于道,三皇五帝既是"阳阳五行"(五行、五德、五得应当是同义的,且皆是民生之举)的发明者,又是"三坟五典"的制定者。此外,上古之世有许多发明家,《墨子·非儒》:"古者羿作弓,伃作甲,奚仲作车,巧垂作舟。"《吕氏春秋·君守》:"奚仲作车,仓颉作书,后稷作稼,皋陶作刑,昆吾作陶,夏鲧作城,此六人者,所作当矣。"这些人都是器物文字的发明者,同时也是道法的传播者,上古器物文字的发明与"道"的形成是同步的。因此,这些治道有取法自然的传统,这使得中国古代的政治法律制度也具有"道法自然"的性质,它有道与法合治的风俗性样式,其治边、治外之法亦有化俗的精神。

中国上古治道最重要的一个特点是有"常道"的概念,在他们看来这

---

① 《史记》卷二六《历书第四》,第 1045 页。
② 同上。

些"常道"具有普世价值的意义。虽然上古"三皇五帝"时期关于中国之治法尚难以见其具体内容，然而察其义理，则可以见其治法的基本概念是"德"。后世儒者不全是颂扬"三皇五帝"在器物方面的发明创造，更多的是宣扬"三坟五典"之义理，往往称其为"言大道""言常道"之"百世之书"。这恐非全是后世儒者的粉饰，在春秋诸子之中，儒者都是些读书人，春秋之前"儒"是艺术之人，是读书人的代名词，换句话说他们是上古"常道"的信奉者和坚守者。

从"三皇五帝"到夏商周中国文化一直没有中断，仅从帝系看，他们前后也有直接的血缘继承关系。因之儒者多赞其"德"，以之为"常道"，这是有继承性的，"常道"的意思是它不仅有继承性，还有普适性。既然常道有普适性，那么自然也适用于四方族群，中国上古时期的"常道"概念一直是后世历代王朝治理边疆的自信所在，并且在西周之世就形成了比较固定的理论范式，即《礼记·王制》云："修其教不易其俗，齐其政不易其宜。"

总之，中国古代文明之起源是从"三皇五帝""阴阳五行""三坟五典"这些概念开始，其特点是有形有理、理形一贯、道器同源，这是中国早期文明起源的主要特点。中国上古时期在已经形成的天人合一、道器一元的完整治法的同时，也形成了它的治边法律范式。这是一个由"德""道""形""典""俗""教"这样一些概念构成的中国式法理学，道器文化的产生和发展，使得它从一开始就具有一种基于自然的天下观，有一种"王者无外"的气度，其法律也具有普适性的特点和法俗的样式。

中国上古治道人物和常典是三皇对应"三坟"，五帝对应"五典"。所谓"三坟"，即是伏羲、神农、黄帝之书；所谓"五典"，少昊、颛顼、高辛、唐、虞之书。中国早期制度文明的起源，古籍皆谓以"三皇五帝"之"三坟五典"。最早伏羲氏画八卦，启阴阳之形，造书契文字，以文籍而代结绳之政；神农（炎帝）以火德王；黄帝以土德王，此"三皇"都是创造器物、文字的祖先。后青阳（少昊），以金德王，五帝最先；高阳（颛顼），以水德王，五帝之二；高辛（帝喾），以木德王，五帝之三；唐陶（尧），以火德王，五帝之四；虞（舜），以土德王。至于夏禹、商汤、周文武皆以"王"称，有"三王"之治，夏禹以金德王，为三王之最先者；商汤以水德王，三王之二；周文王以木德王。

此"三王"非文化之极源，只是循守"常道"而已。

终此以论，中国古代文明之起源以"三坟五典"为最，"三坟五典"的特点可以归之为阴阳五行，有形有理，理形一贯，义理与器物同源。从上述"三坟五典"的内容看，是自然与人事的对应，天道与人道的结合。因此史籍所论禹、汤、文武之治的合法性也都以"三坟五典"为据，且以之为"常道"，即是华夏政治法律文化正脉之初始。

上古之三坟五典既可以谓"法"，亦可以谓"俗"，这是中国古代所谓"常道"的品格。孔子上承古之常道，又自成"六经"。至于汉代，昌明经学，开始以经释法，因此中国文化始得一统，古之常道文明又得以恢复。所谓的"法律"，经过秦火苛法之后，又具有了风俗教化的文化意味，故汉儒又开始研究四方法俗以接地气，应劭因此而著《风俗通义》，尤其是经过如顾颉刚所说汉儒对上古史"整齐故事"之后，[①]这以后的中国王朝更有了以常道之法来化成天下之俗的信心。

"五教"之说及其传播　中国上古又有"五教"之说。按照《尚书》的说法，舜时中国道法已成，中国之于"四方"已开始系统地传播其道法。《尚书·舜典》云："慎徽五典，五典克从。"[②]这里所谓"徽"，是"美"的意思；所谓的"五典"，是指"五常"。这说明在舜的时候，中国已经形成了"五常"（父义、母慈、兄友、弟恭、子孝）。舜不仅克从"五常"之教，而且还布之于"四方"，《尚书正义》疏云："舜慎美笃行斯道，举八元，使布之于四方。五教能从，无违命。"[③]这是说舜已经开始以"五典"（五常）向四方传播，并形成了"内平外成"，"五教能从，无违命"的局面，但这却不能理解为只是在舜之时才这样做，《舜典》中说舜只是"笃行斯道"而已，这说明在舜之前，这一帝系就可能已经布教于四方了。

在"八元"之前，还有"八恺"，"八恺"是指帝高阳氏颛顼的八个后代部族，"昔高阳氏有才子八人：苍舒、隤敳、梼戭、大临、尨降、庭坚、仲容、叔

---

① 顾颉刚：《古史辨自序》上册，第 163 页。
② （汉）孔安国传，（唐）孔颖达正义：《尚书正义》卷第三《舜典第二》，第 73 页。
③ 同上。

达，齐圣广渊，明允笃诚，天下之民，谓之'八恺'"。① 对于此句，晋朝杜预注："高阳，帝颛顼之号。八人，其苗裔。"②"恺，和也。"③他们共同的特点是"齐圣广渊，明允笃诚"。

"八元"是指高辛氏帝喾的八个后代部族，"高辛氏有才子八人，伯奋、仲堪、叔献、季仲、伯虎、仲熊、叔豹、季狸，忠肃共懿，宣慈惠和，天下之民谓之'八元'"。对于此句，晋朝杜预注："高辛，帝喾之号。八人，亦其苗裔。""元，善也。"④他们共同的特点是"忠肃共懿，宣慈惠和"。

颛顼的后代因为有德，被天下之民称为"恺"。帝喾的后代因为有德，被天下之民称为"元"。唐朝司马贞《史记索隐》谓："谓元、恺各有亲族，故称族也。"⑤二者加起来共十六族。

"八恺"是颛顼之苗裔，"八元"是帝喾之苗裔，那么这十六族就都是黄帝的后裔，他们共同的特点继承了黄帝、颛顼、帝喾的遗风，不仅"世济其美，不陨其名"，而且保持了"忠肃共懿，宣慈惠和"的德性。自颛顼、帝喾、尧之世，这十六族可能就是代表黄帝文化的核心部族，他们之所以被天下之民称为"八恺""八元"，是因为他们遵循"五教"的民性和风俗，足以作为天下表率，承担着继承文化传统、"立元正始"的重任。正因如此，虽然在尧之时没有能够重用这十六族，但在舜统治之时他们都得以重用，即所谓"舜举十六相"，是舜的统治依靠的对象，舜举八恺，"使主后土，以揆百事"；举八元，"使布五教于四方"，传播父义、母慈、兄友、弟恭、子孝这"五常"之教，取得了"内平外成"的政绩。故《左传·文公十八年》："此十六族也，世济其美，不陨其名，以至于尧，尧不能举。舜臣尧，举八恺，使主后土，以揆百事，莫不时序，地平天成。举八元，使布五教于四方，父义、母慈、兄友、弟共、子孝，内平外成。"

综上，就今日所见文献来看，至少在舜统治的时候，在其统治范围内，就已经有了内外之教的职责分工，这说明舜十分重视对"四方"的教化。

---

① 《春秋左传·文公十八年》。
② （晋）杜预撰，李梦生整理：《春秋左传集解》，凤凰出版社 2010 年版，第 270 页。
③ 同上书，第 271 页。
④ 同上。
⑤ 《史记·五帝本纪》，第 25 页。

上古帝系的原始道法内容 华夏族之初本不见有"刑",对于"规范"多名之曰"教""禁",而不见有具体的刑罚,明代严可均辑《全上古三代秦汉三国六朝文》中即是如此。华夏族所谓的"三坟五典"是指上古之道法,难以尽以"法律"言之,后人所辑上古之禁言,其内容更多的是教人们应该怎么做,而不是关注于如何处罚。到目前为止,除蚩尤这个非轩辕谱系的异族拥有"五刑"外,我们并没有看到太昊(伏牺)、炎帝(神农)、黄帝(轩辕)、颛顼、帝喾这个谱系中有什么刑罚。这里对上古之道法析之如下:

首先,太昊(伏羲)之教。伏羲有"十言之教"。汉郑玄《六艺论》谓"十言之教"是指"乾、坤、震、坎、离、艮、兑、消、息",①此"十言之教",是指《易》之"八卦",外加"消"和"息"。虽然古文中没有具体涉及"禁令"的解释,但随着后来周文王和孔子对《易》的解释,伏羲"十言之教"已然成为"教"的内容。此外,又有所谓的《伏羲政典》之说,《绎史·太皞纪》引《三坟》曰:"命臣飞龙氏造六书,命臣潜龙氏作甲历,伏制牺牛,冶金成器,教民炮食,易九头为九牧,因尊事为礼仪,因龙出而纪官,因凤来而乐。命降龙氏倡率万民,命水龙氏平治水土,命火龙氏炮治器用,因居方而置城郭,天下之民号曰天皇。太昊伏牺有庖升龙氏,本通姓氏之后也。"②

其次,炎帝(神农)之典。炎帝有"神农之禁""神农之数""神农之法""神农之教""神农之书",③这些我们都可以概之为"神农政典"。

所谓"神农之禁",主要是禁止伤害春夏正生长的动植物,是民生之根本。《群书治要·六韬》中《虎韬篇》引"神农之禁"曰:"春夏之所生,不伤不害。"④

所谓"神农之数",《管子·揆度》曰:"一谷不登,减一谷,谷之法什倍。二谷不登,减二谷,谷之法再什倍。夷疏满之,无食者予之陈,无种者贷之新。"⑤

---

① (清)严可均辑:《全上古三代秦汉三国六朝文(附索引)》第 1 册,中华书局 1958 年版,第 9 页。
② (清)马骕撰,王利器整理:《绎史》卷三《太皞纪》,第 20 页。
③ (清)严可均辑:《全上古三代秦汉三国六朝文(附索引)》第 1 册,第 9 页。
④ 同上。
⑤ 同上。

所谓"神农之法"，《吕氏春秋·爱类》引"神农之教"曰："士有当年而不耕者，则天下或受其饥矣；女有当年而不绩者，则天下或受其寒矣。"[1]

又有《神农书》《神农占》皆教之云四季农事，曰五谷生长。

此外，《绎史》引《三坟》云"神农政典"还专有其内容，兹录于下：

> 《政典》曰：惟天生民，惟君奉天，惟食丧祭衣冠教化，一归于政。皇曰：我惟生无德，咸若古政，嗟尔四方之君，有官有业，乃子乃父，乃兄乃弟，无乱于政。昔二君始王，未有书契，结绳而治，交易而生，亦惟归政。昔在天皇，肇修文教，始画八卦，明君臣民物阴阳兵象，以代结绳之政，出言惟辞，制器惟象，动作惟变，卜筮惟占。天皇氏归气，我惟代政，惟若古道以立政。皇曰：正天时，因地利，惟厚于民。民惟邦本，食惟民天。农不正，食不丰。民不正，业不专。惟民有数，惟食有节，惟农有教。林林生人，无乱政典。《政典》曰：君正一，道二三凶。臣正一，德有常吉。时正惟四，色正惟五，惟质惟良。病正四百四，药正三百六十五，过数乃乱而昏而毒。道正常，过政反僻。刑正平，过政反私。禄正满，过政反侈。礼正度，过政反僭。乐正和，过政反流。治正简，过政反乱。丧正哀，过政反游。干戈正乱，过政反危。市肆正货，过政反邪。讥禁正非，过政失用。皇曰：嗟尔有官有业，乃子乃父，乃兄乃弟，咸若我辞，一归于正。皇曰：君相信任惟正，相君俑位惟忠，相官统治惟公，官相代位惟勤，民官抚爱惟仁，官民事上惟业。父无不义，厥子惟孝，兄无不友，厥弟惟恭，夫不游，妻不淫，师不怠，教不失。刑者，形也，形尔身。道者，导也，导尔志。礼者，制也，制尔情。乐者，和也，和尔声。政者，正也，正其事。[2]

再次，黄帝（轩辕）之治。黄帝有《道言》《政语》《丹书戒》《诲颛顼》《兵法》《黄帝李法》。在此录清人严可均所辑一二，以明其意。

所谓《道言》：

---

[1] （清）严可均辑：《全上古三代秦汉三国六朝文（附索引）》第 1 册，第 9 页。

[2] （清）马骕撰，王利器整理：《绎史》卷四引《三坟》，第 28—29 页。

一者,阶于道,机于神。

芒芒昧昧,因天之威,与天同气。

声禁重,色禁重,衣禁重,香禁重,味禁重,室禁重。

帝无常处也,有处者,乃无处也。以言不行塞。

厉女德而弗忘,与女正而弗衰,虽恶奚伤。(《吕氏春秋·遇合》)四时之不正也,正五谷而已矣。①

所谓《政语》,是说为政者当戒行之大道,汉志道家有《黄帝铭》六篇:

日中必熭,操刀必割。

道若川谷之水,其出无已,其行无止。

《巾几铭》:"毋翕弱,毋俷德,毋违同,毋敖礼,毋谋非德,毋犯非义。"

《金人铭》:"我,古之慎言人也,戒之哉!戒之哉!无多言,多言多败;无多事,多事多患。安乐必戒,无行所悔。勿谓何伤,其祸将长;勿谓何害,其祸将大;勿谓无残,其祸将然;勿谓莫闻,天妖伺人。荧荧不灭,炎炎奈何;涓涓不壅,将成江河;绵绵不绝,将成网罗;青青不伐,将寻斧柯,诚不能慎之,祸之根也。曰:是何伤?祸之门也。强梁者不得其死,好胜者必遇其敌。盗怨主人,民害其贵。君子知天下之不可盖也,故后之下之,使人慕之,报雌持下,莫能与之争者。人皆趋彼,我独守此,众人惑惑,我独不从。内藏我知,不与人论技。我虽尊富,人莫害我。夫江河长百谷者,以其卑下也。天道无亲,常与善人。戒之哉!戒之哉!"②

所谓《丹书戒》,是言为政者当采用之治术:

施舍在心平,不幸乃弗闻过,祸福在所密,存亡在所用。下匿其

---

① (清)严可均辑:《全上古三代秦汉三国六朝文(附索引)》第1册,第10页。
② 同上。

私，用试其上；上操度量，以割其下，上下一日百战。①

所谓《丹书》，云"胜强义欲"之道：

> 敬胜怠者强，怠胜敬者忘。义胜欲者从，欲胜义者凶。凡事不强则枉，不敬则不正，枉者灭废，敬者万世。②

所谓《诲颛顼》，是黄帝教诲颛顼的语录：

> 爰有大圜在上，大矩在下，汝能法之，为民父母。③

又如《黄雀占》，有云：

> 黄者土精，赤者火荧，爵者赏也。余当立大功乎，黄雀者集也。④

所谓《兵法》，是言天象与军事之间的神秘关系：

> 甲子从北斗魁第一星起，顺数至庚午，在第七刚星。至辛未，还从第六星逆数至丙子，又从第一星顺数，尽六甲。
>
> 沈阴，日月俱无光，昼不见日，夜不见月星，皆有云障之而不雨，此为君臣俱有阴谋，两敌相当，阴相图议也。若昼荫，夜月出，君谋臣。夜阴，昼日出，臣谋君，下逆上也。
>
> 日月晕，仰视之，须臾，忽有云气从旁入者，急随云以攻之，大胜。
>
> 荧惑出太白之阴，若不有分军，必有他急，分大军也。
>
> 太白与辰星俱出东方，西方国大败。俱出西方，东方国大败。若

---

① （清）严可均辑：《全上古三代秦汉三国六朝文（附索引）》第1册，第10页。
② 同上书，第11页。
③ 同上书，第10页。
④ 同上书，第11页。

客主人俱出军,在东方,东方军败。在西方,西方军败,言其表面军也。在表者不善,不获已,军坚守可也。①

所谓《黄帝李法》,是指征伐和刑戮之事。"黄帝李法"源于《汉书·胡建传》中的记载:"《黄帝李法》曰:壁垒已定,穿窬不繇路,是谓奸人,奸人者杀。"②苏林注云:"狱官名也。"孟康注云:"兵书之法也。"颜师古注云:"李者,法官之号也,总主征伐刑戮之事也,故称其书曰《李法》,苏说近之。"清人沈家本《历代刑法考·律令一》按语说:"唐虞以前,刑法无闻《黄帝李法》,仅此一条。《汉书·艺文志》不录其书,是全书亡矣。《管子》言'黄帝置法',《淮南》言'黄帝法令明',其时之法律必已详备。"③蔡枢衡《中国刑法史》即说:"远在黄帝时代,就已有了刑法典。《汉书·胡建传》和《说范·指式篇》称曾称述黄帝《李法》。"④

以上材料能否作为黄帝时已有法律存在的依据,目前学界尚有异议,有学者以《黄帝素问》二十篇注云:"六国时韩诸公子所作。"以及《黄帝说》四十篇注云:"迁诞依托。"和《汉书·艺文志》的说法为依据,认为"《黄帝李法》也是托名黄帝的著述,绝非黄帝时已制定有名为《李法》的法典"。⑤

此外,《绎史·黄帝纪》卷五引《三坟》又有"轩辕氏政典"之说。其内容是:

> 皇曰:嗟尔天师、备相、五正、百官、士子、农夫、商人、工技,咸若我言。《政典》曰:国无邪教,市无淫货,地无荒土,官无滥士,邑无游民,山不童,泽不涸,其正道至矣。正道至,则官有常职,民有常业,父子不背恩,夫妇不背情,兄弟不去义,禽兽不失长,草木不失生。《政典》曰:方圆角直曲斜凹凸必有形,远近高下长短疾缓必有制,寒暑燥湿风雨逆顺必有时,金木水火土石羽毛必有济,布帛桑麻觔角齿革必

---

① (清)严可均辑:《全上古三代秦汉三国六朝文(附索引)》第1册,第11页。
② 同上。
③ (清)沈家本撰,邓经元等点校:《历代刑法考·律令一》,第814页。
④ 蔡枢衡:《中国刑法史》,广西人民出版社1983年版,第96页。
⑤ 李明德:《"黄帝李法"辨》,《法学杂志》1995年第1期,第39页。

有用，百工器用必有制。圣人治天下，权以聚财，财以施智，智能以储贤，贤以储道，道以统下，下以事上，上以施仁，仁以保位，位以制义，义以储礼，礼以制情，情以敦信，信以一德，德以明行，行以崇教，教以归政，政以崇化，化以顺性，性以存命，命以保生，生以终寿。皇曰：岐伯天师，尔司日月星辰阴阳历数，尔正尔考，无有差贷，先时者杀，不及时者杀，尔惟戒哉。皇曰：后土中正，尔职山川草木虫鱼鸟兽，尔掌尔察，无乱田制，以作田讼，尔惟念哉。皇曰：龙东正，尔分爵禄贤智，尔咨尔行，无掩大贤以吝财，无庇恶德以私赏。皇曰：融南正，尔平礼服祭祀，尔正惟无乱国制以僭上，无废祀事以简恭，尔惟念哉。皇曰：大封西正，尔分干戈刑法，尔掌尔平。皇曰：大常北正，尔居田制民事，尔训尔均，百工惟良，山川尔图，尔惟勤恭哉！皇曰：天师、储相、五正、百官、士子、农夫、商人、工技，咸若我言，终身于休。①

复次，颛顼（高阳氏）之法。颛顼是黄帝之孙，继承了黄帝之道法遗风，严可均辑云其有《政语》：

> 帝颛顼曰："至道不可过也，至义不可易也，是故以后者复迹也。故上缘黄帝之道而行之，学黄帝之道而赏之，加而弗损，天下亦平也。"
> 颛顼曰："功莫美于去恶而为善，罪莫大于去善而为恶，故非吾善善而已也，善缘善也。非恶恶而已也，恶缘恶也。吾日慎一日，其此已也。"②

严可均又辑有《帝颛顼之法》，是谓："妇人不辟男子于路者，拂之于四达之衢。"③此语见《淮南子·齐俗训》，意思是颛顼时，如果女子在路上不小心碰撞了男人，便会带来晦气，所以要在通衢之处举行除凶去垢的"祓襄"仪式（沐浴祈福）。

再次,有尧舜之典。尧之世有《政语》《尧戒》。其《政语》关心民生疾苦:"帝尧曰:'吾存心于千古,加志于穷民,痛万姓之罹罪,忧众生之不遂也。故一民或饥,曰此我饥之也;一民或寒,曰此我寒之也;一民有罪,曰此我陷之也。'"①此处说"一民有罪,曰此我陷之也",与后来孔子反对"不教而诛",反对"不豫塞其源,而辄绳之以刑",要求在制度设计上尽量上做到"无陷刑之民"的思想是一致的。②后世帝王也有因罪己而下"罪己诏"的传统,《政语》此处所言可以认为是关于"罪己"的最早出处。又有《尧戒》,言其自律,有云:"战战慄慄,日慎一日,人莫踬于山而踬于垤。"③

虽然尧之世已有了刑法,但未出现"德衰"之气象,故少用刑罚。如《管子·侈靡》云:"偌尧之时,……其狱一蹄腓一蹄屦而当死。今周公断指满稽,断首满稽,断足满稽,而死民不服,非人性也,敝也。"④诸侯犯罪,"令着一只屦以耻之,可以当死刑"。⑤是以德教而不轻易用刑,而《管子·侈靡》说周公时"断指满稽,断首满稽,断足满稽",本也是说其多使用道法,而慎于用刑之意。因此中国古代"先王"有教,且一脉相承。"故先王之法籍,非所作也,其所因也;其禁诛,非所为也,其所守也"。⑥

综上这些"先王之法籍",如《管子》所说,从教的意义看,是"非所作,其所因";从刑罚的意义看,是"非所为,其所守"。也就是说,中国上古先王"法籍"的特点是被动作为,其道法具有自然性,其刑罚具有谦抑性。故华夏上古先王之治道,以仁义教化为本,以刑罚为末。后世典籍

① (清)严可均辑:《全上古三代秦汉三国六朝文(附索引)》第1册,第12页。
② 子曰:"丧祭之礼,所以教仁爱也。能教仁爱,则服丧思慕,祭祀不解,人子馈养之道。丧祭之礼明,则民孝矣。故虽有不孝之狱,而无陷刑之民。杀上者生于不义,义所以别贵贱,明尊卑也。贵贱有别,尊卑有序,则民莫不尊上而敬长。朝聘之礼者,所以明义也。义必明,则民不犯。故虽有杀上之狱,而无陷刑之民。斗变者,生于相陵;相陵者,生于长幼无序而遗敬让。乡饮酒之礼者,所以明长幼之序而崇敬让也。长幼必序,民怀敬让,故虽有斗变之狱,而无陷刑之民。淫乱者,生于男女无别,男女无别则夫妇失义。婚礼聘享者,所以别男女、明夫妇之义也。男女既别,夫妇既明,故虽有淫乱之狱,而无陷刑之民。此五者,刑罚之所以生,各有源焉。不豫塞其源,而辄绳之以刑,是谓为民设阱而陷之。"见《孔子家语·五刑解第三十》,北京燕山出版社1995年版。
③ (清)严可均辑:《全上古三代秦汉三国六朝文(附索引)》第1册,第12页。又见《淮南子·人间训》。
④ (清)严可均辑:《全上古三代秦汉三国六朝文(附索引)》第1册,第12页。
⑤ 《管子》卷十二《侈靡第三十五》,《诸子集成》第5册,第193页,
⑥ 何宁撰:《淮南子集释》,第773页。

言上古道法，多合儒家之义，其多始于伏羲"十言之教"而逐渐形成的教化系统，这一系统是以"先王"法籍记载的道法为典范和源泉的，故云"有典有则"。

五、刑罚系统：刑罚之俗源

中国上古观念中本有礼俗而无法，"就众所共由言之，则曰俗。就一人之践履言之，则曰礼。古有礼而已矣，无法也"。[①] 而《尚书·吕刑》中有"墨法之属千。劓罚之属千。剕罚之属五百。宫罚之属三百。大辟之罚，其属二百。五刑之属三千"，所谓"三千"者，并非三千条法律，有人认为是"五刑属的三千解，仍是礼"，[②]还有人疑为原始习惯法的汇编。前者有其道理，三千是指当时的各种礼俗，尤言其多，而后者多为概念化的臆断。"三千"之谓，正说明法俗形成时期刑、礼相随的样态。也就是说原始风俗进而为法俗，而非形式化和法典化的法律，因此人们通常认为中国夏商周没有成文法律。从现存的史料看，中国上古之法，其教法的色彩多于刑罚，这是因其文教先于刑的缘故。上古华族之内，其规范多以教、训为主，曰教法而不多言刑，这是其法俗的特点。不仅如此，中国上古之刑的起源，亦多不见来自华族，而多来自异族风俗。

中国刑法自刑罚始，这大抵是人类刑法史的共同特点。上古时"五刑"皆是刑罚，且都是肉刑。"五刑"从苗民创制开始，到周穆王时一直没有改变。苗民在江、淮、荆州一带，据相关研究，历史上苗民亦在吴越存在过，因此"五刑"也与越蛮之风俗有关，且《吕刑》中已经说明它本是来自苗民的旧俗，《书经·刑》："爰始淫为劓、刵、椓、黥。"[③]

"五刑"本是俗而不能简单以法称之，故《说文》段注以"俗"称之，段注云："膑者膑之俗，去其膝头骨也。"这些处罚方式往往具有耻辱刑的特点，中国古代的刑罚原初是不施于本族的，《周礼·地官·大司徒》："凡万民之不服教而有狱讼者，与有地治者听而断之，其附于刑者，归于士。"此为刑

---

① 吕思勉：《先秦史》，第 390 页。
② 同上书，第 391 页。
③ 《尚书·吕刑》。

罚之初不施于本族的证明，[①]这在一定程度上也说明中国古代的刑最初是针对异族的处罚形式。刑罚最早起源于"象刑"，象刑中又包括了肉刑，如黥刑。从象刑的特点看，象刑多为耻辱刑罚，有异族风俗之元素，应当是对异族战败者的羞辱，也是异族战败者的身份符号，因而象刑的形式多取于异族之风俗。

黥 黥原本是越人文身之俗，作为中国古代"五刑"之一的黥（墨）刑本不是华族之刑罚，而是起源于异族之雕题习俗（在额上雕刻花纹，并涂上颜色）。其次是刵，刵左耳右刀，言割其耳也，故《说文》言："刵，断耳也。"刵刑原本是越人儋（穿）耳之习俗，儋同"瞻"，指耳下垂之状，《前汉书·武帝纪》应劭注："儋耳者，种大耳。渠率自谓王者耳尤缓，下肩三寸。"中国历史上有一族名曰儋耳，《山海经》中称"离耳国"，《异物志》又云："儋耳夷生则镂其头皮，尾相连并。镂其耳匡为数行，与颊相连，状如鸡腹部下垂肩上。"[②]该儋耳夷的习俗是雕刻颊皮，上连耳部，故得其名。我们虽然不能说中国古代五刑全部来自四方异族的风俗，但至少是部分源于此。黥刑和刵刑本非华族之风俗，更非华族之刑罚，华族后以黥刑和刵刑作为刑罚，与远古部落战争有关。远古部落战争往往以异族俘虏为奴，异族的黥、刵皆在人之正面，一望了然，自然是识别异族俘虏的标志。原始之初，部落之间风俗有异，相互歧视对方风俗，文面、儋耳之夷若成为华族俘虏，华族自然以其俗为耻。华族既然以此种风俗为耻，若本族之中有犯族规者，遂以此夷俗罚之，以示羞辱。于是文面、儋耳夷俗就成为华族的黥、刵之刑，由此异族之风俗演化为华族之法俗，成为中华上古刑罚的部分。

髡 上古各族之间既然有相互歧视彼此风俗的态度，自然夷俗中的髡头去发之俗亦为远古华族所耻。古简所见，秦朝法律中有髡刑，《集韵》载："髡，刑名，髡去其发也。"然髡刑亦是来自髡头去发之夷俗，华俗"束发冠带"，故本非华俗所有。东汉王充撰《论衡·四讳》云："古者肉刑，形毁不全，乃不可耳。方今象刑，象刑重者，髡钳之法也，若完城旦以下，施刑彩

---

① 吕思勉：《先秦史》，第 396 页。
② 《太平御览》卷七九〇引杨孚《异物志》，中华书局 1960 年影印本，第 3502 页。

衣系躬,冠带与俗人殊,何为不可?"①

在华俗中髡钳之刑同样是耻辱刑,髡钳之法就是用于惩罚"象刑重者"。在秦律中,髡钳之刑是作为"城旦"劳役刑之配刑来使用的,即是劳役刑和耻辱刑同时施用于同一犯罪。

商周皆"束发冠带",而其他诸族皆被发、断发或髡头。《后汉书·东夷传》:"其人短小,髡头,衣韦衣,有上无下。"②比如"髡头"亦有考古文物为证,出土于20世纪50年代的内蒙古宁城南山根夏家店上层文化,属东周时期北方东胡族的遗存。其中所发现的青铜短剑,剑柄顶端的人物形象,头光而无发。南山根编号为 M102 的墓中出土的刻纹骨板,所刻狩猎者形象头部亦皆无发;赤峰红后山发现夏家店上层文化人面形铜牌,上层人物形象也是髡头者。③ 髡即是东夷、东胡断发之俗,《秦律》中有髡耐刑,即剃光头发、鬓须的附加耻辱刑罚;《汉律》中有"予者髡为城旦"之说。④髡刑极有可能来自于"四方"族群"髡头"之俗,由此异族之风俗演化为华族之法俗,成为中华上古刑罚之又一内容。

酷刑　中国上古五刑起于苗民,华族最初用之亦是针对外患,如《尚书·舜典》舜对皋陶说:"皋陶,蛮夷猾夏,寇、贼、奸、宄。汝作士,五刑有服,五服三就。"可见当时的黥(刺面)、劓(割鼻)、刵(割耳)、椓(宫)、大辟(砍头)五刑是针对寇、贼、奸、宄四种因蛮夷入侵引发的罪行。舜对皋陶说到此处是就外患而言的,而且此处讲究"惟明克允"。⑤ 当时在司法上又分有象刑、流刑、鞭刑、扑刑、金刑(赎刑),还区分了故意与过失,体现了"钦哉! 钦哉! 惟刑之恤哉"的刑罚思想。⑥ 其行刑之所,凡是五刑有服者,因其轻重分处不同的地方行刑,如蔡沈之云:"大辟弃市,宫辟下蚕室,余刑亦就屏处。"⑦是在市、蚕室、屏处三种地方。"行刑当就三处:大罪于

---

① (东汉)王充撰:《论衡·四讳》。
② 《后汉书》卷八五《东夷传》,中华书局 1965 年版,第 2820 页。
③ 靳枫毅:《夏家店上层文化及其族属问题》,《考古学报》1987 年第 2 期。
④ 参见《居延新简》EPS4.T1:100。
⑤ 《尚书·舜典》。
⑥ 同上。
⑦ 见张紫葛、高绍先《〈尚书〉法学内容译注》,第 20 页。

原野,大夫于朝,士于市","言得轻重之中正也"。①

春秋战国时秦国以酷刑著称,被自认为继承了华制传统的东方诸国所不耻。秦国之刑罚有别于当时其他诸国,故秦国有"虎狼之国"之称。秦国居于西北,近戎狄偏僻之地,其民风政俗受到戎狄风俗的影响。一些戎狄的风俗自然会影响秦国的刑罚,秦国刑罚中的酷刑极可能也是来自戎狄之俗,尤其是在秦用商鞅之后,秦国的刑罚到了野蛮残忍的程度。《汉书·刑法志》云:"陵夷至于战国,韩任申子,秦用商鞅,连相坐之法,造参夷之诛,增加肉刑、大辟,有凿颠、抽胁、镬亨之刑。"商鞅是法家,法家有重刑的思想,《申子》《管子》《韩非子》《商君书》的理论都是如此,但他们并没有关于创造酷刑的理论,他们所说的重刑尚不至如此残酷。然而商鞅是一个苛酷的法家,使用这些残忍的刑罚,却是符合商鞅的性格的。

这里我们应该清楚的是,车裂、凿颠、抽胁、镬亨、夷三族、腰斩、具五刑这些秦国使用的刑罚,在当时就已异于中国传统的"五刑"(墨、劓、宫、刖、大辟)了,在汉代以后也不是中国刑罚体系的内容,这类刑罚在中国法律史上的出现只是短时期的个案。而且,我们并没有确切证据表明这些刑罚是商鞅发明的,那么这些刑罚来自何处呢?秦国开化较晚,地处戎翟之所,且其先祖重要成分之一就是犬戎,②当时极可能用"戎翟之俗",故太史公云:"秦与戎翟同俗,有虎狼之心,贪戾好利无信,不识礼仪德行。"③

因此,这些酷刑中可能有自创的,不过大多可能是采用了"戎翟之俗",如《史记》卷五《秦本纪》中有:"(秦文公)二十年,法初有三族之罪。"泷川资言著《史记会注考证》云:"余有丁曰,秦法自来惨刻,尽夷狄之故俗也。"④又有:"黄淳耀曰:三族之罪始于秦文公,而商鞅因之。"⑤

此等刑罚对后世影响极大,汉朝提出除秦苛政,然秦朝的一些酷刑终汉世而不变。这不仅一定程度上破坏了中国上古以来"先王"道法的品

---

① (汉)孔安国传,(唐)孔颖达正义:《尚书正义》卷三《舜典第二》,第101页。
② 潘光旦编著:《中国民族史料汇编》,天津古籍出版社2005年版,第49页。
③ 《史记》卷四四《魏世家》。
④ (汉)司马迁撰,[日]泷川资言考证:《史记会注考证》,文学古籍刊行社1955年版,第342页。
⑤ 同上。

格,而且歪曲了中国古代法律文化在世人心中的形象,人们仿佛认为这就是中国的法律文化。由此异族之风俗演化为华族之法俗,此处又是一例。

放逐 华夏刑罚亦有缘于本族之风俗者,比如放逐,其作为人所熟知的古老刑罚,在中国的历史十分久远。《尚书·尧典》中有"流共工于幽州,放驩兜于崇山,窜三苗于三危,殛鲧于羽山,四罪而天下咸服"的记载,同时还有"流宥五刑"的说法。从其祭礼的原始含义和重要性来看,应当早于原始的"五刑","放逐"刑本也是"法俗",它的起源同样与异族风俗有关。受过墨刑或髡刑的华夏之人以被视为"四方"族群而蒙羞,古人"非我族类"的观念较强,既然已被视为异族,那么他就应当被驱逐出本族,因此古代墨刑或髡刑常与流刑并用。

由于"放逐"之刑与族群的意识和身份联系在一起,而族群意识和身份又是本族内部教化的重要内容,因此同样适用于贵族阶层。《解诂》曰:"古者刑不上大夫,故有罪,放之而已。"《礼记·王制》曰:"山川神祇有不举者为不敬,不敬者君削以地;宗庙有不顺者为不孝,不孝者君绌以爵;变礼易乐者为不从,不从者君流;革制度衣服者为畔,畔者君讨。"《礼记·玉藻》曰:"玄冠缟武,不齿之服也。"所谓"不齿",意思是流放不服教者。对于不服教化者,让其"玄冠缟武",屏之远方,流之于四夷,故《礼记·王制》曰:"变衣服者,其君流。"意思是穿衣着服不符合规定者,其君王要流放他们。《礼记·王制》又有:

> 命乡简不帅教者以告。耆老皆朝于庠,元日,习射上功,习乡上齿。大司徒帅国之俊士,与执事焉。不变,命国之右乡简不帅教者移之左,命国之左乡简不帅教者移之右,如初礼。不变,移之郊,如初礼。不变,移之遂(郊外),如初礼。不变,屏之远方,终身不齿。

"命乡简不帅教者以告","帅"在这里是"遵循"的意思,如《风俗通义·愆礼》有"不愆不忘,帅由旧章"之说,即是同义,"不帅教者"即是不遵从教化者。"屏之远方,终身不齿"中的"不齿",是不被记录、录用的意思,《周礼·秋官·大司寇》:"其能改过,反于中国,不齿三年。"郑玄注:"不齿者,不得以年次列于平民。"又注云："齿，犹录也。"孔颖达疏："以年相次是录其长幼，故云齿犹录也。"郑玄注："所放不帅教者。"孙希旦集解："不齿者，圜土之罢民。"《宋史·卫肤敏传》载卫肤敏言："今陛下践祚之初，苟无典刑，何以立国？凡前日屈节敌人，委质伪命者，宜差第其罪，大则族，次则诛，又其次窜殛，下则斥之远方，终身不齿，岂可犹畀祠禄，使尘班列哉？"①这里"畀"为分田之意，"祠禄"为宋制，宋专设祠禄之官，以佚老优贤。"殛"通常解作"诛"的意思，但《尚书·舜典》孔颖达疏则以为"流""放""窜""殛""俱是流徙"。《尚书正义·舜典》孔疏：

> 《释言》云："殛，诛也。"传称流四凶族者，皆是流，而谓之"殛窜放流，皆诛"者，流者移其居处，若水流然，罪之正名，故先言也。放者使之自活，窜者投弃之名，殛者诛责之称，俱是流徙，异其文，述作之体也。四者之次，盖以罪重者先。共工滔天，为罪之最大。驩兜与之同恶，故以次之。②

可见对共工、驩兜、三苗、鲧实行的"流""放""窜""殛"都属于流刑，而且是针对这些严重不遵从教化者实行的宽宥之法，而且流刑是"应刑不刑"之"常法"，是对罪犯的宽纵之法。

《尚书正义·舜典第二》孔疏云：

> 流谓徙之远方，放使生活，以流放之法宽纵五刑也。此惟解以流宽之刑，而不解宥宽之意。郑玄云：其轻者，或流放之，四罪是也。王肃云：谓君不忍刑杀，宥之以远方。然则知此是据状合刑，而情差可恕，全赦则太轻，致刑即太重，不忍依例刑杀，故完全其体，宥之远方。应刑不刑，是宽纵之也。③

---

① 《宋史》卷三七八《卫肤敏传》，中华书局 1985 年版，第 11663 页。
② （汉）孔安国传，（唐）孔颖达正义：《尚书正义》卷第三《舜典第二》，第 93 页。
③ 同上书，第 90 页。

认为"放逐"是因为不忍依例刑杀,所以宥之远方,是宽纵的做法,这就是"放逐"在中国古代的本初含义。又《尚书·舜典》有"五流有宅,五宅三居","五流"即是指凡犯五刑之罪而又不忍杀之者,故流放之,是谓"流宥五刑"也。又因其轻重,"屏之远方",因其所流之远近而流居三个不同的地方。因此,《大学》中才有"惟仁人放流之"的说法。上述关于"放逐"理由的分析反映了一定的族群区分意识,《大学》中认为放逐的意义在于使之"屏诸四夷,不与同中国"。

在汉文化中,一人具有祭祀先祖的资格就意味着其人具有作为同族成员的资格,而受刑之人往往没有这样的资格。因此,华族有"俗讳被刑,不上丘墓"之说,[①]意思是按照风俗,受到刑罚处治之人,是不能够上丘墓祭祀先人的。在那个时代,不能上丘墓祭先人,也即意味着已非我族群,而当以异族之人视之,所谓"神不歆非类,民不祀非族"就是这个意思。[②]

《尚书·舜典》中记载对共工、驩兜、三苗、鲧实行的"流""放""窜""殛"是一种有文化意味的处罚方式,如孔子言,是"惟仁人"才有的做法。对照上述《礼记·王制》中的"变礼易乐者为不从,不从者君流"和"不变,屏之远方,终身不齿",可以看出这种处罚方式的民俗文化味道很浓。它从对礼乐的维护出发,反映了把"不帅教者"与"不变"者视之异族的立场和态度,体现了中国古代华夏族在文化上的坚持;它作为对"不帅教者""宥之远方,应刑不刑,是宽纵之也"的刑法,也表现出文化上的宽容。

不仅如此,在中国古代的流刑中,我们还能够感受到中国古代法律与风俗一体,也能感受到中国古代制度文化中重俗、化俗的特点。上述流刑的使用见之于《舜典》,在各类法律中,其记载的时间比较早,这反映了中国古代刑罚的产生还本源于自身文化上的坚持。汉代王肃认为流刑的产生是因为"君不忍刑杀,宥之以远方",正从另外一方面说明上古时期华夏族本无后世见到的诸多酷刑,其刑罚之产生,一方面受到外族刑罚的影响,另一方面则是针对与异族文化的冲突而制订的,中国古代治边之法的雏形正是在这一内外文化冲突中逐渐形成的。因此除死刑外,流刑、耻辱刑较

---

① (东汉)王充撰:《论衡·四讳》。
② 《左传·僖公十年》。

早于其他诸种刑罚产生。

若以"法律治理思想"论之,上古之时本有两种法律思想,或者说是两种治国理念:一是始于伏羲"十言之教"的教化系统,二是始于蚩尤的"五刑"系统。前者包括太昊(伏羲)、炎帝(神农)、黄帝(轩辕)、颛顼、帝喾、尧、舜的"常道";后者包括"刑""法""律",即蚩尤的"五虐之刑"、夏之"禹刑"、商之"汤刑"、周之"吕刑"和"甫刑"以及后来春秋战国的"法"和"律"这一系统。① 从这两个系统的内容和演变来看,可以认为上古创制有两次受到异族刑罚文化的影响:一次是苗民系统的"五刑"肉刑制度的影响,一次是战国时期秦国受到周围戎狄酷刑的影响。尽管如此,上古时期中国形成的"常道"仍然不断催生华夏法律文明的进步,后世儒家多以"志古之道"为己任,坚持以"常教"为主的法律原则,这使得夏、商、周、春秋之际,虽有"五刑"这样的酷刑,但是中国传统法律文化发展方向在总体上仍保持了其人文精神。② 在战国秦火酷法之后,经过汉代对上古轩辕道法的复兴,华夏的法律文化范式仍能够继续保持它文明的基本面,这也是这个中央之国在不同的历史时期能够不断内聚"四方"族群的根本原因。

---

① 始于战国之"法"和始于秦国之"律"。

② 此可以见清朝名臣张之洞在《劝学篇》中的论述。(清)张之洞撰:《劝学篇》,广西师范大学出版社 2008 年版,第 19—20 页。又见《尚书正义·舜典第二》孔疏云:"五刑虽有常法,所犯未必当条,皆须原其本情,然后断决。或情有差降,俱被重科;或意有不同,失出失入,皆是违其常法。故令依法用其常刑,用之使不越法也。"(汉)孔安国传,(唐)孔颖达正义:《尚书正义》卷第三《舜典第二》,第 90 页。

第九章　儒家法俗的精神品质

一、士与贵族：英雄时代的品格

中国古代华人习俗的高级形式表现为礼，华族之礼是华族之俗的文明表现形式。我们讲贵族精神，一般喜言西方中世纪之贵族；我们讲礼，一般喜言中国古代儒家之君子。殊不知，西方中世纪贵族亦有其礼，中国古代君子亦有其精神。中国古代的"君子精神"，究其源就是先秦王朝贵族之礼法；西方之"骑士精神"，究其源就是日耳曼之法俗。西方中世纪之礼同样表现在其贵族的生活仪式之中，所谓的骑士精神就是这种礼的表现，近代所谓的"绅士风度"的内容，实际上正是源于中世纪早期"日耳曼骑士"为了领主而崇尚的勇武、忠诚的传习，并形成于后来十字军东征时"基督教骑士"充满美德和高雅的誓规。

在中世纪欧洲早期历史中，日耳曼骑士作为一个低级的封建贵族阶层一直存在着，他们是"蛮族王国"抵抗撒拉逊人、斯拉夫人、马扎尔人、丹麦人唯一的军事力量，这一时期骑士的英雄主义形象只有暴力的一面，他们传说中的英雄成就只是证明了他们拥有军人的勇气，他们的道德形象却十分糟糕："他们完全藐视危险与死亡，但是与此同时他们对过往却背信弃义，拒不服从，在宗教方面不虔诚，亵渎神灵，残暴冷漠地对待普通人，不尊重妇女。"[1]"他们的品质就像狮子与老虎，当他们脾气暴躁或发怒时，什么也拦不住他们；对待弱者的尊重和对宗教的虔诚，均对他们毫无影响，他们

---

① ［英］埃德加·普雷斯蒂奇编，林中泽、梁铁祥、林诗雅译：《骑士制度》，上海三联书店2011年版，第6页。

毫不仁慈地杀死手无寸铁的人,他们把女修道院的修女烧死。"①

在公元 1000 年以后,虽然欧洲的这些威胁已经不存在了,但是骑士风习和贵族阶级仍然存在,欧洲又陷入以骑士为主体的封建战争之中。为将基督教从内部的蹂躏和分裂中拯救出来,必须赋予骑士们以新的使命,解决的办法就是十字军东征。1095 年,法国克莱蒙公会议宣布第一次十字军东征,开始了宗教和骑士战争的结合。在这样的背景下,"一种不同于封建骑士风习的基督教骑士制度出现了"。② 这次会议要求每一位出身高贵的人在年满 12 岁时,应在一名主教前庄严宣誓:"他将尽力保护被压迫者、寡妇和孤儿;出身高贵的妇人应得到他的特别照顾。"③于是,古老的封建骑士风习中开始融入了宗教的道德,"野蛮人"开始变成了"绅士",成为虔诚的基督教骑士。他们尊崇基督教的道德,并且还有了自我约束的"骑士法规",这就是所谓的骑士制度。这些"骑士法规"与其说是法规,不如说成是一种具有法俗性质的誓规。

与中国古代一样,这些同样表现为一种具有很强道德约束感的德性。具体包括三个主要的美德,即勇敢、忠诚和慷慨;三个次要的美德:对教会的忠诚、服从与贞节;三个第三位的美德:彬彬有礼、谦卑和仁慈。④ 随着医户骑士团、条顿骑士团、圣殿骑士团的出现,形成了新的贵族风尚,基督教骑士的"誓规"成为了一种集群性的道德品质。伦敦大学阿特金斯教授的《德国的骑士制度》一文提到骑士应该具有"谦恭""勇敢""忠诚""节制""信心""坚韧不拔""慷慨大方"这些品质,"他们试图把荣誉、世俗财富与上帝的恩典合并在一起"。⑤ 关于骑士封授仪式的记载比较多,中世纪欧洲各国的骑士封授仪式也略有不同,依据《阿丰索法令集》的描述,在骑士封授仪式上,骑士的誓词是:"为了法律、长辈和土地不怕牺牲生命。"⑥实际上骑士被册封时所发的誓愿中需要承担的义务很多,主要内容是:敬畏上

---

① ［英］埃德加·普雷斯蒂奇编,林中泽、梁铁祥、林诗雅译:《骑士制度》,第 6 页。
② 同上书,第 9 页。
③ 同上。
④ 同上书,第 35 页。
⑤ 同上书,第 105—109 页。
⑥ 同上书,第 181 页。

帝,坚守基督教信仰;虔诚和勇敢地服侍上帝;保护弱者与毫无抵抗力的人;不随意冒犯别人;为荣誉而活,对金钱不屑一顾;为全人类的利益而战斗;服从权威人士;捍卫骑士团的荣誉;避免不公正、卑鄙和欺骗;坚持信仰,讲真话;做事有恒心,坚持到底;尊重妇女;敢于接受来自同等地位的人的挑战,决不临阵脱逃。① 到了 12 世纪以后,这些由骑士阶层的道德、宝典、誓词组成的"礼"开始转变为欧洲人的整体性规范。

这些内容更多的是责任和义务而不是权利,它把人们从中世纪混乱、野蛮的行为中拯救出来,尽管有时也会以粗俗和原始的形式出现,但还是展现出一种具有理想性质的美德和高雅。这些美德和高雅"通过我们公立学校、大学、军队、教堂及伦理组织的作用,它便可以把一种具有高尚原则和高贵先例的无比贵重的宝藏传给我们"。② 在中世纪欧洲混乱的历史中,基督教骑士的出现对于欧洲文化产生了巨大的影响,形成了一种"骑士文化",并出现了如《尼伯龙根之歌》《罗兰之歌》《熙德之歌》等这样的骑士文学。成为骑士意味着成为了贵族,是一件负有责任和义务的神圣事情,当时拥有强壮的马、有攻击力的武器和制作精良的装甲是骑士身份的象征。骑士的全副盔甲也神圣的,被认为是上帝所赐,埃克塞特主教管区培训学院讲师拜尔斯在其《中世纪礼仪书及有关骑士的散文体传奇故事》一文中说:

> 在《骑士的封授》中,休爵士对萨拉丁解释说,他作为一名骑士所穿戴的每一件服饰,均有其精神含义——白色的背心,代表纯洁;红色的长袍,代表为了上帝及其教会流血;黑色的裤管,代表对死亡的记忆;白色的腰带,代表贞节;踢马刺,代表服侍上帝的渴望;宝剑,代表保护人们免遭罪恶的侵袭;宝剑的两面剑刃,代表正义和忠诚;白色的帽子,代表所有意志力都渴望得到末日审判时的清白。③

---

① ［英］埃德加·普雷斯蒂奇编,林中泽、梁铁祥、林诗雅译:《骑士制度》,第 26 页。
② 同上书,第 35 页。
③ 同上书,第 246 页。

　　骑士本质上只是武士,在社会上扮演着强者的角色,欧洲中世纪的骑士有自己特殊的法规、礼仪和道德,这些法规、礼仪和道德使一个有力量的人被赋予了基督教神圣的道德理想,成为了"有教养的人"。

　　成为骑士需要举行神圣的授剑册封之礼,并要由主教或者将被册封者的父亲宣读誓词。教士和骑士均有权主持骑士封授仪式,但一般是由骑士来主持。封授仪式是在世俗的动作之上加上了宗教圣事,骑士的受封仪式一般要先沐浴、守夜、忏悔,然后才正式开始。仪式过程中有三个重要动作,即主持人给受封者佩戴上佩剑,并在受封者的面颊或颈上重击一拳,通常称之为"击颈",然后送给他一片棕榈叶,受封者再"亲吻"已经入鞘的剑柄。"击颈"有点类似于"被委任为祭师的教士由主教施与的击打一样",①它的象征意义是"经常想到这一光荣的时刻并保卫他的家园",或者是"他法定要忍受的最后侮辱的一个标志"。②"击颈"的习俗可能来自日耳曼世俗的军事旧习,布鲁赫在《封建社会》一书中认为:"日耳曼人的武器接受仪式与骑士的武器接受仪式之间存在着连续性。"③沐浴、守夜、忏悔、佩剑、击颈、亲吻剑柄,这一切具有象征意义的行为,正是过去日耳曼人的军事领主与附庸之间武器接受仪式与皈依基督教之后忠于上帝的教义的混合,"宗教因素一旦引入,其作用就不仅限于加强骑士社会的团体精神,它还对这一群体的道德法规产生有力的影响"。④通过这些行为,宗教仪式才得以渗透到整个骑士授封仪式之中。如此,原始的日耳曼武士实现了从武士贵族向基督圣徒的转变,一个"有教养"的、体现了基督教理想的骑士等级团体形成了。这个等级团体自认为拥有美德和高雅,具有很强的精神上的优越感,即使是"在法国大革命前的政治制度中,有着古老血统的贵族为了与公职贵族相区别,仍称自己为'佩剑'贵族"。⑤

　　从以上内容可以看出,西方"黑暗的中世纪"倡导的这些美德和法规内容基本上是西方中世纪两种文化融合的结果:一是日耳曼人富有原始

---

①　[法]马克·布洛赫著,张绪山等译:《封建社会》,商务印书馆2004年版,第515页。

②　[英]埃德加·普雷斯蒂奇编,林中泽、梁铁祥、林诗雅译:《骑士制度》,第248页。

③　同上。

④　[法]马克·布洛赫著,张绪山等译:《封建社会》,第521页。

⑤　同上书,第712页。

军事色彩的武士贵族习俗,这包括通过日耳曼人原始的武器接受仪式确立起来的封建领主与其附庸之间形成的双向契约关系;① 二是基督教强调忠诚以及谦卑、奉献、忠诚、节制以及保护妇女和弱者的宗教教义的约束,二者的结合产生了以上述骑士精神为代表的欧洲上层社会的行为价值准则。在欧洲文化中,忠于信仰、富于理想、反对强暴、保护弱者、忠于爱情,这些具有骑士精神的品质构成了欧洲后来的"绅士思想"的内容。② 可以说,骑士精神是欧洲后来出现的"绅士文化"的源头。从法律史的意义上讲,这是中世纪欧洲骑士精神留下的最有法俗价值的东西。这包括:

其一,骑士制度与采邑封授制度联系在一起,继承了采邑制度中存在的契约关系,在宪法层面上影响了西方的宪制传统。欧洲中世纪的采邑封授制度是指领主与其附庸的关系,在日耳曼的社会传统中,附庸对领主的服从不是绝对的,而是一种名副其实的契约关系,而且他们彼此之间的权利和义务关系是一种双向契约关系。"如果领主不履行他的诺言,他便丧失其享有的对其附庸的权利"。③ 这一古老的日耳曼传统对近代西方法律文化影响甚深,它凸显了人们的"权利"意识,并促进了人们对法律的维护和依赖。在《萨克森法鉴》中:"一个人在他的国王逆法律而行时,可以抗拒国王和法官。……他并不由此而违背其效忠义务。"④同时,当人们把它同人民这一概念联系在一起,而不再是仅仅与贵族这一概念联系在一起的时候,它就开始成为约束统治者的"政治契约",成为欧洲人关于公民权利的传统,成为近代欧洲法律中承认个人相对于君主拥有"抵抗权"的历史依据。

关于这一传统的影响,布鲁赫在其《封建社会》一书中进行过总结,包括了843年的斯特拉斯堡誓言、秃头查理与其附庸的契约、1215年的英国《大宪章》、1222年匈牙利的《黄金诏书》、《耶路撒冷国王条令》、《勃兰登堡贵族特权法》、1287年的《阿拉贡统一法案》、《布拉邦特的科登堡宪

---

① ［法］马克·布洛赫著,张绪山等译:《封建社会》,第712页。
② 伦敦大学的里德(A. W. Reed)教授专门著有《骑士制度与绅士思想》一文,[英]埃德加·普雷斯蒂奇编,林中泽、梁铁祥、林诗雅译:《骑士制度》,第265—298页。
③ ［法］马克·布洛赫著,张绪山等译:《封建社会》,第712页。
④ 同上书,第713页。

章》、1341 年的《多菲内法规》、1356 年的《郎格多克公社宣言》、英国议会、法国"三级会议"、德国等级议会、西班牙代表会议。中世纪后期各王国出现的这些不同形式的法规中反映出来的这一传统,正是欧洲中世纪骑士贵族文化的法俗遗产。

其二,骑士文化培育了西方的主流文化,是西方"士"文化的内核。以骑士文化为源头的"绅士文化"成为近代西方道德精神的主流。从"出身"来讲,骑士文化是一种典型的中世纪军事贵族文化,大概早期的贵族文化都有浓厚的军事性质,中国春秋时代的儒家同样如此,要教授与军事有关的课程,要培养尚武精神。欧洲骑士阶层作为中世纪文化的一个载体,对近代欧洲人的道德、法律观念产生了深刻的影响。骑士阶层最基本的精神是尚武,尚武自然与勇敢、坚韧不拔、自信联系一起,这些是人类至今仍然崇尚的品质;骑士属于社会的强者,骑士法规中贯彻来自基督教的同情和谦卑精神,这被认为是一种美德和高雅,是强者"有教养"的表现;在骑士文化中同情、尊重妇女和成为强者保护弱者的义务,是后来人们认同"绅士"彬彬有礼的道德标准,而且保护弱者至今在立法上仍然是被普遍认可的原则;节制、慷慨和奉献是骑士的理想品质,更是骑士法规的基本内容,长期受到骑士歌手的高度赞扬,还是后来衡量绅士善行的标准,也正是今天西方人关于慈善法的文化基础。因此,我们可以说骑士文化在很大程度上为西方的法治社会提供了一种道德基础,为西方社会提供了一种具有历史认同的"法俗"。

其三,欧洲中世纪的骑士传统与近代社会达尔文主义的结合,是近代欧洲出现军国主义的一个历史文化因素。近代德国和日本出现的军国主义与他们的骑士(武士)传统有密切的关系,无论是德国的国防军还是日本的武士,在精神层面上仍然为这些中世纪的法俗所支配,可以说他们是戴着中世纪的头盔驾着现代化的战车而出现的。奇怪的是,德国的军国主义是建立在他们的近代宪法之上,日本的军国主义也是建立在维新后的法律之上的。一方面,我们可以说近代出现的军国主义是中世纪的武士法俗与现代工业的结合;另一方面,更应该说近代军国主义的出现更是骑士(武士)传统与近代社会达尔文主义的结合。在走向近代化的过程中,德国、日本是两个十分典型的还存有骑士（武士）阶层的国家，当时仍然存在着浓厚的骑士（武士）文化传统，其社会中仍然有英雄时代的骑士崇拜。而由欧洲开启的近代工业化是伴随着以强权主义为特征的社会达尔文主义而出现的，这使得世界的近代化进程总是围绕着技术和武力进行。而这些有着古老骑士（武士）传统的国家容易在思想文化上陷入军国主义泥潭，如发生在 20 世纪德国、意大利和日本的法西斯军国主义。这些国家同样有近代化的宪法、选举、议会，也有近代化的政治理念，还有人民的同意，但这些现代政治要素同样也发展成为被个人或一小部分集团操纵的对象，成为一种制造恐怖、暴力、邪恶和非人道的工具，尽管作为具有骑士（武士）传统的军人们用他们高度专业的精神、追求荣誉的信念和近似苛刻的纪律性谱写着他们对国家、民族、法律的忠诚，但这些骑士（武士）时代的德性却成为那些信奉达尔文主义者可以任意操纵的利器。

需要补充说明的是，日本古代的士与中世纪西方的骑士在文化和独立性方面有所区别。近代日本明治维新时期号称"明治三杰"之一的福泽谕吉主张日本脱离亚细亚之固陋，他曾经批判中国儒家"礼乐文化"，认为："为了统一方向和共同保持一个民族的体制，只有一个办法，即利用人们与生俱来的恐惧和喜悦的心理，指出当前的祸福灾幸。这就叫作君主的恩威。大约就是这样定出了一套'礼乐'道君威的尊贵；以礼乐征服人民的思想，以征伐制服人民的臂力，使民众在不知不觉之中各按其所，褒扬善者以满足人民的喜悦心情，惩罚恶者以警戒人民的恐惧心情，如此恩威并用，人民便似乎感觉不到痛苦了。然而，不论褒扬或惩罚，都是由君主决定的，所以人民遇到褒贬，也只是恐惧或喜悦，并不知道褒贬所由来。"①这些批判的前提是"以西洋文明为目标"。福泽谕吉为了"脱亚"，自然首先要批判中国儒家的"礼乐文化"。"礼乐文化"代表着儒家士人的"学术"，福泽谕吉认为日本的"士"是日本古代"学术"的代表，日本历史上的"士"由教士、儒士、武士组成，按照福泽谕吉的观点，包括儒士在内的这三种"士"都不具有独立自由的精神。

①　［日］福泽谕吉著，北京编译社译：《文明论概略》，商务印书馆 1959 年版，第 106 页。

首先,日本的神道教支派很多,但神道未形成宗教体制。日本的宗教是以佛教为主体,佛教的僧侣依附于政府,从来没有自己独立的教权,日本历史上也从来没有发生过要求独立的宗教运动。总之,自古以来构成日本文明一部分的宗教只有一个佛教,但是佛教从一开始就站在统治者一边,并依靠他们的力量,有的到中国取经,有的在国内创立新派,依靠藩主建立佛寺,教化人民等,但大部分都是想博得天子或者将军的恩宠,"甚至还有人以接受政府的爵位为荣,如任命僧侣为僧正、僧都等职位就是一例"。①最早在"延禧式"(古代日本关于宫中百官制度及地方章制的会典)里规定"僧都"以上准于三品,在醍醐天皇建武二年的诏书中,规定"大僧正"准于二品大纳言,"僧正"准于二品中纳言,"权僧正"准于三品参议。②

其次,儒士的情况还不如佛教教士,儒书传入日本在王朝时代有"博士",天子攻读汉文书籍,有"大纳言"设立劝学院,有"中纳言"设立奖学院,只有贵族子弟才能得到学习的机会,一切著作书籍也都出于官宦之手。在德川幕府统治的250年间,国内的学校不是幕府设立的,就是各藩诸侯设立的,人民根本无法受到教育。偶尔也有硕学鸿儒开设私塾从事教学,学生也都是士族,这些人享受世袭的俸禄,教学的内容也完全秉承统治者的要求,专门讲授统治人民的道理,"'学术'不但无权,反而助长了专制"。③ 即使在儒学之宗的中国,自孔子之后也再无圣人,继尧、舜、禹、汤、文、武、周公、孔子之后,儒学也失去了与时俱进的、独立性的变化。《论语》说:"后生可畏,焉知来者之不如今也。"福泽谕吉认为汉儒的系统是从尧、舜传到禹、汤、文、武、周公以至于孔子,孔子以后圣人就断了种,不论在中国或在日本再也没有出现过圣人,再也不能与时俱进。孟子以后,"宋代的儒者和日本的硕学大儒对后世可以自诩,但是对孔子以上的圣人则一句话也不敢说,而只有叹息自己学圣人而不及圣人而已"。④

再次,日本的武士彪悍而果断、忠诚而直率,与其他亚洲国家相比毫不

① ［日］福泽谕吉著,北京编译社译:《文明论概略》,第142页。
② 同上书,第143页。
③ 同上书,第147页。
④ 同上书,第148页。

逊色。尤其在足利末年，天下大乱，连年战争，当时日本的武士之风是空前未有的。在这种时势下，武士应该自然产生独立的精神，就像欧洲中世纪日耳曼蛮族所遗留下的那种独立精神一样，但在日本，武士这种豪迈不羁的气概并不是出于个人自由的心情，而是卑躬屈膝于祖先、门第、君父、身份之中。历史上日本所谓的战争，都不过是统治者和武士们之间发起的战争，与人民毫无关系。"根据古来的习惯，有所谓'国家'二字，这个'家'字不是指人民的家，而是指执政者的家族或门第。所以'国'就是'家'，'家'就是'国'。甚至把增加封建政府的财富也叫做就是为了'富国'"，①"这种情况表明'国'已经被'家'吞没了"。② 所以武士的战争只是大藩家之间的战争，而不是人民、国家之间的战争，"是一家与另一家之间的战争，而不是国家与国家之间的战争，因此在两家武士作战时人民只是袖手旁观"。③ 武士也只是大藩的"家臣"而已，没有自己的独立性。

值得一提的是，日本学者森岛通夫在其《日本为什么"成功"——西方的技术与日本的民族精神》一书中，分析了中国的"儒教"与韩国的"花郎道"、日本的"武士道"之间的异同。韩国的"花郎道"和日本的"武士道"分别是中国儒教的韩国化和日本化。中国儒教对士的要求是仁、义、礼、智、信，韩国的花郎道对士的要求是忠、孝、信、义、仁、勇，日本的武士道对士的要求则去掉了仁，是忠、礼、勇、信、义、节俭。"只有信义和勇敢才是所有这三个国家的共同美德；仁慈是中国和朝鲜两国的共同美德，而日本则根本就没有提到它。忠诚是日本和朝鲜两国的共同美德，可是却没有出现在中国所开列的美德的清单中。忽略仁慈而强调忠诚，只能被看成是日本的儒学所独具的特征"。④ 这反映在圣德太子发布的十七条宪法中，并没有把仁放在重要的位置。此外，中国儒教与日本武士道讲的忠诚是不同的，儒教之诚是对自我良心的真诚，而武士道之诚则是指对自己领主的忠诚。

---

① ［日］福泽谕吉著，北京编译社译：《文明论概略》，第 154 页。
② 同上。
③ 同上书，第 139 页。
④ ［日］森岛通夫著，胡国成译：《日本为什么"成功"：西方的技术与日本的民族精神》，四川人民出版社 1986 年版，第 9—10 页。

二、维科与孔子:"英雄的法学"

所谓的欧洲骑士贵族精神和中国的儒士精神、日本的武士道精神,究其缘起,根本上都是意大利法学家维科所说的"英雄时代"的法俗遗产。中国儒家所说的礼和西方的骑士法规都是来自英雄时代的"英雄的法学"。维科总结历史上各民族经历的历史,并将其概括为"三个时代":"根据埃及人所说他们以前已经经历过的那三个时代,即神、英雄和人的先后衔接的三个时代。我们将看到诸民族都是按照这三个时代的划分向前发展。"①

> 这三个时代有三种不同的自然本性,从这三种本性就产生出三种习俗;由于这三种习俗,他们就遵守三种部落自然法,作为这三种法的后果就创建出三种民事政权或政体。为着便于已进入人类社会的人们一方面互相交流上述三种主要制度,就形成了三种语言和三种字母;另一方面为着便于辩护,就产生了三种法律,佐以三种权威(或所有制)、三种理性和三种裁判。这三种法律流行于三阶段时间,这是诸民族在他们的生命过程中都遵守的。②

根据维科的划分,人类的政治史经历了从习俗—自然法—民事政体的发展过程,人类的法律史经历了神智法—英雄法—人道法的三个发展阶段。这就是他所谓的"三种法律""三种裁判",即神的智慧、英雄的法学、人道的法学;神的裁判、常规裁判、人道的裁判。维科对政治法律的历史划分虽然是以罗马法的历史、荷马史诗的历史和自由民主政体的史实为依据而得出的结论,但纵观人类的政治法律发展史,这种划分还是具有一般规律性的。这里我们依据维科的三阶段说来进行推释。

"神谕法学"阶段。早期被称为"神学诗人"的祭师们只是通过感知神谕,作为"天神们的翻译者""进入神的心里去",根据感知到的神谕(神的

---

① ［意］维科著,朱光潜译:《新科学》,商务印书馆 2012 年版,第 501 页。
② 同上书,第 501—502 页。

智慧)来进行裁判,这如同中国商周以甲骨、龟壳、筮草为媒介进行卜筮而得其卦象,进而依其卦象(神的智慧)进行解释、裁判一样。隆重的敬神礼仪集内在的虔敬与外在的礼规于一体,有助于驯化人们原始而奔放的野蛮性情。因此,在形式上这个时代最大的政治法律成就,就是产生了"礼"这样一种早期的法律形式,它是由上述祭祀卜筮活动而产生的,这在中外历史上都是一样的。就西方而言,"这种法学只是用隆重的敬神礼仪来衡量公道";①就中国而言,中国同样有隆重的敬神祭祀之礼,而且还有更为成熟的卜筮之礼。因此,在"神智法学"阶段,在依据感受神谕而进行的裁判活动中,产生了最早的法俗形式,罗马法中的"法定手续"就产生于敬神的法俗,中国则将这种敬神和卜筮的法俗先发展成为一种"礼",又将"礼"发展成为国家法律制度,在后来的中国古代中央政权的六部中还专设了礼部。这些都是我们后来可以看到的"神智法学"和"英雄时代"的遗存。

"英雄的法学"阶段。隆重的敬神礼仪催生了贵族阶层和贵族文化的形成,因为祭师和王者往往相伴而生,互为表里,他们处于社会秩序的上层,是贵族阶级的主体部分。他们保守着对神的虔敬以及神的秘密,这同样也是守卫法律的神圣和法律秘密,这就是贵族政体的精髓所在。英雄时代的许多贵族品质起于对神的虔敬,欧洲中世纪骑士文化中所谓的八大美德、骑士法规宝典,所谓的谦卑、敬畏、勇敢、忠诚、荣誉等精神,都来自维护神智时代具有宗教意味的"礼"的需要。

英雄法学时代与神智法学时代的不同之处在于,它形成了一个数量更大的贵族阶层,这个阶层自认为来自"天神"而不是地上的兽类,或者自认为是"天神"的眷顾者而具有天然的高贵性。这种高贵性还体现为谦卑、敬畏、勇敢、忠诚、荣誉,这些品质在社会中往往用"礼"的形式表现出来,因此,无论是来自祭师还是英雄,"礼"从一开始就具有贵族性。历史上这个英雄群体是"礼"的创造者、掌握者和维护者,正因如此,才出现了英雄时代"以礼为贵"的风尚。欧洲中世纪的骑士贵族、日本的武士和中国先秦的"士"都是十分讲究礼仪的,这些礼仪是那个时代的风尚,无论是形式

---

① [意]维科著,朱光潜译:《新科学》,第513页。

上还是精神上，许多内容仍然是后世文明的标准。古今中外，人类英雄时代的许多精神内涵至今仍然是公认的"优秀品质"，仍然是判定人的行为的优劣标准。

在这一阶段，英雄（贵族）群体"垄断了占卜和法律，民政权利由英雄们这种统治阶层独占，由他们来为民众谋求公道"。在欧洲中世纪，这正是骑士（士）的责任，法律仍然表现某种神秘的特点，如《十二铜表法》第十一条就规定"平民不准有占卜权"。① 司法上仍体现出尚武精神，有时还会凭借运气来衡量和决定一切权利，其法律具有很强的法俗性质，如同贵族们的生活一样，十分拘泥于细节，"是暴躁的、拘泥细节的，像传说中的阿咯硫斯那样人物的习俗"。② 人们采取富有勇气的决斗来解决纠纷，以证明其高贵的出身并维护其个人或家族的荣誉。西周的士作为贵族阶层，亦是裁判的主持者，如《周礼·地官·大司徒》："凡万民之不服教而有狱讼者，与有地治者听而断之，其附于刑者，归于士。"又有："士师掌五禁之法，以左右刑罚。乡士、遂士、县士、方士，各听其所治狱讼。"③周朝的大司寇、小司寇、士师、乡士、遂士、县士、方士这个司法官序列中，其对应的职守分别是"三典""五刑""五禁""狱讼"。于此可见，小司寇掌刑罚，处理的案件已属重要的刑事犯罪，而士师、乡士、遂士、县士、方士这个"士"的群体处理的案件应当是大量比较轻微的刑事或一般民事案件。"士"这个群体是周朝司法裁判的主体，他们也经常运用占卜来进行裁判，而且其历史在理论上可以追溯到伏羲时代，"折狱致刑，著于羲《易》；维明克允，载于虞《书》"是也。④

"人道的法学"阶段。在维科看来，人道的法学发生于自由民主政体或君主专制政府下，人道的法学在这两个政体下才得以遵守。它的特点是"要审核事实本身真实与否，宽厚地使用法律条文适应对两造公平处理的一切要求"。⑤ 发挥法律的公开性和人的理性来进行裁判，民政不再仅仅

① ［意］维科著，朱光潜译：《新科学》，第541页。
② 同上书，第505页。
③ 《册府元龟·刑法部·总序》，中华书局1960年版，第7309页。
④ 同上。
⑤ ［意］维科著，朱光潜译：《新科学》，第514页。

是英雄的责任，"习俗是有责任感的，把自己的民政责任感教给每个人"。①
这个阶段相当于中国春秋成文法颁布以及秦汉之后的法学，它是有理智
的，因而是谦恭、和善、讲理的，而不是英雄时代暴躁和完全拘泥于形式的
法学，它"把良心、理性和责任感看成法律"。②

中国礼治时代将仁义看作是法律，尽管显得十分迂腐，但迟至春秋战
国时期，这种拘泥于形式的法学也并没有完全消失。战国时燕国国君燕哙
让国于相邦子之，致使燕国几于灭亡。战国时苏秦以"死间"之法，用二十
多年的时间履行了燕昭王对齐国进行复仇的承诺。春秋时期的战争中还
存在宋襄公那样的老贵族表现出的决斗规则，《左传·僖公二十二年》载：
"冬，十一月己巳朔，宋公及楚人战于泓。宋人既成列，楚人未既济。司马
曰：'彼众我寡，及其未既济也，请击之。'公曰：'不可。'既济而未成列，又
以告。公曰：'未可。'既陈而后击之，宋师败绩。"③宋襄公与楚国人战于泓
水，不乘人之危，仍坚持待楚军全部渡河，双方列阵后才进行公平的厮杀，
认为这才符合古老的法俗传统。宋襄公的君子之举是英雄时代军阵决斗
的规矩，在"礼崩乐坏"的时代宋襄公仍持一幅老旧贵族的做派，"国人皆
咎公。公曰：'君子不重伤，不禽二毛。古之为军也，不以阻隘也。寡人虽
亡国之余，不鼓不成列。'"④为了维护古老的法俗，君子不伤已经受伤之
人，不俘虏头发斑白的老人，不凭借险隘阻击敌人，显示出英雄式的悲壮。
后人对宋襄公之举不宜因其迂腐而嘲笑，其已然是中国英雄时代贵族法则
之绝唱，故得到儒家充分的肯定，故《春秋繁露·俞序》云："宋襄公不厄
人，不由其道而胜，不如由其道而败，《春秋》贵之，将以变习俗而成王化
也。"⑤在抽象的意义上，这或许正是周公和孔子所以主张的礼治社会的特
点，也是孔子养士的要求。孔子的儒学一方面学习和继承了西周士大夫贵
族的礼乐形式，但另一方面又更多地把良心、理性和责任赋予了这种礼制

和法律,故孔子云:"人而不仁,如礼何? 人而不仁,如乐何?"①因此,我们可以说以孔子为代表的儒家文化,是三皇五帝至于夏商周以来中国贵族化的"英雄的法学"的继承者,同时它又是平民化时代"人道的法学"的开创者。

总之,维科关于三个阶段和三种法学的划分是基于西方历史而言,由于欧洲文明在经历了从希腊到罗马时期的发展后,在中世纪又出现过反复,因此其论述依据的史实比较混乱,但是其三个阶段的理论具有一定的概括性,兹可以归述于下:其材料包括神话、史诗和罗马法,其权威分别是神的权威、英雄权威和人的实践理性权威,其政体分别是神的政府、贵族政体、民主自由政体或君主专制政体,其法学分别是神谕的法学、英雄的法学、人道的法学。关于神谕的法学,维科说这是神谕和占卜的时代,"神谕就是我们在历史中所读到的最初的典章制度",②是用感知到的神谕(神的智慧)来进行裁判的法学;关于英雄的法学,"民政权利由英雄们这种统治阶层独占",是暴躁和完全拘泥于形式的法学;人道的法学,"发挥法律的公开性和人的理性来进行裁判",是良心、理性和责任感的法学。

三、名与士: 儒家治道的德性

(一) 名、治、礼: 儒家治道的法逻辑

如果说道家偏于抽象地言"道",那么儒家则偏重具体地说"理";如果说儒家偏于说"理",那么法家则喜言"法",这就是《老子》《论语》《韩非子》在研究对象上的区别。合而言之,道家和儒家可以谓为"道理"。儒家讲理仍然抽象,法家言"法""术""势"则是更为具体的"法"。道、儒、法三家在学术价值取向上都言"治",儒家讲"理"亦是为了"治",儒家讲"治"是从讲"名"开始的。

分　在董仲舒那里,"道"是"大",但是"道"让人难以理解,不可以直接用于"治",故需要"理"。"理"是什么?"理者,分也"。③ 所谓的"理",

---

① 《论语·八佾篇》。
② [意] 维科著,朱光潜译:《新科学》,第507页。
③ (清) 苏舆撰,钟哲点校:《春秋繁露义证》卷第十《深察名号第三十五》,第285页。

就是"分"。"分"有大分和小分，如同有大理和小理，"分者，必有以括之。首章所以括其大分也。古人著书，当有纲领，列之首章"。[1]

名　"大分"就是所谓的"名"。中国人之间解决纠纷，历来喜欢"讲理"，"讲理"的最高境界则是讲"名"，所谓"名不正，则言不顺；言不顺，则事不成"。"名"就是"大理""大分"，是讨论事物的前提。如果前提不正或没有前提，则所分辨之理亦不正，正如我们立法、释法总是要先确立并依据"总则"一样，"故此言事物有名，犹大理之首章也"，"录其首章之意，以窥其中之事，则是非可知，逆顺自著"。[2]　因此，这个"总则"就是儒家讲的"大理""大分""大名"。在儒家看来，"名"是理之首，是"分"之首，所谓的"大理""大分""大名"都可以统之曰"名"。

治　董仲舒认为要治理天下，处理好事情，首先要能够"辨大"："治天下之端，在审辨大。"[3]"事能辨则治，故辨亦可训治。"[4]即凡事需因有"辨"而可以得"治"。所谓"辨大"，就是要通过观察、分析、辨别事物的各种属性而知其根本，即是确立其"名分"，因此"辨大"就是"辨名"。凡事只有先"辨名"，才可以得其"是非之正""逆顺之正"，故"辨大之端，在深察名号。名者，大理之首章也"。[5]

礼　礼法的作用在于规范"名"，中国古代的"分"，曰"名分"；中国古代的"教"，曰"名教"，"分"与"教"皆生于"名"。"逆夫人心之所受，则礼法可以为禁。故分曰名分，教曰名教，分与教皆生于名"。[6]"礼"的意义在于维护"名"，只要维护了"名"，就可以得"名号之正"，就可以得天下之正，可以得天下之治。如此只要有了符合"名"的礼法，则自然可以得天下之正。那么"名"又从何而来？董仲舒认为"名"取之于天地，天地为"名"之大义所在。天地是"正义"之源，天地之法可以说是儒家的自然法，天地之法表现为"天意"，所谓的"名"就来自圣人所发之"天意"，因为只有圣人才

---

① （清）苏舆撰，钟哲点校：《春秋繁露义证》卷第十《深察名号第三十五》，第285页。
② 同上。
③ 同上书，第284页。
④ 同上。
⑤ 同上。
⑥ 同上书，第285页。

可以真正感知"天意"："名则圣人所发天意,不可不深观也。"①所谓的名字、名号皆是同本,皆本之于天意。因此,得"天意"之授予者得天下。依照这一道、理、法、治的逻辑,圣、君、诸侯、大夫、士、民之名号秩序已成。

（二）士在社会秩序中的道德意义

士之称谓,上古即已有之。如《尚书·吕刑》中周穆王言帝尧治理苗乱时,有"士制百姓于刑之中,以教祗德"。至于周时,《尚书·多士》中言"士"处更多,周公诰令原来殷商遗民中的"有位之士",如"尔殷多士""告尔多士""告尔殷多士""亦惟尔多士"。关于"礼",不惟有夏礼、殷礼,上古亦即有之,如《尚书·舜典》言舜巡四方时"修五礼","至于南岳,如岱礼","至于北岳,如西礼"。因此,"士"与"礼"的出现,仅依《尚书》而言,尧、舜、禹时就早已有之。后世儒家多言士,在由圣人、天子、诸侯、大夫、士、民构成的等级秩序中,将士看作是"民之秀者"。

圣人　古代中国人认为天生圣人,圣人之造作本于天意,因此圣人造书而阐发天意,古造书者谓之圣人。圣人是天意的阐发者,是最早懂得天意、教化万民的人,如伏羲之类。圣人有循天道而通人事的"神人交通"能力,所以他们从事政治活动的特点是循天理,重礼教,专注于大法,"心藏于密,无法度可见",故其教亦曰"宪"。"宪"是大法的意思,"宪"的繁体是"憲","故憲字从宀,即密字,从心,从王,从四国。心藏于密,无法度可见"。② 这就是中国传统儒家士人喜言教,而不喜言法律的原因。孔子反对晋国执政赵鞅铸刑鼎,在其公布成文法时说:"晋其亡乎! 失其度矣!"又说:"贵贱无序,何以为国?"实是循圣人的大宪需"心藏于密,无法度可见"的上古常教而言之,也是上古以来"中国"作为一文化体之本义。不仅如此,作为上古人文思想继承者的儒家还认为,这些圣人不仅产生于"中国"这幅天地,还住持于这幅天地。如东汉应劭在《风俗通义》中就认为,只有"中国"这幅天地才出生这样的圣人。前面讲伏羲时提到,清代学者金圣叹在其《语录纂》中亦认为,有这幅中国天地,才出生了这些圣人,是

---

① （清）苏舆撰,钟哲点校:《春秋繁露义证》卷第十《深察名号第三十五》,第 285 页。
② （清）金圣叹撰:《金圣叹文集》,巴蜀书社 1997 年版,第 122 页。

所谓中国古代的"大学"之义，其"大"是指天地，"学"则是指圣人。①

因此，相对于"四方"的夷狄，在中国人所能够知道的"天下""四海"的范围内，只有"中国"才是产生圣人的地方，只有"中国人"才是这种"中和之道"的承载者，因此他们始终相信自己是得天地之道的唯一的文明人。同时，由于中国人认为只有自己的文化才是贯通了天、地、人的"中和之道"，才是用天道、人伦的"中和"态度来看待世界的。只有中国才会出圣人的观念，使得"中国"作为文明的同义词，有了超越了人种、血族、国家的意义，表现出"化成天下"的文化心态，这也使得"中国"一词在法律治理方面上，有了道、法合一的法理内涵。

天子　天子是"天意"之授予者，是受"天意"之君，因此天子要视天如父，视地如母，"父天母地"，②故只有天子才能祭祀天地。天子之孝的具体内容是：敬天、法祖、爱民，此三者合为天子之孝。因此，天子孝天地而治是其治理天下之根本。在理论逻辑上，天子孝天地而治是中国人崇孝观念的起源之一，崇孝观念深受天子是"天意之所予"，"视天如父"的影响。③在这里，"孝"成为一种政治逻辑，这个逻辑是由天地而名，由名而孝，由孝而治。孝人来自孝天地，孝天地关乎其统治是否"名正言顺"，是否具有合法性，故曰"孝天地而治"。因此，自汉至于清，历代王朝皆视"以孝治天下"为国本，都视其为治国大宪，故常曰"本朝以孝治天下"。

诸侯　"侯者，候也，候逆顺也"。④《公羊》疏引《元命苞》云："侯之言候，候逆顺，兼伺候王命。"诸侯的义务就是"伺候王命"，这是诸侯的本义和名分，故"号为诸侯者，宜谨视所候奉之天子也"。⑤ 诸侯与天之间被天子所阻隔，诸侯不能直达天意，不能研究天象，除非天自予其命。这在理论上与欧洲中世纪的国王和贵族的关系不同，欧洲各王国之封建贵族、教士可以借上帝之名，超越其国王而行逆顺之事，而非仅仅"伺候王命"。

大夫　所谓"大夫"，本义是"扶"，《白虎通·爵篇》云："大夫之为言

---

① （清）金圣叹撰：《金圣叹文集》，第122页。
② （清）陈立撰：《白虎通疏证》卷一《爵》，第1页。
③ （清）苏舆撰，钟哲点校：《春秋繁露义证》卷第十《深察名号第三十五》，第286页。
④ 同上。
⑤ 同上。

大扶,扶进人者也。"①是"进贤达能"的意思,其义务是"宜厚其忠信,敦其礼义,使善大于匹夫之义"。② 大夫与诸侯本都属于世袭贵族,所不同的是大夫偏重于辅助人君,维护礼法。在儒家的教化理论中,"大夫"这一阶层属于"足以化也"的人群。

　　士　《说文》云:"士,事也,数始于一,终于十,从一从十。孔子曰:推十合一为士。"《白虎通》:"士者,事也,任事之称也。"③《荀子·修身篇》:"好德而行士也。"注:"士,事也。谓能治其事也。""士"又作"仕",《尧问篇》注又云:"士,谓臣下掌事者。"④"仕"仍然是任事的意思。所以,圣人是天生而有,君王是天命而得,诸侯、大夫是世袭而继,士则来自民,本身是民而不是官。"士者,民之秀者也。民亦具有士之材质",⑤是介于平民与贵族之间的特殊人群。西周时"士"是一种爵位,《白虎通疏证》卷一《爵》引《檀弓》注云:"殷大夫以上为爵,则周时以士为爵。"⑥认为夏商时期的士没有爵位,周朝才以士为爵。"士"又因地位不同,分上士、中士、下士,依《周礼·序官》载:"有卿(注:上大夫),有中大夫、下大夫,上士、中士、下士。"⑦"士"还分为王者之士和诸侯之士。西周时王者有八十一元士,之所以加一个"元"字,是为了有别于诸侯之"士"。"元"在这里被解释成"善",而"善士"又被解释成"命士"。《御览》补《王制》疏云:"元,善也。善士,谓命士也。"此外,中国古代的天子、太子亦称"元士",天子、太子之所以可以称为"元士",是因为天子和太子他们在成为天子之前,仍然是由贱而贵,自然只能是由士而起。"王者、太子亦称士何? 举从下升,以为人无生得贵者,莫不由士起。是以舜时称为天子,必先试于士"。⑧

　　在儒家的教化理论中,"士"虽然是民当中的优秀之人,但仍"未及尽化于道,不能达事理,可使静守法制,从上令而已。合天下之众百姓,固宜

---

① (清)陈立撰:《白虎通疏证》卷一《爵》,第10页。
② (清)苏舆撰,钟哲点校:《春秋繁露义证》卷第十《深察名号第三十五》,第286页。
③ (清)陈立撰:《白虎通疏证》卷一《爵》,第10页。
④ 同上。
⑤ (清)苏舆撰,钟哲点校:《春秋繁露义证》卷第十《深察名号第三十五》,第286页。
⑥ (清)陈立撰:《白虎通疏证》卷一《爵》,第10页。
⑦ 同上书,第11页。
⑧ (清)陈立撰:《白虎通疏证》卷一《爵》,第12页。

有此贤愚差等"。① 中国古代"士"的义务是静守法制，遵从上令，合和百姓，就此定义，士有三品：一是忠诚，是能够服从上令而始终如一地做事的人；二是有某种技能，是有一定能力去任事的人；三是能够"通古今，辩然否"。② 这些是关于士的本义，但在后世儒家的阶级观念中，士彻底平民化了，成为读书人的通称，他们"以贵下贱，大得民也"，负有在社会中引领风俗教化的责任。有"'谦谦君子，利涉大川'，以贵下贱，大得民也。屈己敬人，君子之心，故孔子曰：'为礼不敬，吾何以观之哉！'"③又如《艺文类聚·职官部》引杨雄之《博士箴》云："官操其业，士执其经。昔圣人之绥俗，莫美于施化。"

由于儒家的教化理论还认为这个以"常教"为核心的文化具有"中和之美"，它无心于人事之外的自然有更多的探究，所谓"六合之外，存而不论；六合之内，论而不议"，④即是如此。因此，相对自然，中国人更专注于实现以"仁"为核心的社会理想，这个理想的内容是由华夏文化原始的天时、人伦义理内涵构成，是由"易""道""仁""孝""礼"等这类人文关键词共同构成的"中和之道"。历史上，三皇五帝、尧舜文武这些圣人在政治上皆是"中和之道"的承载者，如尧告诫禹："天之历数在尔躬，允执其中。"⑤而在后世士、农、工、商的"四民社会"中，那些遵循了这种"常教"文化的"士"，⑥又成为了"中和之道"的承载者。"士"不是以身份而论之，"士"有"君子"之道德，"大人"之心性，如王阳明所言："大人者，以天地万物为一体也。其视天下为一家，中国犹一人焉。"⑦因此"士"能够成为"道"的承载者。

士与民　既然"士"作为"民之秀者"都仍然"未及尽化于道，不能达事

---

① （清）苏舆撰，钟哲点校：《春秋繁露义证》卷第十《深察名号第三十五》，第 286 页。
② （清）陈立撰：《白虎通疏证》卷一《爵》，第 10 页。
③ （清）陈立撰：《白虎通疏证》卷三《礼乐》，第 1 页。
④ 金圣叹解释《南华》这一句，云："六合者，上与下合，下与上合，乃至前后合，左右合。大千世界，尽此六合，实则一合相。"（清）金圣叹撰：《金圣叹文集》，第 122 页。
⑤ 《论语·尧曰第二十》。
⑥ 钱穆先生又称之为"士流品"，是介于贵族与平民之间的一个阶层，见钱穆《民族与文化》，九州出版社 2012 年版，第 93 页。
⑦ （明）王阳明撰：《王阳明全集·大学问》，第 284 页。

理"，只能"从上令而已"，那么作为除"士"之外的"民"，则属于"贤愚差等"中的愚之列。关于"民"的解释，《贾子·大政篇》："夫民之为言也，瞑也。萌之为言也，盲。故惟上之所扶而以之，民无不化也。故曰民萌民萌哉，直言其意而为之名也。夫民者，贤不肖之材也，贤不肖皆具焉。"民之中有贤者，亦有不肖者，"士"作为"民之秀者"尚且"未及尽化于道，不能达事理"，只能是"守事从上而已"，[①]那么对于除士之外的普通民众，自然就是孔子说的，"民可使由之，不可使知之"。[②]

从以上分析可以知，相比于欧洲中世纪的骑士，中国先秦的"士"也是处于平民与贵族之间的一个阶层，属于黏合封建统治者与平民的基层力量。在政治地位上，由于都拥有爵位，他们是平民中的贵族；由于没有世袭身份，他们又是贵族中的平民。同欧洲中世纪的骑士一样，中国先秦的士对于社会文化的影响极大，他们往往有机会学习贵族的礼教，同时又与平民有着天然的联系。在封建贵族政体的时代，他们最可能成为精英文化的继承者，同时又成为社会文化的引导者。无论是属于道家、儒家、法家，还是属于阴阳家、纵横家、兵家，中国先秦的士身上所承载的文化都与西周的"王官学"有着不解的渊源。儒家的士所继承的西周礼乐文化，最具西周"王官学"的贵族文化特征。因此，从这个意义讲，先秦儒家继承了夏商周法俗文化的正脉。

士与君子　中国古代的士与欧洲中世纪的骑士所崇尚的品格相类似，都有英雄时代的特征，诸如忠诚、勇敢、追求荣誉、讲荣辱等。不同之处在于他们的文教不同，士有武士和学士，欧洲中世纪骑士所持是基督教教义，中国先秦的士所持的是上古至于西周以来的礼乐文教。中国先秦的士与君子的概念联系在一起，从身份意义上讲，从天子以于庶人皆可以称士；从道德意义上讲，从天子以于庶人皆可以称君子。

在儒家的观念中，君子是一种道德称谓，士是一种任事者的身份。关于何谓君子？《白虎通》有问答："君子者何？道德之称也。君子为言群也。子者，丈夫之通称也。故《孝经》曰：'君子之教以孝也，所以敬天下之

---

①　（清）苏舆撰，钟哲点校：《春秋繁露义证》卷第十《深察名号第三十五》，第286页。
②　《论语·泰伯篇》。

为人父者也称也。何以知其通称也？以天子至于民。'"①但是，最古之称君子者，不应该包括庶人在内，而是有一定身份上的讲究。"君"是指一个群体，《逸周书·谥法篇》："从之成群曰君。"《白虎通》："君子为言群也。"《荀子·解蔽篇》云："类是而几君子也。"一般士和卿大夫以上者方可称君子。"'凡侍坐于君子'，注：'君子谓卿大夫及国中贤者也。'是卿大夫称子也"。"'古之君子必佩玉'，注：'君子，士已上。'是士亦称君子也"。②

"君子"这一概念后来之所以有了新的解释，破除了阶级的观念，这应该是孔学的功劳，孔学赋予了君子这个身份以更彻底的道德内涵，实现了从身份君子(士)到道德君子(君子)的转变。如此，从天子及于庶人，只要符合以孝为核心的"君子之教"，就都可以是君子，君子成为一个关于平等的道德符号，中国人的平等观念由此展开，这如同孟子"人皆可以为尧舜"一样，③故《法言·道术篇》云："乐道者，谓之君子。"④

先秦君子之谓，上及天子，下及庶民，而作为"未及尽化于道，不能达事理"的士，其所奉之文教应当以君子为标准。如此，"士"有了道德上的定义，成为以君子为标准进行修养的士，成为"化于道""达事理"的君子，是"化俗而治"的法俗主体人群。由于儒家思想的本质不在于关注国家和种族，因此社会建设始终是儒家关注的重心。孔子曰："子为政，焉用杀？子欲善而民善矣。君子之德风，人小之德草，草上之风必偃。"⑤是言君子乃社会风气的风向标，君子的品行决定着整个"社风"的品质。君子又是文化精英，是最可能参与政治的人群，古代所谓的"养士"就是养君子，因此士的品行决定着"官风"的品质。故邢昺疏："在上君子，为政之德若风；在下小人，从化之德如草。"这就是风与草、君子与小人不同的社会意义。

君子与小人　儒家所谓之小人，本不是鄙称，而是指普通大众，如果理解成草民似乎也没有问题，儒家所谓之君子本是一种"人人皆可为尧舜"的道德模型，并不是指具体的人，因此能够达到君子标准的人是少数，小人

---

① （清）陈立撰：《白虎通疏证》卷二《号》，第4页。
② 同上。
③ 《孟子·告子章句下》。
④ （清）陈立撰：《白虎通疏证》卷二《号》，第4页。
⑤ 《论语·颜渊》。

才是社会大多数的构成者。儒家以政教为目的,而不是单纯以政治为目的,儒家政治的目的是培育社会,是通过教化来培养君子,具体就是培养官绅、士绅、乡贤群体。君子之"君",从尹,从口,本意是指从事公共事务的治世之人;官绅、士绅之"绅",从纟,从申,"申"本义是"婚媾"。"绅"就是指作为已婚标志的丝制腰带,同样是指到了一定年龄,可以承担家庭、社会事务的人,儒家认为他们应该是高尚德行者的代表,可以通过他们的品格影响官场和社会,影响"官风""社风",进而影响"民风"的走向,如此使得整个社会"止于至善",这就是儒家从事政教活动所追求的根本目的。

　　总之,欧洲中世纪有"骑士法规",中国先秦儒士有"礼规",有《礼记·儒行》。中国先秦就有养士教育,严格说来夏商周的"王官学"就是养士之学。夏商时已经有养士的学校,若以夏礼、殷礼及夏商之五刑而论,其内容有礼、有刑,然今夏商礼刑难见,故多以西周肇论。

四、教与俗:王官与成均

(一) 王官学与成均之法

　　夏商周之教育是学在官府,被称为王官学。王官学是相对于民间教育而言的,在春秋时期礼崩乐坏、政由方伯之前,王官学一直是贵族才享有的教育。从《论语·八佾》中孔子说"夏礼,吾能言之","殷礼,吾能言之"观之,夏商周时期王官学的主要内容应当是一脉相承的。而从《尚书·洪范》开篇箕子对武王所说"鲧则殛死,禹乃嗣兴,天乃锡禹《洪范》九畴,彝伦攸叙"一句可知,从夏至周,王官学的政法教育仍是奉行上古传下来的"彝伦攸叙"(道法)。此外,在王官学中还一直有成均学说,并推行以成均为主旨的教育,因而有"成均之法"。

　　王官学继承了上古五帝之学,五帝之学也被称为大学,大学又被称为成均之学。董仲舒曰:"五帝之学,名'大学',曰'成均'。"[1]在这里,"大学""成均""五帝之学"同义。《周礼·春官·大司乐》有"大司乐掌成均之法,以治建国之学政,而合国之子弟焉",[2]是说大司乐掌成均之法,并以

---

① (清) 孙诒让撰,王文锦、陈玉霞点校:《周礼正义》卷四二《春官·大司乐》,第1712页。
② 同上书,第1711页。

此法立学官以养士，"大司乐通掌大小学之政法"。① 周朝时成均之法为大司乐所掌是因为大司乐通晓以六律调和五声之法，可以得五声之均，五声之均又称为"五均"，《五行大义》引《乐纬叶图征》曰："圣王法承天以立五均，五均者，六律调五声之均也。"②"五均"被认为是古之圣王法天立教的结果，故云其本是上古五帝之学，依郑玄之意，"成均既为五帝之学，其制尤古，周时其遗礼犹存，可以为法式"。③

因之，所谓"成均"，本是伏羲之类的圣王因法天而成的音律之学，是上古之乐理，也是乐礼，在"成均"的理念下，以音乐为形式，乐、理、礼、法同义，其学理就是"调五声之均"，以成"中和之法"，得"中和之道"。得"中和之道"是中国文化及法文化的最高境界，"成均"也一直被认为是古之圣王传承的学理，因此中国古代常称"成均"为大学。所谓成均之说，实质上就是以中道理论作为政法教育的理念，中国古代的官学教育一直是围绕政法展开的，成均之学就是中国古代官学（大学）教育追求的最高法理。因此，中国先秦时代的官学理念是成均之学，历史上因有此说，故旧之学馆名曰"成均馆"，韩国承袭中国古代成均馆之名，故有大学曰成均馆大学。

与神谕时代不同，英雄时代的法学表现为一种以"礼"为内容的法俗。由于封建贵族阶层有世袭的传统，形成了他们对文化学习的垄断。依《周礼·大司乐》所言，大司乐掌成均之法，以建国之学政，合国之子弟而教之。这些"国之子弟"又称为"国子"，贾疏案《王制》云："王大子、王子、公卿大夫元士之嫡子、国之俊选皆造焉。"④他们从 18 岁入大学，26 岁出学，用 9年时间学习成均之法，这就是"礼有差等""礼不下庶人"的开始。中国"英雄时代"的法学都有王官学的形式。"王官学"在本质上是一种封建时代的贵族文化，是上流社会的学问。"王官学"的政治基础是从上古以至于春秋时期的封建制度。中国的封建社会作为一种政治组织形式，若以夏商周算起，比欧洲中世纪要早 2 000 多年；若以三皇五帝论，则不可以计数。

---

① （清）孙诒让撰，王文锦、陈玉霞点校：《周礼正义》卷四二《春官·大司乐》，第 1711 页。
② 同上书，第 1711—1712 页。
③ 同上书，第 1712 页。
④ 同上。

那么何为"封建"？所谓"封建"，分封建制之义也。若从古籍记载而言，中国至少自黄帝始即已有分封，其历时久远，非周朝始有分封，此乃中国上古即有的政治传统。秦朝听法家之言，欲实行郡县制，可以说秦的郡县制是一场针对传统的制度革命，是要结束之前实行千年之久的封建制，其"焚书坑儒"就是因当时的分封与郡县之争而起。作为一种封建贵族文化，中国夏商周三代及其以前的"王官学"都具有英雄时代的特点，尚武崇礼是它的时代特征。而以"王官学"为范式的先秦礼俗法学，则是维科所说的"英雄时代"的法学，是"英雄的法学"。

中国儒家之礼本源于俗，儒家的法俗中有很强的贵族气质，承继了上古以来"王官学"的成果，维系了华族文明的元气。儒家讲气节、讲礼节、讲荣辱、讲廉耻、重视体面，这些都是具有原始英雄主义性质的品格，所谓的贵族气质不过是人类早期"英雄时代"所崇尚的品格或道德，是人类"英雄时代"的文化遗产。在这个英雄时代阶段，中国已经形成了"以礼束俗"的法俗社会，夏商周正是这一时期。在后世人的眼中，孔子一生追求的是恢复周礼，以礼乐天下为理想。孔子认为夏商周三代皆有礼，三代之礼是之前所有政治文明的精华。作为一种学问，三代之礼表现为"王官学"。春秋之际，周德既衰，官失其守，"礼崩乐坏"不仅意味着现实秩序的崩溃，而且意味着三代"王官学"这一主流文明存在失传的危险。因此，孔子以继承和恢复这样的礼作为自己的使命，春秋诸子，其学皆渊源于周朝之"王官学"，然只是各治一术。而孔子则志古道，继群圣，言六艺，合诸俗，这无疑有别于春秋战国时其他专治一术的学派，更不同于法家之类的学派单纯地治一法一术，故晋杜预有云："盖周公之志，仲尼从而明之。"[①]故此，孔学不仅在技术层面上继承了"王官学"，更是一种全面的理论继承和精神继承，尤其是在"成均之法"的义理层面上对古代圣王之道的继承。

（二）王官学与礼俗之教

有学就会有教，有教就需要有学。在西周，由于礼已经渗透到政治生

---

① （晋）杜预撰，李梦生整理：《春秋左传集解·春秋序》，第 1 页。

活、社会生活的各个领域，形成了"乐以象天，礼以法地"，[①]"安上治民，莫善于礼；移风易俗，莫善于俗"的认识，[②]形成了以礼乐进行"化俗而治""移风易俗"的治道，因此礼乐作为一种华族的法俗，是当时"王官学"教育的主要内容。"王官学"中我们今日所谓的法律教育，实际上是指关于"刑"的教育。但是这种"刑"的教育，在形式上仍然是礼俗的教育。

中国古代诸类风俗一变为礼制，其形成及发生作用有两条进路：一是上述归纳和创制，二是教育。二者几乎是同一种活动，圣人"制礼"是对"方俗"的归纳和创制，由此形成以"王官学"形式的礼教。这对中国古代法律样式的形成产生了深刻的影响。"礼"的价值在于它不仅可以通过学校专业性教育（比如法律教育），而且能通过官方的教育为人们之间的关系预设一种民俗性的软规则。西周时期，周公制礼的意义在于扩展了这种"软规则"的内涵和外延。[③]周公制礼明确地确立了中国古代法律的基本样式，即法律是具有自觉性的民间"方俗"和国家制定法的结合，承认了民间"方俗"对于制度和国家管理的意义。经周公和孔子所确立的礼俗之长期浸染，逐渐赋予了原始野蛮"五刑"制度以人文之精神，后经汉代在司法领域（春秋决狱）和魏晋南北朝以至隋唐在立法领域之礼法合一而最终得以完成。正如西汉董仲舒所说，古代圣王治理天下"莫不以教化为大务"，"立太学以教于国，设庠序以化于邑，渐民以仁，摩民以谊，节民以礼，故其刑罚甚轻而禁不犯者，教化行而习俗美也"。[④]

中国先秦之教育史，总体上是"王官学"的历史，从西周开始这一传统就已经十分成熟。"王官学"的特点在于它把教育和行政结合在一起，把思想和政治结合在一起，容易在社会上形成某种"意识形态"，形成"官学一体"的思想文化格局。"王官学"是早期国家通行之教育形式，从人类社会早期教育形成的过程看，"王官学"也是通常之形式。人类社会早期之教育都是掌握在宗教人士手里的，最早的法官、最早的管理者、最早的教育

---

① （清）陈立撰：《白虎通疏证》卷三《礼乐》，第 1 页。
② 同上。
③ 参阅拙文《民族性与宗教性："中国法"不同于罗马法之法意》，《西南民族大学学报》2010 年第 11 期。
④ 《汉书》卷五六《董仲舒传》，第 2503 页。

家都是祭师、巫师、术士,因此最早的统治者也就是最早的教育家,也是最早的"知识分子"——儒者。①

西周时期的典章文物俱掌于官府,礼、乐、射、舞器都藏于宗庙。民间无书无器,学术为官专有,教育非官莫属,非官莫能,当时也是"学在官府"。西周时的大司乐就是国学的主持者,同时也是国家最高的礼乐官,他负责祭祀和国家典礼,同时兼管国学教育事务。大司乐之下的师氏、保氏、大胥、小胥、乐师同时也是国学的教师。当时的国学既是施教的场所,又是国家举行重大礼仪活动的地方,如祭祀、乡射、献俘等活动都在国学进行。实际上夏商时期夏礼、商礼的情况估计也是如此,这时的"礼制"和"王官学"都不完全成熟,如《礼记·表记》云:"夏道尊命,事鬼敬神而远之,……其民之敝,惷而愚,乔而野,朴而不文。殷人尊神,率民以事神,先鬼而后礼,先罚而后赏,尊而不亲。其民之敝,荡而不静,胜而无耻。"②但也是集教育、行政、军事活动于一体的机构。

除国学外,西周各级地方乡学也是地方举行乡饮酒礼、乡射礼、士人议政、养老尊贤活动的场所。无论是国学还是乡学,学术和教育都是国家的事情,文字记录的法规、典籍文献以及祭祀典礼的礼器也全部掌握在官府。周朝建立时制定了体系庞大的周官制度(《周礼》),设置了一系列职官以典守周礼,且形成了中国古代惟官有书而民无书、惟官有器而民无器、惟官有学而民无学的教育传统,西周时期"制礼作乐""礼不下庶人"即是此意。西周时期"王官学"虽然在形式上似乎与民间无关,但是从中国古代法律和法律教育看,它最重要的贡献是确立了由官方"制礼",进而以之指导民间行为规范的传统。《周礼·职方氏》有:"职方氏掌天下之图,以掌天下之地。"职方氏"辨其邦国、都鄙、四夷、八蛮、七闽、九貉、五戎、六狄之人民,与其财用、九谷、六畜之数要,周知其利害",③可见时有"四方"之众,且已有对"方俗"的研究。对"方俗"的研究,首先,它确立了礼作为一种统一规范的意义;其次,当时的中国,礼只是一种"方俗",由于各地方有不同的

---

① 汉代许慎的《说文解字》亦言:"儒,柔也,术士之称,从人,需声。"最早的儒者起源于术士。
② 《礼记·表记》。
③ 《礼记·曲礼下》:"五官之长曰伯,是职方。其摈于天子也,曰天子之吏。"

风俗，因此有不同的礼，由官方来"制礼"，由此统一不同方俗，自然也是中国古代王官礼法之始，礼在后来上升为礼法，本就缘于此。

尽管春秋以降，诸侯并起，礼崩乐坏，从"学在官府"到学在民间，社会上已开私塾之风，并出现大量"游士"阶层，以致于社会教育为之一变，学术教育之风气倾向自由。但是汉代及其以后，孔学之"素王之法"成为"官学"，这一情况一直延续到清朝。

（三）律学与礼刑之教

法律史学者通常认为"王官学"的实质是"以吏为师"，进而对之进行贬抑，这种说法实在欠妥。那么早期的"王官学"同后来秦朝实行的"以吏为师"之间又有何区别呢？笔者以为从形式上看，二者似乎相同，但是仔细考察，区别却很大。

秦始皇三十四年（前213年），采纳丞相李斯的建议，在焚书的同时禁止私学，规定"若欲有学法令，以吏为师"，进而实行"以法为教，以吏为师"的教育制度。此一教育制度强调官员是社会教育的承担者，早期"王官学"的承担者同样也是官员，但是此官与彼官不同，此官是集学术、行政、教育为一身的饱学之官，而彼官则只是"事断于法"的录事官。因此，"王官学"在后来的变化不能与秦朝的"以吏为师"相提并论。我们可以说春秋战国时期学术繁荣，官学衰落，私学兴起，教育冲破了周朝"学在官府"的局限，但是不能说冲破了周朝"以吏为师"的局限，因为"以吏为师"是秦朝时的特定概念。

关于中国古代法律教育，有一种说法认为中国古代没有独立的法学家阶层，进而没有超脱于官方的法学。此论基本成立，中国古代虽然有许多张斐、杜预这样的"律学家"，但是他们所做的工作也仅仅是对已有之律进行注释而已，与古罗马法学家相比，并没有独立进行过法律创制，更为重要的是，没有进行过法理性的探讨。这一现象原因很多，其中与中国古代长期奉行的王官学有着密切的关系。

秦朝以后，由于儒家承袭西周的基本精神，汉代董仲舒系统地提出了"德主刑辅""礼法并用"的法律思想。汉武帝下令"罢黜百家，独尊儒术"，儒学成为"官学"，上升为封建国家占统治地位的正统思想，儒家的"礼法并用""德主刑辅"成为当时立法的指导思想。汉代 400 余年间，儒家经学兴起，同时也开始出现儒家注疏律学，董仲舒的"大一统"思想确立了儒家经学教育在国家教育中的统治地位，董仲舒的"春秋决狱"率先在司法领域开启了中国法律的经学化。为了实现立法、司法与经学的统一，儒家注疏律学开始兴起，著名经学大师获得官职之后，兼顾儒经与汉律，他们用儒家经义来解释现行法律条文，常常是洋洋万言。程树德在《九朝律考·汉律考》中专门列入了《律家考》，共收入了 75 人。

这里需要说明的是，学术界有"秦律学"之称，但是我们不能以睡虎地出土秦简中"法律问答"为据，认为"法律问答"就是最早出现的律学注释形式。正如我们不能把"以吏为师"同儒者的"王官学"相提并论一样，"秦律学"自然也不能同后来的"注疏律学"相混同。"注疏律学"是以孔学为师，"秦律学"则是"以吏为师"。"法律问答"是以问答的形式对秦律所做的解释，是援法为治，其依据仍然是法。在睡虎地秦简的"法律问答"中，奉行的是"以吏为师"的原则，百姓和官吏都有权向主管法律令的官吏询问法律的条文，主管官吏则应按照提问明确回答。而且还要制造一块一尺六寸长的"符"，写上所问法律的条文，署上年、月、日、时。符的左边由询问者自行保管，右边则封藏。如果主管官吏不肯回答，一旦询问者所犯之罪正是其所询问的，则依照该条追究主管官吏的法律责任。在《商君书·定分》中，有"天子置三法官：殿中置一法官，御史置一法官及吏，丞相置一法官。诸侯、郡、县皆各为置一法官及吏，皆此秦一法官。郡、县、诸侯一受宝来之法令，学问并所谓。吏民知法令者，皆问法官"。因此我们可以这样说，"秦律学"是"以吏为师"，而"注疏律学"是以经学为师，二者相比，"注疏律学"更具有"道"和"理"的形而上内涵。

以经学注疏法律是法律解释之学。同经学一样，儒家注疏律学虽然不一定都是由官府组织进行，但可以肯定的是，从事这一工作的人不仅具有"王官"身份，更具有"经学家"的背景。因此，一方面，中国法学的解释系统与官方经学解释系统相混同；另一方面，此学此教一兴，中国至清代已再无其他法学。所谓"经学家"与"律学家"之间没有严格的区别，"律"和"经"之教，犹如伊斯兰《古兰经》及其律法之教，国教如此，又何以有超脱于官方的独立法学家阶层。

礼和刑是中国古代法律的两大基本形式,春秋之前礼和刑的教育都是在官学进行的。中国学校教育的传统从一开始就是"学在官府",庠序、辟雍、泮宫、灵台、明堂都是官学的场所。所谓"庠序",《白虎通》:"乡曰庠,里曰序。庠者,庠礼仪;序者,序长幼也。"①《孟子》:"序者,射也。"意思是序是教射的地方,射是古代教育的重要内容,故以此称。所谓"辟雍""泮宫","天子立辟雍何? 辟雍所以行礼乐,宣德化也。辟者,璧也,象璧圆,以法天也。雍者,壅之以水,象教化流行也。……诸侯曰泮宫者,半于天子宫也。明尊卑有差,所化少也"。② 所谓"明堂","天子立明堂者何? 所以通神灵,感天地,正四时,出教化,宗有德,重有道,显有能,褒有行者也"。③所谓"灵台","天子所以有灵台者何? 所以考天人之心,察阴阳之会,揆星辰之证验,为万物获福无方之元"。④ 又云:"天子立明堂者,所以通神灵,感天地,正四时,出教化,宗有德,重有道,显有能,褒有行者也。明堂上圆下方,八窗四闼,布政之宫,在国之阳。上圆法天,下方法地,八窗象八风,四闼法四时,九室法九州,十二坐法十二月,三十六户法三十六雨,七十二牖法七十二风。"⑤通过这样的学习而通晓天文、礼法、刑制,并掌握基本一些技艺。

中国之官学起源甚早,夏朝即已有官方学校,《白虎通疏证》曰:"夏曰学校,校之言教也;殷曰庠,周曰序。"⑥古国之老者,多养于学,《王制》:"养国老于东序,养庶老于西序。"又有:"夏后氏收而祭,燕衣而养老。"除"序"外,夏代的学校还称为"校"。《孟子》:"夏曰校。"意思是夏代的学宫称为"校"。夏代还有一种乡校,称为"公堂",《诗经》中有"跻彼公堂"之说,《毛传》中解释:"公堂,学校也。"乡人于十月跻公堂,行饮酒之礼。此外,夏官学还以"学"称。《夏小正》:"二月丁亥,万用入学。"可见夏朝入"学"

---

① (清)陈立撰:《白虎通疏证》卷六《庠序》,第6页。
② (清)陈立撰:《白虎通疏证》卷六《辟雍》,第5页。
③ (清)陈立撰:《白虎通疏证》卷六《明堂》,第7页。
④ (清)陈立撰:《白虎通疏证》卷六《灵台》,第8页。
⑤ 同上。
⑥ (清)陈立撰:《白虎通疏证》卷六《庠序》,第6页。

是讲究时间的，选春仲吉日，还要行礼，舞干戚。《夏小正传》曰："丁亥者，吉日也。万也者，干戚舞也。"关于夏的法律教育情况我们不得而知，而商殷时期礼法教育的情况，可以从《大戴礼记·少间》中窥见一斑："乃有武丁即位，开先祖之府，取其明法，以为君臣上下之节，殷民更服。近者说，远者至，粒食之民，昭然明视。"

商殷尚猎，有尚武之风，"汤曰：'吾甚武。'号曰武王"，[1]但是殷兴文教，《尚书·多士》"惟殷先人有典有册"，商殷兴学，甚盛于夏代，有自己的文教，而且亦有学宫，商殷的学宫分左右二学。如《王制》曰："殷人养国老于右学，养庶老于左学。"《礼记·学记》："党有庠，术有序。"庚氏云："党有庠，谓夏殷礼。"《孟子》亦云："殷曰序。"《孟子·梁惠王》有："谨庠序之教。"由此可以看出商代的学宫称为"庠"或"序"。至于周，"周文王辟雍在长安西北四十里"，[2]可能是仿照商殷之制，《诗·灵台》："于论鼓钟，于乐辟雍。"《礼记·王制》："天子曰辟雍，诸侯曰泮宫。"从周文王举办辟雍、泮宫至清代北京国子监的辟雍、泮宫（泮宫是诸侯乡射之宫，形制上不同于天子的辟雍），辟雍和泮宫之名，三千年勿替。

上述官学可以用"王官学"概括之。中国古代的"王官学"具有多种政治文化功能，官学不仅是王典章史册的教化，而且对四方民族尚有进行宣示教化的作用。"辟雍所以行礼乐，宣教化"，[3]是四方诸侯来朝的礼乐教化之所。泮宫也有同样的功能："明明鲁侯，克明其德。既作泮宫，淮夷攸服。""翩彼飞鸮，集于泮林。食我桑黮，怀我好音。憬彼淮夷，来献其琛。"[4]当然，清代在午门也举行受征夷受俘之礼，如据清代云贵总督赵慎畛《榆巢杂识》记载："午门受俘礼，乾隆年间凡四举是典：乙亥六月征剿准噶尔，先获青海数酋来献；是年十月平定后，复获达瓦齐等，槛解京师；庚辰正月平定回部，函霍集占之首以献；丙申四月平定两金川，逆酋、党羽全就俘获，并御午门受之。"[5]但这并不否认辟雍承担的法律教

① 《史记》卷三《殷本纪》，第95页。
② 《三辅黄图》。
③ 《白虎通·德论》。
④ 《鲁颂·泮水》。
⑤ （清）赵慎畛撰：《榆巢杂识·午门受俘》，中华书局2001年版，第233页。

育作用。今存北京国子监是一完整的官学场所，是古代辟雍所在之地，国子监内有许多碑亭，记载清代征讨四夷的文治武功，其目的仍是礼刑教化。

　　由此可知，当时的学校是接受外夷贡献之地，同时也是宣讲本国礼刑之所。此外，上述辟雍和泮宫还是法律教育的重要场所，是献俘行刑之地。献俘行刑在当时是礼的一种，古代称为"献囚之礼"，"矫矫虎臣，在泮献馘。淑问如皋陶，在泮献囚"，①献馘是割取敌人的左耳以计数献功。可见辟雍和泮宫是中国古代王官学的机构，集中了礼、刑、祭、射的教育，是法律教育、军事教育、礼仪教育的承担者。中国古代法律除"礼"之外，主要是"刑"。礼、刑之间存在着密切的关系，古代的刑最初及后来很长一段时间，表现为刑罚，如"墨""劓""宫""大辟"。这些刑罚的宣教在很长期时间里是以礼仪形式进行的，献俘行刑被称为"献囚之礼"，因为对刑罚本身的宣教，最好的方法是让人对行刑过程进行观摩，而且这样的仪式可能还是"现场表演"，十分生动、形象。在辟雍和泮宫这些官学中集中进行礼、刑、祭、射的教育，这在当时是主要的"法律教育"形式，由此我们可以推想中国古代法律教育之端绪。这里应当注意的是，当时的"礼"，应当理解为礼俗，并无成文条文。当时适用的法也并非今天所谓的法令，而是礼俗。吕思勉先生认为："就众而言之，则曰俗。就一人之践履言之，则曰礼。古有礼而无法也。……其所以犯者必为社会之习俗，而非国家之法令。"②《礼记·礼器》中有"曲礼三千"之说，《吕刑》中有"五刑之属三千"之说，三千当是虚指言多，即使是两相对应，违礼而入刑也是当然之解释，这里的刑是刑罚的意思，而非今日所说的刑法。

　　总之，这一时期中国法律的特点是礼和刑罚，礼的内容及其教育，除西周外，夏商基本上属于"传疑之制"，③关于刑罚的教育是宣示观摩，关于礼的教育则是社会繁杂之旧俗，而且并不成文，因此文献记载中也未见当时对礼刑的相关研究，可能也不会有更多的学理讨论，基本上也就不存在我

①　《鲁颂·泮水》。
②　吕思勉：《先秦史》，第390页。
③　柳诒徵：《中国文化史》，岳麓书社2010年版，第134页。

们所说的"法学","注释法学"更不可能有。因此可以断言,夏商周官学中集中进行的礼、刑、祭、射教育是仪式性的,而非理论性的。通过"周公制礼",周礼集前启后,著于典籍,是以成文,当使周朝刑罚有成文礼典可依,此时以礼法为主要内容的专门法律教育自然又与前大不相同。

周朝的法律教育不仅在辟雍、泮宫进行,官方法律教育活动也开始深入到民间。在官府层面,恐早已形成了"布宪"之制,《管子·牧民》中说到古有"布宪"之制,其关于"布宪"的概念有"留令""不从令",其"考宪"的概念有"专制""亏令",《管子·牧民》云:

> 孟春之朝,君自听朝,论爵赏校官,终五日。季冬之夕,君自听朝,论罚罪刑杀,亦终五日。正月之朔,百吏在朝,君乃出令布宪于国。五乡之师,五属大夫,皆受宪于太史。大朝之日,五乡之师,五属大夫,皆身习宪于君前。太史既布宪,入籍于太府,宪籍分于君前。五乡之师出朝,遂于乡官,致于乡属,及于游宗,皆受宪。

首先,是出君令,布宪于国,"正月之朔,百吏在朝,君乃出令布宪于国"。

其次,是太史布宪于五乡之师、五属大夫,"皆受宪于太史"。

再次,是五乡之师布宪于乡官、乡属、游宗,"五乡之师出朝,遂于乡官,致于乡属,及于游宗,皆受宪"。

在"布宪"的过程中,有"留令""不从令"者,其罪死不赦;在"考宪"过程中,有"专制""亏令"者,其罪死不赦。《管子·牧民》云:"就舍谓之留令,死罪不赦。""宪既布,有不行宪者,谓之不从令,罪死不赦。""考宪而有不合于太府之籍者,曰侈专制,不足曰亏令,罪死不赦。"

在民间层面所进行的法律教育活动方式也是多样的,如采取绘图的方式,于岁首悬国法于象魏,使万民观治象,民观览十日,"正月之吉,始和布治于邦国都鄙,乃县治象之法于象魏,使万民观治象,挟日而敛之"。① 除

---

① 《周官·太宰》。

此之外，教民读法也是地方乡、遂各级官吏的日常工作。《周礼·地官·闾胥》："凡春秋之祭祀、役政、丧纪之数，聚众庶；既比，则读法，书其敬敏任恤者。"《族师》："月吉，则属民而读邦法。"《党正》："四时之孟月吉日，则属民而读邦法，以纠戒之。"《州长》："正月之吉，各属其州之民而读法，以考其德行道艺而劝之，以纠其过恶而戒之。若以岁时祭祀州社，则属其民而读法，亦如之。"可见，当时的地方官吏都负有讲法之责，一年之中读法不下十五六次。因此，无论是官府还是民间层面，中国古代的法律教育周朝已有，不独后世有之，中国古代的法律教育从"学在官府"变为"学在民间"就是这样一个逐渐发展的过程。

公布法律无疑是法律教育形式之一种，一般学术界的观点认为，春秋时期是中国古代成文法公布的时期，这一观点为不少中国法制史教科书所接受，几乎成为定论。但由以上观之，则不独然。春秋以前中国是否有成文法？如果有成文法，是否被纳入学校教育？从历史看，夏至春秋以前各朝各有法律，夏有《禹刑》，商有《汤刑》，西周有《九刑》和《吕刑》，由于以上律典均已失传，现今所见均是《尚书》中简单的提及和描述，因此这些法律是否是系统的法典尚无定论。而在当时，这些法律是否通过公开的形式公布，或者说是否以公开的形式进行教育，则应当是可以肯定的。因为周朝就有将法律"悬之于象魏"之说，之所以"悬之于象魏"，虽无直接史料详说，但其原因当是可以推想的。

此外，中国春秋时期公布"成文法"还有更实际的原因。春秋时代许多诸侯国确以竹书、刑鼎的形式公布了自己的法律，实际上是出于他们需要"富国强兵"的强烈愿望。[①]"富国强兵"需要强化法制，以整合国之资源，为"一断以法"而需要"普法"。《尚书·尧典》中所谓"象以典刑"以及西周"悬之于象魏"，即以画像的形式昭示法律的做法，很可能是当时识字

---

① 春秋时期，铸刑书的郑国子产，其目的就是"富国强兵"，这从因子产作丘赋和铸刑书而引起的争论中可以看出。《左传·昭公四年》："郑子产作丘赋。"杜预注："丘，十六井，当出马一匹、牛三头。今子产别赋其田，如鲁之田赋。"当时国人谤之，子产曰："何害？苟利社稷，死生以之。且吾闻为善者，不改其度，故能有济也。民不可逞，度不可改"；又有《左传·昭公六年》："六年三月，郑人铸刑书，叔向使诒子产书。"认为"国将亡，必多制"。对于前者，子产的回答是"苟利社稷，死生以之"，对于后者，子产的回答是："若吾子之言，侨不才，不能及子孙，吾以救世也。"（清）马骕撰，王利器整理：《绎史》卷七四，第1541页。

率很低的缘故。在春秋以前,有"学在官府"之说,包括国家法律在内的学习活动只是贵族的特权,那么可以想象当时的识字率是极低的。面对这种情况,以文字形式公布法律并没有广泛宣传的教育意义,因此以图像的形式"悬之于象魏",是最简单、最有效的教育方式。但是春秋以降,诸侯并起,礼崩乐坏,从"学在官府"到"学在民间",社会上已开私塾之风,并出现"游士"阶层,以致于社会教育为之一变,学术教育之风气倾向自由。有学之士为寻求自身的抱负而走出王室,散布于诸侯各国,这为后来出现民间教育提供了师资条件。在这样的情况下,一国之内的识字率应当有所提高,如此以文字而不是图像形式公布法律,应当是有实际需要的。但认为春秋时期是中国公布成文法的开始,则让人生疑。

关于"私学"之起源,今已无从考究,但是私人授业古已有之,并不独是春秋之事。《尚书大传》中有关于殷人私人授业的故事:"散宜生、闳夭、南宫适三子者,相与学讼于太公。太公见三子,知三子为贤人,遂酌酒切脯,除师学之礼,约为朋友。"不过,这并不表明那时就是"学在民间",更何况我们并不知道太公教授的是什么内容,由此"学在民间"仍然是春秋战国时期的事情,由于周王室衰败,上述包括礼和刑在内的教育内容转移到民间,不同的民间学术得以形成。秦朝奉行"以吏为师",虽然有博士官的设置,但只是设五经博士,五经则只是讲古代史实,掌管图书,通古今以备顾问而已,其余一概废除,如此,传统的王官礼俗教育则无以承继。

(四) 文与质: 法的风俗性样式

中国古代的法学体现为经学和律学。汉代恢复西周官学传统,《诗》《书》《礼》《易》《春秋》每经置一博士,各以家法教授,故称五经博士。到西汉末年,研究五经的学者逐渐增至十四家,所以也称五经十四博士。渐次私学兴起,士族门第教育成为包括法律教育在内的社会教育的主流形式,这一情况至唐代没有发生根本变化,唐代以后才形成"考试取才,而无学校养才"的传统。[①] 但这时的法律教育不过是注疏律学而已,尽管有士族门第教育私学的兴起,但这只是教育形式,教育的内容仍然是注疏经学,

---

① 　钱穆:《国史新论》,生活·读书·新知三联书店 2001 年版,第 253 页。

是官学解释学。尽管唐初中国已出现了书院，且当时的书院不仅源自官府，更来自民间，并在以后的历史中长期存在着书院教育系统，但是中国王官学和民间法学教育的内容没有因此发生根本性的变化，经学仍然是法律的形而上学，经学是儒家所奉的经典之学，儒家经典之学的内容既是学理性的，也是风俗性的。

汉以后孔学独尊，孔子后来成为"至圣先师"，因此经学和律学的内容、注疏的思维方式没有发生变化。加之中国古代讲求"遵循古制"，"祖宗之法不可变"，历代常承袭前代之律，经学和律学的"六经"风俗性教法框架均无突破，历代所变者不过是体例之变以及"轻典""平典""重典"这类"治术"之变。法律教育虽多是私家传授的形式，由于科举考试内容的限制，法学为经学所覆盖，不能真正成为有独立概念系统的学问。同时，又由于行政和司法不分的历史传统，虽然有经学和律学，但是并没有形成独立的法律家阶层。由于经学成为"王官学"，进而法律之学难以在思想上突破经学的藩篱，更难以形成西方基于形式逻辑的"概念法学"。由于没有形成这样的法学，中国古代法律在很大程度上一直呈现出风俗性的样式，此可谓"王官学"教育传统对中国法律样式之影响。

从中国法律形式看，除"律"之外，"情""理""例""礼""俗"这些概念构成了中国古代法律样式的基本元素，这些元素更多的是通过教育融入人们的法律生活，它们共同作用并构成了中国人法律生活的"小传统"。而中国古代礼刑合治的法律范式，则构成了中国古代法文化的"大传统"与"小传统"之间的基本关系。这就是为什么尽管经历了如此多的历史变迁，中国古代法律仍然是一方面有道法合治的理性立法模型，另一方面又存在着礼、法、俗合用的风俗性司法形式。

近代以来西方法律的传入，改变了中国法的内容和样式，如江苏提学劳乃宣云"必尽舍固有之礼教风俗"。如此，"情""理""例""礼""俗"这些概念不再是中国法律形式的组成部分，在人们的观念中，所谓"法律"不过是官方法条、法典而已。法律形式的这种变化改变了法律调整社会关系的形式，改变了社会法制运行的模式，也改变了法律教育的方式。在清末法律争论中，被认为"礼教派"的劳乃宣曾云：

泰西各国,凡外国人居其国中,无不服从其国法律,不得执本国无此律以相争,亦不得恃本国有此律以相抗。今中国修订刑律,乃谓为收回领事裁判权,必尽舍固有之礼教风俗,一一摹仿外国。则同乎此国者,彼国有违言,同乎彼国者,此国又相反,是必穷之道也。总之一国之律,必与各国之律相同,然后乃能令国内居住之外国人遵奉,万万无此理,亦万万无此事。以此为收回领事裁判权之策,是终古无收回之望也。且夫国之有刑,所以弼教。一国之民有不遵礼教者,以刑齐之。所谓礼防未然,刑禁已然,相辅而行,不可或缺一者也。故各省签驳《草案》,每以维持风化立论,而案语乃指为浑道德法律为一。……视法律全无道德教化,故一意摹仿外国,而于旧律义关伦常诸条弃之如遗,焉用此法为乎?①

即使是沈家本、伍廷芳这些所谓的"法理派",在其《奏删除律例内重法折》中,虽然主张学习西法,反对酷刑,但同样也是以"化民之道固在政教,不在刑威"立论的。②

清末官方的讨论尚主要局限于法律内容,这一时期争论的"干名犯义""存留养亲""亲属相奸""无夫奸""违反教令"等内容,也只是中国传统法俗的内容而已。应当说随着时代的发展,一些法律内容本是可以改变的,但是更为重要的变化是在后来法律逐渐西化的过程中,对于什么是法律的解释发生了根本性的变化,这表现在"情""理""例""礼""俗"已不再被认为是法律形式。这意味着在中国这样一个长期习惯于风俗化的法律理性的国家,纯粹的形式主义法学必然会面临律典与民间法俗之间的逻辑冲突。

总之,从王官学到孔学,再到汉朝经学,中国并没有形成独立的法学教育体系。法学教育一直存在于具有"官学"性质的教育体系当中。从教育的内容和法律的形式看,法学是以礼乐政刑为内容的"法俗"范式,春秋时

---

① 赵尔巽等撰:《清史稿》卷一四二《刑法一》,中华书局 1998 年版,第 1112 页。
② (清)沈家本、伍廷芳:《奏删除律例内重法折》,载丁贤俊、喻作凤编《伍廷芳集》,中华书局 1993 年版,第 257—258 页。

期的儒家是这一范式的继承者,它的特点是认为"礼"在构建社会秩序中的价值远大于"刑",总体上讲先秦法文化的主体是"礼"而不是"刑"。

从文与质的关系上看,礼代表着文,刑则代表着质;礼代表着雅,刑代表着俗;礼代表着传统的道法,刑则只是作为补充礼的异俗。孔子说君子怀德、怀刑,小人怀土、怀惠,①君子(士)关心的是如何维护传统礼俗,小人关心的则是实际的生活利益,因此君子更多的是求"文",小人更多的是求"质"。孔子崇礼是发生在礼崩乐坏的特殊时期,但这并不意味着孔子反对政刑,按照孔子的中庸思想,其意在于要实现文与质、雅与俗、道与器的统一。因此,孔子认为:"质胜于文则野,文胜质则史,文质彬彬,然后君子。"②所谓"文质彬彬",不仅仅是指君子的修为,在儒家的道法学中,文与质是一对抽象化了的哲学概念,文与质的统一意味着形式和内容、传统与现实、雅与俗、道与器、礼与刑的统一。从孔子的中庸思想出发,必然推导出中道政治、中和法学,在这种政法思想的指导下,理想的法学应该是一种"文质彬彬"的法学,理想的法律则应该是一种文与质统一的法律,这种法律的品格是不偏执于一端,具有综合性、包容性的特点,体现在形式上则往往具有混合性、风俗性的样式。

---

① 《论语·里仁》:"君子怀德,小人怀土;君子怀刑,小人怀惠。"
② 《论语·雍也》。

第十章 化正风俗：儒家的 道法体系

一、化俗：教化与法律的目的

教化首出 儒家十分重视教化的作用，强调化俗而治。在如何布大道于天下的方式上，儒家一直是奉行教化首出，而不是法律首出。在儒家的道法思想中，法律的目的与教化的目的是一致的，都在于求善俗而"化成天下"。

从中国法律史的角度看，《唐律疏议·名例》开宗明义云："德礼为政教之本，刑罚为政教之用，犹昏晓阳秋相须而成者也。"这句话一直是对儒家奉行的"德主刑辅"这一法律原则的经典表述。从历史上看，"德主刑辅"的原则根本上是来自中国上古教化首出的治道传统。德礼和刑罚都是中国古代法律的渊源，德礼代表了中国的教法传统，刑罚代表了中国古代的律法传统。中国古代的刑应当是晚于礼而出现的，孙星衍《尚书今古文注疏》："《周礼·司圜》疏引《孝经纬》云，三皇无文，五帝画象，三王肉刑。"[①]是说三皇之时是无为而治，五帝之时画象而教，只在夏商周三王之时方才使用五刑（肉刑）。五刑始于何时？经传无文，唯有《尚书·吕刑》言五刑出自蚩尤之恶，而苗民习之。史传有黄帝与蚩尤之战，可知蚩尤与黄帝同时，然蚩尤并非三皇五帝这一谱系，自然也不是这一谱系文化之正脉，因此并不能说五帝使用了五刑。《荀子·正论》篇云："世俗之为说者曰：治古无肉刑而有象刑。"到舜帝时有"象以典刑"之说，[②]是说尧舜之时普遍使用的是象刑而非五刑，沈家本云："窃意舜时五刑、象刑盖并行。其

---

① （清）沈家本撰，邓经元等点校：《历代刑法考》，第6页。
② 《尚书·舜典》。

命皋陶也,曰'蛮夷猾夏,寇贼奸宄。汝作士,五刑有服',是五刑者所以待蛮夷者也。……若象刑,所以待平民者也。"①是言象刑之义在于对舜朝内部的平民进行教化,而五刑用以待蛮夷,似有"以夷技制夷"的意思。又说舜帝"流宥五刑",以流刑代替五刑之罚,是为流刑之初见,而流刑的本义亦在通过流放"四凶"而教化四方,五帝之时五刑恐怕只是作为一种异族的法俗而存在,并不是五帝之朝使用的刑罚。五刑是在夏禹之时才开始使用的,而且被看作是禹朝德衰失教的后果,故《汉书·刑法志》又云:"禹承尧舜之后,自以德衰而制肉刑。"因此,以"德礼为政教之本"而化成天下的理念自上古而有之。

上智与下愚　儒家继承了上古教化首出的传统,在其教化理论中还有"上智"与"下愚"之说,子曰:"唯上智与下愚不移。"②所谓"下愚"者,有二焉,自暴也,自弃也。《孟子·离娄上》又云:"自暴者,不可与有言也。自弃者,不可与有为也。言非礼义,谓之自暴也。吾身不能居仁由义,谓之自弃也。"③下愚之人往往是自暴者,言非礼义,不相信善道,不以善道自治;他们又往往是自弃者,躲避善道,拒绝教化。按朱熹的解释,"自弃者,绝之以不为"。④ 这种行为是本性所致,他们"虽圣人与居,不能化而入也"。⑤不仅如此,这类被孔子称为"下愚"之人,往往还有过人的才能,"强戾而才有过人者",⑥如商朝之纣王,因此这类"下愚"之人是社会、国家不"和谐"的人性因素。虽然社会中有自暴自弃者,但是儒家对此仍然充满信心,因为儒家相信"人性本善","下愚"之人其心虽绝于善道,但是"其畏威而寡罪,则与人同也",亦如朱熹所云:"心虽绝于善道,其畏威而寡罪,则与人同也。惟其与人同,所以知其性之罪也。"⑦

因此,他们与常人一样会畏惧威权,希望免受刑罚,在这一点上他们与常人的本性是一样的。这就是说,畏威而希望少受刑罚这本身就是人性中

---

① （清）沈家本撰,邓经元等点校:《历代刑法考》,第8页。
② 《论语·阳货》。
③ 《孟子·离娄》。
④ （宋）朱熹、吕祖谦撰:《近思录·道体》,第27页。
⑤ 同上。
⑥ 同上。
⑦ 同上。

的善道之源,因此儒家认为"善道"是天下和谐的根本,"善道"的核心是仁,仁是使得天下能够和谐的正理,故《程氏经说·论语解》云:"仁者天下之正理,失正理则无序而不和。"①从这里看出,在追求以"和"为目标的天下秩序的过程中,儒家的论证并非仅仅是道德层面的,儒家从未忽视过"畏威而寡罪"的人性,也就从未忽视过刑罚对于良好秩序的重要意义。与法家的不同之处,是儒家认为刑罚应当有教化的作用,而不仅仅是作为惩罚性、报复性的治罪,以体现对等性的公平,抑制那些绝于善道的"下愚"之人,为化成善俗、褒奖善行服务。

　　化正风俗　中国古代十分重视"化正风俗",这是因为中国疆域内族群繁杂,民性迥异,民俗纷呈,实现制度和文化的统一一直是历代王朝在国家和社会治理上的追求和目标,这是中国历史的一个规律性现象。为达此目的,教与刑是历代王朝采用的基本手段,在采用教和刑的手段进行国家和社会治理的时候,"教化"自然处于优先的地位。

　　所谓"化",是指人文教化,合称为"文化"。"文化"者,本是近世由西语转译而来,中国古代只有"人文"一词:"观乎人文以化成天下。"钱穆先生解释中国古代之"人文"说,所谓"文",是指种种复杂的花样,与"理"相通,故古代有"天文"、"地文"(地理)、人文、文理、纹理。所谓"人文",是"指人群相处种种复杂的形相",②如个人、家庭、社会、天下。所谓"人道",是指人文中的种种关系。所谓的"化",是指"相和相通"③或"融合会通"④之义。中国古人本无鲜明的民族观,抑无鲜明的国家观,能由"人"之观念一直演进到"天下",亦即由人和人的相处之道(仁、义、礼、智、信)演进到家庭成员之间、族与族之间、国与国之间的相处之道。这个"道"就是从人到家,从家到国,从国直至天下的中国式的"人道"或"常道"。这个"人道"之所以能够化成天下,是由于它是超越种族和国家界限的人间普适的相处之道。因此,中国"自始不以民族界线、国家疆域为人文演进之终极理想。

①　(宋)朱熹、吕祖谦撰:《近思录·道体》,第29页。
②　钱穆:《民族与文化》(新校本),第6页。
③　同上。
④　同上书,第7页。

其终极理想所在,即为一'道'字"。① 这个"常道"的核心是被孔子释为具有普世性的"仁","仁"贯穿于修身、齐家、治国、平天下的整个过程。

儒家的法学理论正是在这一语境下发生的,孔子作为上古教法的继承者,也是中国上古礼俗文化新的阐释者,孔子主张"生今之世,志古之道"。② 如何才能做到"生今之世,志古之道"? 不仅要重视服饰礼仪,服饰礼仪虽然重要,也仅仅是外表,是"文"的一部分,而要做到"文质彬彬",成为谦谦君子,尚需继承和整理古道,养之以"质",以此为治国之道,以"教"立国。谦谦君子可以为士,士者,文化传播之载体,亦是化风移俗的承担者。中国古代儒、墨士人都有"以道事君,不可则止",③"从道不从君",④必行己之志的传统,"道"不仅是义理化的、具有独立气质的"教",而且还是美化了的"俗"。因此,古代士人兼具二者之责任,不仅要具有这样的"守道"之气节,尚需有教化美俗的胸怀和追求。是故,养士对于"志古之道"就是十分重要的事情,一如《王制》所云:"乐正崇四术,立四教,顺先王《诗》《书》《礼》《乐》以造士,春秋教以《礼》《乐》,冬夏教以《诗》《书》。"故《大学》有云:"所谓治国必齐其家者,其家不可教而能教人者,无之。故君子不出家,而成教于国。"又云:"宜其家人,而后可以教国人。"

法律的目的　化正风俗是中国古代儒家法的目的,有了善俗才能有"善行",正如伏尔泰所说:"在别的国家,法律用以治罪,而在中国,其作用更大,用以褒奖善行。若是出现一桩罕见的高尚行为,那便会有口皆碑,传及全省,官员必须奏报皇帝,皇帝便给应褒奖者立牌挂匾。"⑤伏尔泰此说是关于中国古代法学特征之一概括,认为中国古代法学不是以治罪为目的,而在于"褒奖善行"。所谓的"褒奖善行",实际上是指法律作为一种手段要为道德服务,这个道德就是上古以来形成的"常道"或"常道政治",而这个常道就是"善行"的标准和基础。法律的赏罚功能就是维护"善行"的手段,即使是在以法家思想为治道的秦帝国时期,这样的价值取向也没有

① 钱穆:《民族与文化》(新校本),第7页。
② 《荀子·哀公》。
③ 《论语·先进第十一》。
④ 《荀子·臣道》。
⑤ [法]伏尔泰著,梁守锵译:《风俗论》,商务印书馆1995年版,第217页。

出现过大的偏差。历史上大的战争之后,又会出现上古道德价值取向的回归。美国学者柯马丁认为在秦始皇具有法令性质的七块东巡石刻的铭文中,仍然表现出"战争省略"(ellipsis of battle)道德的取向,[①]秦始皇东巡石刻的内容仍然沿袭了周朝"文"为立朝之本、"武"力次之的治道思想,秦始皇仍然强调"文"胜于"武",仍然沿袭三皇五帝之号所包涵的历史记忆,仍然宣扬"孝道显明"(《峄山石刻》)、"大义休明"(《泰山石刻》)、"光施文惠"、"明以义理"(《之罘石刻》)这样的善行或德行,反对"贪戾无厌""虐杀不已"(《之罘石刻》),从而与西周文王、武王的历史联系在一起。这完全不同于我们过去对秦始皇的印象。因此,与西方法学相比,中国古代法学是以"化正风俗"这样的"文治"为主旨,其法律也是依据这样的"善行"标准而制定的。

二、华制正脉:原初坟典

三坟五典 三坟五典是上古英雄(圣人)谱系人物的贡献。在儒家看来"三坟五典"皆是教,上古时期是有教而无刑的。孔子有"六教",欲知孔子之"六教",需先知中国原初之文化。"三坟五典"乃是中国文化之源,孔子所谓的"志古之道"的"道",自然是《尚书》中所讲的"三坟五典"这一华夏原初文化。所谓"三坟五典",疏曰:"皇书称'坟',帝书称'典'。""三坟五典"是指:"伏羲、神农、黄帝之书谓之《三坟》,言大道也。少昊、颛顼、高辛、唐、虞之书谓之《五典》,言常道也。"[②]所谓"三坟"之"坟",《正义》疏曰:"坟,大也,以所论三皇之事其道至大,故曰'言大道也'。"

在《尚书·伪孔传序》中,"三坟五典"的内容比较具体的是"八卦"。"三坟"中伏羲所造之书,八卦也。"古者包牺氏之王天下也,仰则观象于

---

① 在美国学者柯马丁对秦始皇石刻文本和仪式的分析中,这些具有法令性质的石刻,同时宣扬了秦始皇的文治武功,"在石刻铭文中的秦始皇,体现了德行的两个方面:允文允武,这两种德行早已人格化为周朝的光辉榜样——文王和武王。铭文文本赋予文治的空间,要远远大于武功的赞述——这是早期中国文化的典型现象,王靖献称之为'战争省略'(ellipsis of battle)"([美]柯马丁,刘倩译:《秦始皇石刻:早期中国的文本与仪式》,上海古籍出版社 2019 年版,第 122 页)。在对这些石刻铭文宣扬文治部分的核心主题进行结构分析后,柯马丁认为"上述政治理想没有哪一条超越过周代圣贤治理的传统观念"。

② (汉)孔安国传,(唐)孔颖达正义:《尚书正义·尚书序》。

天，俯则观法于地，观鸟兽之文，舆地之宜；近取诸身，远取诸物，于是始作八卦"，八卦是《易》之雏形。易有《爻辞》《卦辞》《彖辞》《象辞》《文言》，其中《象辞》《文言》传为孔子所作，《爻辞》《卦辞》经今文学者始以为孔子所作，①其中《象辞》"所以释其所象"，诚如《尚书·伪孔传序》中所云："仰则观象于天，俯则观法于地。"八卦所象，观象于天，观法于地，这奠定了中国人的人道取法于天道的传统，即所谓的天人合一的人道观，汉代董仲舒的《春秋繁露》和班固的《白虎通义》，奠定了汉代以后中国政治法律思想的正统。

五刑法五行　《春秋繁露》和《白虎通义》讨论政治法律都采天道、阴阳、五行之说，认为阴阳五行是天地之道，符合阴阳五行的政治法律就是顺天地之道，"道"的运行遵循质文本末之先后、相生相克、循环往复的秩序和规律，是所谓五爵法五行，五刑法五行。《白虎通·三正》云："王者必王者必一质一文，何？以承天地，顺阴阳。"②其理论是由天道而有阴阳，由阴阳而生五行，由五行而有五典、五教、五常之教法，由五行而有五正、五刑之政法（官制、刑罚）。由阴阳五行论政法，这实际上是继承了中国上古以"天"为核心概念的道法理论，故《白虎通义》认为爵之五等、政之五刑、婚嫁之同姓不婚皆出自五行的原理。如《白虎通》曰："爵有五等，以法五行也；或三等者，法三光也。"③认为古代爵位等级有三五之分，也是依据天（日、月、星三光）和地（五行）而成。

《白虎通》又曰："圣人治天下，必有刑罚何？所以佐德助治，顺天之度也。故悬爵赏者，示有所劝也；设刑罚者，明有所惧也。《传曰》：'三皇无文，五帝画象。三王明刑，应世以五。'五刑者，五常之鞭策也。刑所以五何？法五行也。大辟法水之灭火，宫者法土之壅水，膑者法金之克木，劓者法木之穿土，墨者法火之胜金。"④墨、劓、宫、膑、大辟五种刑罚亦符合五行的原理。《白虎通》甚至有"君一娶九女何法？法九州，象天地之施也。不

---

①　（清）皮锡瑞撰，周予同注释：《经学历史》，中华书局2004年版，第4页注释。
②　（清）陈立撰：《白虎通疏证》卷八《三正》，第12页。
③　（清）陈立撰：《白虎通疏证》卷八《爵》，第3页。
④　（清）陈立撰：《白虎通疏证》卷九《五刑》，第23页。

娶同姓何法？法五行异类乃相生也"，①认为君一娶九女、同姓不婚也是符合五行异类相生原理的。由此，"五刑"的合理性亦取法于"五行"之自然规律，因为它符合"五行"相生相克的自然原理。其中大辟（死刑）对应"水"，宫刑对应"土"，膑刑对应"金"，劓刑对应"木"，墨刑对应"火"。

　　分析这段话，"五刑"所法之"五行"，是指"事件"或者说是自然物理"现象"，而非仅仅是某一"物"。比如"大辟法水之灭火"，"大辟"本为死刑，能够被处以死刑者，自然是如"水之灭火"这样很紧急的事件；又如"宫者法土之壅"，被处宫刑者亦是犯有严重的罪行，如土之堵水这般重要。此外，再如"膑者法金之刻木""劓者法木之穿土""墨者法火之胜金"皆有其象形之意，古代刑罚皆取法于自然物理"易象"，自然物理"现象"本有不变与变的规律，有运动的性质，亦不出"易"之本义。八卦者，曰阴阳；阴阳者，五行之易，皆自然和人事变化的本象。由此，中国古代法律非西方的理性法权形式，它不仅取法于国家理性，更取法人事风俗，有强烈的亲近人性和自然的倾向。其法律有礼刑之分，有阴阳之性，有风俗之化，故法律继承了易道。《易》作为一种符号义理学，奠定了中国思想文化的始基，而对于中国古代制度文明而言，所谓"法律"者，实本属于诸教之一元。

　　华制正脉　在《尚书·伪孔传》中，除上述包牺氏始作八卦之外，神农、黄帝之典，少昊、颛顼、高辛、唐、虞之书又有何内容呢？《尚书·伪孔传序》中有"三坟""五典""八索""九丘"之说。所谓"三坟""五典""八索""九丘"，亦是对中国古代早期风俗政教内容的归纳："以'典'者，常也，《春秋左氏传》曰：'楚左史倚相，能读《三坟》《五典》《八索》《九丘》，即谓上世帝王遗书也。'"即是此意。《尚书正义》云："八卦之说，谓之《八索》，求其义也。九州之志，谓之《九丘》。"研究《三坟》《五典》《八索》，是为求其义理；研习《九丘》，是为了解地理风俗，举其宏纲，撮其机要，才足以垂世立教。孔子这样的儒者不仅研究《三坟》《五典》这些五帝之道，还研究夏商周之书，对之采取定、删、约、赞、述的形式进行整理，疏曰："修而不改曰定，就而减削曰删，准依其事曰约，因而佐成曰赞，显而明之曰述。"其中夏商周

---

① （清）陈立撰：《白虎通疏证》卷四《五行》，第41页。

之书"除皇与帝坟、典之外，以次累陈，故言至于夏商周三代之书，与皇及帝坟、典之等不相伦类，要其言皆是雅正辞诰，有深奥之义，与坟、典一揆"。故云："言五帝之道可以百代之行，故曰'言常道也'。"又云："夏商周之书，虽设教不伦，雅诰奥义，其归一揆。"之所以"其归一揆"，是因为五帝之道和夏商周之书之间理趣终同，一脉相承，"虽事异坟典而理趣终同，故所以同入《尚书》，孔君之意，以坟典亦是尚书，故此因坟典而及三代。……夏商周之书，皆训、诰、誓、命之事"，又云："训、诰、誓、命、歌、贡、征、范，类犹有八"。[1]

《三坟》《五典》《八索》《九丘》这类上世帝王遗书，恰如清湖湘名儒皮锡瑞所云："皆无明据，可不深究。""洪荒已远，文献无征，有裨博闻，无关闳旨。"[2]《尚书正义·叙》中的这番表述，是想阐明孔子对古道的继承、整理和传承，故曰："先君孔子，遂乃定礼乐，明旧章，删《诗》为三百篇，约史记而修《春秋》，赞《易》道以黜《八索》，述职方以除《九丘》。讨论坟典，断自唐、虞以下，讫于周。芟夷烦乱，翦截浮辞，举其宏纲，撮其机要，足以垂世立教，典、谟、训、诰、誓、命之文，凡百篇。"从法律史上看，能够代表华制法律起源的应当是天文历法。依据这个"阴阳之道"而制定出来的具体"坟""典""范""宪""辟"形成了华制文化的主流，也是中华法律文化的主流，而将"刑起于兵"作为中国法的起源的论断，不过是以西法思维下的"法律"概念而论。"五刑"本是具体的刑罚措施，不过是异族（九黎苗民）之法俗，此法俗后为华制所吸收，本非华制之主流。若视"五刑"（墨、劓、刖、宫、大辟）为华制之主流，则对上古华制的评价，已然从"道"的层面降到了"器"的层次。

三、六教化俗：道法的形式

六教　中国古代的道法学于先秦诸子各有所用，如春秋战国时期兴起的法家、兵家、墨家等诸子学说，虽然都与传统的道法学有一些渊源，如有法家师从于儒（李悝）、道（慎到）；有兵家源于道（孙武、孙膑），其言兵胜的

---

[1]　（汉）孔安国传，（唐）孔颖达正义：《尚书正义》卷第一。
[2]　（清）皮锡瑞撰，周予同注释：《经学历史》，第10页。

因素在于道、天、地、将、法这"五事"，[①]以"五事"是否合于道为兵法之首；有墨家尚天、尚贤，其"上本于古者圣王之事"。[②] 但是，在诸子学说中，只有道家、儒家在基本理论上是传统道法学的继承者。儒家与道家关系密切，儒家在政法理论上十分强调有道与无道之分，其法学逻辑是以道成理，以理统法，因此儒家化俗而治是依教法而行，通过礼教与刑罚相互补充的手段来完成，即使是采用"刑"的手段，也是以"教"为目的的，因此作为传统的继承者，儒家之道法形式可谓之"六教"。

"六教"传统使得中国古代法学在形式上呈现出一种综合法学的面貌，在形式上其教、法、俗皆具有同一性。《庄子·天运篇》有云："孔子谓老聃曰：'丘治《诗》《书》《礼》《乐》《易》《春秋》六经……'老子曰：'……夫六经先王之陈迹也。'"这里"六经"被认为是"先王之陈迹"，但《诗》《书》《礼》《易》《乐》为孔子所修，且《春秋》《孝经》乃孔子所制作。[③] 对此还有其他说法，此不赘言。总之，孔子"志古之道"，对古道的继承和整理，总归之曰"六艺"，亦曰"六经"，并以之作为教化的主要内容是不会错的。《礼记·经解》说"六经"曰："孔子曰：入其国，其教可知也。其为人也，温柔敦厚，《诗》教也；疏通知远，《书》教也；广博易良，《乐》教也；洁静精微，《易》教也；恭俭庄敬，《礼》教也；属辞比事，《春秋》教也。"

由此可知，孔子之教有六：一曰诗教，二曰书教，三曰礼教，四曰易教，五曰乐教，六曰春秋教。孔子之教，若修一身，"君子修之吉，小人悖之凶"；若治一国，"循之则治，违之则乱"。此为万世之公言，亦为万世之法统。孔子有帝王之德，而无帝王之位，其微言大义或为万世准则，故孔子之教，就其形式，亦教亦法。孔子之教法为后世政教之基本内容，它通过教育融入国家法典及日常生活。《礼记·学记》："发虑宪，求善良，足以谀闻，不足以动众。就贤体远，足以动众，未足以化民。君子如欲化民成俗，其必由学乎！"故中国古代法典常与风俗教化并行，并有以法俗的形式来体现教

---

① 《孙子兵法·计篇》。
② 《墨子·非命》。
③ 皮锡瑞此说根据的是汉碑《百石卒史碑》，碑文有云："孔子作《春秋》，制《孝经》。"见（清）皮锡瑞撰、周予同注释《经学历史》，第19页。

化的内容,这正是后来"德主刑辅""礼法合一"这种非形式主义法律思想
和法律形式的历史基础。

孔子之教成于六经,儒家经学是传统道法学的结晶,六经只是教法形
式,其主体思想仍是道法学。清人皮锡瑞认为经学始于孔子,传于孔门。
《韩非子·显学篇》:"孔子之后,儒分为八,有子张氏、子思氏、颜氏、孟氏、
漆雕氏、仲良氏、公孙氏、乐正氏之儒。"其中,"颜氏传《诗》,为讽谏之儒;
孟氏传《书》,为疏通致远之儒;漆雕氏传《礼》,为恭俭庄敬之儒;仲良氏传
《乐》,为移风易俗之儒;乐正氏传《春秋》,为属辞比事之儒;公孙氏传
《易》,为洁静精微之儒"。① 清人皮锡瑞认为经学始于孔子,孔子所传诸
教,而非此前诸种学说。② 皮氏此说是从经学考据而论,然作为法律政教,
孔子亦是"法先王"而成,一如《孔子世家》所云,"孔子之时,周室微而礼乐
废,《诗》《书》缺",③故而"整理国故",承继道统,只为法先王,供教学,传
后世,化风俗。其如《礼记·学记》云:"古之教者,家有塾,党有庠,术有
序,国有学。比年入学,中年考校。一年视离经辨志,三年视敬业乐群,五
年视博习亲师,七年视论学取友,谓之小成。九年知类通达,强立而不反,
谓之大成。夫然后足以化民易俗,近者说服而远者怀之,此大学之道也。"
我们来看孔子所教授的内容。孔子所教授的内容有《诗》《书》《礼》《易》
《乐》《春秋》,其中并无刑教。倘若加以刑教,则亦可称为"七教",可概括
为:诗为诗教,书为书教,礼为礼教,易为易教,乐为乐教,春秋为义教,刑
为刑教。"七教"之中诗教、书教、礼教、易教、乐教、义教属于文教或德教,
围绕着修身的问题而展开,是内与外、文与质兼修。

孔子重仁,仁者,人也;孔子重造士,造士的目的是以士作为表率来化
成风俗。一如《礼记·王制》所云:"顺先王《诗》《书》《礼》《乐》以造士。
春秋教以《礼》《乐》,冬夏教以《诗》《书》。"孔子"整理国故",却没有整理
古代法律,孔子之教中无刑教,这是因为孔子坚持治国之本在于"仁",所

---

①　(晋)陶潜撰:《圣贤群辅录》,山东巡抚采进本。
②　(清)皮锡瑞撰,周予同注释:《经学历史》,第24页。
③　《孔子世家》,见《史记》卷四七。

谓"道之以政，齐之以刑，民免而无耻；道之以德，齐之以礼，有耻且格"，[①]认为惟有德、礼教导，方可以使人"有耻且格"。反之，如果"民免而无耻"，则会出现"刑肃而俗敝"。"刑肃而俗敝，则法无常；法无常而礼无列，礼无列则士不事也。刑肃而俗敝，则民弗归也。是谓疵国"，[②]所谓"疵，病也"，孔疏："刑肃严重，风俗凋敝，皆国之病，故云疵国。"[③]何谓疵国？疵国者，礼失而政不正之国也。

因此孔子少谈刑教，后世亦不以刑教为经，故六经之中并无刑经。孔子"六教"之中没有专门的刑教，多论文教或德教，故而只有"六教"为儒者教化的基本内容。在儒家看来，诗教、书教、礼教、易教、乐教、义教此"六教"皆上承古道，有风俗之形，法俗之用，此"六教"的教育被视为治国之本，故此"六教"为孔子重点教授者。孔子虽然没有专门以刑为教，亦不讨论具体法律，但在《尚书》中已有《吕刑》之类，故在书教中，有刑教；在《礼记》中有《王制》之类，《周礼》中又有"八刑"之论，故礼教中亦包含了刑教。

我们说以六教化俗。所谓"化"者，"变化也"，《易》曰："乾道变化，各正性命，保合太和，乃利贞。""变者化之渐，化者变之成。物所受为性，天所赋为命。各正者，得于有生之初。"这里"化"的意思是于万物有生之初，化成而不离其性；于天所赋者而不离其命，故曰"各正性命"。又《说文解字》："化，教行也。从匕从人。"[④]李孝定《甲骨文字集释》无释本义，疑有相比之意。六教之成，一如孔子之化诗、化文、化易、化乐。孔子删定"六经"，于诸风俗之中，相比而成治世之教，此为"化"之本义。所谓"俗"者，《说文解字》云："俗，习也。""俗"最早出现于周代《五祀卫鼎》《庚季鼎》和《永盂》，上述诸鼎中"俗"字皆系人名，《毛公鼎》有"康能四或（国）俗"一语，"四或（国）俗"是四方风俗的意思。而"俗"之本义为何？郭店楚简所载《缁衣》篇的"俗"字写作"欲"，以此为据，人们认为"俗"的本义是"欲望"。[⑤]有此铭文，亦合自然，凡是风俗，本无不起于人欲，由此而推演，化

---

① 《论语·为政篇》。
② 《礼记·礼运》。
③ 陈成国撰：《礼记校注》，第158页。
④ （汉）许慎撰：《说文解字》。
⑤ 参阅钟敬文主编《中国民俗史》（先秦卷），人民出版社2008年版，第2页。

俗之说当与节欲相类，故自然与儒家的"中和"之意相通。

作为儒者强调的"礼"亦本有"节"之义。"礼"所求者为美也，故《易·乾卦·文言》曰，"美"是以"亨"而言之，"亨者，嘉之会也"，亨者，生物之通。物至于此，莫不嘉美，故于时为夏，于人为礼，而众美之会也。①《乾卦·文言》又曰："君子体仁足以长人，嘉会足以合礼。"嘉其所会，则无不合礼。由此，亨者，于人为礼，"亨"—"美"—"礼"被联系起来。那么何以为"嘉其所会"呢？《易》认为只有使物各得其利则义无不合，要使"各得其利"，就必须有所节制，如此方能够达到"义和"的状态，故《乾卦·文言》中又云："利者，义之和也"。

儒家的礼中包含有"美"和"节"之义："礼之用，和为贵，先王之道斯为美，大小由之。"②此处朱子注云："礼者，天理之节文。"又云："盖礼之为体虽严，而皆出于自然之理。"子曰："礼，与其奢也，宁俭；丧，与其易也，宁戚。"朱子注曰："礼贵得中，奢易则过于文，俭戚则不及而质，二者皆未合礼。"③此亦与"节用爱人"④"节以制度"⑤之意相合。由此观之，儒者之教或孔子之经自然起于对"俗"字的理解，如郭店楚简《缁衣》篇所记载的那样，把"俗"写作"欲"，认为"俗"即是"欲"。而所谓"化俗"之意，当以节欲为始，由此而化成诸俗，使之有"中和"之美，有"中庸"之道，遂成为礼。所谓"中和""中庸"，亦是"节欲"，"喜怒哀乐之未发，谓之中；发而皆中节，谓之和。中也者，天下之本也；和也者，天下之达道也"。⑥

古代之知识阶层"志古道"，化俗而成教。这些教自有风俗之形、法俗之用，如《荀子·大略》所说"庆赏刑罚，通类而后应。政教习俗，相顺而后行"，那么"六教"又何以有道法之用呢？这里具体可以分析如下：

"诗教"的道法之用 子曰："诗三百，一言蔽之，思无邪。"⑦所谓"思无邪"，朱子注云："凡诗之言，善者可以感发人之善心，恶者可以惩创人之逸

---

① 《周易全书》卷一，吉林摄影出版社 2003 年版，第 15 页。
② 《论语·学而第一》。
③ 《论语·八佾第三》。
④ 《论语·学而第一》。
⑤ （宋）朱熹撰：《四书章句集注》，第 49 页。
⑥ 《论语·中庸》。
⑦ 《论语·为政第二》。

志,其用归于使人得其情性之正而已。"①可见"诗教"的目的,在于"使人得其情性之正",诗与学本为一体,其理相通,其形相随,都可以化风俗而正人心。故有谢氏曰:"子贡因论学而知诗,子夏因论诗而知学,故皆可与言诗。"②"六教"皆为孔子倡导,其目的是仁以爱之,义以正之,如此则民行而治国。

"六教"之中诗教为首,其余诸经之中常引《诗》以讽喻迪哲、明德弘亮。"诗教"者,其义承古风,风雅正和之中,自已成教;咏叹唱和之间,自化成俗。如《史记》云:"诗本有三千余篇,孔子删《诗》,去其重,取其雅义而可施于礼,上采契、后稷,中述殷、周之盛,以至于幽、厉之缺。"③孔子论《诗》,以《关雎》为首,"感彼关雎,德不双侣",其咏后妃之德,始正夫妇,由此而"立元正始",④以立家国良善义序之根本;以《鹿鸣》为《小雅》始,《文王》为《大雅》始,《清庙》为《颂》始,皆为颂先王之盛;其《大雅·瞻卬》以讽幽王,《大雅·民劳》以斥厉王,如此而深思古道,教化风俗。

从相关的解读来看,孔子删《诗》有春秋时期礼崩乐坏的原因,也有纣时淫风遍于天下之故。《诗经·国风·汉广》内容有称江汉风气,《毛诗序》:"《汉广》,德广所及也。文王之道,被于南国,美化行乎江汉之域,无思犯礼,求而不得也。"《笺》:"纣时淫风遍于天下,维江汉之域受文王之教化。"孔子显然是十分追念文王之教的,《诗经·国风·汝坟》称赞妇道,同样是因为汝坟这个地方受文王之教化。《毛诗序》:"《汝坟》,道化行也。文王之化行乎汝坟之国,妇人能闵其君子,犹勉之以正也。"《笺》:"言此妇人被文王之化,厚事其君子。"这说明"删《诗》"自有其教化风俗的目的。所谓"诗教"者,起于民间歌谣,《诗经·园有桃》:"心之忧矣,我歌且谣。"

---

① (宋)朱熹撰:《四书章句集注》,第53页。
② 同上书,第63页。
③ 孔子删《诗》之事,见之《史记》,不过近人尚有异说,如傅斯年在"泛论《诗经》学"一文中认为:"遵有删诗之说,《论语》《孟》《荀》书中俱不见,若孔子删诗的话,郑卫桑间如何还能在其中?"参见傅斯年著,杨佩昌、朱云风整理《傅斯年:诸子、史记与诗经文稿》,中国画报出版社2010年版,第158页。
④ 所谓"元"者,如《易》以"乾"为首,乾者,"元亨利贞",见《彖》曰:"大哉乾元! 万物资始,乃统天。""元者,善之长也。"又《文言》:"元者,生物之始。天地之德,莫先于此。故于时为春,于人为仁,而众善之长也。"

民间歌谣自然少不了鄙俗之风，孔子删《诗》使之合雅颂之音，成义理之实。孔子不仅删《诗》，而且为之赋乐。为继承古道，孔子于《诗》皆弦而歌之，"三百五篇，孔子皆弦而歌之，以求合《韶》《武》雅颂之音"，[1]使之有风俗之形，义理之实，于此以成六艺之一元，以备后世王道之用，故《荀子》有云："禁淫声，以时顺修，使夷俗邪音，不敢乱雅，太师之事也。"[2]此可谓喻法于诗，喻法于曲，喻诗于俗，喻诗于官，喻教于诗。"六教"之说，一以贯之。诗教之于礼教，一如《诗经·相鼠》所云："相鼠有皮，人而无仪。人而无仪，不死何为？相鼠有齿，人而无止。人而无止，不死何俟？相鼠有体，人而无礼。人而无礼，胡不遄死？"[3]这里的"仪""止""礼"皆是云人当有礼，否则不如鼠矣！由此，中国古代诗歌具有了道法之用。

"礼乐"的道法之用 "礼"之义，如前所述，本于"美"和"节"，"嘉其所会，则无不合礼"。"而人之好恶无节，则物至而人化物也。……故先王制礼作乐，为之节"。[4]《礼记·曲礼上》有云："使人以有礼知自别于禽兽。"因此礼、乐本于同义，皆有节制人欲而求和同之义。此外，由于礼之为美是因为"以为之节"，所以礼乐反对凡事直情而径行，强调需有"谦抑""涵蓄"之精神，这是中国古代礼乐之要旨，也是中国古代法律文化的传统。中国古人由此区分华夷，认为戎狄之道的特点是直情而径行，而礼则不然，故《礼记·檀弓下》子游有云："礼有微情者，有以故兴物者。有直情而径行者，戎狄之道也。礼道则不然。"是故"礼者因人之情，而为之节文，以为民坊者也"，[5]礼于化俗之用，于此可知。

《礼记》中有《乐记》一篇，孔疏引郑君《目录》："名曰'乐记'者，以其记乐之义。"据孔疏，流传下来的《乐记》本属刘向校得的二十三篇，"谓有乐本，有乐论，有乐施，有乐言，有乐礼，有乐情，有乐化，有乐象，有宾牟贾，有师乙，有魏文侯，今虽合此，略有分焉"。所谓"乐"者，求其"同和"之义也，故《礼记·乐记》有云："乐者为同。""合情饰貌者，礼乐之事也。""乐

---

[1] （清）皮锡瑞撰，周予同注释：《经学历史》，第20页。
[2] 《荀子·序官》。
[3] 《诗经·相鼠》。
[4] 《礼记·乐记》。
[5] 《礼记·坊记》。

文同,则上下和矣。"其教化之目的,在于通过"乐所以修内也",而使得"好恶者著,则贤不肖别矣",实现"上下和""其极一也"的目的。①

乐教的传统亦是"先王"之道:"伏羲乐名《扶来》,亦曰《立本》。神农乐名《扶持》,亦曰《下谋》。黄帝作《咸池》。少暤作《大渊》。颛顼作《六茎》。帝喾作《五英》。尧作《大章》。舜作《大韶》。禹作《大夏》。汤作《大护》……"②周武作《大武》,以武功定天下。周公作《勺》,"勺",言勺先祖之道。纣弃先祖之乐,乃作淫声。至"秦平定天下,六代庙乐惟《韶》《武》存焉"。③ 自古乐教与礼教互为表里,《文王世子》中有云:"凡三王教世子必以礼乐。乐,所以修内也;礼,所以修外也。礼乐交错于中,发形于外。"④所谓礼乐的不同功用在于"乐者为同,礼者为异。同则相亲,异则相敬。乐胜则流,礼胜则离。合情饰貌者,礼乐之事也。礼义立,则贵贱等矣。乐文同则上下和矣"。⑤ 在儒者看来,音乐与人的情感道德还联系在一起,⑥所谓"情见而义立,乐终而德尊"就是此意,⑦它会对人的道德产生影响:"圣人之所乐,可以善人心焉。"⑧"乐者,心之动也。声者,乐之象也。文采节奏,声之饰也。君子动其本,乐其象,然后治其饰。是故先鼓以警戒,三步以见方,再始以著往,复乱以饬归,奋疾而不拔,极幽而不隐;独乐其志,不厌其道;备举其道,不私其欲。是故情见而义立,乐终而德尊,君子以好善,小人以听过。故曰:生民之道,乐为大焉。"

儒者有强烈的求同、求合、求安的愿望,这是因为在治国思想上有求"上下和""其极一也"的需要。因此,在《礼记·乐记》中详细阐述了音乐与情感、情感与政治的关系,于是有了"治世之音"和"亡国之音"的说法:"凡音者,生人心者也。情动于中,故形于声,声成文,谓之音。是故治世之

① 《礼记·乐记》。
② （唐）杜佑撰:《通典》卷一四一《乐一》。
③ 同上。
④ 《礼记·文王世子》。
⑤ 《礼记·乐记》。
⑥ 现存《乐记》有人认为可能出自七十子后学或其门人。高明先生论及现存《乐记》的作者,说:"以其记魏文侯与子夏的问答,可能是子夏后学所作;《隋书·音乐志》说是公孙尼子,也许公孙尼子就是子夏一派的人。"参见陈成国撰《礼记校注》,第 271 页。
⑦ 《礼记·乐记》。
⑧ （唐）杜佑撰:《通典》卷一四一《乐一》。

音安以乐，其政和；乱世之音怨以怒，其政乖；亡国之音哀以思，其民困。声音之道，与政通矣。"有趣的是，中国古代的"五音"竟与"君""臣""民""事""物"相对应，"宫为君，商为臣，角为民，徵为事，羽为物"，五种音符的高低与社会等级秩序相对应，如此音乐与政治法律有了密切关系。因此"五音"是不能乱的，"五者不乱，则无怙懘之音矣"，反之，"宫乱则荒，其君骄。商乱则陂，其官坏。角乱则忧，其民怨。徵乱则哀，其事勤。羽乱则危，其材匮"。① 古者，"五者皆乱，迭相陵，谓之慢；如此，则国之灭亡无日矣。郑、卫之音，乱世之音也，比于慢矣。桑间、濮上之音，亡国之音也，其政散，其民流，诬上行私而不可止也"，②因此《乐论》云："先王恶其乱也，故制雅颂之声以道之"。

"乐教"本是风化之教，同《诗》《书》《礼》一样，《乐》定于孔子，"仲良氏传《乐》，为移风易俗"。③ 音乐教化关系民风，关系国运，音乐"感于物而后动，是故先王慎所以感之者"。④ 音乐与礼联系在一起，内外兼修，发挥着重要的秩序功能。与乐教一样，礼教之别，同样在于求同，只是形式不同而已，二者共同成为风俗性的"礼乐文化"，共同作用，然后可以制于天下："礼也者，理之不可易者也。乐统同，礼辨异。礼乐之说，管乎人情矣。……是故先王有上有下，有先有后，然后可以有制于天下也。"⑤故有"兴于诗，立于礼，成于乐"之说。⑥

中国古代的"礼乐文化"对法律的影响十分深远，礼乐文化的特点在于追求秩序之"和合"，它本身就是法俗的重要部分，这也是中国古代法律风俗性特征的显著表现。孔子论乐教，谓季氏"八佾舞于庭。是可忍也，孰不可忍也"。⑦ 这是说鲁国大夫季孙氏舞八佾而僭越天子之乐，违背了"天子八、诸侯六、大夫四、士二"的礼制，"孔子为政，先正礼乐，则季氏之罪不

① 《礼记·乐记》。
② 同上。
③ （晋）陶潜撰：《圣贤群辅录》。
④ 《礼记·乐记》。
⑤ 同上。
⑥ 《论语·泰伯》。
⑦ 《论语·八佾》。

容诛矣"。①

礼乐本是传统风俗，孔子之前，虽有周公"制礼作乐"之说，然非士人可独制，非一人可以独作，因此礼乐仍然多行于民间。民间礼乐也自有其质朴风格，"先进之礼乐"，反显得"文质得宜"，②存于郊野之中；"后进之礼乐"，往往"文过其质"，反被谓之"彬彬"。因此孔子说："先进于礼乐，野人也；后进于礼乐，君子也。如用之，吾则从先进。"③孔子对于礼乐的态度，始终坚持"文质相宜"的标准，始终没有忘记礼乐对于规范人的外在行为，培养人们内在文质之性的道法教化作用。

"易教"的道法之用 所谓的"圣人设教"实是指其因俗而治，与所谓的"神道设教"并不矛盾，如明朝丘濬之《大学衍义补》卷六七所云"圣人所以观民之俗而设教"，这并不是说古之教法就是源于民俗，而是说圣人是因民俗而施道法，故曰"观民设教"。在"神道设教"所言之"道"中，《易》是最古老的道，也是儒家理论的哲学基础，是中国古代道法学的精华部分。

《易》本就是上古圣人所为之教，而非《诗》那样采集于民俗，故可为六教之统。所谓"教"者，其意在"统"也，居高临下也。这是中国古代道法之传统，故《易》有"临卦"。"六教"之中，"易教"最富哲理，故欲知中国古代儒教之理论，则最当先明晓"易教"。《易》始于虚而终于虚，知灵虚变化，终极于未济，有极而无极。在《周易》中，阳为九，阴为六，阳何以用九代表？《易》卦有六十四卦，每卦六爻，"九五"为尊，而非"九六"为尊，何以如此？因为"九"不满"十"，若是阳为"十"，则会阳极而阴，因此"十"并非真正的阳位，而是以"九"代表阳。阴何以用六代表？《易》卦有六十四卦，每卦分内卦和外卦，内卦在下，外卦在上，各由三爻组成，共为六爻，六爻满而阳极，阳极而变成阴，故"六"代表阴。由此可见，阳九阴六正表明了"《易》不求满"的价值观，阴阳的变化在"九"与"六"之间，"九"不满而"六"满，也就是说阳不满而阴满，阳不满故而居尊位，阴满而只能居从位。因此，中国古代文化中以"九"为多，为大，为尊；"六"亦表示多，但并不代表尊。

---

① 《论语·八佾》。
② （宋）朱熹撰：《四书章句集注》，第123页。
③ 《论语·先进第十一》，见（宋）朱熹撰《四书章句集注》。

在古代法律中，阴阳之数有表尊卑之意。汉代董仲舒以"刑"为阴，以"德"为阳，"阳"主而"阴"从，"德"尊而"刑"卑。"《易》不求满"，所谓"德"者，在于不求满也；所谓"刑"者，在于求满也，故"刑"者凶也，真正的公平存在于"德"。所谓"德"在于不求满，因此公平存在于谦抑之中，公平也存在于"仁"之中。"仁"者，《说文》："从二人，从千心。"人类社会不是一个人的存在，而是众多人的存在，因此若一人求满，凡事求满，则不可能做到"仁"，社会自然也难以存继。因此，所谓公平，以数量计算，则不应当是绝对的，而应是相对的。《易》的此种基于中道哲学的谦抑性，在于它不追求西方式的终极，它是有极而无极，终极于未济，这如同"仁"意味着中庸一样，亦不追求极端，中国人的公平观念多由此而成。

儒家论教化之道，乃是从"神道设教"论开始的。神道是指天道，亦是道法之开端，明人丘濬撰《大学衍义补·总论教化之道》曰："天道至神，故曰神道。"①《易》揭示了天人关系，其主旨就是以人道合于神道（天道），以人文合于天文，②故云"神道设教"。《易》本于远古，孔子作《易·系辞》是为阐明《易》之教义。所谓"易教"者，其理论基于天道神运变化之说，而与之相应的是"人道"，凡人道者，需合于天，合于民，故上观乎天，下临于民，此方为圣人之德，故《易》有"临""观"二卦。

所谓"临"卦者，其意乃大也、教也，其卦形为下兑上坤，坤为地，兑为泽，意思是下面是泽，上面是地。地在泽上，地高于泽，泽容于地，地居高而临下，故称"地泽临"，象征自上而下的教化活动。象曰："君王无道民倒悬，常想拨云见青天，幸逢明主施仁政，重又安居乐自然。"比喻临教天下，上下融洽。关于"临"卦，程颐的解释是："君子观亲临之象，则教思无穷。亲临于民，则有教导之意思也。"③何谓"教思"？又曰："《临》之为卦，有上临下之象，上之临下果何所事哉？曰保之。将欲保之，以何为先？曰教之。教之之道驱迫之不可也，操切之不可也，徒事乎法不可也，必刻以期不可

---

① （明）丘濬撰：《大学衍义补》卷六七《总论教化之道》，摛藻堂《四库全书》荟要本，第2页。
② "程颐曰：天文，天之理也；人文，人之道也"，见（明）丘濬撰《大学衍义补》卷六七《总论教化之道》，第5页。
③ （明）丘濬撰：《大学衍义补》卷六七《总论教化之道》，第1页。

也。必也匡之直之、辅之翼之,优而游之使自休之,厌而饫之使自趋之,如江河之润,如湖海之浸,是之谓教思焉。"①

所谓"观"卦者,乃指圣人观天设教,观民设教也。"观"被视为圣人专有之能力,是圣人的事情。《易》之"观"卦,是观下瞻上的意思,卦形为"下坤上巽",下面是地,上面是风,风行地上之意,喻德教遍施,故曰"风地观"。王弼曰:"王道之可观者,莫盛乎宗庙。宗庙之可观者,莫盛乎盥也。至荐简略,不足复观。"观卦与临卦互为综卦,交相使用。《焦氏易林》解"观卦"云:"历山之下,虞舜所处,躬耕致孝,名闻四海。为尧所荐,缵位天子。"②圣人体神道以设教。《易》观卦曰:"大观在上,顺而巽,中正以观天下。'观,盥而不荐,有孚颙若',下观而化也。观天之神道,而四时不忒,圣人以神道设教,而天下服矣。""盥"是在祭祀前洗手,"荐"是将祭品奉献,"不"是还没有,"颙"是严正、温恭,"若"与然同,"颙若"是尊敬仰慕的意思。《诗》曰"颙颙昂昂,如珪如璋",谓君德之义也。程颐曰:"为观之道严敬如始盥之时,则下民至诚瞻仰而从化也。不荐,谓不使诚意少散也。天道至神,故曰神道。观天之运行,四时无有差忒,则见其神妙,圣人见天道之神,体神道以设教,故天下莫不服也。夫天道至神,故运行四时、化育万物无有差忒,至神之道莫可名言,惟圣人默契,体其妙用,设为政教,故天下之人涵泳其德而不知其功,鼓舞其化而莫测其用,自然仰观而戴服,故曰以神道设教而天下服矣。"③孔颖达疏:"微妙无方,理不可知,目不可见,不知所以然而然,谓之神道。"

"六教"之中,唯《易》最为古老,其来源也最为神秘,且具有符号化的抽象性,儒家讲的"神道设教"中的这个"神道"也多被人理解成是《易》。但是在儒家的道法思想中,《易》作为"神道"也并非是玄妙幻化之神术,"神"被解释为圣人体察自然而以之设为政教,故云:"自然而然,所谓神也。"关于对"神道设教"中"神"的解释,明朝丘濬批判了后世之俗儒不知此义,以《河图》《洛书》作为神道设教,对其进行玄妙幻化之术的解释,其

①　(明)丘濬撰:《大学衍义补》卷六七《总论教化之道》,第1—2页。
②　《焦氏易林》,见夏于全主编《周易全书》卷一。
③　(明)丘濬撰:《大学衍义补》卷六七,第3页。

书云：

> 圣人观天之神道以设教，谓如天之春而夏而秋而冬，当暖而暖，当寒而寒，无一时之差忒，不见其有所作为，自然而然，所谓神也。圣人体之以设为政教，故下人观之如见春而知其必暖，见冬而知其必寒，其暖其寒皆其所自然，下民观视而感之于心，不待有所设施措注自然化服，所谓以神道设教也。如此，非谓别有一种玄妙幻化之术也，后世俗儒不知此义，乃以《河图》《洛书》为神道设教，谓圣人画卦演畴皆以人力为之，而假托神明以为幻化之术，遂启时君矫诬妄诞之端。吁，经旨一言之差，流祸至于如此，可不戒哉，可不戒哉！①

在其《大学衍义补》中，丘濬又进一步强调"圣人所以观民之俗而设教"就是体察自然而设政教，也就是所谓的"神道设教"。其书云：

> 臣按：刘彝谓观民设教如齐之末业而教以农桑、卫之淫风而教以礼、别奢如曹则示之以俭、俭如魏则示之以礼之类是也，盖四方之俗不同而各有所偏尚，因其所偏约而归之于正，则四方之俗皆得其中而无过不及矣。此三代盛王所以必省方而观民，观民而设教也欤。后世巡守之礼不行，采诗之官不设，朝廷施之以一切之政，不复因其民而观之。吁！物之不齐物之情也，俗之不一俗之习也，约其所太过，勉其所不及，使之一归于礼而不偏，圣人所以观民之俗而设教也。如此，后世则一听民俗之所为而不复观之矣。②

由于最早的教法来自古之圣人察天地自然之道以设教，以及观民之俗而设教，作为圣人观察自然之道和民俗的产物，《易》自然具有天人合一的大道、大法的《易》教地位，由此也确立了圣人所设之教的神圣地位。在"六教"之中，《易》是儒家道法体系的根基，对于中国文化和法文化的统合

---

① （明）丘濬撰：《大学衍义补》卷六七，第3页。
② 同上书，第4页。

具有重要的意义，文王、孔子对符号化的《易》进行了人文化、系统性的解释，使得《易》成为化正"方俗"的道法。就化正方俗而言，《易》作为神道，其内容阐明的是自古以来中国人奉行的中道思想，这为化正不同地方的"方俗"提供了思想指导。四方之俗经过《易》教之化，一归于中道而不偏狭，皆得其中而无过犹不及，因此才有"后世一听民俗之所为而不复观之"的说法。这是因为经过《易》教之化，方俗可以归于道法，如此神教已立，治世之道不复变化，后世亦不复观之，只需从之。总之，《易》教化正方俗之用在于使"四方之俗不同而各有所偏尚，因其所偏约而归之于正，则四方之俗皆得其中而无过不及矣"。① 这也是中国古代法学虽经数千年，其有风俗之形义，然不为方俗所惑，而是终归于中道，且总是繁简得当、文质相宜的原因。

书教、义教的道法之用　"书教"者，《尚书》之教也。书者，《尚书》也；尚者，上也，故《尚书》又被认为是上古之书。又有云："学多称五帝，尚矣。"②此为我国现存最早的历史书。义教者，《春秋》之义也。故"书教""义教"皆历史之教。儒者的历史之教本于《尚书》，《尚书》上启尧典，终于春秋秦穆公之事，叙事说教，有"法先王"之效。所谓"先王"，是指禹、舜、尧、伏羲、黄帝、汤、文、武这些人物，而这些人物的出处本于传说，且并非同一血脉相承。黄帝，是秦俗之神；尧，多来自晋的民间传说；舜，可能来自虞或荆蛮之吴民间传说；颛顼，来自秦之民间传说，"秦之先，颛顼之苗裔"；③喾，来自楚之民间传说。④ 所谓"先王"，是方域传说之君，属于地方性的。而以"六艺"为教的"鲁学"本与之没有渊源关系，然儒者以"法先王"为宗，标榜大道，斥邪卫正，这些先王之事，成为正与非正、义与不义的标准，由此这些"先王"之道成为道法的标准，于是"先王"皆成为道法之王。至于《春秋》，自然是以鲁学为宗，各国《春秋》经此而可以言大义，《春秋》作为一本历史书由此成为道法。中国政治、文化真正之大一统，非秦而是汉。夏、

① （明）丘濬撰：《大学衍义补》卷六七，第 4 页。
② 《史记·五帝本纪》。
③ 《史记·秦本纪》。
④ 傅斯年：《与顾颉刚论古史书》，载《傅斯年：史学方法导论》，第 65 页。

殷、周本也不同俗，春秋战国乃至秦时各国风俗不同，风俗的地域性和差异性长期存在。秦俗近于西戎，其法野而酷；齐乃东野之人，齐谐志怪，其儒学放而不经；荆楚风俗被称为蛮，有淫俗，如此等等。然通过法《尚书》之典则可得道成，通过明《春秋》之义而可得教成，如此则可以合天下诸俗之正，此可谓文化上"上承古风，六合诸俗，一匡天下"是矣。

四、《王制》：儒家的道法体系

研究儒家政教法律体系，其所涉上古之事虽"有典有则"，然"三坟五典"语焉不详，且颇有悬疑。杜预注"皆古书名"，然而吕思勉先生却认为"这所谓'三坟''五典'也是杜撰的"。[①] 吕思勉此一判断并不充分，理由是从文字何时产生的角度，认为"《正义》所引诸说，无一和《伪孔传序》相同的，故知此说定是杜撰"。[②] 不管"三坟""五典"是否成文字之书，它们代表当时的文化是无疑的，即使没有典籍，亦以风俗相传。

"三坟""五典"既语焉不详，自是不足讨论，倒是后来《礼记·王制》中所说的"六礼""七教""八政""八刑"集中反映了古代道法的具体内容。所谓"王制"，是指古代君主治理天下的规章制度，内容涉及封国、职官、爵禄、祭祀、葬丧、刑罚、建立城邑、选拔官吏以及学校教育等方面。《礼记·王制》中提到"六礼""七教""八政""八刑"，此数者总纳起来，可以视作中国古代政教法律体系，它们共同构成中国原初法律体系，对后来法律的形式和特质产生直接的影响。

《礼记·王制》："司徒修六礼以节民性，明七教以兴民德，齐八政以防淫，一道德以同俗。"此处出现"六礼""七教""八政"，其中"六礼"是冠、昏、丧、祭、乡、相见之礼；"七教"为君臣、父子、兄弟、夫妇、长幼、朋友、宾客；"八政"为饮食、衣服、事为、异别、度、量、数、制。"六礼""七教""八政"三者，皆"一道德以同俗"。

所谓"六礼"（冠、昏、丧、祭、乡、相见之礼），皆是日常交往之风俗性规范，是仪式性的礼，其功用是"节民性"，约束日常生活中内外基本社会关

---

① 吕思勉：《白话本国史》，上海古籍出版社 2005 年版，第 153 页。
② 同上。

系,培养"社区"层面的"风化",达到"礼主敬"的目的。

所谓"七教"(君臣、父子、兄弟、夫妇、长幼、朋友、宾客),显然是针对基本社会秩序的人文风俗之教。前面为了理解孔子之教,我们曾把先秦之法俗归于"七教",实际上西周时亦有"七教"之说。"七教"调整更深一层次的社会关系,针对家庭血缘和君主政治这样的基本秩序。"七教"包括的内容,可以参考《礼记·礼运》:"父慈,子孝,兄良,弟悌,夫义,妇听,长惠,幼顺,君仁,臣忠。"如果细心考察我们会发现,"七教"调整的这些政治和血缘关系中,每个人面临的权利和义务关系都是对等的,如"父慈"是"子孝"的前提,同样,"兄良"也是"弟悌"的前提,"夫义"是"妇听"的前提,"长惠"是"幼顺"的前提,朋友以信交,宾客以礼待。由此建立了中国风俗教养式的个人"权利"模型,其目的也同样是通过教的方式,建构"互敬互爱"之社会和个人生活方式。

在"七教"中有平等的观念,其中君臣关系是否存在平等的因素至为重要。中国人实际上从无君主至上的观念,相反有"易姓革命"之传统。因为中国人一直遵循的原初政治文化中的"天道"思想,君主之上有天,天与《易》联系在一起。在《易》中,我们可以看出君臣关系即所谓"君临天下",君主所以临者,不过也只是"天之下"者耳,然"天佑万民",所以君主的行为须合"天命"。反之,则为桀纣,可革而除之,周公"以德配天""敬天保民"思想的提出不仅来自桀纣灭亡的政治经验,而且也有《易》中"尚天"和"变化"的思想基础。

除"天道"外,中国古代尚有"王道"思想,孔子手订"六艺",后被奉为经典,至汉朝已成为"道统"。所以,古代虽然有"非天子不议礼,不制度,不考文"之说,[①]但是天子议礼、制度、考文,也都只能以经义为本。[②]这亦如《大学》中所言:"自天子以至于庶人,壹是皆以修身为本。"[③]又如孟子"人皆可以为尧舜"的认识,[④]这都阐发了"从道不从君"这一"道统高于政统"的思想,这一思想也是中国古代道法的基本原则之一。

由于中国古代早期文化中有这种"虚君"思想的存在,因此《礼运》中

---

① 《礼记·中庸》。
② 汉代以后,帝王议礼、制度、考文,常举行大会,博征群儒,考详同异,论定纲常制度,如汉宣帝、汉章帝等。
③ 《大学》。
④ 《孟子·告子上》。

才有"君仁""臣忠"之说。"虚君"思想实来自中国古代的易教，"易"始于"无"，"无"的思想是"慎始""慎微""慎独"的根据，"慎始""慎微""慎独"是从"无"的自然观中发展出来的一些人事修为的思想。由于确立了"易"的概念，因此君臣之间、天子与庶民之间可能在政治上不平等，但是在道德修为的价值追求和义务上却是平等的，于是才有"自天子以至于庶人，壹是皆以修身为本"的道德平等思想。

因此，"七教"所受教者，不仅有臣忠，亦有君仁；不仅有子孝，亦有父慈；不仅有弟悌，亦有兄良；不仅有妇听，亦有夫义。所受教者中，居上位者，同样也是受教之人，彼此是平等的。这种教化实源于自然人性心理，只有道德的内容，只具有心理道德的抽象性质，仿佛没有外在程序化了的规定。从实体内容上看，其"权利义务关系"是双向的和平等的，在这种双向的和平等的关系没有被细化为法律的情况下，它容易被人理解为是"道德风化"之类的东西。

实际上，尽管后来有如汉唐那样"礼法合一"的情况，中国的礼制既是法律的形式，又是风俗的形式，并非全部被细化为法律了。比如"君仁""臣忠"是很难用法律来规定的，因为与抽象的道德相比，法律最大的特点是稳定而具体，仁和忠的君臣关系恐怕还需要一部"宪法"来界定君何以"仁"，臣何以是"忠"。所谓"仁"和"忠"，只能是孟子所说的"亲亲，仁也"，或者孔子说的"仁者人也，亲亲为大"之类的。[①]　因此，父子关系之"父慈子孝"、兄弟关系之"兄良弟悌"、夫妇关系之"夫义妇听"、兄弟关系之"长惠幼顺"等等这些抽象的道德名词，最多只能转变为"十恶"（谋反、谋大逆、谋叛、恶逆、不道、大不敬、不孝、不睦、不义、内乱）和"七出，三不去"（不顺父母、无子、淫佚、妒嫉、恶疾、多言、盗窃；有所娶无所归不去，与更三年丧不去，前贫贱后富贵不去）之类的法律。即使是作为法律词语，这些概念本身也极为抽象，缺乏精确的界定，这些法律的道德风俗性特征极为明显，而且从历史上的司法适用来看，上位和下位之间也难以具有"权利义务关系"的双向性和平等性。

———————————

① 《中庸》。

所谓"八政"，是对器物之用进行风俗式的规制。饮食、衣服、百工技艺、五方用器、度、量、数、制，这些对器物之用的规制，同样需要"一道德以同俗"。之所以如此，是因为法律即文化，除法律制度和法律思想外，尚包含了法律器物文化。法律的规制，自然也包含对器物的规制。法律所以规范者，不过"惩恶扬善"和"去恶扬善"。所谓"去恶扬善"者，"恶"是"不善"之意，而"不善"所指，不仅是人们所说的"犯罪"概念，而是包括了人际政治关系和器物之用在内的好坏的意思。

杜预有"周公之志，仲尼从而明之"，[①]司马迁又有"言六艺者，折衷于孔子"之说。[②] 孔子志古道，继群圣，言六艺，合诸俗，这些创制无疑有别于春秋战国时其他专治一术的学派，更不同于法家单纯的法和术。春秋之际，礼崩乐坏，是故云："二三子，何患于丧乎？天下无道也久矣，天将以夫子为木铎。"[③]所谓"木铎"，顾炎武解释为"此先王仁义之用"，《日知录》云："金铎所以令军中，木铎所以令国中，此先王仁义之用也。一器之微而刚柔别焉，其可以识治民之道也欤！"[④]何晏《集解》："木铎，施政教时所振也。言天将命孔子制作法度，以号令于天下。"当此之世，孔子仍坚毅弘道，故而"子曰：道不行，乘桴浮于海"，孔子为此而有浮渡于海而居九夷之志。[⑤]

至战国时，西周以来的传统政教法俗已坏，顾炎武对于春秋至西汉风俗政教之溃变有一番论述。顾氏曰：

> 如春秋时犹尊礼重信，而七国则绝不言礼与信矣。春秋时犹宗周王，而七国则绝不言王矣。春秋时犹严祭祀，重聘享，而七国则无其事矣。春秋时犹论宗姓氏族，而七国则无一言及之矣。春秋时犹宴赋诗，而七国则不闻矣。春秋时犹有赴告策书，而七国则无有矣。邦无

① （晋）杜预撰，李梦生整理：《春秋左传集解·春秋序》，第 1 页。
② 《史记》卷四七《孔子世家》。
③ 《论语·八佾》。
④ （清）顾炎武撰，黄汝成集释，栾保群、吕宗力点校：《日知录集释》卷十三《秦纪会稽山刻石》，第 752 页。
⑤ 邢昺《正义》："言我之善道，中国既不能行，即欲乘其桴筏，浮渡于海而居九夷，庶几能行己道也。"故孔子有"浮海之叹"。

定交，士无定主，此皆变于一百三十三年之间。……不待始皇之并天下，而文、武之道尽矣。驯至西汉，此风未改，故刘向谓其"承千岁之衰周，继暴秦之余弊"。①

所幸兰陵传经，②孔门经教虽然经过秦代焚书，但汉志古道，继绝学，遵《王制》之法，以经术造士。至于西汉武帝时，诚如司马迁说："余尝西至空桐，北过涿鹿，东渐于海，南浮江淮矣，至长老皆各往往称黄帝、尧、舜之处，风教固殊焉，总之不离古文者近是。"③经过两汉，尤其是东汉经学之盛，儒教已形成师法和家法，"盖自春秋之后，至东京而其风俗稍复乎古，吾是以知光武、明、章有'变齐至鲁'之功"。④ 此时"六教"于斯得以昌，儒家之教遂成为世风，化为中国传统法俗之主义而教化人心，规范世俗而千年不易。正如三国董昭上疏魏明帝，陈当时末流之弊所云："窃见当今年少，不复以学问为本，专更以交游为业。国士不以孝悌清修为首，乃以趋势游利为先。"⑤晋代著名律学家杜预之父杜恕上疏云："今之学者，师商、韩而上法术，竟以儒家为迂阔，不周世用。此最风俗之流弊。"⑥这从反面证明了当时儒家法俗在社会中的主流地位和秩序意义。

①　（清）顾炎武撰，黄汝成集释，栾保群、吕宗力点校：《日知录集释》卷十三《周末风俗》，第675—676 页。
②　此是指荀子，荀子曾任兰陵令，且继承孔门诸经，汉初经学多传自荀子，故称兰陵传经。
③　《史记·五帝本纪第一》。
④　（清）顾炎武撰，黄汝成集释，栾保群、吕宗力点校：《日知录集释》卷十三《周末风俗》，第676 页。
⑤　《三国志》卷十四《魏志·董昭传》，第 442 页。
⑥　《三国志》卷十六《魏志·杜恕传》，第 502 页。

第十一章　儒俗解：儒俗之法意

中国法俗发展的特点是依道成理，以理造法，以法化俗，这与中国很早就有了上升至"道"这个层次的法律文明有关，同时也与中国从不中断法律文明的延续性有关。古希腊、古罗马的法律文明只是发生在散漫的多神教和形式逻辑思维的层面，这是其法俗的基本特点。但是，古希腊、古罗马并没有产生出超越原始多神教的散漫性和个体权利狭隘性的道法理论。如前所述，其法学理论建立在对"一神一权"的权利神化上，如对财产权、婚姻权、家父权的神化；其权利实现的方式是建立在"一人一票"的个体权利实现上，如雅典的公民大会。因此，在这里，笔者认为"一神一权""一人一票"是其造法逻辑的基本内容。与古希腊、古罗马法俗不同的是，首先中国的造法史远早于古希腊和古罗马，从《尚书》和《周官》可以看出，早在周朝及之前的王朝政治中，中国的法律文明在理论上就已经十分成熟，无论是天法论、阴阳论还是五行论，都说明中国早已经形成了基于天、地、人关系的大秩序观，以及如《洪范》这样的基于天人合一的道法学理论。在依道生理、以理造法、以法化俗的理路下，经过漫长的历史发展过程，中国古代散乱的地方法俗逐渐具有了"道"的意义。

民俗是附着在一个民族身上最本真的文化样式，法律往往起源于风俗，由风俗进而为法俗，由法俗又进而为法律。因此认识古代法律之难，不全在其律，亦难在其俗。中国古代法律本有风俗之形，正如顾炎武所说："法制禁令，王者之所以不废，而非所以为治也。其本在正人心、厚风俗而已。故曰：'居敬而行简，以临其民。'周公作《立政》之书曰：'文王罔攸兼于庶言庶狱庶慎。'又曰：'庶狱庶慎，文王罔敢知于兹。'"[1]是说中国古代

---

[1]　（清）顾炎武撰，黄汝成集释，栾保群、吕宗力点校：《日知录集释》卷八《法制》，第488页。

政治自古有重风俗、轻法制之教，或者说是有以俗为法之传统，一如杜子美诗曰："舜举十六相，身尊道何高。秦时任商鞅，法令如牛毛。"此同为褒扬"正人心，厚风俗"于治国平天下的意义。中国又有"国将亡，必多制"之说，此为叔向与子产之书所云，同样是强调风俗本有法律之用，又何需多立制度。而能够"正人心，厚风俗"者，又赖于人，故有杜元凯之解《左氏》曰："法行则人从法，法败则法从人。"①俗重于法，以俗为法，这也是中国古代人治时期的传统。

不是所有的风俗都是"法俗"，具有规范意义的风俗方为法俗，比如民间禁忌、神判等，"法俗"的概念应当有涉法风俗的意思。历史上的中国，亦是先俗而后法，《路史·前纪》卷八载有祝诵氏"刑罚未施而民化"，《路史·后纪》卷五记载神农氏"刑罚不施于人而俗善"，《商君书·画策》中有"神农之世，刑政不用而治"，说明法律产生之前，当是以俗而治，三皇五帝依俗而治，故而为后世所推崇，道家"无为而治"理论的历史渊源亦本于此。在中国，若以神农之世算起，依俗而治经历了很长时间，法俗的形成同样也是逐渐复杂的过程。中国自古以来民族众多，民俗纷呈，"北族辫发，中原冠带，其俗执之甚固，度非一朝一夕之故"。② 华夏法律之起源，既缘于本族之教法，如前所述，又缘于它与四方夷俗的融合。

从广义上讲，中国古代礼乐政刑皆可以曰法，亦可以曰俗，又可以统称之为法俗。其法俗的内容若因循中国道法学之原理，同样是一个关于天、地、人的整体性概念，因此中国古代的法俗又可分为天法之俗、地法之俗、人法之俗，这些囊括了天、地、人的法俗是中国道法学的主要内容，体现了中国古代的法现象、法意识和法观念。从民俗意义上，我们可以将中国古代法俗界定在"法民俗学"的层面，从古代社会历史生活的层面来研究其法俗的基本内容。此处举其要而释之。

一、孝俗解

道与文明 在中国古代文化中，"孝"一直认为被是具有文明性质的

---

① （清）顾炎武撰，黄汝成集释，栾保群、吕宗力点校：《日知录集释》卷八《法制》，第489页。
② 吕思勉：《先秦史》，第28页。

法俗,关于"文明"的概念。按照亨廷顿的说法,"文明的观点是由 18 世纪法国思想家相对于'野蛮状态'提出的。文明的社会不同于原始社会,因为他是定居的、城镇的和有文字的。文明化的是好的,非文明化的是坏的,文明的概念提供了一个判断社会的标准"。[①] 18 世纪提出的这种文明的标准,更多的是相对于原始游牧社会与农耕社会而言,并不涉及我们今天讲的一元或多元的文明标准问题。相对于原始社会,一个可以称为"文明化的社会"应该是"定居的、城镇的和有文字的"。亨廷顿对文明的解释,只是对人类生产、生活形态的解释,即将某种生产、生活方式解释成为"文明"。在另外一个意义上,亨廷顿针对技术层面的文明,对文明的解释开始涉及形而上的思想、价值领域,在他研究近代中西方关系时,实际上认为西方对东方的文明优势只是技术层面的,只是在军队的组织、纪律和训练方面的优势,是在武器、交通、后勤和医疗服务方面的优势。"西方军队的组织、纪律和训练方面的优势,以及随后因工业革命而获得的武器、交通、后勤和医疗服务方面的优势,也促进了西方的扩张。西方赢得世界不是通过其思想、价值或宗教的优越(其他文明中几乎没有多少人皈依它们),而是通过它运用有组织的暴力方面的优势。西方人常常忘记这一事实,非西方人却从未忘记"。[②]

而在中国传统文化中,有自己对"文明"的解释,《舜典》中称赞舜"浚哲文明"。所谓"文明",《逸周书》曰:"道德博厚曰文,学勤好问曰文,慈惠爱民曰文,愍民惠礼曰文,锡民爵位曰文。"[③]从这句话可以看出,中国人对文明的理解,不是简单地指农耕定居抑或游牧,不是指某一种生产方式,也不是某一种生活方式,更不是在技术层面上对文明的理解。首先,文明在这里被解释成一种"道"。这种"道"是指天地之道,故云"经天纬地曰文",这是关于文明内涵的解释。其次,这种天地之道被解释成是一种可以普及于四方的"道",故云"照临四方曰明",这是关于文明普适性的解释。因

---

① ［美］塞缪尔·亨廷顿著,周琪等译:《文明的冲突与世界秩序的重建》(修订版),第 19 页。
② 同上书,第 30 页。
③ 黄怀信修订,李学勤审定:《逸周书汇校集注·谥法解第五十四》,上海古籍出版社 2007 年版,第 635 页。

此，中国古代关于文明的理解，具有形而上的意义。它更多的是一种思想、一种理论、一种观念，以及一种关于宇宙、人生的普适性法则。用《尚书·洪范》中的话讲就是洪范、彝伦。

孝道与文明　从生产、生活方式看，通过考古可以发现，中国古代很早就是典型的定居和城镇化文明，这种文明最大的特点就是其生活方式比较稳定。稳定的生活方式会使社会关系的内容更加复杂，容易产生出更多的物质和精神需求，需要解决更多的诸如历史过程中的代际关系、血缘共居关系以及社会长幼等人与人之间的社会关系问题。因此，相对于其周边的游牧文化，华夏农耕定居文明更需要构建天地人之间、人与人之间的合理化法则，这种合于"道"的法则，才被看作是"文明"的真正内涵。

作为儒家文化核心的"三纲五常"，从根本上讲就是规范人与人的关系，儒家文化就是为这个稳定的"文明化的社会"服务的。可以这样来看，一个定居的稳定的社会（村落）需要解决家族内部的长幼关系问题，于是有了父子之间的孝俗秩序；一个城镇化的社会需要解决公共交往问题，于是就有了差等化的君臣礼俗秩序；有了定居和城镇化就会有历史传承问题，于是就有了用于传承的文字，有了文字就会有学习，有学习就会有师生关系。因此，君（公共关系）、亲（家族关系）、师（师生关系）就成为这个"文明化的社会"最基本的社会关系，而三者之中，家族关系是师生关系和公共关系的基础。在家族关系当中最重要的是家族的延续，在"城镇化"（村落）及其公共职能还不够发达的情况下，家族的延续则需要在家族的内部解决养老的问题。因此"孝"是这个"城镇化"（村落）的稳定器，是这个稳定的社会首先必须倡导的"俗"，也是这个社会的治道之本，是中国古籍中所说的由那些"睿哲文明"的圣人总结出的"道"的重要内容。

崇孝是中华一大古老法俗，是中华上古常道文化的主要内容，中国人的崇孝之俗甚至到了感应神化的程度，人们称之为"孝感"。①《太平御览》

---

① 《太平御览·人事部·孝感》，中华书局 1960 年版，第 1895 页。

卷四一一引《孝经左契》曰："元气混沌,孝在其中,天子孝天龙,负图地龟出书,大蟊消灭,云景出游。"又《太平御览》卷四一一引《孝结经援神契》曰："庶人孝则木泽茂,浮珍舒恪草,秀水出神鱼。"①《太平御览》卷四一一引《晋书》载:二十四孝之一的王祥为继母"脱衣剖冰求之,双鲤跃出,乡里以为孝感所至"。②《太平御览》卷九〇七引谢承《后汉书》云："方储,字圣明,丹阳歙人。幼丧父,事母。母死,负土成坟,种树千株,鸾鸟居栖其上,白兔游其下。"③《太平御览》卷四一一引《齐春秋》云："焦华父遗,曾病甚,冬中思瓜。毕忽梦人谓之曰:'闻尔父思瓜,故送助养。'呼从者进之。毕跪受,寤而瓜在手,香非常也。父食之而病愈。"④演化出如此等等关于"孝感"的神奇故事。在理论上,崇孝属于天道和人道的范畴,即使在百家争鸣的时代,先秦诸子中也很少有反对孝道的,汉朝以后中国历代王朝更是明确提出了"以孝治天下",并将孝道贯彻到具体的法律规范之中,甚至将不孝作为"十恶"重罪之一。由此,华夏古老的"孝俗"不仅在"道"的层面成为一种具有核心意义的法意识,还成为了一种具有社会秩序和社会保障功能的法规范。

孝天地 首先,"孝"理论上始于对天地的孝。在道法的意义上,对天地之孝是最大的孝,这个逻辑可见于董仲舒《春秋繁露·立元神》:"天地人,万物之本也。天生之,地养之,人成之。天生之以孝悌,地养之以衣食,人成之以礼乐。……三者皆亡,则民如麋鹿,各从其欲,家自为俗。"⑤既然人皆是天生地养,皆是"父天母地",自然是以天地为父母,当对天地行孝。但是能够对天地行孝的只有天子,因此理论上天子是代表黎庶众生对天地行孝。中国古代有天子之教,"立辟雍序,修孝悌敬让,明以教化"。⑥ 天子之教包含了对"天法"的敬畏,对"天子"的规范。中国古代皇、帝、王的治道都是以"教"的形式进行的,皇、帝、王的职责本就被定义为是行天下之

---

① 《太平御览·人事部·孝感》,第1895页。
② 同上。
③ 《太平御览·兽部·兔》,第4021页。
④ 《太平御览·人事部·孝感》,第1896页。
⑤ (清)苏舆撰,钟哲点校:《春秋繁露义证》卷第六《立元神第十九》,第168页。
⑥ 同上书,第169页。

教。中国古代"教"的本义是"孝"，"孝"与"文"的结合就是"教"字，汉代以后有"以孝治天下"之说，到清朝虽是异族统治亦是如此，且其孝道之治更为完备。

　　"孝"在中国古代是天子之教的主要内容，天子之教在孝与文，此亦是天子之"德"，以"孝文"之德以配天地，正是天子所当为之事，如此"以孝治天下"的本义当是"以教治天下"。中国古代的法学，从开始也是这样一种教义式的法学，所以对中国法律史的研究，也应当是一种教义式的叙事方式。东京大学仁井田陞教授在《中国法制史》一书中认为，广池博士的《东方法制史序论·本论》及东川德治教授的《支那法制史研究》就属于这样的著作，拙著《王者无外：中国王朝治边法律史》同样属于这类著作。在中国古代，"圣人的命令"就是教法，"圣人立教"一直被看作是理想的治道，"天子"的责任就是行天下之孝，行天下之教。

　　皇、帝、王作为"天子"，他们之所以有资格教化万邦，行天地之教，是因为只有他们可以祭祀天地，或者说只有他们可以行对天地之孝道。我们一般称帝王为"天子"，但《绎史·皇王异说》引《独断》云："天王，诸夏之所称，天下之所归往，故称天王。天子，夷狄之所称，父天母地，故称天子。"①《独断》这里认为"天王"是诸夏所称，"天子"是夷狄之所称，故此"天王"才是我们通常所说的"天子"，"天子"的古义本是针对夷狄而言的，是夷狄之所称。又《春秋左传》云："施于夷狄称天子，施于诸夏称天王。"②古之云"天王"者，自春秋始，春秋以前皆只称"王"，如顾炎武《日知录》云："《尚书》之文但称'王'，《春秋》则曰'天王'，以别当时楚、徐、越皆僭称王，故加'天'以别之。"③中国古代华族对于地上的统治者本有皇、帝、王之称号，而天子只是"天祐而子之"的意思，天子本是指以天地为父母，即"父天母地"的人，故《白虎通》开篇云天子只是爵称："天子者，爵称也。"④"天子者，爵号也。"⑤认为"天子"与公、侯、伯、子、男一样，只是爵位称号而已，

① （清）马骕撰，王利器整理：《绎史》卷二《皇王异说》（一），第9页。
② （清）陈立撰：《白虎通疏证》卷一《爵》，第1页。
③ （清）顾炎武撰，黄汝成集释，栾保群、吕宗力校点：《日知录集释·天王》，第196页。
④ （清）陈立撰：《白虎通疏证》卷一《爵》，第1页。
⑤ 同上。

顾炎武《日知录·周室班爵禄》正其班爵之义："为民而立之君,故'班爵'之意,天子与公、侯、伯、子、男一也,而非绝世之贵。代耕而赋之禄,故'班爵'之意,君、卿、大夫、士与庶人在官一也,而非无事之食,是故知'天子一位'之义,则不敢肆于民上以自尊;知'禄以代耕'之义,则不敢厚取于民以自奉。不明乎此,而'侮夺人之君',常多于三代之下矣。"①

若依此义,人皆天地所养,以天地为父母,那么普罗大众亦皆可以称"天子",因此《独断》云其是"夷狄之所称"。人皆作为天地之子,就难以代表"天"发号施令,后皇、帝、王之所以独称为"天子",有"奉天承运"的资格,是因为想证明他们相对于普罗大众更有可以神通天地的地位,可以垄断对"父天母地"的祭祀神通。尽管皇、帝、王这些世俗统治者可以独享对天地的祭祀神通,但是他们却仍然只是天地之子,而不是天地本身,足以见其在儒家义理上没有绝对神圣的属格,古之帝王皆以名纪,如尧、舜、禹都只是名,《尚书》中的尧、舜、禹亦只是称其名,皇、帝、王皆是后来的称号。尧崩之后,舜才始称尧为"帝",才有"帝曰:格汝舜"一句;禹崩之后,《五子之歌》中才有"皇祖",《胤征》则始曰"先王"。进而以"号"代其"名","夏后氏之季,而始有以十干为号者,自天乙至辛,皆号也。商之王,著号不著名"。② 再后来才有以庙号称之,如"文祖""高祖""皇祖""神宗""中宗""高宗"之类。因此,他们仍然要对天地履行孝道,这种孝道被认为是他们"以德配天"的基本德行,也体现了他们对天地大法的敬畏,既然天子只是"父天母地",则自然应当受到天地法则的约束。

古代天子祭天行孝的仪式十分频繁,《礼记·曲礼》说天子祭天有六,一岁有九。冬至祭上帝,立春祭苍帝,立夏祭赤帝,季夏祭黄帝,立秋祭白帝,立冬祭黑帝,共此六帝,故《曲礼》疏云:"天子祭天,其天有六。"③加上夏正之月南郊之祭、四月总祭五帝于南郊、季秋大飨五帝于明堂,故《曲礼》疏云:"祭之,岁有九。"④天子祭天之频繁,是为彰显天子对天之孝敬,

① （清）顾炎武撰,黄汝成集释,栾保群、吕宗力校点:《日知录集释·周室班爵禄》,第 433 页。
② （清）顾炎武撰,黄汝成集释,栾保群、吕宗力校点:《日知录集释·帝王名号》,第 57 页。
③ （宋）马端临撰:《文献通考·郊社考一》,中华书局 2011 年版,第 2099 页。
④ 同上。

故程子曰："古者，一年祭天甚多，……凡人子不可一日不见父母，人君不可一岁不祭天。"①因此，"天子"的概念是以对天地行孝为前提，这就破除了人们对于皇、帝、王这些"天子"的绝对信仰，同时也凸显了人们对天地自然法则的崇拜。周朝初期，周公旦提出"以德配天"，就是对天子提出了"父天母地"的规范和要求，进而明确了"天王"要以"天法"为大的原则，这一思想一直延续到清朝不变。总之，在逻辑上，崇孝起源于中国人的"孝天而治"，"孝天而治"的逻辑是：由低至高，是由治而理，由理而分，由分而名，由名而道，由道而孝，由孝而天。孝人来自孝天，孝关乎治，关乎统治的合法性，故曰"孝天而治"。人君是受"天意"之君，因此要以天为其父，以事天彰显孝道。人君之孝的具体内容是：敬天、法祖、爱民，此三者是谓天子之孝。

孝祖先　孝是对祖先之孝。孝不仅是天地之道，还是人文之道。孝不仅是法学的原则，还与国家的兴亡联系在一起。因此，中国古代的法学强调祖旧，奉行遵循祖宗成法的原则，孝被认为是对圣人教法的遵从，是对上古道法传统的继承，如《管子·牧民》云："不恭祖旧，则孝悌不备。四维不张，国乃灭亡。"

中国的历史十分早熟，中国的孝俗亦源远流长，孝作为一种文化习俗，不仅内涵了中国人的法意识，甚至成为中国古代法律的重要内容。孝在法律上的直接表现就是遵从"祖宗成法"，因此中国古代法理奉行的是"祖宗成法"原则。孝作为一种法俗，与中国上古"神道设教"的传统直接相关。从传说中所谓的伏羲大法到《尚书》中的《吕刑》，是中国教法发展的一个过程。在这一过程中，法律的发展始终离不开"先圣"的传统，"法律是圣人的命令"始终是古代刑政坚持的信念，是法律合道性（合宪性）的准则。②"祖宗成法"往往成为"道"的化身，而且也需要通过孝来继承、维护和弘扬，孝是实现"祖宗成法"的保障。从某种意义上讲，中国上古以来的祭祀传统，本质上就是对"祖宗成法"的不断提醒，孝的风习中有神谕的色彩。

贯彻"祖宗成法"需要人们崇孝。崇孝首先莫过于祭告天地，其次才是祭告山川、五祀、先人。对天地的祭告就是孝敬天地，中国人以天地为父

---

① （宋）马端临撰：《文献通考·郊社考一》，第 2099 页。
② ［日］仁井田陞著，牟发松译：《中国法制史》，第 4—5 页。

母,孝敬天地就是顺天应地,因此孝在理论出于"父天母地"的道法观,中国哲学上的天人合一,其基本出发点是以天地为父母,中国人通过祭告天地的方式来表达对天地的孝顺遵从。中国人所谓的"德",首先就是要求有对天地的孝,对天地的孝就是要顺天应地,时时祭告天地,就是不忘记遵从自然"天法",或以表明自己不违反天地父母之法,这就是中国人的最高道德,故《论语·学而》云:"慎终追远,民德归厚矣。""慎终追远"就是不忘记遵从天地父母之法。因此"祖宗成法"不仅是血缘祖先制定的成规旧例,更包括对天地道法的遵循,此为孝法之首。

对天地、山川、五祀、先人之祭祀,构成了中国人的祭祀对象,这些祭祀对象还与天子、诸侯、卿大夫、士的身份结合在一起,形成了有对应关系的祭法系统,故《曲礼下》曰:"天子祭天地,诸侯祭山川,卿大夫祭五祀,士祭其先。"这里所谓"五祀",《礼记·月令》:"(孟冬之月)天子乃祈来年于天宗,大割祠于公社及门闾,腊先祖五祀。"郑玄注:"五祀,门、户、中溜、灶、行也。"汉代王充《论衡·祭意》有:"五祀报门、户、井、灶、室中溜之功。门、户,人所出入;井、灶,人所饮食;中溜,人所托处,五者功钧,故俱祀之。"古代"五祀"所祭对象之一,即是后土之神。《礼记·郊特牲》:"家主中雷而国主社。"孔颖达疏:"中雷谓土神。"《白虎通·五祀》:"六月祭中雷。中雷者,象土在中央也。"五祀之祭为天子、诸侯、卿大夫可以祭,故《白虎通·五祀》云:"天子祭天地、四方、山川、五祀,岁遍;诸侯方祀,祭山川、五祀,岁遍;卿大夫祭五祀;士祭其先。"所谓"士祭其先",是因为士者位卑禄薄,但祀其先祖耳!

这一祭法系统也是中国人关于孝的基本内容,符合这一祭法系统要求的祭祀活动就是"公序良俗",凡祭祀要求"所当祭而祭之",否则就是"淫祀""淫俗"。因此,中国人的所有祭祀,本质上都孝祭,孝祭需要排斥"怪、力、乱、神",以祭祀自然、先人而求福。历史上中国人评价异族的祭祀活动时,提到的所谓"淫祀",就是因其"非所当祭而祭之",认为"非所当祭而祭之"违背了"孝祭"的原则。

孝俗的文明意义 中国汉文化对孝俗的坚持最为牢固,也最为恒久,这种坚持同样是需要内在确信的。历史上相邻的不同种落,此俗与彼俗之间都存在化与被化的可能。同样，汉人的孝俗不仅可以"化人"，而且也会面临"被人化"的长期考验。对于孝俗的坚守相当于是对农耕文明的坚持。

中国人的孝俗中要求子嗣"不远游"，而且还有"不别居"的传统。然而汉文化的周边种落多有子嗣"别居者"，如北周孝闵帝时薛慎治蛮俗，首在治其别居。

> 保定初，出为湖州刺史。州界既杂蛮夷，恒以劫掠为务。慎乃集诸豪帅，具宣朝旨，仍令首领每月一参，或须言事者，不限时节。慎每见，必殷勤劝诫，及赐酒食。一年之间，翕然从化。诸蛮乃相谓曰："今日始知刺史真人父母也。"莫不欣悦。自是襁负而至者千余户。蛮俗，婚娶之后，父母虽在，即与别居。慎谓守令曰："牧守令长是化民者也，岂有其子娶妻，便与父母离析？ 非唯萌俗之失，亦是牧守之罪。"慎乃亲自诱导，示以孝慈，并遣守令各喻所部。有数户蛮，别居数年，遂还侍养，及行得果膳，归奉父母。慎以其从善之速，具以状闻，有诏蠲其赋役。于是风化大行，有同华俗。①

中国人的孝俗是"崇老"而不是"贱老"，与之相反，古代中国周边许多民族中有"贱老"的传统。古之猃狁（古代北方胡人）之俗，"皆慈其子而严其上"，《淮南子·齐俗训》云："故四夷之礼不同，皆尊其主而爱其亲，敬其兄。猃狁之俗相反，皆慈其子而严其上。"②这在文化上使得孝俗面临被夷化的危险，如汉代时华俗就面临匈奴"贵壮贱老"之俗的影响。汉文化周围种落何以会出现如匈奴这般贵壮贱老之俗呢？ 当亦因其游牧生产方式之故。凡游牧、山猎之族，或常流离失所，或常跋山涉水，为牧而游，为猎而徙，往来无定，岂可轻易携父母而行。原斯民之初，凡父母年迈，或弃之山嵯以穴封而自葬，于于战时使之临前阵而先亡，故其社会之中逐渐生成"贵壮贱老"之俗。

---

① 《北史》卷三六《薛慎传》，第 1343 页。
② 何宁撰：《淮南子集解·齐俗训》，第 781 页。

在古代中国强悍的边地民族中，"贱老贵壮"是一种普遍的法俗，匈奴、突厥、薛延陀、契丹、吐蕃、南诏等皆有此俗。如隋唐时北方民族大多仍保留了原始的尚武之风，都有贱老贵壮、喜寇抄、重战死的特点，其孝义不合中原礼制。如匈奴、突厥、薛延陀，《隋书·北狄》言其"其俗畜牧为事，随逐水草，不恒厥处。穹庐毡帐，被发左衽，食肉饮酪，身衣裘褐，贱老贵壮"。① 如契丹，《隋书·北狄》云其"好寇盗，父母死而悲哭者，以为不壮"，②《旧唐书》云"其俗死者不得作冢墓，以马驾车送入大山，置之树上。亦无服纪，子孙死，父母晨夕哭之；父母死，子孙不哭，其余风俗与突厥同"，③《新唐书》载其"子孙死，父母旦夕哭；父母死则否，亦无丧期"。④

西南边疆民族中亦多有此俗，如羌、吐蕃、南诏以畜牧为事，被发左衽，贱老贵壮。如党项羌族，《新唐书》："俗尚武，无法令、赋役。人寿多过百岁，然好为盗，更相剽夺。""无文字，候草木记岁。……妻其庶母、伯叔母、兄嫂、子弟妇，惟不娶同姓。老而死，子孙不哭。"⑤ 如吐蕃，本属汉时西羌之地，种落莫知所出也，"历周及隋，犹隔诸羌，未通中国"。⑥ 唐朝时数为边患，无羁縻府州之治，其法俗"重壮贱老，母拜于子，子倨于父，出入皆少者在前，老者居其后"。⑦ "贱老贵壮"是原始法俗，原始民族常无养老习惯，人到一定年纪即弃之不养，是原始游牧时代的遗风。儒家崇孝即是超越了这一旧习，不仅要孝天，还要孝人，认为尊老、养老是天经地义的事情，孝人也是孝天，属于天道。

因此，相对于北方民族的"贱老贵壮"之俗，汉人之崇孝实是法律文明之一大进步。游牧族群多无文字，又没有制度化的教育，因此难以形成成熟的礼仁文化，更难以有人文思想的法律创制。在这种没有成熟的制度文化的社会中，人们自然"贱老贵壮"，以强者为大，长此以往，则崇拜强权，与中国儒家遵循忠孝仁义的政治理想不相符合。这种"贱老贵壮"的法俗

① 《隋书》卷八四《北狄》。
② 同上。
③ 《旧唐书》卷一九九下《北狄》。
④ 《新唐书》卷二一九《北狄》。
⑤ 《新唐书》卷二二一上《西域上》。
⑥ 《旧唐书》卷一九六上《吐蕃上》。
⑦ 《新唐书》卷二一六上《吐蕃上》。

与华族的孝俗相差甚大，由于这样的差异性和长期的腹边关系的存在，自然对华族形成了文化上的压迫感，这反而强化了华族在文化上的防范意识以及对孝道的维护意识。在古代中国人看来，孝之所以能够成为一种社会历史文化，成为中国古代道统的重要内容，因为它是中国古代圣人的文明成果。与周边族群的风习相比，儒家还认为这种圣教文明具有唯一性。儒家认为只有中国才能出现圣人，而且这些圣人具有传承性，是所谓"三五以降，代有其人"。① 圣人的特别之处在于他们能够神通天地，能够"因天秩而制五礼"。这里所谓的"天秩"，是指天道自然秩序，即"其人性和而才惠，其地产厚而类繁，所以诞生圣贤，施法教，随时拯弊，因物利用。三五以降，代有其人。君臣长幼之序立，五常十伦之教备，孝慈生焉"。② 这是说与周边夷狄之地相比，中国文化能够有孝慈之道，是因为中国独具"其人性和而才惠，其地产厚而类繁"的人文地理风气。因此，孝产生的逻辑是：因地理风气而出圣人，因圣人而制礼，因制礼而有教法，因教法而生孝道。相反，夷狄之地，"其地偏，其气梗，不生圣哲，莫革旧风，诰训之所不可，礼义之所不及，外而不内，疏而不戚。来则御之，去则备之"。③ 在历史上，崇孝起源于中国人的"文化自觉"。中国人的文化自觉除了来自自身礼俗的早熟外，更不断在与四围种落法俗的比较中得以强化。概言之，就是在文明与野蛮的区分中不断增强自我文化意识。

首先，这种早熟表现在上述逻辑上的完整性。中国古代的圣教文明被称为"睿哲文明"，"睿哲文明"包含了天、地、人之道。同样，中国古代的人道（仁、义、礼、智、信）既是天经也是地义，具有自然性和社会性。孝基于血缘，血缘具有自然属性，是不能更改的，人为父母所生，皆有特定父母，基于血缘的孝就是不能更改的，这是孝是"天经地义"的内涵。中国古代政教之本是"以孝治天下"，孝作为人道之始是其政教法理的元概念，因此孝这种血缘的确定性使其政教法理牢固地建立在自然伦理基础上。

---

① （唐）杜佑撰，王文锦等点校：《通典·边防一》，中华书局 1988 年版，第 4979 页。
② 同上。
③ 同上书，第 4980 页。

　　中国古代讲的仁，作为文明的内容同样具有自然属性，所谓的"天地之仁"即是指其有"天经地义"的性质，孝就是仁十分重要的道德准据。在政治实践中如何实现孝道，遂成为中国古代政法的核心内容。《说文》关于仁的解释是："从人，从二，从千心。""从人"即是以人来论政治，人从何处来？依血缘而来，政治的根本问题围绕人展开；"从二"即是两个人以上才能构成社会，两个人的社会关系从何而起？是从姻婚、父子而起，政治应该是关于家族血缘关系中人的政治；"从千心"，即是政治应是为这个"千心"服务的，不论多少心都有其共性。这个"千心"是什么心？首先应该是孝心，如此又回到"天经地义"的血缘社会关系中来。所以孝是仁的体现，中国古代所谓的"文明"自然是以孝为基点的。

　　崇孝有社会保障的功能　在古代中国，孝不仅是一种道德品质，还具有法律的秩序功能和社会保障功能。前面我们说过，按照维科的"英雄时代"理论，人类文明经历了尚武的"英雄时代"，"英雄时代"具有崇尚勇敢、荣誉、宽容、忠诚的特点。但是，与西方历史相比，中国的"英雄时代"除了具有上述这些特点之外，还有崇孝的传统。中国上古时期长期的部落战争，不仅在胜败之间促进了族群之间的融合，培养了崇尚勇敢、荣誉、宽容、忠诚的文化品格，同时还培育了崇孝的文化品格。

　　此外，崇孝在中国具有养老的功能，崇孝意味着整个社会崇尚养老，而不是"贵壮贱老"。在自然经济和封建制度条件下，中国古代的"国家"并不十分发达，这主要表现为王朝只是承担了今天国家的部分功能，如军事功能以及部分政治、文化功能，而大多数的社会管理和公共事业、文化教育由民间的实力阶层来维持，"乡绅和下层官吏、民间的实力阶层等等中间阶层一边与地方官僚和中央权力沟通，一边拥有相当的自治领域。例如，从地方的桥梁、灌溉等等土木工程，到家塾、乡塾等等教育机构，乃至养老、育婴、医疗等等福利活动，几乎都是由民间的力量维持的。这些本应该由政府担当的地方公共事业，被民间的实质性自治活动所支撑"。① 国家的税收也并不承担养老功能，养老也不是国家职能，整个社会的养老是

① ［日］沟口雄三：《俯瞰中国近代的新视角》，载《清史研究》2001 年第 2 期，第 82 页。

由家族及其继承人来承担。农耕是孝的经济基础，农耕稳定而不用迁徙，人民固守于一块土地，世代耕种，父母子孙共居，数世同堂，劳力有继，可保永年。

由于有此物质保障，又有了社会稳定，因此孝俗有了十分重要的社会保障。故孝成为一大善俗，于国家、社会、个人皆极为有利，有此需求，则有此欲；有此欲，则有此俗；有此俗，则有此礼；有此礼，遂有此法，由此发展为社会以孝为俗，国家以孝为礼，甚至以孝为法，故孝乃汉人最重要之法俗。历史上，汉人一直固守孝，以之为"本立而道生"之本："其为人也孝弟，而好犯上者，鲜矣；不好犯上，而好作乱者，未之有也。君子务本，本立而道生。孝弟也者，其为仁之本与。"故孝又可曰孝道，之所以如此，是因孝实为汉人农耕生活持续和稳定之大本。

由于由家族及其继承人来承担养老是中国王朝制度的重要组成部分，它可以减轻国家的经济负担。运行在家族内部的孝道，不仅是"家族法"的基本内容，且成为王朝"国法"的重要部分，故早在《王制》时代就有"不孝"罪且处之流刑，秦汉以后又成为"十恶"大罪，处之以极刑。原来的孝俗已是"国法"的基本内容，孝也是王朝统治下自然经济社会在文化上的配套部分。中国古代孝为百善之先、百行之首，是判断中国人社会行为善恶的基本标准，从天子至于庶人，是人人遵循的做人标准。这是中国文化的核心，是王朝统治的基本意识形态，是王朝治国诀窍，是礼俗文化的依据，是国家法律的标准。总之，孝是古代中国文化最核心的概念，是中国古代王朝政治的"国本"，故历代王朝多提倡"以孝治天下"。近世受西法的影响，虽历经革新，其间亦受到批判，但孝的观念仍深入人心，时下无人敢公然鄙薄。

"以孝治天下"直接可以追溯到《尚书》的时代，汉代明确提出了"以孝治天下"且直到清朝依然不变。"以孝治天下"意味着"孝"具有国家、社会治理的价值和功能，孝治是王朝基本的治理原则，孝道是王朝政治的基本法理。在中国古代，孝一直被当作是正义的内容，现代法学对中国传统孝俗的批判，是基于认为孝俗是由传统父权支撑的，认为在传统父权之下，孝俗是"对传统一味的自我顺应，对覆盖在全社会之上的权威无条件地恭敬顺从"。① 这也正是中国传统孝俗进行现代性转换的法理障碍，因此，当今中国所提倡的孝俗需要更换制度语境，需要对传统孝俗重新进行历史叙事。传统的孝俗是建立在道法理论基础上的，孝俗主要是对天、圣、祖以及家族内部长辈的恭敬和顺从，而当代中国所提倡的孝俗则主要是履行对父母及祖父母的法律赡养义务而已；传统孝俗是发生在缺乏社会保障的农业社会基础上的"养儿防老"，而当代中国所提倡的孝俗则是发生在政府有社会保障制度义务的城市化条件下；传统的孝俗是建立在教义式的教法语境下，而当代中国所提倡的孝俗则是发生在法治语境中。

因此，在"全面恢复传统文化"的语境下，传统孝俗需要进行现代性的转换，以体现其现代性的价值。所谓的现代性价值，具体来说就是要继续体现其人文价值和精神性的养老功能。"养儿防老"是中国古代孝俗十分重要的社会功能，因为中国古代的政府往往没有能力解决养老问题，在那个时候养老是个人的事情，在孝的法俗理论下，政府几乎没有养老负担。在同居共财、父慈子孝的传统之下，父养子，子养父，家族内部相互帮助，这还可以有效地缓解社会就业压力，维护社会稳定。与西方成年子女完全脱离父母独立生活的传统不同，即使是在现代社会，当出现社会养老或失业危机时（在现代社会这种危机是会经常发生的），中国人的这一传统仍然发挥着它在稳定社会方面的积极作用，从而为政府职能的充分发挥提供了很大的回旋空间。因此，无论是对于老年人还是对于年轻人，中国古老的共居崇孝法俗还是一个社会保障概念，这与现代"国家保障""社会保障"概念有些不同，后者纯粹是现代政治学、经济学和法学的话语，在这些话语中往往忽视了从传统文化的角度对政治、经济、法律的解释，缺少了以传统为基础的文化政治学、文化经济学、文化法学的概念。

孝俗是中国古老的法俗，在漫长的历史发展过程中，"孝"一直作为传统存在着，在古代典籍中很难看到人们对崇孝存有疑问，春秋时期诸子百家虽然其说各异，但是除了"杨墨之道"外，各种学说对"孝"往往都有心照不宣的认同，这里我们对儒、法、墨三家的孝理进行解析。

① ［日］仁井田升著，牟发松译：《中国法制史》，第9页。

儒家之孝理　盖儒学之功，乃在中国文化之一统也；中国文化之一统，盖因学术之一统也。自汉武表彰六经，藉儒术收拾人心之具。佛教盛于晋唐，出世而非入世，不能与儒家争政治之权，故近人多言中国是因学术之一统而成国家一统。

秦之统一中国，法家李斯虽于法律、器物、文字有一统之功，然六国文化在民风、文字、习惯诸方面尚各有不同。且秦朝享国日短，又"以吏为师"，无以言形而上之学术，不足以完成各国各种落相维相持，从而由学术一统风俗之重任。

以血缘论，虽有赖周朝宗法分封维系，似有同宗同源这一历史记忆可以求同，但毕竟以此不足以维持国家之一统，春秋战国各国之纷争就是明证。其时又有何人言同宗同源，春秋以来的"礼崩乐坏"是对制度化（礼）的破坏，更是对这一共同历史记忆的破坏。故儒家重拾周文化之大旗，构建相关学说，以图恢复这一共同历史记忆。后两千余年来一直十分强调孝道文化，并以之成经（《孝经》），加以弘扬不倦。于天子，有宗庙以明其先祖来源；于家族，有祠堂以显承继。宗庙、祠堂是神圣化的历史记忆，对内对外在文化上都有极强的统合作用，故其孝道之实在于求同，求同则可以求安。是以孝（祖先崇拜）为其形而下的治道之根本，有维护一统之重大意义，关于孝的学术论证遂成经典，这是儒学入世学说极重要的内容。故中国之政治最在意其历史记忆之承继，是因其没有超越血缘历史之上的学术，而儒学仅有关于历史之学术，中国之孝道是无神论之孝道，被神圣化的祖先依然是有血缘关系的祖先，这个祖先是人而不是神，因此所谓孝道不过是关于血缘的社会学说而已。

孝道在一定程度也可以升华为全社会的崇拜，中国先秦虽然有各家之争，然未有明确反对孝道者，墨家之尚天不过是继承和强化了之前华族孝天的传统，儒家合天道与人道，孝天与孝亲并重，并以之为社会行为之普遍准则。而由于历代奉行"以孝治国"，此种道德准则又成为国家的法律，由是关于孝道的学说又成了关于法律的学说并融汇于法律之中，借助法律的强制性而得以在社会、国家贯彻，孝道由此实现于国家、社会之域。

中国人的孝俗很早就包含了天地崇拜、圣人崇拜、祖先崇拜，很早就与我们前面所说的"道法"联系在一起。远不论伏羲、神农之世，早在《尚书》的时代，"孝"就已经入"典"入"教"。"躬耕致孝"已经是一种必要的政治德性。按照《尚书》的说法，尧舜之时中国的教法已成，《焦氏易林》解观卦云："历山之下，虞舜所处，躬耕致孝，名闻四海。为尧所荐，缵位天子。"①在虞舜的时代，"孝"已入"五典""五常"。《尚书·舜典》云："慎徽五典，五典克从。"②"五典"之中已经有孝之族俗，且这时已于"四方"开始系统地传播其教法。这里所谓"徽"，是"美"的意思；所谓的"五典"，是指"五常"。这说明在舜的时候，中国已经形成了"五常"（父义、母慈、兄友、弟恭、子孝）。舜不仅克从"五常"之教，而且还布之"四方"："舜慎美笃行斯道，举八元使布之于四方。五教能从，无违命。"③舜举八恺"使主后土，以揆百事"；举八元，"使布五教于四方"，传播父义、母慈、兄友、弟共、子孝这"五常"之教，取得了"内平外成"的政绩。"此十六族也，世济其美，不陨其名。以至于尧，尧不能举。舜臣尧，举八恺，使主后土，以揆百事，莫不时序，地平天成；举八元，使布五教于四方，父义、母慈、兄友、弟共、子孝"。

　　西周之时，如《诗》所述，文王之世讲"帝"尚多，这时需要论证周之天命的合法性，故多言文王得上天之佑，受命于天，如"周虽旧邦，其命维新"，"文王陟降，在帝左右"，"上帝即命，侯于周服"。④ 到武王之时，《诗》中开始多言"孝"，"孝"仿佛已经是一种治国的准则，孝治的特点已十分明显，武王自己也率先垂范，同文王一样成为"孝"这一道德准则的模范，"成王之孚，下土之式。永言孝思，孝思维则"。⑤ 由于文武治国皆奉上天之德，因此有了"受天之祜，四方来贺"的局面。⑥ 到成王之世，国泰民安，政教法纪清明，"威仪抑抑，德青秩秩"。⑦ 同时用礼仪有效地规范管理着四

① 《焦氏易林》，见夏于全主编《周易全书》卷一。
② （汉）孔安国传，（唐）孔颖达正义：《尚书正义》卷第三《舜典第二》，第73页。
③ 同上。
④ 《诗经·文王》。
⑤ 《诗经·下武》。
⑥ 同上。
⑦ 《诗经·假乐》。

方之国，《假乐》中多描述周成王时德化和谐的景象："受福五疆，四方之纲。"①"之纲之纪，燕及朋友。"②四方皆以宗周为准则，形成了"有孝有德"的局面："有冯有翼，有孝有德，以引以翼。岂弟君子，四方为则。"③

西周之时，孝亦已入"七教"，成为"七教"的内容。不同于尧舜时的"七政"，"七教"调整更深一层次的社会关系，针对家庭血缘和君主政治这样的基本秩序。"七教"的内容可以参考《礼记·礼运》："父慈、子孝、兄良、弟悌、夫义、妇听、长惠、幼顺、君仁、臣忠。"如果细心考察，我们会发现在"七教"调整的这些政治、血缘关系中，每个人面临的权利和义务关系都是对等的，如"父慈"是"子孝"的前提，同样"兄良"也是"弟悌"的前提，"夫义"是"妇听"的前提，"长惠"是"幼顺"的前提，朋友以信交，宾客以礼待。由此建立了中国风俗教养式的个人权利模型，其目的也同样是通过教的方式，建构互敬互爱之社会和个人生活方式，这应当是对西周"七教"之一"孝"的正确理解。

西周之时，法律中已经有了对于"不孝者"的处罚，说明此时"孝"不仅是一种风俗，而且已经入刑。其惩罚"不孝者"的方式是"不孝者君绌以爵"，如《礼记·王制》曰："宗庙有不顺者为不孝，不孝者君绌以爵。"《周礼·大司寇》中"大司寇"总揽天下治法之典，以"五刑"纠万民。此"五刑"非指墨、劓、宫、刖、大辟之五刑，其中的乡刑的目的是"上德纠孝"："大司寇之职，掌建邦之三典，以佐王刑邦国，诘四方。一曰刑新国用轻典，二曰刑平国用中典，三曰刑乱国用重典。以五刑纠万民，一曰野刑，上功纠力；二曰军刑，上命纠守；三曰乡刑，上德纠孝；四曰官刑，上能纠职；五曰国刑，上愿纠暴。以圜土聚教罢民，凡害人者，寘之圜土而施职事焉，以明刑耻之。其能改者，反于中国，不齿三年。"④《周礼·大司徒》有"八刑"之说，"八刑"中有"不孝之刑"：大司徒"以乡八刑纠万民：一曰不孝之刑，二曰不睦之刑，三曰不姻之刑，四曰不弟之刑，五曰不任之刑，六曰不恤之刑，七

---

① 《诗经·假乐》。
② 同上。
③ 同上。
④ （清）孙诒让撰，王文锦、陈玉霞点校：《周礼正义》卷六六《大司寇》，第 2741—2747 页。

曰造言之刑，八曰乱民之刑"。

　　春秋之际，孔子继承了西周通过教和刑来实现"孝"的方式，"教"的内容是礼与刑，而"孝"则已经是礼的重要内容，西周对于"不孝者"的处罚，依然奉行的是"出礼入刑"的原则。孔子对周礼这一原则进行了总结，在孝的问题上，亦主张"先教后刑"，以期无有"陷刑之民"："故虽有不孝之狱，而无陷刑之民。"[①]孔子认为应当先以"五教"之礼来教化民间风俗。所谓"五教"，即丧祭之礼、贵贱之礼、朝聘之礼、乡饮酒之礼、婚聘之礼。此"五教"应对了现实生活中五类社会问题和风俗。孔子倡导"五教"之礼，是要通过祛除"淫俗"，实现"一民同俗"，同时防止"不教而诛"现象的出现，在制度上最终实现"无陷刑之民"的目的，"是以上有制度，则民知所止；民知所止，则不犯。故虽有奸邪贼盗靡法妄行之狱，而无陷刑之民"。[②]此亦是孔子出于仁爱之心而做的制度设计。

　　"五教"之中，丧祭之礼，对应不孝之狱；朝聘之礼，对应杀上之狱；乡饮酒之礼，对应斗变之狱；婚聘之礼，对应淫乱之狱。故以丧祭之礼明孝，使民无陷于不孝之狱；以朝聘之礼明义，使民无陷于杀上之狱；以乡饮酒之礼明长幼之序，使民无陷于斗变之狱；以婚聘之礼别男女，明夫妇之义，使民无陷于淫乱之狱。是云：

　　　　明丧祭之礼，所以教仁爱也。能教仁爱，则服丧思慕，祭祀不解人子馈养之道。丧祭之礼明，则民孝矣。故虽有不孝之狱，而无陷刑之民。杀上者生于不义，义，所以别贵贱，明尊卑也。贵贱有别，尊卑有序，则民莫不尊上而敬长。朝聘之礼者，所以明义也，义必明则民不犯。故虽有杀上之狱，而无陷刑之民。斗变者生于相陵，相陵者生于长幼无序而遗敬让。乡饮酒之礼者，所以明长幼之序而崇敬让也。长幼必序，民怀敬让，故虽有斗变之狱，而无陷刑之民。淫乱者生于男女无别，男女无别则夫妇失义。礼聘享者，所以别男女，明夫妇之义也。男女既别，夫妇既明，故虽有淫乱之狱，而无陷刑之民。此五者，刑罚

① （汉）佚名撰：《孔子家语·五刑解第三十》，第237页。
② 同上。

之所以生，各有源焉。不豫塞其源，而辄绳之以刑，是谓为民设阱而陷之。[①]

实际上，"孝"与"仁""忠"一样，仍多有风俗的形式，并非全部可以被细化为法律。比如"君仁，臣忠"，这是很难用法律来规定的，因为与抽象的道德相比，法律最大的特点是稳定而具体，仁和忠的君臣关系，恐怕还需要一部"宪法"来界定，君何以称"仁"？臣何以算"忠"？所谓"仁"和"忠"，只能是孟子所说的"亲亲，仁也"，或者孔子说的"仁者人也，亲亲为大"之类的。因此，父子关系之"父慈，子孝"，兄弟关系之"兄良，弟悌"，夫妇之间的关系之"夫义，妇听"，兄弟之间关系之"长惠，幼顺"等等这些抽象的道德名词，最多只能转变为"十恶"（谋反、谋大逆、谋叛、恶逆、不道、大不敬、不孝、不睦、不义、内乱）和"七出，三不去"（不顺父母、无子、淫佚、妒嫉、恶疾、多言、盗窃。有所娶无所归，不去；与更三年丧，不去；前贫贱后富贵，不去）之类的法律。即使是作为法律词语，这些概念本身也极为抽象，缺乏精确的界定。这些法律的道德风俗性特征极为明显，而且从历史上的司法适用来看，上位和下位之间也难以具有"权利义务关系"的双向性和平等性。

春秋时期，受过刑罚之人属于"不孝者"，成为一种比较固定的社会法意识，故有了"徒不上丘墓"之说，这种意识直到今天仍然影响着中国人关于孝与犯罪关系的认识。《论衡·四讳》云"俗有大讳四"，其中"徒不上丘墓"就是其中之一："二曰讳被刑为徒，不上丘墓。但知不可，不能知其不可之意。问其禁之者，不能知其讳；受禁行者，亦不要其忌。"[②]之所以"被刑为徒不上丘墓"，是"义理之讳，非凶恶之忌也"。《论衡·四讳》云其义理有二：一是被刑为徒者，已经被刻画了身体，毁伤了发肤，愧负刑辱，因此已是不孝，故不升墓祀于先祖；二是刑残之人，本应当自己退让自贱，而其人如果临祀上丘墓，则其祖先见子孙被刑，必然恻怛惨伤。

---

① （汉）佚名撰：《孔子家语·五刑解第三十》，第237页。
② （汉）王充撰：《论衡·四讳》，《诸子集成》（第7册），第228页。

　　　　徒不上丘墓有二义,义理之讳,非凶恶之忌也。……孝者怕入刑辟,刻画身体,毁伤发肤,少德泊行,不戒慎之所致也。愧负刑辱,深自刻责,故不升墓祀于先。古礼庙祭,今俗墓祀,故不升墓,惭负先人,一义也。墓者,鬼神所在,祭祀之处。祭祀之礼,齐戒洁清,重之至也。今已被刑,刑残之人,不宜与祭供侍先人,卑谦谨敬,退让自贱之意也。缘先祖之意,见子孙被刑,恻怛惨伤,恐其临祀,不忍歆享,故不上墓。二义也。①

　　"徒不上丘墓"之法俗仅仅作为一种观念,最早见于西周初时,如《论衡·四讳》中记载吴太伯因入吴国采药,从了吴越之俗,已经断发文身,类似于刑余之人,根据"徒不上丘墓"的礼俗,而推让王位于周文王的父亲王季一事。

　　　　昔太伯见王季有圣子文王,知太王意欲立之,入吴采药,断发文身,以随吴俗。太王薨,太伯还,王季辟主。太伯再让,王季不听,三让,曰:"吾之吴越,吴越之俗,断发文身,吾刑余之人,不可为宗庙社稷之主。"王季知不可,权而受之。夫徒不上丘墓,太伯不为主之义也。②

先秦儒家讲"孝"是为继承华族法俗之正脉,而法、墨两家对于孝俗亦有法理上的讨论。

　　法家之孝理　尽管从政法上看,法家似乎与儒家有很大的差别,但是法家论政并没有超出中国古代治道的基本范式。于天道,法家同样承认天治;于人道,法家同样承认孝治。《韩非子》的政法理论强调要"循天""顺人"以"明赏罚":"闻古之善用人者,必循天顺人而明赏罚。循天则用力寡而功立,顺人则刑罚省而令行,明赏罚则伯夷、盗跖不乱。如此,则白黑分矣。"(《韩非子·用人》)赏罚之明的法治在理论上需要"循天顺人",《韩非子》的法治理论仍是建立在古老的孝天而治之上的。

①　(汉)王充撰:《论衡·四讳》,《诸子集成》第7册,第228页。
②　同上。

《管子》以道法融汇诸家学说，其论政法以"定分止争"立论，而"定分止争"是因为上古"物少"的自然情况，因"物少"而有争，故有"天秩"。于是圣人出为之定分，定分而使民无争，依管子之论，圣人的贡献在于确立了名爵这样的等级制度。名爵等级制度似乎是圣人的一大发明，是人间秩序的开始。前面我们讲过，皇、帝、王、公、侯、伯、大夫、士、民这些名词的古义具有"天秩"意义，其概念所内含的人道意义本就有"天治"属性，而法治的意义就在于维护这样的"天秩"等级，这样的"天秩"是社会公共秩序的理论基础和前提。《管子·七臣七法》云："法者，所以兴功惧暴也。律者，所以定分止争也。"这里所谓的"定分"，同样是确定皇、帝、王、公、侯、伯、大夫、士这些被赋予了"天秩"意义的名爵之分。因此，《管子》的法治理论仍然没有跳出古老的天治范式，《管子》的道法学是以天道解释人道，在皇、帝、王、公、侯、伯、大夫、士、民这些"分"的秩序中，《管子》将"贵天"解释成"贵民"，极大地提高了"民"的地位，认为"以百姓为天"才是王者之治。《绎史》卷四四引《韩诗外传》云："齐桓公问于管子曰：'王者何贵？'曰：'贵天。'桓公仰而视天，管仲曰：'所谓天，非苍茫之天也；王者以百姓为天，百姓兴之即安，辅之即疆，非之即危，倍之即亡。'"[1]如果从《韩诗外传》所载管子的这一理论进行推演，既然王者是贵天而治，且以百姓为天，那么王者作为天子，他既要孝天，也要孝民，故《管子·牧民》云："令顺民心，则威令行。"

秦朝的基本制度是皇帝制度，在秦朝之前，对皇和帝的含义就已经有了天治意义上的解释，后世对皇、帝、王等名爵的解释也并没有发生什么变化，这至少说明，依法家思想治国的秦朝，其政法理论并没有突破上古以来的"天道"范式。天道的秩序是纵向的名爵等级制度，而以孝道为基本内容的人道秩序则是横向的族源历史秩序。在人道的理论上，秦朝的治道也同样没有范式上的突破，仍然遵循着古老的孝天理论。

"孝"在中国历史上是一种有普遍性的政法意识，不只儒家崇孝，法家亦有孝的政治观念。始皇帝一直崇拜韩非子，《韩非子·五蠹》中有上古、

---

[1] （清）马骕撰，王利器整理：《绎史》卷四四引《韩诗外传》，第1082页。

中古、近古的概念，始皇帝的政治理论仍然继承了这三个时期的孝俗遗风。秦朝时虽强调法治主义，有"以吏为师"之说，但在理论上皇权的合法性仍与孝联系在一起，其统治思想仍然有文化上的历史惯性，这在《峄山石刻》中有所反映："廿有六年，上荐高号，孝道显明。"①这是说公元前 221 年秦统一天下时，丞相李斯请秦王称皇帝号，称其"孝道显明"，表明秦始皇的统治有孝天（应天）一统之义。至于秦朝有无关于"不孝者"的法律，在目前已见的出土文献中尚未见到。尽管法家与儒家都有崇孝的政治观念，但是法家之孝与儒家之孝仍有很大的区别，针对儒家之孝，《韩非子·五蠹》中云其异有二：一是立足于以当世之法为本位而言，二是以社稷为本位而言。

首先，法家之孝是"称俗而行"。据前面所述之"常道"可知，孝是属于先王之道的重要内容，儒家认为崇孝就是崇古道。法家言孝只是立足于当世之国、当世之法而言之。法家甚至也没有否定过"常道"的社会治理价值，从来没有刻意贬低过先王之"常道"在当时的意义，法家只是强调了"常道"的当世性。在《韩非子·五蠹》中，韩非子甚至没有说过上古、中古、近古先圣的治理有何不善之处，只是说"夫古今异俗"，对于先王之道要"称俗而行"，反对儒家用"守株待兔"的方式去效法先王之治，因此我们不能简单地说法家"不法先王"。

法家是现实主义者，其"称俗而行"的主张是基于人口学、经济学的角度来说的，他们从人口学、经济学的角度看待古代"先王"的法治，以此破解儒家对先王"垂衣裳而天下治"的向往。《韩非子·五蠹》云："上古之世，人民少而禽兽众。""不事力而养足，人民少而财有余，故民不争。是以厚赏不行，重罚不用，而民自治。"在这样的情况下，自然是重罚不用而民自治，不需要有更多的法律。但随着人口增长，人民众而货财寡，出现了人民对财货的争夺，虽倍赏累罚而社会仍不免于乱。在这样的情况下，仅仅依靠"垂衣裳而天下治"和孝道仁义的天治、人治是不能够治理天下的，而是需要通过法治之势才能实现有效治理，故云："今人有五子不为多，子又有

① ［美］科马丁著，刘倩译：《秦始皇石刻：早期中国的文本与仪式》，第 11 页。

五子,大父未死而有二十五孙。是以人民众而货财寡,事力劳而供养薄,故民争,虽倍赏累罚而不免于乱。""是以古之易财,非仁也,财多也;今之争夺,非鄙也,财寡也。轻辞天子,非高也,势薄也;重争士橐,非下也,权重也。故圣人议多少、论薄厚为之政。故罚薄不为慈,诛严不为戾,称俗而行也。"事实上,自秦以降,从孝俗与法律的结合中,已经能够看出"称俗而行"的特点。在汉代儒家奉行的"子为父隐,父为子隐"的司法传统中,对"亲亲相隐"也并不是绝对的,一些严重的犯罪是不适用于"亲亲相隐"的,在"称俗而行"的思想指导下,法律在公法与私孝之间寻找到了自己的平衡,"以孝治天下"并不意味着"孝"是绝对神圣不可逾越的,作为先王之道的"孝"有了当世性的解释。

法家之孝是以社稷为本位的。在《韩非子·五蠹》中,孝是"仁义"和"文学"的范畴,作为"仁义",孝属于"私"的范畴;作为"文学",孝属于"儒"的范畴,属于"儒以文乱法"之类。若只言以孝天下,必有害于国家这个"公"意义上的"功"与"法":"故行仁义者非所誉,誉之则害功;文学者非所用,用之则乱法。"因此,《韩非子·五蠹》认为儒家讲的孝,不利于一国之"君",不利于国家之"战",不利于"社稷之福"。国君代表了国之公利,在君与父之间,不能因对父亲之孝而有悖于国君,不能因对父亲之孝而不为国尽忠,不能因私孝之利而害公法之益。作为君主,不能"兼举匹夫之行,而求致社稷之福",认为如果是这样的话,必然"私行立而公利灭",恐社稷不保。

> 楚之有直躬,其父窃羊而谒之吏。令尹曰:"杀之!"以为直于君而曲于父,报而罪之。以是观之,夫君之直臣,父之暴子也。鲁人从君战,三战三北。仲尼问其故,对曰:"吾有老父,身死,莫之养也。"仲尼以为孝,举而上之。以是观之,夫父之孝子,君之背臣也。故令尹诛而楚奸不上闻,仲尼赏而鲁民易降北。上下之利若是其异也,而人主兼举匹夫之行,而求致社稷之福,必不几矣。①

----

① 《韩非子·五蠹》。

墨家之孝理　墨家之孝理可见于《墨子·法仪》，墨家也十分强调法治："天下从事者，不可以无法仪；无法仪而其事能成者，无有也。"[1]将相、百工亦皆有法。但是，墨家认为法的依据并不是来自君主、老师、父母这些人的世俗世界，认为君主并不能够"口出天宪"，师长之教、父母之言亦皆不可以成为法律，这是因为君主、老师、父母皆是人，是人就有人的私心，有恶者与仁者之别。而人生活在世间为人君、人师、父母者众，但是其中却是"仁者寡"，既然君主、师长、父母皆"仁者寡"，那么又怎能以不仁之人的言行作为法律呢？

> 然则奚以为治法而可？当皆法其父母奚若？天下之为父母者众，而仁者寡，若皆法其父母，此法不仁也。法不仁，不可以为法。当皆法其学奚若？天下之为学者众，而仁者寡，若皆法其学，此法不仁也。法不仁，不可以为法。当皆法其君奚若？天下之为君者众，而仁者寡。若皆法其君，此法不仁也。法不仁，不可以为法。[2]

因此，墨家认为"父母、学、君三者，莫可以为治法"，[3]认为只有"天"才可以为治法，因为只有天才能"行广而无私"。[4]墨家的法治思想有我们在前面说过的上古天治时代的特点，甚至就是天治时代的传统，因此这里才会用圣王以天为法的历史来进行论证。"故圣王法之。既以天为法，动作有为，必度于天，天之所欲则为之，天所不欲则止。然而天何欲何恶者也？天必欲人之相爱相利，而不欲人之相恶相贼也。……爱人利人者，天必福之；恶人贼人者，天必祸之"。[5]总结墨家的这一思想，即是认为"人"（父母、学、君）不能够成为法律的来源，只有"天"（天志）才是法律的来源，因天法而得人间治法才具有正当性，"天之所欲则为之，天所不欲则止"。墨家的天志法律论实际上是回归到了上古伏羲时代的"天法"论。

_____

[1]　《墨子·法仪》。
[2]　同上。
[3]　同上。
[4]　同上。
[5]　同上。

在这里,墨家的天志论在很大程度上否定了儒家的忠孝法理逻辑。儒家的忠孝法理逻辑是建立在"历史"基础上的,忠孝是儒家所倡导的,是儒家政治法律思想的基本理念,儒家强调忠君、尊师、孝顺父母,强调君主既有的法律主权,强调遵循祖宗传统的成法,强调师长的传承之教。君主、父母、师长是历史或传统的代表,他们代表了既有的历史和秩序,这些历史和秩序被认为是以上古以来的"道"为核心的文明成果。而墨家的政法思想实际上是超越了这些传统,直接要求回到了天志(天法、天道)的原点。

在孝的问题上,既然墨家认为"父母、学、君三者,莫可以为治法",那么就不必遵循君主、父母、师长之言来进行立法,君主就没有资格"口出天宪",婚姻也可以不"从父母之言",为学也可不一定要循先圣、先师之言,这直接就是否定了儒家的忠孝观和圣神观。因此,墨家之孝不是对传承天志(天法、天道)之人行孝,而只是对天志(天法、天道)本身行孝而已。秦汉之后儒家讲的"三纲五常"这些政法理论,本不属于先秦儒家讲的天命、天心、天法的内容,西汉董仲舒《春秋繁露》以及班固纂集的《白虎通义》才将"三纲五常"与天道阴阳联系在一起,并论证了"三纲五常"符合天道阴阳,认为"三纲五常"就是天法,这使得孝成为了天法的基本内容,在理论上也回应了墨家的天志论,维护了儒家孝理的天道合理性。

汉代以降孝俗的普适化　汉代以降,孝俗已经开始演化成为一种国家意识形态,逐渐上升为"国本"的层次。《孝经》被认为是孔子所制,遂成为一经,其他"六经"被认为是"先王之陈迹",此一观点可参《庄子·天运篇》:"孔子谓老聃曰:'丘治《诗》《书》《礼》《乐》《易》《春秋》六经……'老子曰:'……夫六经先王之陈迹也。'"孔子只是修"六经"而已。汉碑《百石卒史碑》亦说《孝经》乃孔子所作。[①] 对此还有其他说法,此不赘言。汉代孝俗教化不仅仅始于武帝崇儒而以孝治天下,在文景之时即已率范践行,以孝道进行移风易俗。"汉文帝'诏置三老、孝弟、力田常员,令各率其意,以道民焉'。夫三老之卑而使之得'率其意',此文景之治所以'至于移风

---

① 皮锡瑞此说根据的是汉碑《百石卒史碑》,碑文有云:"孔子作《春秋》,制《孝经》。"见(清)皮锡瑞撰《经学历史》,第 19 页。

易俗，黎民醇厚'，而上拟于成康盛也"。① 东汉继承西汉的孝道传统，以《孝经》进行文治教化，即使是在边远的凉州，地方长官也想以儒家的《孝经》感化百姓，汉代不仅以《孝经》进行文治教化，更是以孝入律，具体表现在：高祖、文帝时即颁布有养老令，优待老人；武帝元光元年开始通过孝廉制度，以孝和廉为标准进行察举选官，后来不孝成为"十恶"大罪之一。至此，不仅汉地历代"以孝治天下"，而且以法和俗的形式将华夏之孝理普及四围。

如唐朝在赋役法方面，对于夷僚、外蕃、孝子顺孙、义夫节妇以及边远地方的人民的课役皆有优惠，如对于孝子顺孙、义夫节妇闻于乡野者，经向尚书省申请并批准，可以"同籍免课役"。② 在谕法方面，李德裕于武宗时为相，其人为官检约，重视边防，于南方推行汉法，变易习俗。"南方信機巫，虽父母疠疾，子弃不敢养。德裕择长老可语者，谕以孝慈大伦，患难相收不可弃之义，使归相晓救，违约者显真以法。数年，恶俗大变"。如宋朝针对南方洞人的安葬别有"收魂买水"之俗。其孝悌观念含原始旧俗，匪夷所思："人远出而归者，止于三十里外，家遣巫提竹篮迓，脱归人帖身衣，贮之篮，以前导还家，言为行人收魂归也。亲始死，披发持瓶瓮，恸哭水滨，掷铜钱、纸钱于水，汲归浴尸，谓之买水。否则邻里以为不孝。"③

又如元朝亦以孔子忠孝为戒，尽管元朝尊藏传佛教萨迦派首领八思巴为国师，但是亦尊孔教。蒙古的意识形态比较混杂，自进入中原以来，一方面尊喇嘛教，另一方面又尊儒。南宋宋度宗咸淳三年正月（至元四年正月），蒙古敕修曲阜孔子庙。畏兀儿人廉希宪好儒家经典，人称"廉孟子"，其人对提举儒学有积极作用，同时尊儒也在一定程度上避免了中原地区世俗司法管辖的宗教化。"（至元四年正月）癸卯，……蒙古敕修曲阜孔子庙"。④ "五月，丁丑朔，日有食之，蒙古敕上都重建孔子庙"。⑤ "时方尊礼

---

① （清）顾炎武撰，黄汝成集释，栾保群、吕宗力点校：《日知录集释》卷八《法制》，第489页。
② （唐）杜佑撰，王文锦等点校：《通典》卷六《食货典·赋税下》，第109页。
③ （宋）马端临撰：《文献通考》卷三三四《四裔七》，第9085页
④ （清）毕沅撰，"标点续资治通鉴小组"点校：《续资治通鉴》卷一七八《宋纪一百七十八·度宗咸淳三年》，中华书局1957年版，第4870页。
⑤ （清）毕沅撰：《续资治通鉴》卷一七八《宋纪一百七十八·度宗咸淳三年》，第4872页。

帝师，蒙古主命希宪受戒，对曰：‘臣受孔子戒矣。’蒙古主曰：‘孔子亦有戒耶？’对曰：‘为臣也忠，为子也孝，孔子之戒，如是而已。’”①

还如明朝在设置土官的地方亦有以"不孝"罪而诉诸土官的。如云南鹤庆"沾被圣化三十余年，声教所届，言较渐通"，②因正统二年以及正统八年土官内部复杂的仇杀案件而导致土官无人承袭，朝廷因此改鹤庆府为流官治理。正统八年，鹤庆民杨仕洁妻阿夜珠告鹤庆土知府高伦谋杀其子，后大理卫千户又奏报高伦欲谋害亲母，其母告伦不孝。

> 鹤庆民杨仕洁妻阿夜珠告伦谋杀其子，复命法司移文勘验。已而大理卫千户奏报，伦擅率军马欲谋害亲母，又称其母告伦不孝及私敛民财，多造兵器，杀戮军民，支解枭令等罪。遂敕黔国公沐晟等勘覆。及奏至，言伦所犯皆实，罪应死。伦复屡诉，因与叔宣争袭，又与千户王蕙争娶妾，以致挟仇诬陷。所勘杀死，皆病死及强盗拒捕之人。伦母杨亦诉伦无不孝，实由宣等陷害。复敕晟及御史严恭确访。既而奏当伦等皆伏诛。高氏族人无可继者，帝命于流官中择人，以绥远蛮。乃擢泸州知府林道节为知府。鹤庆之改流官自此始。③

还如清朝明确说以孝治天下，清初蓝鼎元认为苗、猺、獞、黎都是朝廷赤子，应"当与汉民一例轸恤"，使其知道孝悌礼让，奉公守法，如此自然不敢行凶杀夺，以此化生苗为熟苗，化熟苗为汉民。

> 愿呈改土籍为汉民者，亦顺民情，改归州县。其深山穷谷，流官威法所不及之处，则将所削之土，分立本人子弟为众土司。使其地小势分，事权不一，而不能为害。将来教化日深，皆可渐为汉民。至山中生苗，责成附近土司招徕向化，一体恩抚。如此数年之间，生苗可化为熟

---

① （清）毕沅撰：《续资治通鉴》卷一七八《宋纪一百七十八·度宗咸淳三年》，第4877页。
② 《明史》卷三一四《云南土司（二）》。
③ 同上。

苗,熟苗可化为良善。①

张荫堂治藏时,针对藏区颁发的《训俗浅言》中,以浅显简洁的方式介绍了儒家的三纲五常、忠孝节义、博学笃行、慎思明辨、礼义廉耻这些传统"旧学"。为适应清末形势,也介绍了"合群""公益""尚武""实业"这类"新学"。在颁发的《藏俗改良》中,用十分具体的规范来贯彻上述思想文化原则,以图改变藏区民事法俗。如在男女问题上规定:"妇能配一夫,兄弟不得同娶一妇。""闺女寡妇,不得私通苟合。""兄姊妹弟叔嫂侄,不得同炕卧宿。"儿童学习汉语,学习内容也包括了"孝敬父母长辈"的内容。②

康熙五十一年,清朝职方司郎中图理琛出使土尔扈特郭,在其途经俄罗斯时所记之《异域录》中言:"俄罗斯乃西北遐陬荒裔,自古未通中国,史籍所不载,中国人民未曾一至其地,我皇上文德覃敷,神威丕显,恢宏八极,抚义万邦,俄罗斯始通中国。未定边界之前,数十年来,深仁厚惠,沦浃已久,屡洽以仁德,俾沾实惠,俄罗斯举国皆倾心向化。"③在图理琛临行前,康熙嘱咐图理琛要宣扬中国"皆咸以忠孝仁义信为本":"即今人各有祭祀祷祝之事,然身不行善,不以忠孝仁义信为根本,虽祈祷何益? 我国皆咸以忠孝仁义信为根本,崇尚尊行所以我国无干戈,无重刑,安享太平已久。"④

孝道面临的挑战　在中国历史上,除了墨家认为"天下之为父母者众,而仁者寡",⑤进而提出不效法父母之论外,孝道在理论上几乎没有遇到过什么挑战。历史上,道教和中国化了的佛教无不同儒家一样崇孝,中国的孝道面临的挑战主要来自基督教。

针对基督教教义,在孝道理论上的回应,最早见于康熙时钦天监正杨光先所著之《不得已》。康熙八年(1889)秋八月出现了杨光先一案。杨光

①　(清)蓝鼎元撰:《论边省苗蛮事宜书》,《皇朝经世文统编》卷七九《经武部十·边防》,光绪二十七年上海慎记书庄石印本,又上海宝善斋石印本。
②　(清)张荫堂撰:《颁发藏俗改良》,许广智、达瓦编:《西藏地方近代史资料选辑》,西藏人民出版社2007年版,第281—284页。
③　(清)图理琛撰:《异域录》卷下,王云五编:《丛书集成初编》,上海商务印书馆发行,民国二十五年(1936)十二月初版卷上,第49页。
④　同上书,第2页。
⑤　《墨子·法仪》。

先作为钦天监正针对钦天监事汤若望传天主教法而著《不得已》一书，批判天主教法无父无君，属于杨墨之道。其著《不得已》认为天主教不供君亲，无君、无父、无母，杨光先说："吾儒以天秩、天序、天伦、天性立教乎！……天主教不供君亲，是率天下而无君父者。……惟天主耶稣以犯法钉死，是莫识君臣；耶稣之母玛丽亚有夫名若瑟，而曰耶稣不由父生，是莫知父子。何颠倒之甚也！"[①]认为"杨墨之道不息，孔子之道不著"。而如果按照天主教法则成了"孔子之道不息，天主之教不著。孟子之拒，恐人至于无父无君。祖白之著，恐人至于有父有君"。[②] 这可能是中国历史上针对西方基督教教义在孝的问题上的最早驳论。杨光先的《不得已》一书，不仅从孝道的角度去批判基督教教义对中华文化的冲击，还从其他许多方面对基督教与中华文化之间的矛盾进行了分析。从这个意义上讲，在随后中国出现的西学东渐的思想变迁中，杨光先之《不得已》可称得上是关于中西文化冲突最早的中国论著。

二、婚俗解

凡婚姻需要履行媒礼程序才具有合法性，这是中国法文化中极古老的风俗。婚媒法俗首先从"别男女"开始，故在男女关系中有媒人作为中介以"别男女"，于是产生了婚媒之俗，有了男女"无媒不交"的原则，婚姻的合法性取决于是否有媒礼，这是中国婚姻法俗的开始。

按中国传统道法理论的说法，婚媒之俗源于伏羲，伏羲之世无官民观念，故婚媒之制本是古老民俗。婚媒之俗最初的起因是基于"别男女"的目的，这是中国族群脱离原始混乱的性关系的开始。中国古代的社会互动尤恐"男女无别"，此一观念存续久远，对中国社会心理影响至深。儒家将"男女有别"看作天道之义，又将婚姻看作人道之始，故在诸多社会关系中对婚姻关系尤为重视，认为婚姻是人类社会之"立元正始"，《白虎通·嫁娶》开篇云："人道所以有嫁娶何？以为情性之大，莫若男女；男女之交，人

---

① （清）王之春撰，赵春晨点校：《清朝柔远记》卷二，中华书局1989年版，第20页。
② 同上。

伦之始,莫若夫妇。"①又云:"男不自专娶,女不自专嫁,必由父母,须媒妁何? 远耻防淫佚也。"②《礼记·坊记》亦云:"故男女无媒不交,无币不相见,恐男女之无别也。"关于"别男女"之俗,据说又最早见于伏羲之世,"别男女"一直被后世称为伏羲的一大功绩,伏羲"正姓氏"的目的就是针对上古"男女无别"而作的,"通以媒约,以重人伦之本,而民始不渎"。③ 之所以尤重"男女无别",是因为需要"坊民所淫",故《礼记》中才有专门的"坊记"。

　　婚媒之俗长期被认为是"礼"的范畴,故中国人习惯于将婚姻叫"婚礼""婚俗"。可以想象,从伏羲开始,媒人是一个民间的概念,但是从《周礼》看,媒人这个角色至少从周朝开始就已经是固定的官职了,即已有了专门针对婚媒之俗的"媒氏"之职,《周礼·地官·媒氏》在"官法"的层面上记载了周朝的"媒氏"之俗:"媒氏掌万民之判,凡男女,自成名以上,皆书年月日名焉。"④不仅如此,《周礼·地官·媒氏》还有了关于婚俗的具体规定:"令男三十而娶,女二十而嫁。凡娶判妻入子者,皆书之。中春之月,令会男女。于是时也,奔者不禁。若无故而不用令者,罚之。凡嫁子娶妻,入币纯帛,无过五两。禁迁葬者与嫁殇者。凡男女之阴讼,听之于胜国之社,其附于刑者,归之于士。"⑤

　　所谓"判",是"半"的意思,意指媒氏之职在于"得偶为合,主其半,成夫妇也"。其"掌万民之判合"者,谓治百族婚姻之事。媒氏官只有下士二人为其属官,周朝时"王畿千里,受田者三百万家",媒氏官又岂能尽通其婚姻媒妁之言?《公羊传》谓"(王)使鲁为媒",王纳后妃尚特使诸侯为媒,则此官必不是亲自掌管通言婚媒之事。

　　根据上述《周礼》的说法,周朝时中国的婚俗已经明显地受到"礼"的约束,婚俗已经不仅仅是个人私权领域的事情,以媒氏为代表的公权已经对之进行干预。依俗凡男女出生三月后,父亲执子之右手为之取名,谓之

① 《白虎通疏证》卷十《嫁娶》,第 1 页。
② 同上。
③ (清)张伯行撰:《道统录》(上),第 1 页。
④ (清)孙诒让撰,王文锦、陈玉霞点校:《周礼正义》,第 1033—1034 页。
⑤ 同上书,第 1034—1051 页。

"成名"。成名后，须到媒氏官处登记年月日名，书曰某年某月某日生，媒氏官书之于版，以备日后嫁娶管理之用。男子八月、女子七月生齿时，则又书之于司民官之版以备后察。

当然如果男女年龄分别到了三十和二十岁仍未嫁娶，则亦可以不从媒聘之礼，是所谓"奔者不禁"。《周礼·地官·媒氏》中"令男三十而娶，女二十而嫁"并非是指男子要三十岁才可以娶妻，女子要二十岁才能嫁人。贾疏引《圣证论》王肃曰："《周官》云令男三十而娶，女二十嫁，谓男女之限，嫁娶不得过此也。"①凡是值此年龄者，女不敢不有其室，男不敢不有其家。先秦时期男子二十而冠，可以为人父；女子十五许嫁，有适人之道，自然是可以结婚的。故《孔子家礼》记载鲁哀公问孔子，子曰："夫礼言其极，亦不是过。男子二十而冠，有为人父之端；女子十五许嫁，有适人之道。于此以往，则自昏矣。"因此，所谓男三十娶，女二十嫁，"所谓言其极法耳"。②此《媒氏》之言已是"令"，而不是"礼"。故俞正燮云："媒氏掌万民之判，令男三十而娶，女二十而嫁。此令也，非礼也。礼不下庶人，令言其极不是过。"③所谓《周礼》云："女子年二十未有嫁者，仲春之月，奔者不禁。"贾疏引《圣证论》王肃曰："三十之男，二十之女，不待礼而行之，所奔者不禁。"④所谓"奔者"，是指不履行六礼而直接因媒而请嫁娶者："奔者，不待礼聘，因媒请嫁而已矣。"⑤这好比今天法律上说的"简易程序"。

所谓"凡娶判妻入子者，皆书之"，关于这句话，历来的经说解释各不相同，亦解释不清。一般认为，这里的"娶判妻"，是指娶正妻，即疏云"取夫妻判合之义"；"入子者"，是指容滕侄娣不娉者；"书之"者，是为了以别未成婚礼者。江永说这里的"判妻"是"谓娶人所出之妻"，即娶被人休了的女人为妻。"入子者"是"谓再嫁而携其女入后夫之家者"，⑥如黄以周

---

①　（清）孙诒让撰，王文锦、陈玉霞点校：《周礼正义》，第 1034 页。

②　同上书，第 1035 页。

③　同上书，第 1036 页。

④　同上书，第 1034 页。

⑤　同上书，第 1035 页。

⑥　同上书，第 1038 页。

云："人子，从母适人者。"①之所以需书之于官册，是因为"防其争讼也"。②
郑玄云："人子者，谓嫁女者也。""人子者，容媵侄娣不娉之者。"一般人民
难以娶媵妾，故此条是"亦容有尊者娶法"。③

所谓"中春之月，令会男女。于是时也，奔者不禁"，是关于婚时的规
定。"中春"是阴阳交会的时节，此时成婚礼，是为了顺应天时。春天是天
地交通之季，阴阳交接之时，万物始生。《诗·召南·野有死麇》云"有女
怀春""春日迟迟，女心伤悲"，即是指仲春嫁娶之时。《易·泰卦》："六五，
帝乙归妹，以祉元吉。"郑玄："六五爻辰在卯，春为阳中，万物以生。生育
者，嫁娶之贵，仲春之月，嫁娶男女之礼，福禄大吉。"④《管子·时令》："春
以合男女。"所谓"于是时也，奔者不禁"，疏："韦注云：奔，不由媒氏也。
谷梁文十二年，范注引谯周云：奔者，不待礼聘，因媒请嫁而已矣。"此与上
面所述相同。《周礼》此说仲春奔者不禁，是指仲春之时，男女可不备礼而
行，并非是指淫佚奔者。男女婚于斯时，仍然要经过媒氏，只是不一定非要
履行或完全履行"六礼"，即"不备礼而娶"，这样规定的原因是"恐其过
时"。⑤ 因此，结合上面所述"三十之男，二十之女，不待礼而行之，所奔者
不禁"的规定，不履行或完全履行"六礼"而可以行婚合者，有此两种情况。

所谓"若无故而不用令者，罚之"，这表明上述规定是媒氏这职官的官
刑。"无故"是指男女无丧祸之故，如果无此缘由，男女皆得于仲春时行婚
合，故"戴震云：凡三十之男，二十之女，非有故而后期者，为不用令也；非
仲春不禁之时而不行六礼者，为不用令"。至于怎么罚却不得而知。

所谓"司男女之无夫家者而会之"，这是指周朝时关于婚姻的"合独"
之法。"司"是"察"的意思，"无夫家"是指男女之鳏寡者，"会之"即是指
合之。《管子·入国篇》："所谓合独者，凡国都皆有掌媒。丈夫无妻曰鳏，
妇人无夫曰寡，取鳏寡而合和之，予田宅而家室之，三年然后事之，此之谓
合独。"《管子》所言之"合独"，正是《周礼》中说的会男女之法。古代若是

① （清）孙诒让撰，王文锦、陈玉霞点校：《周礼正义》，第 1039 页。
② 同上。
③ 同上。
④ 同上书，第 1041 页。
⑤ 同上书，第 1044 页。

男三十未娶，女二十未嫁，已经可以算作是鳏寡之人了，属于年尽之男女。又因嫁娶以仲春之月为期尽，此时这类男女即使虽不尽备"六礼"，亦可会而行婚合。如果遇上凶荒之年，亦可行此。媒氏司察这类情况，之所以这样做，其目的是"所以蕃育人民也"。①

所谓"凡嫁子娶妻，入币纯帛，无过五两"，其中关于嫁纳征（纳币）不超过五两，是为了防止纳礼过侈，故云："入币纯帛，无过五两者，著婚礼之通法，以防侈也。"②

所谓禁"迁葬者"，"迁葬，谓生时非夫妇，死既葬，迁之使相从也"。成人鳏寡者，活着时彼此不是夫妇，死后合葬，其类有二：一是生前为名分所限，不得称夫妻，只得死后合葬；二是生前恩义已绝，不得复为夫妇，而死后又以合葬遂其情者。此类"迁葬"，虽然有出于殊情，然有乱人伦，故禁之。既是"禁之"，非言俗礼，当是有司之令也。此句是为了正夫妇合葬之礼。

所谓禁"嫁殇者"，"殇，十九以下未嫁而死者，生不以礼相接，死而合之"。③《丧服传》云："年十九至十六为长殇，十五至十二为中殇，十二至八岁为下殇，不满八岁以下皆为无服之殇。"④"嫁殇者"的意思就是嫁给死人，"嫁殇者，谓嫁死人也"。⑤此为媒氏令所禁者，亦为礼所不主张。但如果客观上出现了此类情况，女子又该葬于何处呢？"谓生前有婚议，女未嫁而死，死而归葬于男家，必禁之也"。⑥又如曾子问孔子："女未庙见而死，则如之何？"⑦即如果女子已嫁给男方，夫妻已成，但未于祖庙见过男方父母、先祖而死，对于这种"虽成妻，未成妇"的情况，孔子对曰："不迁于祖，不祔于皇姑，婿不杖不菲不次，归葬于女氏之党，示未成妇也。"⑧孔子也认为女子未礼嫁而先死，仍应归葬于女方家。

所谓"凡男女之阴讼，听之于胜国之社，其附于刑者，归之于士"，这里

---

① （清）孙诒让撰，王文锦、陈玉霞点校：《周礼正义》，第1046页。
② 同上书，第1047页。
③ 同上书，第1050页。
④ 同上。
⑤ 同上书，第1051页。
⑥ 同上书，第1050页。
⑦ 《礼记·曾子问》。
⑧ 同上。

的"阴讼"是指"争中冓之事以触法者"，"中冓"是指内室，又称"内冓"，古代说"内冓之言"，即是淫僻之语。此句是指男女因房事争执而触犯法者，因其属男女淫佚隐私之讼，故曰"阴讼"。《周礼》有"阴礼"，其义与此略同。"胜国"是指"亡国"，即此类争讼当于亡国之社审听。之所以此类争讼特别放在"亡国之社"审听，是因为涉及男女隐私。"亡国之社"是设在庙门外的已亡国家的祠社，古之天子以之为自我儆戒，又称"戒社"。其形制上不通阳，下不通阴，是"屋其上，栈其下，绝于天地"的隐秘所在。"中冓之言，不可道也"，此处上下不通，适合听审此类隐私案，故云"听之于胜国之社"。

所谓"其附于刑者，归之于士"，是指男女因"阴讼"而触犯刑法，其罪不在赦宥者，则"阴讼"不再由媒氏管辖，而是归之于"士"审理。"士"是指士师、乡士、遂士、县士、方士等官，属秋官司徒序列。媒氏属地官，主听讼而不主刑。此类"阴讼"，先由媒氏听讼，既听之后，辨其罪之大小，若是属于小罪，则媒氏专决而释放之；若是属于大罪，需入"五刑"（墨、劓、宫、刖、大辟），则直接交秋官之士审决。由此，可知聘媒之法性。

此婚媒之俗原存在于民间，至少于西周制礼时，贵族阶层因袭之，遂由民俗而至于成礼，以至于成为官府之法。婚媒之俗由俗而成"六礼"，进而又成为"媒氏之令"，这对婚姻的一种公权规制和保护，并且有了对抗原始抢夺婚俗的效力。如郑国贵族子明路遇迎娶者，抢夺新娘，"使复其所，使游氏勿怨，曰：无昭恶也"。[①]

《礼记·内则》又云："聘则为妻，奔则为妾。"妻妾之分以此为标准，"聘"即是指"媒"，"媒"即属"礼"的范畴，凡无聘媒婚姻者，"国人皆贱之"，故《孟子·滕文公下》云："不待父母之命，媒妁之言，钻穴隙相窥，逾墙相从，则父母国人皆贱之。"由此语可知是否聘媒还受社会舆论之约束，亦可知其"俗"性。

抢夺婚之俗十分古老，中国四围族群中存续时间较长，是婚姻混乱无序状态的表现。周朝以前中国就已经有婚媒之俗，且至少在周朝就已经上

---

① 《左传·襄公二十二年》。

升为礼，使其有了明显的法俗性质。"六礼"一直是中国古代的重要法俗，"六礼"是实现"媒妁之言"的形式。中国历代婚姻尤重"媒妁之言"，非可仅以包办婚言之。相对于"坊民所淫"和防范"抢夺"婚俗而言，此婚媒之俗实有其文明进步之重要意义，故其俗才上升为礼，有法律和舆论之双重约束，成为中国法律史上之一重要法俗。

　　婚媒之俗包含有六道程序，即所谓"六礼"，"六礼"透露着许多上古文化信息，"六礼"有纳采、问名、纳吉、纳征（纳币）、请期、亲迎，其中问名与伏羲"正姓氏"的传习有关，纳吉与伏羲的阴阳八卦有关，纳采、纳币皆需财货，这是进一步增加仪式感和难度，是以"坊民所淫"。而"纳采"以雁为礼为古之挚见之俗，通过媒人送雁给女方家来传递婚姻要约。传说中伏羲之制，是以鹿皮为礼，清人张伯行《道统录》言伏羲"始制嫁娶，以鹿皮为礼"。①《仪礼·士昏礼》："昏礼下达，纳采用雁。"郑玄注："纳采用雁为挚者，取其顺阴阳往来。"所谓"阴阳往来"，是春来秋往之义。又唐贾公彦《仪礼注疏》卷四申述郑玄之义谓："雁木落南翔，冰泮北徂。夫为阳，妇为阴。今用雁者，亦取妇人从夫之义。"中国古代男女夫妇之义，取法上古的阴阳之道，故婚媒之俗无不依此大法而成，其象征、隐喻当皆源于此。总之，婚媒法俗是中国古代关于婚姻的法俗，并且一直是用以评价和教化四围族众的重要内容。

　　对婚俗的认识不能仅停留在制度层面来理解，而是要站在人类文明的高度来进行解释。中国古代十分重视婚媒关系，婚姻被认为是文明之"立元正始"。婚媒的实质是"别男女"，通过媒人将男人与女人的关系有序化，从而告别原始的群婚时代，不仅可以减少社会混乱（抢婚），还有利于人类的生物进化，《魏书·高祖纪》载："夏殷不嫌一姓之婚，周制始绝同姓之娶。"《左传·僖公二十三年》云："男女同姓，其生不蕃（繁殖）。"《国语·晋语四》："同姓不婚，恶不殖也。"足见中国人婚俗中内涵的科学进化之久远，这是人类文明的开始，也是人道秩序的初步。

　　中国古代有《诗》亡而《春秋》作的说法，《诗经》反映了对男女关系正

---

① （清）张伯行撰：《道统录·伏羲》，第1页。

与淫的认识，先秦时有负责采诗的诗官，诗官采诗非只为文学，其责更在于通过采诗考正民间风俗，通过考正民间风俗了解社会风气。《汉书·艺文志》曰："古者有采诗之官，王者之所以观风俗，知得失，自考正也。"古之天子巡狩亦有观风俗、知得失之意，《王制》曰："天子年一巡狩，命太师陈旧诗以观民风。"这其中自然也包括对婚姻六礼习俗的考察。循六礼而婚主要是针对女性而言，凡女子嫁人，无"六礼"而不嫁。古之"六礼"虽是形式，然亦是"道"的体现，是否循"六礼"而嫁，已经不是遵循某种繁琐程序的问题，而关系到是否遵循"道"的问题，"在天者，莫明乎日月；在地者，莫明于水火；在人者，莫明乎礼仪"。① 故"六礼"这种婚嫁的程序是妇道的重要内容，凡女子嫁人，一物不具，一礼不备，守死不往嫁，"虽速我讼，亦不尔从"。对此句，《韩诗外传》卷一释云："夫行露之人许嫁矣，然而未往也，见一物不具，一礼不备，守节贞理，守死不往。君子以为得妇道之宜，故举而传之，扬而歌之，以绝无道之求，防污道之行乎？诗曰：虽速我讼，亦不尔从。"② 守礼而嫁本质上是对性关系的约束，约束两性关系是中国性俗文化的特点，自伏羲"别男女"之始，在男女关系上"防污道之行"以节人欲，一直是中国人奉行的人道内容，是中国人在男女关系上对"道"的理解，也是中国人在男女关系上的法俗要义。诗曰："汉有游女，不可求思。"其俗义亦是如此。

中国古代的婚媒之俗有很强的节欲精神，主张节制个人欲望一直是中国文化的一大特点，是中国人对合理化的人类秩序的理解。历史上出现过的同性恋、兄妹恋甚至同姓婚姻，在中国文化中都是不可接受的禽兽行为，《白虎通·嫁娶》也称："不娶同姓者何？重人伦，防淫佚，耻与禽兽同也。"③ "生蕃"一词本意是指生殖繁衍，元代白珽《西湖赋》云："致坤宫之孝养，据震位以生蕃。"但在中国文化中却用来比喻较落后的族群，历史上有所谓的"生蕃"与"熟蕃"之分，成为喻义文明与野蛮的标准和界线。因此在中国文化语境中，"生蕃"之所以一直是个贬义词，大概也是来自中国

① 诗曰："人若无礼，胡不遄死。"见赖炎元注译《韩诗外传今注今译》卷一，第6页。
② 同上书，第2页。
③ （清）陈立撰：《白虎通疏证》卷十《嫁娶·诸侯不娶国中》，第15页。

古人对某种如淫佚、同姓、同性之类性合风俗的排斥。此外，中国之婚俗以"六礼"为别，中国之男女以服饰相"遮掩"，"所以名为裳何？衣者，隐也；裳者，彰也。所以隐形自障，闭也。《易》曰：'黄帝、尧、舜垂衣裳而天下治。'"①中国古代服饰以"遮掩"为主旨，"遮掩"的目的是以别男女，以"防淫佚"，防止社会互动之中激发人的性冲动。总之，从人类与禽兽相区别的角度看，中国之文明远不止于后来所见之青铜器物、诗词歌赋，而更在于其上古婚俗人伦文明之久远。

黑格尔关于婚姻是伦理精神的观点与中国儒家的婚姻观念是一致，他强调婚姻的伦理性，关于婚姻的本质他是这样说的：

> 由于双方人格的同一化，家庭成为一个人，……这种同一化就是伦理精神，这种伦理精神本身，被剥去了表现在它的定在中即在这些个人和利益中的各色各样的外观，就浮现出供人想象的形态，并且曾经作为家神等而受到崇敬。这种伦理的精神一般就是婚姻和家庭的宗教性即家礼之所在。再进一步的抽象化就在于把神或实在性的东西同它的定在相分离，连同对精神统一的感觉和意识，一并固定起来，这就是人们误谬地所谓"纯洁"的爱。这种分离是和僧侣观点相通的，因为僧侣观点把自然生活环节规定为纯粹否定的东西。②

黑格尔在讨论婚姻的本质时，为了说明婚姻是一种伦理性的实体，他将婚姻与"家神""家礼""宗教性"这些概念联系在一起，强调婚姻的伦理性在于它固有的古老的神圣性，"曾经作为家神等而受到崇敬"。在关于人类的婚姻问题上，黑格尔不同意康德将婚姻看作为是一种民事契约关系的观点，认为婚姻不应只被看作是基于任性（契约）的一种性关系。因为如果将婚姻看作是一种民事契约，由于契约是以任性（意思自治的原则）为前提，那么婚姻就仅仅是基于"任性"而产生的性结合。婚姻应该是一

---

① （清）陈立撰：《白虎通疏证》卷九《衣裳》，第 20 页。
② ［德］黑格尔著，范扬、张企泰译：《法哲学原理》，商务印书馆 1961 年版，第 179 页。

种伦理性的实体,属于伦理性的结合,"婚姻是自由的伦理性的行动,而不是建立在直接天性及其冲动的结合",[①]"它不再一直保留着爱慕的偶然性和任性,而是使婚姻的结合摆脱这种任性的领域,使自己在受家神约束中服从实体性的东西"。[②] 黑格尔甚至认为就国家立法的目的而言,应当尽量使离婚的可能性难以实现,以此来维护婚姻的伦理性,"但是立法必须尽量使这一离异可能性难以实现,维护伦理的法来反对任性"。[③]

实际上,中国人关于婚姻是一种"伦理性实体"的观念很早就存在,中国人很早就认为婚姻是"立元正始","协和阴阳",认为婚姻是人类一切社会关系的开始,因此认为婚姻是十分神圣的事情。由于中国文化一直用阴阳两个基本概念来理解人和物,因此中国的婚姻文化在根本上就是反对同性为婚,"重人伦,防淫佚,耻与禽兽同也"是儒家婚姻的基本法理,儒家的婚姻伦理观是从排除人的兽性出发,是建立在人类与禽兽有本质区别的前提之上的。

三、群饮解

中国自古酒文化发达,之所以言其发达,一是因为起源上种落众多,各有其俗;二是历史上饮酒之俗很早就已成礼。酒俗成法早见于周公制礼之时,这是礼法于酒俗之一次规制。

周公制礼之前,殷人群饮各从其欲,滥酒成俗,无所规制,危及社稷。殷人何以滥酒成俗? 祭祀需饮酒,以于迷幻之中通神,故其酒俗与尚神而多祭祀有关。周朝时周公颁《酒诰》,《酒诰》是周公以周成王之命诰康叔,康叔为文王第九子,本封于康地,故称康叔。后因参与平定"三监之乱",改封于卫地作国君治理原来的殷地,后又任司寇,主刑狱、诉讼。《酒诰》是康叔封卫时,周公以成王名义对之发布的诰令。其中说早在周文王时就以酒为重诫,文王常告诫众士少正,"朝夕曰祀兹酒","亦罔非酒惟行",始令人民知道作酒者,惟为祭祀之用,而非滥饮以致"大乱丧德",认为"使民

---

① ［德］黑格尔著,范扬、张企泰译:《法哲学原理》,第 184 页。
② 同上书,第 181 页。
③ 同上书,第 180 页。

乱德者,亦无非以酒为行者"。① "越小、大邦用丧,亦罔非酒惟辜",②即历
史上大小之国之所以亡国,无不因滥饮所致。又告诫官员"有事无彝酒",
不准其常饮酒,更不可至于醉酒,"德将无醉"。正因得文王慎酒之教,"不
腆于酒",所以周室才能受殷之王命而得天下。《酒诰》中说纣王时"庶群
自酒",酒俗之滥已至"腥闻在上",即酒气上闻于天的程度,并认为此等社
俗,其德不配于天,故"天降丧于殷,罔爱于殷",这是殷商之所以灭亡的
原因。

　　酒用粮食酿造,在农牧社会,饮酒泛滥之风可耗尽民力、国力。针对商
人酒俗之滥,周公制订了专门的禁酒诰令,是为群饮之法俗,其令内容
有三:

　　一是禁商人群饮滥酒之恶俗,凡不从者,拘之以归京师,择重罪者而杀
之。"厥或诰曰:'群饮。'汝勿佚,尽执拘以归于周,予其杀"。③

　　二是商朝官员滥酒之风已经成俗,"众官化纣日久,乃沉湎于酒",④需
三申法令,施以教化,不可以杀之。"又惟殷之迪诸臣,惟工乃湎于酒,勿庸
杀之。姑惟教之,有斯明享"。⑤

　　三是如果官员不听诰令,仍滥饮荒政,皆同于见杀之罪。"乃不用我教
辞,惟我一人弗恤,弗蠲乃事,时同于杀"。周公针对康叔治理商人聚居的
卫地,告诫其当以"股肱之教,为纯一之行",使人民健康生活。除了因尽
孝而"厥父母庆"可以"腆致用酒"外,都需慎酒。"妹土嗣尔股肱,纯其艺
黍稷,奔走事厥考厥长。肇牵车牛,远服贾,用孝养厥父母。厥父母庆,自
洗腆,致用酒"。⑥ 周公的《酒诰》之令,是诰而不是礼,此一诰令是以法化
俗之典型例证。

　　古代有"群饮酒之礼",是酒俗上升为法俗之一例证。《酒诰》言周公
酒禁之诰是针对商纣时的滥饮之俗而发布的,《周礼·天官》有"酒正""酒

---

① （汉）孔安国传,（唐）孔颖达正义:《尚书正义》,第594页。
② 同上。
③ 同上书,第561页。
④ 同上。
⑤ 同上。
⑥ 同上书,第552页。

人"，《周礼·秋官》有"萍氏"，"酒正""酒人"不掌酒禁，"酒正"是掌作酒之法式，"掌酒之政令，以式法授酒材"，①掌管酒的制作、用途和酒材使用；"酒人"则是"掌为五齐三酒，祭祀时共奉之，以役世妇"；②而"萍氏"方为专掌酒禁之职官，"此官（指酒正）不掌酒禁，以酒禁别有萍氏掌之也"。③萍氏是掌水禁之官，因"酒亦水之类故也"，④并兼掌酒禁。萍氏兼掌酒禁，贾疏云是因"酒亦水之类故也"。萍氏掌酒禁曰"几酒""谨酒"。

　　所谓"几酒"，《周礼正义》："苛察沽买过多及非时者。"⑤萍氏之官"几训苛察，详司关疏，察民自买酒于市者"。《论语》有"酤酒不食"，是说当周衰乱之时，酒酤在民，薄恶不诚，是以疑而弗食。周时"酤酒在官"，然承平之世，酒酤亦在民间，虽然民间有闻沽买酒者，但是过多则将饮之不节，故萍氏亦察而诘之，此为萍氏"几酒"之责。

　　所谓"谨酒"，"谨"是谨慎的意思，"谓戒敕民，使谨慎于饮酒"，⑥"使民节用酒也"。⑦《尚书·酒诰》中有"有政有事无彝酒"，"有政"是指有政之大臣，"有事"是指有事之小臣，"彝"是指"常"，意思是有政之大臣和有事之小臣，皆不得常饮酒。《晏子春秋·谏上篇》云："古之饮酒者，足以通气合好而已矣。故男不群乐以妨事，女不群乐以妨功。男女群乐者，周筋三献，过之者诛。"酒俗的意义在于"通气合好"，男不因为群饮酒以妨事，女不因群饮酒以妨功。"三献"为聘礼和祭祀礼，行礼时依爵位次献酒，行初献、亚献、终献三次，这是从周朝开始有的酒俗礼制，凡过"三献"者，皆裁之以法而诛之。

四、服俗解

　　服俗是礼的重要组成部分，服俗也是中国人行为规范的一部分，服俗也属于中国古代法俗的内容。《易·系辞》说："黄帝尧舜，垂衣裳而天下

---

① （清）孙诒让撰，王文锦、陈玉霞点校：《周礼正义》，第341页。
② 同上书，第365页。
③ 同上书，第341页。
④ 同上书，第2906页。
⑤ 同上。
⑥ 同上。
⑦ 同上。

治。"孔颖达《疏》云："'垂衣裳'者，以前衣皮，其制短小，今衣丝麻布帛，所作衣裳，其制长大，古云垂衣裳也。"所谓"垂衣裳者"，是生产力进步的结果，区别于其他落后者，在当时是文明的标志。曾为李白之师的唐朝隐士赵蕤，其所题黄帝之妻《嫘祖圣地》碑文称"（嫘祖）生前首创种桑养蚕之法，抽丝编绢之术，谏诤黄帝，旨定农桑法，制衣裳，兴嫁娶，尚礼仪，架宫室，奠国基，统一中原"，故而古代才有"垂衣裳而天下治"之说。《诗》云："彼都人士，狐裘黄黄。其容不改，出言有章。行归于周，万民所望。"又《诗》云："淑人君子，其仪不忒。"《礼记·缁衣》："子曰：'长民者衣服不贰，从容有常，以齐其民，则民德壹。'"此处所说"衣服不贰"，楚竹简作"衣服不改"，①"衣服不贰"的目的是"故君民者，章好以示民俗，慎恶以御民之淫，则民不惑矣"，②强调服饰所具有的社会引导和约束作用，以做到"民不惑"。

曾有鲁哀公问孔子治国之道，孔子曰："生今之世，志古之道；居今之俗，服古之服，舍此而为非者，不亦鲜乎？"哀公曰："然则夫章甫绚屦、绅带缙笏者，此贤乎？"孔子对曰："不必然，夫端衣玄裳，绕而乘路者，志不在于食荤；斩衰菅屦杖而啜粥者，志不在于酒肉。生今之世，志古之道；居今之俗，服古之服，舍此而为非者，虽有，不易鲜乎！"哀公曰："善！"③意思是着古人服饰，自然会从古人之道，倘若服古人服饰而为非作歹是难想象的。同样，荀子也认为："饮食、衣服、居处动静，由礼则和节，不由礼则触陷生疾。"④在《墨子》中，曾有儒者公孟子与子墨子的对话，公孟子说："君子必古言服，然后仁。"⑤将服俗与仁联系在一起，是礼的重要内容，而所谓礼，亦是俗也，法也。因此在儒者的治国观念中，服俗不仅具有日常生活的基本功能，还具有一定的社会礼法功能。儒者的这一思想，在很大程度上造就了中国古代政治文化雅致的一面，呈现出类似西方"洛可可"式的文化

---

① 1993年出土的湖北荆门郭店楚墓竹简有缁衣一篇，见《郭店楚墓竹简》，文物出版社1998年版。

② 《礼记·缁衣》，此处"章好以示民俗"在楚简中为"章好以示民欲"，"欲"字与"俗"字，二者古音同部。

③ 《荀子·哀公》。

④ 《荀子·修身》。

⑤ 《墨子·公孟》。

气息,对服俗的限制和规范是雅与俗的标志,按照孔子的说法,着雅致的服饰应当在心理上对人的行为有一定的约束作用。

正是因如此,中国古代服俗被纳入礼制这样的法律形式之中,中国历史上的服俗礼制发展得十分精细,其形式、花样及颜色十分讲究,仅仅与公服相关的制度就极其繁多,瞿同祖先生归之为冠式、冠饰、服色、花样、腰带、佩绶、鱼袋、朝笏。① 冠服上任何细微的小部分无一不指示品级等次。前述孔子之所以如此重视服饰,以之为治国之道,不仅是因为"服古之服,舍此而为非者,不亦鲜乎",应当还有文化上的考虑,他认为需要"志古之道",维护华夏文化传统,而服饰正是这一传统的重要部分。历史上中国周围一直有"四方"民族,且各有其性,各有其服饰。《礼记·王制》:"中国戎夷,五方之民,皆有性也,不可推移。东方曰夷,被发文身,有不火食者矣;南方曰蛮,雕题交趾,有不火食者矣;西方曰戎,被发衣皮,有不粒食者矣;北方曰狄,衣羽毛,穴居,有不粒食者矣。中国、夷、蛮、戎、狄,皆有安居、和味、宜服、利用、备器。五方之民,言语不通,嗜欲不同。"《论语·宪问》有:"微管仲,吾其披发左衽矣。""左衽"即"夷狄"诸国衣襟样式。华夏族着衣以右衽为"文明"的标志并有自己的解释,认为右衽符合生死自然状态,生者用右手解衣,故右衽;死者不再解衣,改为左衽。

服俗不仅是礼的内容,服俗与刑罚之间也有其关系。古代有让犯罪者"弗使冠饰"的法俗,目的是使罪犯"明刑以耻之"。冠饰者,礼也,《仪礼》中有明确说明。《韩诗外传》中载越王勾践派廉稽"献民于荆王",荆王的大臣对荆王说:"越,夷狄之国也。臣请欺其使者。"故而对廉稽说:"冠则得以俗见,不冠不得见。"廉稽答曰:"夫越亦周室之列封也,不得处于大国,而处江海之陂,与鼋鳝鱼鳖为伍,文身剪发而后处焉。今来至上国,必曰冠得俗见,不冠不得见。如此,则上国使适越,亦将劓墨文身剪发而后得以俗见,可乎?"②廉稽的意思是:"我国的风俗是断发、文身,如果我们的使者到楚国来就一定要戴帽才能相见,那么楚国的使者到我们越国去难道也要先受了墨刑及髡刑之后才能以礼相见吗?"荆蛮、越人本都属于"四裔"

---

① 瞿同祖:《瞿同祖法学论著集》,中国政法大学出版社1998年版,第155—156页。

② 赖炎元注译:《韩诗外传今注今译》,第317页。

之国，所不同者，"越人剪发"，①有"断发""文身"之俗，《战国策·赵策》载："被发文身，错臂左衽，瓯越之民也。"②荆蛮以华夏民族自居而羞辱越国使者。同样，《吴越春秋》中也记载："古公三子，长曰太伯，次曰仲雍，雍一名吴仲，少曰季历。季历娶妻太任氏，生子昌。昌有圣瑞。古公知昌圣，欲传国以及昌，……太伯、仲雍望风知指，曰：'历者，嫡也。'知古公欲以国及昌。古公病，二人托名采药于衡山，遂之荆蛮，断发文身，为夷狄之服，示不可用。"③古公的长子太伯、次子仲雍为了推让王位，跑到吴越地区，已经断发文身，着吴越的服装，成了受过刑的人，再不可用了。这也说明在古代华夏民族的观念中，受墨刑及髡刑者在民族识别上与"四方"民族无异，当"明刑以耻之"。中国古代风俗有"俗讳被刑"之说，《论衡·四讳》曰"俗讳被刑"就是基于这个意思。

华夏文明虽然承认"五方之民，皆有性也"，但是对于自己的服俗文化十分重视，在法律上把着异服等同于淫声、奇技、奇器，对于作淫声、异服、奇技、奇器以疑众者进行严厉的惩罚。《礼记·王制》有"四诛者"之说，其中"异服"属"四诛者"之列。所谓"四诛者"，其一，"析言破律，乱名改作，执左道以乱政，杀"；其二，"作淫声、异服、奇技、奇器以疑众，杀"；其三，"行伪而坚，言伪而辩，学非而博，顺非而泽以疑众，杀"；其四，"假于鬼神、时日、卜筮以疑众，杀"，"此四诛者，不以听，凡执禁以齐众，不赦过"。《尚书大传》："唐虞象刑而民不敢犯，茵民用刑而民兴犯渐。唐虞之象刑，上刑赭衣不纯，中刑杂屦，下刑墨幪，以居州里，而民耻之，而反于礼。"④又如《白虎通》："五帝画像者，其衣服像五刑也。犯墨者幪巾，犯劓者以赭著其衣，犯髌者以墨蒙其髌处而画之，犯宫者履杂扉，犯大辟者布衣无领。"⑤再如《管子·侈靡篇》："尧之时，其狱一蹄腓，一蹄屦，而当死。"房玄龄注："诸侯犯罪者，令着一双屦以耻之，可以当死刑。"⑥于此，服俗对于政教法

① 《淮南子·齐俗训》。

② 《战国策·赵策二》。

③ （汉）赵晔撰，张觉译注：《吴越春秋·吴太伯传第一》，贵州人民出版社1993年版。

④ （清）皮锡瑞撰：《尚书大传疏证》卷一《唐传·尧典》，中华书局2015年，第40页。

⑤ 同上书，第41页。

⑥ （清）沈家本撰，邓经元等点校：《历代刑法考》，第196页。

律如此重要，服俗与法律关系之密切，可见一斑。

这里需要指出的是，对于服俗与行为规范之间的关系，春秋之际亦有不同的观点，《墨子·公孟》中有一段阐述："昔者齐桓公高冠博带，金剑木盾，以治其国，其国治。昔者晋文公大布之衣，牂羊之裘，韦以带剑，以治其国，其国治。昔者楚庄王鲜冠组缨，绛衣博袍，以治其国，其国治。昔者越王勾践剪发文身，以治其国，其国治。此四君者，其服不同，其行犹一也。"①意思是齐桓公、晋文公、楚庄王、越王勾践四位君主，虽然服饰不同，但"其行犹一"，这其实是认为服俗与国家治理之间没有必然联系。

同样的观点在《淮南子·齐俗训》中也有类似的表达，四夷之风俗虽然与中原不同，但是其人情义理却是相同的，服饰礼制与国家兴亡之间没有必然联系。《淮南子·齐俗训》云：

> 越王勾践剪发文身，无皮弁搢笏之服，拘罢拒折之容，然而胜夫差于五湖，南面而霸天下，泗上十二诸侯，皆率九夷以朝。胡、貉、匈奴之国，纵体拖发，箕倨反言，而国不亡者，未必无礼也。楚庄王裾衣博袍，令行乎天下，遂霸诸侯。晋文君大布（注：大布，粗布也）之衣，牂羊之裘，韦以带剑，威立于海内。岂必邹、鲁之礼谓礼乎！是故入其国者从其俗，入其家者避其讳，不犯禁而入，不忤逆而进，虽之夷狄徒倮之国，结轨乎远方之外，而无所困矣。②

认为"入其国者从其俗，入其家者避其讳"，"礼不过实，仁不溢恩也"，才是真正的"治世之道也"。③

五、命价解

我国的藏族、景颇族、瑶族、哈萨克族、土族等少数民族习惯法中均有赔命价。因我国藏区部分地方至今尚有此俗，故学者对藏人命价之俗多有

---

① 《墨子·公孟》。
② 何宁撰：《淮南子集解》，第781—784页。
③ 同上书，第785页。

研究，然命价之俗是普遍历史现象，非今日藏人独具。

从法律文明的角度来看，"赔命价"起源于对原始复仇的否定并具有浓厚的原始宗教因素。在复仇广泛盛行的社会中，人们往往共同生活在一个氏族或部落的范围内，个人和集体是紧密联系在一起的，个人受到侮辱，常常会引起全氏族或部落的共同御侮——复仇行为，这正像拉法格所说的，"带给一个野蛮人的侮辱整个氏族都会有所感觉，如像它是带给每个成员一样。流着一个野蛮人的血等于流全氏族的血，氏族的所有成员都负有为侮辱复仇的责任；复仇带有结婚和财产那样的集体的性质"。① 在原始社会，复仇习俗的存在似乎是满足了人类的一种类属性而普遍存在于早期人类社会中，如东非洲土人、美拉尼西亚人，以及美洲的印第安人、澳洲西部土人、爱斯基摩人等都有这种习俗。复仇行为广泛存在于原始社会中并不是一种孤立的社会现象，其与原始社会中人们对生命的认识以及原始宗教信仰有着深厚的渊源。"在原始民族观念中，生与死的界限并不像我们这样清晰，它们都只是命运的一种轮回和转化。死并不一定意味着生命的终结，它只是神对人在命运循环之链中的依次安排，死者是从一个种类变成另一个种类，从一个躯体转到另一个躯体，从一个生命转到另一个生命，就这样轮回着。一个人实际上并非一个人，他不过是生命之链中的一环、灵魂编年史中的一页，花木虫鱼或许昨天、将来就是人的灵魂"。② 故原始民族对生命、生死持一种万物有灵、灵魂轮回的宗教观，这种观念导致了人们"嗜杀"的习俗和"轻生"的意识。早期人群中存在的"猎头判""决斗判"等神判方式就是对这种宗教信仰的极好诠释，在那个时代谋杀是一种英雄行为，人们把它视为一种荣誉。如根据斯密在其著作中的表述，"杀人或略诱妇女"谓之"流血或荣誉者"，③因此此种"嗜杀"的宗教情节为复仇的盛行提供了市场。

法律史上，原始的复仇往往体现为"同态复仇"，"同态复仇"的观念来

① ［法］拉法格著，王子野译：《思想起源论》，生活、读书、新知三联书店1963年版，第71页。
② 杜文忠：《神判与早期习惯法》，载韩延龙主编《法律史论集》第5卷，法律出版社2004年版，第449页。
③ ［美］孟罗·斯密著，姚梅镇译：《欧陆法律发达史》，中国政法大学出版社1998年版，第37页。

自原始献祭所遵循的观念，原始献祭的观念则来自古老宗教中关于"万物有灵""轮回转化"的宗教信念。在这种宗教信仰的支配下复仇是一种神圣的义务，若不履行这种义务往往会有不好的结果发生并受到身边人的歧视。在一个社会中，行动往往只有表现了该社会的文化价值才能获得可供理解的意义，复仇这种行为与当时人们的认识水平以及当时社会的价值观念是相一致的，正如孟罗·斯密所说的那样，"在没有人为秩序的世界，散漫的原始宗教理念必然使这一切都合理化"，[①]所以复仇就获得了存在的理由，以致之后的《古兰经》《汉谟拉比法典》中都有这类规定。原始人崇尚暴力，而复仇恰恰诠释了原始民族的这种暴力情节。

但随着社会财富的丰足、"私"的观念出现以及社会的转型，"地缘关系"开始取代"血缘关系"，财富和阶级分化在一定程度上促进了"复仇"向"损害赔偿"的转化，赔偿命价成为血亲复仇与私有财产观念相混合的产物。拉法格曾强调过私有财产制对金钱赔偿的决定性意义的："复仇欲虽然受到同等报复和仲裁会议的约束，始终没有停；只有私有财产才能拔掉它的爪和牙。财产负有消灭由私人的复仇所引起的混乱的使命……""财产的感情钻入人类的心中动摇了一切最根深蒂固的感情、本能和观念，激起了新的欲望。只有私有财产才抑制和减弱了复仇欲——这古老的、统治着半开化人心灵的欲望。自私有财产建立起来以后，流血不再要求用血来抵偿：它要求的是财产。"[②]同时，加上复仇本身所具有的种种弊端，如斯密在其著作《欧陆法律发达史》中描述的："一部族内敌对团体间相寻报复之结果，势必如近代近亲复仇之情形，终易流于消灭其中一团体之弊，随而必有灭杀全部族战斗力之虞。"[③]因此，原始的人们也不再局限于以"复仇"这种暴力的方式来解决纠纷，而是寻求另外一种方式——赔偿命价，如罗马人塔西佗在其著述《日耳曼尼亚志》第 21 篇中有这样的记载："宿仇并非不能和解，甚至仇杀也可以用若干头牛羊来赎偿，这样不独可以使仇家全族感到满足，而且对于整个部落更为有利，因为在自由的人民中，冤仇不解

① ［美］孟罗·斯密著，姚梅镇译：《欧陆法律发达史》，第 450 页。
② 同上书，第 79、80 页。
③ 同上书，第 37 页。

是非常危险的事。"①又根据孟德斯鸠所述："从塔西佗的著作，可以知道日耳曼人只有两种死罪。他们把叛徒吊死，把懦夫溺死。这就是他们所仅有的两种公罪。当一个人侵犯了另一个人，受冒犯或受伤害的人的亲族就加入争吵；仇恨就通过赔偿来消除。……双方当事人之间成立一种协议，来履行赔偿。因此野蛮民族的法典就把这种赔偿称为和解金。"②从中我们不难看出，复仇已经逐渐被社会发展的车轮所湮灭，而赔偿命价作为一种新兴的顺应历史发展的纠纷解决方式开始出现在早期人类社会中，在法律文明的编年史上，着实浓墨重彩了一笔，推动了纠纷解决方式的进一步发展。

考察我国历史，赔命价的风俗由来已久，至少在战国时期的西南民族中就有杀人赔钱的习俗。据《后汉书·南蛮西南夷列传》中的记载，秦惠王时《秦律》中就有关于西南民族"杀人者得以钱赎刑"的规定。我国藏族的赔命价起源于吐蕃统治时期，公元7世纪中叶以后，吐蕃王朝强大起来，逐步吞并了其他部落，实现了藏族地区的统一。统一导致原来氏族内外部的关系也发生了变化，为了进行有效统治，吐蕃王朝确立了行政区划，将全境分为"如"和"东岱"两级建置。③ 地缘关系取代了血缘关系，"以血还血"的武力解决杀人案已经显得不合时宜，在奴隶主部落联盟政权下，财富和阶级分化促进了"复仇"向"损害赔偿"的转化。据藏族史籍《贤者喜宴》中关于吐蕃王朝法律记述中的纯正大世俗法十六条，其中所订立的十恶法"不杀生"之规定，即被认为是赔偿死者命价之法。松赞干布时期制定的律法如《法律二十条》《狩猎伤人赔偿律》《纵犬伤人赔偿律》中都涉及赔命价的规定。

唐宋时期一些边地族群中就有"赔命价"法俗，所谓"赔命价"，乃古老之法俗，能杀人而不偿命，只以牛、羊、马等物赎罪。如这一时期的牂牁蛮，"无城郭，散居村落。……无徭役，将战征乃屯聚。刻木为契。其法，劫盗

① ［古罗马］塔西佗著，马雍、傅元正译：《阿古利可拉传 日耳曼尼亚志》，商务印书馆1959年版，第38页。
② ［法］孟德斯鸠著，张雁深译：《论法的精神》（下册），商务印书馆1982年版，第332页。
③ 参见王钟翰主编《中国民族史概要》，山西教育出版社2004年版。

者,偿其主三倍;杀人者,出牛马三十头与其家以赎死(赔命价)"。① 此等"赔命价"法俗与宋朝杀人抵命之法大异。《宋刑统》关于"化外人相犯"的规定,基本上完全继承了《永徽律疏》的条文:"诸化外人同类自相犯者,各依本俗法。异类相犯者,以法律论。"②疏议曰:"化外人谓蕃夷之国,别立君长者。各有风俗,制法不同。其有同类相犯者,须问本国之制,依其俗法断之。异类相犯者,若高丽之于百济相犯之类,皆以国家法律论定刑名。"③化外蕃夷之国俗法中有此赔命价之俗者亦循该条,如《宋史·曹彬传》记载边臣曹玮处理羌人杀边民的命案即是依照此条:"羌杀边民,入羊马赎罪(赔命价)。玮下令曰:'羌自相犯,从其俗;犯边民者,论如律。'自是无敢犯。"④

明朝时,政府解决南方土官之间相互仇杀及争袭纠纷案件亦利用其命价之俗进行化解,根据不同情况在法律上亦有变通。如嘉靖初期,梁材补云南,时云南土官之间的相互仇杀已有多年,其罪当诛。梁材到任后召集土官,令其以牛羊赎罪。以牛羊赎死罪,大抵系其"赔命价"习惯。"(梁材)嘉靖初,起补云南。土官相仇杀累年,材召其酋曰:'汝罪当死。今贳汝,以牛羊赎。'御史讶其轻,材曰:'如是足矣,急之变生。'"⑤

清朝时,苗人社会中亦通行命价之俗,苗疆的汉官也依此命价之俗进行"讲歹"(调解)活动。"讲歹"本是苗人社会的俗法,但清代的苗人社会已经具备汉官"讲歹"的文化条件,故有"峒苗仇杀之后,汉官为之讲歹"。⑥这时的苗人社会中也多有汉人,如苗人中本有略通汉语的"仲家",汉人中有来自内地的垦荒者、贸易者、擅入者、流官等,尤其是改土归流后,这些人大量进入苗地,苗人社会的纠纷自然会增加,自然少不了利用苗人"讲歹"之俗进行化解。清代法律中关于苗疆所谓的"潜入"者、"擅入"者,是指没

① 《宋史》卷二九六《蛮夷四》。
② (宋)窦仪等撰,吴翊如点校:《宋刑统》卷六《名例律·化外人相犯》,中华书局1984年版,第97页。
③ 同上。
④ 《宋史》卷二五八《曹彬传》。
⑤ 《明史》卷一九四《梁材传》。
⑥ (清)陆次云撰,朱廷铉校:《峒溪纤志·讲歹》,大学士英廉家藏本(影印本)。

有经过政府登记而进入苗地的汉人，这些人被苗人称为"汉奸"。"汉奸"是引发苗盗之患的原因，乾隆十二年云贵总督张允随上疏认为："至苗民为乱，往往由汉奸勾结。""苗、猓种类虽殊，皆具人心。如果抚驭得宜，自不至激成事变。臣严饬苗疆文武，毋许私收滥派，并禁胥役滋扰。至苗民为乱，往往由汉奸勾结。臣饬有司稽察捕治。"①贵州学政田雯所编《黔书》卷一《治苗》中引上谕认为："苗盗之患，多起于汉奸，或为之发纵指示于中，或为之补救弥缝于外，党援既植，心胆斯张，跋扈飞扬而不可复制者，非畏贼而偷安，即养贼以自重，甚至勾贼以为利，其事之坏，大抵然也。"②因此，在这样一个比较封闭的社会里，我们仍然能够看到的这样一些具有汉苗之间文化交流的概念，即略通汉语的仲家、汉人流官抑或乡公、客语、专事，这些概念共同构成了清代苗人社会纠纷解决的文化基础，同时这些人极可能承担了沟通汉法观念与苗人习惯的角色。

苗人社会中凡出现峒苗之间的仇杀后，汉人流官为其调解，被称为"讲歹"。苗人社会中，人与人之间的关系本十分简单，苗人重信约，又有命价之俗，许多严重的刑事纠纷可以通过苗人的这一法俗进行调解。命价之俗虽是苗俗，但也为汉官在这些地方的"讲歹"提供了方便。所谓"讲歹"，应当就是纠纷双方在一起直面事实，相互认错的意思。仇杀命案亦可调解，"峒苗仇杀之后，汉官为之讲歹"。③"讲歹"的方式之一就是双方各积草"举筹"而决："两造各积草为筹，每讲一事举一筹，理诎者弃其筹，筹多者胜，负者以牛马归胜者。"④若是彼此杀人，亦可以根据其人数的多寡，以牛马赔偿的方式来解决，这说明在那时的苗人社会中就有了"赔命价"之俗。"即彼此杀人，亦较其人数多寡而以牛马赔偿之，纷乃解"。⑤

清代关于"赔命价"之俗的处理以藏区最为典型。照惯例，发生在西藏藏人之间的普通讼事都归管理刑法的藏族头人"朗仔"处理。"朗仔"在处理案件时，不是按照《大清律例》，而是遵照藏族旧例进行判决，即往往

用"罚以金银牛羊"的手段来结案。"向来西藏遇有讼事，系归管理刑法头人朗仔辖听断，俱照夷例分别重轻，罚以金银牛羊，减免完结"。①

关于藏区"旧例"适用的规定，可见于乾隆五十八年军机大臣针对福安康等人奏折的议覆。认为西藏的争讼及犯人命、盗窃等事，本来就不能够适用内地律例对之科罪，应当"仍其旧制"，即不认为人命盗窃案件的处理一定要适用清朝的律例。"福康安等奏，……查卫藏地方番俗相沿，遇有唐古特番民争讼及犯人命盗窃等事，多系罚赎减免，原不能按照内地律例科罪，但仍其旧制"。②

当藏人中出现"人命"案件时，一般以历史上一直长期适用的"赔命价"来解决，而不是诉诸死刑，因此在该"议覆"中"赔命价"是被作为一种"旧例"或"旧制"被认可的。藏区的"旧制"同其他边地法俗一样，习惯于对刑事案件采取民事处罚的方式进行了结，这往往与中华法系中惯于对民事案件采用刑事处罚相反。在藏区"旧制"中，不仅对命案的处罚不适用死刑，其他盗窃等刑事案件也多用罚款来解决。

根据福康安等人的奏折内容，在适用藏人"赔命价"旧例的过程中，存在噶伦布、朗仔辖密本等地方官员对于"赔命价"价格的判定"剖断不公"，有"贪索赔价"中饱私囊的现象。如对于"家道殷实之人"的命价罚款没有按照藏区习惯进行判定，往往额外加价数倍，而且还不全数归公；对于那些偶犯盗窃小过之人，动辄抄没其家产，实则是侵渔肥囊。

> 福康安等奏，罚赎不公及私行抄没家产之弊，应行严禁一款。查卫藏地方番俗相沿，遇有唐古忒番民争讼及犯人命盗窃等事，多系罚赎减免，原不能按照内地律例科罪，但仍其旧制，亦必须按其罪名之轻重，定罚赎之多少。今据福康安等奏称，近年以来，该管之噶伦布、朗仔辖密本等，剖断不公，意为高下，遇有家道殷实之人，于议罚本例外加至数倍，并不全数归公，侵渔饱橐。又或怀挟私嫌，竟将偶犯小过之

---

① （清）张其勤原稿，吴丰培自辑：《清代藏事辑要》卷三，西藏人民出版社1983年版，第240页。
② 同上书，第338页。

人捏词回明达赖喇嘛,辄行抄没家产。①

对于上述因适用藏区"旧制"而出现的司法不公或腐败现象,乾隆五十八年正月癸酉,军机大臣针对福安康等人奏折的议覆中,清政府的相应规制是:

> 请嗣后罚赎各款,按照向来旧例译写一本,交驻藏大臣衙门存案,如有应议罪名,总须回明驻藏大臣核拟办理。其查抄家产之例,除娄索脏数过多者,应回明驻藏大臣酌办外,其余公私罪犯俱令凭公处治,严禁私议查抄等语。臣等查该处罚赎之例,按罪定罚,应定有成书,用昭遵守。福安康等所称译写旧例一本,交驻藏大臣衙门存案之处,该处所存旧例是否妥协,亦令驻藏大臣详加阅核,如有未为妥善之处,正可乘此补定章程之时,略为酌改。其娄索脏数过多者,亦令驻藏大臣予以悉心酌核。其娄索赃数过多者,从重议罚。②

此后凡是此类"赔命价"案件的罚款,按照"处罚赎之例,按罪定罚,应定有成书,用昭遵守"的要求,遵循"亦必按其罪名之轻重,定罚赎之多少"的原则进行罚款,对其娄索赃数过多者从重议罚。

从法律文明的角度来看,"赔命价"并不一定比今天的"死刑"更原始、更野蛮。与死刑相比较,赔命价的最大问题在于其救济方式的"非公力性"即"私力"性,从而失去了"文明的属性"。在国家时代,"国家"是人类政治文明的基本形式,国家时代的法律文明天然地被捆绑在"国家"这一政治文明形态中,所以体现国家权威的"公力救济"在法律运行过程中具有了高位的正当性和文明性,对此种"公力"的无视或忤逆会失去正当性和文明性,所以赔命价多受诟病。但"原始""野蛮"和"文明"的区分与"非国家"和"国家"形态的社会之间并不具有完全意义上的对应性,仅以

① （清）张其勤原稿,吴丰培自辑:《清代藏事辑要》卷三,第338页。
② 同上。

此作为依据来区分"原始""野蛮"和"文明"是武断的。

相对于赔命价，死刑倒是更接近于"复仇"，现在有关"死刑"合法性的理论仍然可以被视为是原始的报复刑理论，或者说仍然是"刑法报复主义"的结果。这种报复与原始民族实施的报复的不同之处在于，以死刑的方式实现的报复是由拥有公共权力者实行的。现代刑法理论的奠基人意大利刑法学者贝卡里亚在谈到死刑时也有类似的认识，他说："体现公共意志的法律憎恶并惩罚谋杀行为，而自己却在做这种事情；它阻止公民去做杀人犯，却安排了一个公共的谋杀犯。"贝卡里亚还说："我认为这是一种荒谬的现象。"贝卡里亚所说的"荒谬的现象"是有条件的，他认为"公共的谋杀犯"的合法性应当是建立在"所有人都情愿遵守提出契约和条件"之上的。"死刑"的意义并不在于它是"一场国家同一个公民的战争"，而在于"处死他是预防他人犯罪的根本的和惟一的防范手段"。[①]

在立法上，由公共权力判决、执行以消灭罪犯肉体的过程，是人类进入公共暴力时代为维护法律共同体利益的产物，由公共权力决定的"死刑"，它的意义在于威慑他人犯罪，维护整个日益复杂化、都市化社会的公共安全。"死刑"的制度价值已经超越了对被害者个人实现正义，以及对其家族在物质和精神方面进行补偿的范围，而具有了现代刑法理论"特殊预防"与"一般预防"相结合的色彩。现代社会最重要的特点是高度强化了国家和社会的安全，刑法的任务就是尽量维护国家安全，消除"社会危害"。而在传统藏区社会，特别是边缘村落，这些地方社会公共安全并不需要强大的威慑氛围，与公共安全相比，人们更关心如何通过补偿获得利益并进而实现正义和生命的尊严与荣誉，如笔者调查过程中了解到的甘孜州广大关外地区（除康定、泸定、丹巴、九江之外的广大地区），这些地方交通不便，相对闭塞，汉化程度低，保留着显著的民族特色，普遍信奉藏传佛教，所以生活在这些地区的人们，并没有很强烈的公共安全概念，人们注重的只是个人以及家庭这种相对的个体，所以当命案发生后，人们追求的是直接的正义，而"赔命价"恰能满足"私力社会"人们对这种直接正义的追求。

---

① ［意］贝卡里亚著，黄风译：《论犯罪与刑罚》，中国法制出版社2005年版，第62、56、57页。

六、淫俗解

中国古代有"淫俗""恶俗"之说,对于这类风俗往往称其"风俗荒怪","淫俗"与"恶俗"往往可以互通、互用。有了"淫俗""恶俗"之说,才有以法化俗之论,那么,何为"淫俗""恶俗"?

"淫俗""恶俗"的概念最早表现于成汤之际官刑中的"巫风""淫风""乱风"概念,合称为"三风"。① 所谓巫风,《书经·伊训》:"敢有恒舞于宫,酣歌于室,时谓巫风。"是言巫风有二:舞也,歌也。所谓淫风,"敢有殉于货色,恒于游畋,时谓淫风"。是言淫风有四:货也,色也,游也,畋也。所谓乱风:"敢有侮圣言,逆忠直,远耆德,比顽童,时谓乱风。"乱风有四:侮圣言,逆忠直,远耆德,比顽童。"三风"之俗,"故为荒乱之风俗也"。②"三风"包括了十种行为,故又合称"十愆"。依《伊训》的内容可知,"三风"在成汤的时代已经属于"淫俗""恶俗"之列,当时对"三风"恶俗的危害性已经有了充分的认识,而且属于"官刑"规定的罪名。成汤去世后,太甲元年,伊尹为相,祠于先王,作《伊训》《肆命》《徂后》三篇以训于王,即"恐其(太甲)不能修祖业,作书以戒之"。③ 以"训"这样的法律形式强调此祖先成法,规定凡是公卿、大夫、士犯有上述"三风"之罪者,或使其家丧,或使其国亡,或处以墨刑。"惟兹三风十愆,卿士有一于身,家必丧;邦君有一于身,国必亡。臣下不匡,其刑墨,具训于蒙士"。④"三风"的规定是为了防止世衰之俗敝,淫奢之恶风相袭。

秦汉虽然完成了王朝的统一,拓展了中国的疆域,但是文化风俗问题并没有解决。秦偏于法,而汉则偏于俗,汉代倡明儒家经典,汉代的经学运动不仅是一场复古运动,而且有着具体而现实的化俗指向,这就是针对疆域内各地不同的民俗、民性。因此,汉代尤其重视研究各地法俗,《汉书·地理志》和东汉的《风俗通义》就是当时对风俗进行研究的代表作,其目的

---

① （汉）孔安国传,（唐）孔颖达正义:《尚书正义》卷第八《伊训第四》,第305页。
② 同上。
③ 同上书,第300页。
④ 同上书,第305页。

是为了以儒法进行移风易俗活动："汉文帝'诏置三老、孝弟、力田常员,令各率其意,以道民焉'。夫三老之卑而使之得'率其意',此文景之治所以'至于移风易俗,黎民醇厚',而上拟于成康盛也。"①

一般认为是班固在《汉书·地理志》中首议"风俗":"凡民函五常之性,而其刚柔缓急,音声不同,系水土之风气,故谓之风;好恶取舍,动静亡常,随主上之欲,故谓之俗。"②由此知,风俗的形成各有原因,有本土及外来风俗的影响,有自然环境对人的性格的影响,还有重大事件和重要人物的影响。中国古代社会自身法俗的趋同是一个长期的过程。

西周分封制下,虽然经过了西周时期"周礼"的长期教化,中国各地的风俗仍然不能做到同一。后又历经春秋战国数百年纷乱,到秦汉时有如《汉书·地理志》概括的那样,中国疆区内民俗纷呈,民性迥异,有优有劣,有善有恶,有礼有俗,有的贪冒争讼,有的其俗巫鬼,有的男女无别,有的嗜利崇侈,有的轻薄任侠,有的愚悍少虑,有的轻死易发,但是也有的民俗好学,尚礼义,重廉耻,袭先王之遗风,重厚而多君子。总之,至少在《汉书·地理志》的描述中,以儒学经法为标准,中国疆区内仍然是"恶俗""淫俗"多,先王之遗风少。面对如此复杂的风俗,而欲求文化的统一,不仅需要强有力的国家权力介入,更需要知识阶层在文化上的创造性活动方能够做到。就中国历史本身发展过程而言,法家和儒家之所以显著于政治法律,意味着正是由此二者来完成这一"创制"使命的。

汉代以后,以儒学经法教化风俗仍然是儒家最重要的历史使命,儒家确立了礼的标准,人的社会行为必须符合礼的要求,风俗习惯也必须符合礼的要求,不由礼而进行的社会行为都有可能是恶俗,"杀人祭鬼"是"祭非当祭","卷伴"抢婚是"嫁娶不由礼",这些都是淫俗。至于"畜蛊"杀人以谋人财产,则当是恶俗了。汉代以降,中国南方仍然一直流行着"卷伴"抢婚、"畜蛊"以杀人、"杀人祭鬼"、"祈福于淫昏之鬼"以治病、"击铜鼓沙锣祀鬼神"以治病这些风俗,这些风俗都属于"淫俗""恶俗"之列。以富有儒家人文精神的宋朝为例,如宋之广右地区"风俗荒怪",就有"卷伴"之

① （清）顾炎武撰,黄汝成集释,乐保群、吕宗力点校:《日知录集释》卷八《法制》,第489页。
② 《汉书·地理志》。

俗，其"嫁娶不由礼，窃诱之名"，婚俗不正，属于原始抢婚习俗。这也是内地与边疆禁通婚的原因，"癸卯，禁缘边诸州民与内属戎人婚娶"。[1] 又如宋代江西、湖南地方有"畜蛊"杀人之俗，宋太祖乾德二年壬申，仅湖南永州畜蛊者就有 326 家。虫、蛇、虱合置器中，令其自相啖食，最后生存下来者留之。再以之行杀人之事，使人食之入腹，蛊食五脏，人死后其产业便移入蛊主之家。再如宋代广西邕州人若有病，但杀鸡豚，祈福于淫昏之鬼，以致人有病不治。黔南溪峒夷僚有击铜鼓、沙锣祀鬼神以治病之俗，川峡、岭南、湖南有杀人祀鬼之俗，宋太宗淳化二年富州杀父子七人，以其五脏及头祭祀魔鬼。浙路杀人祭海神、川路杀人祭盐井，于是宋高宗时再次下令禁之。

七、教刑解

儒家文化化俗之指向是原始的淫、恶之俗，这些风俗或淫或恶，往往与原始宗教信仰联系在一起，它们的原始内涵与儒家的人文理性精神相冲突。

那么如何才能化俗呢？《礼记·学记》云："发虑宪，求善良，足以谀闻，不足以动众。就贤体远，足以动众，未足以化民。君子如欲化民成俗，其必由学乎！"儒家对构建社会秩序的要求颇高，其所追求的不仅仅是规则秩序，而是要"化民成俗"，"俗"在这里显然是指一种自觉的社会生活习惯，因此儒家的法学逻辑是：仅仅靠"发虑宪"还不足以化民成俗，如欲化民成俗就要从学习开始，而学习包括了教与学，故教学当在刑（法律）之先。

"先教后刑"体现了儒家以"仁"为本的刑法思想，本着孟子说的"不忍人之心"，[2]行"不忍人之心之政"，[3]以求孔子说的"无陷刑之民"的刑法精

---

① （清）毕沅撰，"标点续资治通鉴小组"点校：《续资治通鉴》卷一八《宋纪十八·太宗至道元年》，第 430 页。

② 《孟子·公孙丑章句上》。

③ 同上。

神。① 教是为了"豫塞其源"，"先教后刑"体现为先礼而后刑，也就是西周时就有了的"出礼入刑"原则。"先教后刑"是儒家政治的基本治道，同时也是儒家的基本治法，也是中国古代重要法俗。

为何要"先教后刑"？"先教后刑"的法理来自《易》的理论，《风俗通》云："《易》称天先春而后秋，地先生而后凋，如日月先光而后幽。是以王者则之，亦先教而后刑。三皇结绳，五帝画像，三王肉刑，五霸黠巧，此言步骤稍有优劣也。"②这是说王者是仿效自然而确定了"先教而后刑"的治法原则，或者说"先教而后刑"的治法是依据天、地、日、月之自然法则而定的。历史上的三皇五帝、三王五霸亦似此先后之序而言优劣，《绎史》引《风俗通》《吕氏春秋》"五帝先道而后德""三王先德而后事""五霸先事而后兵"。③ 在理论上，认为教是阳，刑是阴。由于自然的法则是先阳后阴，因此应当是先教而后刑，这如同"天先春而后秋，地先生而后凋，如日月先光而后幽"，所以在步骤上教先于刑乃是天经地义之法则。

在前面关于"天法"的讨论中，笔者认为中国的法律史是从天治到人治、从天法到人法的历史，在对这段历史的各种解释中，这种普遍被诟病的阴阳论的解释恰恰是最贴近这一中国式法理学的。"先教后刑"这句话包含了两层意思：一是"先教后刑"是天、地、日、月的自然运行顺序，是自然法则，是天法；二是"先教后刑"是历史，是三皇结绳而治、五帝画像而治、三王以刑而治、五霸任智而治的治理实践，他们的治理实践是由教而至于刑，三皇五帝以教而治，是最高的治道。三王以刑而治，其治道稍逊；五霸黠巧任智，其治道层次最低。"先教后刑"被儒家视为是仁的表现，儒家这一思想的理论基础也来自上古的"自然理性"法则。

由于有了之前说过的天治优于人治、天法优于人法理论，主要是因为儒家的倡导，中国人形成了教优于法的传统。在现代社会中，当出现长时段的道德沦丧，人们往往是因为利益而遵从道德，而不是因道德去权衡利

① "刑罚之所以生，各有源焉。不豫塞其源，而辄绳之以刑，是谓为民设阱而陷之"。《孔子家语·五刑解》，第237页。
② （清）马骕撰，王利器整理：《绎史》卷二《皇王异说》引《风俗通》，第10页。
③ 同上。

益。道德是人心层面的，通过人心而确立的，这就是所谓教育。中国的教育又往往有"灌输"的传统，将"灌输"用于教育始于中国，中国古代的私学、官学教学的初始阶段都是灌输，近世又有苏联考茨基等主张将"灌输"用之于政治思想领域，即是思想政治教育。灌输式的教育在历史上通常发生在出现了真理式的圣教时期，我们也可以称之为经典时期，当社会、国家奉某一学说或书籍为真理时，知识精英会追求某种"不变"的神化形式来确立它的真理性和永恒性，如儒家讲的"神道设教"之类，这时往往会出现灌输式的"教"。

中国古代儒家之教以"六经"（《诗》《书》《礼》《易》《乐》《春秋》）为主要内容，教育的合法性是基于"神道设教"，"六经"的内容具有自然性、社会性、历史性、政治性，不能仅将"六经"看作是一套知识体系，它应当是一套儒家理论体系，"六经"在义理上继承了上古华夏政教传统。"六经"的神道设教可以用一个"教"字来理解，故"六经"也可以称为"六教"。"教"由"孝"和"文"组成，有因"孝"而成"文"，又因"文"而成"教"的意思。所谓"神道"正是缘于孝和文这两个字：孝是因缘于不能改变的自然血缘而具有"天经地义"的性质，文是因缘于只有华夏才出圣神（圣人）而具有"睿哲文明"的性质。① 儒家常讲的"天经地义"，是指人类存在着一个绝对性的定律（天道），这一定律的内容应该是：万物皆为天地所生所养，人皆父母所生所养。因此"孝天""孝祖"是历史上儒家崇拜的圣神之所为，仿佛是这些圣神的伟大发明，儒家又从"孝天""孝祖"而发展出了"文明"的概念。

儒家关于"教"和"刑"的内容，都是从这一具有永恒不变的定律衍生而来的，儒家通过这样的论证使得它的"教"和"刑"都具有了神道的绝对性，"刑"之于儒家实际上也可以属于教的范畴，故儒家之教不止"六教"，加上"刑教"而可以称为"七教"。因此礼和刑都是"教"的内容，"人因天秩而制五礼，因天讨而作五刑"，它们也是因为来自天道而属于"天经地

---

① "睿哲文明"出自《尚书·舜典》，《孔疏》："经纬天地曰文，照临四方曰明。"这是指人事的价值取向，是指圣人"厚生利用"的社会行为和器物发明，后又历两千余年不易，形成了华夏的政治价值取向，是政教的标准。而中国近世以来的政教不具有这样的性质。

义"。如《左传·昭公二十五年》云："夫礼,天之经也,地之义也,民之行也。"如《汉书·刑法志》:"《书》云'天秩有礼','天讨有罪'。故圣人因天秩而制五礼,因天讨而作五刑。"①又如《汉书·刑法志》:"故曰先王立礼,则天之明,因地之性也。刑罚威狱,以类天之震曜杀戮也。"②因此与其说儒家是"神道设教",不如具体说其是"神道设礼""神道设刑"。

八、礼刑解

"刑不上大夫,礼不下庶人"一语最早见于《礼记·曲礼上》,可以说是西周时就有的法谚,也是今人批判封建法制时的常用语。凡用此语,厚今薄古,常以之示古今法律之不同。然而究其古义,此种终是误读。那么礼最初用于何人? 刑最初又用于何人? 从一些历史资料看,礼和刑最初的适用对象是先有内外之分,后有等级之分。其内外之分,是依族而分;其等级之分,是依等级而分。礼最初是适用于内部族人,如同后之法律在适用上有化外和化内之别;刑之用于对付外族,如同后之法律在适用上有等级之分。

"刑不上大夫"　部落法律的发展过程是随着其人员构成而变化的,部落的人员构成至少包括了族人和战俘,对待族人的规范是基于祖先崇拜的祭祀之礼,是管理和团结族人最自然又有效的原始规范;对待战俘最有效的规范,则是基于羞辱的耻辱刑和基于恐吓的肉刑。同样是处罚,对内部本族人施以礼治,对战俘则处以刑治。在部落的长期发展过程中,随着经济、政治情势的不断变化,部落内部等级之间势必发生流动,因此自然会出现贵族、平民和奴隶之分。但是,某一时期族内贵族阶层的形成除了经济、政治上的原因,关键的是他们在族内有比较古老的本族血缘,是一群"古老的自己人",对他们是不适用刑罚的,只能用礼去规范之。因此,西周时就有了的"礼不下庶人,刑不上大夫",从一个侧面反映了最初法律适用时的这种情况。

在典籍记载中,我们能够看到的对于贵族阶层最重的处罚只是流放,

①　《汉书》卷二三《刑法志第三》,第 917 页。
②　同上。

流放最初并不是一种刑罚，更不是肉刑。在对流放的古义解释中，也没有认为流放是刑罚，《解诂》曰："古者刑不上大夫，故有罪，放之而已。"这里的意思是，贵族虽然有罪，但最多只是流放而已，以体现对"古老的自己人"只适用礼的传统。《礼记·王制》中对贵族的非礼行为有一番描述："山川神祇有不举者为不敬，不敬者君削以地。宗庙有不顺者为不孝，不孝者君绌以爵。变礼易乐者为不从，不从者君流。革制度衣服者为畔，畔者君讨。"这里提到了四种犯罪行为，即不祭祀山川神祇、不按礼制于宗庙祭祀祖先、改变古老的礼乐、改变古老的制度衣服，这些犯罪行为都具有违反礼的特点，因此它们具体对应的罪名是不敬罪、不孝罪、不从罪、畔罪。需知能有资格祭祀山川神祇者、于宗庙祭祀祖先者、变礼易乐者、革制度衣服者必然是贵族无疑，这四种犯罪行为在古代中国文化中已经是罪大恶极，对于贵族的这四种犯罪行为的处罚也只是"放之而已"。

历史上尧之时，共工、驩兜、三苗、鲧都是贵族，因其违反了"礼"而成为"四凶"。舜辅助尧时对共工、驩兜、三苗、鲧的违礼犯罪行为进行处罚，其处罚到底是"殛"还是"流"有不同的解释，《宋史·卫肤敏传》载卫肤敏言："今陛下践祚之初，苟无典刑，何以立国？凡前日屈节敌人，委质伪命者，宜差第其罪，大则族，次则诛，又其次窜殛，下则斥之远方，终身不齿，岂可犹畀祠禄，使忝班列哉？"这里"畀"为分田之意，"祠禄"为宋制，宋专设祠禄之官，以佚老优贤。① 这里的"殛"通常解作"诛"的意思。但是《尚书·舜典》孔颖达疏则以为"流""放""窜""殛"这些词汇"俱是流徙"。《尚书正义·舜典》孔疏："《释言》云：'殛，诛也。'传称流四凶族者，皆是流，而谓之殛、窜、放、流，皆诛者，流者移其居处，若水流然，罪之正名，故先言也。放者使之自活，窜者投弃之名，殛者诛责之称，俱是流徙，异其文，述作之体也。四者之次，盖以罪重者先。共工滔天，为罪之最大。驩兜与之同恶，故以次之。"可见舜对共工、驩兜、三苗、鲧实行的"流""放""窜""殛"都属于流刑，而且是针对这些严重不遵从礼的贵族实行的处罚，因此，流放刑最初反映的是"刑不上大夫"的原始含义。

---

① 《宋史·职官志十》。

　　除贵族外，对于族内其他自己人（平民）有违"礼"的处罚，最初同样也只是采取羞辱加流放的方式。《礼记·玉藻》又曰："玄冠缟武，不齿之服也。"所谓"不齿"，意思是流放不服教者，不服教者就是不服"礼"者，对于不服礼教化者的处罚是"流之于四夷"。具体做法是让其穿戴"玄冠缟武"，终屏之远方，流之于四夷，故《礼记·王制》曰"变衣服者，其君流"，意思是穿衣着服不符合规定者，其君王要流放他们。《王制》又有："命乡简不帅教者以告，耆老皆朝于庠，元日，习射上功，习乡上齿。大司徒帅国之俊士与执事焉。不变，命国之右乡，简不帅教者移之左。命国之左乡，简不帅教者移之右，如初礼。不变，移之郊，如初礼。不变，移之遂，如初礼。不变，屏之远方，终身不齿。"《礼记·王制》："命乡简不帅教者以告。""帅"在这里是"遵循"的意思，如《风俗通义·愆礼》有"不愆不忘，帅由旧章"之说，"帅"即是同义，"不帅教者"即是不遵从教化者。"屏之远方，终身不齿"中的"不齿"，是不被录用的意思，这里的不录用是指"不得以年次列于平民"的意思。又如《周礼·秋官·大司寇》："其能改过，反于中国，不齿三年。"郑玄注："不齿者，不得以年次列于平民。"又注："齿，犹录也。"孔颖达疏："以年相次是录其长幼，故云齿犹录也。"郑玄注："所放不帅教者。"孙希旦集解："不齿者，圜土之罢民。"

　　可见，不仅对贵族，最初对部落的一般族人也是采用礼治而非刑治。礼源于对共同的祖先、山川的祭祀，礼治的根本出处在于有共同的祖先和祖地。"刑不上大夫"很可能最初也包括了所有的族人（平民）在内，再后来到西周时所说的"刑不上大夫"就已经不是对"大夫"不加以刑罚了，而只是出于对贵族本身尊严（面子）的考虑，在郊外由甸师（京师地方官）秘密进行而已。

　　此外，西周时期的"出礼入刑"之说中的这个"刑"，最初应当是指"流刑"。"流刑"最初是对违反礼的族人（贵族、平民）的最重处罚，而"五刑"则是针对俘虏或异族的，后来才发展成为针对原始"五刑"的宽宥之法。"五刑虽有常法，所犯未必当条，皆须原其本情，然后断决。或情有差降，俱被重科；或意有不同，失出失入，皆是违其常法。故令依法用其常刑，用之使不越法也。《周语》文，'流'谓徙之远方；'放'，使生活；以流放之法宽纵五刑也。此惟解以流宽之刑，而不解宥宽之意。郑玄云：其轻者，或流放之，四罪是也。王肃云：谓君不忍刑杀，宥之以远方。然则知此是据状合刑，而情差可恕，全赦则太轻，致刑即太重，不忍依例刑杀，故完全其体，宥之远方。应刑不刑，是宽纵之也"，认为"放逐"是因为不忍依例刑杀，所以宥之远方，是宽纵的做法。《大学》中认为放逐的意义在于使之"屏诸四夷，不与同中国"，这就是"放逐"在中国古代的本初含义，因此《大学》中才有"惟仁人放流之"的说法。

从祭祀上看，汉人有"神不歆非类，民不祀非族"，[1]一人具有祭祀先祖的资格就意味着具有同族成员的资格，而受刑之人往往没有这样的资格。因此华夏民族有"俗讳被刑，不上丘墓"之说，[2]意思是按照风俗，受到刑罚处治之人，是不能够至丘墓祭祀先人的。在那个时代，不能上丘墓祭祀先人，就意味着他已非我族群。凡是被本族人所流放者，可以非我族群者视之，所谓"神不歆非类，民不祀非族"就是这个意思。[3] 因此，"刑不上大夫"的原始含义应当是"刑不上族人"，贵族往往是古老的族人，因此后来才发展为"刑不上贵族"，"刑不上大夫"本是华夏族之初的礼俗，而非可以用"刑"言之，亦不可以用"法"言之。故吕思勉先生说中国古时之礼俗有云："就众所共由言之，则曰俗。就一人之践履言之，则曰礼。古有礼而已矣，无法也。"[4]

但是"礼不下庶人，刑不上大夫"的确与身份等级联系在一起，礼与中国古代的爵禄制度联系在一起，中国古代天子、公、侯、伯、子、男是爵称，公、卿、大夫、士亦是爵称。爵禄制明确了贵族与平民之间的等级关系，有爵与否是贵族与平民的分界线，有爵禄者即是贵族，无爵禄者即是平民，这在中西方都是一样的。从对现有史料的研究来看，夏朝时就有以金钱"赎罪"的记载，西周有的只是适用于贵族的"八辟"（八议），后世也有"以爵抵罪"的法律规定，这些都事关贵族。《周礼·秋官·小司寇》所云"八辟"反

---

① 《淮南子·齐俗训》。
② （东汉）王充撰：《论衡·四讳》。
③ （春秋）左丘明撰：《左传·僖公十年》。
④ 吕思勉：《先秦史》，第390页。

映了《周礼》仍然有部落时代尚贤以及礼刑合治时代的特征,其最初的目的在于"不使贤者犯法","大夫必用有德",也体现了君王对于功勋阶层(贤者)犯罪的不忍之心,这是"刑不上大夫"的初衷。如此恐不止周有"八辟"之法,夏商周三代当亦有"八辟"。"八辟"是针对刑罚而言,"八辟"是常刑之外的特别刑,其特点在于"丽邦法附刑罚",所谓"丽"与"附"同义,是指"八辟"依据邦法、刑罚而定罪,故"八辟"之法非谓不加刑于其身,只是议其轻重耳,其结果,或议减其罪,或流放,或秘密处死。

　　"流放"的原始俗义　在欧洲,"流放"同样是一种极古老的法俗,与中国古代认为流放是对不服从族内教化者的处罚不同,在欧洲历史上,"流放"是对"渎神者"的一种惩罚方式。"流放"是将渎神者逐出共同体之外,使其在被遗弃中赎罪。任何人都可以任意杀死"渎神者",因为神已将他遗弃,在观念上杀死"渎神者"的行为"在原始时期甚至被认为是一种义务"。[①]　直至罗马共和时期,著名的"贝壳放逐法"虽旨在表明是公意判决,但实质上也极可能是这种观念的残留。"早期在民众会议诉讼中,人们就允许在判刑前通过流放来避免极刑。其后是丧失市民籍和没收财产,而且流放者不得返回自己的祖国,否则可能遇到生命危险"。[②]　在王政时期,人们把"献祭者"与"流放者"当作被神所抛弃的人,"在实践中这种流放是极刑的一般后果,当时人民的法律意识必定是把流放看作地地道道的刑罚","流放变成了一种极刑"。[③]　而"流放"在中国汉民族法文化中,少有这种"渎神"的宗教含义,如前文所述,中国古代法律中"流放"的概念最早是对"不帅教者"的驱逐,后来通常是作为避免个人或家庭报复而离开居住地,其目的是为了维护家族社区的稳定。而在国家法典时代,用于充边、罪及九族的大规模"流放",是基于政治和国家刑罚的必然结果,而绝无宗教赎罪的意思。

　　进一步考察,在原始民族中,"流放"意味着渎神者不再为部族神灵所佑助,是一个没有神保佑的人,是孤独的人。古代斯堪的那维亚人称之为

---

①　[意]朱塞佩·格罗素著,黄风译:《罗马法史》,中国政法大学1994年版,第127页。
②　同上书,第275页。
③　同上。

"森林中的游荡者(Wood Walker)"，"凡因判决被流放者，则立即有人高举'熊熊火焰'从后追赶，期灼死亡。如其逃去，则立将其住宅烧毁"。① 根据古代法兰西或诺曼底的法律，人们要拔去他的树木，让庭园和田地荒芜。后来，这些演化成为一种象征性的仪式。比如在荷兰，当法官宣判放逐一个人的时候，通常在罪犯的头上摇动点燃的火把。这正如西塞罗所言："至于说到罪人犯罪和对神亵渎，实无任何净罪可言，因此，人们因这些罪孽而受惩处而不是用判决，……而是报复女神在追袭和跟踪犯罪的人，并且不是像悲剧里描写的那样举着火把，而是犯罪之人意识到罪孽后，内心遭受谴责和折磨。"② 至于生活在海边或河边的日耳曼人的习俗，则是把犯人的手脚捆上，放于没有舵的船上，任其随波逐流。在许多日耳曼语中，称被逐之人有"禽兽之自由"(biesterfre, or vofelfrei)。

在古代英国，被剥夺公民权的人被视为野狼，任何人都可以像打狼一样杀死他。在古希腊阿哥斯地区，有判处死刑的神庙，被处死的人叫"Anathemata"，"Anathemata"的意思是"被开除教的人"。③ 古希腊语中"狼"一词亦指被放逐的杀人犯，放逐和放出替罪羊是同一道理。西方法学家们常把放逐称为"间接死刑"，初看起来这种刑罚并不苛酷，但在当时，一个人如果被赶出了生活的共同体，是很难生存下去的。中国古代的流刑仅次于死刑，也有这样的含义。这不仅仅是生计问题，更多的是因为在血族复仇的时代，一个被驱逐出共同体的人实际上是一个失去了"法律"保护的人，而失去了本族人的保护，就意味着有性命之忧。可以想象，我们今天如果宣布一个人不受法律保护的话，他会面临怎样的危险。正因为如此，布鲁罗·赖德尔才在《死刑的文化史》一书中说："死刑是人类社会应用得最广的刑罚，早在自由刑和罚金刑应用以前很久死刑就已存在了。在最早的原始社会里，违反规矩的人只能如此赎罪，如不处死刑就被

---

① ［美］孟罗·斯密著，姚梅镇译：《欧陆法律发达史》，第32页。
② ［古罗马］西塞罗著，王焕生译：《论共和国　论法律》，中国政法大学出版社1997年版，第199页。
③ ［意］维柯著，朱光潜译：《新科学》，第482页。

社会驱逐,从实际效果上看,放逐即等于死刑。"①而被氏族或群体驱逐的人,往往是违反了氏族或群体共同宗教法规或信仰的人,"不幸者"是对这些渎神者的称呼,②他们享受不到社会提供给虔敬者的那种一切神和人的幸福,是不幸的人。在西方,"收容所"的概念最早就是指给这些被流放者居住的地方。据传,卡德茂斯(Cadmus)创建希腊最古老的城市特苏斯(Theseus)以及雅典城,罗幕路最早创建的罗马城,最初就是从这些被流放者居住的地方开始的。

在神判中,情况也正是如此。中世纪日耳曼氏族中,"至于刑事诉讼中除原告之要求将被告放逐之外,故在刑事案件中……即直接诉诸神判"。③放逐是一种神谴,在原始的观念中凡不是神所保佑的人就是被"流放"的人。以神判来判断谁不是神所保佑的人,而应受到神罚是理所当然的。凡经受住考验者,以为得到了神的佑助,得到佑助的人自然不是"违规者",也就不是渎神者,是清白无辜的人。反之,则被认为违背了神意,应受神谴,如"古代雅利安人,基于人有对水不污秽之信念,以水者最恶吸入罪人之身体,故有罪者必为水所不容"。④因此,在氏族时代,犯罪与渎神是同义语。一个人如果没有神的保佑,把所有罪过加在他的身上也就无所谓冤屈了(许多神判案例中,当事人被冤枉的事很多,但亦没有听说过他们会否决判决的有效性)。

此外,在原始民族看来,一个氏族如果没有神的佑助,也是一个注定要灭亡的种族,至少也是失去了尊严的不幸的民族。中国古代氏族战争中不知有多少民族因为战败而被剥夺了享有自己神灵佑助的权力,被迫改变自己的图腾而信仰战胜者的神灵而蒙受屈辱。中国古代的"象刑"作为耻辱刑或许就产生于这种战争。⑤因此,一个人如果没有得到本族神灵的保护,那么他很可能就成为一个孤独的人,一个在事实上和精神上遭到舆论

① ［德］布鲁罗·赖德尔著,郭二民译:《死刑的文化史》,生活·读书·新知三联书店1992年版,第1页。
② ［意］维柯著,朱光潜译:《新科学》,第482页。
③ ［美］孟罗·斯密著,姚梅镇译:《欧陆法律发达史》,第47页。
④ ［日］穗积陈重著,黄尊三等译:《法律进化论》,中国政法大学出版社1997年版,第23页。
⑤ 武树臣:《中国传统法律文化》,第105页。

谴责和惩戒而被"流放"的人。而一个氏族如果没有得到本族神灵的保护，那么就意味着整个氏族也丧失了尊严，因为他们的神不如别的氏族的神那么灵验。因此，"一个人的纠纷，全族人出动"，已不是"一种原始互助精神的表现"，而是关系到一个民族或一个人在生存竞争中的精神和状态。它不仅是个人的尊严，而且关系到本族神的尊严。同样，个人、种族如果一旦失去了本族神的佑护，就会受到严厉惩罚，无论这种惩罚是多么残酷也是合理的，每个人对神裁的残酷形式的接受也就自然有很高的自觉性了。由此不难看出，这种秩序是建立在"精神自觉的共同体"之上的。在这种社会中，每个人都渴望跟大家在一起，害怕被遗弃，自由意味着流放，令人恐惧。这种独特的观念正是那个社会的价值观、生活观和社会组织观，它是那么热烈温暖，又是那么神秘和恐怖。这种心理使每个社会成员因恐惧而畏服裁决，因热烈而更积极参与，进而在不知不觉中凝聚了社会的精神和秩序。因此，神裁尽管残酷，但却没有强制；尽管令人恐惧，却自然而和谐，这正是初民社会中在神的面前人人平等的自觉精神的表现。

"礼不下庶人"　对于"礼不下庶人"，清人龚自珍的解释应当比较合理，即"礼不下庶人者，礼至庶人而极"。① 所谓"礼至庶人而极"，意思是指礼不适用于庶人。为什么礼不适用于庶人呢？《孔子家语》的解释是，因为"庶人遽其事而不能充礼"，庶人是从事具体劳动的人，他们本没有受到过礼的教育，因此在礼的问题上不能对庶人有所苛责，"所谓礼不下庶人者，以庶人遽其事而不能充礼，故不责之以备礼也"。② 对于《礼记·曲礼上》说的"礼不下庶人"，东汉郑玄注云："为其遽于事，且不能备物。"游桂注云："庶人不庙祭，则宗庙之礼所不及也。庶人徒行，则车乘之礼所不及也。庶人见君子，不为容，则朝廷之礼所不及也。不下者，谓其不下及也。"③因此所谓"不下"，是"不下及"，也就是今日所常言"不作要求"的意思。

---

① （清）龚自珍撰，王佩诤点校：《龚自珍全集》第一辑《春秋决事比答问第二》，上海古籍出版社1999年版。
② 《孔子家语》卷七《五刑解第三十》。
③ 陈戍国撰：《礼记校注》，第13页。

在西方中世纪"礼"被称为"宫廷礼仪"，在中国先秦"礼"被认为是"王官学"，二者都表明"礼"是一种贵族文化。我们说过早期所谓的贵族产生于原始部族中的"古老的自己人"，在部族中他们有共同的祖先和祖地，因此才有他们对共同的祖先和祖地的祭祀，也才有共同的"礼"。"礼"显示出了他们特定的历史和荣耀，同时也是他们自己古老的法俗，于是"礼"成为了一种特定的身份符号，是一种具有原始贵族特征的法俗，是原始"英雄主义时代"的产物。前面我们曾提及，在中国法律史上，最初对族人或贵族（古老的自己人）实行的是礼治而不是刑治，礼本属于"古老的自己人"而不是庶人，这是"礼不下庶人"的最初含义。

"礼不下庶人"中包含的法律意义，可以从西周对贵族的处罚方式上看出。即使是对贵族处以极刑也要依照"礼"的方式进行。西周时对贵族已经适用极刑了，但不是如尧舜时那样，对犯有大罪的贵族最多也只适用流刑。在处罚方式上，针对贵族的死刑仍然保留了很强烈的礼治色彩，且有很强的仪式感，对"大夫"级别的贵族的死法在形式上有"礼"的要求。古《周礼》说："士尸肆诸市，大夫尸肆诸朝。"凡有爵者，与王同族，大夫以上适甸师氏（由甸师氏杀之于郊野）。但大夫罪未定之前，则皆在"八议"。[1] 这些都是贵族犯罪在"礼"方面的要求。

贵族犯罪在"礼"上的特殊要求，实际上是对贵族在道德上的特殊要求，这是中国古代贵族精神的一部分。对贵族的道德要求首先体现在贵族要知廉耻，"凡治君子，以礼御其心，所以属之廉耻之节也"。[2] 在法律上也同样要体现这一要求。上古之世，凡是贵族犯罪，创设一些专用罪名来遮其羞，以使其知耻。如《孔子家语·五刑解》所载孔子回答冉有之问有五：簠簋不饬、帷幕不修、臣节未著、下官不职、行事不请。所谓"簠簋不饬"，是指对祭祀的礼器不收拾，指贵族犯有不廉贪腐之罪而被罢免流放，不言其"不廉污秽"，而是名之曰"簠簋不饬"。所谓"帷幕不修"，是指贵族犯有

---

[1] 所谓"八辟"，一曰议亲之辟，谓是王宗室有罪也；二曰议故之辟，谓与王故旧也；三曰议贤之辟，谓有德行者也；四曰议能之辟，谓有道艺者也；五曰议功之辟，谓有大勋立功者也；六曰议贵之辟，谓贵者犯罪，即大夫以上也；七曰议勤之辟，谓憔悴忧国也；八曰议宾之辟，谓所不臣者，三恪二代之后也。

[2] 《孔子家语·五刑解》，第 241 页。

淫乱之罪，不言其"淫乱男女无别"，而是名之曰"帷幕不修"。所谓"臣节未著"，是指贵族犯有罔上不忠之罪，不言其"罔上不忠"，而名之曰"臣节未著"。所谓"下官不职"，是指贵族犯无能渎职之罪，不言其"罢软不胜任"，而名之曰"下官不职"。所谓"行事不请"，是指贵族有犯法纪，不言其"干国之纪"，而是名之曰"行事不请"。这些都是不忍直呼其罪，为其隐讳，使其感到羞耻，故孔子云："大夫既自定有罪名矣，而犹不忍斥然正以呼之也。既而为之讳，所以愧耻之。"①

除此之外，中国古代有"刑人不在君侧"的自裁之俗，《礼记·曲礼上》："刑不上大夫，刑人不在君侧。"贵族如果触犯了"五刑"，就无颜在国君身边行走，应当行自裁之礼。凡贵族犯罪，当不等国君派有司前来抓捕，而是自行前往国君处请求死罪。其做法是：戴上用毛做帽带的帽子，穿上白色的丧服，端着盛水的盆子，上面放一把剑，到国君处自请谢罪，此谓行自刎之礼，如《孔子家语》云："是故大夫之罪，其在五刑之域者，闻而遣发，则白冠厘缨，盘水加剑，造乎阙而自请罪。君不使有司执缚牵掣而加之也。"②如果是贵族触犯了"五刑"而构成十分严重的犯罪，当他听到国君命令时，则当向北面再拜，跪下自杀，国君也不用派人按住他的身体用刑，而只需说这是你咎由自取，我已经对你有礼了。"其有大罪者，闻命则北面再拜，跪而自裁，君不使人捽引而刑杀之也。曰：'子大夫自取之耳，吾遇子有礼矣。'"③

对贵族采取富有仪式感的"自裁"形式，而不是"使人捽引而刑杀"。"自裁"是针对贵族的极刑之礼，这并不能解释成"大夫"有什么特权，而是因为对贵族在德和礼方面有比庶人更高的要求。合理的解释应该是：由于大夫是贵族，他们不同于平民之处在于他们本是知礼法之人，但其知法而犯法，知礼而违礼，故有负其身份，有辱其职责，有失其信任，因此他们若犯礼法而获大罪，自身自然应该感到是十分耻辱的事情。故令其"北面再拜"以示其认罪，令其"跪而自裁"以示其知耻，同时也维护了贵族崇尚勇

---

① 《孔子家语·五刑解》，第241页。
② 同上。
③ 同上。

敢、荣誉的精神。反之，由于"北面再拜"是贵族之礼，因此庶人受极刑时没有行此大礼的必要，故孔子认为"刑不上大夫"是出于对贵族教化的结果："以刑不上大夫而大夫亦不失其罪者，教使然也。"①而"礼不下庶人"，则是因为平民忙于生计而不能学习礼仪，所以在对平民进行处罚时，不能有更多礼仪上的要求，故孔子云："所谓礼不下庶人者，以庶人遽其事而不能充礼，故不责之以备礼也。"②

　　总之，"刑不上大夫，礼不下庶人"是中国的古老法俗，体现了古老的贵族精神，一般认为始于《周礼》。"刑不上大夫，礼不下庶人"是礼治和法治的结合，是一种基于道德上的维护，它从一个侧面也反映了中国重视道德的法律传统。因此，不能简单地将其理解成一种特权，如果简单地把它理解为一种特权，就是对中国古代法文化的误读，我们只有理解了古老的贵族精神和英雄主义的道德观，才能真正理解"刑不上大夫，礼不下庶人"的原始含义。

　　礼有等差　中国上古历史具有连续性，氏族内部从礼治到刑治有一个发展过程，刑治在氏族内部生长，适用于所有的氏族内部成员，成为一种普遍化的族（国）内治理方式，是首先建立在源于族内祭祀的"礼"的基础上的。"礼"的社会、政治功能首先体现在礼创造了等级，即所谓的"礼有等差"。礼作为一种伟大的制度发明，在于它建立了一种精细化的等级制度，如《淮南子·齐俗训》："夫礼者，所以别尊卑，异贵贱。"③从人类文明发展史的角度看，中国古老的礼创造的等级制度，实是一种原始的纵向分工制度，具有促进文明发展的积极意义。在中国思想最活跃的轴心时代的诸子理论中没有抨击等级制度的，孔子、孟子更多的是从社会分工的角度去看待等级制，孟子"劳心者治人，劳力者治于人；治于人者食人，治人者食于人；天下之通义也"的观点，④以及他关于井田制的论述都是从社会分工的角度出发。当时的儒家反对礼崩乐坏，维护等级制，以维护"礼有等差"，

———————

① 《孔子家语·五刑解》，第241页。
② 同上。
③ 《淮南子·齐俗训》。
④ 《孟子·滕文公章句上》。

这本就是维护文明发展的成果。如果超越历史阶段，纯粹从逻辑上讲，中国主要依靠"礼"而不是"刑"的这种柔性规范构建起来的等级制的出现，应该是原始人类结成社会后的第一大政治发明，没有等级生产和管理就没有分工，社会就缺乏向上的动力，就没有生产力的大发展。因此，等级制本身并没有问题，问题在于阶级的固化，阶级的固化造成社会成员上升机会的不平等，这才是等级制最大之弊端。因此，后来隋唐实行的科举制就是对等级制弊端的克服，科举制通过公平竞争的方式，实现了社会等级之间的合理流动，这应该是中国为世界政治文明贡献的第二大发明。这就是"礼有等差"在法律史上的意义所在。

　　"礼有等差"体现在制度上，就是古老的爵禄制，庶人与大夫之别就是有爵与无爵之别。在世袭制下爵禄靠血统维护社会的稳定，在破除世袭的条件下，爵禄制可以充分激发社会的活力。秦国商鞅变法破除世卿世禄，授予一个没有俸禄的低级爵位，也能够激发出秦人惊人的战斗力。先秦儒家当时关注和想要解决的是贫富问题而不是等级问题，先秦儒家对"法律面前人人平等"（法家的"一断于法"）也并不在意，事实上"法律面前人人平等"本也不等于社会中人人平等，法家和近代西方法治理论的贡献，只是在于"一断于法"而已，并没有解决政治和经济上阶级分层的问题。即使是在今天，社会的纵向分工依然是社会存在的必要条件，也不能完全实现社会中人人平等，尊卑长幼之间的礼差也并没有消失。由于出身、身体、能力和际遇差别而出现的社会分层依然存在。在这样的历史条件下，法律的公平性往往体现在法律适用的差异性上，而不是体现在法律适用的普遍性上，因此即使是今天的宪法、法律也要针对特定身份者有专门的规定，如烈士、军人、官员、成年人、妇女、残疾人、老年人等，不管是基于官还是民，身份的因素仍然是制定法律时必须考虑的重要因素。所以，"法律面前人人平等"只是从法律的一般普遍性来说的，并不意味着对同一社会行为要适用同样的法律。换句话说，法律调整的对象的性质决定了法律本身。从中国古代"礼不下庶人，刑不上大夫"的本义看，这同样不能简单地将其作为对等级制批评的对象，先秦以后出现的以爵禄抵罪（爵抵罪）的现象，也不能够完全等同于西周的"礼不下庶人，刑不上大夫"。

九、礼俗解

中国之法俗，其内容多形成于先秦，先秦之后，法源变化在于律典之变而不在于风俗之变。关于律典体例及主旨，旧说是形成于战国《法经》之传统。《法经》之后，律典内容渐趋丰富，至《唐律》而达于完备成熟。中国的法俗理论起源于"太始""太素""太易"以及"气""形""质"这样一些概念，《周易·序卦传》曰："有天地，然后有万物；有万物，然后有男女，然后有夫妇，然后有父子。"父子后于夫妇，故震巽艮兑在下经咸恒之后；夫妇后于男女，故下经咸恒在上经坎离之后；男女后于万物，万物后于天地，故上经屯蒙在乾坤之后。乾天坤地，有形生于无形，有"太初""太始""太素""太易"这些概念。"太初"为气之始，"太始"为形之始，"太素"为质之始。气、形、质三者具而未相离之时，即是"浑沦"，"浑沦"是万物相浑而未相离，即是"易"。"易"无形，变而为"一"，所以"一"是万物形变的开始。清轻者上浮为天，浊重者下沉为地，冲和气者为人。《广雅》释天云："轻松清者，上为天；重浊者，下为地；中和为万物。"依据这样的起源论，中国人将人欲与物欲进行区分，认为由于人欲与物欲不同，故人性与物性不同；由于人性与物性不同，故人能够形成风俗，由此确立了万物"以人为贵"的法俗理论。

人欲与本俗 中国人关于"俗"的理论是从解释人的欲望开始的，在古汉语中认为俗与欲同义，认为"俗"源于人的欲望。《商书·仲虺》诰曰："惟天生民有欲。"《周书·文酌解》曰："民生而有欲。"正是因为人有欲望，才会有风俗，人的欲望是人类风俗产生的前提条件。虽然禽兽也有欲望，但禽兽的欲望与人的欲望不同，如《释名·释言》曰："俗，欲也；俗，人所欲也。特人欲与物欲不同。"

人欲与物欲之不同在于，只有人欲才会有气、有生、有知、有义，而水火、草木、禽兽之欲却不具备特性。如禽兽虽然有知，但是却是"有知而无义"，所以禽兽不能产生风俗。《孟子·告子上》曰："然则犬之性犹牛之性，牛之性犹人之性与？"犬牛之性，岂与人同所欲乎？《礼记·曲礼》曰：

"鹦鹉能言，不离飞鸟；猩猩能言，不离禽兽。"禽兽有父子而无父子之亲，有牝牡而无男女之别，故初民之俗，必有不尽与禽兽同者。因此只有人才会有气、有生、有知、有义，故《孝经》孔子言："天地之性，人为贵。"《荀子·王制》曰："水火有气而无生，草木有生而无知，禽兽有知而无义，人有气、有生、有知，亦且有义，故最为天下贵。"因此，人"最为天下贵"，人才是"万物之灵"，①只有人类有风俗可言。先秦时期有"本俗"的概念，"本俗"有元始欲望之义。《周礼·地官司徒·大司徒》云："以本俗安万民。"这是指周朝时的"本俗"，是说大司徒之责在于以本俗安民。所谓"本"是旧的意思，即以旧俗安万民。其基本内容有六，即"一曰媺宫室，二曰族坟墓，三曰联兄弟，四曰联师儒，五曰联朋友，六曰同衣服"。②

　　所谓宫室之俗，在于供人居住，衣食住行之中，食为本能，自不待言。人之别于禽兽，首在于筑宫室以居，为六种"本俗"之首，是聚居社会形成之开始，社会关系由此得以展开，也才可以论法律关系。典籍记载皆云人是冬居于穴，夏居于巢，以避寒暑禽兽之侵，故有巢氏出，筑巢以避群害。后黄帝出，又伐木筑宫室以避风雨，此宫室之俗始于巢居穴处。《新语·道基篇》云："于是黄帝乃伐木构材，筑作宫室。"此一过程，《诗经·大雅·绵》篇《礼记·礼运》《庄子·盗跖》《韩非子·五蠹》《淮南子·本经训》《新语·道基》篇皆有记载，故宫室遂成为一俗。相对于尚处于游牧和巢居穴处的种落，宫室之俗是十分重要的法俗，因此尽管处戎狄之地，秦之先祖古公亦坚持华族的宫室之俗，筑宫室以居。"古公乃贬戎狄之俗，而营筑城郭室屋而邑别居之"。③

　　所谓族坟墓之俗，是因古之孝子不忍亲人死后无葬。《孟子·滕文公上篇》曰："盖上世尝有不葬其亲者，其亲人死，则举而委之于壑，他日过之，狐狸食之，蝇蚋姑嘬之。"《吴越春秋·勾践阴谋外传》称楚人陈音曰："弩生于弓，弓生于弹，弹起于古之孝子。"上古之世，人民质朴，饥食鸟兽，

---

① 《周书·大誓》曰："惟天地万物父母，惟人万物之灵。"
② 陈汉章编著：《中国历代民俗考》，娄子匡编：《国立北京大学中国民俗学会民俗丛书》第三辑，东方文化书局1971年版，第3—4页。
③ 《史记》卷四《周本纪第四》，第77页。

渴饮雾露，死则裹以白茅投于野，孝子不忍见父母为禽兽所食，故作弹弓以守之，以绝鸟兽之害，此为弓源于弹。《说文解字》曰："弔，终也。"此为古之葬者厚衣以薪，从人持弓以驱兽的意思。古之葬俗始于斯也。古之葬俗还始于棺椁之作，《易传》曰："古之葬者，厚衣之以薪，葬之中野，不封不树，丧期无数，后圣人易之以棺椁，盖取诸《大过》。"《汉书·刘向传》曰："棺椁之作，自黄帝始。"以棺周于其身，初仍是不封不树，至于后世方有封有树，弓弹的起源和封树棺椁之作是人天生有孝心的表现，也是人欲不同于物欲的表现，故人才有族坟墓之俗。

所谓联兄弟之俗，古人以"同父母者曰昆弟，婚姻外亲曰兄弟"。[1] 上古民智未开，知其母而不知其父，《商君书·开塞篇》："天地设而民生之，当此之时，民知其母而不知其父。"《吕氏春秋·恃君》："其民聚生群处，知母不知父，无亲戚、兄弟、夫妻、男女之别。"这是说当时生民群处，未有法俗之规范。伏羲作为圣人，仰观天文，俯察地理，图画乾坤，以定人道，其功绩正在于因自然之理以定人伦之序，是所谓人道。由此人民开悟，知有父子之亲、夫妇之道、长幼之序，且制嫁娶之礼，以别男女。至于黄帝，《淮南子·览冥训》："黄帝治天下，别男女，异雌雄。"至于颛顼，《淮南子·齐俗训》："颛顼之法妇人不辟男子于路者，拂之四达之衢。"由是有嫁娶用鹿皮之俗，即是鹿皮之礼。沿及周代，"同父母者曰昆弟，婚姻外亲曰兄弟"，[2] 故知父母而方知昆弟、兄弟，方知人孝，是为人伦之初；知别男女，而方知礼俗，是为人道之始。此为礼俗，亦法俗之端，是谓联兄弟也。

所谓联师友之俗，《白虎通义·三纲六纪篇》以诸父、兄弟、族人、诸舅与师长、朋友为"六纪"，古未有"六纪"之时，民但知其母，不知其父。伏羲法天地，因有夫妇，正五行，画八卦，八卦果行育德以蒙，朋友讲习以兑。古代圣人发明书契文字，有象形、象事、象意、象声、假借，非有师长、朋友，何以造此文字，是以有师长、朋友之俗。

所谓同衣服之俗，《五经异义》："太古之时，未有布帛，人食兽肉而衣

---

① 陈汉章编著：《中国历代民俗考》，娄子匡编：《国立北京大学中国民俗学会民俗丛书》第三辑，第4页。
② 同上。

其皮，知蔽前未知蔽后。"已见羞恶之性，故有羞恶之欲，有羞恶之俗。早期服装有前蔽，及至五伯及秦朝时才废而改为佩绶，此佩绶之原意。黄帝、尧舜通其变而使民宜之，黄帝时有西陵氏、胡曹以作衣，伯余亦作衣、扉履，黄帝又作旒冕，故有"垂衣裳而天下治"。此谓同衣服之俗。

以上为华夏"本俗"之初，可见其时俗已初成，是因欲而成俗，因俗而成制。"本俗"是华夏初民法俗的开始，这些法俗的逻辑是从人的基本欲望开始，从人之基本生活需求开始，其俗可称之曰"礼"，又可以称"礼俗"。

礼俗：礼理、礼事、礼名之起源　礼可以分礼理、礼事、礼名，三者各有其源。《礼记正义》曰："夫礼者，本其所起，在天地未分之前。"即是说天地未分之前已经有"礼"。依其言，"礼"本于自然之序，是天道所就，如雁飞自有行列，岂有教之哉！故有礼起源于"太一"之说，"太一"即是天地未分之时。这是说自然之中，"太一"之时就本含有礼之理，故礼本于天理。

一般认为"礼事"起于遂皇之时，而非伏羲之世。燧人氏在伏羲之先，燧人氏称遂皇，遂皇即人皇。一般只认为遂皇取火，而不知遂皇时即已晓天文，知斗机运转之法，是礼迹所兴也，郑康成《六艺论》云："易者，阴阳之象，天地之所变化，自人皇初起。"燧人氏取火与天文阴阳有直接的关系，《艺文类聚》引尸子曰："燧人上观辰星，聚五本以为火。"是谓"五本之火"，《月令》："春取榆柳之火，夏取枣杏之火，季夏取桑柘之火，秋取柞楢之火，冬取槐檀之火。"燧人氏顺天时取火，民得火食，救民疾。黄帝相承之，则钻燧取火，至周制为礼，此火食礼俗相传。神农之功，在于使民弃逸而即劳，遵蹈其法制，如此礼则使然。《白虎通义·号》篇曰："古之人民，皆食禽兽肉。至于神农，人民众多，禽兽不足。于是神农因天之时，分地之利，制耒耜，教民农作。神而化之，使民宜之，故谓之神农。"人之好生甚于逸，而恶死也甚于劳，神农夺其逸死而与之劳生，其道之所以信于天下而不可废者，礼之明也。其以耕劳而得粒食以养生，此乃上古重要法俗之一，故古有稷礼之祀，实沿其俗以继后世也。又黄帝时五礼始具，《帝王世纪》云："燧人氏没，包牺氏代之，自伏羲以后至黄帝，五礼始具。"依此，遂皇、伏羲、黄帝皆是古天文学的传人，故而燧人氏知阴阳能教民取火，案《礼运》曰："以炮以燔，以亨以炙，以为醴酪，以事鬼神上帝。"此礼事之所起也。这是说人们的礼仪活动本乎历史上对天象历法的认识，礼事源于上古之天文学。

"礼名"当起源于黄帝。《帝王世纪》认为礼发展到黄帝时期"五礼始具"，这里的"五礼"即是礼名。然古代又以黄老并称，依老庄之说本是反对礼教，若是礼名起于黄帝，又何以黄老并称？《山海经》中有一国叫"华胥国"，乃是国无师长、法自然的乐土无忧之国。《列子·黄帝》说黄帝梦游华胥氏之国，梦见自己使民似华胥国可以无师长。《管子·任法》云黄帝治天下，民不引而来，不推而往，不使而成，不禁而止，黄帝置法而不变，使民安其法者也，谓仁义礼乐者，皆出于法。如此，黄帝之治，虽有"黄帝李法"之说，然而其治当是礼俗之治，而非法律之治，故《管子·立政》曰："藏于官，则为法；施于国，则成俗。"此亦言黄帝之治也。黄帝处于"神农氏世衰"之时，《史记·五帝本纪》："轩辕之时，神农氏世衰，诸侯相侵伐，暴虐百姓，而神农氏弗能征。"黄帝之治不可以无法，只是不依法而治。黄帝的治道景象如《淮南子·巺冥训》所称："昔者黄帝治天下，而力牧、太山稽辅之，以治明之行，律阴阳之气，节四时之度，正律历之数，别男女，异雌雄，明上下，等贵贱，使强不掩弱，众不暴寡，人民保命而不夭，岁时孰而不凶……田者不侵畔，渔者不争隈，道不拾遗，市不豫贾，城郭不关，邑无盗贼。鄙旅之人相让以财，狗彘吐菽粟于路，而无忿争之心。"这是说黄帝之世，治阴阳之气，节四时之度，正律历之数，别男女，异雌雄，明上下，等贵贱，使民彻底脱离了无别无义的禽兽之道，礼俗已经发展到类型化的程度了，使民无以成以强凌弱、以众暴寡的相乱之俗，形成礼法并治的治道。黄帝之治道，法与俗并存，故后世诸子百家各取其宜，自相矛盾，各托黄帝之言，方有司马公所说的"百家言黄帝，其文不雅训"。故黄帝之法治，为尊法家者所称；黄帝之俗治，为尊老庄者所道。黄老之名，由此而来，究其治，终归于仁义礼乐之俗治，故儒家又有言礼名起于黄帝。

自古法者，皆起于欲，由欲而有利，由利而有争，由争而有法。欲者，俗也。俗者，欲也。依此逻辑，俗与法之关系乃是因果关系，无欲无俗，则无以有法，法俗之间自是难以分解。所谓"礼"，不过只是对"以人化物"的限制，终究是对人欲的节制。上古圣人之作为，燔而食，正五形，别男女，制嫁娶，耕而食，织而衣，皆是人欲之俗，依此欲而成上古之俗，正在于可以别人兽之道，是以成礼，这也正是中国法俗的元始形态，也是中国法学的初始。中国法学中有"以本俗安万民"的思想，其法律终以节欲化俗为目的，以形成"常道""良俗"社会为价值，其法律之生成，始终沿着欲—俗—礼的逻辑来证成。

十、齐俗解

古之风俗有正俗与弊俗，在中国法律史发展过程中，法律的重要功能除了"兴功惧暴""定分止争"，①就是如《权修篇》所言"使士无邪行，女无淫事"，②"士无邪行"，简言之就是"止邪扶正"。中国人自古就认为俗有正邪之分，有文质之别，俗在发展过程中或正或邪、或文或质，文明的发展是一个努力去合于"道"的过程。

不合于道的俗就是弊俗，中国古代解释"弊"："弊者，道之失。"③历史上各朝之俗或文或质，皆有其弊，各有其失道之处。以夏商周为例，可以言"道"与"弊"之关系。如：夏道尊命，尊鬼敬神而远之，其法是先禄后威，先赏后罚。其民之弊，朴而不文。殷人尊神，率民以事神，先鬼而后礼，先罚而后赏。其民之弊荡而不静、胜而无耻。周人尊礼尚施，事鬼敬神而远之，其赏罚用爵列。其民之弊，利而巧，文而不惭，贼而弊。各朝所尊者，或天或地，或质或文，以此观之，夏商周三代其所祖不同，各有所失，夏之弊在野，商之弊在鬼，周之弊在文繁而质薄。夏尚忠，商尚敬，周尚文，三种政教各有所侧重，又各有所失。因此，中国古代所谓的政教，不过只是道在历史过程中的显现过程，是一个动态的变化过程。中国古代对政教好坏的区分在"设教于本"还是"设教于末"，如周之尚文，其文胜于质，即是末胜于本，其弊恐甚于夏、商二代。自古国家、社会皆有治有乱，禹以治，桀以乱；汤以治，纣以乱，故道于各代都可能有所失，以致于风俗不合于道而出现弊俗。然无论是治是乱，其日月、星辰、历时皆同，故治乱之道不在于天时，而在于

---

① 《管子·七主七臣篇》。
② 《管子·权修篇》。
③ 陈汉章编著：《中国历代民俗考》，娄子匡编：《国立北京大学中国民俗学会民俗丛书》第三辑，第13页。

发生在地上的人事，故王者需要持道以化正风俗，这就是所谓的王者改制之说。道本身存在于天地、阴阳、文质之间，王者改制是一个在天地、阴阳、文质之间实现中和平衡的过程，故王者"有改制之名，亡变道之实"，是谓"天不变，道亦不变"。因此，从理论上讲，中国历史上尽管王朝可能更迭、易姓、易族，从而导致变易风俗，但是道却是不变的，古之圣王的作用就在于因风俗之变而用其权，故董仲舒《春秋繁露》方有《三代改制质文》。

　　古之王者改制、立权度量、考文章、改正朔、易服色、殊征写、异器械、别衣服，这些都不过是因人道而变易风俗，与民变革者也，但却不应该是其亲亲、尊尊、长幼、男女之变，不应该是仁义礼智信这些源于天、地、人的常道之变。因之，圣王推行政教的目的在于因其俗而化正之，于天地、阴阳、文质合于中道。道治思想的确立，在"宪"的意义上为中国古代的国家和社会治理提供了一个基本的政法文明范式，中国古代的一切政治法律活动和政治法律评价都在这个范式中展开。道是天地之心、生民之命、太平之基，由此天下不是一人一姓之天下，天下被定义为是合于道的天下人之天下，这才是中国古代在"宪"的层面对天下的定义。故《汉书·谷永传》云："天生烝民，不能相治，为立王者以统理之；方制海内非为天子，列土封疆非为诸侯，皆以为民也。垂三统，列三正，去无道，开有德，不私一姓，明天下乃天下人之天下，非一人之天下也。"[1]因此，所谓"齐俗"，就是以道之义为标准在天地、阴阳、文质之间"与化推移"的过程，《淮南子》有《齐俗训》一篇专论"齐俗"。

　　"齐，一也。四宇之风，世之众理，皆混其俗，令为一道也，故曰'齐俗'"。[2] "羌氏僰翟，婴儿生皆同声，及其长也，虽重象、狄鞮，不能通其言，教俗殊也。今三月婴儿，生而徙国，则不能知其故俗。由此观之，衣服礼俗者，非人之性也，所受于外也"，[3]故所谓"齐俗"之义在于统一其教理，非谓其族类血缘之别，乃指其所受之教理为何，即韩愈批注春秋之《原道》所云："诸侯用夷礼则夷之，夷而进于中国则中国之。"雍正撰《大义觉迷录》

---

① 《汉书·谷永传》，第2518页。
② 何宁撰：《淮南子集释·齐俗训》，第759页。
③ 同上书，第775页。

亦奉此论，是用古之常道去化齐不同族国之风俗。

历史上所谓的"化俗"，非谓中国与夷狄之别，即使是在"中国"，各地风俗也不尽相同。由于中国很早就形成了"常道"的概念，道、德、仁、义、礼这些概念在内涵上都本于道，本质上都是同一义理，因此无论是用道去化俗，还是用德、仁、义、礼去化俗，都是同一个意思。《道德经》云："故失道而后德，失德而后仁，失仁而后义，失义而后礼。"其中的"道"是道家之固说，而德、仁、义、礼则是儒家所倡言。"道"是内容，是里；德、仁、义、礼是道的表现形式，只是表。儒家所倡言之德、仁、义、礼本应该是"道"之表现形式，然而这些表现形式于现实中必然不尽与道之真义符合，因此老子此句不过是指"道"的表里之别而已。同样，历史上所谓的华夷之别，不过多指华夷在"礼"这种外在形式上的区别，而非真正指二者法俗在"道"的内涵上的区别，因此在所谓的"化俗"问题上，是不应该区分诸夏与夷狄的。

实际上，即使在所谓的"诸夏"之内，其法俗本也是"五里不同俗，十里不同风"。"诸夏"之内存在不同之俗，亦与上古长期实行的分封制密切相关，至少从黄帝时代开始，一直到春秋时期，"诸夏"一直实行分封制。在这漫长的历史时期内，"诸夏"之内广行分封，据宋人郑樵所撰《通志》，先秦能称为"国"的都鄙数量众多，如夏朝之"合万国"，商初存国者三千余，周初尚有一千八百国，周平王东迁之前尚存有一千二百国，平王东迁以迄于获麟之末，"百有七十国，百三十九国知土地所在，其三十一国不知其处也，其蛮夷戎狄复不在其数"。[①] 战国时剩七国。西周时中国虽依周礼一统诸国于天子，然在分封制下是因族而封，因封而成国，一族发展成一国。故一族之秉性乃成一国之民性，一族之家风乃成一国之民风，于是某国之国风、民性渐成该国之风俗。若从黄帝时期算起至秦统一天下，分封制历时千余年，各国风俗早已成固习，这对后世中国各地的社会风气影响深远，不仅各种不同的国风民俗至秦统一天下时仍无大变，而且秦以后以至于今，各地风俗民性的差异性仍然明显。这种差异性直接影响了理—情—法的司法适用，因这种差异性而使得理—情—法的司法适用具有很强的地方

---

① （宋）郑樵撰，王树民点校：《通志二十略·地里略·历代封畛》，中华书局1995年版，第527页。

差异性,这就是为什么古代凡做地方官者,首在"问俗而治",也是中国古代法治进程一直是一个用礼法来"齐俗"的过程的原因。

中国古代的法学有王者随时"改制"之说,又有"与化推移"之说,此二者同义,因为法律承担了依道化俗的功能。《淮南子·齐俗训》区分了礼与俗,礼被定义为"圣人之法籍",俗被定义为"一世之迹也",由于俗是一世之迹,因此以圣人之法籍来化正风俗自然是一个"与化推移"的过程。对于不同的风俗希望以礼化俗,却不一味只求"齐俗",而是采取了"与化推移"的态度,其目的仍然在于"和"。与道的恒常性不同,作为道的表现形式的礼法是可以变化的,"是故世界则事变,时移则俗易。故圣人论事立法,随时而举事"。①《淮南子·齐俗训》言"齐俗",是说法要因时随俗而易,进而提出了法要"与化推移"的主张。《淮南子·齐俗训》云:"是故不法其已成之法,而法其所以为法。所以为法者,与化推移者也。夫能与化推移为人者,至贵在焉尔。"②又云:"孔子之明,以小知大,以近知远,通于论者也。由此观之,廉有所在而不可公行也。故行齐于俗,可随也;事周于能,易为也。矜伪以惑世,伉行以违众,圣人不以为民俗。"因此东汉张衡在其《西京赋》中有云:"故帝者因天地以致化,兆人承上教以成俗。化俗之本,有与推移。"③所谓"因天地以致化",就是因地制宜;所谓"推移"者,按薛综所注是"与沃瘠相随"而施行的意思。所谓"法",就是"承上教以成俗",就是"与化推移"之义,因此自古中国的"法律"之义,就是"顺上而承俗"的教化之意,故薛综注云:"言化之本,还与沃瘠相随,逐推移也。"④

中国历史上发生过多次"齐俗"运动。首先,上古时期影响最大的"齐俗"运动,是西周初年开始的"制礼作乐";其次,西汉时兴起的经学运动,是第二次比较大的"齐俗"活动;再次,民国时期发生的"改造国民性"运动,是第三次"齐俗"活动。前两次是以儒、法齐俗,第三次是以西法齐俗。从《尚书》中的《尧典》算起,之后的《周礼》《法经》《秦律》《汉律》《唐律》

① 何宁撰:《淮南子集释·齐俗训》,第796页。
② 同上。
③ (东汉)张衡:《西京赋》,载(南朝梁)萧统编《文选》卷第二,中华书局1977年版,第37页。
④ 同上。

《宋刑统》《明律》《大清律例》，几千年来的国家治理早已是"有典有则"，但中国却从未真正实现过"法治化"。究其根本原因，是因为中国古代"齐俗"的目的并非是为了实现"法治化"，所谓的"化成天下"，不是以国家法律化成天下，而是指以古老的道法化成天下。所谓的"齐俗""化俗"，是指在义理上合于常道，而不是在形式上去变化风俗，因此其法俗律典不是以封闭的"法治化"为目的，而是以变化、开放的模式去维护和传播古老的道法文明。

中国古代一直有"论世而立法"的立法传统，又有"刑罚世轻世重"的司法传统。① 在中国古代的法学理论中，其立法和司法都是可以因时因事而变的，这与今天西方的法治理论有所区别。今日之西方法治理论特别强调立法的稳定性和司法的同一性，认为法律在时间和空间上的稳定性和同一性是法律能够实现公平正义的保障。而中国古代法学理论则不然，其认为不仅国家的法律可以变，礼仪同样可以变化，其理论依据在于：

首先，认为法律和礼仪不过是"道"在形式上的显现。中国古代法学以道为"体"，认为法律和礼仪只是道之"用"，道之义是"体"，是人际之常，故《淮南子·齐俗训》释"义"云："义者，所以合君臣、父子、兄弟、夫妻、朋友之际也。"②关于义与礼的关系，《淮南子·齐俗训》又云："义者，循理而行宜也；礼者，体情制文者也。义者宜也，礼者体也。昔有扈氏为义而亡，知义而不知宜也；鲁治礼而削，知礼而不知体也。"③既然道与礼法的关系只是体和用的关系，那么礼法只要做到符合古老的道义（伦和要），则礼法自然就是可以有"惟齐非齐"的变化，这就是《尚书·吕刑》中所说的"惟齐非齐，有伦有要"的含义。

其次，认为法律和礼仪在时间上应当因"时移俗易"而变。体现了道的礼法是指"五帝三王之法籍"，相对于"一世之迹也"的风俗，这些古老的法籍具有更多的稳定性和同一性，故《淮南子·齐俗训》云："世之明事者，多离道德之本，曰'礼义足以治天下'，此未可与言术也。所谓礼义者，五

---

① 《尚书·吕刑》："轻重诸罚有权，刑罚世轻世重，惟齐非齐，有伦有要。"
② 何宁撰：《淮南子集释·齐俗训》，第 760 页。
③ 同上书，第 788 页。

帝三王之法籍、风俗，一世之迹也。"①礼法虽然是"五帝三王之法籍"，具有某种稳定性，但是却并不是永远不变的，因为凡世可异，凡事可变，时移则俗易，礼法自然也要因时事而变，如此方可以"应乎高下"，故《淮南子·齐俗训》云："夫一仪不可以百发，一衣不可以出岁。仪必应乎高下，衣必适乎寒暑。是故世异则事变，时移则俗易。故圣人论世而立法，随时而举事。"②

再次，认为法律和礼仪在空间上要"与化推移"，要"不法其已成之法，而法其所以为法"。法律和礼仪不过是实现"道治"的工具，需要针对不同的地方风俗来灵活使用，故《淮南子·齐俗训》云："先王之法籍，非所作也，其所因也。其禁诛，非所为也，其所守也。"③不同的地方虽然风俗各异，但凡欲化其俗，当先察其风俗之义，而不是一味只求改变其风俗之形。如"誓法"由于出自不同的地方其形式不同，但其义却可能皆合于道，如胡人之誓是弹骨，越人之誓是契臂，中国之誓是歃血，虽然彼此形式不同，但都出于"信"义，都在于去知巧诈伪，故其义一也；如古之服饰，三苗之人是髽首，羌人是括领，中国之人是冠笄，越人是剪发，但是作为服饰以为遮体之用，其义一也；四夷之礼不同，然若皆尊其主而爱其亲，敬其兄，则合于"孝亲"之道，其与中国之义一也。

这些民族都各有其礼俗，其礼俗也都有合于人道之义，其形式未必都尽同于邹、鲁之礼，但是只要合于"道"之义，则不求改变其俗之形，这才是真正的"齐俗"之义。若一味只求形式上的改变，则是"忤逆而进"，故《淮南子·齐俗训》云："是故入其国者从其俗，入其家者避其讳，不犯禁而入，不忤逆而进，虽之夷狄徒倮之国，结轨乎远方之外，而无所困矣。"④又云："故三皇五帝，法籍殊方，其得民心均也。故汤入夏而用其法，武王入殷而行其礼，桀、纣之所以亡，而汤、武之所以为治。"⑤因此，中国古代一直强调"论世而立法"，这使得中国古代的法学一直具有某种开放性，使得中国古

---

① 何宁撰：《淮南子集释·齐俗训》，第792页。
② 同上书，第795—796页。
③ 同上书，第773页。
④ 同上书，第784页。
⑤ 同上书，第800页。

代的法律具有了化俗、齐俗的功能。这种化俗、齐俗不是要在形式上改变不同风俗，而是要在义理上维护和传播古老的道法。

清议齐俗　儒家齐俗，除法律手段外，尚有社会手段，这种手段就是至少在西周就有了的清议之俗。儒家对规范的理解历来是十分宽泛的，而不仅仅是刑和礼，如同《尚书》中"典""范""誓""谟""诰""训""命""刑"的法律形式之外，《国语》中提到的诗、书、赋、诵、谏、语、规、察、诲、修也都属于规范的范畴，这些都可以理解成为古代讲的"法俗"内容，都是古代的讽谏之俗。

在《国语·周语上》中有邵公规劝周厉王的一段话，其中提到周朝关于诗、书、赋、诵、谏、语、规、察、诲、修的法俗功能，是为周朝的讽谏之俗。中国古代的诗、书、赋、诵最初并非独有抒情娱乐的功能，其很早就有了政法教化的功能。这是一个古老的传统，孔子奉尧、舜、周公，谨尊周礼，同样也继承了这一传统，孔子后来通过删六经来推行其教法，大抵是出于此。

《国语·周语上》邵公曰："故天子听政，使公卿至于列士献诗，瞽献曲，史献书，师箴，瞍赋，矇诵，百工谏，庶人传语，近臣尽规，亲戚补察，瞽史教诲，耆艾修之，而后王斟酌焉，是以事行而不悖。"①此言古之诗、曲、书、赋、诵、谏、语、规、察、诲、修皆出于政治讽谏之用，起初并非纯粹的文学体裁，都是华夏文化中十分古老的法俗。

古有从公卿到士献诗于王之法俗，②"公以下至上士各献讽谏之诗"，③是为"献诗以风也"。④

古代之乐师献曲于王之法俗，是为"瞽献曲"，瞽是指乐师，"瞽陈乐曲，献之于王"。⑤意指古之盲人乐师献曲于王者是为了匡正当朝风气。古有外史献书于王之俗，是为"史献书"。史是指外史，书是指三皇五帝之书，故古之外史是掌三皇五帝之书的官员，外史献书是为了察讽时政。

古有师箴于王之法俗，师是指小师之官，箴是指向讽谏得失之义，"箴，

①　徐元浩撰：《国语集解·周语上》，中华书局 2002 年版，第 11—12 页。
②　周朝之士是爵，有上士、中士、下士。
③　徐元浩撰：《国语集解·周语上》，第 11 页。
④　同上。
⑤　同上。

刺王阙,以正得失也"。①

古有瞍赋于王之法俗,赋当起源于"瞍赋"："无眸子曰瞍。赋,公卿列士所献诗也。"②古之诗,初为唱词,公卿列士献诗于王不用唱,而只是诵读,故称其为"赋",《汉书·艺文志》有"不歌而诵谓之赋"。

古有矇诵于王之法俗,矇、瞽、瞍都是指眼瞎之人,眼瞎者或鼓乐、或诵赋、或弦歌,《周礼》："矇主弦歌讽诵。"所谓"诵",在古汉语中是指箴谏之语："诵,箴谏之语也。"《周礼》郑玄注："讽诵《诗》。"③谓读书之不依咏也。

古有百工执艺谏王之法俗,故曰"百工谏",意指专业人士有执艺事以谏王者之责。"百工,执技以事上者也。谏者,执艺事以谏,谓若匠师庆谏鲁庄公丹楹刻桷也"。④

古有庶人传语于王之法俗,庶人见政有得失,亦可传语于王。"庶人卑贱,见时得失不得达,传以语王也"。⑤

古有近臣进规于王之法俗,近臣乃是指王身边的骖仆之人,其责有"尽其规计以告王也",即有规谏王者之义,故曰"近臣尽规"。

古有亲戚补察之法俗,指王以下的父兄子弟有为王补过、察觉政之责,故曰"亲戚补察"。

古有太史教诲于王之法俗,这里的史是指太史,"史,太史也。掌阴阳、天时、礼法之书"。⑥古之外史是掌三皇五帝之书,而太史则是掌阴阳、天时、礼法之书,太史所掌的是"根本大法",具有很高的权威性,太史是古代执"大法"者,故云"瞽史",又云"教诲",总云"瞽史教诲"。

古有师傅匡正王者之法俗,"耆艾,师傅也。师傅修理瞽史之教,以闻于王也"。⑦《礼记·曲礼》："五十曰艾,六十曰耆。"《荀子·致士》："耆艾而信,可以为师。"韦注云："修,儆也。"吴曾祺云："修,儆也,谓儆戒王也,

———————

① 徐元浩撰:《国语集解·周语上》,第11页。
② 同上。
③ 同上。
④ 同上。
⑤ 同上。
⑥ 同上书,第12页。
⑦ 同上。

不训修理。"①是说师傅可以儆戒王者。

因此，古之公卿至于列士、乐师、外史、瞍者、矇者、百工、庶人、近臣、亲戚、太史、师傅都可以讽谏、箴戒、讽诵、补察、教诲、儆戒于王者，"而后王斟酌焉"，所谓"斟酌"，"斟，取也。酌，行也"。② 凡为王者，可依其言，取而行之。按照《国语·周语》中邵公的意思，这些都是古老的法俗传统，它们共同构成了中国古代的"清议"之俗。中国古代一直有清议之俗，顾炎武之《日知录》有专议"清议"。

存清议于州里，以佐刑罚之穷　清议乃是中国古代之一传统法俗。古代立闾师，设乡校，因此可存清议于州里，以补法治之不足。即使是偏远的郊遂之地礼法也可以得以维护，即使有土地纠纷也可以进行合理安排，如此中国古代的清议在教化世风、匡正地方政治得失方面，有补于基层社会中国家法治之不足。故顾炎武《日知录·清议》云："古之哲王所以正百辟者，既已制官刑儆于有位矣，而又为之立闾师，设乡校，存清议于州里，以佐刑罚之穷。'移之郊遂'，载在《礼经》；'殊厥井疆'，称于《毕命》。"③

清议与中国古代的"乡举里选"制分不开，中国古代曾长期实行乡举里选制，凡乡举里选必先考其生平，乡举里选制促使人们重视乡里对自己的评价，中国人历来重视口碑的传统亦因此而来。由于乡举里选依赖清议，人们因此而知是非，知廉耻，在乡里可以形成怀刑耻格之风。"一玷清议，终身不齿。君子有怀刑之惧，小人存耻格之风，教成于下而上不严，论定于乡而民不犯"。④

在隋唐发明科举制度之前，西周以来形成的"礼有等差"使得中国上古以来形成的礼法等级制度已经十分完善，直到魏晋时期实行九品中正，"虽多失实，遗意未亡"。⑤ 礼法等级制是以早期的爵禄制为基础，礼法爵禄虽然有定分止争的作用，而且还可以激发人们向上努力，一定程度上促进了社会的进步，"周公制礼"本也是一大政法发明。但是在这种制度下

---

① 徐元浩撰：《国语集解·周语上》，第12页。
② 同上。
③ （清）顾炎武撰，黄汝成集释，栾保群、吕宗力点校：《日知录集释》卷十三《清议》，第764页。
④ 同上。
⑤ 同上。

人才的举荐却很容易被限定在一定的阶层内部,这很大程度上阻碍了人才向上流动的空间,这却是礼法等级制十分不利于社会稳定和发展的一面。历史上,秦国商鞅变法一度破除了实行了千年的"世卿世禄",隋唐的科举制更是从根本上打破了"世卿世禄",科举制通过考试为平民提供了制度化的上升通道,于是科举制成为礼法爵禄等级制的有益补充和完善。但应当注意的是,无论是举荐时代还是科举时代,两汉以来中国古代的"乡举里选"一直长期存在着,这就是中国一直保有清议传统的社会制度基础。

不过,历史上清议之俗的弊端也十分明显。清议的方式是士人品评人物,"品核公卿,裁量执政",其虽不是制度,但亦有"君子德风"的效果,可以通过士人的教育完善社会风俗,可以形成舆情对地方为政者产生实际的影响,故清议有激浊扬清之效。但由于清议之俗可使士人因之"激扬名声,互相题拂",因此沽名钓誉者有之,故司马光云:"饰伪以邀誉,钓奇以惊俗。"①此乃清议之弊。又有"凡被纠弹付清议者,即废弃终身,同之禁锢",②此为犯乡论清议者之常态。至于宋武帝篡位诏"有犯乡论清议,赃污淫盗,一皆荡涤洗除。与之更始",③则只是"非常之恩",否则永不得出仕,足见客观上古代清议之罚甚重。又,明代洪武时期实行的申明亭制度强化了法律对乡里的直接控制,这一方面加剧了清议的法律化,同时也破坏了原来的清议旧俗。洪武十五年八月乙酉,礼部议:"凡十恶、奸盗诈伪、干名犯义、有伤风俗及犯赃至徒者,书其名于申明亭,以示惩戒。有私毁亭舍、涂抹姓名者,监察御史、按察司官以时按视,罪如律。"④洪武十八年四月辛丑又"命刑部录内外诸司官之犯法罪状明著者,书之申明亭"。⑤ 清议原本只是"乡论之污",对于当事人来说只是有损于清名仕途,而发展到明代,由于国家法律对乡里的直接控制,因有伤风俗而犯清议者与犯十恶、奸盗诈伪、干名犯义、犯赃至徒者一样,都一起书其名于申明亭,则已经渐入

---

① （宋）司马光编著：《资治通鉴》卷五一《汉纪四十三·孝顺皇帝上·二年》,中华书局1956年版,第1650页。
② （清）顾炎武撰,黄汝成集释,栾保群、吕宗力点校:《日知录集释》卷十三《清议》,第764页。
③ 同上。
④ 同上书,第766页。
⑤ 同上。

刑名,这不仅容易使清议法律化,也在很大程度上破坏了中国乡里传统通过清议进行齐俗弼教的模式,导致"风纪之官但以刑名为事,而于弼教新民之意若不相关,无惑乎江河之日下已"。①

谏俗与道法 一般认为西方中世纪的领主与封臣之间是一种权利与义务关系,是一种契约化的关系,而中国古代的君臣关系却是一种人臣相对于君王的人身依附关系,这种认识在法界几成定论。但是如果仔细体会,我们会发现儒家对君臣关系同样也有一种契约化解释,这种契约化的解释隐含于作为人的谏礼之中,《礼记·曲礼下》:"为人臣之礼,不显谏。三谏而不听,则逃之。"意思是为人臣者用委婉的方式向君王请谏,若谏三次,君王仍不采纳,则可以隐于野三年,以待君王悔过。按郑玄的解释,臣在"三谏"无果的情况下,当遵"三谏不从,待放而去"之礼。即是若君王有悔,则使人送之以环;若君王不悔,则使人送之以玦。"大夫以道去其君也。国小而迫,君不用道,好洁其衣服,逍遥游燕,而不能自强于政治,故作是诗也。以道去其君者,三谏不从,待放于郊,得玦乃去"。② 这当然是一种十分理想化的结果,现实情况不可能尽皆如此。这种为人臣之礼,是建立在孔子所说的道义论基础上的,即孔疏云:"君臣有义则合,无义则离。""所谓大臣者,以道事君,不可则止。"③

由此可见,中国古代的君臣关系是建立在道义基础上的,而不是建立在法律的基础上的,如同夫妇关系一样,是建立在道义而非法律、经济之上。如《汉书·孔光传》云:"夫妇之道,有义则合,无义则去。"又如《孟子·离娄下》云:"人义则合,无义则离。"故中国古代君臣如同婚姻关系一样,也是遵循"义合""义绝"的原则。显然,中国古代法律上的"义合""义绝"具有强烈的道法学色彩。

这种建立在所谓的道义基础上的关系,需要君臣对道和义有深刻的理解和遵循,才能使得这种相对平等的离合关系得以完美实现。在这种道义论确立了君臣、夫妇具有主体性的意思自治,否定了他们之间存在的必然

① （清）顾炎武撰,黄汝成集释,栾保群、吕宗力点校:《日知录集释》卷十三《清议》,第766页。
② （汉）郑玄笺注,（唐）孔颖达疏:《毛诗正义》卷七七之二《桧羔裘诂训传第十三》。
③ 《论语·先进》。

的人身依附关系,但这也仅仅是道义和理论而已,因为实际的情况是这种关系不可能不受到经济、权力因素的制约。因此,中国古代建立在道法学理论之上的社会关系只是一种个体化的道德关系。

下 篇

神与俗：法的原始俗义考略

第十二章 "法"之俗义

一、"瀍"之性

在法律史上,水与法律之间有着密切的关系,在英国通常采取水神判的方式进行证明,[①]南洋的尼亚士族人中流行的水神判是这样进行的:将纠纷双方均沉于水中,最久者得胜,淹死者即有罪,死是神对他的惩罚。类似的古代法律现象现已为人们所熟知,毋庸讳言。有趣的是,由于西方中世纪审判常运用这一形式,引发了人们对中国古代是否存在水神判的兴趣。

历史上许多信息表明了水与法的关系,在许多民族成文或不成文的"词典"里,"法"的解释总是与水有关的。如意大利、西班牙、法国、德国关于"法"的语言表述有这样一些词汇:"sources du droit""Rechtsqueellen""fonti diritto"和"fuentes del derecho"。其中"source"在法语和英语中、"quelle"在德语中、"fuente"在意大利语中都是"水流的起源"之意。在伊斯兰世界,"法"被解释为"通往泉水之路";维语中的"法"属于伊斯兰教法,伊斯兰教法中"法"被称为"沙里亚",意思也是"通往泉水之路",本身有"道路""行为"之意。即使在成文的伊斯兰教法文献时期(770—820年),即它的成文化时代,这些法典也被称为"沙里亚法典"。[②] 从直意上来

---

① J. H. Baker, *An Introduction to English Legal History*, Fourth edition.Butterworths Lexis Nexis, pp.4 – 5.

② "沙里亚法典"一语,在教法学上被解释为真主降示的神圣命令的总和,即一个虔诚的穆斯林在宗教、道德和法律上应当遵行的一整套义务制度。作为宗教法,伊斯兰教法是与伊斯兰教同时产生的,它的主体部分是在古阿拉伯部落习惯和倭马亚王朝(661—750年)时期流行的民俗风尚、行政惯例及司法实践上发展而来的。古代教法学家们通过解释、推理等各种方式创制和发展法律,他们根据社会生活的需要,对早期的习惯法进行修改、重述,然后以神启名义规定为教法内容。到四大教法学派活跃时期(约公元8—10世纪),伊斯兰法已臻于完善,形成庞大而完备的体系。随着10世纪以后,"伊智提哈德之门关闭"(意即不再运用人的推理创制来发展法律),伊斯兰教法学的发展基本稳定下来。

理解，这里"法"的终极点是"泉水"，如同中国汉字中的"法"一样与水有关，而且"通往泉水之路"本身表明水是"法"追求的目标。我们可以这样理解：信奉伊斯兰教的民族多是来自干旱地区的民族，泉水是生命源泉，是最为宝贵的资源，在对这一资源合理占有方式的思考中，产生了这一民族对生命和正义的解释，即"法"是一个以资源、生命和正义为内涵的概念。由于正义与资源的相关性，因此正义从一开始就是一个关于共同体的概念，这意味着正义存在于个人与他人利益的取舍之间，而关于正义的规则自然就是一种有关如何"取舍"的规则。此等关于"法"的解释表达了人们对正义属性的基本理解，不过这样的理解也仍然只是主观推测而已。

　　关于水神判在中国古代是否存在，目前缺乏考证，但是从带水旁的"灋"字来看，《说文》解释为"平之如水"，以为"公平"之象征。水代表"公平"，"廌"为神兽，二者结合为法，似乎表明了在中国古人的观念中，对水与法、水与神之间联系的认识。但是中国古代民族司法中，是否存在过水神判，目前尚未发现相关证据，至今的研究仍然只有来自水旁的"灋"字。"灋"字的存在表明，在中国"法"字也与水联系在一起。在中国古代关于法的义理秩序中，包含了两个概念，即"道"与"法"，这两个概念都与"水"有关，换言之，是追求"道性""法性"与"水性"相一致。中国古代之法缘于道，而中国古代之道缘于水。

　　对于水与道的关系，可以从老子的《道德经》进行分析。《道德经》由两部分组成，即"无极"和"太极"。《道德经》中"天下万物生于有，有生于无"，[①]无即是道。"无极"和"太极"的关系是"无极生太极"，道是无极，阴阳是太极，"万物负阴而抱阳"，[②]太极只是人事之理，是"道"的体现。"道"体现于人事谓之德和善，德和善有"上德"和"下德"、"上善"和"下善"之分，合于"道"的人事就是"上德"和"上善"，"上德"和"上善"是"道"的人格化和伦理化。因此合于"上德"和"上善"者，就是合于"道"。老子曾经将"上德"和"上善"比喻为水，他说"上善若水"，[③]之所以这样

---

① 《道德经》。
② 同上。
③ 同上。

说,是因为"水有利万物又不争",①"水有利万物"在于"居善地,心善渊,与善仁,言善信,政善治,事善能,动善时",②然而水"又不争",而且总是"处众人之所恶",③因此水有"上德"和"上善"之性,因此水之性与"道"之性最为相似,"故几于道"。这与孔子所说的"欲立立人,欲达达人,己所不欲勿施于人"何其相符!此一准则可为人事之"上德"和"上善",是可为"王道"之真义。在这里老子建构的逻辑是:道—德—若水—水有利无物而又不争。道家思想本喻于何时?虽无从考证,不过可以肯定,在老子之前,"道性""法性"与"水性"的思想就已经存在。

这里有一个关键词,即"若水","若",通常我们将它解释为"象""似"之意。但是中国古文献中"若水"之说,最早是地名,"若水"的具体位置在《山海经·海内经》中:"南海之内,黑水、青水之间,有木名若木,若水出焉。"意思是"若水"出于"若木"。《淮南子·坠形训》有云:"若木在建木西,末有十日,其华照下地。"而有学者认为建木是指地下,④又有学者解释"若水"并非一条真正的河水,它是下界的流水,也就是我们所说的"黄泉"的别名,⑤是地下黄色泉水的意思,与"黄帝"的"黄"同义,这说明黄帝是由来自地下而不是天上的神演化而来的。《史记·五帝本纪》说黄帝"执绳而治四方,其神为镇星,其兽黄龙",《淮南子·地形训》又说:"黄龙入藏生黄泉,黄泉之埃上为黄云。"《山海经·海内南经》说:"黄帝妻雷祖,生昌意。"《史记·五帝本纪》中又说"昌意降若水",意思是说黄帝的儿子昌意生于"若水"。此外,居"五帝"第二的颛顼亦生于"若水"。《吕氏春秋·仲夏纪·古乐》云:"帝颛顼生自若水,实处空桑,乃登为帝,惟天之合。"由此可见,"若水"自是一条河水,自古有之。不仅如此,在神话中"若水"还是神水之地,是"黄泉",是地心神圣之所。它与中国古代始祖降生神话及其发源地有关,是始祖们降生地的神话地名。那么老子所说的"上善若

---

① 《道德经》。
② 同上。
③ 同上。
④ Mircea Eliade, *Shamanism: Archaic Techniques of Ecstasy*, London, Routledege, Kegan Paul, 1964.
⑤ 〔美〕艾兰著,汪涛译:《龟之谜——商代神话、祭祀、艺术和宇宙观》,商务印书馆2010年版,第29页。

水"中"若水"的一般解释是"如水一样",但是如果作为名词,此"若水"与彼"若水"不知有关联否?

在远古神话中,我们可以发现一些"水"与"法"关系的线索。上文说到颛顼时,有"实处空桑,乃登为帝"之语,这里提到"空桑",意思是帝颛顼本居住在"空桑","空桑"之地就是"若水"之地,是地心,是"黄泉"之所,能够与上天连接。"空桑"同样是指空桑之树木,在同样的地方,故事继续发生。《淮南子·本经训》中记载"舜之时,共工振滔水,以薄空桑",意思是共工"象恭滔天",破坏了连接地心的空桑树木之地。《淮南子·天文训》记云:"昔者共工与颛顼争为帝,怒而触不周之山,天维绝,地柱折。天倾西北,故日月星辰移焉。地不满东南,故水潦尘归焉。"因为共工与颛顼争位,怒而触山,引发了地下洪水泛滥。《楚辞·天问》载"洪泉极深,何以填之",难以阻挡。《孟子·滕文公上》:"当尧之时,天下犹未平,洪水横流,泛滥于天下。"

这些情境更像是一场大地震引发的洪水灾难。人们没有像西方《圣经》那样,把它归于上帝的惩罚,也没有把它归于自然力,而认为是共工与颛顼相争为帝的结果,是"争"造成的厄运。它破坏了地与天的连接与平衡,或许正因如此,传说才有意强调颛顼的出生之地是"若水",是"空桑"之地,本就与天相合,并以此证明颛顼为帝合上下天地之意,从而具有天然的合法性。《吕氏春秋》才有"帝颛顼生自若水,实处空桑,乃登为帝,惟天之合"的记载。

诚如《尚书·尧典》所描述的:"汤汤洪水方割,汤汤怀山襄陵,浩浩滔天。"这场灾难在当时给人们的印象必然十分深刻,洪水之后,人们必定进一步认为"若水"或"空桑"是地与天自然平衡的关键所在,"水"与"共"合而为"洪","洪泉"更是与共工相联系。而从古音学的角度考证"共工"的字义,有学者认为"共"有"讼""凶"的意思,"工"则通"洪""汹""泽"。[1]如此推理,中国古代道法之本义缘于水,讼法之本喻恐缘于汹涌洪水。而且在《易》中,古代中国人把"讼"看作为是"凶",其本义亦为"洪""汹"。

---

[1] "Kung Kung and the Flood: Reverse Euhemerism in the Yao Tien", *Toung Pao* 67.3 – 5, 1981, pp. 150 – 153.

在中国人的诅咒观念中,"洪""汹""讼"都是可以运用的词汇。

后世中国人常常以水来比喻"法",尽管我们看到中国古代国家法律制度中,"刑"(奴隶制时代"五刑")在"法"(战国"国法""常法"、《法经》等)之先,然而上述带水旁的"灋"(法)字应当更加古老。"灋"字甲骨文未见,而见于出土自陕西的两件被称为"重器鸿宝"的西周铜鼎、盂鼎和克鼎上之金文,盂鼎上"灋保先王"、克鼎上"勿灋朕命"的铭文,说明"灋"字至少在西周时期已经出现。"上善若水"的提出,至少老子时就有了,而把法当作是对善的追求,这样的思想于中西法律史的影响也同样久远。水是善的象征,善是法的追求,同样也象征着法,"平之如水"的含义同样表明公平是属于善的范畴。但是仅仅追求善,只能是人的愿望,那么善又来自何处? 从对"灋"字的分析,显然能够带来善的公平审判,应当是"廌"这般神物,这里"水"只是象征、比喻,最多是指前述"若水"。

我们不敢说中国古人在解释"灋"字时是以水为神,"灋"字有水审判的意思。关于"灋"字与水审判的关系,胡大展认为"它是我国古代神判的一种速写记录。它描绘廌触人抱器进入流水,去接受神明(流水)的考验",[①]这显然只是想依据"灋"字而推演出中国古代像西方中世纪那样有"水神判"。同样,蔡枢衡认为《说文》解释"灋"的"平之如水"四字是后人添加上去的,这是蔡先生的推见。蔡先生认为,"法字的本义是流","灋是廌触水去。解廌触定,放在水上,随流漂去便是法。足见法字本义是流",[②]"字形既由水去组成,作为刑罚,自然舍流莫属了。很显然法字的最古义是流,就是水上流去"。[③] 但是这些观点都只是个人推想而已,没有确切的证据。而"廌"则反映了早期中国人对法律的基本认识,即认为公平来自神裁,这一点是不当有疑问的。但是无论是"水",还是"廌"这样的动物,它们都属于自然物,而且"廌"曾经是用于审判的神兽,古籍中是有案可查的。因此可以说"灋"字表明早期中国人对"法"的理解是来自原始自

---

① 胡大展:《"灋"意考辨——兼论"判决是法的一种起源形式"》,载《比较法研究》2003 年第 6 期。
② 蔡枢衡:《中国法理自觉的发展》,清华大学出版社 2005 年版,第 170 页。
③ 同上书,第 230—232 页。

然神物崇拜。

与"灋"字相比，中国古代尚有"刑"字，二者都可以说是"法"。"灋"非"刑"，"刑"字见于甲骨文，但是不能就此说"刑"字早于"灋"字出现，甲骨文的"刑"字，像人被锁拘在一个木制笼框中的样子。把犯人关在囚笼中游街示众，从"刑"字的构造看，它表示具体的惩罚方式是刑罚。"灋"不像"刑"那样是具体的制度，它不是"刑"那样的"有形之法"，根据前面对它的构成的分析，它表达了法的理念，是与"下德"和"下善"的"刑"相区别的，而且很可能就是象征"合于天地之道"的"若水"，因此所谓若水之善、若水之法就是指合于"道"。

二、"廌"之俗解

上古之事如《列子·杨朱篇》曰："太古之事灭矣，孰志之哉？三皇之世，若存若亡。五帝之事，若觉若梦。三五之事，或隐或显，亿不识一。当身之事，或闻或见，万不识一。目前之事，或存或废，千不识一。"故考上古神判先迹，亦不免空凿，亦不过"千中识一""亿中识一"。关于上古中国法律的起源亦是如此。正如我们熟知的那样，黄帝—廌—触角—皋陶之间共同构成了中国远古时代关于法律起源的神话。这一神话为我们展现了黄帝、尧舜禹时代关于汉民族法律起源的一个生动故事：在一个我们以为洪荒的部族时代，一位名叫皋陶的法官，手牵着一只名叫廌的野兽，缓缓走进"法庭"，以此兽立于纷争的两造之间，皋陶突然松手，斯兽逡巡良久，猛然冲向理屈的一方，是非于是顿明。但这毕竟只是神话，仍然颇为模糊，不过至少说明中国古代法律起源一开始就与神意联系在一起。

中国古代神判之踪迹，始终与"廌"字相联系。廌者，传说中善于审判之独角神兽，《说文解字》："似山牛一角，古者诀讼，令触不直，象形从豸。"据历史文献载，自黄帝时代直至唐以后，其都是法律与司法的象征。《说文解字》中有："薦，兽之所食草，从廌、草，古者神人以廌遗黄帝。"意即廌在黄帝时或早于黄帝时已出现。有趣的是，尧时"廌"也同样存在，《艾子杂说》曰："尧之时，有神兽曰獬豸，处廷中，辨群臣之邪僻者，触而食之。"说明此时有辨邪僻的触审神判。人们通常认为这里讲的獬就是廌，它不仅触人,而且食人。至舜禹时,《论衡·是应篇》说它是"一角之羊也,性知有罪。皋陶治狱,其罪疑者,令羊触之",故舜时廌亦有触审之事。

黄帝、尧舜禹时的神判都为后世文献所记载,但语焉不详,从这一时期的文献记载来看,此时的神判有几个特点:第一,文献中记载神判只有触审一种形式,而且只有廌这种独角兽参与了裁判;第二,触审的主角廌始终与皋陶相联系,且神判形式单一,直至汉文化中神判记载的消失。这与我们目前看到的古代其他国家如日耳曼、印度、日本,以及我国西南少数民族神判存在着诸多复杂的神判形式很不相同,这是否说明中国法文化中司法审判制度与中国古代较早建立的统一的国家形态相契合,由此司法审判(包括神判)较早地获得了统一的形式呢? 穗积陈重在其《法律进化论》一书中提出"触审神判"一词,也正好说明"触角神判"是中国远古神判的一大特色。中国汉族神判文化的这种单一性特征与中国国家及法律的起源之间存在着必然的联系。具体来讲,它从一个侧面印证了法史学界普遍认为的中国法律起源于兵,中国远古法文化是兵刑法文化的观点。"触角神判"为中国早期神判形式,在国外早期的民俗中有"触尸审"的事例,而无"触角审"之说。在中国西南少数民族神判中,"斗牛"之古老遗俗疑与"触角"审有相似之源。据古书记载,"触角神判"早在黄帝时就已见端倪,尧、舜、禹时期可能通用,春秋时期尚有遗迹。"触角神判"中出现一人一兽两个角色,人者,皋陶也;兽者,廌也。欲知"触角神判"就要先了解廌与皋陶,知其在古代法文化中的价值,亦先须从二者与蚩尤的关系说起。

廌是黄帝、尧舜禹时代神判的主角,它出现的时间很早。如前所述,廌在黄帝时即已出现,《神异经》:"古者神人以廌遗黄帝。""在北荒中有兽,如牛一角……见人斗则触不直,闻人论则咋不正,名曰解豸。"《说文解字》:"廌,解廌兽也,似牛一角。"《神异论》:"有兽如牛,一角,名曰解豸。"它的形象类牛,只有一角,名曰解豸。

另有说法,认为廌似羊、似鹿、似麟、似牛、似熊。似羊之说见《论衡》:"觟虎者,一角似羊也,性知有罪。"《后汉书·舆服志下》:"解豸神羊,能判曲直。"《金楼子·兴至》:"常年之人得神兽若羊,名曰解豸。"似鹿之说如《汉书·司马相如传》注引张揖曰:"解廌,似鹿而一角,人君刑罚得中则生于朝廷，主触不直者。"似麟之说，如《隋书·礼仪志》引蔡邕曰："解豸，如麟，一角。"《春秋公羊传》襄公十四年："麟者，仁兽也，有王则至，无王者则不至。"何体注："状如麇，一角而戴肉。"《诗经》中有《麟之趾》。严粲《诗缉》："有额者宜抵，唯麟之额，可以抵而不抵。""有角者宜触，唯麟之角，可以触而不触。"《广雅·释兽》中说麟是中规中矩，①这不像是解廌"见人斗则触不直"的做派。不仅如此，解廌还吃人，《艾子杂说》中有："尧之时，有神兽曰獬豸，处廷中，辨群臣之邪僻者，触而食之。"如果"廌"是牛、羊、鹿、麟当中任何一种的话，怎么会吃人呢？此外，尚有似牛角兼似熊足之说，《神异经》："在北荒中有兽，如牛一角，毛青，四足似熊，见人斗则触不直，闻人诧咋不正，名曰解豸。"显然《神异经》言其牛角熊足，当既非牛，也非熊，且还能够食人，其形象所似之多，而又不是其中之一，益见其怪异。

不管此神兽貌似何物，笔者认为，它至少有三个特点：第一，它只有一角，为独角兽，是豸，可能会吃人；第二，它能"知曲直"，是仁兽；第三，豸还在东方，可能与东夷蚩尤部有关，东方貉，从豸。《说文解字》曰："夷俗仁，仁者寿，有君子不死之国。"仁与夷与寿同义。又曰："羌，西戎羊种也，从羊，羊亦声。南方闽，从虫。北方狄从犬。东方貉，从豸。西方羌，从羊。"又有《说文》段注："南方蛮闽，西方羌，西南焦侥，东方夷也。"由此可知，豸在东方，"东方夷也"，而"夷得仁"，"麟者（指豸），仁兽也"，山东是东方，东方为夷。又《方言》："裔，夷独之总名。"郭璞曰"边地为裔"，夷与裔同义。又《楚语》："颛顼代少昊诛九黎，分流其子孙属于西裔者。"故裔者，指九黎也，九黎为蚩尤部。此外，从蚩尤部与豸的关系看，《五制》："东方曰夷，被发纹身。"此处指蚩尤部，故东夷为豸，为蚩尤部仁兽也。后至颛顼代少昊诛九黎，分流其子孙属于西裔者，为三苗。禹时"又在洞庭送命，又诛之"（《楚语》），这才有《神异经》中"西南有人焉，身多毛，头上戴豸"一说。故原来秦时南方楚王得"豸"，而有"豸冠"，以之为异物，其实也是必然。蚩尤本属炎帝族，《路史·蚩尤传》："蚩尤，羌姓，炎帝之裔也。"封禅号炎帝，炎帝"人身牛首"与蚩尤"人身牛蹄"颇为相似，炎帝后与黄帝部会为炎

---

① 《广雅·释兽》："麒麟步行中规，折还中矩，不履生虫，不折生草。"

黄,奠定华夏族之族基。蚩尤部十分骁勇善战,传说蚩尤兄弟八十一人并兽身人语,铜头铁额,食沙石子,造高兵杖刀戟,威震天下。蚩尤以金作兵,新作的五兵"戈、矛、戟、酋矛、夷矛",作五虐之刑(劓、刵、椓、黥)。

蚩尤部的这些兵刑之具,连同獬豸这一象形神判一起,在战争的厮杀声中融入上古的汉文化中,而且獬豸成为中国古代的司法图腾,此因楚王灭皋陶后获"豸冠","因象其形,以制衣冠"。[①] 至秦末,刑法统于六国,楚获之,奉为御史之冠,汉代司法官头顶豸冠,并刻画鹰之形象于官署正墙,府廷画皋陶雕偶。[②] 至唐,司法御史"大事则豸冠,生衣,熏裳,白纱,中单以弹之,小事常服而已"。由此,鹰成为古代中国司法公正和威严的象征,豸冠象征着兵刑法文化,鹰遂成中国古代法文化肇始之符号。

与鹰相联系的是皋陶一词,皋陶在中国古代是一个很模糊的名字。皋陶这一名字,上至尧,下至战国(楚王灭皋陶)都曾出现过,由于它与鹰始终相关,故颇为神秘,加之史料记载语焉不详,更是复杂难辨。皋陶的形象兼有军事与司法色彩,甚是怪异且智慧不凡。《淮南子·修务》曰:"皋陶马喙,是谓至信,决狱明白,察于人性。"《白虎通·圣人》有:"皋陶马喙,是谓至诚,决狱明白,察于人情。"《荀子·非相》:"皋陶之状,色如削瓜。"不知究竟似马还是似鸟,而且据《史记·五帝本纪》言,尧舜禹三代皆有皋陶,皋陶一词不知是人名还是官名,抑或是其他名称,在此笔者浅作推析。

首先,在《五帝本纪》世系表中,皋陶与伯夷不在黄帝系统内,皋陶仅与"六英"有关,再无下文,不像黄帝族系那般清晰,待至战国,绵延无穷。我们看皋陶来自何处,《帝王世纪》载"皋陶生于曲阜",又说:"少昊邑于穷桑,以登帝位,都曲阜。"少昊部原属于蚩尤部,黄帝战败蚩尤后,少昊部归降后居住在山东曲阜一带。据《左传·昭公十七年》载,郯子言少暤氏部落有以鸟图腾任命官职的习惯,"凤鸟氏,历正也;玄鸟氏,司分者也;伯赵氏司至者也;青鸟氏,司启者也;丹鸟氏,司闭者也;祝鸠氏,司徒者也;鸤鸠氏,司空者也;爽鸠氏,司寇也;鹘鸠氏,司事也",皋陶既生于山东曲阜,又有其貌似鸟的记载,很可能是其中一支较小的以鸟为图腾的部落的代名

<hr>

① (东汉)杨孚撰:《异物志》,载刘纬毅辑《汉唐方志辑佚》,北京图书馆出版社 1998 年版。
② 《论衡·应是》。

词。《吕刑》："若古有训，蚩尤惟始作乱，延及于平民，罔不寇贼，鸱义奸宄，夺攘矫虔。苗民弗用灵，制以刑，惟作五虐之刑曰法，杀戮无辜。"马融曰："蚩尤，少昊之末，九黎君名。"《楚语》："少暭之衰也，九黎乱德。"又有郑康成曰："蚩尤霸天下，黄帝所伐者，学蚩尤为此者，九黎之君，在少昊之代也。苗民谓九黎之君也，九黎之君于少昊氏衰而弃善道，上效蚩尤重刑，必变九黎。言苗民者，有苗，九黎之后。颛顼代少昊，诛九黎，分流其子孙，属于西裔者为三苗。至高辛氏衰，又复九黎之恶。尧兴，又诛之，尧末，又在朝。舜时，又窜之。禹摄位，又洞庭逆命，禹又诛之。"据《淮南·修务训》的观点，黄帝战胜蚩尤后，命少昊率其旧部，至少昊氏衰而弃善道，效蚩尤重刑，复作乱。到颛顼、尧时及至禹，继续作乱，多次被镇压，向西迁移至洞庭。蚩尤旧部自黄帝后复作乱是少昊氏衰退的时候，所谓"九黎乱德"亦是其衰败时，少昊氏曾经率九黎于山东一带，早期曾以鸟名官，自然包括九黎在内，皋陶在尧时出自山东曲阜自然就不奇怪了。

中国最古老的战鼓叫"皋陶"，[①]蚩尤部"师出以律"，以五刑军令威严而著称，战鼓是军令刑罚的象征，该部因善以鼓施军令，故久而久之，皋陶一词遂成为该部落的称呼。该部落后随少昊归降后久居山东，保留了蚩尤时代的兵刑鼓律传统。蚩尤残部在黄帝、颛顼、帝喾时不为所用，至尧时被举用，"而禹、皋陶、契、稷、伯夷、夔、龙、垂、益、彭祖，自尧时皆举用"，[②]"当尧之时，皋陶为大理"，[③]由此皋陶开始成为尧的大理，参与尧的管理事务。尧时曾"咨五岳"，舜时曾"谋于四岳"，咨询的对象中都有禹和皋陶，皋陶存在的时间如此之长，可见"皋陶"在此皆非人名。故皋陶与禹一样，本不是一人之姓氏。关于一点，可以联系共工氏与蚩尤氏来说明，"共工"与"蚩尤"皆非人名，同样是氏族的称号。《汉书·古今人表》认为共工为女娲氏后，《太平御览》引《黄帝内经》："末有诸侯共工氏，任智刑以强伯。"而《列子》《淮南子》诸书中皆云共工与颛顼、帝喾、高辛争帝。《管子·揆度篇》称："共工之王，水处什之七，陆处什之三，乘天势以隘制天下。"故共工乃为古

---

① 《周礼·冬官·记工》。
② 《史记·五帝本纪》。
③ 《说苑·君道说》。

之一强势部落,至高辛氏时为常患。相传共工为水神,"共工氏以水纪,故为水师而水名",①其部世称"共工"。《左传》昭公十七年有云:"郯子曰:昔黄帝氏以云纪,故为云师而云名;炎帝氏以火纪,故为火师而火名;共工氏以水纪,故为水师而水名;太暤氏以龙纪,故为龙师为龙名。"再看蚩尤,《龙鱼河图》称蚩尤"兄弟八十一人,或曰七十二人,同时称兵之酋长的有七八十人,皆以蚩尤为号,故谓之兄弟耳"。

由此可见,上古本无个人之姓氏,个人之姓氏本是部落之名。这就不难解释为什么《史记》中在尧舜禹这一漫长时代,都有皋陶出现,显然皋陶非一人之姓氏,乃是上古同源部族人的共同称号。皋陶部能征善战,同时擅长施用刑罚,为舜所用。舜帝曾对皋陶说:"皋陶,蛮夷猾夏,寇贼奸宄,汝作士,五刑有服。"②郑康成注之:"猾夏,侵乱中国也,强取为寇,杀人为贼,由内为奸,起外为轨。"此处,皋陶既作"士",既要对付外敌的军事入侵,又要对内惩罚犯罪,皋陶兼军事职能与司法职能于一身。这里的"皋陶"似为一人,而非一部,这正说明上古部族名称与个人同名。此外,在舜摄政、禹理政时,皋陶曾帮助禹屡建事功,"皋陶于是敬禹之德,令民皆则禹,不如言,刑从之"。③后舜死禹立,"帝禹立而举皋陶,荐之,且授政焉,而皋陶卒。封皋陶之后于英,或在许",④作为个人的"皋陶"死了,而作为部族的"皋陶"则被封于山东,于是山东成了皋陶部族的封地。

综上分析,皋陶与禹一样历经尧舜禹三代,若是同一人实在不可能,尧时的皋陶与舜时的皋陶肯定不是同一人,尧时的皋陶与禹时的皋陶也不是同一人,故皋陶自蚩尤氏作鼓以来最早是战鼓名,后为一支以鸟为图腾的善五刑鼓律的小部落名,该部因原系蚩尤部,继承了蚩尤的五刑传统,故被举用后世袭"士"及"大理"之职,从尧至禹,皋陶从生到死都在山东一带,这或许可以解释为什么春秋时期齐国仍有司法神判的事例。鹰的故事正如蚩尤的故事一样,是一段被淹没了的部落的历史和文化。

---

① 《左传·昭公十七年》。
② 《尚书·舜典》。
③ 《史记·夏本纪》。
④ 同上。

此外，文献记载"皋陶作士"（《尚书·皋陶谟》），《论衡·应是篇》又云："皋陶治狱，其罪疑者，令羊触之。"皋陶与将军、法官、独角兽联系在一起，而中国古代的将军又被称为犀首，将军的头盔也是"似山牛一角"且"两鬓如剑戟"，这一形象又与传说中的蚩尤形象一致。据宋朝洪迈《容斋随笔》中所考，"将军"一词是周代末年的称呼，后为秦所沿用。

> 《前汉书·百官表》："将军皆周末官，秦因之。"予按《国语》："郑文公以詹伯为将军。"又："吴夫差十旌一将军。"《左传》："岂将军食之而有不足。"《檀弓》："卫将军。"《文子》："鲁使慎子为将军。"然则其名久矣。彭宠为奴所缚，呼其妻，曰："趣为诸将军办装。"《东汉书》注云："呼奴为将军，欲其赦己也。"今吴人语犹谓小苍头为将军，盖本诸此。[1]

然"将军"一词于当时并不普遍，较之"士师""司寇"为晚，可见武官之称呼，最早当为"士"或者"师"，"司寇"一词至少在夏之时才出现，于夏初为六卿。《甘誓》"乃召六卿"，郑注《大传·夏书》云："六卿者，后稷、司徒、秩宗、司马、作士、共工也。"后改为五官，《礼书通故》："后稷废，兵刑分，其制以秩宗、司徒、司空、司寇、司马为五官。"司寇开始成为独立的法官，但不为三公（司马、司徒、司空）之列。至商，《王制》曰："司寇正刑明辟，以听狱讼。"沿袭了夏朝的司法官制。后至春秋，"将军"一词作为独立的高级军事主官出现，在语义上与司法分开。但无论将军、司寇，或后来的"廷尉"诸词都与司法和军事职务有关。

皋陶的故事向我们展示了中国法文化古老的背景，它与战争紧紧相连。皋陶在尧时，曾做"士"，又做"大理"，"士"乃上古之军职称呼，在上文尧与皋陶的对话中可以知道，"士"是军事与司法合一的官职，至周代"士"成了专职司法官。《周礼·司寇》中有士师、乡士、县士、方士、讶士、朝士，司寇为最高司法官，"寇"有外犯之敌的意思，司寇暗含有御寇之意。到秦

---

[1] 《容斋随笔》卷七"将军官称"。

汉,最高司法官为廷尉,战国时各国皆记有尉,将军以下军官称尉,有中尉、国尉、都尉。《资治通鉴·周记四·赧王中》二十二年胡注:"战国之时,有国尉,有郡尉。应劭曰:自上安下曰尉,武官悉以为称。"尉与法官义同源。战国时,《法经》中称将军为"犀首","犀首以下受金,则诛","犀"字与"牛"有关系。关于"犀",张衡《应问》云:"犀舟劲楫,《后汉书》注释中引录《前汉书》有:羌戎弓矛之兵,器不犀利。"《音义》曰:"今俗谓刀兵利为犀。犀,坚也。"兵器利,称为犀,故称呼将军为"犀首",以利器喻之坚锐强勇,这说明"犀首"一词与战争的关系。然而这只是一种理解,还可以猜测"犀首"与牛首有关系,恐有牛首之意。笔者以为古时武将钢盔上常有一独角,独角同廌"似山牛一角",而且钢盔两边有向上的铜翅,与蚩尤"两鬓如剑戟""铜头铁额"相仿,如此,"犀首"恐怕也就是象征战争的蚩尤和象征法的廌的结合。

在古老的"触角裁判"背后,历史向我们展示了一个广阔而神秘的空间,清楚地昭示了一个古老民族法律起源的侧面。在远古的蚩尤神话中,从神奇的廌到神秘的皋陶,我们仿佛见到一位饱经沧桑、睿智而强悍的老人正赶着一头神异的怪兽向我们走来,述说着一个古老民族关于法律起源的故事。在他的面前是一片远古的战场,那里厮杀声震天,刀光血影,尸横遍野;在他的身后,是失败者在刑刀下的哀号与乞求以及先民们在神灵世界面前的肃穆、恐惧和颤栗。

第十三章 "权利"之俗源

一、中国民间宗教法俗的特点

中国民间信仰的特点　儒家法俗文化是因"道"而成。无论儒家、道家、墨家、兵家、阴阳家,还是应运而生的法家,它们在根本上都是因上古以来的"道"文化而生成的。从地域上讲,在数千年的历史中,"道"文化的中心一直在北方中原地区,这与"中国"的地理范围大致重叠。

四围种落的法俗文化大多因"宗教"而成。佛教、伊斯兰教及各种自然宗教构成了一幅幅文化地图,中国的西北、西南、北方、南方皆是因宗教文化而成俗,形成各自地域性极强的宗教文化和风俗,这些文化相对于儒家礼法皆可以曰"俗"。因此儒家政治中"教"的成分要多于"法"的成分,"化"的成分要多于"治"的成分,化俗一直是儒家大一统政治面临的重要任务,也是儒家法律追求的目标。

自汉代以降,儒家文化承担的历史使命是"化俗",有着教化的使命而不仅仅是制度意义上的治理,所谓"善人为邦百年",在孔子的时候讲"教",不仅仅是针对中国内部的教化,更是针对四裔的教化而言。历史证明,无论是面对佛教、伊斯兰教这样的成熟宗教,还是面对如楚、越、黔、桂、粤这些地方的自然宗教,要在短期内实现儒家"同一法俗"的使命都是十分艰难的。儒教本非宗教,而且缺乏超越神圣的内在信仰支撑,所以在历史上它往往还会借助佛教的力量,去实现其教化目标。

中国古代民间信仰一直有一个特点,即它一直同时存在着主流官方礼法文化和民间风俗性文化。从主流官方法文化看,中国文化是一个没有宗教"奇迹"的文化,中国的法律也是没有宗教"奇迹"的法律。正如伏尔泰所说:"中国人的历史书中没有任何虚构,没有任何奇迹,没有任何得到神启的自称半神半人的人物。这个民族从一开始写历史,便写得合情合理。"①中国历史上的主流官方文化相信"天命",但是对"天命"也有许多理性的成分,正如我们在前面所说的中国人关于天法的认识,根本上是基于早期"仰观于天,俯察于地"的天文学。中国的法律文化也从来不相信"奇迹",官方法律文化中始终有"去其淫僻,除其恶俗"的传统,并且这一传统表现为主流礼法文化针对民间信仰一直在进行"与化推移"的努力。

中国古代法律与民间风俗之间很少有价值观上的冲突,这是因为民间信仰与儒家思想之间有重叠之处,许多民间信仰是儒家价值观具体化、形象化的表现,例如民间普遍存在的"关帝"信仰,实际是儒家倡导的"义"的表现。但是中国民间信仰也存在许多独立的价值观,有的属于种落自身古老神话传说的多神信仰,有的属于被视为"淫僻""恶俗"的原始信仰。在某些时候,这些民间价值观往往为来自底层的叛乱者所利用,比较典型的如东汉末年的太平道、清代的民间会众、太平天国的拜上帝教。经过漫长的封建时代,某些被视为"淫僻""恶俗"的信仰并没有因为儒家礼法文化的强势扩张而被彻底消除,从这个意义上讲,儒家礼法文化一直没有彻底统一过中国社会。此外,从"小传统"的概念出发,在中国古代法律文化中,还一直存在着我们可以称为"法律孤岛"的现象,这种法律现象一直存在于中国的某些边远地区,并形成了一定地域范围内可以喻之为"法律孤岛"的现象,②这一现象至今仍然是研究者的重要话题。这一现象的存在一方面是因为儒家文化中有"和而不同""圣人为教百年"的概念,同时也是由于儒家礼法文化本身具有前述礼俗结合的特点。

所谓"法律孤岛",笔者释之为在一个大的法律共同体内,相对于主流法文化而言,长期存在着一种次流法文化,这种法文化在法律观念上具有封闭性,在制度或法俗上则与该法律共同体内主流法文化有明显的异质性。它存在于特定的地区,在人们通常的观念中,"孤岛"上的法俗总是与各种各样的神灵联系在一起,总是显得有些不太"合情合理",往往是基于

---

① [法]伏尔泰著,梁守锵译:《风俗论》(上),商务印书馆1995年版,第74—75页。
② 比如从很长的历史时期直到现在,某些少数民族地区的人们,仍然遵循他们古老的禁忌来判断是非,在杀人致死后适用"赔命价",有的还采用"走婚"这样古老的婚俗等。

历史传承而以纯粹风俗性规范的形式表现出来，它们被视为"俗"，如上所述有时被认为是"淫僻""恶俗"，这有可能是历史上在某一汉文化地区盛行的民间风俗，也可能存在于"未化之地"的少数民族地区。相对于主流官方文化而言，"淫僻""恶俗"的主要精神基础是民间信仰，民间信仰的世界往往是一个宗教和"奇迹"的世界，它们千奇百怪，形式多样，而且有别于制度化的宗教。但是不管其形式如何多样，民间信仰的关键词离不开"神灵""先知"和"神谕"，也离不开"仪式"和"象征"。这是研究初级法律共同体共有的话语，在这些关键词中，"先知"宣示"神谕"，"先知"和"神谕"的结果往往是"奇迹"。考古发现告诉我们，中国古代以盛行占卜而著名的商代，它的占卜就是"神谕"的一种，"神谕"就是借助各种琐碎的物质而获得的启示，而启示是需要有人来聆听的，"仪式"和"象征"就起到这样的作用。

但这不等于民间信仰左右过中国的法律，中国古代的法律不具有浓厚的宗教色彩，在中国古代典籍中从没有提到某个宗教团体曾经左右过中国的国家法律。中国古代的主流法律文化也从来不讨论末日审判这类关于死后的惩罚与褒奖的话题，而且也不热心研究世界的起源与法律的关系，也不去证明某种法律来自某种神启。也就是说，它并不以此论证法律的抽象性来源，人们害怕的是现实的法律，而不是未来的审判。这完全不同于印度人的《吠陀经》、波斯人的《真德经》、伊斯兰教的《古兰经》以及西方人的《圣经》，这些法律经典总要谈及神与法的来源，也要谈到与死后的惩罚与褒奖相关的律令。此外，在古埃及人和古代西方人的文化中，总是流行"秘仪"这种东西，如埃及人的伊西斯秘仪、希腊人的埃琉息斯秘仪，"人们认为琐罗亚斯德在波斯，卡德谟斯和伊纳库斯在希腊，奥菲士在色雷斯，米诺斯在克里特，都创立了秘仪"，[①]以及基督教中的各类"秘仪"。"秘仪"存在的宗教理由，是人们相信有未来的审判或未来的生活，而这样的信仰在中国法律中同样是不存在的，中国古代法律中的"秋冬行刑"与"地狱永罚"不是一回事，"秋冬行刑"来自阴阳家"阳主生，阴主杀"的阴阳互变世

---

① ［法］伏尔泰著，梁守锵译：《风俗论》，第 90 页。

界观,而不是基督教终极的"末日审判"。

天地君亲师 我们习惯用法典时代的思维去解释一些民间风俗性的规范,努力寻找它们的确定性,但是在以民间信仰为基础的初级法律共同体中这很难做到。由于初级法律共同体中的人们总是信仰各种各样的神,如古埃及人信仰神牛、神犬、神鳄,罗马人信仰神鹅、宅神、灶神、谷神、破椅子神、屁神等,他们的法俗也往往产生于这些杂乱的崇拜,因此这样的社会中难以有不变的法律。在这样的社会中,人们的法律同他们的精神一样是散乱的,如同婴儿一样,他们的思维既单纯又跳跃,既执着又盲从,因此他们的信仰同他们的法律一样简单而易变。中国同样有诸多这样的民间信仰,在这些民间信仰中,中国人对"天地君亲师"的崇拜具有对复杂的民间信仰统合、化俗的作用,它代表着民间信仰中的良俗和正统,属于在信仰领域实现官民同构的主要内容。

虽然只有天子才可以祭祀天地,但君民对"天地君亲师"的崇拜都是一样的,尤其是对先祖的崇拜。对先祖的崇拜体现为孝,与对天地的孝融为一体,天子父天母地、祭祀宗庙、遵循祖先的成法为孝,臣民结婚亦以祭拜天地亲师为证。在证明婚姻合法性的仪式中,"六礼"只是世俗的程序,祭拜天地亲师才是真正神圣的环节。对天地的跪拜代表着遵循天法,对祖先、父母的崇拜意味着遵循人法,如此天与人、君与臣、父与子、夫与妇、公与私就在这样的道法崇拜中融为一体,因此对"天地君亲师"的共同崇拜,是中国古代民间信仰能够不断趋同的原因。本质上,对"天地君亲师"的崇拜就是对天人合一、人与自然合一观念的崇拜,它是中国传统道法学的体现,代表了中国人关于"公序良俗"的基本认识,这使得它作为善风良俗可以去鉴别、教化那些"淫俗""恶俗"。如古埃及人的神牛、神犬、神鳄等信仰,古罗马人的神鹅、宅神、灶神、谷神、破椅子神、屁神等信仰,这类信仰复杂而原始,在中国古代很容易为道法所化。因此,我们可以说,对"天地君亲师"的崇拜应当是中国古代法律文明发展的重要一环,它融合了官与民、公与私、自然与人,由私而公,由家而族,由族而国,进而统合了整个民族的精神。美国学者伯尔曼有一句著名的话:"法律必须被信仰,否则它将形同虚设。"此言大谬,应当是说法律需要有信仰的支撑,而不应说"法律必须被信仰"。中国古代对"天地君亲师"的信仰对中国古代法律发展产生的一个重要后果，就是它的信仰在不断强化天与人、天法与人法、道与法合一的观念，使得对"天地君亲师"的风俗性崇拜成为民间坚固的法律信条。在文明进步的过程中，这一信条的意义在于它使得法律的精神能够从散乱而盲从的泛神信仰中脱离出来，从简单、散乱的泛神崇拜中抽象出不变的原则，这正如欧洲中世纪基督教对"蛮族"法律的教化作用一样。如果认可这一点，那么在法律发展史上，并不仅仅只有法律轻刑化或者废除肉刑才成为法律进步的标准，法律信仰的品格也应当是衡量早期法律进步的一个重要指标，这与后来历史上不时出现的法典化运动具有同样的意义。

二、家神信仰："私权"之原始俗源

按照西方法学的逻辑，人类法律不是起源于神圣的判决（神判），[①]就是起源于权利观念的产生，这是西方人研究法律起源的基本思路。西方关于"权利"观念的产生，是从权利尤其是从私权利如何得以确立开始的，而且"权利"的概念也往往与"神圣"二字相联系。在西方法律史上，法律的概念与私有权的确立是如此的紧密，以致于没有私权利的规范就没有完整系统的法律。而中国则不然，中国的法律史是一部道法发展的历史，它虽然也奉行尊重"民欲"这样的人本主义原则，但几乎很少谈论个人的私权利。比如孝本是家庭私事，但是最终却被社会化、政治化，甚至法律化了，成为了公法中的不孝罪。又比如婚姻本是个人间的私事，但是却成为了家族内部的父母之命，而且其合法性的确立从"六礼"发展成需要官府登记。中国古代法律被认为是"道"的展开的结果，所谓的礼刑不过是"道"在人们日常生活乃至于政治生活中的显现而已，也就是说，在中国古代的正统法律思想中，一直认为法律起源于"道"，而不是从某个特殊而神圣的判决开始，更不是从个人的某种权利开始的。但是在中国民间法俗史上，法的起源虽然与某种民俗联系在一起，但公和私并没有明确的界线。在理论

---

① 如英国梅因在他的《古代法》一书中关于法律起源神圣的判决的观点，又如基督教的上帝裁判。

上,法律或公共权力的界线只是止于道。相反,古罗马的法律就是在公与私的概念下展开的,并形成了公法与私法这样的法律体系,但无论是公权还是私权,在西方法学中其权利的确立都与"家神"有关,这里我们仍然从权利的概念出发,讨论中西方古代"私权"神化的内涵和形式。

家神与男性法权 相对于公共权力而言,人类的私权表现为家庭权利,而家庭权利的基础则是以家庭内部男女之间的权利关系来确定的。在古罗马的法律中,妇女和子女的命运属于私权的范畴,由家庭而不是国家权利决定,这是一项很古老的原则。"丈夫是妻子的法官,他的权力是无限的,他能做他想做的一切,她若犯了错,他就惩戒她;她若喝了酒,他就责罚她;她若私通,他就杀了她"。① 这一权利对于子女也一样,如果女儿不贞,父亲可以以不贞罪杀了她;如果儿子不孝,父亲同样有权力惩戒他。在古罗马的某一城市中,父亲可以独自出现在城市的法庭上,接受城市公共司法的审判,而他的妻子和子女不能出现在公共法庭上,即使是作为证人也不行,因为她们没有法律主体资格。而父亲在家庭中还具有法官的权力,相对于公权而言,他的权力是私权力,这一私权力的来源是传统的家神,因为在所有家庭成员中只有他才是家神的供奉者和祭祀者。

在人类早期社会中,对死者的崇拜具有两重意义:由于相信灵魂不灭,死者同生者一样需要食物供奉;由于相信灵魂不灭,死者可以保佑生者,死者就可能成为被崇拜者。由于血缘关系是最古老、最直接的人与人之间的关系,对死者的崇拜就成为对家神的崇拜、对家庭守护神的崇拜。因此对死者的崇拜实质上是对祖先守护神的崇拜,灵魂不灭的思想是它的理论基础,这种崇拜十分古老且影响深远,甚至一直延续至今。更重要的是,当对这一崇拜的担当义务在家庭内部成为一种权力时,它还成为了上述私权最早的起源。正如古朗士所说:"宗教并没有创建家庭,但它给家庭以规则,因此它使得古代家庭的组织与后世按自然情感组成的家庭是如此的不同。"②

① [法]菲斯泰尔·德·古朗士著,吴晓群译:《古代城市:希腊罗马宗教、法律及制度研究》,上海人民出版社 2006 年版,第 69 页。
② 同上书,第 120 页。

　　"家"在古希腊语中的字面意思是"靠近炉火之处"，父亲是家庭中"炉火"的主人。在古罗马，"父亲"一词甚至与"王"同义。父亲在罗马被称为"社神"，因为他是家庭宗教的传承者，父亲的一系列权力如休妻、嫁女、出继儿子都来源于此。在古希腊、古罗马城市和社会的管理模式中，以家庭为中心的父权扮演着家庭内部宗教首领、田主、审判者的角色，这也是它与城市公共司法之间的界限。这种父权代表了家庭内部私权力，相对于家庭内部其他成员，它还具有排他性，这种排他性，同父权本身一样，是通过对家神的祭祀而获得的。在许多民族中，当祭祀家庭圣火时，外人是不能靠近的，家神因此又被称为"隐秘之神"或者"内部神"。由于祭祀是隐秘的、内部的，所以祭祀承担者的权力也是隐秘的、内部的，而且这也使得家庭内部私权力的排他性具有了宗教的力量。

　　中国传统习俗中也有供奉灶王爷的习俗，每当春节来临，阴历腊月二十三日要祭祀灶王爷，灶王爷也同样扮演着保护神的角色，他"上天言好事，下界保平安"，阴历正月初三又被请回。通常的说法是，只有男性才能供奉灶王爷。灶王爷不像古希腊、古罗马的灶神那样与"家神"和"祖先神"之间有密切的关联，他更像是上帝（玉皇大帝）的使者，又像是辨别善恶的司法之神。司法神在传说中被称为"九天司命"，旧历"交年"之时，"俗传灶神上天奏人间善恶事"。[①] 且中国习俗中的灶王爷又与古罗马的"社神"不同，因为中国习俗中的灶王爷非一家一姓之灶王爷，灶王爷可以说是家中灶神，但不是古希腊罗马家庭自己的"隐秘之神"或者"内部神"，不具有排他性。

　　中国古代也有其他与家庭有关的神祇故事。中国古代有"五祀"之说，如室、门、户、行、灶是中国民间日常生活中的神祇，汉民族称为"五祀"。《礼记·祭法》以"司命、中霤、国门、国行、公厉"为"五祀"，《论衡·祭义篇》称为"门、户、井、灶、室中"。在包山楚墓西室出土的 415 号竹简中发现的五块木牌上分别写有"户、灶、室、门、行"，门是住宅之门的意思，户是房屋内各室之门，二者有内外之别。《荀子·正论》有："出户而巫觋

---

① 　丁世良、赵放主编：《中国地方志民俗资料汇编·中南卷》，书目文献出版社 1997 年版，第 20 页。

（指男巫师，"觋"发"西"声）有事，出门而宗祀有事。"从家庭到宗族，出入需要有神灵护佑，故中国古代有神荼、郁垒二门神。"灶"可以理解为厨房，《淮南子》："炎帝作火官，死为灶神。"灶神为中国古代的火塘神。"室"在 31 号简中写作"室中"，①中国古代有"中霤"一词，根据《礼记·月令》郑玄注云："中霤，犹中室也。""霤"（发"六"声）为"房檐下承水的东西"，当指中堂，因此"中霤"为"中室""室中"之意，这符合中国古代家庭房屋建筑的传统。古代有在中堂祭祀的习惯，因此包山楚墓 148 号简背称"正月不可垣，神以治室"，这里的室也是指中堂、中堂。睡虎地秦简《日书》乙种 148 号简中也有"祠室，己卯、戊寅，吉"之说。《礼记·郊特性》有："孔子朝服立于阼，存室神也。"可知中国古代有自己住宅的守护神。再来考察"行"，行者，行神也，当路之护佑。《山海经·海内北经》："有人曰大行伯，把戈。""大行伯"为行神，古代有"常行""大常行"之说。

这些神祇都属于与家庭有关的保护神，问题的关键是这些神祇保护的对象是否与公权力之间有对应关系，因为唯有如此，与土地和族内司法有关的私权力在公法意义上才可能得以确立。中国古代的"室、门、户、行、灶"或"门、户、井、灶、室中"所保护的只是人，而不是物。"五祀"的目的在于祈求以"户"为单位的家庭成员的平安，而且这些神祇同灶王爷一样，具有普遍性，而不是古希腊罗马家庭相对于公权力的"隐秘之神"或"内部神"的概念，因此也就不具有私家神的特点。同西方一样，中国古代这些神祇也是一个经济、法律概念，但它们不扮演"私权力"保护者的角色，"户"的法律意义也是出于家族生存和国家税收的需要，究其原因，是因为中国古代没有古希腊那样的城邦生活形式。

不过应当看到，中国古代虽然没有"家父权"的概念，但是中国古代却同样存在族内司法，只是这个法是礼俗或者其他诸如家规、族规之类的东西，由于没有古希腊那样的城邦生活形式和具有社会生活中普遍认同的"礼俗"，也没有城邦"公法"的参照，以及长期处于农业社会形态，家族势力越发强大，使得家规、族规之类的东西总是缺乏法律的公共性，同样也就

---

① 晏昌贵：《巫鬼与淫祀》，武汉大学出版社 2010 年版，第 133 页。

不存在相对于"公法"的独立性问题。由于这些原因,在中国和东亚其他一些国家的法律史上,"家"的观念一直是一个十分强大而封闭的概念,只有当涉及爵位俸禄继承、族株这类情况的时候,家规、族规、家才与公法发生关系,从而有了"身份法"的特点。日本著名的"户主制"或者"家督制"和上世律令时代的"继嗣令"都表明其是族内身份法的基本内容之一。在日本,"家父权"的概念与古罗马有相类似之处,石井良助教授认为:"在上代,氏上的地位继承的实质,最早的是火的继承,上后是对氏神的祭祀的继承,而到上代后期是各氏对朝廷奉仕的'职'(也写作行事)的继承。"①

与中国古代的家族法相比,古希腊、古罗马家庭内的这种父权,虽然都以族内祖先神为基础,但是它比中国古代族内父权司法权力的独立性更强,更主要的是在家庭内部,它具有对公共司法的排他性。此外,中国古代的神祇中,具有"私家神"性质的是家族内部的祖先神,家族多以立功、立言、立德的祖先作为崇拜者,它与这里所说的古希腊、古罗马能够对抗国家公权力的保护家神是不一样的。因此,应当说人类早期的私权利产生于家族内部,"私"和"私权"的概念最初也产生于族内,主宰这一切的精神力量是家神,而后法律的发展才出现了"私权"的世俗化和公权化,这种情况在婚姻、继承领域十分明显。中国古代婚姻、继承领域,从西周到近代,一直没有受到国家亦或城市形态的公权的太大影响。中国古代的礼俗一直以古老的形式调整着这些关系,比如"六礼"这样的礼俗在中国古代一直是婚姻的证明,而不需要公共权力的介入,在一些地方至今为人们所奉行。中国古代的礼俗仍然来自早期原始的族内宗教祭祀仪式,有趣的是,古罗马后来发达的世俗私法制度竟然也是建立在这样的原始宗教之上。

古罗马家族内部男性司法权确立的前提:一是家父的这一权利独立于城市或社会公共司法权;二是男性是前面所说的"父亲是家庭中'炉火'的主人",这正如中国古代所说的男性是"香火的继承者"一样。在人类文明史相当长的一段时间内,这一观念是如此的牢固,以致于人们忘记了女性曾经拥有过的权力。这里需要补充说明的是,家神崇拜最早应当是母神

---

① 参见[日]石井良助《长子相统制》《日本法制史概说》,[日]滋贺秀三著,张国建、李力译:《中国家族法原理》,法律出版社 2003 年版,第 48 页。

崇拜,考古学研究表明,在新石器时代人类就出现了母神崇拜,各种神话中"女神"概念的出现,表明女权的神化渊源在男性拥有上述权力之前,民族学研究表明女性曾经是这一关系的主宰者。

英国的马林诺斯基在《西北美拉尼西亚的野蛮人的性生活》中写道,在特罗布里恩群岛的风俗中,"菜园中锄草之类的活计由本村全体妇女集体进行,妇女们有权霸占任何一个她们看到的男人(只要这位男性不是本村的)。妇女们非常热衷于行使这种权利。当她们看到一个男性之后,立即脱光衣服,赤身裸体地向他猛扑过去,随即对他施以暴力,并在他身上作些淫秽动作"。[①] 欧洲古代一些只有女性参加的庆典中,妇女同样脱光衣服,做一些淫秽的动作或舞蹈,"而任何一个有意无意碰见了这种庆典的男子,都会遭到疯狂的女性的最残酷的对待"。[②] 女性在族内的强势还表现在中国一些少数民族的"阿注婚"中。男不婚女不嫁的偶居关系被称为"阿注婚",所有子女认其母,不认其父。宋代周去非《岭外代答》卷十云:"(钦州)男子身形卑小,颜色黯惨;妇人则黑理充肥,少疾多力。城郭墟市,负贩逐利,率妇人也。而钦之小民,皆一夫而数妻。妻各自负贩逐市,以赡一夫。徒得有夫之名,则人不谓之无所归耳。为之夫者,终月抱子而游,无子则袖手安居。"[③]这与苗族旧俗类似,此种一夫而数妻,非男权强势之象征,而是女权上位的表现。清人王锡祺《小方壶斋舆地丛钞》云:"真腊……每嫁娶,则男归女舍。暹罗……妇人多智,夫听于妻。"安南、宋卡国皆女优于男,如此等等,大量民俗学在这方面的研究资料十分丰富。后来普遍存在过的"产翁"习俗的出现,其意义在于男性需要通过模仿妇女生育的方式来确认男性在家内的权利,这是女权向男权过渡的时期,后来出现法律上的"权力"概念时,这种权力通常都表现为男权。

在中国古代,汉族文化对男性的崇拜,发展为单纯针对女性的贞节观,它超越了家庭私权力的概念,成为一种国家制度。清朝《大清会典》和《礼

---

① 见 The Sexual life of Savages in North-western Melanesia。转引自章义和、陈春雷《贞节史》,上海文艺出版社 1999 年版,第 5 页。
② 同上。
③ (南宋)周去非撰:《岭外代答》卷十。

部则例》中收录了许多表彰贞节的诏令、事例，内容完备。中国古代女性贞节观的出现将对男性的崇拜发展到极致，并影响到少数民族地区，成为对民族地区进行风俗教化的内容，对少数民族中守节者大加鼓励。如"招囊猛，云南孟琏长官舍人刁派罗妻也。年二十五，夫死，守节二十八年。弘治六年九月，云南都指挥使奏其事。帝曰：'朕以天下为家，方思励名教以变夷俗。其有趋于礼义者，乌可不殛加奖励。招囊猛贞节可嘉，其即令有司显其门闾，使远夷益知向化。'"①对于今天的法律文化而言，无论是诸如伊斯兰教或基督教这样的宗教法，还是古罗马法和近代以来的理性法学，他们的民俗文化基础仍然是直接承继了男性至少在体力甚至智力上优于女性的观念，尽管在法律中可能没有这样规定，甚至否认这样的规定，但是不等于它的民俗文化基础不是这样，关于男女私权利关系的民俗基础仍然困扰着现代理性主义法学和女权主义法学。

家神与土地所有权的起源　相对于整个社会的公共权力，相对于家庭成员而言，家父权或家神权则是权利。没有义务的权利是不能被长期有效接受的，也难以长时间存在，这正如西周"周公制礼"而开创的全面礼制一样，其权利、义务是相互的，②否则这样的礼制也难以长期存在。作为一种权利，家父权或者家神权也同样伴随着某种义务，即使在古代，这也是一对相对的概念。而在早期人类神意时代，二者关系的表现形式则是神化的形式。早期人类家庭生活在家神的注视下，祈祷平安、祭祀先人是家庭生活的重要内容。家中的男性尊长除了上述权利之外，还有保护整个家庭的义务，即使在他死后仍然如此。在西方，认为家庭所有权的概念来自"由墓地推至其周围的土地"。③在那时，当某人死后，他的墓地在自家土地的边缘或者中央，因为死者的灵魂与土地之间建立了某种必然的联系，土地是家庭主要的财产，死者是这一财产的守护者，这是他履行义务的另外一种方式。在生者看来，死者的坟墓使得家庭与死者之间建立了密切的

---

① 《明史·列女传》。
② 在中国古代，尽管其礼制的伦理原则并不平等，但是其规范原则却是平等的，周礼的"亲亲"原则，它要求父慈、子孝、兄友、弟恭，其权利和义务是互相的。
③ ［法］菲斯泰尔·德·古朗士著，吴晓群译：《古代城市：希腊罗马宗教、法律及制度研究》，第94页。

联系,土地也因此成为家庭的所有物,生者的义务是祭祀死者。

出于祭祀的需要,火和死者的坟墓在这里成了维持这种关系的象征和符号,家庭的圣火或者炉火(灶神)是神圣的,它必须被固定于一处,而坟墓既不可以损毁,也不可以移动,因为如果它被改变,人们则无从祭祀,那也就没有了圣火。因此古代西方将他们的家神称为"隐秘之神"(concealed gods)或者"内部神"(interior gods),在这里,家内宗教、家庭和所有权三者之间有着明确的联系,私有财产的观念存在于宗教之中,每个家庭都有自己单独的炉火和祖先,这体现在他们的房屋及其周围的围墙,家神保护着它们并使得它们具有神圣性,古希腊的家居习惯是炉火居于围垣的中心位置。正如西塞罗说:"这里有他的炉火,他神圣的权利以及他所有宗教的祭祀。"除了房屋、炉火、围垣外,古人将坟墓也视为神圣的,坟墓实际上也构成了家庭土地所有权的一部分,古代的法律一般都规定家庭拥有坟墓的绝对所有权。罗马法规定:"若有人卖其墓地,坟墓的所有权仍属于卖家所有,他仍有权穿过那块地去为其祖先举行祭祀。"[1]亚里士多德提到,在古代,土地一般是不允许买卖的。[2] 虽然《十二铜表法》中允许售地,但是在此之前的意大利和古希腊都是不允许的。即使在后来允许售田的情况下,售田仍然需要举行宗教仪式,比如希腊人售田、售房时总要向诸神献祭,需要宗教形式的认可。《十二铜表法》也不允许欠债之人将其土地卖给债权人,而可以用他的身体偿债。出于这样的宗教信念,最早的所有权的概念才得以神护的形式确立并得到普遍认同,在以国家或者城邦形式对所有权利进行干预之前,土地所有权同婚姻一样,以这样的方式确立了它们的基本秩序,具有民间习惯和风俗的性质。[3]

土地所有权的界限是另一个重要的现实问题,如同上述家庭权利一样,土地所有权的界限来自家神的监护,而不是家庭之外的法律的划定。在西方历史上,定居台伯河东岸山岳地区的古意大利部落萨宾人以其特殊

---

① [法]菲斯泰尔·德·古朗士著,吴晓群译:《古代城市:希腊罗马宗教、法律及制度研究》,第92页。

② 同上书,第98页。

③ 例如中国古代早期的婚姻是没有国家干预的,纯粹由属于民间风俗化的礼来确认,如始于西周的"六礼"。

的宗教信仰和习俗著称,萨宾人的土地都有自己的界神。公元前 10 世纪到公元前 1 世纪生活在亚平宁半岛中北部的伊特鲁里亚人同样如此,古希腊人和古罗马人则把自己土地的界线称为"坎"或者"地标之神"。[①] 对他们来说,"坎"是十分神圣的,"巡坎"仪式是一种祭祀仪式,而且是每个家庭每年必须做的仪式,具体做法是:沿着田产四周的"坎",人们唱着歌,赶着牲畜,并以牲畜祭祀"地标之神"。

中国古代称这种土地分界线为"封",其本义就是"坎","封建"一词就源于此。在甲骨文中,"封"字像土地之上有林。李孝定解释是:"字象植树土上,以明经界。"[②]郭沫若解释为:"即以林木为界之象形。"[③]《说文解字》云:"从之,从土,从寸,守其制度也。公侯百里,伯七十里,子男五十里。"《说文解字》所释的"封",实际上是相对于与"国"有关的"分封制"而言的,并不完全是"封"的原始意义。且卜辞所云之"封"仍是此义,卜辞义:方国之封疆,一封方,二封方,三封方等:"……宾祖乙爽妣己……于二封方……(后上 2.16)"又:"己,王卜,贞:余正(征)三封方(后上18.2)。""……余其从侯,伐四封方(续 3.13.1)。"

由此可见,中国古代考古文献所记载的"封",多以"封土""封国"来理解,这说明中国国家形态出现较早,即使是商代甲骨文亦晚于夏,因此后世解释"封",自然取"封土""封国"之意。这里的"封"已经是宰封,是"王赐宰封"的意思了,如"天子之田方千里,公、侯田方百里,伯七十里,子、男五十里"。[④] 这说明土地已经是世俗国家"公权"意义上的土地,而不是"私权"意义上的土地了,土地的取得是根据国家的"宰封",因此这同前面我们列举的萨宾人、伊特鲁里亚人、古希腊人和古罗马人的土地私权利是不同的。

至于有没有上述古希腊人和古罗马人的"地标之神"的概念,我们尚难断定,不过同上述西方古代民族的祭祀活动一样,中国古代应当也有类

---

① [法]菲斯泰尔·德·古朗士著,吴晓群译:《古代城市:希腊罗马宗教、法律及制度研究》,第96 页。
② 李孝定编述:《甲骨文字集释》第十三卷,台北"中研院"历史语言所1970 年版,第 3997 页。
③ 同上书,第 3994 页。
④ 《礼记·王制》。

似的与土地相关的祭祀活动。《礼记·祭统》载:"凡治人之道,莫急于礼,礼有五经,莫重于祭。"古人认为治人之道源于礼,而礼则首出于祭祀,治人之道当然也包括土地所有权这样的根本问题,"祭统"即是这样一种具有神意祭祀的规范之统。此外,中国古代的"神圣"观念本身就与土地紧密相关。通过对甲骨文中"圣"字的考察,我们可以看出"圣"与土地之间的一点联系,甲骨文的"圣"字本身就是二手掘土之形。《说文》:"圣,从二手,从土,字象二手掘土之形。"语言文字学家杨树达释"圣"云:"我看这个字是掘字的初文。"[1]其本义是掘土。又《说文》:"圣,汝、颍之间谓致力于地曰圣。从土从又,读若兔窟。"段玉裁注:"此方俗殊语也。致力必以手,故其字从又土会意。"[2]卜辞义有掘土开田之义:"戊辰卜,宾,贞:命派圣田于口。""贞,王命多羌圣田(粹1222)。"[3]如此看来,中国古代亦把土地作为"圣田"来解释。此外,中国古代与土地祭祀有关的记载也不少,如"天子祭天地,祭四方,祭山川,祭五祀,岁遍。诸侯方祀,祭山川,祭五祀,岁遍。大夫祭五祀,岁遍。土祭其先",[4]又有"社,所以神地之道也。地载万物,天垂象。取财于地,取法于天,是以尊天而亲地也"。[5]

从以上分析中我们能够看出,中国古代早期一些所有权的产生与家神之间的联系,而后来出现的"封建"概念,则是国家或者城市公共权力出现之后的事情。"封建主义"和"封建社会"的概念出自西欧,它们是国家时代以土地分封和土地权为中心的概念,中国周代即产生了这样的制度,春秋之际这一制度解体,但是封建的自然经济在中国则一直延续了1 500年。不管怎么说,封建社会都是以土地为中心的所有权社会,而这样的所有权概念最早仍可能是脱胎于宗教的形式,至少从上述祭祀传统中可见一斑。

有趣的是,在现今中国少数民族的习惯中,尽管我们已经看不到类似古希腊人和古罗马人的"巡坎"祭祀仪式和"地标之神"的概念,而且在他

---

① 杨树达:《积微居甲文说·耐林廎甲文说·卜辞琐记·卜辞求义》,上海古籍出版社1986年版,第12页。
② (清)段玉裁注:《说文解字注》,上海古籍出版社1981年版,第689页。
③ 转引马如森编《殷墟甲骨文实用字典》,上海大学出版社2008年版,第304页。
④ 《礼记·曲礼下》。
⑤ 《礼记·郊特性》。

们的习俗中也没有建立起土地所有权与神之间的固定联系，但有些民族与土地所有权相关的标志、符号却让人产生联想，如贵州苗族的村落中有"门标""山标"和"禁标"之说。所谓"门标"即是用稻米、芭茅草打成草结悬挂于门外；所谓"山标"，就是在"封山"的范围内，大约每隔20步远放一草标，①这种标志象征着房屋或土地的排他权。除这类标志之外，苗族的理词中还有相应的说法："不准谁越过界砍柴，越岭界挖地，移石界者绝种，蛮占者死绝。"②这可能也是一种原始的诅咒方式，从中也许还能想象出它的原始神化意义。

　　无论是基于家神传统的土地所有权，还是基于国家分配的土地所有权，都可能衍生出早期司法权的概念，西欧早期司法权的出现是在家神的关注下形成的族内司法权，如上面的家父权种种。即使在西欧中世纪，封建土地权和司法权的逻辑与原始家神下的逻辑在思维方式上也是一致的，家神前提下的司法权来自血缘关系。西欧中世纪封建司法权则来自附庸关系，而附庸关系是一种人身依附关系，用布洛赫的话说，附庸关系是"人身依附关系……是家族连带关系的一种替代物或补充物"。③作为"家族连带关系的一种替代物或补充物"，这意味着新出现的附庸关系的司法权是对原本来自血缘关系的司法权的替代或补充。而上述罗马人以家神为中心概念的土地所有权和族内司法权是内向和单向的。西欧中世纪日耳曼人的附庸关系，其内部同样也是内向和单向的，因为接受采邑授封式的附庸并不能代替领主或更高层的权力机关行使来自采邑的司法权，正如布洛赫所说："无论是从个人立场，还是财产立场，封建主义的各种关系中没有任何内容要求一个接受采邑授封式的附庸一定可以在采邑中获得司法权上的益处，甚至可以代表领主或更高层的权力机关行使这种司法权。"④之所以如此，是因为在附庸关系的内部继承了西欧相关土地法俗早期特点的缘故，布洛赫所说西欧封建社会"司法权上的各种权利……与各种封建

---

① 《凤凰县民族志》编写组：《凤凰县民族志》，中国城市出版社1997年版，附录。
② 同上。
③ ［法］马克·布洛赫著，张绪山等译：《封建社会》（上卷），第13—14页。
④ 同上。

关系最密切关联的"就是这个意思。①

古老的裁判来自古老的神权,从神的类型化的角度,可以看出中西之间神与权关系的不同。在神意时代,人权利的获得来自他们想象的神,人类的秩序通过各种各样的神权构成。当人们把一切制度都想象成神的意志的时候,神的裁判本身就成了神权的表现形式,多元化的神代表诸如所有权、家父权这样的多种世俗权力,神的权力经历了从被泛化或细化逐渐发展成为"位格者"(person)的过程,比如古代西方诸神中还有爱神、复仇神等涵盖世俗生活内容的神。在古罗马,神权泛化的结果导致神权与人权的对应关系,例如古罗马的 Lar(家神)就代表这户人家的所有权,收容所的神就代表庇护权,父主神就代表父权,部落守护神就代表婚姻权,谷神就代表农场所有权,阴魂神就代表埋葬权。古罗马的《十二铜表法》中就有"ius deorum manium"这样一个词汇,意思是"阴魂神的法律"。甚至在古希腊、古罗马,货币也具有神圣的性质,依托神的保护而发生效力。如公元前6世纪,在希腊的殖民城市里底安出现了银币,女神的神殿为铸造所。社会的保护神形象被刻印在硬币上,并在神圣的殿堂铸造货币。罗马也是在女神的神殿铸造货币,被称为"麾本塔"(moneta),"moneta"后来成为英文"money"的词源,②意思是货币来自神,有神的力量而不可侵犯。后来这些权利的长期存在使得它们逐渐被法律化。

相反,中国古代诸神是自然的、抽象的,没有像古希腊、古罗马那样与人的世俗权利形成对应关系。在古老的神话和民间流传的信仰中,中国古代有各种神灵,如女娲神、鸟神、河神、土地神,也有"山川神祇有不举者为不敬"的思想。③ 有"天""上帝"的观念现于史料,比如《诗经·生民》中多次出现"天":"天生蒸民,其命匪谌。"《诗经·生民》中多次出现"帝"和"上帝":"履帝武敏歆,攸介攸止。""以赫厥灵,上帝不宁。"民间神判中的树神、山神、土地神等各类神灵,不管是自然神,还是"天""帝",它们都是

---

① 见 F. L. Ganshof. Feudalism, London. 1952, XV, xvii.pp.156.158,转引自〔法〕马克·布洛赫著、张绪山等译《封建社会》(上卷),第 13 页。
② 胡起望、揣振宇、刘世哲主编:《文化人类学辞典》(下),远方出版社 2000 年版,第 789 页。
③ 根据《礼记·王制》,神是指天神,祇是指地神。

以抽象的面目来解决人们生活中的各种问题，在神与权利的对应关系中，没有被抽象为希腊式的人格神，也没有成为罗马式的各类个人权利的保护神，正如马克斯·韦伯所说："罗马诸神权限的划分要比希腊众神权限的划分固定得多，明确得多；相反，希腊众神的作为真正'要人'的人格化和形象的直观化，却比罗马的原始宗教远为深刻。"[①]"罗马人特有的宗教信仰与希腊人相比，还有另一个重要的特征：非人格化具有一种与客观合理性相关联的内在亲和性。罗马人的整个日常生活和他们的行为中的任何行动，都受到宗教以一种神法的决疑论所包围。"[②]也就是说它们没有像古希腊罗马的神那样，被细化为世俗生活中的各类权利。在夏商周的历史记载中，我们也难以看到古希腊古罗马式的专门保护神，中西法律传统样式的差异，由此可见一斑。

---

① ［德］马克斯·韦伯著，林荣远译：《经济与社会》（上卷），商务印书馆 1998 年版，第 462 页。
② 同上书，第 463 页。

第十四章 "誓"俗解

人类早期的程序发轫于原始宗教禁律,宗教与秩序、制度的关系恰如信仰与制度的关系。制度的建立并有效运行有赖于信仰,信仰中可能没有宗教的迷信,但却可能包含了宗教超然神圣的理念。"神圣的法""神圣的判决""神圣的誓言",即使现代人也常常运用这样词汇。几乎在世界上所有民族的法律史中,我们都能看到他们的法律与誓之间的关系,法律总是与誓言相连,誓作为一种象征性的仪式隐喻着法律的超验价值,它总是赋予法律以神圣感。迄今为止,现代法律中,宣誓是从神判时代的古老"法庭"到现代法庭中最常见的一幕,它所映现的正是法的这一古老理念。这是神判时代在现代诉讼中遗存的一颗最显眼的"化石",也是现代法文化史上最富宗教意味的东西。

誓在诉讼发展史上有着重要意义,誓是原始神判中用于解决纠纷的一种诉讼裁决方式,甚至是一种证据制度,它的历史作用在于把原始复仇主义时代无休止的流血争斗纳入统一的"程序",正如马克斯·韦伯在《经济与社会》一书中所言:"禁止相互争斗和(在某些情况下限制在一定的近亲范围内的)相互承担血族复仇义务和血族复仇的连带责任。由这种义务又产生出在打死人的情况下共同的武力自卫,以及氏族成员在对死者赔偿被杀金时参与分享的权利和分担支付的义务。如同对待人际的复仇一样,氏族通过法律途径,设置誓约助理员,在出现伪誓时,对神的复仇也承担着连带责任。通过这种方式,氏族就成为个人安全和法律适用的保障。"[1]誓与诉讼渊源甚深,在诉讼过程中誓言的神效十分突出,在世界许多古老法典如巴比伦法典、

---

[1] 〔德〕马克斯·韦伯著,林荣远译:《经济与社会》(上卷),第410页。

日耳曼法典，甚至现代西方的诉讼法中均存在，当证据不足时，誓言成为重要凭证。巴比伦埃什嫩那国王拉拉马的法典中有"倘自由民并无他人所负任何之债，而拘留他人之婢为质，则婢之主人应对神宣誓云：我不负你任何债务，而自由民应付出与一婢之身价相等之银"。①

一、誓与圣语：对诅咒者的惩罚

誓是世界各民族共有的一种古老的证明方式，就形式上讲，它起源于原始巫术仪式中的诅咒，故在我国少数民族神判中又称为"诅咒判"。诅咒反映了人通过语言与神之间发生的关系，它表达了原始初民对恶神的憎恶和对善神的无比信赖和遵从。

在西南少数民族"诅咒判"中，为了向所崇拜的神灵发誓，表明自己的清白，咒语通常是由巫师带领双方当事人说出，或当事人自己说出，其诅咒是针对当事人的，当事人的诅咒则属于一种"自咒"。我们可以推测"自咒"是誓的起源，原始自咒不仅有"赎罪"的含义，而且与誓相联系，自咒令自咒者恐惧，誓言便自然具有担保的效力。

除"自咒"外，还有一种诅咒形式是"反咒"，反咒的对象是敌对者，如在中国彝族风俗中，有一种被称为"晓补"的反咒仪式。彝语"晓"是"西窝"的合音，意为由别人施咒而来的鬼魔邪怪，"补"意为"使返"，"晓补"就是将所有人施用咒术、咒语变来的各种鬼怪"反咒"到敌人家去。彝族人认为别人施用咒术、咒语变来的鬼怪是引起各种凶兆、病痛、死亡的重要原因，反咒包括祖父作恶、与人争田结怨、丈夫与妻子为荞粑未熟而相仇、父咒儿子死、妻咒丈夫死。"晓补"的过程首先是择日（阴历九月至十二月之间），根据主妇的属相，砍下树枝用作代表众神灵的神位，将树枝顶端削尖，皮刮至三寸处吊起，低端削尖即毕摩刺杀鬼怪的"色阶"；其次准备一小捆草、酒、三个拳头大的石头、红色大公鸡。于是"晓补"仪式正式开始，毕摩"上场"，举行四个小仪式和六段经文，主要是请神和告知家里的各种保护神，请的神有"天白父、地黑母、大山神、深谷神、东方恶神母塔布、西方

---

① 参阅周一良、吴于廑主编《世界通史参考资料选辑》（上古部分），商务印书馆1981年版，第30页。

恶神公塔布、北方黑衣神、南方花衣神";然后是毕摩念许多段经文并举行仪式,请神帮忙反咒;最后毕摩念几段经文,送走请来帮忙的众神灵。

古代法律对"反咒"采取了惩罚措施,对无端诅咒他人或者他人财物的惩罚极为严厉。《十二铜表法》作为古罗马最早的法典,遗存着某些原始的东西,其中有两处条文十分明显地反映了这一点。在《十二铜表法》中,任意诅咒与侮辱、伤害是同义的,规定编选歌谣侮辱他人必处死刑,即使诅咒他人树上的果实也在禁止之列:"十二铜表规定,在大庭广众中骂人者处以笞刑。辛尼加说:我们的十二铜表明令不得诅咒他人的果实(即树上的收成)。"①《十二铜表法》不仅把诅咒视为伤害,而且对诅咒者处以最严厉的死刑。该法第八表第一条规定"有人歌唱有害的歌谣"(第一条A),"十二铜表对为数不多的犯罪行为规定死刑,其中包括,假如有人编造或歌唱含有诽谤或侮辱他人的歌词时,则认为必须执行死刑",②把因语言而发生的侵犯视为犯罪。对诅咒有如此严厉的处罚,这反映了早期社会中人们对言语的特殊理解,对言语魔力的恐惧。

古代法律之所以对无端诅咒他人或者他人财物有如此严厉的处罚,是因为人们认为不当的言语能够加害于人,这就是《十二铜表法》为什么把诅咒他人树上的果实看作是一种严重的犯罪行为的原因。"誓"的人类学含义在于语言的魔力,语言的魔力在于语言的原始圣性。生活在原始宗教氛围中的人们,他们对语言符号的认识是我们今天的人难以理解的,语言符号的象征性质在原始社会时期有着特殊意义,言语产生之初恐就与神意相伴,原始人类认为人或事物的名字就是人或事物本身,无端的诅咒会造成伤害的后果。

对此,英国人类学家弗雷泽在他的《金枝》一书中认为:"未开化的民族对于语言和事物不能明确区分,常以为名字和它们所代表的人或物之间不仅是人的思想概念上的联系,而且是实在的物质的联系,从而巫术容易通过名字,犹如通过头发、指甲及人身其他任何部分一样,来为害于人。"③

---

① 见《十二铜表法》,法律出版社 2000 年版,第 34 页。
② [古罗马]西塞罗著,王焕生译:《论共和国》,上海人民出版社 2006 年版,IV.10.12 第一条 B。
③ [英]詹·乔·弗雷泽著,徐育新等译:《金枝》,中国民间文艺出版社 1987 年版,第 362 页。

因此诅咒传达的是一种神秘的信息，它意味着事物之间不仅是抽象的符号关系而且是物质性的接触和侵犯。原始的民族都十分重视人的名字，"在原始的氏族的观念里，人名是一个人最重要的部分之一，所以当一个人获知某一个人或某一个灵魂的名字时，他同时也将得到它的一部分力量"。[①] "如果敌人知道了自己的名字就会运用巫术加害自己"。[②] 原始民族相信灵魂转世说和灵魂故乡说，认为过世的人的灵魂要重回人间，回到其家庭中怀孕的妇女的躯体里。"当一个怀孕的妇女梦见某个死去的亲人时，她就认为其灵魂进入了自己的躯体中。如果新生表现出某一死者的特征，人们就认为这个新生儿是死者重返人间，而且人们会把死者的名字作为新生儿的名字"，"在海达人中也普遍存在这种信仰。在孩子躯体中转世的亲属是谁及孩子应起什么名字都由萨满决定"。[③]

名字是如此的神秘，既然言语是如此神秘，在原始人的禁忌体系中触摸、呼吸、交谈甚至目光接触都是极其讲究的，都是人与人、人与物建立关系的另一种方法，因此禁止世俗者看圣物，妇女永远不能看祭礼工具，至多只能远远地看上一眼。[④] 在一些部落举行的特别隆重的成年仪式上，妇女甚至不能看举行过仪式的地点和新入社者本人。[⑤] 有时死者也是被禁止观看的，人们将死者的脸盖起来，以防被人看见，这是出于防止向死者传递某种信息，因为交谈时呼出的气息就是交谈者向外界传播的某种东西，因此世俗者不能与圣物说话或是禁止他们在有圣物的场合说话。在阿龙塔人的一些重大仪式中，有些时刻严格要求人们保持肃静，如果需要说话只能低声细语。不仅对圣物说话时如此，某些特定的字词和声音本身就具有圣性，这些字词和声音世俗者不能用，也不能听，比如圣礼中的歌声，妇女不能听，违反者要被处以死刑。[⑥]

原始人认为任何人的名字与人本身是一体的，如果人是神圣的，那么

① [奥] 弗洛伊德著，赵立玮译：《图腾与禁忌》，中国民间文艺出版社 1986 年版，第 104 页。
② [英] 詹·乔·弗雷泽著，徐育新等译：《金枝》，第 362 页。
③ [法] 杜尔干著，林宗锦、彭守义译：《宗教生活的初级形式》，中央民族大学出版社 1999 年版，第 286 页。
④ 同上书，第 334 页。
⑤ 同上书，第 335 页。
⑥ 同上。

他的名字也是神圣的。死者的名字同死者一样神圣,在服丧期间,除非绝对必要,人们不能提及死者的名字。即使绝对必要,也只能轻言细语。寡妇和近亲则终身不能提到死者的名字。在家庭之外,与死者同名的人常常更换自己的名字,人们甚至尽量用婉转的说法,或借用外来的方言代替死者用过的词汇。死人的名字是如此,活人的名字亦然。在许多原始部落里,男人们常有两个名字:一个公开的名字和一个秘密的名字,前者用于日常生活,后者具有宗教的特点,妇女和孩子都不知道,因为这个名字从不用于日常生活。正是由于上述语言的禁忌,才产生了"圣语"的概念,正如杜尔干所说:"在某些仪式中,人们必须使用一种特殊的、在世俗生活中不能使用的语言,这就是圣语的起源。"①

古希腊人对语言的圣性有着同样的理解,话语在古希腊城邦民主政治中有着重要的现实意义。在古希腊,人们认为话语是一种政治工具,这可能是因为古希腊人先有政治祭司和国王的政治,而后才有文字的原因。② 在后来政治发达的希腊,人们对原始语言的崇拜与文字的传入和创制结合在一起,使得他们对于语言的掌握具有宗教和政治两方面的需要,因为在希腊社会中,话语的重要性在人们的眼里已经到了需要崇拜的程度,掌握了话语就意味着掌握了统治的方式。"话语的威力,使人联想到宗教仪式中的警句,和国王宣读法令时所发出的'法言'一样"。③ 有趣的是,古希腊多神崇拜的宗教使得他们后来把"话语"也变成一个神,即说服力之神"皮托"(Peitho)。此外,古希腊文中还有一个词叫"mysis",它的本源含义是"闭嘴"的意思,这个词汇在古希腊的使用是与祭祀仪式联系在一起的。在古希腊的祭祀活动中,献祭者的语言声息常常是被禁止的,"mysis"(闭嘴)意味着对神的敬畏。在祭祀活动中,人们不能随意讲话,更不能随便称呼神的名字,在神的面前,沉默是人与神交流的正当方式,沉默能够更加烘托庄严肃穆的气氛,是仪式的重要组成部分。由"mysis"派生出来的一个

① [法]杜尔干著,林宗锦、彭守义译:《宗教生活的初级形式》,第336页。
② 古希腊人的文字是从腓尼基人那里借来的。
③ [法]让-皮埃尔·韦尔南著,秦海鹰译:《希腊思想的起源》,生活·读书·新知三联书店1997年版,第37页。

词语"mysteri"本身就有"秘仪"的意思,也就是说"秘仪"与"闭嘴"是同一个词。在古希腊流行着很多这样的"秘仪",比如有厄琉息斯(Eleusis)的得墨芯耳的秘仪、酒神狄奥尼索斯的秘仪、奥尔菲教(Orphism)的秘仪,这些仪式都是一种不用言词的仪式,[①]今天西方一些宗教组织中也流行着很多这样的"秘仪"。

既然话语与事物是一体的,那么当纠纷发生后,无论是自咒还是反咒,都会对自己或者别人造成伤害,因此语言就显得非常重要,诅咒自然也就必须十分谨慎,作为自咒的"赌誓"也就有了神圣的效力。誓作为人向神表白或保证以洗清别人对自己的指控的语言,虚假的表述就是犯罪。上述《十二铜表法》中把诅咒他人树上的果实视为严重的犯罪,大概也是出于同样的原因。在我们今天看来,无论如何诅咒,只要不是偷盗或毁坏他人树上的果实就不可能违法,更不用说是犯罪。因为这种行为不可能产生任何实质性的危害,最多也只能是对他人及其财产的不尊重。因此西欧中世纪把在法庭上的宣誓又叫"共誓涤罪","涤罪"的意思是通过在神的面前宣誓,证明自己无罪。在古代,在神的面前"涤罪"是神圣的,这正如人生需要意义、需要神圣感、需要一种理想的安慰一样。

从"反咒"之讳、"圣语"之讳发展到人名之讳,从人名之讳又发展到为尊者讳。中国古代的法律中,基于"为尊者讳"而有"大不敬"这样的重罪罪名,在日常生活中有不得对为尊者"直呼其名"的习惯,这也都成为礼的内容,"名讳"就是基于"礼"的要求。由于礼本身来源于原始宗教,因此"名讳"的原始含义同样是基于宗教的原因。在中国人的民间信仰中,存在着这种对语言的忌讳和"神秘感",这表现在"呼名"。《管子·水地篇》记有这样一则传说:"涸泽数百岁……生庆忌。庆忌者,其状若人,其长四寸。衣黄衣,冠黄冠,戴黄盖,乘小马,好疾驰。以其名呼之,可使千里外,一日反报。此涸泽之精也。"[②]在中国西周时期,有"阴讳"之说,"生者不相

① 参见克莱门著、王来法译《劝勉希腊人》,生活·读书·新知三联书店 2002 年版,第 12—20 页。
② 江绍原:《中国古代旅行之研究》,商务印书馆 1935 年版,第 42 页。

避也","周人以讳事神,名,终将讳之",①即是说周代人以阴讳来敬奉鬼神。阳讳危及的往往是被触犯的人,而非犯讳者本身。

关于"呼名""咒诅"与中国古代民间信仰的关系,江绍原先生说:"呼名落马,不像纯粹小说家之言。个人单独交战和交战前的互报姓名,都是古时实有的事。呼名能使来将魂不附体,或系从前军旅中通行的迷信;而且多有咒诅等法并传,非仅一呼而已。"②"名也者,其人之魂也,其人之生命所系也。"③江绍原此说也仅仅是推断,并无实例。对于这个问题,圣物的传播性理论是一个十分合理的解释。在原始民族的精神世界里,主体和客体是难以区分的,人们天真地把自己的想法视为客观存在,"对一个人或物产生了某种感觉,这些感觉就会传播到伴随着这个人或物的概念而产生的表象中,因此,也就传播到这些表象所表示的物体上。我们对圣物所产生的那种尊重的感情会传播到所有接触过这个圣物的人和物"。④ 他们很容易将各种领域混淆起来,将性质不同的东西视为等同,如人、动物、植物和天体等,所有这些都具有同一含义,正如人是动物,所以人把动物作为自己的名字,植物是因为它们用于饲养动物,石头则是因为人们举行仪式的地方布满了石头。

"诅咒""圣语""赌誓",所有这一切都源于一种宗教的基本观念,即人们努力通过某种方式把世界划分为两个领域:世俗的和神圣的、经验的和超验的。这样做是任何一个宗教社会存在的基本要求,而这一切的目的都仅仅是为了把圣物和俗物加以区分。正因如此,早期人类才把语言看得如此神秘,把人的名字看得如此神圣,进而把诅咒看得如此恐怖,把用语言侮辱他人看得如此严重。也正因如此,《十二铜表法》才把它列为法典中为数不多的死刑之一。

二、誓与圣地:对圣地的保护

除了类似《十二铜表法》中诅咒他人树上的果实的情况,诅咒他人或者

---

① 《左传·桓公六年》。
② 江绍原:《古俗今说》,上海文艺出版社1997年版,第33页。
③ 周国荣:《姓氏说》,载《文史哲》1985年第1期。
④ [法]杜尔干著,林宗锦、彭守义译:《宗教生活的初级形式》,第354页。

部族的"圣地"（圣物、圣山等）同样是严重的罪行。今天的人们在研究一些"民族习惯法"的时候，对这些"圣地"（Sacred ground，sanctuary）的原始观念可能没有充分的理解（尤其涉及经济性的开发）。"圣地"的概念实际上起源于原始的祖先崇拜，包括森林、树木、河川、洞穴、岩石、坟冢、井、雪山等，如古希腊的奥林匹斯山（万神殿）、古犹太教的西奈山、古印度教的湿婆居住的卡伊拉萨、日本奈良县的大神神社（三轮山）。古代人还以森林为神圣之所，古日耳曼以树林为圣地，作为圣地保留下来的地名有奈米（Nemi，意思是森林），与拉丁文奈姆斯（nemus）同源。古代人往往还以某一树木为中心划出区域，将其视为圣地，如古罗马的中心广场，在帝制时代以前，一直以罗年拉斯王的圣无花果树作为崇拜对象。古代人还以洞穴、岩石为神圣之地，古代腓尼基人最古老的神庙就是洞穴。《旧约全书》中，是把井作为表示神的词汇的来源，如沙特阿拉伯麦加有圣井，在日本冲绳圣井和圣泉与佐多阿并列为圣域之地。在原始民族那里，人们普遍认为自己的祖先在地下有自己的真正住所，"人们认为自己的祖先会经常游荡在那些有南雅树、南雅石或水洞的地方。这些南雅树、南雅石或水洞是在祖先结束尘世生活后消失于地下时原地自然形成的"。[①] 进而认为这些树木、山石是先人的躯体，自己的灵魂也会经常来此居住，这里就是"圣地"，是需要崇拜之所。在这里，即使是本氏族的人，任何人只要没有生病就不得折断树枝。

原始民族包括今天一些少数民族往往都有自己的"圣地"，这些地方通常是他们的祖先或图腾出现或栖息的地方，人们把最珍贵的祭器存放在这些地方，祭器的灵气散布于周围，附近的树木和岩石也会变成为圣物，任何人不得损毁它们，任何对它们施暴的行为都被视为亵渎。它们代表着祖先的躯体，灵魂寄寓其中，当祖先的灵魂与某一特定的人或人群保持一定的关系时，守护神的概念就产生了。由于人们认为这些树木和山石代表了祖先的躯体，因此猜想祖先的灵魂经常光顾这里，正如人类学家斯特劳所说："从前，凡是砍倒或毁坏树木的人都要被处以死刑。对于在树上避难的动物与鸟类，也不得杀害。甚至周围的小树丛也要受到保护，不得烧毁附

---

① ［法］杜尔干著，林宗锦、彭守义译：《宗教生活的初级形式》，第305页。

近的草地。对山石也一样,要予以尊重,不得搬动和打碎。"①大抵原始民族都比较重视对山石、森林的保护,保持着对森林的敬畏,许多古老的神话传说和宗教仪式都与山石、森林有关。今天我们看到西南民族地区的习惯法十分重视森林保护,人们自觉遵守传统的保护森林、禁止砍伐的乡规民约,在某种程度上甚至比国家法更有效,这一现象应当是这种原始宗教意识的遗留。可以推测,最早原始氏族的"领地"概念,就是起源于"圣地",到后来随着大规模的氏族战争,"领地"的概念才出现,与"圣地"有关的宗教含义才逐渐为国家世俗政治的理念所取代。

在古代,誓是个人或族群保护他们"圣地"或"领地"的一种形式,人们相信语言的魔力,相信誓言是不可以违反的,几乎所有古老的社会里人们都把对誓言的违背看作是灾难降临的一个原因。中国古代有违誓而国祚不长,"而国之誓,败盟者祸及九族"之说,②人们通过誓的形式承认彼此的"圣地"和"领地"神圣不可侵犯,这在后来发展成为诸"国"之间的保护形式,这很可能就是"盟誓"的起源。

中国没有司法宣誓的传统,但古代多有国家间"盟誓"的传统。尽管实力是国家关系的根本,但中国古代国家之间的"盟誓"也有相当的约束力。《说文解字》:"誓,约束也。"《礼记·曲礼下》:"约信曰誓,莅牲曰盟。"孔颖达注曰:"约信以其不能自和好,故用言辞共相约束以为信也。若用言相约束,以相见则用誓礼,故曰誓也。"一如霍布斯所说:"所以在文明社会的时代以前,或在战争使文明社会状态中断时,除开各人对自己崇拜如神并看做在背信弃义时会对自己进行报复的那种不可见的力量所感到的畏惧以外,就没有其他东西可以加强通过协议订立的和平条约,使之不为贪婪、野心、肉欲或其他强烈欲望的引诱所危害。"③

三、誓、盟、约与中国古代司法

誓、盟、约 在政治法律领域,中国古代的誓多与战争和强权有关。在

---

① [法]杜尔干著,林宗锦、彭守义译:《宗教生活的初级形式》,第305页。
② (宋)徐梦莘撰:《三朝北盟会编》卷八,上海古籍出版社1987年。
③ 见[英]霍布斯著,黎思复、黎廷弼译:《利维坦》,商务印书馆1985年版,第107页。

古代，"誓"与"盟"总是联系在一起，"盟"是一个集团概念，缘于氏族时代，"盟"是民族形成和发展的手段，也是生存的需要，正如摩尔根所言："凡属有亲属关系和领土毗邻的部落，极其自然地会有一种达成联盟以便于互相保卫的倾向。这种组织起初只是一种同盟，经过实际经验认识到联合起来的优越性以后，就会逐渐结为一个联合的整体。"①"盟"在氏族战争频繁的中国古代显得尤为重要，并因此加速了国家的形成，且一开始就与誓相联。

盟誓是中国古代"誓"这一概念最常见的表述方式，日本学者兹贺秀山甚至认为它是中国古代法律的起源，这可以理解为中国古代是通过盟誓的方式来组织战争，并成为一种纪律，这就是所谓的"刑起于兵"之意。"约信曰誓，莅牲曰盟"，②盟在中国古代指战争中的联盟，甚至人们把"誓"也常常理解为国事。《礼记·曲礼下》："诸侯未及期相见，曰遇；相见于地，曰会。诸侯使大夫问于诸侯曰聘，约信曰誓，莅牲曰盟。"又《礼记·曲礼下》："约信曰誓。"孔颖达注曰："约信曰誓者，亦诸侯事也。"即"誓"是诸侯之间发生的事。又有《周礼·秋官·司寇》记载大司寇之职："若禋祀五帝，则戒之曰，莅誓百官，戒于百族。"即于庄严之时，誓于神，百官从誓，以为约束。又有古人常以誓为誓檄，为行军打仗之征伐檄文。传统最早的誓为夏启《甘誓》："大战于甘，乃召六卿。王曰：'嗟！六事之人，予誓告汝：有扈氏威侮五行，怠弃三正，天用剿绝其命，今予惟恭行天之罚。左不攻于左，汝不恭命；右不攻于右，汝不恭命；御非其马之正，汝不恭命。用命，赏于祖；不用命，戮于社，予则孥戮汝！'"启誓于阵，励三军，明赏罚，开后来《汤誓》《秦誓》《牧誓》《费誓》等誓檄之先河。

中国先秦多行盟誓，"盟"以"誓"的形式表现出来。中国誓法之起源常与血联系在一起，《淮南子·齐俗训》言古之誓法，胡人是弹骨，越人是契臂，中国是歃血，"故胡人弹骨，越人契臂，中国歃血也"，③故华夏族的誓法传统是血誓。夏之《甘誓》是史载最早之誓，其誓师赏罚在于祖社，故云："用命，赏于祖。""弗用命，戮于社。"《山海经·海内南经》又载夏启的

---

① ［美］摩尔根著，杨东莼译：《古代社会》，商务印书馆1977年版，第120页。
② 《礼记·曲礼下》。
③ 《淮南子·齐俗训》。

臣子孟涂司法之"血誓"。彝人和古代夏人皆用十月历,其关系最紧密,且彝人亦尊伏羲为远祖,[①]刘尧汉、闻一多先生也认为"禹与伏羲原是一家人"。[②] 彝人亦行血崇拜。商代卜文中有"祭""彝"两字,"祭"在卜文中是"滴血"之意,《说文解字》:"从手持肉,以示祭也。""卜辞亦像从手持肉于示前,'ˇ',其暗计也。"所谓暗计,可释为滴血,实指肉上滴血。[③] 商代卜文中"彝"字,"彝,从手持鸡",似砍鸡滴血之意,[④]故"彝"字与鸡血通义。由此可知,血在古代巫术中的重要作用,如陈梦家所说:"卜辞被禳,尚注意及巫术之中的巫术物,而以血为最具有巫术能力的。"[⑤]这同日耳曼人在祭祀时,"巫师把作为祭品的人割断喉咙,根据伤口流血的快慢来断未来吉凶"是一样的。[⑥] 血崇拜是许多民族早期崇拜的共同特征,血象征着生命。中国古代的祭祀中,常以动物献祭,血是献祭的基本内容,象征以生命贡献于神。春秋时期诸侯之间歃血为盟,以盟誓者之血交融后共饮,表示双方生命融为一体,在神灵面前以生命担保誓言的履行。在民间信仰中,此一形式更常见于历史。《山海经·海内南经》中有"巴人讼于孟涂之所,其衣有血者执之",虽然无法分析"其衣有血者执之"的具体原委,但出于对血的原始宗教崇拜是可以想象的,故中国先秦国姓之间是以歃血为盟的。

誓以其独特的约束功能对联盟间的文化发展起到了重要作用,当不同的氏族在同一神祇下发誓时,文化意义上的认同感必然得到强化。誓约起初依靠神的力量而缺乏制度的约束,而当公共权力上升,盟、祭演化成礼而只剩下仪式化外壳,并被广泛用于调整社会关系时,誓作为一种内心自觉的意识无疑促进了道德精神和人格素养的发展,这时誓便可能有两种变化的路径,或是呈现道德化的倾向,或是直接向法律条文转化,在法律走向成熟后,成为法律的一种补充,并伴随法律长期存在。从形式上讲,誓的订立、执行与法律的订立、执行是不同的,誓的订立的不规范性与履行的不可

① 刘尧汉:《彝族文化研究丛书》,云南人民出版社1985年版,总序。
② 闻一多:《伏羲考》,《闻一多全集》卷一,开明书店1948年版,第36页。
③ 李孝定:《甲骨文字集释》,《"中研院"历史语言研究所专刊》,1970年,第64页。
④ 张光直:《中国青铜时代》,生活·读书·新知三联书店1999年版,第274页。
⑤ 陈梦家:《商代神话与巫述》,《燕京学报》1936年版,第566页。
⑥ [法]伏尔泰著,梁守锵译:《风俗论》,第133页。

靠性促进了公共权力的建立,誓的规范化和道德化又有效地保障了公共权力的权威,在某种程度上促进了公共权力机构的形成。誓作为一种社会遵从的准则在法律之外得以长期存在,而且许多时候法律依赖它得以有效运行。

但是这并不意味着誓完全没有了与神圣之间的联系,只是它成为了世俗化的天道、人情,成为论证一切政治权威和行为生活正当性与合法性的标准。春秋时期孔子"敬鬼神而远之""不乱语鬼神"的世俗化的世界观和他倡导恢复周礼时把"仁"作为礼的核心,把"信"作为"仁"的基础,作为人格塑造和调整人与人之间关系的核心概念正是最好的说明。可以这么说,中国古代儒法文化中"约"的概念,是原始意义上的"誓"在道德精神上的蜕变。它与中国古代的天道观联系在一起,天道即是正义。天道之论,原是《易》说,老子之论进一步阐发天道与人世之关系,天道与人道合一,合天道则合人心,即"天道人心"之说。"道法自然",天道者,自然也,是自然规律。对中国古代司法有着划时代影响的汉代董仲舒以五行说论经学,可以认为是以天道解释儒学,他以儒家经典决案件之疑,即是以天道穷究人世,在这里天道和人心(人情)成为了"正义"的同义词,故天道在中国古代司法中实际上成为"法"的一种,即所谓的"天理"。如果以天道为一道家之法,人情则为一儒家之法,"孝"是最大的人情,也是最大的人心,"孝"包含了对祖先的崇拜与尊重。

在中国古代,祖先崇拜是其文化中比较原始和具有超验化的一部分,与西方相比,它是古代中国人一种特殊的宗教取向。在宗教学上,宗教取向通常是指它有时指向自然的实体,有时指向死亡者的灵魂,有时就如祖先崇拜之类,即它不限于死者的世界本身,而集中于超自然的"生物学"上的连续性,即通过家族的本性,从祖先鬼神世界流向尚未出生的人的世界,进而成为对祖先的崇拜。对祖先的崇拜融合了天道与人情,《墨子·小取》有云:"鬼非人也,兄之鬼,兄也。祭人之鬼,非祭人也;祭兄之鬼,乃祭兄也。"父母是在先,是祖,故孝也就是"道",即所谓的"孝道"。因此与祖先之"约",即是与天道和人道之"约",与现世的伦理之约即是与天道、人道之约。故中国古代自汉以后无不"以孝治天下",族权的合法性来源即是王权的合法性所在。因此,在中国古代,无论皇家还是氏族都十分看重宗庙,对皇家来说,祖先陵墓通常是其政权的象征。

在司法实践中,"天道"与"孝"一样都是"约"的合法性来源。法官与当事人是否遵守了这样的"约",成为司法判决的权威所在,这恰如格尔茨所语:"祖先崇拜支持着长者的司法权威。"这种"约"因为它是与祖先血缘联系在一起的,因此有个体之间和家族之间的差别,不具有宗教的一般性,也不可能具有法律的抽象性,这正如在基督教或其他宗教中,人们可以崇拜同一个上帝,与同一个上帝相约,就像与同一种法律相约一样。而在中国传统文化中,这是不存在的,人们生活中更多的是与"私"的法律相约,即与家法、族规相约。中国法律史的许多研究已经表明,中国古代国家是很少干预这种民间生活秩序的。此外,在这些民间生活秩序中,在日常的贸易和生活交往中,"约"的建立和效力也无需誓的支持。与西方早期法律仪式化的契约不同,中国古代儒法文化中对"约"的精神世界的理解实乃一种于法律之外的道德阐释,更重实体上的对等和平衡,不是形式上的"契"。在中国人的精神世界里"约"并非只是一张薄纸的"书契",①更多的是衡量人格的标准和道德的准据。它是一种世俗化的言语、一种非理性的精神约束,这就是天理和人情,这也是中国人"信"的基础,孔子所言"民无信不立"即是如此。②

天理在中国古代表示自然之道,当人们的社会和政治行为违背它时,必然为天怒,必遭天谴。人情应当可以看作是天理的一部分,因为人情是以血缘和私人情感为标准的人伦关系,"私"是它的主要特征。天理是自然之道,是天道,以血缘为基础的人情也是自然之道。当自然天理与人情混在一起,成为衡量人们社会行为的道德标准时,当经过汉代"春秋决狱"之后,逐渐形成"德主刑辅"的立法和司法局面时,"天理—人情—国法"的逻辑结构也被中国人视为一种完美的法秩序。因此天理与人情开始成为一种同时兼具自然性、法性和神性的"法理"。在这样的法理中,公与私完成了它难以辩驳的结合,作为中国古代法律集大成的《大清律例》规定秋

---

① 《周礼·贤人》郑注:"书契,取予市场之券也。其券之象,书两札,刻其侧。"
② 《论语·颜渊》。

审有四种结果:情实、缓决、可矜、留养承祀。四种结果中的"可矜"(情节不重,可免死刑)和"留养承祀"(情节虽重,但父母、祖父母年老,无人奉养,可免死刑),实际上就是典型的公与私结合的法理的表现。这里,"留养承祀"的"祀",《说文解字》中是"祭无已也"的意思,其具体对象是祭祀祖先,这表明了国家法律对以家为单位的私人领域的让步,也表明了中国古代对祖先神的崇拜被纳入司法的范围。

誓与中国古代司法 虽然中国古代早期社会对誓也极看重,但以后历代封建国家法典所规定的诉讼程序中,均难看到誓,倒是在司法实践中,中国古代的誓作为一种原始的无意识情结,藏于人心之隐微,只在乱政枉法之时,才成为一种窦娥式的无奈祈求。顾炎武《日知录》卷二《冈中于信以覆诅盟》:"国乱无政,小民有情而不得申,有冤而不见理,于是不得不诉之于神,而诅盟之事起矣。"[1]顾炎武认为中国历史上世传的诅盟之事,起于国乱无政,小民有冤而不得理;世传的地狱之说、感应之书,则都来自上古苗民诅盟之余习,是云:"今日所传地狱之说、感应之书,皆苗民诅盟之余习也。"[2]此种余习流传,皆因其可作王道不行、社会不公的补充:"乃世之君子,犹有所取焉,以辅王政之穷。……则王政行于上,而人自不复有求于神。"[3]

前面所说的城隍神,作为城市的守护神,通过在它面前"起誓"的形式,发挥着一定的政治法律功能。天子祭天,小民祭城隍,天子畏天,小民多畏城隍。由于行科举之制,官员往往来自民间,自然有城隍之信仰,加之明朝废除宰相后,又以吏治为重,新任官员需于城隍庙行"效忠"朝廷(姑且可以理解为国家)之仪式,必先斋宿城隍庙,参拜城隍神,向城隍神宣誓:"我等合府官吏如有上欺朝廷、下枉良善、贪财作弊、蠹政害民者,灵必无私,一体昭报!"每月的第一天和第十五天,官吏还必须到城隍庙两次,重申前誓。这一做法至清代循而未改,清代地方官吏在上任前,不仅要向城隍

---

① (清)顾炎武撰,黄汝成集释:《日知录集释》卷二《冈中于信以覆诅盟》,第108页。
② 同上书,第109页。
③ 同上。

神宣誓,而且还要在城隍庙里住上一夜,聆听城隍神的教训,向城隍神坦露心迹。[①] 如此,城隍不再仅仅是民间信仰,而具有了"法俗"的色彩。此等誓言本是为教化官吏,但由于是借助了民间信仰,且与中国民间信仰相结合,对中国人政治法律生活的影响于此可见一斑。它的基本内容是民间常说的"为人不做亏心事,半夜不怕鬼敲门",这与笔者在广西临贺镇现存古城隍庙庙门两侧看到的一副对联异曲同工,上联为"做个好人身正心安魂梦隐",下联是"行些善事天知地鉴鬼神钦"。城隍神的加封和崇拜说明,不仅儒家思想对中国政治法律产生影响,民间宗教也同样为官方所用,在政治和司法中得到认可并发挥着它独特的作用。

清军入关前的审判制度中有"疑案令誓于神"的规定。[②] 天聪五年(1631)二月二十七日,代青父子诬告阿济格一案,代青第一款罪即由宣誓而定:"代青言我兵在遵化时,额附吉尔布什谓曰:阿济格欲遣人杀尔,具闻于上。及讯古尔布什,古尔布什誓云:实无此言。代青犹执前说。因中无证佐,令誓于神。古尔布什誓云:若我实有此言,身死,妻孥仆隶及所属之人皆归于阿济格。"[③]但入关后即因"参汉酌金"而消失。清代法律在针对少数民族的则例中亦有所见:"凡失去牲畜,如访有踪迹,在任何人游牧处所,相距一箭之地以内者,即令任何人入誓。誓即免议,另行查拿原窃正犯。不肯入誓,讯明事主原失牲畜数目,令其照数赔偿。"[④]

中国少数民族习惯法中宣誓裁判广泛存在,影响时间较长,特别是那些历史上受到外来文化影响较少、长期被认为是化外之地的地方。敦煌吐蕃文书P.t.1096有《亡失马匹纠纷之诉状》:"龙年秋九月,使者象木孔骑安赞息村之马一匹,去巴尔高驿站。事后,马匹应交还马主。但草长官、驿丞等将马抢走,放在驿站,托词丢失,不还马匹,带来草场牧马人李阿索梁审

---

① 参阅顾元《自然天道、片言折狱与中国传统司法的非逻辑主义倾向》,《诉讼法学研究》2003 年第 5 卷,中国检察出版社 2003 年。
② 张晋藩:《中国法制史》,群众出版社 1992 年版,第 555 页。
③ 《清太宗实录》卷八,第 14 页。另见张晋藩、郭成康《清入关前国家法律制度史》,辽宁人民出版社 1988 年版,第 588 页。该书中有关于清入关前的"誓判"之说,认为:"有时奴婢、属人犯罪,家主和上司立誓表示确不知情,可免连坐之罪。但立誓必于公所,或得到皇帝特许,私下立誓则为法所禁。"
④ 《钦定理藩院则例》卷四五《入誓》,《中华律令集成》(清卷),吉林人民出版社 1991 年版。

问后，称：'于草场驿站，确实放有此马，交李坚奴后询问，谓：马虽放驿站，但未丢失，我等将马放牧后，被盗，汝等起一洁白之誓，敢起誓就照价赔偿；不敢起誓，依法制裁，阿索梁等人务于冬季十月八日来还誓。'"旧时青海民众遇有纠纷，常常对"朗欧波"（苍天）发誓，以之作证。又如苗疆乃是一个典型的"化外之地"，虽然近代以来其文化基本上属于汉文化圈，但古代南方诸族源自南北，东西混杂，地处山区，交通不便，人烟稀少，受到外来文化（主要是宗教文化）的影响较中原地区为少，由于这些原因，在同一个地方往往形成了汉族法律文化圈与少数民族法律文化圈二元并存的局面，其少数民族法律文化具有自己较为朴素、原始的独特风貌。同世界上许多古老的民族一样，苗疆的民族法俗基本上属于朴素的自然宗教时代的东西，同他们民族本身一样，具有早期法律朴素性的特点。比如习惯于通过设誓的方式来建立某种民事契约关系，又比如盛行多神论背景下的神明裁判，又比如对通奸行为的宽容和习惯采取财产赔偿的方式来处理许多今天我们认为属于刑事范畴的案件。从法律文明史来看，这些都是人类早期法律的基本形态。

由此，我们看出中国古代的司法传统，存在着一种不仅多元而且十分矛盾的心理意识。"多元"中有理性的成分，也有非理性的成分。理性的成分表现在官方法典中没有"神圣"的字样，也似乎不需要通过论证它与任何"神"之间的联系来证明法律的权威性。在中国传统的司法文化中，与神意相关的"誓"并没有被纳入官方司法程序，故在中国古代传统司法程序中也没有西方人那种誓证传统。另一方面，中国古代的司法中也存在着非理性的成分，它非理性的成分表现在其法典运行的民间社会环境和官方意识形态中存在着超自然的因素。在官方意识形态中一直存在着"敬天"的思想，对自然的祭祀崇拜，将自然神圣化。在民间，在汉文化和汉法律文化中同样也存在着上述神意正义的意识，而在少数民族法律文化中，神意正义的观念更是普遍适用。这在一个侧面说明了传统中国古代法律文化的多元性质，同时也印证了法律发展史中人神之间的矛盾纠缠，正如霍布斯在他的《利维坦》一书中所言："不受世俗权力管辖的两造之间所能做的一切，便是彼此相约到所畏惧的神面前去发誓。这种发誓或誓言是附加在诺言之上的一种语言形式。提出诺言的人通过这种语言形式表示,除非他履行诺言,否则就将自绝于神的慈悲,并请求神对自己进行报复。"①

四、"誓":作为欧洲古老的法俗

古希腊与罗马 神判对西方法律传统的影响十分深远,这突出表现在诉讼中的宣誓传统,誓在西方法俗文化中有着自己特殊的历史和意义。

在人类文化史上,誓从作为原始秘仪意义上的圣语,到作为司法仪式的宣誓的演化过程中,古希腊理性主义哲学起到了重要作用,是其发展史上重要的一环。古希腊理性主义是从反对原始神秘主义、反对秘仪开始的。"logos"是希腊理性主义哲学的象征性概念,"logos"本义是指捆扎的柴火,它表示将若干词汇用某一种语法捆扎在一起去表达一个意思,成为一种"言谈"(discourse)。因此,"logos"要求人们讲话,敞开胸怀,显露于外,在神的面前用语言表达一个道理或一种祈求、一种评判,它还意味着如何按照一定的规则去组织语言,同时它又是人的理性所自然遵循的一种逻辑思维规则,被引申为"理性""尺度""规则""公式"等。② 总之,"logos"(逻各斯)是以语言为工具去表达一番道理的意思,包含了"言词"和"理性",它要求人们在神的面前不能是"mysis"(闭嘴),而应当是"discourse"(讨论)。因此,在仪式上应当体现"logos"(逻各斯)。在古希腊哲学家中,赫拉克利特就主张在仪式中将"logos"和"mysis"(闭嘴)分开,他对古代的祭祀礼仪和祈祷持批判的态度,他认为:"人们将为祭神而宰杀的动物的血涂在身上来使自己纯洁是徒然的,正像一个人掉进泥坑却想用污泥来洗净自己一样。任何人看到他这样做,都会将他看成疯子。他们向神像祈告就像和房子说话一样,他们并不知道什么是神和英雄。"③赫拉克利特认为不体现"逻各斯"的祭仪、秘仪、祈祷、偶像崇拜都是无知的、可笑的。④ 赫拉克利特不反对祭祀仪式,他反对的是沉默的秘仪。他要求人们在神的面前

---

① [英]霍布斯著,黎思复、黎廷弼译:《利维坦》,商务印书馆1985年版,第107页。
② 参考 W. K. C. Guthrie《希腊哲学史》,剑桥大学出版社1971年版,第420—424页。
③ 参见杨适主编《原创文化与当代教育》,社会科学文献出版社2003年版,第109页。
④ 同上。

"说话"，而"誓"就是要人们在神的面前表达"逻各斯"。赫拉克利特的这一思想不仅在西方哲学史上十分重要，而且对西方司法文化史也有重大影响，从某种意义上讲，它促使了人们从在神的面前沉默向在神的面前陈述（誓言）的转变。

"法"这一词在欧洲自古与"誓"有关，北欧语中"Lagh"（法）就有"誓"之意，拉丁语"jus"（法）亦与"Jurare"（誓）有关，又如"lex"（法）在日耳曼时代的英吉利法中也有宣誓之意，德语中的"Recht"（法）在撒克逊法中亦以"Eid"（誓）的意思来使用。① 誓与法的关系如此的微妙而相似，这似乎表明，法从一开始就体现了人们的一种善良愿望和追求公道的意志。在泛神论的时代，在没有民政权威的情况下，人们只能把对自然的困惑、怨怼、痛感当然也包括欢乐诉之于自己假想的神灵，它表达了一种祈求、一种陈述。诉说冤屈，乞求公道，于是法的含义自然就包含了演说、陈述（诅咒）的意思。这种控诉和辩护可能就是世界上最早的演说，"oratio"（演说）一词在拉丁文中最初的含义就是控诉，直至今天"oratores"（演说者）仍指法庭上陈述案件的当事人。②

自己或请别人帮助自己宣誓从而证明自己行为的正当性和合法性，是最能表明个人在神面前的自觉性的。在西方，无论是在古罗马法时代还是在中世纪，宣誓都有极强的证明力。宣誓取证的传统在后来的英国、德国、法国的诉讼法中都有深刻的影响。在现代英国法中，证人举证时常用的宣誓格式为"我向上帝发誓，我将提供的是真情，全部是真情"；1978 年的《宣誓法》中允许反对使用宣誓的人以"作庄严声明"代替宣誓，但如果证人作虚假陈述也会构成伪证罪。③ 在法国，《法国刑法典》第 336 条规定虚假宣誓是犯罪行为，《法国民法典》还规定了"决定性宣誓"的效力，即在当事人作决定性宣誓时，法官只能判决宣誓者为胜诉，或判决拒绝宣誓者为败诉。此外，其第 366、367 条还有"补充宣誓"的规定，即当法官认为已提出的证据不足时，可依职权要求证人作补充宣誓。法国《刑事诉讼法》在预审程

---

① ［日］穗积陈重著，黄尊三等译：《法律进化论》，第 41 页。
② ［意］维柯著，朱光潜译：《新科学》，第 481 页。
③ 沈达明：《比较民事诉讼法初论》，中信出版社 1991 年版，第 278—279 页。

序、重罪审判程序中分别规定了证人和陪审团成员宣誓的义务,第 304 条详细规定了法定的誓词内容。① 在德国,《德国民事诉讼法典》中也有宣誓条款,1933 年以前当事人在无其他证据方式可以使用时,可以要求对方以宣誓否认无从证明的事实;②德国《刑事诉讼法》第 66 条亦规定证人在法庭询问时有宣誓义务。③ 1914 年美国联邦最高法院便依据宪法第四修正案在维克斯诉合众国一案的判决中提出了非法证据排除规则。该宪法第四修正案规定:"人们保护自己的人身、房屋、文件及财产不受任何无理搜查和扣押的权利不容侵犯;除非是由于某种正当理由,并且要求有宣誓或誓言的支持,并明确描述要搜查的地点和要扣留的人和物,否则均不得签发搜查证。"宣誓证明靠的是当事人的内心道德自觉,而这种自觉在某种程度上会形成内心约束,这种意义不仅是形式上的,在司法审判活动中,誓言往往会成为举证责任的一种理所当然的依据。不仅在司法中,在西方社会漫长的历史长河中,宣誓证明几乎是西方社会文化传统的一部分。在西方社会曾存在过的诸种神判中,于中世纪乃至中世纪之后的今日,宣誓神判的影响最深。

宣誓神判有别于其他神判之处,在于它简单易行,它除去了审罚合一的形式和那种摧残肉体的外壳,使神判从对肉体的残酷考验转变成对内在精神的道德律令。它不是去展示神意,而是基于伪誓必受神罚的信念,集中体现了氏族时代重视外显行为以及古代神判习俗中所孕育的关于"法是神圣的"、判决是"神圣的判决"(holy judgement)的观念对后来的影响。宣誓神判在西方还有一个特点,即它已不是一种纯粹的神判法,而是一种证据法,这主要因为在盛行之时,它已被纳入国家的法律体制之中,成为法庭取证的一种制度化的方式。誓审在古代西方社会之盛行,当数古罗马和中世纪日耳曼国家。

宣誓在古罗马法律中极为重要,罗马法奉行的自然法原则为司法上的宣誓效力提供了理论上的保障。优士丁尼的《法学阶梯》中明确指出:自

① 王以真主编:《外国刑事诉讼法学》,北京大学出版社 1995 年版,第 308 页。
② 沈达明:《比较民事诉讼法初论》,第 323 页。
③ 王以真主编:《外国刑事诉讼法学》,第 308 页。

然法的原则"在一定程度上是依据神明制定的，总是保持稳定和不变"（divina quadam providential constituta semper firma atque immutabilia permanent）。① 罗马法律思想的代表人西塞罗对"誓"的态度也多少有一点工具主义的色彩，作为继承古希腊斯多葛学派自然法思想的西塞罗必然会从理性的角度来看待"誓"在法律上的意义。西塞罗曾大加称道宣誓的神圣性和效力，"誓言使多少事情得认定，它的圣洁性多么富有效力，因为害怕神明惩罚使多少人停止作恶，当不朽的神明作为裁判官或见证人参与公民间的同盟是多么神圣"。②

宣誓在古罗马人心中有极大的强制力。"亵渎者应受惩罚……至于说到伪誓和奸淫……无须进行任何讨论，诺言包含了我们对神明承担的保证"。③ 从制度上讲，古罗马法民事诉讼程序的历史可区分为三种：法律诉讼、程序诉讼、非常诉讼。"法律诉讼"中有一种"誓金法律诉讼"，它是一种古老的程序，被称为调查之诉，它有着庄重和象征性的形式，进程缓慢，"因为只是通过曲折和间接的途径才最终对争议的实物标的作出裁判。首先向执法官提出请求和反请求，然后，根据诉讼标的的价值就一笔为 50 至 500Assi 的款额打赌，（当然具有神圣性并伴之以宣誓，）接着审判员对争讼进行裁判，宣判谁在打赌中获胜，谁失败"。④

在罗马早期审判制度的引入程序中，传唤被告到庭，被告在作出出庭保证或承诺按时再次出庭时，一般采用保证金或宣誓的形式。⑤ 在诉讼的决定性时刻到来的"争讼程序"中，双方当事人均须正式表态并宣誓服从选定的审判员的裁决。在罗马法中有关法律事实的证据包括：证言、私人文书、公共文书、宣誓。在早期，法官对证据有最大的自由裁量余地，宣誓本身在法官面前只具有一种道德上的要求，被要求宣誓的当事人并不是必须要宣誓或要求反宣誓（在少数情况下，当事人一方要求另一方向法官宣誓，在这时，进行宣誓或要求反宣誓则是必须的，并使询问终结）。到了后

① ［意］彼德罗·彭梵得著，黄风译：《罗马法教科书》，中国政法大学出版 1998 年版，第 15 页。
② ［古罗马］西塞罗著，王焕生译：《论共和国　论法律》，第 222 页。
③ 同上书，第 177 页。
④ ［意］彼德罗·彭梵得著，黄风译：《罗马法教科书》，第 94 页。
⑤ 同上书，第 98 页。

来,举证制度才开始由法律调整,在优士丁尼法中则以普遍和绝对的方式规定了或者宣誓或者要求反宣誓的义务。此外,《学说汇纂》中把宣誓分为任意宣誓、强制宣誓、请求宣誓。在罗马法中,关于债务是否存在,原告必须请求被告宣誓,若被告答应了原告的请求,可不负债务之债,否则被告当支付其请求额。如果是原告和被告互请宣誓,裁判官则基于其宣誓而下判决。在罗马的裁判官法中,关于被称作"简约"(不同于受到承认的协议即契约,是缺乏形式而且不是根据某一债因而达成的协议)的诉讼有一种叫做"自愿宣誓"的程序,在此种诉讼中,如果原告或被告就简约作出宣誓,法官就必须根据原告的请求对他的主张做出裁决,而不必进行任何调查。

罗马法中宣誓被广泛用于市民法、私法领域。在罗马的贸易中市民为设立债的关系而普遍采用的要式契约是要式口约,口约讲求形式,在要式口约中,语言的表述极为庄重,要约人的问话和被要约人的对应回答十分讲究。提问和回答应当严格按照"誓约"的程序:"你答应给我一百元吗(spondes mihi dare centum)?""我答应(sopondeo)。""要式口约"本身就取名为"sponsio"。需要说明的是,罗马法对誓的看重,与古罗马大法学家乌尔比安关于法律是"神事与人事的知识"的观念十分密切,影响了罗马人对法学的看法。一如罗马智慧大学的罗马法教授卡塔拉诺所言:"杰尔苏(celso)对于法的解释(指乌尔比安语:法是善良与公正的艺术),成为了罗马法对于法的唯一解释,从这一解释中也产生了对于法学家的称谓,即正义的'大祭司'(sacerdotes iustitiae)。"①整个罗马法作为一个民事法律体系,无论是用于治理罗马人的市民法,还是适用于外邦人的万民法,在罗马时期都被看作是朱庇特神的法。在罗马法的形成过程中,这一观念对罗马法的法典化和"罗马共同法"的形成起到了作用。正如意大利斯奇巴尼教授所说:"这些法典面向'一切民族',完全实现了一直蕴含在罗马法中的一个发展方向,这种方向是指朱庇特是城邦制度的起源及最高权威,同时也是作为'跨民族的实体',是实际上与罗马人有很多共同法的其他民族

① [意]皮尔安杰罗·卡塔拉诺《法与人的概念》,载费安玲主编《学说汇纂》(第2卷),知识产权出版社2009年版,第127页。

所属的法律——宗教体系的守护神。"①

此外，罗马人把他们的法律视为"跨民族的实体"，影响了后来西方人对法的普适性的推崇。在古罗马，由于人们认为法是神的法，法学家是"大祭司"，神是有普遍性的，因此法是具有普世性的，罗马人的神是世界之神，罗马人的法自然是世界之法。正如卡塔拉诺教授认为的那样，在罗马，"法的普世性观念最初来源于祭司的判例，特别是战争和事物祭司的判例……法的普世性观念是伴随着帝国理论而逐渐发展起来的，即从奥古斯都到大安东尼，再到优士丁尼一世"。② 由此推演，在古罗马人那里，正是因为法是神的法，所以法的普世性的观念才得以在世俗法层面展开，而"宣誓"证明也才有合法存在的理由。因为神是普世的，所以法是普世的，法律规定的对神"宣誓"当然是普世的，因此罗马司法中的"宣誓证明"也就是神圣而合法的。

关于这种宣誓的起源，较为共同的观点是它产生于神意的宣誓，而后变为自我保证的诉讼担保。要式口约最古老的形式是"誓约"，"誓约"有着广泛的用途，甚至同古代中国一样，在公法中用于为实现和平结盟的盟誓。在家庭法中，为许诺出嫁女儿也使用"誓约"，有极大的效力。③ 固定的语言程序被当作誓言看待。要式口约作为一种古老而又广泛适用的契约形式，正好说明誓作为一种表现人与神的行为变成了调整人与人之间关系的制度化的规范。誓的约束力本来自人们对语言魔力的恐惧，反过来当语言的魔力消失后，人们又把语言当作誓来看待，并成为契约的固定程序。在西方契约史上，早期契约观体现为追求形式公正的契约观，在誓的原始含义中神性的、仪式性的内涵较之中国更重，道德化的色彩更少。而如前所述，中国的誓中的"信"注重人格，道德遵从的色彩更浓厚。此外，中国古代的誓在司法领域中极难见到，更不用说像罗马法那样把它作为一种制度而加以运用。

---

① ［意］桑德罗·斯奇巴尼《法的建立：契约外责任注释方法实例——优士丁尼〈学说汇纂〉之阅读》，载费安玲主编《学说汇纂》（第 2 卷），第 99 页。
② ［意］皮尔安杰罗·卡塔拉诺《法与人的概念》，载费安玲主编《学说汇纂》（第 2 卷），第 128 页。
③ ［意］彼德罗·彭梵得著，黄风译：《罗马法教科书》，第 355 页。

《萨利克法典》 中世纪欧洲法律中的非理性因素,主要是指欧洲中世纪的法律中存在着的宗教性成分,具体而言,是指日耳曼的自然宗教和基督教。从国家构成看,国家作为一种组织人类生活的具体制度,它是精神的产物。人类可能有相同的生产方式,但是却可能存在不同的具体国家组织形式和法律样式。同样是自然经济,中国封建时代与中世纪欧洲的国家制度和法律样式不同;同样是工业化社会,世界上却存在着不同的国家政治法律形式。这是因为国家在发展过程中,不仅受到生产方式的影响,而且还受到不同宗教文化、世俗文化的影响。人皆喜欢聚居生活,惧怕孤独,以信仰为基础而聚合,形成以信仰为基础之道德组合;或以血缘为基础而聚合,形成以血缘为基础之伦理型组合。神话之信仰组合或杂以血缘,血缘之组合或杂以神话之信仰,世界诸民族国家之组合形态各异。基督世界和伊斯兰世界、佛教世界是典型的信仰组合。中国古代社会则是典型的"国家+血缘"的组合方式,血统是社会的道德基础,道德的标准是血统。"君"是国家的代表,"父"是血统的代表,"无父无君"者是大逆不道。君与父同等重要,视君为父,"君臣父子"是典型的国家与血统的混同,这是社会秩序之根本。而欧洲中世纪伊斯兰国家则是典型的"国家+信仰"的组合形式,形成政教合一的传统,这些不同的组合形式同样影响着国家的法律样式。综观人类制度文明史,不过是宗教精神和世俗国家制度的历史。所谓的这些法律样式,不过是宗教精神成分和世俗理性成分的组合,是法律的理性和非理性成分的组合,随着近代以来世界法律的趋同,而以此两要素组合之不同呈现不同的样式。

欧洲封建社会形成的过程伴随着西罗马帝国的衰亡,日耳曼民族入侵,并在罗马帝国土崩瓦解的基础上建立起大大小小的蛮族王国的过程,同时也是欧洲封建社会法文化开启的时期。尽管我们通常认为欧洲中世纪法律呈现多元化的特点,有教会法、日耳曼法、王室法、商法、行会法等,而且这些法律和司法形成了冲突局面,但从理性和非理性成分的概念出发,欧洲这一时期法律基本样式的主流仍然是罗马—日耳曼法和教会法。不仅如此,仔细观察还可以发现这些法律很少是由国家制订的,日耳曼人的"蛮族法典"实际上是日耳曼人古老习惯法的汇编，是他们粗犷文明的证据；而教会法、商法、行会法也都是民间性质的；即使是罗马法，它同样已经沦落为"粗俗的罗马法"，在当时也属于民间法俗的一种。而欧洲出现民族国家制订法典的运动则是后来的事情，比如1804年《法国民法典》颁布以前，法国在法律适用上就是一个各种性质的法律"各自为阵"的局面，这种情况在当时的欧洲是比较普遍的。这与中国早在春秋时期就已经开始的、由国家制定成文法的法典化运动大相径庭。中国的成文法和法典法历史一直持续于整个封建时代，国家不仅一直是法律创制的主体，而且把它发展得十分成熟和发达。究其原因，是因为欧洲中世纪宗教（基督教）和王国内贵族阶层的强势影响，使得国家总是处于相对弱势的缘故。法律多元形态的出现是因为蛮族国家力量在文化和统治上的弱势，蛮族国家自身也缺乏能够制定法典所需要的知识和能力。5—9世纪日耳曼"蛮族王国"制定了许多被称为"蛮族法典"的法律，它包括盎格鲁·撒克逊的法律汇编、《埃塞尔伯特法典》、法兰克人在公元496年制定的《萨利克法典》、北意大利伦巴第人的国王罗撒里在公元643年制定的《罗撒里敕令》等等。这些所谓的"法典"是在日耳曼人原来习俗法的基础上形成的，尽管在积极立证与消极立论、反对决斗立证和主张决斗立证等方面有所不同，但它们共同构成了中世纪法律的非理性的"日耳曼背景"，并对西方法文化产生了重大影响。

在这些"蛮族法典"中，最早的是萨利克的法兰克人的法兰克法，又称"萨利克法"，它是由墨洛温国王克洛维斯在496年皈依基督教后不久公布的。由于法兰克王国存在时间最长，在加洛林时期曾一度统治大部分欧洲国家，所以它具有广泛的适用性和权威性，这就注定了《萨利克法典》在罗马帝国崩溃后成为西方法文化的重要组成部分，成为西方社会从奴隶制向封建制社会转型时期最活跃的法文化因子。由于《萨利克法典》自身的"蛮族文化背景"，它不可避免地具有部落的、地方的、封建的性质。在这里，笔者以同一历史形态时期中国的《法经》《秦律》作为参照系，以便更清楚地解释这一时期西方法俗文化的走向。

《萨利克法典》产生于日耳曼人对罗马帝国的征服过程中，伴随着这种征服,之后的西欧长期处于分裂状态,罗马法也几乎荡然无存。一个落后的、野蛮的、以法俗为基础的原始文化取代了原来体系完备、法理精深、具有高度理性色彩的罗马文化,并以自己惯常的方式制定法律。而且从根本上讲,这种法律是部落性质的法律。制定《萨利克法典》的法兰克王国由众多分散的民族(部族)组成,它包括法兰克人、伦巴第人、东撒克逊人、汪达尔人、苏伊非人、阿勒曼民人、弗里斯兰人、西哥特人、东哥特人、勃艮第人。这些民族所携带的法律文化与罗马法文化相去甚远,属于异质法文化。《萨利克法典》的形成是建立在用野蛮方式摧毁古罗马法文化基础上的,尽管它可能也受到过罗马法余韵的影响。

《萨利克法典》是在克洛维皈依基督教后颁布的,尽管日耳曼人不可避免地将基督教作为他们的精神信仰,甚至基督教教义还可能与它原来的神意观有共通之处,但毕竟基督教教义是一种异质的、与日耳曼人的英雄神话不是同一层次上的文化。

西方在向封建社会转型的过程中,的确存在着上述三种法文化的多元局面,那么它们是怎样融合的呢? 其中又暗含着什么? 下面就《萨利克法典》与"粗俗的罗马法"、基督教的联系作一分析。

首先,是"粗俗的罗马法"。在日耳曼王国中,已残存无几的宏大的罗马法架构几近毁灭,然而在北意大利的一些民族中,在西班牙、法国南部基督教教士的头脑中,有关罗马法的记忆、规则却得以保留。这是种简单化、通俗化、错误百出的罗马法,即法史学家们所谓的"粗俗的罗马法","它厌恶严格的概念,无法也不愿意达到古典法关于阐述详尽精细,结构合乎逻辑的标准的一种法律","缺乏概念的统一和有机演进的性能"。[1] "粗俗的罗马法"被保留在基督教士中,法兰克人占据了西罗马帝国原来的地区,建立了王国,在皈依基督教后,要想制定成文法,其所面对的就是这样一些零碎的东西。在《萨利克法典》中,我们仿佛看不到"粗俗罗马法"的影子,它们之间没有直接的渊源,也找不到抽象的原则和概念,但它们的联系是存在的。法兰克人统治了广大地区,并已开始摆脱居无定所的游牧生活,他

---

[1] Ernst levy, *West Roman Vulgar Law*, philadelphia, (M)1951, pp.6 - 7.

们需要一部法典，他们要"把自己的法律用文字写下来，目的并不是要让征服的各民族遵守他们的习性，而是为着给自己遵守"。① 那么他们就得对原有散漫的习惯法进行改造，特别是野蛮的血亲复仇制度。首先它要做的事情就是将双方当事人引向服从地方集会（百户区法院）判决的轨道上来。所以《萨利克法典》这部最早的蛮族法典一开始就列举了各种金钱处罚，要求被告支付原告，因为他没有应原告之召到地方法院。② 它还列举了要求犯有各种罪行的人向受害人支付金钱的处罚，这些罪行包括杀人、抢劫、盗窃。这些传统的刑事案例必须通过法庭来解决，强调法庭传唤制度的目的正在于消除用血族间仇杀来解决问题的方式，但这只能说明法兰克人想改造原来的习惯法这样一种事实。而一部良好的法律仅仅做到这一点是不够的，它需要新的法律理念和信仰以及对这些信仰恰当的表现形式。罗马法关于自然法、理性、正义的永恒观念不见了，这就为法兰克人原始的神创造法律、掌握法律以及法是神圣的观念留下了地盘。具体到《萨利克法典》，我们可以看到在这些信仰指导下神明裁判的痕迹，诉讼从宣誓开始，火神判、水神判这种自然神论的形象仍然存在，以及在这些信仰指导下的口承法律文化时代的法律表现形式仍然存在。

《萨利克法典》采取的是"案例式解决案件"的方法，几乎每个法条都生动形象，"如果有人偷窃一只小猪而被破获，罚款120银币，折合3金币"，"如果自由姑娘自愿跟随奴隶，应被剥夺自由"。诉讼从宣誓开始，"向上帝起誓（原告或被告）所发的誓言是清楚的，没有弄虚作假"。③ 开始在陈述时往往运用押头韵的诗歌形式："我是亲眼所见，亲耳所闻，非受人指使，非受人安排（unbidden and unbought, saw with eyes and heard with my ears），卑鄙或欺诈、正确的和正当的。"④这种相信誓言、生动形象的法律表达方式，在中国西南少数民族口承形式的习惯法中仍可看到。法律以说唱形式体现出来，保存着原始的韵味，自然神论的信仰隐藏其间，原始正义在

---

① 西南政法大学法制史教研室编：《萨利克法典》（第1节），载《外国法律史资料选编》（上册）。
② 同上。
③ 同上。
④ ［美］哈罗德·J·伯尔曼著，贺卫方等译：《法律与革命》，中国大百科全书出版社1993年版，第69页。

隐秘地发生作用。在法典中没有任何古罗马经典法学的理性主义色彩，《萨利克法典》的"日耳曼背景"只能为它提供一个古老的英雄时代的神话、一个神圣的誓言和生动形象的外壳，誓言仍然存在，神所创立的法是神圣的观念仍然存在，简单质朴的外壳中仍隐藏着"活的法律"，而"粗俗的罗马法"毫无可借鉴之处。这也表明了在罗马法遭到劫难时，西方中世纪早期在法律信仰领域的危机。这种危机在中国同一社会形态时期是没有的，中国的《秦律》与《法经》在精神上是相似的，在法律表达方式上是连贯的。法是现世的、人性的，它基于对人性恶的假设，基于现世帝王统治的命令，它非神所创，没有神话的空间，也没有"上帝法""自然法"那种抽象的思维理念，中国法的精神是连贯的，历史上也就没有出现过这样的"危机"和"机遇"。

其次，"粗俗的罗马法"与日耳曼法在私法领域暗中契合，使得西方传统的私法文化不致于中断。罗马法的传统是一种私法文化，其私法内容丰富，法理精深，结构严谨（人法、物法、程序法），体系宏大。"蛮族入侵"后保留下来的"粗俗的罗马法"主要是私法，这一领域的许多观念被保留下来并发挥作用，例如法律是调整社会秩序的有效手段，不道德或非法的交易是无效的，暴力强迫或威胁下的出售和赠予是无效的，拖欠债务者应支付他所负债务的利息等等。

不过我们没有理由说以《萨利克法典》为代表的"蛮族法典"曾受到过罗马法上述这些理性化私法观念的影响。尽管从内容上看，《萨利克法典》确实具有相当浓厚的民法色彩，法典中有大量民事方面的规定，所有刑事内容的条款，如杀人（四十一节）、放火（六十一节）、盗窃（二十七节）这些明显的刑事案件，一律用支付"赔偿金"的民事处理方式来解决，有"非刑罚化"的温和主义特点，即被称为"刑事民法化"的特征。这与中国《秦律》不同，《秦律》与《法经》一样是刑事化的法律，是一种公法。《秦律》中违法、侵权与刑事犯罪之间没有任何区别，一律被视为犯罪。如果说秦代《秦律》是扩大了的战国时代的《法经》，那《萨利克法典》倒更与罗马的《十二铜表法》相契合。《萨利克法典》由60节组成，纯民事的规定就有十余节之多。《十二铜表法》有108条款，纯民事的条款就有38条，占总数的

35%；涉及民事或民事化的条款有 16 条，占总数的 15%，[①]民事私法的性质十分明显，二者自然契合，可谓天成。这种契合，在欧洲法律文化史上，多不为学者所注意，但实际上它的意义十分重大。"蛮族入侵"给罗马法以毁灭性打击，但西方私法文化传统不但没有随战火而毁灭，相反却被注入了新的内容，更富有非理性文化的特色（这一特色在中世纪法律和近现代法律中仍有体现，如宣誓、决斗）。尽管在随后的中世纪时代，欧洲民族的民俗法几乎消失得无影无踪，新的复杂的法律体系逐渐创立。16—20 世纪一系列社会革命推进了西方历史进程，把它的"日耳曼背景"远远抛在后面。但《萨利克法典》的私法性质仍为它自己在西方法律史上赢得了一席之地。它随着王国的建立，日耳曼人皈依基督教，而融入中世纪法律中，使得自《十二铜表法》创立起来，经《查士丁尼民法典》而完备，并经教会法、商法和近代《法国民法典》《德国民法典》发展起来的西方私法文化传统不至于中断。

再次，基督教为日耳曼法在信仰领域留下了地盘，进而为它与基督教在这一领域的融合制造了机会。当时日耳曼人对正传遍欧洲的基督教文化也是陌生的。罗马帝国瓦解后，欧洲政治呈现分裂局面，文明衰落到极低的程度，比如当时意大利地区在伦巴第人的统治下，"人们缺乏文化和艺术，也得不到任何法律的保护"。[②]基督教正以它宽广的胸怀去填补欧洲人在"精神共同体"上的真空。前面我们已经提到，"粗俗的罗马法"在精神和价值上不能为日耳曼人的立法提供些什么，日耳曼人在法的精神上仍然是贫乏的，但由于基督教的存在，日耳曼人的精神世界正在发生变化。基督教关于上帝创造成物、创造人类、创造了法律的宇宙社会秩序的观念，关于永恒天国、来世的观念对日耳曼人来说是一些不可思议的东西，但却充实了日耳曼人的头脑。因为日耳曼人固有文化中神创造法的观念与基督教上帝法的思想，在本质上都是一致的，即存在着一种永恒的法律，它是神圣的、先验的，它是正义、理性的真正代表，而且还都有贬低现世国家价

---

① 西南政法大学法制史教研室编：《萨利克法典》，载《外国法律史资料选编》（上册）。

② ［意］卢多维科·加托著，夏方林译：《帝国时代：中世纪》，四川人民出版社 2000 年版，第 11 页。

值的倾向。

6—10世纪,本已传遍欧洲广大地域的基督教对新的统治者在观念上形成冲击。与基督教相比,古老的日耳曼神话显得既粗糙又惨淡,日耳曼习惯法是建立在有关战神的部落神话,对山川、河流、树木的自然崇拜,有关部落酋长神圣血统的观念,对亲属关系和领主关系的绝对忠诚,对命运压倒一切的信念的基础上的。日耳曼人的神判理论基础,在于相信有一种固有的、存在于灵魂之中的超自然力量。"宣誓裁判""神明裁判"(如《萨利克法典》中的水神判与火神判)都是为了获得神灵的佑证。"血亲复仇"制度和《萨利克法典》中用以取代血亲复仇的"金钱赔偿"制度,都是为了挽回受害者家属和亲属生前或死后的荣誉。死后的荣誉是神圣的,荣誉是超自然力量驱动下的命运的一部分,复仇或赔偿是对生者或死者命运的补救方式。

相反,基督教发展出一种更高级的神权观念。基督教认为一切自然现象是上帝创造出来为人服务的,并没有敌对的超自然神灵附在它上面,否认具有自然神论色彩的超自然力量的存在。它还认为,所有人在上帝面前都是有罪的,血亲复仇、神明裁判无法使灵魂得到拯救,人的命运来自一种更高的人生理想——进入天堂,因此人们摆脱无休止的交战、游牧生活而定居下来是可能的,而进入天堂需要的是信仰和善行,耶稣基督的身体力行提供了一个生动而崇高的人生模式。日耳曼人开始无法理解这种人生观和世界观,但日耳曼人古老的观念中相信有一种永恒的东西存在,正如基督教相信上帝是永恒的一样。

日耳曼人相信神创的法律——习惯,习惯是神圣的、永恒的。这种对法永恒性的认识,具有贬低现世人为制定法的倾向,这也正如基督教的上帝法具有贬低世俗价值的永恒意义一样。但两者毕竟不是同样的东西,基督教开始向这种古老的日耳曼观念挑战,它并没有直接否定日耳曼人神圣的制度和价值(神明判决),它的影响是精神性的,是用一种新的神圣性去取代它,即上帝的王国、上帝的法律、来世的生活。生活被分为永恒和现世,现世是微不足道的,追求永恒才是人生的终极目标,这是一种更精致、更为遥远和抽象的神圣理想。正是靠这种具有共通性的精神的入侵,才把日耳曼人从简单的自然神论转移到效仿那个基督教的上帝上来；才使日耳曼人躁动的情绪得以平复，法律在精神上才得以归一；神明裁判、血亲复仇、宣誓、决斗裁判才让位于通过询问证人寻找事实"理性"程序中来。这种变化在《萨利克法典》中依稀可见，如法庭传唤制度得到加强，神判的成分少了，有了关于不放手入沸水锅的规定，血亲复仇为赔偿金所替代。与此同时，基督教还以它更博大的胸怀去感化日耳曼人，用它的仁慈之心去改变日耳曼人在性别、阶级、种族上的众多偏见。在《萨利克法典》中仍可清楚地看到这种偏见，奴隶、妇女、穷人的地位低下，在赎买的适用上，穷人与富人、奴隶与自由人有着数额上的差距，但这种偏见正在改变。

法兰克人的《萨利克法典》是多元文化消融时期的产物。尽管它是蛮族习惯的汇集，仍有时代的烙印，在它的后面隐含着一个广阔的文化空间。基督教为它提供了一种新的世界观和人生哲学，基督教抽象的理念填补了罗马法毁灭后在法律理念方面的空白，保持了一种抽象的关于法的神圣性的观念。而罗马私法传统在与日耳曼法的契合中得以保留，西方社会法文化以一种新的面目携带着旧的文明继续向前走去，而这种关于永恒的、神圣的观念从来都不是中华法文化的思维方式。在先秦思想最活跃的时代，名家曾有过类似的思想，公孙龙曾清楚地区分了共相和事物，他坚持说，即使世界上没有本身是白的物，白（共相）也是白（共相），这颇似柏拉图的理念论，即区分了两个世界：永恒的和有时间性的、可思的与可感的。但这个有很高思维水平的观念没有得到发展，名家学说也没有成为中国思想的主流，相反却朝另一个方向发展了。中国封建时代的《法经》《秦律》是法家思想的完美结晶，法家是现世的、经验的、实用主义的，它强调的是统治技术层面的东西（法、术、势），法家的法文化是建立在人性恶假设之上的、经验的、世俗的兵刑公法文化，它没有关于自然的永恒、超验的概念，更没有影响具体法律制度的神创法的抽象意识。

因此可以说，欧洲中世纪的法俗由上述三个方面的内容构成："粗俗的罗马法"、日耳曼习惯法和基督教法。但是与世俗化和"粗俗的罗马法"相比，日耳曼习惯法和基督教法的影响更具有文化的意味。就神判而言，它不仅是一种法俗，更重要的是它形成了一种超越性的法学理念。

誓与欧洲中世纪司法文化 西欧社会在中世纪相当长的一段时间内,呈现出多元文化发展的特点,经历了一个在社会生活、文化、政治制度乃至个人命运都极其混乱的时期。

首先是战争的影响,各种各样战争的影响。5—9世纪日耳曼人对罗马世界毁灭性的打击;阿拉伯人对南方具有道义和理想气概的入侵;罗马世界的残存以及对它昔日光辉的追忆,有意无意地模仿、再现和保存它的愿望;年轻而精力充沛、想整合欧洲世界的基督教;日耳曼人的固执、野蛮,以及他们动荡的游牧生活,独立、放纵、讲求私利的自由主义性格,当然也包括他们的神判习俗和记忆中的习惯法,总之,各种物质的、精神的力量相互挤压,呈现出各种混乱的、暴风般的景象。历史在混乱中孕育了新的文明,包括法律文明,这就是这一时期西欧法律孕育的历史背景,也是神判在这时多用于司法的原因,同时也是后来神判逐渐消亡的原因。这一时期的西欧历史呈现多元化的格局,开始偏离古希腊、罗马的法律文明。值得一提的是,欧洲原有历史文化单一性的打破和多元格局的形成还与中国的历史有关。公元初年,在汉王朝强大的军事打击下,北匈奴"不复自立,乃远引而去",①进而引发了影响欧洲历史进程的亚欧民族大迁徙。匈奴人几经辗转,于4世纪中叶进入顿河流域。327年,由里海而西并在顿河征服当地的阿兰人。375年,匈奴人继续西进,先后击败东哥特人和西哥特人。被称为"上帝之鞭"的匈奴王阿提拉先后蹂躏了东罗马帝国,血洗了高卢地区和意大利,迫使日耳曼人进入罗马帝国境内,掀起了入侵罗马帝国的汹涌浪潮。最终日耳曼人占据欧洲,日耳曼文化得以影响整个欧洲的历史和文化。世界史上没有哪一个民族的迁徙能对人类的历史和文化产生如此深远的影响。

其次,西欧中世纪文化破解了古希腊、罗马文明的单一性,在制度、思想,在家庭、个性化诸方面对古代欧洲影响深远,给西欧的法律制度、文化打下深深的烙印。但是正如意大利学者卢多维科·加托所言:"那是一个充满巨大活力的时代,远不像许多人所说的那样是一个漆黑一团的、魔鬼

① 《后汉书·南匈奴传》。

横行的野蛮时代。中世纪产生了许多光芒四射的东西，造就了一个完整而复杂的文明……实际上，今天我们西方人使用的各种语言就是在中世纪形成的，今天在西方各地区和各国家，甚至在超越国家的范围内起着领导作用的立法、司法和行政机构（如议会、市政府等）也是在当时产生的。"①除了出现议会、市政府这些机构外，近代欧洲许多资本主义所特有的法律制度也都源于中世纪，而不是来自古希腊、罗马文明。例如有息债券（债券或战时公债）是源自受日耳曼法律思想影响的中世纪法律。股票也是源自中世纪及近代的法律，欧洲古代并无此种金融工具，汇票的出现也是如此。历史上，阿拉伯、意大利、日耳曼及英国的法律都有助于这些商业工具在欧洲的出现和发展。此外，商业公司也是中世纪的产物，在古代欧洲只盛行委托企业，利用土地登记或典质证书的不动产抵押权及信托同为中世纪的产物，而非来自更远的古代。② 这些正是欧洲商法文化的历史，是它不同于中国古代法文化的理由。

再次，日耳曼文化影响了西欧人的精神、气质乃至法律。正如基佐所言："在近代文明的各个成分中，首先占优势的当然是日耳曼的成分。它占有力量的优势，它征服了欧洲。欧洲将从它那里接受它的最初的社会形式和社会组织。"③这的确是事实，5 世纪末期，伴随着蛮族人对罗马帝国的征服，欧洲进入了中世纪，日耳曼文化亦随之成为中世纪文化的一部分。日耳曼习惯法逐渐吸收罗马法的某些成分并取代了罗马法，传播于整个欧洲，成为欧洲中世纪法律文化的主要成分。日耳曼文化的原初风貌，在没有受到罗马和基督教影响之前没有形成文字历史，在他们的社会中法律条规总是被赋予道德和宗教的内容，比现在法律的意义要广泛得多。在接受基督教之前，日耳曼人已经把法律视为建立人与人之间关系的纽带，这是一种经验、一种惯习、一种从部落祖先那里继承下来的秩序，是久已存在的"判决"。在这种以惯例为法律的社会里，成员的生活是以神明、祖先、长者为标准的，自然性和血缘性是其基本特征。在这种社会里，法律往往表

---

① 参阅［意］卢多维科·加托著、夏方林译《帝国时代：中世纪》，第 134 页。
② ［德］马克斯·韦伯著，郑乐平编译：《经济·社会·宗教》，第 188 页。
③ ［法］基佐著，程洪逵译：《欧洲文明史》，商务印书馆 1998 年版，第 58 页。

现出鲜明的道德、宗教和族缘性质,一个日耳曼人只能由他所在部落的法律(或习俗)进行裁决,而且作为征服者,他们似乎更容易保持崇尚家族荣誉的观念和传统,在日耳曼法律中高贵的人在受到侵害时要得到更多的补偿。相应的,如果他是侵害人,则可能比自由民受到的处罚更重。这是因为日耳曼人的个人生活被所属的家族规定着,任何行动都要考虑到维护家族名誉,个人的品德、权利、义务亦寓于其中。

在日耳曼文化持续时间最长的北欧,在中世纪早期的斯堪得那维亚文化中,如果某人被宣布失去了法律上的权利就意味着被家族和部落所抛弃,成为我们前面提到过的被流放者、无人居住区的"森林人"。因此荣誉和勇敢、诚实的誓言总是一个概念,争讼中宣誓的证明力得到了"家族荣誉法规"和个人品德高贵性认定的双重保障。因此,当最初的蛮族法典和法庭出现时采用宣誓证明自是一种传统,是理所当然的。

这一时期,神判的广泛存在与欧洲的社会政治状况及日耳曼人的性格是相符合的。首先,政治的不稳定是神判广为流行的重要原因。5—9 世纪,整个欧洲的制度和文化几乎一片混乱,各种成分处于混沌状态,是各种制度幼年时期的一场普遍的骚乱,甚至其中的斗争也不是持久不息或有规律可循的。就个人而言,"你们可以看到一个运动,看到人们不断地从一个阶级转入另一个阶级。在各阶级之间的关系上普遍地存在着不稳定性,没有一个人的地位是长期不变的"。① 这种不稳定性不仅表现在人与人之间,还表现在人与土地之间关系的混乱。当时存在两种土地形式:一种是自由地或称之为保有地,另一种是封地,封地的授予最初是有一定年限的,后来改为终身,进而成为世袭。这两种使用权的土地毫无秩序地同时存在,我们在同一时间里看到有一定期限的封地、终身的封地和世袭的封地。"同一块土地可以在若干年内经历所有这些不同的状况,在这种情况下,人们在各方面都会感到游牧生活丝毫不比个人的状况更稳定,个人关系转变为人和财产的双重关系或转变为不动产之间的关系。在转变过程中,一切都是乱糟糟的、带有地方性的和不正常的"。②

---

① [法]基佐著,程洪逵译:《欧洲文明史》,第 47 页。
② 同上书,第 48 页。

　　个人生活的不确定性与体制的不稳定性和模糊性息息相关,这一时期三种政体并存:王权政体、贵族政体以及自由政体(共同讨论问题的自由人议会制度)。这些体制的任何一种都不能控制社会,任何一种都不比其他两种更占优势,自由政体存在着,但应该参加会议的人却很少出席会议,领主管辖权的行使也不正常。王权原是三种政体中最简单、最容易确定的,但也没固定性,"国王一部分由选举产生,一部分是世袭的。有时儿子继承父亲,有时由家族选举产生,有时就选一个远房亲戚或是一个外地人。在任何一种体制中,你都找不到任何固定的东西。一切体制也像一切社会情况那样,在一起存在着,混淆不清而且不断变化着"。① 即使是国家也是不稳定的,国家"建立起来了,又被推翻;联合起来了,又分裂。它们没有边界,没有政府,没有分得清楚的人民;只有普遍混乱的情况、原则、事实、种族和语言,这就是野蛮的欧洲"。② 而且这种混乱并不因为日耳曼人建立了蛮族国家而停止,5—9世纪,整个欧洲几乎都是如此。日耳曼蛮族王国内部比欧洲其他地方更为混乱,法国比意大利更加动荡,南方阿拉伯人的入侵,北方日耳曼人和斯拉夫人的压力,居民不断更替,一批逼走另一批,难以确定固定的事物,人们又开始新的流浪生活。古典的罗马向非罗马转化,城市向乡村转化,公路因失修而毁坏,旧时的罗马市镇依然存在,但它的重要性已大为降低,蛮族人更乐意让他的人民居住在乡村而不是城市,蛮族人粗陋的文化导致其不能有效地利用城市作为政府的工具,在广大的领地上建立强有力的官僚机构,只剩下基督教的寺院、村庄、由佃农耕种的庄园或半封建性质的庄园。无政府状态和普遍的动荡继续着,使得任何地方都无法安定下来调整自己。在这样的社会状况下,诉讼纠纷依然存在。人们在精神上更加需要一种支持,需要一种可以信赖的东西,哪怕是一种虚幻的东西,在既有的调适社会冲突的机制中,古老的习俗是最能够安慰人的方式。古老的神判习俗能够为他们提供这样一种精神上的信赖,也是人们在解决类似问题时唯一熟悉的东西。

　　在欧洲法律史上,与世界其他国家不同,他们的神判总是与决斗联系

① ［法］基佐著,程洪逵译:《欧洲文明史》,第48页。
② 同上。

在一起。神判是无政府状态下解决问题的一种和平方式,而决斗裁判却更容易让人想到个性的独立和冷酷,这正与当时蛮族人的精神状况相关。对一个崇尚武力而又不能迅速进入官僚法时代的社会来说,当个人之间发生冲突时诉诸旧俗或拔剑相向是一种不难理解的个性化的选择。作为征服者,前面我们说过,他们并没有建立起有效、稳定的秩序,当人处在不稳定状态的时候要建立起与他人的正常联系是很困难的,这时个性往往独霸统治地位,人往往除了自己而不考虑他人,沉湎于自己汹涌的情欲和意念,他们的个性以冷酷和自私而出名,在动荡中团体的概念是不确定的。

对日耳曼人来说,固守尚武的传统是唯一可靠的意念,是适应现在生活的利己主义式的选择。而蛮族人的传统是一种个人主义、自由主义传统,这种传统有别于我们通常说的自由主义。在古典文明中,我们所看到的自由是政治上的自由、公民的自由,古希腊、古罗马人不是为自己的自由而奋斗,他属于一个团体,他效忠于一个团体,他准备把自己奉献给一个团体,在城邦时代是如此,在共和时代是如此,在帝国时代亦是如此,基督教会也是如此。在官僚科层制的社会里,自由是一种权利也是一种义务,在宗教原则占统治地位的各种社会中,信仰者属于他的崇拜物,而不属于他本人,宗教情操引起了人对自己、对灵魂的一种反作用,一种要降低自己自由而服从于信仰的内心努力。但是,日耳曼文化中独立的自由主义风尚和他们的快乐主义性格,对个人自由和独立人格的热爱,那种在无规律的世事和人生种种机遇中生气勃勃的精神,那种对不可靠性、不平等性和冒险事业的爱好,那种每个人都是他自身、对自己的行动和命运的自在自为的原始自由精神"是过去的一切文化所不知道的",[1]"这种情操,罗马社会和基督教社会都是不知道的。它正是由蛮族人带来并存入近代文明的摇篮里的"。[2] "直到现在,人也总是被同化于教会和国家。只有在现代的欧洲,人才为自己并按照自己的方式活着并谋求自己的发展……我们必须把我们文化的这个显著的特征归溯到日耳曼人的风俗习惯上去。在现代欧

---

[1] [法]基佐著,沅芷译:《法国文明史》,商务印书馆1993年版,第195页。
[2] [法]基佐著,程洪逵译:《欧洲文明史》,第38页。

洲,自由的基本概念是从它的征服者那里来的"。①

日耳曼文化的这些特征成为近代欧洲个人主义和利己主义传统形成的渊源之一,甚至欧洲的功利主义法文化传统与这段历史大抵也不无关系。此时的西欧,决斗裁判的流行符合日耳曼文化中的个人主义和自由主义特质,可以说,决斗裁判所隐喻的正是中世纪西欧文化这一重要的精神要素。决斗裁判不仅说明自由是极其广泛的,还表明了另一个事实,即在这个时代广泛存在着的个体化的平等观念和意识。在决斗中,双方对侵害事实本身并不关心,他们关心的是个人的荣誉和程序的公正,而不顾忌等级和身份。决斗在欧洲中世纪流行甚久,它与欧洲文化在个性和气质上是一致的。在它盛行的时代,个人自由是极其广泛的,即使人与人之间存在着不平等,但也没有太大的差别,缘于财富、民族古老程度的种种不平等还没有形成严格的等级制度和观念,社会还没有建立起能抑制个人意志的公众权力或这种公共权力还显得极其软弱,每个人都可以做他想做的事并由他自己担当风险,即使罪犯被传唤到自由人大会受审,都仅仅是对犯罪事实本身是否真实的认定。这种认定也不是以我们现在通常的方式进行的,比如在较早的蛮族法典《萨利克法典》中,关于诉讼、检举、判罪的方式非常简陋。我们看不到质询,也没有对证据的讨论,严格来讲也没有对事实的调查。在这部法典中,既不谈法庭、法官,也不谈各种仪式。我们看到的只是传唤、出庭、证人和法官的责任,不知道负责审判的法官是谁,自由人大会只是一个临时机构,"人们并不是来讨论事实的真与假,而是来向他们提供据以决定这第一个问题的种种情况的"。② 司法制度的这一缺失,是神判这种原始宗教司法仪式能够在欧洲中世纪流行的原因之一,也是"誓"在其司法文化中长期存在的原因。

"效忠宣誓"与"忠诚宣誓""放弃宣誓" 在中世纪日耳曼人建立的王国里,采邑制是基本的经济形式,封臣对领主的宣誓臣服与效忠是采邑制的基本政治形式。在商业领域,出现了一种叫"公社誓约"的契约类型。

---

① ［法］基佐著,沅芷译：《法国文明史》,第 196 页。
② 同上书,第 237 页。

封臣对领主的誓约是高低等级人群之间的契约,它使一个人服从于另一个人,相反,公社誓约的显著特点是它将平等之人联合起来,在查理曼时期流行的行会中,成员相互间做出的誓约就是这样的誓约。[1]

封臣对领主的效忠誓约是由日耳曼人的亲兵制发展而来的,臣服礼就是下级领主对上级领主宣誓表示臣服与效忠的仪式。日耳曼人臣服礼的形式本身是不带有基督教痕迹的,但从加洛林时代起,显然又开始演变为宗教性的仪式。

> 新产生的附庸将手置于圣经或圣物上,宣誓忠于主人。在一个动荡不安的社会,怀疑猜忌是司空见惯的事情,诉之神的仲裁似乎是少数行之有效的约束性措施之一,所以有很多原因要求效忠宣誓频繁进行。王室或领主的各级官员就职时要宣誓效忠;各修道院院长经常要求其教士宣誓效忠;而庄园主也间或要求其农民宣誓效忠。臣服礼一次限定一个人的终身,通常不能重复进行;而效忠宣誓则不同,它几乎是最平凡的事情,可向同一人数度重复进行。[2]

效忠誓约意味着产生了领主和附庸的关系。比如"男爵"(baron)一词借自日耳曼语,在日耳曼语中本是"人"的意思,从其本意"人"转为"附庸"是因为有效忠誓约,他向领主宣誓效忠,承认自己是领主的"人"。随后产生了一种习惯,用"男爵"这个词来特指大首领属下的主要附庸。与低级骑士(bachelor)相比,它属于比较高级的附庸,"即使是国王属下最重要的领主,照一般的说法,也只是'男爵'而已"。[3] 因此,在中世纪早期,贵族一词开始是比较模糊的,没有确切的法定意义,但当"贵族""男爵""附庸"成为同义语后,就意味着这些词汇在法律上有了比较确切而尊贵的含义。在那时的文献中,"贵族"(peer)与"男爵"(baron)也差不多是同义词,二者是被同等使用的,它们较确切的法律含义表现在司法上,体现为一种司法

---

① [法]马克·布洛赫著,张绪山等译:《封建社会》,第578页。
② 同上书,第251页。
③ 同上书,第547页。

原则,而且这是他们最珍视的法律特权。即作为一名附庸,男爵拥有"在领主法庭上接受领主的其他附庸审判的权利"。① 换言之,这一原则就是贵族才能审判贵族,只有贵族才能决定贵族的命运。这不仅是一种特权,而且是一种荣誉、尊严,这在欧洲中世纪形成了"贵族决定贵族的命运"这一司法原则。在西方法律史上,这一司法原则有助于贵族阶层内部平等关系的形成和发展,而它的前提就是效忠誓约。这是一种平等,也是一种特权,平等与特权就是这样伴随着荣誉而巧妙地结合在一起的。这里需要附带说明的是,男爵在当时的法国数量众多,在英国则主要是指国王的附庸。

在英国法律史上,效忠宣誓和忠诚宣誓是两个不同的概念,效忠宣誓是对针领主,而忠诚宣誓则是针对国王。"对地位低于国王的贵族,除进行效忠宣誓外,不可再进行任何其他内容的宣誓,而忠诚宣誓的对象只能是国王"。② 忠诚宣誓的内容,"正如它六百年来一直未变的那样,包含了这样一种承诺:对国王及其继承人忠诚、忠贞,并以生命、身体及世俗荣誉作为这种忠诚与忠贞的担保。一旦获悉或听说任何对国王心怀恶意或造成伤害的行为,则立即采取行动保卫国王"。③ 对于忠诚宣誓,英国所有年满12岁的人,无论是本国人,还是外籍居民或外国人,都可被要求在领地刑事法院或在郡长召开的郡刑事法院进行忠诚宣誓,④"这种忠诚,无论是公开的还是默示的,乃是所有国王的臣民共有的义务"。⑤

英国历史上还有"放弃宣誓",这是威廉三世国王时所推行的宣誓。放弃宣誓(oath of abjuration)是对内容比较含糊的忠诚宣誓的补充,其内容是"承认《王位继承法》赋予国王陛下的权利;承诺以宣誓者最大限度的力量支持国王;承诺揭发所有背叛国王的阴谋,并以英语中最清楚明白的表述,公开地、指名道姓地严正拒绝对谋反者宣称的任何权利予以承认"。⑥ 任何担任政府职务、担任某项职责或从事某职业的人都必须进行放弃宣

① ［法］马克·布洛赫著,张绪山等译:《封建社会》,第547页。
② ［英］威廉·布莱克斯通著,游云庭、缪苗译:《英国法释义》(第一卷),上海人民出版社2006年版,第406页。
③ 同上。
④ 同上书,第407页。
⑤ 同上书,第410页。
⑥ 同上书,第407页。

誓,若有两个治安官同时认定某人有反叛的嫌疑,则可要求该嫌疑人进行放弃宣誓。

总之,效忠宣誓是针对领主进行的宣誓,忠诚宣誓和放弃宣誓则是针对国王的宣誓,它们都可以被视为是一种政治契约仪式,是维护中世纪西方建立在采邑制经济基础上的松散政治结构的形式。其中蕴含的神圣感、正义观、契约精神以及贵族气质都深刻地影响着西方文明和文化的风貌。

誓证法与辅助宣誓 欧洲中世纪宣誓神判通常被分为两种:誓证法(compurgation)和辅助宣誓(oath-help)。后者指有人到庭助誓,即凡未被放逐于血族之外的人,本人的血亲都有为之辅助宣誓作证的义务,其誓言具有极强的免责效力。[①] 按照盎格鲁·撒克逊人的"立誓免罪"办法,如犯罪能招致多量的亲友设誓声明他自己的誓言(即他发誓说自己没有犯罪)可信,则便为无罪。这一时期法俗的情况是:有时采取诉诸上帝的判决、沸水的考验、以一敌一的决斗等等,有时采取证人的口供,最通常的是采取证实被告人无罪之人的誓言。被告来时有若干人陪伴着,他们是他的亲属、邻居或者朋友,人数有六个、八个、九个、十二个、五十个、七十二个不等,在某些案例中甚至有一百人,他们前来发誓,说他并没有做人家归罪于他的事。那里既没有质询,也没有对证据的讨论,严格说来,也没有对事实的调查,证实被告无罪的人只用发誓来证明受害人的陈述十分真实或证明对犯罪的反驳是真实的。[②] 中国广西壮族砍鸡剁狗的神判与这种情况在做法上一样,在环江县龙水乡,如果失主认定某人有偷盗之嫌,而该人断然予以否认,则失主一般都要求砍鸡头发誓。然而失主通常并不要求当事人出面,而只要他在同族中找一个家境富裕的人代替发誓即可,[③]这体现了简单氏族社会中的血亲互助精神。

此外,在欧洲中世纪的民事诉讼案件中,有两种宣誓:一种是由原告或与其辅助人共同宣誓,以证所言不虚;另一种是由被告或其辅助人宣誓

---

① [美]孟罗·斯密著,姚梅镇译:《欧陆法律发达史》,中国政法大学出版社 1998 年版,第 32 页。
② [法]基佐著,沅芷等译:《法国文明史》(第 1 卷),第 237—238 页。
③ 苏云高等编:《环江县龙水乡壮族社会历史调查》,载《广西壮族社会历史调查》,广西民族出版社 1984 年版,第 276 页。

反驳原告,通常不再诉诸其他神判形式就能成立。而在刑事案件中,除原告请求将被告放逐这种情况之外,一般均诉诸其他神判方式解决,如火审、水审等。比如在中世纪英国刑事诉讼制度中,证据通过宣誓证明与水、火神判相结合而获得,具体的程序是这样的：如果争议双方没有和解的可能,就求助于宣誓作为他们的证据,为了置被告于不利的境地,原告提出控诉并且这些控诉有他自己带来的证人证言的支持,但是这些证言仅仅是整个过程的一部分,而不意味着判决的完结。这时如果被告被允许通过宣誓提出对自己有利的证明,他就按照一定的方式向神圣的教会宣誓自己所说的是真实的,但是这些宣誓通常是不可能得到查证的,这时被告要求他的一些邻居作为助誓者来支持他的誓言,如果这些助誓者的证言被认为不可靠,那么被告的誓言将必须采用身体类的神判方式来进行检验。

基督教的"咒誓"裁判与决斗　基督教的神判主要表现在"咒誓",基督教"誓"的理由应当是来自作为古代希伯来法"核心"的《摩西十戒》。《摩西十戒》也是后来基督教的基本行为准则,《摩西十戒》第九条规定："不可作假证陷害他人。"在这一观念指导下,早期的基督教会也借助上述身体类的神判方式检验人的"圣洁",其中一个比较典型的方式来自《圣经》。基督教的《圣经》中阐发这样一种观点,即认为人是不能审判人的,只有神才能审判人,人对人的审判也只是奉上帝的名义进行的。同时基督教认为婚姻是以神的名义缔结的,是上帝的安排,"结婚属宣誓圣礼之一",正如亚当只有一个夏娃一样,"一夫一妻""永不离异"是其基本原则。在此原则的指导下,夫妻的相互忠诚也是必须的。《圣经》是中世纪教会法的渊源,《圣经》中有一基督教神判的典型例子,即"试验妻子不贞之法"(the Test for an Unfaithful Wife),具体的操作是：祭司要使那妇人近前来,站在耶和华面前。祭司要把圣水盛在瓦器里,又从帐幕的地上取点尘土放在水中。祭司要那妇人蓬头散发,站在耶和华面前,把思念的素祭,就是疑恨的素祭,放在她的手中。祭司手里拿着致咒诅苦水,要叫妇人起誓。

宣誓与决斗相比,往往在程序上有优先的性质,宣誓的前提是"信任",决斗的基础是"实力",这反映了原始法律的特点。决斗裁决是一种力量的较量和对勇者的崇拜。欧洲中世纪文化中有崇拜勇气和力量的特点,欧洲中世纪裁判也是如此。盎格鲁·撒克逊人的裁判中有一种严刑叫煨烤(Ordeal),"Ordeal"在英文中就是"神判"的意思,二者竟然同义。在盎格鲁·撒克逊人看来,能忍受热铁煨烤之严刑(Ordeal)而不叫苦者则定有神明暗佑,故亦为无罪。这种办法初为盎格鲁·撒克逊人的法俗,后来为基督教所用。在英王亨利二世统治时期,犯罪者在被控告后,必须受火烤之刑,如果幸为上帝所佑得免死刑,他也当逃亡在外而誓不返回本国。此外,在"诺曼征服"之后,诺曼人带来的"战审"法一开始不为英人所喜。诺曼战士喜欢用"战审"之法决曲直,其法即"两造各执古代一种木为柄、角为梢的已废武器而互相敲击,直至一造极喊'怕'(craven)字为止,喊'怕'者即为有罪。冤枉的和正直的判决一样多,而冤枉的判决常为无罪者之惨死或剧伤"。[①]"战审"大概是神明决斗的初期形式,它最初来自尚武的日耳曼骑士阶层。又如在欧洲进入中世纪之前,在一些日耳曼部落里就已经有通过投掷长矛来决定是非曲直的风俗。被告伸出一只腿,让原告投掷长矛刺之,如果未中就被裁定为无罪,反之则为有罪。[②]"煨烤"和"投掷"与其说是一种神判,倒更像是军旅中一种带有尚武色彩的游戏,可以想象,这类神明决斗是骑士阶层在纠纷中保持自身荣耀的一种俗成方式。

"煨烤""战审""投掷"这些形式多样的决斗方式是力量崇拜的表现,与中国古代一直盛行的占卜相比,占卜更多了一些"智"的因素,而欧洲中世纪的"战审""煨烤""投掷"则纯粹是勇气和力量的对抗,反映出原始英雄崇拜的特点。力量型的神判方式在欧洲中世纪长期存在,它是蛮族文化的遗存,在某种程度上它或许就是近现代欧洲"力量型文化"的基因之一,西方法律文化中对程序的偏好大概也与中世纪蛮族的尚武传统有关。不过,在欧洲中世纪,决斗作为一种武力对抗的方式也并非常用,只在少数日耳曼民族中,当双方及其宣誓辅助人互相宣誓指责对方作伪誓时,才以决斗裁决之。

此外,在中世纪,基督教文化对宣誓也有某种影响,教徒的誓言开始与

① 参阅[英]屈勒味林著、钱端升译《英国史》,中国社会科学出版社2008年版,第185页。
② 参阅[美]维尔·杜伦著、李一平等译《东方的文明》(上),青海人民出版社1998年版,第36页。

宗教仪式结合起来,而且已经具有了形式上的效力。如果一个誓言不具有当地人所奉行的原始宗教形式或世俗权威的合法形式,那么这种宣誓就被看成是对神的亵渎或对王权的不敬,宣誓所产生的"约"也是无效的。比如前面《圣经·民数记》中提到的"水咒"就有可能是以日尔曼人的水神判为形式的基督教神判,又比如《法兰克人史》一书中的相关内容。《法兰克人史》通常被认为是墨洛温王朝早期最重要的史料,这部书描绘了6世纪尤其是后半期法兰克国家的生活,这一时期基督教已深刻影响了墨洛温王朝。在这部由都尔教会主教格雷戈里所著的书中,我们可以看到在那些作伪誓者身上发生的"奇迹":"另外一个人时常牵连在盗窃案和其他各种罪行之中,但是他总是以发伪誓来洗刷自己。有一次,他又被某些人控告盗窃。于是他说:'我要到圣马丁教堂去,用誓言表白自己,以证明我无辜。'但是他刚一进门,斧子就从手中脱落下来,他跌倒在门槛上,心口发生剧痛,于是这个无耻之徒就亲口承认了他此来是为了用伪誓来开脱自己的那件事情。"[1]

在中世纪,教士的誓言是这样的:"不如约就请丘彼特神像我杀这兽一样杀死我。而我们的誓言形式则是这样:我将怎样怎样做,愿上帝佑我。像这样发誓,再加上各人在自己的宗教中习用的各种仪式,其作用便是使人对背信的恐惧越发来得强烈。"[2]显然可以看出,除了根据这些形式或仪式作出的誓言以外,任何其他誓言都是无效的,都不算是誓言,而且对发誓者不认为是神的任何事物也不能发誓。因为虽然人们有时出于畏惧或阿谀用国王之名起誓,通过这种方式他们就是向人表示,他们将神的尊荣赋予了国王。[3]

因此不必要地向神起誓便是亵渎神,而像人们在一般谈话中所做的那样,用其他事物起誓则根本不是起誓,而是由于说话太激烈所养成的一种不虔诚的习惯。同时也可以看出,誓言不能增加约束力,"因为信约如果合法的话,就不论有没有誓言,在神的眼中都是有约束力的;如果不合法的

---

① [法兰克]都尔教会主教格雷戈里著,寿纪瑜等译:《法兰克人史》,商务印书馆1981年版,第402—403页。
② [英]霍布斯著,黎思复、黎廷弼译:《利维坦》,第107—108页。
③ 同上书,第108页。

话,则纵有海誓山盟,也完全没有约束力"。① 这表明了基督教的"信约"观念对西方法律文化的影响,具体说明了教会和日耳曼文化对西方誓约传统和契约法的影响,同时也表明西方契约法在发展过程中所受到的宗教影响。

古老程序的遗风 前面我们提到,英国普通法有自身特殊的发展道路,由于普通法是建立在旧的习惯法基础上的,普通法中形式主义的东西也就很多。正如英国法学家密尔松所言,普通法中"所有这些只不过是束缚人的繁文缛节。然而它们却变得如此完善,以至于在 18 世纪时,发展为一种纯粹的形式主义的法律观点,而且一直延续到了今天"。② 在普通法中,形式主义主要表现在它的令状制度和宣誓制度。我们知道普通法是诺曼人征服英国后,在长达几个世纪里随着中央集权和国家对司法干预的不断加强,行政权力全面胜利的一种副产品。国家的这种干预在诉讼上首先表现在控制司法管辖权的令状制度上,这种干预是从形式上开始的,是程序上的而非实体的,其目的是在原来的郡法院的审判中限制领主权力。一个诉讼只需要进行简单的投诉即可,而法院对原告唯一的要求仅仅是被告在被传唤出庭答辩之前,原告必须坚持其诉讼请求,以致于诉讼的第一步就是购买令状。普通法中运用宣誓的地方很多,普通法一开始就具有极强的古代程序的遗风。

首先是陈述,"原告以固定的正式术语提出其主张;被告则要作同样正式的否认,简要重述并逐点否认原告的诉讼请求。这些程序中有一个步骤,是向审理本案的法官起誓,誓词经检验后要充当证据。检验誓词的性质,会影响诸如授予财产等许多问题,败诉者因其不诚实而输掉的不仅仅是诉讼本身"。③ 在普通法中"陈述"是一个重要词汇,是整个法庭上诉讼的关键所在。无论是被告还是原告都要进行看来又长又复杂的陈述,尤其是原告必须正确地组织词语并讲述事实,而其中的每一条都是被告要逐条反驳原告的东西,所以它们就变成了誓词的内容,因此原告及其代理人(又

---

① [英]霍布斯著,黎思复、黎廷弼译:《利维坦》,第 108 页。
② [英]S. F. C.密尔松著,李显东等译:《普通法的历史基础》,中国大百科全书出版社 1999 年版,第 27 页。
③ 同上书,第 34 页。

叫做"陈述士"或"讲述人"）的控诉条款本身就是誓词。誓词在很大程度上就变成了诉讼过程的核心问题，法庭对它的检验将决定诉讼的结果，因此"陈述"的格式也十分重要，以致到了 13 世纪和 14 世纪初期，出现了像《令状汇编》一样各种相应的汇编，并最终以《新陈述格式集》为名进行了印刷。除此之外，还有《王室法院刑事诉讼集》《采邑法院诉讼集》，这些格式被冠以《诉讼令状》之名，《诉讼令状》是 13 世纪中期后出现的一本既有令状又有陈述格式的汇编。

　　其次是关于证据。在早期的审判中裁判者对证据没有太多的自由裁量权，也没有像现在这样对证据的认定，在判决中也不引述任何法律，正义不在这一方就在那一方，旧的举证方式简单地说就是双方及其证人的宣誓。原告要使被告应诉，不仅要靠陈述，而且也要靠证据，证据是由习惯确定的，誓词经检验后充当证据。在法庭上，证据主要指言辞证据，很多时候是其他人的宣誓证明，例如，决斗裁判所检验的是证人确认的誓言，因此没有证人的誓言就不可能有决斗裁判的发生。如果在诉讼中支持原告诉求的证据都来自相信原告的邻居、原告的追随者或怀疑被告的人，那么受检验的誓言显然对被告不利。这时被告有两种办法来对抗原告的指控：一是通过神明裁判的程序，二是由他人宣誓证明自己无罪的程序。这里"他人宣誓证明"指的是被告的一定数量的邻居发誓证明被告是清白的，而且在他们宣誓的时候必须毫无差错地一口气读完自己的誓言。普通法后来在这一方面发生了一些变化，它的一个重要特点就在于将"誓"与理性化的证据制度结合在一起。不过普通法上的这一制度也曾经发生过变化，在都铎王朝、斯图亚特王朝、早期汉诺威王朝时期，对于犯罪尤其是重罪犯，只要有一个证人宣誓作证即可以定罪。但是由于一个证人作伪誓的可能性很大，而且在实践中也确实如此，这引起了美国联邦法院的注意，并采取了局部补救方法。因此，后来普通法关于重罪案件的证据制度，即在处理重罪案件时，要求在法庭上必须要有两个以上的证人出庭宣誓作证才可以定罪。① 这一制度有可能与《摩西法典》有关，因为在《摩西法典》中有同样

---

① ［美］莫理斯著，王学文译：《法律发达史》，中国政法大学出版社 2003 年版，第 26 页。

的规定(《民数记》三十五章三十节)。可以说"誓"和"令状"一样,是以程序中心主义为特点的英国法的核心概念,英国法的基本概念及其后来的变革是从这里开始的。

上述对誓的历史的分析,恰好也反映了中西方文化的迥异。但凡追溯世界各民族文化的源头,我们都可以看到许多相似的地方,但往往又因他们各自的历史而走上不同的道路。因此,我们甚至可以推测,西方法对誓的看重并把它作为证据规则的一个重要内容,这与后来所谓的"胸法""品格证据"及"自由心证"的主观主义裁判方式有关,与基督教教义有着某种微妙的文化上的历史联系。普通法中所谓的"自由心证",实际上源于基督教的人生观。相对于传统宗教,基督教作为成熟的、理性化的宗教,最主要的表现在于它极力将上帝抽象化和绝对化,任何人都不是真正意义上的审判者,只有上帝才是唯一至高无上的审判者。基督教理论的出发点是认为人生而有罪,因为人类的始祖亚当、夏娃就因犯禁而获罪,他们的子孙将为他们的过错终身赎罪,是谓"原罪"。而所谓的审判之"自由心证"是基于这样一种认识,即"审判他人者,先审判他自己"。在基督教看来,既然每个人生而有罪,没有人清白无罪,那么法官自己也并不例外。关于法律审判上的"自由心证原则",最早对之进行阐释的是一本 11 世纪的小册子。[①] 在这本小册子中,法官在审判别人之时,必须先将自己当作被告,因为这样会比他本人知道更多关于罪行的情况。对此,一份出现于 11 世纪的忏悔书中,有一段与此相关的话,其内容如下:

> 审判他人者……审判他自己。让他因此认识自我,并在他所见之干犯他人的罪孽中洗涤他自己。"让无罪者先拿石头打他"(《约翰福音》)。……因为就所有人都有罪是自明之理这一点而言,没有人清白无罪。因为,可以原宥的罪过将总是只能因神圣仪式而减轻。因此,倘若被告所犯的罪原是可宽恕的罪,那么判其有罪的法官即犯有罪……让宗教法官小心,莫要疏于学问,腹中空空,以便因是不犯不义

---

① [美]伯尔曼著,梁治平译:《法律与宗教》,中国政法大学出版社 2003 年版,第 52 页。

的罪。他应懂得如何辨别他要审判的事物，这是相称的。因为审判的权力就建立在他能辨识他将要决断的事物这一假定上面。因此，勤勉的审者，敏感的调查人，就罪犯或许不知道，或由于羞耻而意欲遮掩之事，聪明且近乎狡计地提出讯问……我们将写此于你，献身于真理者，追求确定性者，要辨清真诚的悔过，要由饰伪中辨识真相……①

细究之，这段记录十分深刻地反映了基督教"上帝面前人人平等"的思想，它向我们揭示了隐藏在西方诉讼制度背后的基督教文化背景。法官不是"官"，它与当事人一样只是上帝的仆人，因此法官、当事人是平等的，既然人所共享的"良心"是审判的出发点，那么在诉讼制度的设计上也必然要有相宜的安排。于是当事人请律师进行代理的权利、双方在诉讼中进行平等的抗辩、在诉讼中法官保持中立并对案件进行衡平处理、手按《圣经》进行宣誓等一整套诉讼制度，便有了充满活力的精神上的来源和理由，而誓也成为它的法律程序的重要组成部分，"上帝的审判"在冥冥中仍然是西方法学的幽暗意识。

---

① ［美］伯尔曼著，梁治平译：《法律与宗教》，第53页注释。

第十五章　祭与杀之原始逻辑

一、"祭"俗的原始逻辑

在氏族时代,人类的经验性习俗不外乎两种:一种是基于氏族村落共同体公共意志的经验性习俗,如维护部落守护神和部落共同利益的习俗;另一种是私有观念出现后,维护个人所有权的习俗。这些维护个人所有权的习俗最初表现为"献祭",献祭的英文是"sacrifice",该词来自拉丁文"sace facere",是"使之成为神圣之物"的意思。人类学家泰勒认为"献祭"是一种为淡化神灵对人类的敌意而对神灵的供献,从中寻求神灵的保佑。[1] 不同民族都以不同方式举行献祭仪式,从宗教学角度看,献祭与共同利益的习俗和个人所有权的习俗联系在一起,有因为对这些习俗的侵犯而渎神之意思。例如:在古罗马,Lar(父主神)代表父权,部落守护神代表婚姻权,界神代表家庭土地所有权,阴魂神代表个人埋葬权,甚至在《十二铜表法》和西塞罗的《法律篇》中还保留有"jus deorummanium(阴魂神的法律)"。维柯认为第一项人间制度就是婚姻,第二项人间制度是埋葬,[2]而且这些制度都是被神化了的人间制度。

上述这些具有家族或个人权利性质的"私权利",在最初属于被神化了的公权,还表现为部落内部的基本规则和对外权,维护它就是维护部落神的权力,因此最早对侵害者的处罚可能既是"私祭"又是"公祭",二者往往难以区分。中国古代的"人殉"属于"私祭",它是原始个人财产神化观念与后来极端化的个人私有权相结合的产物。此外,过去中国某些少数民

---

① 胡起望、揣振宇、刘世哲主编:《文化人类学辞典》(下),远方出版社 2000 年版,第1284 页。

② ［意］维柯著,朱光潜译:《新科学》,第 10 页。

族在家中"祭头"的习俗也属于"私祭"，即在某些盗窃案件中，人们把死者的头颅放在家中，向他祈祷，然后去寻找偷窃者。在西方，拉丁文中的"杀"（mactare）原有牺牲之意，西班牙语中的"杀"（matar）和意大利文中的"杀"（amazzare）也都是此意，希腊文中"ara"是"有害的身体"的意思，"发誓"在拉丁文中有"祭坛"和"牺牲"两个意思。古希腊罗马对父主神、界神的祭祀，可以理解成是"私祭"，把他们的供品献给部落复仇女神和部落守护神的祭祀则可以理解成是"公祭"。"公祭"在西方就是把它献给部落复仇女神，被作为"公祭"处死的人叫做"anathemata"，是"被开除教的人"的意思。如在《十二铜表法》中，"祭"作为一种处罚方式仍被保留，侵犯了私人的权利，会受到"私祭"或"公祭"的处罚，谁偷了别人的东西就要被献给父主神作祭供，烧掉别人的粮食要被献给谷神作祭供。

战争中的俘虏是"公祭"的最好供品，它有用敌人的肉体换取部落保护神荣耀的原始信念。这种习俗在对外族的战争中，成为保卫"祭坛"和"家灶"的制度，人们把侵害者的头颅放在祭坛上，对侵略者的战争被称为"纯洁的和虔诚的战争"。这种"公祭"的处罚方式亦在中国古代民族战争中经常使用，关于中国古代法，早有"国之大事，在祀与戎，祀有执膰，戎有受脤，神之大节也"的说法。[①]"祀"是祭祖，"戎"的本义是指兵器，"膰"据说是一种燔烤过的肉，"脤"是祭祀中所用的生肉，"祀"在这里当是出征前的祭社仪式。关于中国法律的起源有"刑起于兵"之通说，即法律起于对战争中敌俘的惩罚，在祭坛前对敌俘行刑或以敌俘人作为牺牲来"祭旗"的传统。因此"公祭"作为对冒犯公共神意的处罚方式，是不需要裁判的，因为它已被胜利者部落的守护神宣判了。正如梅因所说："触犯上帝的罪行的概念产生了第一类律令，触犯邻居的概念产生了第二类律令。"[②]这里的前提首先是"公"的规则，是一种被神化了的律令。因此我们认为，如果说原始人类最早的习俗是"法"，那么首先产生的是"公法"，如果原始人类有"刑法"，那么用人来进行"公祭"就是一种最原始的刑罚。

从更抽象的意义上讲，我们认为原始民族的宗教意识对他们的习俗和后

---

① 《左传·成公十三年》。
② ［英］梅因著，沈景一译：《古代法》，商务印书馆1996年版，第209页。

来法律的影响,存在于"公"的方面。原始民族普遍认为,对所崇拜的家神、族神等神灵的冒犯将导致氏族的灾难,许多民族普遍存在的洪水神话就说明了这一点。如我国南方民族多有因个人争斗而冒犯族神雷公而遭洪水之祸的说法;彝族洪水神话说三兄弟开荒得罪了雷公,招致水患;纳西族洪水神话则说,利恩五兄弟犁地,被东神色神派来的野猪翻平,兄弟把神打伤,神才发洪水报复,也有说是因兄妹结婚败坏道德,触犯了神灵,神灵才降洪水惩罚人类;壮、布依、仡佬、毛南等民族说是因天旱引起人们对雷公的不满,相互争斗起来,雷公水淹人间;仡佬、布依、侗的说法是因人想吃雷公的肉治病,惹怒了雷公,雷公才降洪水。类似的传说还有湘西一带的《阿培仡本和雷公》《仡索仡本》《雷公和木匠打架》《捉雷公》以及贵州黔东南的《洪水滔天》。这些故事的情节大体都是说人类祖先(仡本、仡生或姜央)与雷公(仡索或仡瑟)原是同胞兄弟(或老庚,即结拜兄弟),后来由于某种原因打了起来,雷公才降大雨淹没人类。

因此,任何对渎神者的处罚都是对氏族的拯救。在氏族时代,最早的刑罚不一定因战争而起,因为最早的罪行是因冒犯神灵而获罪,最早的刑罚可能也就是献祭刑。在人类文明史上,即使是"私"的观念的产生和确立也都是以"公"的名义,即通常以"神"的名义确立。在古罗马,包括土地所有权和家长权这些私有权的确立都是以神的名义,前面提到过的"家神""土地神""界神"就是这些权利的神话。侵犯私有财产和人身权利往往是以冒犯神灵的形式来表现,"人们确信私有财产只有放在神和惩罚的法律的庇护之下才能维持",①"对冒犯者的处罚是让他落入神的权力之下,受神的处罚"。②"赎罪"的形式直接表现为献祭,如将渎神者悬挂在绞刑架上,或用乱棒打死,或沉于水底,这种情况在《十二铜表法》中仍有保留,如"将在夜晚毁坏庄稼的人杀死用于献给丰收保护神,对施用魔法的人处以极刑,对欺骗门客的庇主处以献祭刑"。③

在这一点上,中国古代的献祭有很强的宗族性,与罗马庇护私权的多

---

① ［法］拉法格著,王子野译:《财产及其起源》,三联书店1992年版,第77页。
② ［意］朱塞佩·格罗索著,黄风译:《罗马法史》,中国政法大学1994年版,第127页。
③ 同上。

神崇拜有很大的区别。中国古代祭祀的对象（神）主要是天地、祖先，对天地的祭祀权在本书前面所说的"绝地天通"的故事之后，逐渐成为被天子垄断的一种权力，属于国家层面的公祭。而对祖先的祭祀才是普遍的献祭，属于以宗族为单位的私祭。中国古代的献祭之物不仅有物殉还有人殉，用于人殉者不仅有俘虏还有一般的奴隶，对商代墓葬的大量研究证明了这一点，人殉的意义最早可能是为了安慰部族战争中逝去的英雄的灵魂。最早的奴隶多来自俘虏，俘虏或奴隶最有可能成为祭祖之物，一个部落要生存下来，需要经过无数次的战争，只有用敌人的头颅祭祀，才是对先人最好的告慰。因此，中国自古以来存在的祖先神崇拜，与古老而频繁的族群战争有直接的关系，这是中国古代"宗祭"传统的来源。在战争中获胜的氏族或宗族的祖先，他们往往在族内被确立为公众的信仰而加以崇拜，对祖先神的崇拜使得个人成为族内公众的信仰，这实质上是在族的范围内把私扩大为公了，宗庙的出现就是私祭最高的公共形式。

在中国的西周时期，国与族是同义词，因此古代有国族之说，中华民族就是在这一基础上发展起来的，民国时期政府仍然倡导此种国族论。在国族的语境下，原本的一族之祖先往往会成为一国的祖先神，因此这样的祖先神崇拜就具有了超越血缘的族群统合作用。西周的分封建置中，或以国为姓，或者以官为姓，或以地名为姓，在每个诸侯的封地内，必定有该诸侯的宗庙，"它成为地区上神圣之殿宇，其始祖被全疆域人众供奉，保持着一种准亲属关系"，[①]中国人的姓氏正是在此基础上形成的。

由于姓氏之祭成为地区性的公祭，公侯之姓成为封地内人民之姓，于是今天大多数的中国人仿佛都有了一个出身于王族的祖先。公的概念正是这样被建立在封建领主一姓的基础上的，如此私就被扩大为公，并有严格的祭法规定。在《白虎通·宗族》中只有宗子长嫡才拥有宗族的祭祀权和财产权，是宗族祭祀的主祭者。凡继者才与之祭，继与祭是对应的，非所当继者皆不得祭，否则就是"祭非当祭"，被视为"淫俗"。如此，对祖先神的"献祭"逐渐脱离了当地土著的宗教信仰，个人真正有血缘关系的祖先

---

① ［美］黄仁宇：《中国大历史》，生活·读书·新知三联书店1997年版，第14页。

崇拜逐渐成为一"国"共同祖先神的崇拜,这种区域内共同祖先神的崇拜有助消除该地区土著原来的自然神信仰。正因如此,对祖先神的祭俗使得中国人很早就脱离了那种朴素的原始自然崇拜。

此外,西周的井田制是将一定面积的土地划分为九个面积相等的方块,居中的一块是公地,公地外的八家人共同耕作这块地。这样的土地制度使得在同一块土地上把"公"与"私"联系在一起,要维护土地的耕作质量,就必须维护共同的水源。由于以族而居,同耕的土地,同宗同氏的祭祀,家族与个人被紧紧地联系在一起,家族与封国姓氏被紧紧地统一于一体,因此西周的井田制成为封国内姓氏实现同一的物质基础。在物质生活上,通过井田制的方式,确立了公众之"公"为公侯之"公"的模式。公侯之"公"意味着有特定的地域范围,有共同的地域意识、王侯封号、封国的名称、公侯的姓氏。封国内公侯的姓氏和家祭被放大,成为封国内人民共同的姓氏和共同祖先神的祭祀,同姓"公祭"的形成,促进了封国内原住族群原有自然神观念的消失。如此形成这样一个逻辑:家神的祭祀不再具有原来个体化的宗教含义,如细流汇于大河而趋同,成为封国的公祭权,最终归于天子的祭祀。这就是为什么中国古代法律和习俗中,很难看到像古希腊、古罗马那样能够对个人私有权进行庇护的界神和守护神概念的原因。

西周的这一土地创制一直影响着以后的华夏文明,在之后的中国文明史上,家族之祭往往成为姓氏之祭,私有权也往往被庇护于大姓家族之内,中国古代之神判自然也就不再是原始的自然神之判,而变成了在太庙、祠堂内列祖列宗牌位前的人判。由此可以想象,原始宗教对包括法律在内的文明史的影响,对中国应该更少一些,而西欧古代的"献祭"倒更像是"赎罪",古希腊、古罗马崇拜的多神教以及后来的基督教中,都没有中国这种祖先神崇拜,更没有一姓一氏的"祠堂"裁判。在古希腊,神判本来就有在公共神圣场所"献祭"的意思,居于万神庙中的司法女神"地美士第"的裁判,以及古希腊特雷泽纳神庙、西西里帕利斯(地神)神庙中的献祭裁判都属于宗教赎罪的审判。① 这些"献祭"性审判崇拜的神都不是中国式的姓

---

① ［法］伏尔泰著,梁守锵译:《风俗论》,第 369 页。

氏之神，都只是基于自然现象的抽象化的人格神。

从家族的角度看，西欧虽然也存在对家神的祭祀，且从家神这一"隐秘之神"或者"内部神"的家祭开始，"献祭"也有向公的方向发展的倾向，成为一种公祭。比如我们说过，古希腊、古罗马有对家神、界神、阴魂神这些"私权"神的祭祀，但是也有对代表"公权"的部落守护神的祭祀。在后来，古希腊、古罗马的公祭发展成为了一种城市公共祭祀。据说在阿兹特克文化时期，蒙特斯玛二世国王统治时代曾按祭祀仪式一次屠杀了12 000名囚犯。之所以这样做，是因为他们相信这种仪式对于维持城市社会生活同诸神之间的亲密关系是非常重要的。①

在我国南方山地民族中，判决所敬之神也非姓氏之神，有的在"雷庙"前进行，如广西瑶族；有的是在"土地公""土偶"前举行，如贵州苗族。又如贵州台江苗族宣誓裁判，砍鸡剁狗裁判也是在庙里举行。这里所谓砍鸡剁狗，是指原告备鸡、狗各一只，先由"魔公"（巫师）将狗悬于庙门口的树上，然后将鸡宰杀，以血洒于庙门前之地上。此外，"饮血酒"和"洒血酒"裁判都在土地庙、天王庙举行，其他裁判形式亦不例外。日本、印度、中东、西欧的溺水判、铁火判，亦多在神社与神庙举行，在这些地方举行裁判，除了能表明符合神意之外，更有"血祭者""烫伤者"或"溺水者"以身赎罪、以身献祭的含义，而且这些神也非一家一姓之神，而是原始的自然神。

二、杀戮的原始正义观

从法律文明发展史来看，献祭属于公的方面，献祭最早源于人们对生死轮回的认识。

的确，对原始民族行为的解释离不开这些信仰，这正如美国社会学家帕森斯所言："任何社会中能够解释最终目标的行为理论必须包括非理性的因素，行动最终来源于社会文化的价值观念体系，价值观念是一群人共享的信仰，它构成了文化传统的核心，是一种非理性的因素，它不仅不能用理性来对之作出判断，而且它本身还构成一切理性判断的基础和背景，在

---

① 胡起望、揣振宇、刘世哲主编：《文化人类学辞典》（下），第1283页。

一个社会中，行动只有表现了该社会文化价值才获得了可供理解的意义。"[1]文明是从理性中生长的，但也是从野蛮和荒诞中孕育的，"从贪婪变为节俭，从暴力变为争辩，从谋杀变为诉讼，从自杀演变为哲学"。[2] 要深刻理解杀戮与正义的最初关系，需要回到原始的自然宗教当中去。迄今为止的许多人类学研究表明，原始人对个人复仇、谋杀都持一种宽容的态度，在他们眼里，凶残的谋杀、个人阴险的复仇并不是犯罪。

"猎头" "猎头"实质上是一种谋杀。谋杀是一种原始的英雄主义行为，谋杀在原始民族那里不被认为是可耻卑鄙的行为，相反，人们把它视为一种荣誉。暴力与原始人的历史一样古老，战争造就了英雄，杀戮成了一种荣耀。原始人"天生的杀戮心"多半与战争有关，除宗教外战争也是氏族时代生活的重要部分，为了争夺新猎场、新草地，种田人为了耕地，有时也可能这一切都只是为了报复谋杀，或是锻炼年轻一代，或是改变一下单调的生活，或纯粹为了抢劫和奸淫。尚武成了一种生活，杀戮成了一种嗜好。"猎头"某种程度上成为表现勇气和能力的手段，甚至成为判定一个人有罪与否的标准。暴力与贪婪一样古老，为争夺食物、土地、配偶，每一代人的鲜血都曾染红土地，给灿烂的文明之光抹上了一道阴影。原始人是残忍的，而且又必须如此，生活告诉他们必须随时准备搏斗，准备好一副"天生的杀戮之心"，"人类学史上的最黑暗的一页就是关于许多男女在原始屠杀的冲突中获得快慰的故事"。[3] 原始民族有残忍的一面，也有善良的一面，"一般在部落内部的习俗中没有那么残忍。原始人相互之间，即使是对奴隶都是相当文明化的友爱方式"。[4] 但与动物的搏斗、与异族的战争铸就了他们"天生的杀戮"之心。杀戮是光荣的、令人尊重的，即使谋杀发生在同一氏族之中，也不像我们今天这样十恶不赦。"弗吉亚人对谋杀者的处罚只是放逐他，直到其他族人（指本族的其他成员）忘记了他的罪行为止"，"长尔夫人认为谋杀者不干净，要求他得用木炭把脸涂黑，但过

---

① 贾春增编：《外国社会学史》，中国人民大学出版社 1989 年版，第 199—200 页。
② ［美］维尔·杜伦著，李一平等译：《东方的文明》（上卷），第 63 页。
③ 同上书，第 62 页。
④ 同上。

了一段时间，如果他洗过脸上的炭黑，漱漱口，自己再染成棕色，他就会重新为部落所接纳，弗图纳岛上的野蛮人像我们一样，把谋杀者视为英雄"，①"在许多部落中，女人决不嫁给一个没有杀过人的男人，无论他是公平的决斗或不名誉的谋杀"。② 人们并不将其视为今天的犯罪。因为在他们在心目中，猎人头多少是衡量一个人能力和勇气的标准，这样的人是不应受处罚的。相反，他是人们崇拜的对象。英国人类学家海顿考察了南洋地区婆罗洲的人头猎现象，他认为"猎取人头的主要动机之一是取悦女人，这是少有疑义的。据说在有些部落里面，一个青年人在他可以结婚以前必须取得一颗人头，似乎是一个青年男人用以使他所选中的处女欢悦自己的一个极普通的方法"，③"妇女们对于曾经取得人头的男子汉所感觉到的得意，不限于这些婆罗洲人；从前在托列斯海峡的西方部落中，一个已经取得一个头盔的青年男子，将立刻会从一个合格的年轻妇女接受到一种结婚的提议"。④ 西方历史上盛行的决斗裁判和中国古代战争中双方将领的决斗就是这种原始遗风的表现，由此"猎头"这种习俗自然也就不难理解。

过去，这种习俗在菲律宾人以及我国云南西盟佤族和台湾高山族中很盛行，杨慎《南诏野史》卷下和《太平御览》卷七八〇以及杜臻的《澎湖台湾纪事略》中皆有记载。高山族的"雅美族""赛夏族""邹族""布农族"中皆盛行以此种神判解决纠纷。据《澎湖台湾纪略》谓当地"番族，性好勇喜斗，……每杀人，斩其首，剔肉存骨，悬之门。门悬髑髅多者，称壮士"。⑤杨慎《南诏野史》卷下"卡瓦"条谓佤族有"猎人以祭"之俗。⑥ 这种猎取人头之俗直到 20 世纪 50 年代前期在西盟等地的佤族中仍然存在，解放后毛主席亲自与佤族首领谈话，此类习俗才得以绝迹。每年三月撒谷种以前及八月即将收获时为主要的猎头季节，有时是由寨里组织人去仇敌寨子砍人头，有时寨人在野外只要碰上机会也可随时猎头。砍头者一般埋伏在道旁

---

① 〔美〕维尔·杜伦著，李一平等译：《东方的文明》（上卷），第 62 页。
② 同上。
③ 〔英〕海顿著，吕一舟译：《南洋猎头民族考察记》，上海文艺出版社 1989 年版（影印本），第351 页。
④ 同上。
⑤ 夏之乾：《神判》，上海三联书店 1990 年版，第 62 页。
⑥ （明）杨慎：《增订南诏野史》（下卷），胡蔚本影印，第 31 页。

的草丛中猎取过往行人的首级，携回寨后供祭于木鼓房内。次年春播前，再将其置放于本寨"鬼林"中的人头桩上。[①] 从佤族民间传说来看，猎头除用于农祭炫耀武力外，也适用于解决疑案。断罪之法除头目及公论认定外，更有行神判者，如"太么族曲直之争不易裁判时，则令当事人出而馘首，先成功者谓有神佑，其理必直"。[②] 此外，所猎头颅的另一个作用是作为灵物找到罪犯，关于视头颅为灵物的观念还可以从英人先民凯尔特人那里得到佐证。

在古英国，后于伊比利亚人居于不列颠的是凯尔特人，凯尔特人来自欧洲的大陆。凯尔特人是一个强悍尚武的民族，也是一个古老民族，历史上他们一部分曾留居于法国，法国民族中也有不少凯尔特人的血统，在南部的一部分留居于波河流域。公元前 7 世纪到 3 世纪时，原先居住于德意志西北部及荷兰（Netherlands）的凯尔特各部落开始多方向开往不列颠。凯尔特人在公元前六个世纪长期蹂躏欧洲，曾击败原在意大利的伊特斯砍人（Etruscans）并于公元前 387 年左右掠夺罗马。凯尔特人有崇拜头颅（或骷髅）的习俗，认为头颅具有神秘的力量，他们相信头颅是灵魂的居所，是人类力量的源泉，因此头颅格外受到尊重。他们喜欢在祭奠仪式中展示整个头颅，喜欢将一些有纪念意义的头颅钉在房间或城镇的大门上以用来驱灾避邪。[③] 至于凯尔特人中是否存在猎头判尚不得而知，猎头判是否出于原始的头颅崇拜，也是需要深入研究的问题。

从"一般性规则"的角度，还可以对"猎头"现象进行分析。西方法人类学的研究首先是从讨论"一般性规则"开始的，而对"一般性规则"的研究则是从讨论原始状态下所谓的"道德律"开始的，威斯忒·马克所著的《道德观念的起源与发展》（*The Origin and Development of the Moral Ideals*）一书是这方面的经典。在该书中，威斯忒·马克从"情绪"出发，对原初道德律的发生进行了抽象解释，他认为：

---

① 夏之乾：《神判》，第 61 页。
② 同上书，第 64 页。
③ ［英］屈勒味林著，钱端升译：《英国史》（上册），第 16 页。

人类道德观念,在由愚昧、野蛮到文明的向上发展过程中,曾发生重大变迁,变成更为开明,道德观念虽以情绪为根据,一切较高的情绪,系受认识力——感受或观念——所决定;所以认识力有差异,情绪因而有差异,认识力的本质,大都以反想或洞悟为凭。如果一个人不以真实的事物告诉人们,人们动辄愤慨;但作正当的反思,如果我们觉得此人的动机是善良的,例如想拯救某人的性命,而以不真实的事物告诉他人,我们的愤怨就会止息或者继之以认可。可见,认识力或观念的变迁引起情绪的变迁。现在道德意识的演进,它的发展有多少在于由不反思而至反思阶段,由不开明而至开明。[①]

这实际上只是一种心理学的推理,其逻辑是道德观念源自情绪,认识力可以影响情绪,能否反思是衡量认识力高低甚至有无的标准。文明人能够反思,因而具有认识力,有道德判断力;原始民族没有反思能力,故而没有道德判断力。威斯忒·马克所谓的道德判断力,是指人们对善与恶的判断能力,然此说的问题在于它仍然是以一种高位文化视角来讨论,而不是从这些民族的整个社会生活来衡量,威斯忒·马克的立论是基于这样一个前提:原始土人的社会是野蛮而残酷的。在书中,威斯忒·马克曾经引用拉姆荷尔兹(Lumholtz)《在食人部落》中对澳洲北部土人社会的描述来论证原始民族缺乏道德上的判断力:"土人的生命,很无价值,尤以澳洲北部的土人的生命为然。有数次为我射杀黑人,俾我枭取其首级。在偏远的地方,视黑人的生命简直不如狗,可以任意射杀,杀害黑人可以为所欲为。"威斯忒·马克此处的引论实不足以说明这类社会本身的残酷,因为这里所说的杀人是在这些土人与黑人之间发生的,属于族际之间的争斗,这与现代民族之间的残杀没有任何区别。当然这也可能与我们在人类学研究中经常见到的原始猎头之习俗有关,不过人类学的许多调查都表明,即使一些猎头积习甚深的民族,他们的社会中人与人之间的交往也是非常友好的。因此,仅仅根据原始杀戮习俗,并不能说明这些社会中没有关于善与恶的

[①]　Edward Westermark, *The Origin and Development of the Moral Ideals*, Macmillan and Co.Limited ST. Martin's Street, London, July, 1912, Vol.2, pp.744-746.

道德律存在。

比如卡特林通过对北美洲印第安人的考察,认为原始民族是有"德性"的。卡特林对原始道德律作如下论述:"如果认为土人对夫妻之爱、儿女之孝、父亲之慈远不如我们,这不是事实,而且也不公正。""无论任何种族,无论任何时期,我们都不能否认具有此等进步道德规律所本有的原始德性。"①他认为原始民族与文明人一样都有人类一般性的"原始德性",而文明人与土人在这方面的区别仅仅是将这种德性理性化,对之有了更为详细的安排和考虑,他说:"假如有伦理进步的事,其进步不是人类有新的不能或行动的发展,亦不是旧的或不良的不能的消失,而是道德规律的理性化。因为社会进步,道德规律有更周详的考虑,有更一致而概括的应用。心理的演化进步,精神的意识更为渊深,而在道德规律上,矛盾清除,范围推广。"②猎头可以心安理得,它或是由于现实的原因,比如猎头现象通常发生在不同族群之间,或是由于即使是现代人也能够理解的原始血报义务,或是出于原始宗教对生命的独特认识。如果我们承认原始民族有"原始德性",那么原始民族对杀戮的崇拜又如何解释呢?这一问题的答案还可以从猎头现象背后的原始宗教理念中得到解释。

杀戮或者谋杀也浸透了原始宗教的神秘心理。在原始人看来,人的死亡从来不是自然原因造成的。根据法国人类学家布留尔的观点,人的死亡永远是"横死"。所谓"横死",是指死亡是某人借助巫术仪式而进行的蓄意谋杀,"把疾病和死亡想象成是由神秘影响造成的这种非常普遍的观念,很容易引出这样一个结论,死亡乃是敌人的意志所发动的力量产生的结果"。③人类学调查表明,原始民族常常把最自然的死亡也归于神秘的原因,即使是一个老人因衰老而死亡,也被认为是有人运用巫术而置其于死地。这里有人类学者调查的一个典型案例可为证明:在澳大利亚的墨尔本,一个土著部落成员实际上是自然死亡的,而他的朋友却用在他掩埋的

---

① Edward Westermark, *The Origin and Development of the Moral Ideals*, Macmillan and Co.Limited ST. Martin's Street, London, July, 1912, Vol.2, p.746.

② Ibid, pp.744－746.

③ [法]列维-布留尔著,丁由译:《原始思维》,商务印书馆1997年版,第271页。

地方进行挖沟的方法来寻找罪犯,他们按照草的指向来到乔依斯克,在那里杀了一个少年。令人奇怪的是,这个少年的朋友虽然亲眼看见他被这些人杀死,却并不认为他们是谋杀者,相反却用同样的方法掩埋少年并根据掩埋地草指示的方向,判断罪犯来自高尔布拉族的方向。于是在一个星期后,少年的朋友一行十八人手持长矛,在高尔布拉族谋害人命。① 在这一案例中,人们不相信眼前看见的活生生的暴力,而把死亡的原因看作是有人运用神秘巫术所致,而且通过这一神秘方式发现的罪犯本身显然并不是真正的谋杀者。

此外,对谋杀的神秘心理还表现为巫术仪式裁判。在澳大利亚、新几内亚,人们相信能够通过在掩埋死者的地方观察挖沟时草的指向或者掘出昆虫的运动方向来寻找罪犯。格莱说:"在挖沟的过程中,挖出了一只昆虫,他们怀着紧张的兴趣注视着这只昆虫的运动,由于这只微小的生物想要向圭尔福德方向爬去,所以,这对土人们来说就成了这个地区居民有罪的一个附加的证据。"②

另外,原始人对谋杀的神秘心理还表现为一种占卜仪式。在非洲土著中,人们通常采用占卜仪式来揭露罪犯,然后对之处以死刑。有时还通过神意裁判的方式来执行,具体做法是让罪犯吞下一定数量的毒物,然后顺其自然。同样在中国一些少数民族的裁判中,也有通过类似占卜来寻找罪犯的做法,如前面提到过的苗族中的"米卜",由巫师丢米于碗内,以米的分布情况来判断牛马走失的方位并寻找偷窃者。

献祭与轮回正义　我们难以证明人类社会关于犯罪概念的起源,也难以证明犯罪的概念是源于谋杀,还是源于盗窃。但是从上述分析来看,"犯罪"起码也是来自"死亡"这样一种事实,尽管人们就某一死亡的追究并没有发现真正的罪犯,甚至可能根本就不存在导致某一死亡的罪犯。仅仅从上述人类学的研究看,由于原始初民认为死亡是由巫术和神灵造成的,③

① ［法］列维-布留尔著,丁由译:《原始思维》,第 272 页。
② 同上。
③ 根据传教士布伦(Brun)的描述:"根据我们的同事从赤道非洲的报道,许多黑人部族相信任何人的死亡都是由巫师或者神灵造成的。"参阅［法］列维-布留尔著、丁由译《原始思维》,第 273 页。

那么谋杀犯罪的概念就应当是精神性的,而不是物质性的,谋杀犯罪在原始民族那里,是一个人对另一个人蓄意实施巫术的结果,而不是人为实施暴力或者其他物质方式的结果。

在原始民族那里,死亡本身同样只是物质性的,因为人们根本就不认为肉体的消灭就意味着死亡,原始轮回的观念使得人们认为一个人死亡不过仅仅意味着肉体的消灭、灵魂的再生。人死亡后,灵魂仍保持着智慧,因此原始民族对死者的肉体并不像我们今天这样恐惧。在南洋土著人中,人们将已死亲属的头砍下悬于家中,对之念咒,然后沿着蚱蜢的叫声追寻偷窃者。① 而且因为原始的万物有灵论和灵魂不灭的观念,实施谋杀的猎头者没有丝毫的犹豫和良心上的不安。因为在原始民族的观念中,生与死的界限并不像我们今天这样清晰,它们都只是命运的一种轮回和转化。死并不一定意味着生命的终结,它只是神对人命运的循环之链中的一次安排,死者是从一个种类变成另一个种类,从一个躯体转到另一个躯体,从一个生命转到另一个生命,就这样轮回着。一个人实际上并非一个人,他不过是生命之链中的一环,灵魂编年史中的一页,花木虫鱼或许昨天、将来就是人的灵魂。盛行猎头习俗的阿斯特玛特人常用一颗新砍下来的人头为男孩举行成年礼,男孩先坐于地,置人头于其两腿间,据说这样死者的力量便神奇地传给他了。然后将男孩置于船上,向日落方向(祖先的灵魂所在地)划去,男孩佯装老人死去,在海水中浸泡,然后返回村里用死者名字为自己命名,如此男孩就得到了死者的全部力气。"所以,他们认为杀人是很正常和必然的事情,为了延续生命就必须杀人"。②

可以肯定的是,"猎头"炫耀的观念与战争和生活有关。但是"猎头"献祭而心安理得,则可能来自这种原始宗教解释:"有些部落相信首级为他们取得的那些人,来世将成为他们的奴隶,在这种情形里面,人头的收藏,其意义是为他们的将来作一种聪明的预防。"③《礼记·王制》中也有这种原始宗教轮回观念的生动描述:"獭祭鱼,然后虞入泽梁。豺祭兽,然后田

---

① 〔英〕海顿著,郭二民译:《南洋猎头民族考察记》,第94—99页。
② 张凤岐译:《当今猎头者》,载《世界民族风情录》,四川民族出版社1983年版。
③ 〔英〕海顿著,郭二民译:《南洋猎头民族考察记》,第352页。

猎，鸠化为鹰，然后设网罗。"用捕杀某种动物的仇敌来祭这种动物，而后再去捕杀这种动物，就能取得这种动物的宽恕。獭是鱼的天敌，豺也是田间小兽的天敌，先捕杀獭或豺，用它们来祭鱼和兽，然后当鱼和兽被人捕杀时，它们就会原谅人的捕杀行为，因为人去捕杀它们之前先用它们的敌人对它们进行了"献祭"。捕杀动物如此，"猎头"也一样。而《梁书》所载扶南国中的食人裁判有着同样的含义："有罪者，辄以喂猛兽及鳄鱼，鱼兽不食为无罪，三日放之。"一个人在神判中之所以能侥幸不死，可能就是因为他得到神佑或没有欠下"献祭"之债而已，这亦可解释神判"偶然性"背后的原始含义。

因此，杀戮只是"献祭"循环链中的一次偶然作为，只是宇宙秩序中发生的一件平常事，在没有人为秩序的世界，散漫的原始宗教理念必然使这一切都合理化。个人复仇成为解决纠纷的当然理由，犯罪的观念根本就不存在，有的只是"谋杀"，人们以各自的方式来执行自然的正义。甲被乙谋杀导致甲的儿子或朋友丙杀掉乙，乙的独生子或朋友丁又会杀掉丙，诸如此类的事情正如"獭祭鱼""豺祭兽"一样循环不已，这正是法律文明发展的第一步，它孕育了原始"同态复仇"的循环正义原则。这种复仇原则长期存在于整个法律的历史中，"它出现在 Lex Talionis 中——或称《复仇法》——具体体现在《罗马法》中；它在《汉谟拉比法典》和《摩西律法》中要求为'以眼还眼，以牙还牙'；直到今天仍可在许多合法的惩罚条文中见到它的影子"。① 总之，"猎头"可能是出于原始人缺乏"德性"，也可能是出于"杀戮之心"这样的英雄主义，还可能是出于对死亡和"献祭"循环链的平常心。

---

① ［美］维尔·杜伦著，李一平等译：《东方的文明》(上卷)，第 263 页。

第十六章　复仇、赔偿之俗义

复仇与犯罪　早期的"犯罪"观念中也反映出"循环献祭"的原始心理，"循环献祭"也成为原始报复行为的理由，即使是今天的文明社会，报复的正义性仍然被解释成为"报复是对侵害的侵害"。[①]　正是由于"循环献祭"这样的观念存在，报复在原始时代才普遍被认为是具有正义性的，人们并不认为报复是犯罪。报复在法律上最直接的表现就是复仇，而在国家法时代，"犯罪"的观念中已经隐含了对复仇的扬弃，因为"犯罪"的概念突出的是"复仇"概念的公共性，"犯罪"要求对复仇在形式上进行限制，它需要限制复仇在主观意志上的无限性、特殊性，正如黑格尔所言："在法的直接性这一领域中，犯罪的扬弃首先是复仇，由于复仇就是报复，所以从内容上说它是正义的，但是从形式上说复仇是主观意志的行为，主观意志在每一次侵害中都可以体现它的无限性。所以它是否符合正义，一般说来，事属偶然，而且对他人来说，也不过是一种特殊意志。复仇由于它是特殊意志的行为，所以是一种新的侵害。作为这种矛盾，它在于陷于无限的进程，世代相传以至无穷。"[②]正因为如此，"复仇"的文明史只是复仇在形式上发展的文明史，是一个从私力复仇向公力复仇发展的过程。而仅从内容看，作为"对侵害的侵害"，复仇也有其自身正义性的一面，因此在早期的法俗中，"同态复仇"不过就是"对侵害的侵害"，它符合"轮回正义"的原始观念，是"天经地义"的事情。

中国古代法律对"复仇"是较为宽容的，这首先是因为儒家认为生命是十分重要的，儒家重视人活着的价值。孔子曰："未知生，焉知死。"中国

---

① ［德］黑格尔著，范扬、张企泰译：《法哲学原理》，商务印书馆1961年版，第104页。
② 同上书，第107页。

古代对死刑犯复杂的审理程序也体现了儒家这种对生命的认识。正因如此，中国古代历代法律在某种程度上是允许复仇的，诸多事例都表明了中国古代法律对"复仇"的宽容。《周礼·秋官·朝士》说："凡报仇者，书于士，杀之无罪。"士是指专职司法的士、士师，诉状于士之后，就认为报仇者的报复行为合于礼法，而不为刑所取。《礼记·曲礼》说："父之仇，弗与共戴天；兄弟之仇，不反兵。"《周礼·地官·调人》云："凡杀人而义者，不同国，令勿仇，仇之则死。"汉朝人郑玄注谓："义，宜也。谓父母兄弟师长，尝辱焉而杀人者，如是为得其宜，虽所杀者人之父兄，不得仇也，使之不同国而已。"也就是说杀人而义者，不仅刑所不禁，而且不允许被害人的亲属报仇，报仇则死。反之，如果为义而报仇，即侵害人为不孝不友者，那么，在履行一定的诉讼程序后，亦视为无罪。

东汉时，尚书张敏提出"春秋之义，子不报仇非子也"。东汉初，"今人相杀伤，虽已伏法，而私结怨仇，子孙相报，后忿深前，至于灭尸殄业，而俗称豪健。故虽有怯弱，犹勉而行之，此为听人自理而无复法禁者也。今宜申明旧令，若已伏官诛而私相伤杀者，虽一身逃亡，皆徙家属于边"。[1] 北魏显祖时，有个叫孙男玉的女子为丈夫报仇杀人，被判死罪，后又蒙诏赦，诏云："男玉重节轻身，以义犯法，缘情定罪，理在可原，其特恕之。"[2]这说明了复仇虽有规定可杀，但也减免。建武末年，钟离意任堂邑县令时，其县民房广因为父报仇杀人而入狱，其母又病死，房广在狱中哭泣不食。钟离意放房广回家办丧事，县民们认为房广丧事办毕之后，肯定逃走，但房广事毕后又回狱中。钟离意感觉房广有悔改之意，遂将此事上奏光武帝，请求减免处罚。光武帝便答应了钟离意所奏。[3] 即使到了后来，复仇在司法中也是个存在争议的问题，唐代曾经有过一次对复仇问题的争议，柳宗元的《驳复仇议》就是针对唐代发生过的一起为自己亲属复仇的案件而作的。在这篇文章中，柳宗元强调对于因复父母之仇而杀人，不能简单用孝道来

① 《后汉书·桓谭传》。
② 《魏书·烈女传》，中华书局 1974 年版。
③ 《后汉书·钟离意传》。

解释,更不能因此"仇天子之法,而戕奉法之吏",①而是需要议其是非曲直定罪,才不违背圣人之道:"礼之所谓仇者,盖以冤抑沉痛而号无所告也。非谓抵罪触法陷于大戮,而曰彼杀之,我乃杀之,不议曲直。暴寡胁而已,其非经背圣不以圣哉。"②

从中国古代法律对复仇的这种态度来看,我们可以说中国古代法律特别是刑法是十分重视实体、重视内容的,在司法中总是先讲一通天理人情,然后才去寻找相关的法律。明代冯梦龙的小说《警世通言》中的司法判决通常如此,此举"况太守断死孩儿"一例:

> 况爷提笔,竟判审单:审得支助,奸棍也。始窥寡妇之色,辄起邪心;既秉弱仆之愚,巧行诱语。开门裸卧,尽出其谋;固胎取孩,悉堕其术。求奸未能,转而求利;求利未厌,仍欲求奸。在邵氏一念之差,盗铃尚思掩耳;及支助几番之诈,探箧加以逾墙。以恨助之心恨贵,恩变为仇;于杀贵之后自杀,死有余愧。主仆既死勿论,秀婢已杖何言。惟是恶魁,尚逃法网。包九无心而遇,腌孩有故而啼。天若使之,罪难容矣! 宜坐致死之律,兼追所诈之赃。③

之所以如此,是因为当时人已经认识到:法律之外,需要进行实体而非仅仅是程序上的"衡平",不过这样的"衡平"观念只是基于儒家的意识形态,而非个人对正义的解释。

从中国古代法律对复仇的这种态度来看,中国古代法律(特别是刑法)可以说是十分重视实体、重视内容的。但是如果用西方的法律理念来看,无论是黑格尔的理论还是韦伯的理论,都认为这是不符合"法律"的基本特征的,其理由必然是认为这种法律缺乏形式上的合理性,因此"缺乏形式上的规范性"是我们之所以说复仇是一种犯罪的根本理由。早期文明社会中的法律之所以有文明的美称,首先在于他们总是试图寻求某种方式对

---

① (唐)柳宗元撰:《柳河东集·驳复仇议》,第63页。

② 同上。

③ (明)冯梦龙撰:《警世通言》第三十五卷,华夏出版社1998年版,第403页。

"对伤害者的伤害"的任意性进行限制，进而赋予法律以形式上的规范性，因此形式上的合理性是法律从野蛮迈入文明社会门槛的标志。回顾西方法律发展史，我们很容易在古希腊的民众大会、罗马的元老院找到这种对形式合理性和程序的追求。马克斯·韦伯认为中国古代的法律缺乏这种形式上的合理性，而在西欧的法律传统中，这种法律的形式合理性也正是其宪政或法律合法性的根据，甚至成了法律现代性的标志。

不可否认，"形式合理性"是法律从野蛮走向文明的起点，作为一种法律类型，它是各民族法律向文明发展的基本一环，而不管它们是巫术的、宗教的还是其他习俗的形式。在早期的法律中"犯罪"的概念本身就包含了对报复的扬弃，"犯罪是扬弃报复"，①而"扬弃"本身意味着对"报复"的某些性质的限制。然而，此种限制起初往往都是程序上的一些简单规定，比如与报复相连，称得上"文明"的东西往往是决斗、诅咒这样的形式。而诅咒宣誓、决斗复仇正是早期刑法中带有复仇性质的神判形式，诅咒宣誓、决斗复仇是个人对犯罪的"衡平"形式。

> 在无法官和法律的社会状态中，刑罚经常具有复仇的形式，但由于它是主观意志的行为，从而与内容不相符合，所以始终是有缺点的，固然法官也是人，但是法官的意志是法律的普遍意志，他们不愿意把事物本性中不存在的东西加入刑罚之内。反之，被害人看不到不法所具有质和量的界限，而只把它看作一般的不法，因之复仇难免过分，重又导致新的不法，在未开化的民族，复仇永不止息，……在今天许多立法之中，也还有复仇的残迹存在，例如：侵害事件应否提出于法院，可由个人自行决定。②

在这段话中，"事物本性"实质上包含了一种需要衡平的观念，或者说是把衡平的观念赋予了"事物本性"，这很容易让人想到西方早期社会中"自然法"的观念。"自然法"的实质在于它赋予事物本性以"衡平"，这种"衡平"本身意味着"量与质"的界限。因此在 18 世纪启蒙思想家那里，对

---

① ［德］黑格尔著，范扬、张企泰译：《法哲学原理》，第 104 页。
② 同上书，第 107—108 页。

法律的解释往往是从"事物本性"这一概念出发的,如孟德斯鸠在《论法的精神》中把法律解释为:"从最广泛的意义来说,法是事物的性质产生出来的必然关系。在这个意义上,一切存在物都有它们的法。上帝有她的法,物质世界有它的法,高于人类的'智灵们'有它们的法,人类有他们的法。"①孟氏又说:"人,作为一个'物理的存在物'来说,是和一切物体一样,受不变的规律的支配。作为一个'智能的存在物'来说,人是不断地违背上帝所制定的规律的,并且更改自己所制定的规律。他应该自己处理自己的事,但是他是一个有局限性的存在物;他和一切'有局限性的智灵'一样,不能免于无知与错误;他甚至于连自己微薄的知识也失掉了。作为有感觉的动物,他受到千百种的情欲的支配。这样的一个存在物,就能够把创造者忘掉;上帝通过宗教的规律让他记起上帝来。这样的一个存在物,就能够随时忘掉他自己;哲学家们通过道德的规律劝告了他。他生来就是要过社会生活的;但是他在社会里却可能把他的人忘掉;立法者通过政治的和民事的法律使他们尽他们的责任。"②从此论看,这里的上帝、道德、立法者的作用实际上就是通过律令和规范来纠正人这个"局限性的智灵"的错误,人类社会中人和人的关系需要超越人的力量来进行"衡平"。

18 世纪西方,对早期法的理解较为独特的一个人是霍布斯,霍布斯关于"自然状态"下的人类社会"处于一切人对一切人的战争"的理论,往往被现代许多诉讼法学者用来论证早期诉讼起源中"社会冲突"与诉讼产生的关系。实际上,霍布斯基于人性恶的假设而提出的关于"自然状态"的理论始终有一个前提,即他是从"自然法"衡平观出发而提出的。可以说整个西方社会的诉讼理念,都是在"自然法"的衡平观,即"量与质的界限"这样的理念上去阐释的。进而言之,整个西欧社会,对诉讼的理解是从"复仇"这一历史事实出发,从"复仇"本身在内容和形式上的内在矛盾开始的。中世纪诉讼法的进步来自对诅咒、决斗裁判在形式上的扬弃,它对后来竞争型的诉讼形式的形成不能说没有影响;对复仇抱有的个人期待的扬弃,形成了"报复是对侵害的侵害"的犯罪学理念,"把犯罪不是作为

---

① ［法］孟德斯鸠著,张雁深译:《论法的精神》,第 1 页。
② 同上书,第 3 页。

rimina、pulica（公罪），而只作为 privata（私罪）（例如犹太和罗马的盗窃和强盗，英国今天还存着的一些犯罪）"。①

相反，在中国，刑罚起源于前国家时代的氏族战争。在广阔的中华大陆上，黄河流域各民族由于地处平原，易于迁徙、交往、接触，也容易发生大规模的冲突，个人之间或群体之间小规模的冲突较西方更容易演变成为族群之间的战争。频繁的战争往往会使氏族内部的矛盾转移，并凝聚氏族内部力量，缓解内部冲突。这种冲突的性质不同于西方之处，在于它的非个体关系的整体性，进而从团体性方面对冲突进行理解。战争只有胜利与失败、妥协与联盟，不可能对个体间的冲突在质和量上的平衡有更多的考虑。从《周礼》的内容看，这种刑罚的起源在中国是源于外部而不是内部，"礼"源于氏族共同体内部对天地、祖先的祭祀仪式，"礼"作为一种具有公共性质的软法，必然在很大程度上有效地减少或调和"报复是对侵害的侵害"的情况，以致于在氏族共同体中更多的是用采用向公共机构交纳"金"（铜）的方式来赎罪。《尚书·吕刑》中规定，即使是最严重的刑事犯罪也可以采用赔偿的方式来解决。除此之外，另一种解决"报复是对侵害的侵害"的办法是采用"流之于四裔"的方式。中国古代刑罚的产生以"五刑"为标志，在《尚书·吕刑》中，"五刑"的产生是从苗民蚩尤"惟始作乱"，"爰始淫为劓、刵、椓、黥"开始的，这是部落之间的战争，显然"五刑"的外部特征有辨别和防止俘虏逃跑的作用，因此从"五刑"的外部特征和产生的背景看，都显然是氏族共同体针对俘虏而采用的刑罚。因此，中国古代以"五刑"为标志的刑罚的产生，从一开始就表现出强烈的公共权力性质的集团暴力特征。在这种历史条件下，"报复是对侵害的侵害"的个体化衡平观念以及个人对"事物本性"的思考则更少一些。

个体化的衡平观念是相对于社会的衡平观念而言的，它主要包含了个人对正义的解释，思考是个体的行为，对"事物本性"的思考是"自然法"的出发点。在中国将《周礼》和《吕刑》作为调整社会冲突的主要手段的一千多年后，中世纪的西欧为了复仇还盛行着以个体方式进行决斗之类的裁判

---

① ［德］黑格尔著，范扬、张企泰译：《法哲学原理》，第107页。

方式。中世纪西欧个人决斗的盛行正表明它承认了个人可以对正义进行解释，承认个人决斗的合法性就等于承认了原始的个人主义和英雄主义，承认了自然法和"报复是对侵害的侵害"的原始衡平主义。而这种衡平主义往往只有在"超弱意义的国家"才可能出现，西方古希腊和中世纪所谓的王国都是这样一种性质的国家，因此讨论复仇离不开对国家形态的分析。

仇杀与公权形态 在公权不发达的情况下，复仇被认为是私人的事情。美国的霍姆斯法官曾说："在社会秩序上，法律是紧随复仇其后的一个阶段。"[①]法律是紧随复仇而产生的，复仇的形式有多种多样，基于个人可以对正义进行解释的仇杀行为方式也同样如此。就比较法律文化史而言，复仇在不同的文化、不同的社会中是不一样的。我们在前面提到，西方社会在历史上曾长期处于小型的地区性的"超弱意义上的国家"状态，古希腊的城邦、中世纪的蛮族王国乃至"罗米欧、朱丽叶"时代的大公统治，都属于这样一种自治性的公权形态。在这种形态中，公共权力的力量往往显得比较疏散、温和，更多的是一种协调型而非暴力型的权力机构。正如威廉·米勒在其《血战与调停》中讨论冰岛独立时期（930—1262）的法律一样，这一时期的冰岛是一个典型的弱势国家，它正式治理社会的公共机构仅限于一些法院和一个议会，并且同雅典制度相类似，这些机构的任职人员都是普通的公民，而非职业人士。[②] 那里只有陪审员，没有法官，没有税收，议会会长的工资都来自婚事收费；那里也没有执法官、警察和检察官，所有诉讼都是由私人个体提出指控，包括刑事诉讼也是如此。

这同古希腊、罗马及盎格鲁·撒克逊的英国一样，都把刑事案件的权利交给了私人个体。这种社会司法的另一个特点是案件审理并非是解决纠纷的唯一合法手段，血族复仇是合法的，私人仲裁也是合法的。[③] 总之"超弱意义上的国家"的特点在于：第一，它已有一定的公共权力机关；第二，这种机关的权力施行极为有限；第三，在这种机关里，司法命令与血族

---

① ［美］理查德·A·波斯纳著，苏力译：《超越法律》，中国政法大学出版社 2001 年版，第368 页。
② William Ian Miller, *Bloodtaking and Peacemaking*, Feud. law and society in Saga Iceland (1990).
③ ［美］理查德·A·波斯纳著，苏力译：《超越法律》，第360 页。

复仇同时存在。因此在私人仲裁中，把解决纠纷的权力交给由争议者挑选的某个或者某些人来掌握，寻求有约束力的解决方法。在这种社会里，神判、司法命令和复仇同时存在，而且人们往往还会从自己的远近亲戚那里寻求帮助，强制实施司法命令，同时也进行血族复仇，个人复仇往往与血缘家族之间有密切的联系。在一个复仇盛行的社会中，亲属通常具有双重意义。它不仅扩展了潜在违法者的位次，而且扩大了报复者实施报复的潜在对象的范围。如果甲杀害了乙，乙的家庭也许会决定报复甲的兄弟，而不是直接报复甲本人，因为甲的兄弟的保护措施也许不如甲。换言之，责任是集体的，这就给了人们一种激励，要约束好自己的亲属，"以免某个亲属的不端行为会导致对这个集体中某个人报复，而不是对某个亲属本人的报复"。①

因此，这样的社会还有一个突出特点：该社会的和平不是靠国家公共权力来维护，它最起码的秩序是依靠家族来维护，最重要的制约设置是家族间的独立和相互制约。一方面，由于家族之间随时存在着潜在的、可能相互实施报复的威胁；另一方面，其内部成员之间也随时存在着彼此伤害的可能性。因此，每个受威胁者都要寻求自己的帮手。因此弥漫私力复仇气氛的社会中，亲属的概念比现在要复杂、精细得多，血缘关系显得非常重要。在这种情况下，并不像一些法学家认为的那样，仅仅是无休止的仇杀而没有考虑相互间的协调和"度"的问题。实际上，家族成员之间和氏族之间在报复问题上也不得不考虑"度"的问题，在日常生活中，每个人都必须自觉地、有意识地维护好家族关系，成员之间随时平衡彼此间的关系，只有这样，当他遭到威胁的时候，才有可能说服亲属甘冒生命危险帮助自己。

此外，复仇与家族的荣誉、耻辱、内部交换、平衡、对等这些概念相联系并强化了这种家族内在的凝聚力。这种因血族之间的复仇引起的相互威胁和竞争，还会导致人们把亲属关系的位次和范围不断扩大，进而形成强有力的集团，最后发展成为强有力的国家。国家的形成过程中，首先需要对个人复仇、部落复仇进行制约，公共权力的出现是从考虑如何平衡这类

---

① ［美］理查德·A·波斯纳著，苏力译：《超越法律》，第367页。

冲突开始的。仔细考察,在从粗鲁野蛮的社会向强有力的公力社会转化过程中,不管是逐渐收集起来的原始习俗法,还是公力机构制定的法典,法律都呈现出两个重要特征:一是立法者关注的对象主要是如何对付刑事案件,法律的内容基本上表现为刑事法规,刑法在法律中占首要地位;二是对刑事案件的处理采取金钱赔偿的方式。在古巴比伦的《汉谟拉比法典》和中国的《夏刑》中,甚至在以世俗化和私法化而著称的《萨利克法典》中,刑事法规几乎占了这些法典的整个篇幅。比如《萨利克法典》有 343 条刑事条款,而对其他所有问题的规定却只有 65 条。[①] 而在这 343 条中,有 150条与抢劫案有关,其中有 74 条涉及对偷窃动物罪行判刑的,20 条涉及猪的偷窃,16 条涉及马的偷窃,13 条涉及牛犊、母牛和公牛的偷窃,7 条涉及绵羊和山羊的偷窃,4 条涉及狗的偷窃,7 条涉及鸟的偷窃,7 条涉及蜜蜂的偷窃;涉及对人身侵害的有 113 条,其中与伤残肢体有关的有 30 条,与强奸妇女者有关的有 42 条。

实际上,处在摇篮时期的一切立法的性质都是如此,各民族都正是依靠刑法才从野蛮状态中迈出最初有历史记载的步伐的。"不论是以宗教的形式,还是以纯粹世俗的形式,刑法在各民族的立法历程中都是首先出现的。它们在完善国民生活方面所起的作用在于防止,首先是在于宣布要对个人自由的过度行为进行惩罚",[②]早期刑事裁判方式的意义正在于此。法律首先关注的都不是有什么样的制度,而是有什么样的社会问题;其次,法律还要思考用什么样的观念来看待这些问题;最后才是用什么样的条款去规范这些问题。就私法而言,或许我们会举例说,12 世纪西欧地中海沿岸兴起的商法,它最初是商人的杰作,而非是由国家或政府制定的,但我们不能说它是在没有秩序的社会中产生的,因为和平、稳定和建立在共同利益基础上的道德本身就是秩序。社会首先要有一定的秩序,然后才谈得上正常的私权之间的契约关系,这种私权关系或许早已存在或已约定俗成,并已是社会普遍认可的、不证自明的公理。但在人类走向法制文明前夜时,它并不是社会急需解决的问题。

---

① 《萨利克法典》,见西南政法大学法史教研室编印《外国法律史资料选编》(上册)。
② [法]基佐著,顾良等译:《法国革命史》(第 1 卷),第 230 页。

文明和野蛮的区别在于文明社会能够用和平或小规模的方式解决激烈冲突和纠纷，而原始的咒誓、决斗方式在很大程度上可以避免这种冲突的激化。近代以来西方的契约自由、私权神圣观念与这种个人主义和英雄主义的冲突解决方式有着一定的历史联系，公开的咒誓、决斗也体现了为寻求公正而作出的个体化的努力，同时这些法俗的产生从反面也反映了在国家化进程中，人们对公共安全的需求和依赖。

赔偿与死刑　诸多原始裁判事例还反映了原始杀戮时代社会从"同态复仇"向"损害赔偿"时期的过渡。在原始法俗中我们看到人们习惯用金钱去补救对肉体和生命的伤害，而且这种情况在社会中的意义已开始凸显了。在"捞油汤判"时，只要任何一方提出自己愿支付财物让另一方"捞油汤"，则另一方不得以任何借口加以拒绝，他必须去捞油汤，否则就被认定为是输理，并要接受习惯的规定而受罚。另外，在我们见到的少数民族判决中，处罚结果绝大多数是采用赔偿实物、金钱或赔礼道歉的方式，说明这时的人们已摆脱了简单的原始复仇阶段，开始向金钱赔偿时期过渡。《汉谟拉比法典》就是这样一种过渡，在这一法典中，世俗色彩更趋浓厚，刑罚由严酷趋向缓和，体罚逐渐为赎刑所代替。"男人被控行妖术，女人被控与人通奸，会被投入幼发拉底河。神灵总会偏袒水性好的被告，妇女如能生还，她便无罪；'妖人'如被溺死，原告得到他的财产，如未死，他获得原告的财产"。

从法律史看，以"赔偿损害"取代个人复仇是野蛮走向文明的第二步。这时私有现象和私有观念已经出现，财富增加和对之占有的分化强化了世俗酋长和宗教人士的权威，他们利用手中的权力和影响，迫使欲行复仇的家庭通过索取金钱或物品，换取血的代价。但这时并不十分确定，"用盎格鲁·撒克逊法的一句话说，受害人可以在赎金和复仇之间作出选择，要么收买长矛，要么忍受长矛"，①这说明在神判的背后已经有一套针对复仇的约定俗成的赔偿价目表。在这个价目表中，规定了多少钱可以抵多大的罪，甚至规定了多少钱可以赔一只眼睛、一颗牙齿、一条手臂或一条生命。

---

① ［美］伯尔曼著，梁治平译：《法律与宗教》，第63页。

比如尽管《汉谟拉比法典》依然保留了同态复仇，但在《汉谟拉比法典》和《萨利克法典》中已有了这类赔偿的详细条款。《汉谟拉比法典》中规定：伤自由人一只眼睛罚白银 60 舍克勒，伤奴隶一只眼睛减半。不仅如此，从中我们还能够看出，刑罚不仅取决于犯罪情节的轻重，还取决于犯罪者和被害人的身份，同罪异罚的现象已十分明显。

　　财富是法律世俗化的一个重要因素，金钱显得如此重要，以致于生命也成为可以被分割的对象，对生命的侵犯也可以用赔偿来替代。古罗马时期"法律就允许债权人直接杀死不偿还债务的债务人，当债务人有数人时，债权人有权分割债务人的尸体"。① 法律不仅允许私力救济，还允许用对方的生命来完成这样的私力救济。在这样的情况下，"犯罪"的概念并没有真正形成，杀人并不被认为是"不法行为"，在那时"通奸、强奸、偷盗行为被认为是罪大恶极的犯罪"。② "在斐济岛上，普通人犯小小的偷盗罪，竟然被认为是比酋长杀人更可恶的罪状"。③ 对此，梅因在《古代法》中讲得十分清楚："所有文明制度都一致同意在对国家、对社会所犯的罪行和对个人所犯的罪行之间，应该有所区别，这样区别的两类损害，我称之为'犯罪'和'不法行为'……古代社会的刑法不是'犯罪法'，这是'不法行为法'，或用英国的术语，就是'侵权行为法'。被害人用一个普通的民事诉讼对不法行为人提起诉讼，如果他胜诉，就可以取得金钱形式的损害补偿。"④梅因进一步举例说明："在罗马法所承认的民事不法行为的开头有盗窃罪。我们在习惯上认为专属于犯罪的罪行被完全认为是不法行为，并且不仅是盗窃，甚至凌辱和强盗，也被法学专家把它们和扰害、文字诽谤及口头诽谤联系在一起。所有这一切都产生了'债'或是法锁，并都可以用金钱支付以为补偿。但是这个特点最有力的表现是在日耳曼部落的统一法律(the consolidatied laws of Germanic tribes)中，它们对杀人罪也不例外。有一个庞大的用金钱赔偿的制度，至于轻微损害，除少数例外，亦有一个同

---

① 　谭兵：《民事诉讼法学》，法律出版社 1997 年版，第 3 页。
② 　[美]维尔·杜伦著，李一平等译：《东方的文明》(上卷)，第 35 页。
③ 　同上。
④ 　[英]梅因著，沈景一译：《古代法》，第 208 页。

样庞大的金钱赔偿制度。"①比如在萨克逊人征服之时，不列颠在第五、第六世纪时四分五裂，群雄互斗的状态一定十分可惊；而在各个部落或王国之中，各族互相残杀之惨状亦必不亚于大团体之互斗。各族间之私斗大概到了不可忍之程度时，才会于全民公会（folkmoot）中判给"赔偿金"（were gild）中止互杀，而言归于好。私斗乃当时之俗尚，而非例外的行动。② 后来在盎格鲁·撒克逊法律中，"对于每一个自由人的生命都可以按照他的身份，而以一定金钱为赔偿，对于其身受的每一个创伤，对于他的身份，荣誉或安宁所造成的几乎每一种损害，都可以用相当的金钱为赔偿，金额按照偶然情势而增加"。③

在《萨利克法典》中，这种情况表现得亦很充分。整部《萨利克法典》似乎还具有相当浓厚的世俗生活气息和民法色彩，法典一开始就列举了诸种金钱性处罚，要求侵害人向被害人支付金钱处罚，这些罪行包括杀人（四十一节）、盗窃（二十七节）、放火（六十一节）。这部法典虽然以刑事法规为主要内容，把一些横暴而野蛮的习俗展示为罪行，可是它里面并不含有任何酷刑。不仅如此，法典对人的身体和人的自由似乎还很尊重，法律条文里没有体罚，也没有监禁，以书面形式提出来的唯一惩罚是缴纳和解费。不难想象，隐藏在这一惩罚下的当事人的权利是什么，那就是通过武力进行复仇而使自己得到公正的权利，而设置和解费的目的是企图用一种理性的制度来取代暴力，侵犯者支付一笔钱来保护自己，从而使被侵犯者不得不放弃武力。

早期法律史中呈现的"刑事犯罪民事处罚"现象，正是人们力图结束肆意妄为的原始极端个人自由主义的一种努力，它是一种有规范的建议，也是提供给当事人的一种教导式的在争斗与和平之间的选择，而并不是绝对要满足受侵害者的愤怒。即使在判决谁是谁非方面，包括宣誓在内的神判也表明了社会对和平与程序化的要求。当然，在这样的法律下，拥有财富是一个前提，是自由和安全的保障，在从个人复仇时代向程序化的冲突

① ［英］梅因著，沈景一译：《古代法》，第208—209页。
② ［英］屈勒味林著，钱端升译：《英国史》，第47页。
③ 转引自梅因著、沈景一译《古代法》，第208页。

解决机制建立的过程中,无论是新的"和解费"的补救原则,还是旧的神判习俗都扮演了重要的角色,对许多民族来讲,这也是其法律"私法化"运动的过程。西欧法律史上的"私法化"运动正是从这里开始的,这是神判社会的时代特征。中世纪的欧洲蛮族法典中,仪式化与和解费的出现是这一时期法律发展最重要的成果,在里普利安法兰克人的《里普利安法典》(511—534 年)和萨利克法兰克人的《萨利克法典》(613—628 年)中都可以看出这样的变化过程。① 在上述法典尤其是《萨利克法典》中,缴纳和解费几乎是该法典唯一的惩罚,围绕着缴纳和解费的问题出现了所谓的"法院里的斗争","是第一次试图用一种法律制度来代替作战的权利、代替复仇的权利和靠体力进行争夺的一种尝试。法院里的斗争也是这种性质的一种尝试,它的目的是使战争本身和个人复仇降低为某种仪式和规矩"。②

在中国的一些民族中,至今残留的"命价"(以钱赎命)风俗,仍然是今天学者尤其是司法者试图解决的难题。比如在四川、青海等藏族地区还存在许多以"赔命价"方式来解决杀人案件的案例。这里有笔者 2009 年 8 月在四川康定地区的一些调查记录,可以生动展现法律发展过程中"刑事犯罪民事处罚"现象。2009 年 8 月 13 日上午,笔者与甘孜州中级人民法院的座谈记录中有这样的记录:

> 当事人商谈命价的过程也很复杂,被害方组织一群人,谈命价之前先支付一部分实物,如马匹等等,然后才确定正式谈命价的时间和地点。死了人的一方的妻子、老人会使劲地哭,加害方会送"晋鲁"用于他们擦眼泪,也可以"挡雨穿",还有"扣胸口"和铜锅,一是表示赔偿,二是用来接眼泪,而后坐下来谈命价。被害方会请知名度高的人主持,谈命价的费用相当的高,一般谈 3—7 天,吃住均由被告方负责。命价有三种算法:1. 赔实物;2. 以物的实价计算;3. 虚价计算实物。赔偿的时候加害方往往是倾家荡产,甚至连针都交给被害方。赔偿后,加害人投案,此时司法机关如何判?(杀了人,跑掉的很多,上面下

---

① [法] 基佐著,沅芷译:《法国文明史》,第 244—245 页。
② 同上书,第 246 页。

指标必须追捕到多少人，当地政府会尽量做工作，导致量刑较低，甚至有时候政府也会对法院提出要求。）

笔者 2009 年 8 月 13 日下午与甘孜州人大干部座谈时，得知人大干部现在关心的是"不同的人有不同的命价，如何规范赔命价"的问题。在笔者 2009 年 8 月 14 日上午与甘孜州公安局座谈记录中，该地方的刑侦支队支队长说：

> 八九十年代，在兴龙、石渠、色达、里塘、道孚，仇杀赔命现象突出，以前赔命价的数额一般在七八万，近三年来，命价的数额提高，一般在 20 多万，石渠达 80 多万。命价如果不赔，即使司法机关处理后，还会提出赔命价要求。
>
> 发生死人、伤人案件，公安机关即使破案也往往是于大山之中抓不到人，或者是抓到人而带不走人。否则牧民会持刀持枪要求放人，大有同归于尽的味道。如里塘某乡某村 3 人故意伤害案造成 4 伤，原因不明。此事件发生后，行为人隐匿，其亲属找到法院，称愿意和受害人协商赔偿事宜，提出若法院承诺不追究刑事责任或者减轻刑事责任，则投案自首。最后赔偿现金 85 万，与实物一起共计 170 万。

笔者 2009 年 8 月 14 日上午与甘孜州人民检察院的座谈记录中记有：

> 新龙、石渠、雅江、色达家族仇杀比较突出，新龙尤甚。几代人之间相互仇杀，会全力以赴地追杀，但是如果被害人的势力比较弱，则举家搬迁。
>
> 其涉及的赔偿数额有把命价抬高的现象，以显示自己的家族地位，有的多达几百万甚至上千万。家族地位高则命价贵，反之则贱。但是这些财产中的实物部分都是虚估价格，目的是抬高自己和家族的地位。

"赔命价"是法律世俗化的产物，它与原始宗教的救赎观念之间没有任何关联,恰恰相反,它是对原始宗教救赎观念的一次具有历史意义的否定。在人类的法律文明史上,不同民族基于自己不同地理的、人口的、公共生活的和私利生活的原因,通过"赔命价"的形式来解决个人之间、族群之间的命案纠纷,并由此抛弃了原始简单的"同态复仇"。"同态复仇"的观念来自原始献祭的做法,原始献祭的做法则源于古老宗教关于"万物有灵""轮回转化"的神判信念,这正如笔者在前面讨论"原始杀戮"时所说的原始"献祭之债"和"循环正义"的原则。如果以"献祭之债"逻辑来分析,现今"赔命价"会引出许多法学问题,比如国家法和"赔命价"的冲突问题,还有关于死刑存废的问题。

在现代法律生活中,"赔命价"被人们认为是原始、野蛮、落后的旧俗,今天文明时代的法律中奉行的"以命抵命"的"死刑"同原始风俗中的"以眼还眼,以牙还牙"在本质上没有什么不同,都是原始"同态复仇"的概念。这引起了我们对文明概念的思考,今天的"死刑"仍然是"报复刑",或者说仍然是"刑法报复主义",这也是人们至今不断讨论废除"死刑"的主要理由。实际上,人们都知道,一个人的死亡并不意味着另一个人的重生,由公共权力判决、执行的罪犯死亡过程,在今天仅仅具有威慑他人犯罪,维护整个日益复杂化、都市化社会公共安全的效果。而在边远村落,社会公共安全并不需要如此强大的威慑氛围,人们更关心的是如何通过补偿来获得利益、荣誉和尊严(上述记录中财产的数额),并以此获得他们需要的正义。实际情况是,在这些地方"赔命价"引起的法律问题,是作为国家公共权力代表的司法机关对"权力失位"的担心,而当地人并不关心所谓的"正义"。

"赔命价"往往是在命案发生后,私人之间借助现在已经民间化了的宗教权威和乡村传统权威"以价换命"的解决方式。从法律文明史的角度来看,"赔命价"并不一定比今天的"死刑"更野蛮、更原始,相反,今天的"死刑"倒是更接近"复仇"。"赔命价"的问题在于它缺少今日的"文明属性",而缺少这一"文明属性"正是由于它的"私力"性质。"赔命价"与"死刑"的不同之处是:"死刑"是依靠公共力量或者说是国家力量来实施的,即所谓的"公力救济";"赔命价"以私人或者说刑事被害人的力量来实施,即是"私力救济"。"公力救济"的概念之所以具有合法的性质,甚至具有当然的"文明属性"，是由于人类处于国家时代，"国家"成为文明政治的基本形式。由于法律文明被捆绑于"国家"这一政治文明的形态之中，因此"公力救济"在刑法中当然具有高位的合法性。

相对于原始同态复仇而言，"赔命价"是法律文明史上的一大进步。"原始"和"文明"之分，在理论上实际是"国家"形态的社会与"非国家"形态的社会的区分。"国家"形态的社会具有的一切制度文化被称为文明，"非国家"形态的社会具有的一切制度文化常常被称为原始。但是从法律文明的历史进程来看，"原始"和"文明"同"国家"形态社会与"非国家"形态社会之间的关系并不完全对称，比如中国古代最初的"五刑"一直沿用到汉代甚至更久，而夏朝时就已经形成了国家，由此而言，"国家"形态的社会与"非国家"形态的社会下的制度之分，并非对应"原始"和"文明"之分。因此尽管"赔命价"被今天的司法者理解为原始、野蛮、落后的旧俗，但是从法律文明史的角度看，在私力救济社会中，赔命价是一种规则，它是代替人们作战的权利、代替复仇的权利和靠体力进行争夺的一种尝试。它的目的是使战争本身和个人复仇降低为某种仪式和规矩，它仍然是法律进步的产物，是法律文明史上的重要一环。现代人关于赔命价与国家法冲突的讨论，实际上是私力社会和公力社会之间博弈的最后景象。

第十七章 裁判的法俗世界

一、仪式：作为一种法律形式

几乎所有古老的裁决都十分注重外在表现形式,都十分讲求裁判中固定的程式,而且都视这种繁文缛节的仪式为神圣,正如乔治·汤姆森所说:"神话被创造于仪式之中,而'仪式'一词必须在一种广泛意义上去理解,因为在原始社会中,所有事物都是神圣的,没有什么东西是与宗教无关的,所有的活动——吃、喝、耕作、战斗都有着它们适当的程序,就连这种程序也被规定为是神圣的。"① 在法律史上,仪式对人们的行为起到了规范作用,仪式的权威性来自它的神圣性,同时原始复仇的仪式化进程也伴随着新规则的出现。在西方历史上,日耳曼人的法律对仪式是极为崇拜的,对仪式的崇拜发展到后来成为日耳曼人的法律形式主义,而日耳曼人蛮族王国的法律形式主义有助于克服原始复仇法俗的散漫性。

几乎所有原始的法律最初都是重视过程而非结果,是先程序而后实体的。首先,早期人类的法律表现出了一种对形式的特别追求,大量法律人类学的研究均表明了这一点。这可能是因为早期法律都由宗教祭师、主权者垄断的结果,也可能是因为绝大多数人没有文化,不能读写,不善于运用语言进行思维和表达。即使是现代社会,在文化欠缺的人群中进行交易同样运用古老的手势、动作。这大概是人类文化史上都经历的阶段,即使是以法理精深著称、被视为经典的罗马法,在它的早期也是如此。早期的罗马法不过是当时的罗马人对现有习惯的汇编,正如梅因所言:"罗马法典只

---

① ［美］乔治·汤姆森著:《希腊悲剧诗人与雅典》,商务印书馆 1986 年版,第 63—64 页。

是把罗马人的现存习惯表述于文字中。"①而早期习惯法的特点就是通过形式表达内容，通过程序表达实体。程序主义是一种形式主义，在人类文明史上应当说是一种进步的表现，因为没有对形式的追求，就没有艺术，没有逻辑，没有对数的思考，对形式的追求本身就是一种对感性事物形而上的关切。从某种意义上讲，法律的产生是一种形而上思维的产物，是对形式追求的结果，有的沿着形式主义的道路发展着，没有这种追求，就没有合理的专业的公力机构，就没有精细的法条和审判。

　　法律的形式主义在欧洲的发展十分明显。早期的罗马法中，法律行为的成立及其效力完全取决于行为的方式、动作、言词、文句和证人或长官的参与，稍有不符即不发生法律效力，叫作"严法行为"。只要如实履行了法律所规定的方式，而不论当事人的意思表示是否真实，是否有瑕疵，有无欺诈、胁迫、错误、虚伪等，均不影响"严法行为"的效力。此种行为是市民法上的行为，受严法诉权的保护。从法理上讲，此种行为只重程序的真实而不讲实体的真实，程序的合法性就是法律行为合法性的唯一标准。仅就契约而言，早期罗马法有着严格的形式主义的特点，无论是关于债的产生、债的效力，还是物权的效力，包括所有权的转移形式或物权的设立，都有严格的形式主义风格。

　　早期法律是用形式语言来表达行为所含有的法律情事的，最典型的例子就是转让要式物的典型形式——要式买卖。要式买卖采用的是一套抽象行为程序，即一名司秤掌握着称秤，在有 5 名证人出席的情况下，买主以一块铜过秤并且宣称该物是他的，他曾用过这块铜（aes）和这把秤将它买下。② 对这一习惯的另一描述是盖尤斯的《法学阶梯》："它按照下列程序进行：使用不少于五人的成年罗马市民作证人，另外有一名具有同样身份的人手持一把铜秤，他被称为司秤。买主手持铜块说：'根据罗马法此人是我的，我用这块铜和这把铜秤将它买下。'然后他用铜敲秤，并将铜块交给卖主，如似支付价金。"③对这一问题，据盖尤斯的解释：在要式买卖中，人

① ［英］梅因著，沈景一译：《古代法》，第 11 页。
② ［意］朱塞佩·格罗素著，黄风译：《罗马法史》，第 116 页。
③ ［古罗马］盖尤斯著，黄风译：《法学阶梯》，中国政法大学出版社 1996 年版，第 44 页。

们之所以用铜和秤,是因为人们过去习惯使用铜进行交易,而且习惯用称与铜的重量进行交易,而不是按它的数量进行交易。① 因此,在要式买卖中,早期罗马法采用一块铜和一把秤,这只是一种象征的形式,表示交易行为的成立,用一种形式来表现买卖行为。这亦如格罗素的解释:"罗马人注重传统的倾向使得这些早期形式得以继续保留,即使它们不再适应具体的形势,罗马人仍把它们视为产生某种法律效力所必需的形式,不依赖具体的原因,只具有抽象行为的意义。"②

此外,罗马早期的诉讼场面极富有仪式感,而且那时"城邦执行官干预私人纠纷,不是因为认为国家的职能是主持正义,而是为了维持公共安宁,阻止其各行其是,进而避免群体之间的暴力发生",③带有原始法的那种自力救济的特点。这一时期的法律反映在诉讼上有两个特点:一是罗马人认为它们的"法律诉讼"具有神圣的性质,是早已流传于城邦的,正如日耳曼人认为它们的法律是与生俱来的,"不知道它们什么时候被第一次给我们的"一样;其次,罗马人的"诉讼"具有同样的形式主义的特点。罗马法史上最古老的诉讼方式是"法律诉讼"(legis actiones),"法律诉讼"实际上就是我们前面提到的"赌誓",又被称为"誓金法律诉讼",它包括"对物的誓金法律诉讼"和"对人的誓金法律诉讼"。无论是哪一种诉讼,都要通过双方赌咒的方式来表现神的参与,在民事案件中,法官通常可先让一方暂时占有争议物,该方向另一方宣誓保证:如果自己败诉,将执行判决并且返还孳息。

这些诉讼方式有着原始神法的性质。在这些诉讼中,必须根据法律规定的诉权起诉,当事人在诉讼中必须使用法定的言词和动作,稍有出入,即致败诉。"法定诉讼"的一个突出特点就是实行严格的形式主义,诉讼是用言词而不用书状,而且必须严格遵守法定的言词和动作。例如,关于砍伐葡萄的诉讼,应当用"树木"(arbores)一词,而不得直接称"葡萄"

---

① ［古罗马］盖尤斯著,黄风译:《法学阶梯》,第46页。
② ［意］朱塞佩·格罗素著,黄风译:《罗马法史》,第117页。
③ 同上书,第121页。

(vites)，①这是因为在《十二铜表法》中，只规定了非法砍伐"树木"者应处罚金，而没有提到"葡萄"。关于所有权的诉讼，当事人必须以杖触及争讼物等。因此，当事人在诉讼过程中极容易因诉讼的瑕疵而败诉。罗马早期的诉讼主要是民事诉讼，这些诉讼即是上述对人的诉讼和对物的诉讼，对人的诉讼与我们前面列举要式买卖契约成立的仪式十分相似。在诉讼过程中，"人们把物（比如：一名奴隶）带到法官面前，如果物是不能移动的，则带着它的一部分，提出请求手持一根木棍抓住物并且庄重地主张他的权利，说道：'我宣布，根据奎里蒂人法（早期罗马法的称谓），这名奴隶就其法律地位来说是属于我的，因此，我把我的棍子架在他的身上。'如果是不可能移动的物，则把棍子伸到物上面，同样说上述语言以表示对该物的所有权，如果对方当事人要提出反要求，也以同样的方式表示"。② 还有一种方法，就是让双方当事人的身体象征性地交叉在一起，这一动作旨在象征双方当事人正在搏斗，这时法官出来干预说"你们俩都放开"，以表示制止私人搏斗，然后双方进行赌誓。这种赌誓意味着神参与了审判，法官的任务就是判断谁的赌誓是正确的，谁的是不正确的，剩下的就是双方按照赌誓的结果，支付承诺的款项。

除此之外，"拘禁"也反映了法庭上的形式主义风格，"拘禁"类似我们今天民法上的"自卫行为"。所谓民法上的"自卫行为"，是指在没有公力救济的紧急情况下，若逢周日、节日不上班的时候且债务人逃走，债权人为防止其"逃债"而对之采取紧急"拘禁"措施。这是一种历史上古老而普遍使用的"自力救济"方法。在古罗马，这属于一种诉讼方式。古罗马法上的"拘禁"，是指当债权人发现债务人时将其抓住，把他带到法官面前，一边重复抓获的动作，一边庄重地宣布对债务人实行"拘禁"，如果没有保证人出面来解除"拘禁"，法官就将该债务人判给债权人加以监禁，经过一定期限并办理规定的手续后，债权人可以将之出卖或者处死。③ 在法官面前进行形式化的戏剧性表演，目的是在公共权利面前用外显的方式确认私人

---

① 周枏：《罗马法原论》（下册），商务印书馆 2001 年版，第 933 页。
② 同上。
③ ［意］朱塞佩·格罗素著，黄风译：《罗马法史》，第 123 页。

权利,古老的罗马法的戏剧性背后,是它追求正义的正当性。另外,在西方法律史上,我们知道令状制度就源于古老的习惯法,令状制度源于盎格鲁·撒克逊时代的法院或法兰克人的法院,古罗马法中的诉权就是类似的东西。"在古罗马,原告在起诉时也应首先向非司法官员申请发给特许状,这种特许状的数量也是有限制的,因而那时法律工作者也首先注意案件类型而不是权利,首先注意案件事实和令状,而不是实体法"。① 而在这之前更远古的时代,能被我们称为"司法程序"的东西可能就是"神法",这些自然是一个历史发展的过程。

这种机制是让原始民族摆脱混乱无序的同态复仇、血亲复仇以及民事行为中肆意的"自力救济"的最佳方法,它使人们心目中的正义获得了神明的和公众舆论的双重保障,进而使原始争讼具有了神圣的程序化的性质。人类学家特纳在《痛苦之鼓》一书中研究占卜时,把它看作社会过程的一个阶段,认为它具有社会调节机制的功能,当人在面临死亡或生病、难产、狩猎等社会生活的不幸或困惑时,便请占卜师推断以便采取补救行动。占卜师力图从委托人的反应中探知其在亲属集团中存在的紧张关系,于是占卜便成了一种社会分析。他说:"按照恩祭布文化的标准,原始社会的主要问题在于维护亲属间的和睦关系,减少竞争和敌对,原始民族为此动用了各种制度化的调节机制来维持现有的社会结构,占卜便是那些机制中的一种,占卜师根据他们本人和社会的经验结合占卜的程序和象征,并从这些经验中学会了将本族社会的社会制度简化成几条基本原则,然后通过操纵这些原则来作出符合大多数人想法的决策。"② 这些机制是神圣的,不仅因为它是宗教性的,而且因为在当时它是人们唯一能真正理解、信赖的东西。

我们知道,人类最早的法律都是"记忆法"。因为那时人类没有文字,法律大都通过说唱的形式表现,这正如梅特兰所说:"只要法律是不成文

---

① Konrad Zweigert & Hein Kotz, *An Introduction to Comparative Law*, 3rd Revised edition, translated by Tony Weir, Clarendon Press, 1998, p.195.

② [英]特纳著,金泽译:《痛苦之鼓》,载《20世纪西方宗教人类学文选》,上海三联书店1995年版,第804—816页。

的，它就必定被戏剧化和表演，正义必须呈现生动形象的外表，否则人们就看不见她。"①中国西南少数民族的习惯法正反映了这一特征，如侗族侗款、苗族的理词，都是活性的、诗意化的，朗朗上口，平实生动，韵味十足。中世纪日耳曼习俗法更是用诗歌来表达法律规则，通用的措词有："我亲眼所见，亲耳所闻，非受人指使，非受人安排"（"unbidden and unbought, so I with my eye saw and with my ears heard"）、"卑鄙或欺诈"（"foulness or fraud"）、"正确的和正当的"（"right and righteous"）、"从这里或那时"（"from hence or thence"）。② 最早的爱尔兰法也是用诗歌来表达的，生动押韵。在这些法律中，原始正义通过这种生动的形式隐秘地发生着作用，原始习惯法大多都是这种"记忆法"。没有文字，争讼却已出现，便于记忆的诗歌化的口耳相传方式是法律最好的表达形式，而语言是否准确，是否符合俗成的传统规则，则自然成为其效力的依据。

外显性的、公认形式的语言和行为，这是交换行为、诉讼行为取得信任和效力的根据。由于最初没有文字，人们解决问题的方式、交换行为就必须是外显的、可见的、符合社会习惯约定的。这正如维柯所说："原始民族他们只有身体，他们极端粗鲁，所以多疑或易起猜疑，因为粗鲁生于无知，人性有一个特征，凡是无知的人，就经常多疑。由于这些理由，他们不承认守信用，他们通过现实的或象征性的物体转手（或交换）或使一切义务得到保证。"③他们永远是精确地按照事物和行为呈现在眼睛里和耳朵里的那种形式来表现关于它们的观念，"在那时，手与脑是这样密切联系着，以致于实际上构成了脑的一部分。文明的进步是由脑对于手以及反过来手对于脑的相互影响而引起的"。④ 对此，梅因也曾提到："为了正确理解契约法史，虽然必须把'约定'理解为：在它被承认为一种有用的担保之前，它只是一种庄严的形式。"⑤他认为："'口头契约'是契约最早的形式，也是

---

① ［美］伯尔曼著，梁治平译：《法律与宗教》，第 69 页。
② 同上。
③ ［意］维柯著，朱光潜译：《新科学》，第 284 页。
④ ［法］列维-布留尔著，丁由译：《原始思维》，第 154 页。
⑤ ［英］梅因著，沈景一译：《古代法》，第 185 页。

契约最早的有效形式。"①而这些口头语言和身势语言必须有合乎约定的外显形式才能使得其有效。这也与《十二铜表法》中的一个著名条文相佐证:"如果任何人要一项契约或转让,只要他用舌头宣布过,它就是有约束力的。"②诉讼过程也同样程序化,是否符合程序是胜诉与败诉的关键。在西方,这种重程序的做法被称为"宗教式的文字拘谨",在西方有一句古老的法谚"谁要漏掉一个逗点,也要败诉"。这种观念在古罗马时期也受到尊重,在古罗马,执政官执法判案被称作降谕,"降谕程序"是神圣的,因为在古代只有神的执法被看作降谕,"在正式文字程序中规定他们有多少权利,他们就有多少权利,从此罗马法学的声誉以及我们古代(即中世纪)博士们的声誉全靠用这种文字程序来保障他们的委托人"。③

因此,我们说原始的法律具有程序至上的形式主义特色。在许多原始案例中,纠纷的解决是通过公开的竞赛进行的,击头、铁火、捞汤、上刀梯甚至决斗都是力量的考验、神明的裁决,尽管不一定公正,但将结束人们之间的不和,避免部落卷入世世代代的纠纷之中。那严肃、庄重、公开的竞赛仪式,无比庄重地暗示了原始正义的理念,即通过公认、公平、对等的程序来维护和满足社会正义要求的理念。在这种竞赛中争讼双方都有义务对等地接受考验,而不管这种方式多么残酷、危险。因为这些考验规则是被社会公意确定了的"游戏规则",而且是神化的规则,有神圣的合法性,在今天看来它是非人道的、非理性的,但在原始初民那里它却是神圣的和理性的,人们认为它就是公平合理的正义。从某种意义上讲,原始朴素的正义观与今天的正义观没有本质的区别,其内容都是公认、公平、对等。原始的程序正义观与今天的程序中心主义的理念也没有本质区别,唯一的区别只是它采用了今天看来非理性、非人道的方式和它把程序视为具有宗教意味的。在原始的裁判中,隆重的仪式、神秘的气氛,时而缓慢、时而急促的咒语,象征性的符号,微妙的隐喻,其隐秘而象征性的逻辑联系的思维网络,既是一种杂乱的原始幻想意识的表达,也是一种程序化的社会调节机制。

---

① [英]梅因著,沈景一译:《古代法》,第185页。
② [意]维柯著,朱光潜译:《新科学》,第284页。
③ 同上书,第487页。

近世中国西南少数民族的原始裁判也把这一点表现得十分清楚。比如在四川凉山彝族举行的"乃克夺"（捧铧）神判中，人们视程序的神圣性不亚于神灵的神圣性，将其作为判决有效性的重要依据。这一程序十分复杂，分为七个步骤：（1）当事人双方需先按习惯恭请"毕摩"（巫师）和证人；（2）"毕摩"和证人共商举行神判的时间和地点；（3）届时由原告将公鸡、白布、酒、铁铧等物品送到现场；（4）生火，烧铧，"毕摩"念咒；（5）由证人将烧红的铁铧置于被告手上并向前慢走九步；（6）检查被告的手是否烧伤；（7）宣布神判结果。① 这种程序看似朴素，但它的影响却是观念性的，它把人们朴素的正义观在不知不觉中融入这种神情庄重的仪式中。最早的正义观念可能就是在这神圣的仪式中得以体现、提升的，而早期法律重程序轻实体的特点不能不说与此有关。

神法不仅在将程序神圣化的过程中起到了积极作用，而且在更高的层面上，对人们将法律视为神圣也起到了极为重要的作用。弗雷泽认为"迷信"对制度的影响有如下几点：一是加强了对统治机构的尊重，因而有助于秩序的建立和延续；二是强化了人们对私有财产的尊重，从而有助于建立更严格的两性道德规范；三是强化了对生命的尊重，因而有助于建立人身安全保障。②

许多神法本身就来源于巫术仪式，宗教仪式是许多神法的技术形式，神法若失去了这一神圣的表达形式则难以维持。特别是巫术仪式丰富了它的表现形式，我国西南少数民族中的"上刀山""过火海""捧铧"等神判形式都是由巫术仪式转化而来的，这些宗教仪式与习惯结合在一起，更增添了习惯法的神话意味。我们知道，原始民族生活在神话世界中，社会中流行的法律自然是神的法律，古老的民族几乎都把他们的法律和习俗视为神定的，许多习俗都伴随着神话。但是这种神话只是一些散漫的规则和观念，它需要有一种固定的、持续的、易于理解的表达方式，才能传承并在实际生活中起到实效。巫术的形式大都起源于人与自然的斗争中神化了的

---

① 参阅邓敏文《神判论》，贵州人民出版社 1991 年版，第 74—81 页。

② ［英］詹·乔·弗雷泽著，阎云祥、龚小夏译：《魔鬼的律师：为迷信辩护》，东方出版社 1988 年版，第 148 页。

历史,而许多原始习俗则反映了对人类社会中是非邪恶的朴素理解,二者的结合,强化了人们对法的神圣性的认同。

在人类从古老的习惯法向国家法转化的过程中,中西方走过了不同的道路,"大概人类社会秩序,最初形成于宗教,其后乃有礼俗、道德,法律陆续从宗教中孕育分化而出"。[①] 在西方,柏拉图、西塞罗在著作中认为法是上帝的旨意,它支配万物,甚至到了 18 世纪,威廉·布莱克斯顿在《普通法释义》中仍认为"神法是整个法律大厦的基石"。[②]

相反,在布迪和莫里斯看来,古代中国的国家法"既不是基于保护宗教价值,也不保护私有财产,它的基本任务是政治性的,中国古代从没有认为一部成文法来源于神"。[③] 诚如我们在"道法篇"中所言,中国的法律从伏羲之法开始,就从天、地、人这一宏大场景中来探寻人类的生活秩序,法律产生于对天道的崇拜,成就于对天法规律的研究,具有像《月令》那样经验科学的特点。中国人还从对自然的崇拜(天、地)中发展出维护人道和自然秩序的观念,并从天治发展到人治和法治,进而形成礼法合治的治理格局,礼的道德性使得中国的法律表现出道法的样式。同时,在中国漫长的部落联盟和部落战争中,无休止的跨地域的氏族、国姓之间的战争,涤荡了许多种落原初复杂的信仰或图腾,驱散了原始自然宗教迷幻般的崇拜,发展出简易的"五刑",奠定了中国人法律生活的底限。在中国的道法体系中,"五刑"也同样需要服从于自然天法,早已经没有了原始献祭般的宗教赎罪性质,而原来作为"事神致福"的"礼",从形式到内容更早已是道法(常道)的显现,表现出的是人与人关系的实体价值。因此,中国古代神法之所以过早绝迹是很自然的,而中国古代早期法律重实体而轻程序的传统与此也不无关系。

二、裁判的古老话题

"裁判"的权力　法律的形式主义体现在裁判过程之中,法律最早也

---

① 梁漱溟:《中国文化要义》,学林出版社 1997 年版,第 205 页。
② [美] D·布迪、C·莫里斯著,朱勇译:《中华帝国的法律》,江苏人民出版社 1995 年版,第 7 页。
③ 同上书,第 128 页。这种说法有些偏颇,《尚书》记载的《洪范》就是来自"天":"天乃锡禹洪范九畴。"

是以裁判的形式表现出来。但是人们会有新的疑问，那就是：人是否具有自己审判自己的权力？或者说一个人是否具有审判另一个人的权力？换句话说就是审判权的合法性来自何处？这实际上是一个十分深刻的法学问题，也是法律史学中最古老的话题之一。不同的民族在不同的阶段，对于这一问题始终以各自的宗教学、政治学的方式提出疑问。作为古代法俗中普遍而重要的内容，神判的普遍存在，正表明人类对这一问题长期有过的疑虑。以神的名义进行审判在历史上的长期存在，表明人类自身对于是与非、正与不正这样一些问题的疑问。人是否有能力通过自身的理性思维活动去回答是与非、正与不正这样的问题，人类对自身理性的确认度，决定了人类对拥有这一权力的信任度。在现实世界中，合法性的来源可能是多样的，但在哲学意义上它却不是绝对的，对终极正义的追求使得许多如康德这样的哲学家对人类的理性能力缺乏绝对的信心，历史上这样的疑问也始终困扰着人们，促使人们思考各种追求终极生活的抽象学说，于是信仰和神法得以有存在的空间。

在人类漫长的文明史上，普遍而彻底地承认"一个人具有审判另一个人的权力"，恐怕只是近代以后的事情。在此之前的西方中世纪，人是有原罪之恶的，只有上帝才是完美的，因此在理论上只有万能的上帝才有资格审判人，于是教士作为上帝的代言人成了法官，古希腊朴素的自然法成了神学自然法。康德哲学试图寻求人类理性的极限，康德之所以被誉为划时代的哲学家，是因为他认为人的理性是有限的同时，也扩张了对人的理性的深入研究。康德的理性主义不同于黑格尔的绝对精神，他在力图扩张人的理性知识的同时，也认识到人的理性思维中存在着"二律悖反"（antinomies），①并由此推导出了《纯粹理性批判》序言中的那句名言："故我发现其为信仰留余地，则必须否定知识。玄学之独断论（即不经先行批判纯粹理性，在玄学中即能坦然进行之成见）乃一切无信仰（此常为异常

---

① 指双方各自依据普遍承认的原则建立起来的、公认为正确的两个命题之间的矛盾冲突。康德认为，由于人类理性认识的辩证性力图超越自己的经验界限去认识物自体，误把宇宙理念当作认识对象，用说明现象的东西去说明它，这就必然产生二律背反。

独断的而与道德相悖反者）之根源。"①之所以要"否定知识"，是因为人的认识能力并不是完美而绝对的，或者说是承认人的认识能力是有限的。在法哲学史的意义上，通过认识人自身理性之不足来确立信仰，正是近代理性主义法学开启的方式，"神、自由及灵魂不灭之假定（此为我之理性所有必然的实践运用而假定者）若不同时剥夺'思辨理性自以为能达到超经验的洞察'之僭妄主张，则此种假定亦属不可能者"。② 而在此以前，人们则是脱离"思辨理性自以为能达到超经验的洞察"而去论证信仰和神法本身。

　　早期的法律往往没有我们今天这种完整的实体性规定，换句话说，它缺乏"明文规定"的法律。法律是以裁判风俗的形式表现出来的，它常常表现为一种围绕祭祀而进行的神圣裁决仪式。同中国古老的天地祭祀一样，仪式是为了获得人自身理性之外的，关于是与非、正与非正的"大法"或"神谕"，这在很大程度上否认了人的纯粹理性能力，在法学上就是否认了一个人具有审判另一个人的权力。正义就存在于神谕、大法所昭示的是与非、正与非正之中，于是神裁仪式就成了一种古老而普遍的早期"法俗"。为了获得神谕，参悟大法，出现了各种神秘、复杂甚至严酷的仪式。在中国古代，围绕祭祀同样出现了各种各样的仪式，但是由于在中国漫长的历史中，一直以传承具有自然主义特质的道法学为正脉，因此在它以祭祀为中心的判俗中，一直有排斥"淫俗""恶俗"的思想，这使得中国古代司法中很早就没有严酷、残忍的神裁传统。而在西方，在那个马克斯·韦伯所说的"传统宗教"时代，长期普遍存在着神裁的传统。他们的刑罚是以神意确认的证据为根据的，神意意味着公平和正义，尽管这种公平和正义是一种历史错误，而且是无可避免的历史错误。③ 为了理解人类早期法俗的意义，这里我们需要对裁判的原始宗教背景进行分析，同时考察古代朴素的自然哲学与法律之间的联系，具体阐述这些早期法俗的原始含义。

　　中国的儒家法学不是神法而是道法，中国的道法既不同于西方人格化

① ［德］康德：《纯粹理性批判》，商务印书馆 2008 年版，第 23 页。
② 同上。
③ 转引自洪源《判断诉讼标准论》，《贵州民族研究》1997 年第 5 期。

的神法,也不同于西方理性主义的法律,美国批判主义法学家昂格尔认为中国古代之所以不能产生西方式的法律体系的原因有二：其一是中国古代没有独立的社会集团,中国古代"士"的依附性和商人的屈从性；其二是中国古代没有超验的观念和与之相连的神法体系,也就是说,缺乏一种超出实在法之上的更新的法——神学自然法,因而不具备西方式法律体系的思想条件。① 换言之,是谓中华法系的形成乃是在宗教外部产生的,而西方法学孕育于宗教之中的。中国法中的"礼",如果说它与宗教有什么关联的话,那仅仅是形式上的,在以完全世俗化和经验化为特征的中国法中并不存在西方式的超验自然法。在天、人、神、俗的格局中,中国法的准据便在人心,即天道、天理、人情的贯通性。而西方自然法乃是纯然外在、形式化的准据,人与上帝永远存在距离,神法、假想自然法总是能作为赋予法以神圣性的抽象理念而存在。这正如梁漱溟先生所认为的那样,中国法的品格乃是非神非俗、亦神亦俗、神在俗中、俗蕴涵神。进而言之,凡此中国式的人性预设与预期和中国人的此种人生态度交相为用,决定了中国法的合法性意义源泉与神圣性超越源泉采取了一种全然不同于西方的进路,②这也正是中华法系不同于西方之所在。

正如"罗马不是一天建成的",中国也不是一朝一代就形成的,中国的形成是在漫长的历史过程中多种落逐步融合发展而成的。因此,中华法系不是一个狭义的儒法概念,而是一个广义的历史概念。西周 800 年的礼法史奠定了中国儒法文明在民间法俗中的主流地位,汉代之后崇儒一直是中国文化的主要内容,以儒法化俗对民间风俗产生了深刻而持久的影响。但在漫长的法律文明的发展过程中,法律长久地徘徊在神圣和世俗之间,法律与超验价值的联系和沟通似乎从未中断,仪式、传统、权威、真理,这些概念一直是法律与超验价值之间的桥梁,也一直是法律的合法性来源。

首先,通过仪式,亦即象征法律客观性的形式程序；其次,经由传

---

① Robert Unger, *Law in Modern Society*, *Toward a Criticism of Social Theory*, New York: Free Press, 1976.

② 参阅梁漱溟《中国文化要义》,学林出版社 1996 年版,第 99—102 页。

统，即由过去沿袭下来的语言和习俗，它们标志着法律的衍续性；再次，依靠权威，也就是说，法律依赖的是某些成文的或口头渊源，这些东西在人们看来是至善至真，必须服从的，正是它们赋予法律以约束力；最后是凭借普遍性，这是指法律所包含的那些概念或洞见都须是普遍有效的，这体现了法律与绝对真理之间的联系。这四种要素——仪式、传统、权威和普遍性——存在于所有法律体系，一如它们存在于所有宗教里面，它们提供一个背景，而任何一个社会（虽然有的社会在程度上不及其他社会）的法律规则都是在此一背景下产生其作用，并且都从这里取得它们的合法性。①

的确，法律在世俗化运动之先或从宗教内部产生并附着于宗教，或与宗教相分立，独立发展。虽然总的趋势是向着理性主义方向发展，但这种关系的绵延和微妙几乎超出了宗教的概念，在精神领域、思维进路乃至于制度上都打下深深的烙印，并产生了深远的影响。在这一进程中，在各种法律文明中都有民间法俗的影子。许多民间法俗都有着持久的历史，神话、习俗、祭祀等，在这些或庄严、或火热、或残酷的场面中，包含着对天地人的原始解释和早期法俗的原始样式，印证了在法律发展历史中人类对于此岸与彼岸的思考。

司法的场景　如同祭祀的场景一样，古老的以祭祀为中心的公众性仪式活动，往往是人类最原始的司法场景。公共性审判的出现是人类法律文明的第一步，仪式就是这种公共性表现的形式，仪式由四个方面的基本要素构成：公认的目的、公认的神灵、公认的仪式、公认的结果，这就决定了仪式通常是在神圣的公众场合举行的。这些场所通常是人们习惯的聚集地或神庙，有时众达千人，同历史上存在过的大多数刑事处罚一样，古老的司法场景往往是一场在公众面前举行的仪式表演活动。

古老的司法场景通常发生在神圣之地，是人们供奉他们的神灵的处所。古希腊的"地美士"是他们的"司法女神"，被人供奉在万神庙中，人们

①　［美］伯尔曼著，梁治平译：《法律与宗教》，第46—47页。

在她面前从事各种与咒审相关的活动。古希腊的帕丽斯（地神）神庙里，被告在纸上写下誓言，人们把写有誓言的纸投入水盆中，如果纸浮起，被告便被赦免。此外，古希腊特雷泽纳的庙宇也以实行这样的裁判而闻名。[①]裁判只有在这些神庙中进行，才能够获得公认的效力。如在我国少数民族地区，其捞油汤和捞开水通常由巫师或头人主持，在一公开神庙或坝子举行，尤其是咒审、誓审更是需要在这些地方进行，誓审是对所信奉的神灵发誓，有他人在场方能显示效力。又如我国鄂伦春族十分崇拜太阳和月亮，纠纷双方需要在有太阳的地方起誓；广西瑶族的誓神判需在"雷庙"前进行；苗族的发誓神判在"土偶"或"土地公"面前举行。再如在贵州台江县苗族中，砍鸡、剁狗神判通常也是在庙里举行，仪式由"魔公"主持，原告备鸡、狗各一只，先由魔公将狗吊于庙门口的树上，然后将鸡宰杀，以血洒于庙门前的地上。此外，饮血酒和洒血酒裁判亦都在土地庙、天王庙举行，其他动物判、铁头判、嚼米判、煮米判、量米判皆是如此。不仅中国少数民族有此裁判风俗，日本、印度、中东、西欧亦然，如日本的原始裁判大都在神社举行。在这些地方举行裁判，除了能表明裁判的合法性之外，更多的是因为这种地方最早也是人们的公共活动场所，没有公开就无以昭示司法的"真理"和"神圣"。

如同现代的司法仪式一样，原始神化的裁判形式也有一种统合社会的作用。在那个时代，除了纯粹宗教祈祷仪式能够将人们集合在一起外，宗教的审判和惩罚同样也是统合社会的有力方式。神判总是以公开形式出现，或者说，神判本身就是一种公开仪式，这与初民社会"法律共同体"的生活方式是完全一致的。在远古时期或初民社会中，人民的生活除了耕种、狩猎、纺织之外，宗教生活是他们最主要的精神生活，从宗教意义上说，初民社会在很大程度上也是一种"精神共同体"。在低度有序化的社会里，对神灵、对先祖的共同认可和信仰是促使他们行为一致有序的重要条件，这种一致性包含两个方面：一方面，要激发大家走到一起来，参与公共活动，这是积极的方面；另一方面则要大家在一致的规则下行动，这主要通

① ［意］维柯著，朱光潜译：《新科学》，第369页。

过对违反规则的人进行警示和惩罚的方式实现。

　　人类自迈入文明状态至今，就必须解决两个问题，即个人与共同体的关系、个人与个人的关系。人类总是在解决这两个问题的过程中不断前进，因此纠纷、矛盾必然是要发生的。而不管通过什么方式去调解，通常情况下总有一方的行为是不符合公理的。公理意味着"公共标准"，"公共标准"的特点是它的同一性，"公共标准"在人类早期就是"神事与人事的学问"。在神判流行的社会中，只有神的存在才能够使得这种标准具有同一性，神的判决不同于人的判决之一，在于神的判决本身就包含了对人的罪行进行惩罚的超现实因素。这种超现实因素超出了问题本身，为人们提供了具有同一性和超现实性的共同标准，使得神判具有了"公共标准"的性质，这使判决本身获得了更多的权威和遵从。我们知道初民社会不是国家，不存在国家的强制性工具，不存在把自己让渡给公共权力，相反，人们愿意在神面前让渡自己的权利。这种让渡是一种自我牺牲式的寄托和解脱，甚至是一种渴望，即使明知获得的是缺乏理性的公正，也能够达到自足和认可，这就是神事和人事的不同心理感受，这就是为什么面对诸如铁火、沉水这样一些残忍的神判形式，其场面却是如此热烈的原因。热烈场面烘托着判决，强化着信仰、认同和警示，成为维系共同体的纽带，所以它必然要求有一种有效的表达形式，这就是公众参与的公开仪式。

　　从更广阔的层面来看，人类迄今为止的司法制度都是通过某种仪式逐步建立起来的，而且从一开始这种仪式都是公开进行的。那种在法律史教科书上总是有意无意地将神判与秘密性、任意法时代相联系的观点是站不住脚的，是抽象而武断的，因为许多研究已经认同了这样一个基本观点：法律的起源是先从程序（判决）开始而后有实体（习惯）的。这一著名观点最早来自英国的法律人类学者梅因，在《古代法》一书中，梅因认为法律的起源是先有判决，而且是一系列的判决，不仅如此，这些判决都有一种神的影响作为它的基础。[1] 让我们来重述一下梅因这观点：

①　［英］梅因著，沈景一译：《古代法》，第3页。

把司法审判权交给国王或上帝的神圣代理人，万王之中最伟大的国王，就是地美士。这个概念的特点，表现在这个字的复数用法。地美士第，即地美西斯，是"地美士"的复数，意指审判的本身。①

在古代社会的简单机构中，情况类似的情形可能比现在还普遍，而在一系列的案件中，就有可能采用彼此近似的审判。我们由此就有了一种"习惯"的胚种或者雏形，这是在"地美士第"或判决的概念之后的一种概念。我们就先天地倾向于以为一个"习惯"观念必然是先于一个司法判决的概念，以为一个判决必然是肯定一个"习惯"，或者对于违反"习惯"的人加以处罚，纵使我们的思想倾向是这样，但是，非常明确，各种观念的历史顺序却真正是像我在前面所排列的那样排列的。荷马对于一个在胚胎中的习惯，有时用单数的"地美士"——更多的时候则用"达克"（Dike），它的意义明显地介于一个"判决"和一个"习惯"或"惯例"之间。"地美士"和"地美士第"是同长久以来顽固地为人们拘泥着的一种信念密切地联系着的，这种信念以为在生活的每一个关系中，在每一个社会制度中，都有一种神的影响作为它的基础，并支持着它。②

如果说这里讲的"习惯"是一种实体法，那么"地美士"和"达克""判决"就是程序法。早期古代社会的"地美士""达克""判决"和刑罚是以公开仪式的方式进行的，这如同我们今天讲的"公审""公判"和"公开执行"，因此，既然法律的起源是先从程序开始而后有实体，从这个意义上讲，可以说在漫长的古代早期法律史上，法律从起源之初到后来相当长的时期，法律应当是公开的，而且它的顺序也不是法律史学者所说的"从秘密法到成文法"。法律成文并不表明它就是公开的，反之，法律不成文也不表明它就是秘密的，因为如果承认法律起源于判决，而从古老的判决中，我们看到一个事实：早期社会的审判和刑罚大都是公开的。

原始的裁判通常都是公开进行的，如原始仪式化的"沸水""铁火"等

---

① ［英］梅因著，沈景一译：《古代法》，第3页。
② 同上。

判俗都是一种公开的仪式。应当说在人类法律史上,中国和西方一样也都经历过"秘密法"时期,古罗马在《十二铜表法》公布以前被称为"秘密法"时期,但这是指当时实体法的适用,而不是指早于实体法的判决。人们习惯认为中国法的起源是"五刑",但这仅仅是指刑罚而言,"五刑"并不能代表中国法的起源,因为在本书的上篇我们已经说过,在道法学的语境下,中国法的起源还存在诸多法律形式,而且归根结底应当是起源于伏羲的"天法"时代。"天法"时代的裁判应当是公开举行的,而且应当是与祭祀联系在一起的,因此极有可能是在本书上篇所说的"三层台"举行。出现于黄帝、蚩尤时代的"五刑",其执行的场所很可能是氏族的神社,这应当是一个古老的传统,这种传统一直沿袭到后来,有文字记载的夏朝,《尚书·甘誓》中就有关于夏朝"弗用命,戮于社"之说。可以说,中国西周之前的裁判情况我们都知之甚少,"五刑"最早行刑的场面我们也不得而知,但文献记载表明周朝已经有了公开的法律教育,不仅在官学性质的辟雍、泮宫举行,而且公布法律的活动已经深入民间,官府将国法绘之以图,岁首之时悬于象魏,此实是法律之公布。至于说西周针对贵族犯罪有秘密处决的传统,这也并不等于西周之法就是"秘密法"。西周有"刑不上大夫"之说,但并不是对"大夫"不加以刑罚,只是出于对贵族本身尊严(面子)的考虑,在郊外由甸师(京师地方官)秘密进行而已。

原始刑罚的残酷性释义　古代的刑罚也都是公开而痛苦的。古代刑罚都有一个基本特点,那就是对罪犯肉体的伤害都是外显性的,刑罚的"外显性"不仅有公开警示的作用,而且还表明它具有可以计量的"公正性"。

在那些古老而奇特的法俗中凝聚着早期法律文明的特征,神庙成了最早的法庭,"祭师""头人"成了最早的"法官",非理性的原始程序呈现出热烈而冷酷的外表,文明的进步是理性的生长,但也伴随着野蛮。原始自由主义的同态复仇是血腥的,而原始习惯法中的惩罚并不一定更温和,神判中的裁判本身就是一种惩,它以多种多样的形式残害生命和肉体,使裁判变成了一个恐惧和神秘的世界,它把散漫的个人复仇纳入了一致的程序,但却并不见得有基于个人自由的辩解。程序的热烈烘托了它神化的权威,手段的残酷和冷漠显出对生命、肉体无足轻重的态度,即使是在法律世俗色彩更趋浓厚的法典法时代,法律依然有一副狰狞的面孔。的确,在人类的法律史上,在相当长的一个时期内,法律不管呈现何种样态,都像他们的生活本身一样,被包裹在神化的外衣之下。

早期刑罚一般都是残酷的,原始宗教在早期世俗法中仍有强大的生命力,并成为这种法律残酷性的合法辩护理由。《汉谟拉比法典》序言中写道:"安那克之王,至大的安努与决定国王命运之天地主宰恩利尔授予埃亚之长子马都克以统治全人类之权……并在其中建立一个其根基与天地共始终的不朽王国。"司法裁判的权力从神那里取得了天然的合法性和神圣性,中国古代夏王启是通天大巫,自称从天上拿下《九歌》以统治万民,"天罚有罪"的意识形态使得任何包括习俗法时代遗留下来的酷刑方式都是合理的。《尚书·吕刑》中有墨、劓、宫、刖、大辟五刑之罚三千条的记载;古希腊德拉古的法律亦以残酷闻名于世,犯盗窃、纵火、杀人处死刑,懒惰、偷盗蔬菜和水果、渎神者同处死刑,大多数犯罪都以死刑判决,用德拉古本人的话说:"轻罪理当处死,至于更大的罪,还找不到比处死刑更重的刑罚。"①而在古巴比伦法律中适用死刑的方式有溺死、刺死、绞死,直接规定处死的就有30多条。这些法律的残酷性都表现在肉刑的多样性和普适性上,其原因也是多种多样的,可能是因为早期社会生产方式简单,人并不一定就是一种资源,也可能是因为社会组织的散漫性,每个人都是自我的警察,普遍的个人复仇使生命显得无足轻重。但这只是问题的一个层面,问题的另一个层面在于原始民族对生命、生死的宗教意义上的解释。

中国古代奴隶时代和封建时代实施的"五刑"是如此,后来对犯"杀人祭鬼"这类"淫俗"的人判处"凌迟"之刑也是如此。②面部(墨刑)、鼻子(劓刑)、腿脚(刖刑、斩趾)、头部(斩绞)、皮肉(凌迟)等,这些只是局部的"外显性",有些时候还是对整个肉体的消灭,如商朝的脯刑、醢刑以及古代长期使用的"弃市"。仔细考究,无论是奴隶制时期还是封建制时期,中

---

① 〔古希腊〕普鲁塔克著,吴于廑译:《传记集》,商务印书馆1962年版,第25页。
② 中国古代凌迟之刑,源于五代时的西辽,其法是碎而割之,照例割三千三百五十七刀,每十刀一歇。见邓之诚《骨董续记》卷二十"磔"条引《张文宁年谱》、计六奇《明季北略》记郑郭事。另见《宋史·刑法志》。

国古代刑罚真正的进步在于它从简单的对肉体的整体伤害(脯刑、醢刑)发展为对局部精细计量的伤害。三国两晋南北朝以后出现的新"五刑"(笞、杖、徒、流、死),其中笞、杖这些涉及身体伤害的刑罚,在次数、等、格方面都有了具体的规定,这不仅体现了痛苦和公开的原则,而且实现了可以进行精细计量的公正性。同样,在西方法律史上,法国刑罚曾经对拷问各阶段的时限、刑具、绳索的长度、重物的重量、审讯官干预的次数等都有明确的规定,比如"1729 年,阿格索(Aguesseau)下令调查法国的酷刑手段和规则"。① 正如福柯所说:"拷问是一种严格的司法活动,它与早在宗教法庭以前就在起诉制度中实行的古老的考验和审判方法——神裁法、法庭决斗、上帝的审判相联系。"②

自有人类法律史以来,"口供"是判断直与不直、正与不正的依据,为获得口供,需要"拷问"。拷问的历史经历了从神的拷问、以神的名义进行的拷问到由人的理性逻辑进行的拷问。以原始自然神名义进行的拷问,就是我们通常说的"神判",它利用自然物质(火、水、木、金、米、鸡蛋等)的物理运行规律进行,如中世纪欧洲日尔曼人的神判和中国古代基于许多民间信仰而进行的自然神判。另一种是以抽象神的名义进行的拷问,往往是假借祖先神、人格神进行的神判,如中世纪基督教"拷问"和一些政教合一的社会中的"拷问"。这两种"拷问"大概可以归结为福柯所说的"古典的拷问"。

"拷问"是肉体和精神的双重痛苦,"在古典的拷问中,除表面上有一种对事实真相的坚决而急切的追求外,还隐含着一种有节制的神裁法机制:用人体考验来确定事实真相"。③ 从生理上看,古代人的痛苦观念和今天的人没有什么太大的区别,但研究由审判和刑罚带给古代人的"痛苦"时,有两个十分有启发意义的概念,这就是"耻辱"和"力量"。在原始审判中,这种肉体必须经历的痛苦有一些原始英雄主义的色彩,比如在"水裁

---

① [法]米歇尔·福柯著,刘北成、杨远婴译:《规训与惩罚:监狱的诞生》,生活·读书·新知三联书店 1999 年版,第 44 页。
② 同上。
③ 同上书,第 45 页。

判"和"火裁判"中，谁能够挺住并战胜恐惧，谁就是胜利者，因为这是一种强者的游戏，失败者获得的不仅是"刑罚"，还有因为怯懦带来的精神耻辱和肉体痛苦。早期人类社会都经历过的神判方式往往就是公开展示的痛苦和较量，这与今天我们对刑罚的理解没有什么区别，无论是过去还是现在，痛苦、较量和需要昭示的"真理"是联系在一起的。"通过拷问寻求事实真相当然是一种获得证据的途径，其目的在于获得最重要的证据——犯罪者的供认。但这是一场战斗，一方对另一方的胜利将产生符合某种仪式的真理"。① 在古老的审判中，人们需要理解的"真理"就在于他们对痛苦、耻辱的搏斗中而获得的荣耀，这有些类似于古罗马皇帝兼哲学家奥勒利乌斯所说的一句话："不公正即为不虔诚……一个把享乐作为善来追求，把痛苦作为恶来躲避的人也是不虔诚。"②

与司法制度的发展相适应，迄今为止的司法判决经历了两种形态：一种是原始的巫术仪式，一种是世俗理性的政治仪式。前者存在于国家产生之前或国家没有完整独立的形态时期（如原始时期和西欧中世纪的蛮族王国），后者存在于国家产生之后或是有完整独立形态时期（如中国早熟的国家形态）。在国家产生之后或是有完整独立形态时期，世俗理性的政治仪式表现为刑罚的公开仪式，这一时期政治仪式的景象并不比基于原始的巫术仪式或者宗教仪式的神判更温和，甚至有过之而无不及，它的展示性、暴力性、残忍性、夸张力量的炫耀性以及威慑性的仪式，所有的这一切都精细地蕴藏在刑罚的政治逻辑中。

理性的司法仪式的出现是原始裁判退出法律史的产物。理性的政治法律仪式在中国古代出现甚早，比如中国的夏、商、周时期，作为官学的辟雍、泮宫，不仅是进行文武教育的场所，还是公开献俘行刑之地，比如古代文献中有"在泮献馘""在泮献囚"之说。③ 献俘行刑在当时是礼的一种，古人称为"献馘之礼"。古人所谓的"献馘"，是割取敌人的左耳以计数献功，可见作为人文中心的辟雍和泮宫，同样也是举行这种法律仪式的公开

---

① ［法］米歇尔·福柯著，刘北成、杨远婴译：《规训与惩罚：监狱的诞生》，第44页。
② ［古罗马］奥勒利乌斯著，王焕生译：《沉思录》，上海三联书店2010年版，第128页。
③ 《鲁颂·泮水》。

场所。

米歇尔·福柯在他的《规训与惩罚》一书中,对类似的仪式也有极为充分的描述:

这样,我们便能理解酷刑和处决仪式的某些特点,尤其是那种有意大张旗鼓的仪式的重要性。这是在庆祝法律的胜利,无须做任何掩饰。这种仪式的细节始终如一,但是它们在刑罚机制中十分重要,因此在判决书上从来不会忘记将其一一列出:游街、在路口和教堂门口逗留、当众宣读判决、下跪、公开表示因冒犯上帝和国王而悔罪。有时,法庭亦决定了仪式方面的细节,如"官员们应按下列顺序行进:领头的是两名警士,然后是受刑者,在受刑者后面,邦福尔(Bonfort)和勒科尔(Le Corre)在其左侧一起步行,随后是法庭的书记,以此方法抵达集市广场,在那里执行判决。当时,这种刻意安排的仪式不仅具有法律意义,而且具有十分明显的军事意义。国王的司法正义被表现为一种武装的正义。惩罚罪犯之剑也是摧毁敌人之剑。在行刑台周围布署着一架完整的军事机器:骑兵巡逻队、弓箭手、禁卫军、步兵。[1]

在阿维农举行的对马索拉(Massola)的公开行刑,也就是一个著名的例子。……犯人被蒙住眼,捆在一根柱子上。在刑台上,四周的柱子挂着铁钩。"牧师在受刑者耳边低语一番,为他划了十字,然后刽子手手持一根类似屠宰场用的铁棒,尽其全力对受刑者的头侧部猛然一击,后者立即死亡。然后刽子手拿起一把大匕首,割开死者的喉咙,鲜血喷洒在他身上。这是一个十分恐怖的景象,他切割开死者脚跟附近的肌肉,然后割开死者的肚子,掏出心、肝、脾、肺,挂在一个钩子上,削割成碎片。他似乎是在屠宰一只动物。有谁能忍心目睹这种场面。[2]

在这段描述中,对肉体的凌迟是与公开展示相连的,尸体的每一块都被悬

---

[1]　[法]米歇尔·福柯著,刘北成、杨远婴译:《规训与惩罚:监狱的诞生》,第54—55页。
[2]　同上书,第55页。

挂展览。福柯认为这也是为了提醒人们，任何类似的犯罪都是对法律的反叛，类似的罪犯都是君主的敌人。所有这些理由——无论是作为特殊环境的防范措施，还是作为举行仪式的功能因素——都使得公开处决超出了司法行为的意义。它是君主力量的显示，是由君主令人望而生畏的物质力量在仪式中所彰显出的正义性，公开的酷刑和处决的仪式使所有在场的人都能看到君主拥有实施法律的那种权力。

所以在裁判的原始风俗世界中，维护和显示神的权威是不言而喻的，而在国家时代司法仪式则发展成为一种政治运作，公开处决或公审罪犯是为了表现王权的不可侵犯，这如同原始裁判是通过公开的对肉体的考验或惩罚来表现神权信仰的存在一样是一脉相承的，唯一的区别在于原始裁判所显示的是一种神权信仰，而国家时代的司法仪式则是为了显示世俗权力罢了。因此即使在"文明时期"，公开的酷刑和处决仪式如同古老的裁判场景一样，需要在众目睽睽之下有意识地让它显得那么残忍，[①]原因是主权者需要制造一种权威的气氛，需要展示一种政治力量，需要刻意表现为权力失而复得的信心，需要对某种侵犯权威的犯罪施展无坚不摧的力量。

三、中国的原始判俗

卜审：纹理与道法　中国古老裁判之俗尤喜用占卜，而占卜则尤喜察纹理，我们甚至可以总结出中国古老的法俗文化是一种纹理文化，而中国古老的八卦就是这一纹理文化的代表。《说文》云："占，视兆也，从卜口。"是借助灵物而行预测、决疑之事。在中国古代，占卜以商代最盛，凡事皆可问卜，且种类甚多，计有粟卜、蠱卜、鸡卜、虎卜、鸟卜、楉蒲卜、十二棋卜、竹卜、牛骨卜、灼骨卜、羊胛卜、镜卜、响卜等，而以龟卜及易卜为要。[②]甚至有用金石、草木、掌纹者，如《史记·龟策列传》云："蛮夷氐羌虽无君臣之秩，亦有决疑之卜，或以金石，或以草木，国不同俗。"无论是用何种方式，中国古代的占卜都有对犯罪进行决疑判断的功能，而且大多是依据纹理进行占卜。

①　如福柯在《规训与惩罚》中描述的那种残忍场面。
②　参阅［日］藤野岩友《巫系文字论》，东京大学书房 1951 年版。

　　占卜是古代祭典中的一项重要仪式,具体做法是卜与筮。卜有卜甲之法,一般选择龟甲,用钻的方式在龟甲的一面上钻孔,然后灼烧,根据另一面的裂纹(兆)卜问吉凶。中原王朝多在卜甲上刻字记录,今称甲骨文。成都金沙遗址发现的卜甲大多为龟背甲,无文字。在金沙祭祀区已发现19片卜甲,大多为龟背甲,少量为龟腹甲,上面布满了钻、凿、烧灼的痕迹,大多为圆形孔,呈不规则分布,未有任何文字符号,其中一卦长46厘米,是迄今发现的中国最大的卜甲之一。蜀地偏僻,金沙文化历史久远,可知此一风俗之久远且广泛。

　　中国古代龟卜裂纹与八卦直接相关,龟卜属于神俗,但是由于裂纹与八卦的关系,它就与中国古老的道法之间发生了内在关系。《说文》:"卜,灼剥龟也,象炙龟之形。"这是用火烧龟壳,察看龟裂横竖纹理以测吉凶。故占卜文叫"龟蓍""龟策",龟在中国古代传说中有特殊的意义,而且龟在刚出现时就与八卦相联系。关于八卦的产生,据《易大传》:"河出图,洛出书,圣人则之。"又唐《太乙金镜式经》云:"九宫之义,法以灵龟。"《龙鱼河图》道出了真始末:"伏牺氏王天下,有神龟,负图出于苍河,法而效之,始画八卦,推阴阳之道,知吉凶所在,谓之河图。"

　　有学者认为八卦中"--"(阴)、"—"(阳)两爻与古代自然崇拜、祖先崇拜、生殖崇拜有关。"—"(阳)是由代表鸟神和男性生殖器的鸟纹演化而来,"--"(阴)是由代表蛙神和女性生殖器的蛙纹演化而来,而象征阴阳两合的八卦图,则是由二者组合成的"S"纹演化而来的,[①]此可为一说。的确,《周易》版本迄今有二,一为现在通行本,出自汉代费氏古文本,后来经清阮元等人校勘。在这个版本中,阴阳两爻符号是我们现在的写法。但是,在上海古籍出版社出版的《战国楚竹书》(三)中的楚简《周易》本,"--"(阴)的符号是"八"字形。在阜阳简中,"临"卦的阴爻"--"被写作"∧"字形。笔者以为,中国古代服饰、器物上的纹理亦与此相似,中国古代服饰、器物上的纹理应当是具有某种特别意义的。在卜问中,龟背上的纹理与此有异曲同工之妙,当龟甲烧裂后其纹理呈现之自然状态,恐更显

---

①　田兆元:《神话与中国社会》,上海人民出版社1998年版,第18—37页。

神意。无论是根据钻孔烧灼的龟甲呈现的自然裂纹符号进行卜问，还是根据抽象化了的八卦纹理符号进行卜问，对纹理的崇拜实际上是对上古道法的崇拜，通过符号形成变化之义象，用以解释天、地、人之间发生的关系，这是中国古代纹理符号文化特殊的地方。

商代占卜用于司法见于对甲骨文的解读，如卜辞有"兹人井（刑）不"，意即卜问是否解刑；"贞刖百"，即卜问是否对百人处以刖刑；"贞其刖百人死"，卜问是否对一百人处以死刑；"贞其刑"，卜问是否处以刖刑。[1] 商代占卜是依据龟纹所隐喻的自然现象来预测吉凶，据学者解释："卜占的征兆有七种，其中卜象五种，定名为：雨（龟壳纹理如雨，预示所卜之事将如雨水之继续）、霁（龟纹如雨止云散，象事将见明朗）、蒙（龟纹如云霾状，象事幽暗不明）、驿（龟纹断断续续，象事周折不顺）、克（龟纹交错，象事生克取胜）；占象有二，定名为：贞（正向）、悔（倒向）。通过上述征兆的推衍变化，判断定吉凶。"[2]

中国古代汉文化中占卜的另外一形式是"看手相"算命，"看手相"也是这种"纹理文化"的表现形式之一。有趣的是，在中国一些少数民族中，还有据此进行司法的事例。余庆远《维西见闻录》谓："栗粟（傈僳）……失物令巫卜其人，亦如此法明焉。"据宋恩常等人的调查，云南勐海县哈尼族，当某家发生火盗或家畜走失，无法知道窃贼或家畜走失的方向时，失主可请"尼帕"（巫师）看掌纹。方法是，失主将一枚鸡蛋放于自己手掌内，"尼帕"念巫词并收下鸡蛋作为报酬，再看失主的掌纹，判断失物为何人所盗或家畜走向，据此率众人往占卜所指示的"偷盗者"家中索取失物或干脆抄家。[3]

"鸡卜"虽然可以被认为是原始自然宗教的产物，但是"鸡卜"仍然与纹理直接有关。"鸡卜"的历史也十分久远，据史籍载："乃令越巫立越祝祠，安台无坛，亦祠天神上帝百鬼，而以鸡卜。"[4]又如西藏珞巴族的"看鸡

---

① 《考古》1973 年第 2 期，第 114 页图 3.8.9。

② 张紫葛、高绍先：《〈尚书〉法学内容译注》，第 54 页。

③ 宋恩常等编：《猛海县西定山坝丙哈尼族宗教调查》，《哈尼族社会历史调查》，云南民族出版社 1982 年版，第 145 页。

④ 《史记·孝武本纪》。

肝"神判,当怀疑某人有不正当男女关系时,请"尼扭布"(巫师)杀鸡看肝,如果鸡肝上的纹路显示出该人确有可疑之处,则令其在"火中取物"并作最后裁决。[1]贵州水族有"鸡眼卜",是根据鸡眼的纹理行判,这印证了唐代张守节《史记正义》中的一段话:"鸡卜法,用鸡一、狗一,生祝愿讫,即杀鸡、狗,煮熟又祭,独取鸡两眼骨,上自有孔,裂似人物形则吉,不足则凶。"[2]《诗经》注本《毛诗故训传》曰:"三物:豕、犬、鸡也。民不相信则盟诅之,君以豕,臣以犬,民以鸡。"可见鸡卜是用于诅咒,为民间所用。之所以以鸡做卜,是因为古人认为鸡与太阳相通。在中国远古神话中,能够唤起太阳的动物是鸡,[3]比如苗族传说中认为鸡是太阳的外甥,鸡是灵魂的载体。"鸡卜"之俗可以追溯到商代,以贵州水族为例,民国学者吴泽霖、陈国钧等通过考证认为贵州水族是商代遗民:"今之水家,盖即殷之遗民无疑,其先居东海之滨最久,故今虽僻处西南,而犹称曰'夷家'。其所以称'夷',则由其古代文化为滨海文化。"[4]水族有"歌书",其书谓:"彼族系殷时封于潘水,后遂以水为氏。"水族有"反书",其字体倒书,为诅咒之工具,其字形与甲骨文近似。这都是水族为殷之遗民的证据,更重要的是殷人以鸡为吉利,水族的鸡眼卜以"鸡羽"辟邪,这与殷人的习惯有相同之处。

中国西藏占术亦与古老的八卦相关。清人对西藏占卜有记载:"西藏占卜之术不一,或有喇嘛以纸画八卦,书番字而占者,亦有以青稞排卦抽五色毛绒而占者,或数念珠而占者,或画地而占者,或烧羊骨或验水碗,其占卜之术不一,颇有奇验,亦视所学之精浅。妇人亦有通其术者。"[5]现藏于巴黎法国科学院西藏中心和巴黎图书馆东方手稿部合编的《敦煌藏文选集》中,即有关于以此进行司法占卜的判词。德国藏学家、语言学家劳费尔(1874—1934)1914年在《通报》上发表有研究吐蕃的论文《鸟卜》("Bird divination:<Tongpao>1914年卷")。[6]

---

① 吴从众等编:《西藏隆子县二安曲林区斗玉珞巴族调查资料》,载中国社会科学院民研所编《关于西藏珞巴族的几个调查资料》1978年,第34页。
② (唐)张守节撰:《史记正义》。
③ 屈小强:《三星伴月》,四川美术出版社2008年版,第70页。
④ 吴泽霖、陈国钧等:《贵州苗夷研究》,民族出版社2004年版,第90页。
⑤ 《西藏图考》卷六《藏事继考》。
⑥ 王尧、陈践编著:《敦煌吐蕃文书论文集》,四川民族出版社1994年版,第97页。

不过,吐蕃人也常常根据飞鸟朝向、鸣叫和食物来占吉凶,这与古希腊、荷马史诗中常见鸟卜、响卜类似。《旧唐书》卷十九"女国"条中有："其俗每至十月,令巫者……散糟麦于空,大咒呼鸟,俄而有鸟如鸡,飞入巫者之怀,因剖腹而视之,每有一谷,来岁必登;若有霜雪,必多灾异。其俗信之,名为鸟卜。"这里的女国指吐蕃东部地区。敦煌吐蕃文书 P.t.1045 号卷子是"以乌鸦叫声来判断吉凶"的文书,据敦煌吐蕃文书 P.t.1045 号卷子译文(序言)可知其状："25,咙咙(之声)表吉祥","26,嗒嗒(之声)表事急","27,砸砸(之声)表财旺","依乌依乌表危难降"。[1] 伦敦印度事务部图书馆所藏藏文占卜文书中,许多卜辞均与诉讼有关,如"大女鬼之卦,败诉","天黄卦,胜诉"等。

荷马史诗中常见借飞鸟方向和雷鸣的启示来预测吉凶,据称凡右上方有鸟飞来,或响过雷鸣闪电则为吉兆。如在拉凯达依蒙,当特列马霍斯正在向"国王"墨涅拉奥斯告别时,有一只鹰从右边飞过来,爪子里抓着一只大白鹅,那是院子里的家禽,这只鹰从马的右前方飞过,离他们很近,他们看到这个非常高兴,所有人都认为是吉兆,在场的海伦把这个吉兆释为奥德修斯将要回家报仇,给那些前来求婚的子弟播下灾祸的征兆。又如在《荷马史诗》中,当特洛伊老国王普里阿摩斯带着厚礼前往阿喀琉斯处,请求赎回赫克托尔王子的尸体,在普里阿摩斯向宙斯祷告时,宙斯立刻放出一只老鹰,它是预言鸟中最好的一种,当时人们看见它在他们右手飞过来,都十分高兴,这可以算作是荷马时代的鸟卜记载。此外,苍鹭飞过的情况也属此类,当奥德修斯和狄奥墨得斯在特洛亚战场的前沿阵地巡视时,紧靠路旁的右手边飞过来一只苍鹭,即使在漆黑的夜里见不到它,人们只要听见它咕咕叫,就知道这是个好兆头。达雅克人征战时同样也使用鸟卜的方法："我熟知一个首领住在茅屋里整整六个星期,一方面,他必须在那里等到鸟叫声从有利的方向传来,另一方面也是他的部下把他拘留在那里的。"[2]

关于这种方法的起源,意大利维柯在他的《新科学》一书中认为鸟卜之俗与洪水神话传说有关,"因为在大洪水过后这个时期之末,天帝一定打

① 王尧、陈践编著:《敦煌吐蕃文书论文集》,四川民族出版社 1994 年版,第 99 页。
② Brooke, *Ten Years in Sarawak*, ii.pp.203-205. 见[意]维柯著、朱光潜译《新科学》,第 10 页。

过雷,闪过电,从此每个民族都开始从天帝的雷电中占卜预兆"。① 不过,这句话只是维柯的猜想,但也说明了早期占卜起源于人们对自然法则的探寻,至于飞鸟何以有神性,则与原始民族通有之圣物的传播性观念相关。②此外,根据掌握的资料看,古代西方将占卜用于审判的事例尚不多见。

总之,从中国古代一些典型的占卜看,这些占卜不仅具有灵物纹理的神俗特点,还具有阴阳八卦的道法性质;不仅具有原始迷信的预测方法,还表现了原始巫术的预测功能。"占卜来自原始初民对宇宙信息的探究,他们相信电光箭弩和雷声轰鸣都是天神向人们所做的一种姿势或记号,因此从'nou'(做手势)这个词就派生出'numen'(神的意志)这个词,用一种更崇高和更有价值的意象来表达天帝雄威这种抽象意义。他们相信天帝用些记号来发号施令,这些记号就是实物文字,自然界就是天帝的语言,各种异教民族普遍相信这种语言的学习就是占卜"。③ 了解这种学问就能成为占卜师,占卜师就是原始祭师的主持者,"占卜和偶像崇拜是同胎投生在世界里的,跟着这两项来的就是祭师的起源"。④ 如我国西藏原始宗教苯教就产生于占卜。⑤ 占卜本身就是巫术,这正如布留尔所说:"在巫术裁判中,几乎永远是靠占卜来揭露犯罪的部族和个人,当需要弄清是谁对病人使出凶恶的巫术,是什么恶灵控制了他,遗失的东西在什么地方,失掉音信的人是否还活着等等。"⑥我国少数民族原始风俗中通过"鸡蛋卜"来寻找偷窃者也正是如此。

"纹理":卜审的文化解释　　在商代,神判的形式发展到一个新的阶段,占卜成为这一时期神判的普遍形式。商人尊神,凡事无不占卜,神道大行,旱涝丰歉、战争胜负、打雷下雨、官吏升免、王位承继、定罪量刑自然不可或缺,故商之神判尤甚。综观商代神判,这一时期神道虽盛,但有关"触角神判"现象的记载已难看到,因此,笔者把这一时期神判的主要形式称之

① ［意］维柯著,朱光潜译:《新科学》,第10页。
② ［法］杜尔干著,林宗锦、彭守义译:《宗教生活的初级形式》,第352页。
③ ［意］维柯著,朱光潜译:《新科学》,第165页。
④ 同上书,第166页。
⑤ 王尧、陈践编著:《敦煌吐蕃文书论文集》,第101页。
⑥ ［法］列维-布留尔著,丁由译:《原始思维》,第281页。

为"纹理神判"。这种神判的主角不再是"廌"，而是对动物的肩胛骨和腹甲骨作物理上的处理，即将其放在火中灼烧而形成明显的裂纹（龟裂），然后占卜者根据龟裂纹理的走向解读裂纹，得出占卜结果，然后回答卜问，为防遗忘，立刻将占卜结果刻在这块甲骨上，这就是我们今天所能推测到的商代占卜神判的过程。据对商代遗址出土的甲骨文的解读，其中有许多神判卜辞，如卜辞有"兹人井（刑）不"，意即占卜是否行刑；又有"贞刖百"，卜问是否对百人处以刖刑；还有"贞其刖百人死"，卜问对一百人处以死刑是否有死亡；"贞其刑"，卜问是否处以刖刑；[①]"章卯王……小臣丑……，于东对，王占曰：大吉"，[②]意思是卜问在东个这个地方营造监狱是否吉利；"贞，王闻惟辟"，"贞，五闻不惟辟"，[③]卜问是否用刑。商代大量以卜骨为质料的"纹理神判"在世界各民族神判中比较罕见，可以说绝无仅有，其应用之广泛已超出司法领域，不仅是判定罪与非罪、刑与非刑的方法，而且如营造监狱地点之选择，这些事情都要有占卜神断。与夏朝相比，其在规模和形式上都更为成熟，这一时期是我国古代神判法的发展时期。

这里有一个问题，何以单凭纹理就能看出天意，看出人事之是非曲直呢？又何以西方无此法俗呢？这与中国古老部落的图腾崇拜、阴阳观念之间有着内在联系。我们知道占卜就是卜问，没有卜问的对象占卜就不能成立，正如郭沫若说卜是"卜问者的人加卜问的工具，龟甲兽骨加卜问者是一位比帝王的力量更大的顾问。这门顾问如没有，则卜的行为便不能成立。这门顾问是谁呢？据《周书·大诰》上看来，我们知道是天"。[④]《大诰》曰："于天降威用，宁王遣我大宝龟，绍天明……天休于宁王，兴我小邦国，宁王惟卜用，克绥受兹命。今天其相民，矧亦惟卜用。"郭沫若说占卜与殷商时期至上神的崇拜有直接联系，陈梦家在《殷虚卜辞综述》中有类似观点。殷虚甲骨文卜辞中"帝"与"上帝"多次出现，郭沫若认为起初称"帝"，后来称"上帝"，大约在殷商时才称"天"，"周代的文化都是由殷人传来的，据此

---

① 《考古》1973 年第 2 期，第 114 页图 3.8.9。
② 郭沫若：《卜辞通纂》，科学出版社 1983 年版，第 13 页。
③ 《甲骨文合集》5988，《甲骨文字释林·释宅文》，《甲骨文字释林·序》。
④ 郭沫若：《先秦王道观之进展》，载《郭沫若全集·历史篇》，人民出版社 1982 年版。

我们知道殷人所卜问的对象也是天，便是在殷虚朝代的殷氏族中至上神的观念是已经有了的"。① 至"上帝"的崇拜是神崇拜发展的成熟阶段。占卜的出现说明殷人已摆脱原始质朴的宗教意识以及中国的法律文化在意识层面的进展，同时说明了中国文化及法文化在这时已走在了西方的前面。笔者认为，殷商占卜是中国古老神话和纹理文化的产物。占卜在先殷时期即已出现，龙山文化中就有大量的卜骨，"卜骨是龙山文化的特征，当时使用的材料有牛和鹿的胛骨及其他兽类的胛骨"。② 卜骨的出现至少可以说明在新石器时代，人们就开始卜问上天以定吉凶了，卜纹文化可以在中国古老的原始神话里去追溯。

中国纹理文化由来已久，中国古建筑、古家具等边角装饰纹路，特别是中国古代服饰镶边的纹饰之精致细腻，堪称独到，其中"S"纹是其基本图案，数千年莫不如此。然根据近年考古研究发现，这些纹理的形成绝非偶然，它与中国古老的神话和阴阳理论相关，是古代神性的象征。没有神就没有神判，研究中国远古的神，必须从一个基本的符号入手，这就是"S"纹和"▽"纹。甲骨文中"神"字写作"申"，《说文》解释："申，神也。"甲骨文中"申"字以及殷商和西周金文中"神"字的形状，基本都是"S"形，③"S"纹是"神"的核心符号，那么怎样理解这种关系呢？

各方面的研究均表明，绘画是先于文字产生的，神灵崇拜早在文字产生前就已存在。陶器在新石器时代就有，是纹理文化最早的载体。在远古，陶器是用于祭神的，《礼记·郊特性》："器用陶匏，以象天地性也。"在出土的马厂型、半坡型陶纹饰中，其标准的纹样是"S"纹。"彩陶纹饰是一定的人们共同体的标志，这在绝大多数场合下是作为氏族图腾或其他崇拜的标志而存在的"。④

部族纹样是图腾纹饰，图腾崇拜是一种祖先崇拜，而祖先神崇拜首先表现为生殖崇拜，这是学界共识。生殖崇拜在母系氏族时期表现为女性生

---

① 郭沫若：《先秦王道观之进展》，载《郭沫若全集·历史篇》。
② 尹达：《新石器时代》，生活·读书·新知三联书店 1979 年版，第 56 页。
③ 马如森：《殷墟甲骨文实用字典》，第 331 页。
④ 石兴邦：《有关马家窑文化的一些问题》，《考古》1962 年第 6 期。

殖崇拜，这一崇拜在绘画艺术中表现为蛙神崇拜。根据对青海柳湾原始社会墓半山类型母系氏族中期彩陶图案的分析，其图案皆为青蛙纹图案。学者们认为，柳湾彩陶壶上的人像图案正面是女性像，背面是蛙纹，蛙在动物界是生殖力很强的动物，蛙肢呈三角形，三角形之并叠形成的"N"，"N"之并叠为两个正三角和一个倒三角，成为象征蛙纹的图案"M"。而图案中的"▽"纹为女性生殖器的象征符号，"M"纹是"S"纹的简化和象形式。卫聚贤于《古史研究》中说道："在新石器时代的彩陶多有三角形，如'▽'，即是女子生殖器象征。此三角形后演变为上帝的'帝'字。"①另外，还可以从中国人之先祖女娲的传说进行分析，"S"蛙纹与女娲、月神之间存在着某种神秘的联系。《说文》中的解释是这样的："娲，古之神圣女，化万物者也。从女，呙声。"后人认为女娲即蛙。据《路史·后记》罗注："蓝田谷次北有女娲氏，三宝旧居之所，即骊山也，陕西临潼寨彩陶盆壁的蛙纹就是骊山女娲氏的蛙图腾的造像。"②女娲在传说中是月神，嫦娥是女娲的变体，而且月中有蟾蜍，属蛙。汉帛画中有月中蛙图案，由上与"S"纹可以推想蛙与月神、女娲的关系，女娲即蛙神。

再看"S"纹与神及男性崇拜的关系。日神崇拜源于鸟神崇拜，鸟神崇拜源于父系时期男性生殖器的崇拜。鸟图案在河姆渡文化中最早出现，仰韶文化受此影响，仰韶文化中的庙沟底彩陶以鸟图案为主体。关于鸟与男性生殖的关系，郭沫若认为："我相信这就是生殖器的象征，鸟直到现在都是男性生殖器的别名，卵是睾丸的别名。"③彩陶上鸟纹通常是三只腿，赵国华认为："远古先民以鸟象征男根，男性两腿一男根，其数有三，所以，他们在彩陶上绘制象征男根的鸟纹时，为了强调其产卵的尾部，以面部对应突出，象征男根的意义，遂将鸟纹绘成了三足。"④《论衡》曰："日中有三足鸟。"《山海经》称："日载于鸟。"庙底沟的鸟图案与日相关，河姆渡双鸟图案面对太阳，所谓"双凤朝阳"，鸟为阳物，鸟崇拜为生殖崇拜。

① 卫聚贤：《古史研究》，上海文艺出版社1990年版，第168—169页。
② 中国民间文艺研究会陕西分会编：《骊山女娲风俗及其渊源》，《陕西民俗学研究资料》1982年12月。
③ 郭沫若：《先秦天道观之进展》，《郭沫若全集·历史篇》，第329页。
④ 参阅赵国华《生殖崇拜文化论》，中国社会科学出版社1990年版，第52页。

再看"S"纹与易卦的关系。部落图腾崇拜首先是生殖崇拜,在中国古代部落神话中,伏羲氏风姓即风生殖器,伏羲是鸟部落的首领,太昊部是拜日统一集团与鸟同一部族,属太昊部的一支,少暤部也是鸟集团。殷商是源于鸟部落的后代,与日神息息相通。马家窑文化受仰韶文化的影响,鸟纹图案与蛙纹图案并存,图案主要是鸟、蛙两类,体现两类崇拜。马家窑彩陶中鸟纹的圆笔弯曲状与前面讲述的甲骨文中神字写法在字形上相似,属于"S"形,"S"纹就成了"日月"纹,成为神性的标志。考古学家严文明先生认为:"从半坡期,庙府场期到马家窑期的鸟纹和蛙纹,以及从半山期、马厂期到齐家文化的拟蛙纹,半山期和马厂期的拟鸟纹,可能都是太阳神和月亮神的崇拜在彩陶花纹上的体现。这一对彩陶纹饰的母题之所以能够延续如此之久,本身说明了它不是偶然的现象,而是与一个民族的信仰与传统观念相联系的。"①这样在代表女性的"蛙纹"和代表男性的"鸟纹"与"月神"和"日神"之间形成了对应联系:蛙神—女娲—女神—月神—阴,鸟神—伏羲—男神—日神—阳。这一联系反映了从生殖崇拜到自然崇拜到符号崇拜的过程,这正是中国文化之始基,它们共同构成了中国早期道法文化的解释系统。

自古以来,无论是古代的巫术占卜,还是今天大街小巷的算命先生们,不管他们采用何种算法,都离不开生辰八字和摇筒抽签。《易经》中的算法更是离不开以数字来定爻定卦。西周晚期从筮辞中抽选出 64 卦 384 爻程式编辑成书。占卜始终以阴阳为核心,与数字相联系,而且在历代人的观念中,占卜筮卦始终与天文历法同属一类,到秦始皇"焚书坑儒"时,仍保留了这两种书,可见二者关系之紧密。此外,考古学者和文化学者研究了 3 000 多年前柳湾马厂型墓 564 彩陶葬品,进一步向我们揭示了这一关系。据研究,马厂型墓墓主为一部落首领,其彩陶有一组图案分为三类:鸟日纹类、蛙月纹类、鸟蛙交织纹类。这向我们展示了一个惊人的信息,其中连续状的蛙月纹 36 件,圆圈十字状的鸟日纹同样 36 件,三角连续状的蛙月纹与圆圈十字状的鸟日纹交织的有 10 种,日鸟纹 36 件与月蛙纹 36 件,二者相加为 72 件。36 与 72 是中国古文化中的神秘数字,《史记》载汉

---

① 　严明文:《仰韶文化研究》,文物出版社 1989 年版,第 322 页。

高祖"左股有七十二黑子"，暗指高祖有天命，是为其当皇帝增加些合法性论据和神秘色彩。此外，据学者研究，彝族和夏历与这些数字之间亦有巧合。彝族是中华最古老的氏族之一，它崇拜伏羲，认其为远祖，其文化分为三要素：宇宙万物的雌雄观、葫芦崇拜和十月历法。彝族十月历为一年10个月，36天为一月，72天为一季，五季为一年。有大年、小年两个岁首，过大小年花去5天，全部正好365天。一雌一雄为一季，一季12天，共五季，以雌为首，合伏羲先天八卦，故称"伏羲先天太阳历"。再看夏历，据闻一多考证："娰以与凤本是一姓，禹与伏羲后是一家人。"①夏人当伏羲传人。《夏小正》："初昏参中，斗柄县在下。"六月"初昏斗柄正在上"，其间半年相隔为五月，又其中五月"时有养日"，十月"时有养夜"。养，长也。长日长夜即是今天的夏至、冬至，二者间也是五月。故夏历为十月历，殷历出现后，改为十二历。

　　彝人与夏人均是伏羲之后，尊伏羲为远祖。华夏民族是炎黄之后，黄帝、炎帝分别是伏羲与女娲之后。目前学界普遍认为黄帝是氏（少典）之后，氏是伏羲（鸟神）之后。炎帝（姜姓）是羌之后，羌是女娲之后（蛙神）。炎黄合一，成为华夏先祖，于是蛙纹与鸟纹合流，以"S"纹为象征的阴阳男女，日月天文的神意文化传统得以一脉相承，渐次演进。田兆之先生认为柳湾马厂型墓564彩陶图是一幅古代天文历法图，其代表了一种阴阳和谐观，36鸟纹代表了雄月，36蛙纹代表了雌月，两纹相加七十二代表一季，10件圆圈十字纹与三角纹交织代表10个月，5个无纹陶器代表5个过年日，②由此可见夏人之历法与"S"纹之间可能存在某种联系。

　　随着后来蛙部落女娲与鸟部落伏羲联盟，蛙鸟一体，日月合流，于是阴阳观念遂生，阴阳观念的产生使中国古老的原始崇拜获得了抽象性的解释。这些文化信息被浓缩为一个符号，即今天人们看到的太极图。并在阴阳观念的基础上，形成了中国文化的阴阳符号系统，这就是《易》。《大戴礼记》曰："阳之精气曰神，阴之精气曰灵。"阴阳之实是神灵，神灵之解说又离不开阴阳二性。《周易》曰："阴阳不测谓之诸神。"又云："一阴一阳谓

---

① 闻一多：《伏羲考》，《闻一多传》，第36页。
② 田兆之：《神话与中国社会》，上海人民出版社1998年版，第24页。

之道。"又云："易有太极,是生两仪。""道"和"太极"都是形而上的概念。由此可知,"道"和"太极"都是原始神灵崇拜的聚合,"道"和"太极"本身就是有神意的。"S"纹成为神性标志,它从神物(生殖器)中抽象出来,形成"道"和"太极"的符号和概念,再以这一符号和概念赋予各种具体事物以神意的解释。这一过程正好印证了黑格尔的一句话："只有认识到神在本质上纯粹是精神性的、无形的和自然界对立的情况下,精神才能完全从感性事物和自然状态中解脱出来,但是,另一方面,这种绝对客体对现象世界仍保持一种关系:它以现象世界看到它自己的反映。"[①]这就是为什么中国历史上出现大量龟骨纹理进行占卜裁判的神法文化背景,不仅如此,中国人后来的人文思想和精神正是从此脱胎而来。

　　"帝": 商代卜审　　商代以卜骨进行卜审。卜骨早在龙山文化时期就已广泛存在,"卜骨是龙山文化的特征,当时使用的材料有牛和鹿的胛骨及其他兽骨类的胛骨"。[②] 商人尊神,凡事皆卜问,且多用卜骨,"天命玄鸟,降而生商,宅殷土芒芒,古帝命武汤,正域彼圆方",商人原是鸟图腾部落之后,关于商之起源又有上帝立商之说,《史记·殷本纪》："殷契,母曰简狄,有娀氏之女,为帝喾次妃。三人行浴,见玄鸟堕其卵,简狄取吞之,因孕生契。"商人的主神是"帝""天帝",卜辞中商人占卜所依据的理论是"八卦",传说八卦乃伏羲所创。"于帝史凤二犬",[③]"壬宾帝史","帝令雨足年。贞帝令雨弗足年,帝令其雷",[④]这个"帝"字从何而来呢? 正如前面所说:"人类由女子生,故崇拜女生殖器,在新石器时代的彩陶上多有三角形,如'▽'的花纹,即崇拜女生殖器的象征。此三角形后演变为上帝的'帝'字。"[⑤]其神性一以贯之,"帝"自然与"▽"纹有关。

　　商人的占卜多用"灵龟",那么为什么要用龟甲、兽骨呢? 原因可能有三: 一是龟甲、兽骨不腐烂,占卜结果有资料价值,占卜后保存较易;二是龟在古人眼中乃是长寿的象征,且蛙与龟同系,蛙具有原始崇拜之神性;三

---

① ［德］黑格尔著,朱光潜译:《美学》,商务印书馆 1979 年版,第 90 页。
② 尹达:《新石器时代》,第 56 页。
③ 《卜通》398。
④ 《卜通》别二之河井大甲。
⑤ 卫聚贤:《古史研究》,第 168—169 页。

是龟与卦之间早已形成了某种历史联系。那么为什么又用兽骨呢? 原因是龟甲不够,以兽骨代替之。古代关于八卦的产生有两种说法:一是《汉书·五行志》:"《易·系辞上》说: 河出图,洛出书,圣人则之。"刘歆以为伏羲氏继天而王,受《河图》而画之,则八卦是也。"禹治洪水,赐《洛书》,法而陈之,洪范是也"。《易大传》曰:"'河出图,洛出书,圣人则之',是言图书二者,皆出于伏羲之世,故则之以通八卦。"意指八卦是伏羲根据河中所出的图。另一说法谓八卦乃神龟所负,《尚书大传》郑注:"初,禹治水得神龟,负文于洛。"尽得天人阴阳之用。这是说禹治水时得神龟,在神龟的背上有八卦,是说十分荒诞,但也说明在古人眼中阴阳八卦与龟的关系。龟有着某种神性,故曹操在《短歌行》中云"神龟虽寿,尤有竟时"。龟有神性,神龟负文,依据神龟背上的纹理进行占卜,自然上合天意神性,下合八卦。

"河图"二字始见于《尚书·顾命》,但非后世之谓"河图"。"河图洛书"首见《古论语》,其《子罕》篇云:"子曰: 凤鸟不至,河不出图,洛不出书。吾已矣夫。"《易传·系辞下》:"天生神物,圣人则之;天地变化,圣人效之;天垂象,见吉凶,圣人象之;河出图,洛出书,圣人则之。"可见河图洛书与凤鸟、神物、天象、吉凶的关系。又有"河图洛书"与龟和数字"九"的联系。汉人孔安国云:"河图者,伏羲王天下,龙马上河,遂则其文,以画八卦。洛书者,禹治水时神龟写文而显于背,有数至九,禹遂因而弟之。"《庄子·天运》:"天有六极五常,帝王顺之则治,逆之则凶,九洛之事,治成德备。"由此看,河图洛书与"九"数有关。

河洛图书与九宫图的关系。古代有人认为九宫图就是河图洛书,最早把河图洛书与九宝(九宫)图联系起来的是南北朝的佛学家兼数学家甄鸾。他在《数术记遗》中注"九宫",把九宫图理解为神龟的形象:"二四为肩,六八为足,左三右七,戴九履一,五居中央。"唐《太乙金镜式活》中亦云:"九宫之义,法以灵龟……二四为肩,六八为足,左三右七,戴九履一。"此灵龟,自洛水出授洛书(又称龟书)。又有北宋刘牧《易数钩隐图》认为河图中有八卦:"龙图上负四象八纯卦……其数自一至九,包四象八卦之义。"又有《龙鱼河图》:"伏羲氏无下,有神龟负图出于黄河,法而效之,始画八卦,推阴阳之道,知吉凶所在,谓之河图。"可知,龟与"吉凶"的关系乃是因为龟背上有八卦,用神龟占卜自然灵验。因此,商人用以决疑的龟权、筮权、君权、卿权、庶民权,这"五权"中,龟权、筮权各为一权。

再看商人占卜的"龟纹"是什么? 商人占卜的"龟纹"应当是八卦中的"象"。

北宋刘牧《易数钩隐图》认为"龙图上负四象",所谓"四象",即是《易传·系辞》中所说:"易有太极,是生两仪,两仪生四象,四象生八卦,八卦定吉凶,吉凶生大业。"知道了"龙图上负四象",进而看易卦与龟纹之关系。易卦源于龟纹,八卦符号是模仿了龟卜之兆纹,八卦的阴爻和阳爻是龟刻文的标识。有学者认为八卦的前身是商朝龟卜,"商朝盛行的以甲骨受火龟裂的纹路占卜",①周初才渐改用蓍草占卜,巫人在一束蓍草中,以两株为一份,分置一旁;最后所剩,或为单数,或为双数,据此进行数字排列成八卦和六十四卦,然后对照《易经》,以解读卦象所示吉凶,八卦或六十四卦便是这种蓍草占卜的结果。②

另外,在殷墟甲骨第一期中出现大量的"∧"字符号。关于"∧"字符号,前面我们已经论述过它是"▽"或者"△"的简化形,是由女性生殖器崇拜和蛙神月神崇拜演化而来的,后又演变为数。据 1977 年安徽阜阳双古堆一号汉墓出土的竹简《周易》和 1973 年长沙马王堆三号汉墓出土的帛书《周易》所留存的卦画上,可见其演变的轨迹。以其中的"临"卦为例,阴爻的现在一般写法是"--",而在阜阳简中,"临"卦的阴爻"--"被写作"∧"字形,马王堆帛书《周易》写作"八"字形。无论是"∧"字形,还是"八"字形,都与龟背上的纹理相符合。

对于阜阳简中的"∧"字形,古文字学家张政烺先生认为它是包涵了二、四、六三个数目字义的符号。"八"作为"六"的古写体已见于殷墟第一期的甲骨文"兆"字。③ 由此推测,笔者认为"八"为六,是由女性生殖器的象征符号"△"或者"▽"演化而来,后来在卦象中演变成"--",表阴,表

---

① 冯友兰:《中国哲学简史》,天津社会科学院出版社 2007 年版,第 125 页。
② 同上。
③ 见《甲骨文编》编入的一期前 2·2·41 合 10968。"兆"字字形甲骨文一期、五期都是如此。"兆"字形状为卜辞之灼龟裂形,此形状为兆纹。《说文》:"兆,分也,从重八,八,别也,亦声。"《孝经》说"故上下有别",许说非"兆"字本义。

"六"之偶数。而"一"表阳，表"九"之奇数。[①] "一"乃是横着写的"S"鸟纹简化而来，而太极图也正是依此源流而来。

龟卜最早所依赖的可能就是八卦，而筮卜所依据的只是《易》，《易》有"三易"，即《连山》《归藏》《周易》。其中经卦都是八卦推演六十四卦，如今只有《周易》保存下来，其他不复再见。世传周文王在演《周易》六爻为六十四卦，既然这样，那么夏、商之时，《易》就存在已久，因此夏、商时筮卜就有了依据。商人占卜分为两种，用龟甲占卜称"卜"，用蓍草占卜称为"筮"，"龟为卜，策为筮。卜筮者，先圣王之所以使民信时日，敬鬼神，畏法令也。所以使民决嫌疑，定犹与也"。[②] 故曰："假尔泰龟有常，假尔泰筮有常，筮不过三，卜筮不相袭。"[③]

《汉书·艺文志》中刘向所辑录的《七略》中，从《龟书》《夏龟》算起，共有十五家，达四百零一卷，后世没有流传下来。龟卜的效力在筮卜之上，从舜之时起至西周之始仍以龟卜为主要判决依据。"舜之命禹，武王之伐纣，召公相宅，周公营成成周，未尝不昆命元龟，袭祥考卜。然筮短龟长，则龟卜犹在《易》筮之上"。[④] 后人所言龟背上有卦象，卦象也正是用原始的纹理象征，方才能知阴阳，知天象，知季节。后来这些表阴阳天象的神数与筮相结合又成为"蓍策之数"，以另一种方便易卦的占卜形式表现出来，遂为"筮占"。商"五从"之中，"龟从"高于"筮从"，筮卜是比龟卜次一等的。

那么，商人政治法律活动中的占卜情况是怎样的呢？这需要我们先了解商代法律的特点。商朝重刑，商之重刑，是先罚而后赏，故刑罚最严。《尚书·多方》曰："乃惟成汤，克以尔多方简代夏作民主。慎厥丽乃劝，厥民刑用劝。以至于帝乙，罔不明德慎罚，亦克用劝。要囚，殄戮多罪，亦克用劝。开释无辜，亦克用劝。"以此言衡《王制》，则司寇之正罚明辟，似亦本于殷，且《墨子》称"汤有官刑"，《荀子》言"刑名从商"，刑名之严，殆自商始。《王制》以"析言破律，改名乱作"为大罪，而且正刑明辟，听狱讼，皆有规制。

《王制》：

---

① 参见（宋）朱熹撰《周易本义》，中央编译出版社 2010 年版。
② 《礼记·曲礼上》。
③ 同上。
④ （宋）洪迈撰：《容斋随笔》卷八。

司寇正刑明辟，以听狱讼。必三刺，有旨无简，不听。附从轻，赦从重。凡制五刑，必即天论，邮罚丽于事。凡听五刑之讼，必原父子之亲，立君臣之义，以权之。意论轻重之序，慎测浅深之量，以别之。悉其聪明，致其忠爱，以尽之。疑狱，泛与众共之。众疑，赦之。必察小大之比，以成之。成狱辞，史以狱成告于正，正听之。正以狱成告于大司寇，大司寇听之棘木之下。大司寇以狱之成告于王，王命三公参听之。三公以狱之成告于王，王三又，然后制刑。凡作刑罚，轻无赦。……析言破律，乱名改作，持左道以乱政，杀。作淫声、异服、奇技、奇器以疑众，杀。行伪而坚，言伪而辩，学非而博，顺非而泽以疑众，杀。假于鬼神、时日、卜筮以疑众，杀。此四诛者，不以听。凡执禁以齐众，不赦过。

由此可见，当时的刑法是十分注意维护神判权威的，特别是占卜时更不能随意，对于"假于鬼神、时日、卜筮以疑众者，杀"，处罚尤重。

此外，其卜判亦有程序，商人决疑有"五权"说，《洪范·稽疑》中之"五权"乃是龟权、筮权、君权、卿权、庶民权，即龟卜、主占、君王、卿士、庶民，五权之中三可三否皆可解事。"五权"中卜与筮无疑是主要因素，可知商代卜判之风何等昌盛，自然也适用于司法判决。另就卜与筮而言："三人占则从二人之言。"每占卜，需三人同时进行。三占从二胜，每占用三枚龟骨或兽骨，据郭沫若考证，是为可信。1971 年 12 月在小屯西地发现了 21 片完整的牛胛骨卜骨，卜骨分为三组堆放，而三组都以三为公约数，井然有秩地堆放着，经郭沫若研究，认为是"卜用三骨"。后在河北藁城台西村商遗址发现的卜骨"在 M14，M16，M108 三藁中每墓三片"，[①]亦证实其说不假，商代一般卜问程序是这样，可以推知其司法审判的情况亦是如此。

商人卜审基于鬼神崇拜，人死后为鬼，鬼是死去的祖先，商人是先鬼而后神。《礼记·表记》："殷人尊神，率民以事神，先鬼而后礼。"古代是巫事神，儒事鬼，商人先鬼而后神之俗与儒家崇孝祭鬼的传统一致。孔子言商汤征伐葛伯，是因为葛伯不祀先鬼，不以祭祀祖先为然。《书序》："葛伯不

① 《河北藁城台西村商遗址发掘简报纸》，载《文物》1979 年第 6 期。

祀，汤始征之。"汤遂以祖先号召天下。《商书·盘庚上》："兹予大享于先王，尔祖其从享之。""殷人尚鬼，故信巫，巫氏世袭相殷室。"《史记·殷本纪》："帝祖乙立，殷复兴，巫贤任职。"此外，商人尚猎，尚猎源于尚武，自汤以来极尚武力。《史记·殷本纪》中汤曰"吾甚武"，凡尚武之风昌盛者，宗教观点亦极强，态度亦极虔诚。殷人祭祀一次牺牲牛羊达千头，祭名有翌日、日、岁、祀、祭、丁、告、衣等 37 种，①这是神判得以生存的风俗土壤。

而"S"纹与商人的关系更是直接明了。"文王拘而演周易"，《周易》者，八卦之学也，文王善卜，文王演绎《周易》时是殷商之末，殷商占卜之风盛行时并无《周易》，《周易》是八卦占卜义理化的开始。"S"纹一直是中国远古的神秘符号，可以说以"S"纹为代表的古老纹理是骨卜神判文化的原始基因。"S"纹系列的这些符号貌似简单，却肯定在商代占卜中扮演重要角色。在那时，经过火烧之后龟甲、兽骨的自然纹理非人力可以控制，有自然突现的特性，其纹理与以"S"纹为基本构成的八卦太极图相得益彰，而其中包含着远古深层的神秘文化信息，自然合乎神意。

此外，殷代宗教观念中还有一种至上神曰"帝"，关于"帝"字字形，有人认为是花蒂之形，也有人认为是"象架木或束木燔以祭天之形"。② 根据甲骨文之"帝"字形状，笔者分析，"帝"字于甲骨文一期（铁）中有一个"▽"形符号，一期（乙）中有两个"▽"形符号，一期（前）有四个"▽"形符号。此外，据吴大澂的研究，认为该字最古形式是"▽"字符。③ 前面我们已说过"▽"是最古老的图腾崇拜的符号，象征女性生殖器。殷人尚"凤神"，如前所说，风者，鸟也，祖先崇拜源于鸟和蛙，商的祖先神同样起源于自然崇拜。对"帝"的崇拜说明商人已超越简单的自然崇拜，殷神权政治自武丁以后，便开始衰落。④《尚书》载祖已言"非天夭民，民中绝命"，已然承认了"天"的主宰地位。

由此可看出，殷商的卜审正是以纹理文化为抽象形式的世界观在早期

---

① 陈梦家：《古文字中的殷周祭祀》，载《燕京学报》第 19 期。
② 徐中舒：《甲骨文字典》，四川辞书出版社 1988 年版，第 7 页。
③ 周法高编：《金文诂林：释帝》，《台北史语所集刊》之七七。
④ 吴泽：《殷代奴隶制社会史》，棠棣出版社 1949 年版，第 340 页。

司法活动中的必然产物,中国商代的"卜审文化"有着深刻的文化背景,这个文化背景中有古老的生殖崇拜、动物崇拜、图腾崇拜、祖先崇拜、天文历法、阴阳道学,有对天、地、人这些宇宙奥秘、四季变化、人事祸福的符号化总结。殷商卜问的盛行表明了它已经从朴素的生殖器、动物、日月这些自然崇拜上升到了"纹理"符号化的层次,这是中国古人思维发展的一次重大飞跃,它表明人们已开始在更高思维层次上去理解宇宙人生的真谛。在这样的思维层次上,"卜审"已经开始从简单的卜问向着道和理的方向发展。以太极、阴阳为元素的"纹理文化"深刻地影响了后来中国的法思维,孕育了中国人自然主义、相对主义的秩序观,对后世强调法律秩序与自然秩序相协调、法律秩序只是对自然秩序的补充、刑罚与五行需要统一等法思想产生了深刻影响。

《周易》之判俗　中国文字当起源于绘画,因为中国古代文字本为象形文,"卦"如果是古人象形记事之用,则有可能是最早的记事文字。那么文字之外,何以有卦象?颇令人费解。从内容看,"卦"当是高于象形文字的一种表意形式,单个的甲骨文表达某种意义和事件,有纯粹记事的作用,它反映了动作、行为、形象、事件。与之不同,"卦"反映的则是多种事件的联系,具有"规律""法则"之意义,比如《易》中的"需"卦、"讼"卦、"师"卦之间的逻辑联系就是如此,此不赘述。单就"讼"卦而言,每卦自有与相应事件之间的现实关系,而"讼"卦的下卦为"坎",坎为水;"讼"卦的上卦为干,干为天,上卦和下卦组合起来,形成"天水卦"。《周易集解》引荀爽说"天自西转","水自东流,上下违行,成讼之象",这是以自然现象喻人事,天与水相违而行,故致讼也。中国的文字在一定程度上与卦的上述意义十分相似,二者都源于古人对事件及事件之间关系的记录符号,但是二者之间的区别也很明显,卦常被理解为是"神意"的,但从"卦"本身的"象"分析来看,它并非对某一自然物之崇拜,如对"水""山""云""雷""天""地"等,亦非对某一人格化的理想物之崇拜。《易》之卦中根本就无人格之形象,它只是对现实世界符号化的一种解释,并非通常理解的、以自然物为中介的"神判"。

《易》的内涵不在"卦"本身,而在于对"卦"的解释。西周的《易》已经形成一套对于"卦"的文化解释系统,这个解释系统的基本特点是"以物喻人"，即从自然现象中去认识和规范人事，正如《系辞》所云："古者包牺氏之王天下也，仰则象于天，俯则观法于地，观鸟兽之文，与地之宜，近取诸诸身，远取诸物，于是始作八卦，以通神明之德，以类万物之情。"中国人的"天"可以理解为万物，而不是人格化的上帝，人格化的上帝是"以人喻物"。《易》自然性的世界观则是"以物喻人"，这是《易》中存在的解释系统的基本思路。比如《讼卦》，即是以天水喻讼，《象辞》曰："天与水违行。"《象辞》曰："讼，上刚下险，险而健，讼。"以天与水违行的关系隐喻刚强与险恶相遇，必然会引起争讼，结果是"终凶，讼不可成"，意思是争执不休，则有凶险。此为自然规律，如同"天与水违行"，因此需"利见大人，尚中正也"，解决办法是寻求大人公正不偏的裁决。

《周易》六十四卦中关于刑罚之事写在《象传》的《大象》中，共有四卦。《噬嗑卦》曰："先王可以明罚敕法。"《丰卦》曰："君子以折狱致刑。"《贲卦》曰："君子以明庶政，无敢折狱。"《旅卦》曰："君子以明慎用刑而不留狱。"意思分别是"先王靠说明刑罚整顿法纪"，"君子靠判案来使刑罚精细"，"君子靠说明各种政务来治理国家，不轻易判刑断狱"，"君子靠明智来治理，谨慎地用刑，而不滞留狱案"。而且四卦之中，《噬嗑卦》《旅卦》两卦的上位是《离卦》，《丰卦》《贲卦》的下位也是《离卦》。所谓"离"就是"明"的意思，"明"者，明智也，"以明庶政"，"无敢折狱"，这体现了对人的重视，在对待人的问题上开始依靠人智来判断了。

在《周易》中，"讼"卦紧随"需"卦。"饭食必有讼，故受之以讼"，"需"是指需要涉及物质上的分配，"讼"是因"需"而来，分配不当，难免争讼，讼是因人事而起。《周易》告诫人们发生争端时必须掌握分寸，"不永所事，小有言，终吉"，"不永所事"即是诉讼不可拖得太久。"讼，有孚，窒惕，中吉"，认为诉讼应慎重，彼此应心存诚信，情理难辨时当走中间路线，如此得吉利。倘若争讼主体纠纷无法化解，终易导致武力解决，因此在《易》中《师卦》紧承《讼》，此为中国古人的诉讼观，基本出发点是"人和""中正"之道，不鼓励人们以争讼为能。这一思想把诉讼提高到很高层面来理解，超越了技术和简单的是非、公正的层面。朱熹《论语集注》引范氏曰："听讼者，治其本，塞其流也；正其本，清其源，则无讼矣。"认为诉讼之源在政治之浊乱,诉讼之解决非神明所能为,而待人事之解决。

《周易》中讨论了处理诉讼争执的基本准则是奉行"中正之道","中正之道"源于自然之道,又归于人事之道,而非神事之道。中国早期法律之发达应当体现于《周易》之发达,《周易》之发达体现于对"卦"的人文化的解释系统之发达。《周易》之理念和思维方式决定了后来中国法律的基本形式和特质,如法是可以变化的,法是刑(阳)和礼(阴)的结合,又如汉代董仲舒直接以阴阳五行入律。不仅如此,对法的阴阳解释也并非是神意的,相反它是"以物喻人"的自然主义法律观。

从西周至战国,也是中国古代法文化的转型和真正奠基的时期,在司法领域,我们已经很难看到各种形式的古老神判。西周以来,一反商代"先鬼后神,先罚后赏"的做法,"周人尊礼尚施,事鬼神而远之",①由此礼法遂盛。沿着这一足迹,古老的中国法文化经历了一次蜕变。这一时期社会经济结构和政治结构发生着裂变,以家族延续、嫡长继承、祖先崇拜为特征的宗法制度与发轫于庙宇祭社的礼法制度相互浸透,互为表里,使得自周伊始的贵族礼法文化秩序有了坚实的社会经济土壤。反过来,这些秩序又牢牢地维系着以宗法为纽带的农业经济。西周以家族(诸侯)为单位的层层分封制,承担着国与家的双重经济、文化功能。随着春秋时周王室的衰微,王官学流入民间,多元文化格局开始出现,这对春秋以前中国神权法产生了深刻影响。春秋以降,社会经受强烈振荡,"弑君三十六,亡国五十二,诸侯奔走不得其社稷者,不可计数"。诸侯纷起,族旗变换,战乱频繁,原先的贵族政治文化更加贴近现实,在与现实的矛盾和冲撞融合中经受着分裂与重组,古老的宗教礼法文化在经历了长期战争的洗涤之后,逐渐世俗化,抽象的贵族文化以及具有神意的礼法,为适应战争的需要,变成了现实世俗的智慧,而且被这种智慧所改造或摒弃。至战国,战争又推动了这一历史进程,一时文华火焰辉映千古。在法律思维上,法家的功利主义思想也推动了世俗化的进程,神秘主义为现实主义所粉碎。以诸侯家族为单位的"国",其文化亦在争霸、弑杀、励治图强的文治武功中思索前进。

---

① 《礼记·表记》。

周铭之誓俗　"天道隐，人道兴"，摆脱了神意束缚的人文精神正围绕着这些主题在形而下的层面展开，形而上的、空洞的、无实际内容的超现实的神意学说很难成为显学，道家、阴阳家只能退居山林，连致力于人事礼法、博大悯人的孔子也只能四处奔走，为自己的理想而求证。在这些主题面前，神灵的世界退出舞台，走入幕后，兵刑法文化这对孪生兄弟走向前台，成为法家文化的两个基本要素。而形而上的占卜不得不改头换面，一方面是道家的天道、自然、宇宙、人生观，另一方面古老的"誓"作为帝王战争中的豪情盟词，有时也仍运用于司法活动中。

"誓"在中国古代一直是一个法律词汇，《尚书》中我们可以看到的"誓"有《甘誓》《汤誓》《牧誓》《费誓》《秦誓》，这些誓是"王命"的意思。著名的《甘誓》就是夏王启出军征伐前对将士所作的告诫之辞，誓在这里是告诫的意思，同样此类王命多为告诫之辞。中国人有记录官史的传统，《尚书》同中国后来的许多历史书一样是一部官史，在《尚书》中，我们很难看到它对所处时代的民间生活及相关法律生活的描述，因此无法从中了解夏商周时期"誓"在民间和司法中的具体适用情况。

在出土的西周青铜铭文中，有将"誓"用于司法审判的案例的记录。据统计，西周青铜器铭文中"誓"字出现频繁，其中五祀卫鼎铭文出现 1 次，散盘铭 4 次，铭训匜铭 7 次，曶从鼎铭 2 次，此外西周孝王时期番生簋铭文中也出现 1 次，共出现 15 次。其中，除番生簋铭"克誓厥德"之"誓"通"哲"字外，其余"誓"字均为法律用语。[1] 不仅如此，"誓"用于司法神判在西周是有实证的。陕西岐山县博物馆馆藏有名为"倗匜"的青铜器，该青铜器属于周懿王时期，其铭文内容是一篇完整的判决书，而且案件审理中采用"立誓"判决。"倗匜"铭文曰：

> 佳三月既死霸甲申，王才豐上宫。伯扬父乃成概曰："牧牛！徂乃可湛。女敢以乃师讼。女上挺先誓。今女亦既又邦誓，専、趄、啻、睦、训造。亦兹五夫，亦既邦乃誓，女亦既从谇从誓。初可，我义鞭女千，

---

① 见李力《出土文物与先秦法制》，大象出版社 1997 年版，第 79 页。

懱剧女。今我赦女,义鞭汝千,黜剧女。今大赦女鞭女五百,罚女三百
孚。"白扬父乃或吏牧牛誓曰:"自今余敢扰乃小大史。""乃师或以女
告,则到,乃鞭千,懱剧。"牧牛则誓。乃以告吏邦吏智于会。牧牛辞誓
成,罚金。训用乍旅盉。

其大意是说:一名叫牧牛的官员因为五个奴隶指控其上司,周王的重臣伯
扬父审理此案,判决结果是牧牛败诉。伯扬父认为牧牛的行为过分,有违
礼制,竟敢与上司打官司,违背了先前的誓言。伯扬父判决:要求牧牛再
立信誓,并让尃、趞、啬、睦等到场作证并警告牧牛说:"我本应打你 1 000
鞭,施以墨刑,现在我宽赦你。应该打 1 000 鞭,施墨刑,赦免你应打的 500
鞭,改罚金 300 锊铜。"于是牧牛立誓,并缴了罚金,伯扬父把审判结果告诉
了官吏邦和智。牧牛的书面誓词写成了,罚金也交上来了。师旂用这 300
锊铜制作了这个叫"旂匜"的青铜器。

现藏日本黑川古文化研究所的西周厉王时期的"鬲从鼎"或称为"鬲
攸从鼎"记载:"惟卅又二年三月初吉壬辰,……鬲从以攸卫牧告于王,曰:
'汝为我田牧,弗能许鬲从。'王令眚史南以即虢旅。乃使攸卫牧誓曰:
'[敢]弗具付鬲从其且射分田邑,则播。'攸卫牧则誓。从作皇祖丁公,皇
考惠公隣鼎。鬲攸从其万年子子孙孙永宝用。"意思是:鬲从向周王控告
一个名叫攸卫牧的人侵占了他的土地并拒付田租。周王命一个叫眚史的
司法官到另一个叫虢旅人那里去审理此案。虢旅审理此案的方法是让攸
卫牧立誓说:"[敢]弗具付鬲攸从其且射分田邑,则播。"即如果敢再不支付
鬲攸从的田租,让出侵占鬲攸从的田邑,就处以流放。鬲攸从就此事铸鼎
记载。此二种物证不仅表明了中国西周时期"誓"适用于司法的"誓证
法",而且说明那时也有像西方中世纪那种"辅助宣誓"的做法。如前案提
到:牧牛再立信誓,并让尃、趞、啬、睦等到场作证。"女上邳先誓,今女亦
既又邳誓,尃、趞、啬、睦、倜造,亦兹五夫亦既节乃誓,邳亦既从辤从誓,弋
可"。而且从铭文中看出,在当时的纠纷解决中,"誓"是有证明力的,可能
也是常用的。从鬲攸从鼎、倜匜铭文可以知道,西周宣判,有时是强制败诉
人当场起誓的。这种誓事有两种程序:先是"俾誓",由宣判人向败诉人提

出强制他必须发出的誓言内容,必要时可同时指出,如果他违背这一誓言将会得到什么样的后果。然后是败诉人接受制裁,依照宣判人给他规定的誓言,照样子郑重起誓。①

西周常被解释为中国人文时代的开始,"誓"的司法运用仍出现于西周青铜铭文中,这一时期司法中很难见到对卜审的运用,商人神法的时代已逐渐成为历史,神法文化多在荆楚、吴越之间,成为荆楚、吴越之"蛮俗"。生活在先秦时代的人,恐怕没有完全不信鬼神的,不过他们对鬼神的态度也因族而异。春秋时期诸夏对鬼神的态度,大致就像孔子说的那样,"敬鬼神而远之"。楚人则不同,他们的态度却是事鬼敬神。荆楚地区历来以尚巫著名,楚卜筮简中所见神灵有 100 个左右,②"楚荆人淫礼者旧矣"。③《吕氏春秋·勿躬篇》:"巫彭作医,巫咸作筮。"楚巫士都是重臣,公子王孙有的是世巫,楚巫往往是医。楚人巫风主要表现为巫在楚国的地位很高,观氏是以巫为世官的家族,王孙圉说楚国从不把白珩当国宝,楚国的国宝第一是观射父,观射父曾对楚昭王说:"民之精爽不携贰者,而又能齐肃衷正,其知能上下比义,其圣能光远宣朗,其明能光照之,其聪能听彻之,如是则明神降之,在男曰觋,在女曰巫。"④卜、筮二者,楚重卜轻筮,这与诸夏是相同的,不同的是卜在楚国的应用范围比诸夏大,为了消解疑难,预测前途,楚人经常行卜,楚人对卜的信任程度比诸夏深,且楚人行卜的方式与诸夏不尽一致。

在楚国,卜尹作为官员,当然是为社稷大事行卜的,不过楚国所有的巫都会行卜,甚至不是巫的楚人也能行卜。遇有战事,如果料敌不明,决策未定,那就非行卜不可;平时遇有难题,游移不决,也要行卜。卜的工具是龟甲,这无疑是向诸夏学来的。依照楚国惯例,临战之际,需要"司马令龟",即由司马在将卜之时,告巫以所卜之事,选官用枚卜,这是诸夏已罕用或不用而楚人还常用的占卜方式。《尚书·大禹谟》说:"枚卜,功臣,惟吉之

---

① 《古文字研究》(第七辑),中华书局 1982 年版,第 24 页。

② 晏昌贵:《巫鬼与淫祭:楚简所见方术宗教考》,武汉大学出版社 2010 年版,第 77 页。

③ 《谗书》,(唐)罗隐撰,雍文华校辑:《罗隐集》,中华书局 1983 年版。

④ (春秋)左丘明撰,熊蓉、邓启铜点校:《国语·楚语下》,东南大学出版社 2010 年版。

从。"枚卜的枚,意思与枚举的枚一样。枚卜就是一个人一个人地卜下去,直到得吉为止,那个得吉兆的人就被选为官。不过随着历史的发展,到秦朝,正如我们开始谈到的那样,即使是"荆蛮"的巫风也逐渐发生变化。①

尽管"荆蛮"的巫风可能因为秦的统一进程而有所改变,但是由于秦代历史较短,要实现秦简《语书》中所说的"去其邪僻,除其恶俗",又谈何容易。到汉代,这一立场得到了继承。例如司马迁在《史记》中提到的徐乐和严安的上书反映出汉代对秦朝"旧俗"态度的评价:"徐乐曰:臣闻天下之患在于土崩,……民困而主不恤,下怨而上不知,俗已乱而政不修,此三者陈涉之所以为资也。是之谓土崩。"②同样,严安在其上书中有云:"向使秦缓其刑罚,薄赋敛,省徭役,贵仁义,贱权利,上笃厚,下智巧,变风易俗,化于海内,则世世必安矣。秦不行是风,而〔循〕其故俗,为智巧权利者进,笃厚者忠信者退。"③严安认为秦朝不是"变风易俗,化于海内",而是"秦不行是风,而循其故俗",表明了汉代"变风易俗,化于海内"的法制思想。这一思想与儒家思想相一致,强调教化黎民,而不是秦朝奉行的强力法治主义。尽管汉代也有太卜官之设,《史记》载:"至高祖时,因秦太卜官。……数年之间,太卜大吉。"④但这不能说明汉代民间存在神权司法,因为太卜官之设属于御用之制。

汉代以后,儒家人文昌盛,民间的神卜逐渐被排斥在官方文化之外,更难进入日常社会关系中,确证世俗的人事。汉代董仲舒虽然在制度层面以"阴阳五行"来解释人事,但是也并无原始神意。董仲舒的"阴阳五行",不过是以自然天道喻人事,尤其是以自然天道喻"政道",而并非"神道"。比如在他的《春秋繁露》中,我们看不到神的影子,其所说的"立元神"也不是这里讲的神,而是讲为君之道。在《春秋繁露》中,他说:"君人者,国之元,发言动作,万物之枢机。……故为人君者,谨本详始,敬小慎微,志如死灰,形如委衣。""体国之道,在于尊神。尊者所以奉其政也,神者所以就其化

---

① 在第一章中,我们分析了在湖北省云梦县睡虎地发掘的十一号秦墓中秦代竹简,指出秦简《语书》对当时民间风俗的态度,阐明了秦国家在法律上"去其邪僻,除其恶俗"的努力。
② 《史记·平津侯主父列传》。
③ 同上。
④ 《史记·龟策列传》。

也，……欲为神者在于同心……同心相承则变化若神，莫见其所为而功德成，是谓尊神。"①"欲为神者在于同心，同心相承则变化若神"，更是"精神"和"心术"的意思。自董仲舒开始，除国家法典外，中国始终以儒家义理对法律进行解释，并以此形成我们可以称为"经义法律解释学"的法律解释系统。所谓"经义法律解释学"是强调在法律领域中，司法要遵循自然天象的运行规律，刑罚要与天道阴阳相符合。这已经全然不是神判，汉代董仲舒认为："春为父而生之，夏为子而养之，秋为死而棺之，冬为痛而丧之。王道之三纲，可求于天。"②"天之道，春暖以生，夏暑以养，秋清以杀，冬寒以藏。……圣人副天之所行以为政，故以庆副暖而当春，以赏副暑而当夏，以罚副清而当秋，以刑副寒而当冬。庆赏罚刑，异事而同功，皆王者之所以成德也。庆赏罚刑与春夏秋冬，以类相应也。"③董仲舒此语，是中国古代法律长期奉行"秋冬行刑"的理论根据，其所谓的"秋冬行刑"，也只表明它是"天人合一"道法观念在法律上的体现。

中国古代基于自然物崇拜的巫术用于司法裁判的历史较短，这与中国人的"天帝"崇拜有关。中国人的"天帝"源于其古老的天文学，因此中国人的"天帝"是不会说话的，而且没有什么完整系统的人格化的故事。但是中国人的"天帝"是有规律性的，它实际上就是我们前面所说的"天道"或"天法"，本来就是自然规律的代名词，只不过是以"天帝"这个词汇来表达而已。在理论上，中国人的"天"是一个可以覆盖一切自然神的概念，它不同于上帝或真主这样的人格神，也不是山、川、日、月这样的自然神，但中国人的"天"同样有自己的一套逻辑解释系统。中国古老的《易》在本质上就是对"天帝"的一套解释系统，《易》所有的卦都来自对天、地、山、川、金、木、水、火等自然物进行的抽象表达，《易》以"物象喻人事"，它是在人事与物象之间建立关系，如此，《易》本就是一种关于人和自然关系的法俗。《易》虽然最早是用于占卜，但不过是出于对变化中的自然现象的认知，没有西方式的宗教神秘主义色彩，而更多了许多人文本位的关怀，正如钱穆

---

① （清）苏舆撰，钟哲点校：《春秋繁露义证·立元神第十九》，第 166—170 页。
② （清）苏舆撰，钟哲点校：《春秋繁露正义·基义第五十三》，第 351 页。
③ （清）苏舆撰，钟哲点校：《春秋繁露正义·四时之副第五十五》，第 351 页。

先生引朱子所说："易为卜筮作,非为义理作。伏羲之易,有占而无文,与今人用火珠林起课者相似。文王、周公之易,爻辞如签辞,孔子之易,纯以理言,已非易文本意。"①

因此《易》才是中国古代文理风俗的代表,是中国古代法俗之正脉,《易》所昭示的常道义理是化正一切巫术性判俗的理论源泉。仔细想来,从古至今,除去行政命令和武力的胁迫、奴役之外,在"正义"的前提下个人与社会、国家之间发生某种关系的形式不外乎是协商、调解、仲裁、裁判这四种形式。中国法的传统习惯于通过双方协商解决争端,而不是由某个人对争议双方作出裁决,这恰恰是部落时代关于正义的理解。比如公元前9世纪的罗马人在其北方日耳曼地区进行的司法裁判活动就让日耳曼人十分不满,因为在日耳曼人看来,只有双方协商解决争端的方式才是符合正义的,而罗马人由一个人来裁决争议的方式和依据罗马法判处的罚款、死刑深刻地违背了日耳曼人的正义感,日耳曼人认为生命应由神来主宰而不能由一个人来裁判,不能因偷窃、谋杀而判处一个人死刑,用赎罪金进行处罚才是符合正义的方式。在罗马法和日耳曼神圣的传统之间,存在着这样两种完全不同的法意,罗马总督在这一地区强行推行罗马法,导致了以阿尔乌斯为首的日耳曼契鲁部大规模的反抗。

在传统中国人的法意识中,这样的冲突同样存在。在程序法的意义上,协商优于仲裁,仲裁优于司法裁判,这是一条古老的法意。这一涉及正义的逻辑仍然存在于人们的观念中,出于《易》之"和顺阴阳"的目的以及对生命的尊重,历史上中国人更赞成用协商、调解、互利互让的方式来解决争端,而不是以追求绝对的真假和是非来进行法律裁判,同样是这一古老逻辑的表现。这一古老的逻辑被中国人发展为"中庸之道","中庸之道"的合理性不同于单纯依据法律的合法性,中国人从来没有将合法性置于合理性之上,法律至上的观念或许在中国从没有存在过。在中国人的观念中,正义首先是要合乎道,合乎理,其次才是法律,而这个道和理一直存在于传统和生活当中,道和理就是正义之所在。

---

① 钱穆:《国学概论》,商务印书馆 1997 年版,第 4 页。

　　法律的特点是在于它追求精确性，要对事实和行为进行精确的界定，并以之与法律达成精确的吻合，法律有明确的是非对错、确定的善恶美丑，这就是所谓的法律的科学性和理性。近40年来，中国的法治进程伴随着一种思想，那就是"只有学会运用法律去解决问题，你才被认为是一名合格的现代公民"，中国改革开放之后一直没有停止过普法教育，这是一种国家理性的普及过程。

　　在以协调、调解作为解决纠纷的主要形式的社会或国度中，要充分发挥协商和调解的功能，需要有个体（臣民、子民）理性和社会理性。这种个体的和社会的理性可以体现为两种内容：一是对国家法律和政令这一公秩的认知和遵从程度，二是对社会现有道德的认同和遵从程度。在中国传统社会中，律、令、格、式是国家理性，而儒家的《大学》《中庸》《论语》《孟子》这四书以及《诗》《书》《礼》《易》《乐》《春秋》这六经之文教则是个体理性和社会理性。历史上中国是一个政教和文教都很发达的国家，其个体、社会、国家理性都十分完善，且三者形成了一个可以互释的整体。

尾 篇

俗与治：中国古代的法俗之治

第十八章　中国古代的俗治

一、中国古代俗治的族性

《风俗通》对"四裔"民性皆有概括,是云:

东方曰夷者,"东方仁,好生,万物抵触地而出。夷者,抵也。其类有九:一曰玄菟,二曰乐浪,三曰高骊,四曰满饰(一作蒲饰),五曰凫臾,六曰索家,七曰东屠,八曰倭人,九曰天鄙"。[①]

南方曰蛮者,"君臣同川而浴,极为简慢。蛮者,慢也,其类有八:一曰天竺,二曰咳首,三曰僬侥,四曰跋踵,五曰穿胸,六曰儋耳,七曰狗轵,八曰旁脊"。[②]

西方曰戎者,"斩伐杀生,不得其中。戎者,凶也,其类有六:一曰侥夷,二曰戎夷,三曰老白,四曰耆羌,五曰鼻息,六曰天刚"。[③]

北方曰狄者,"父子叔嫂,同穴无别。狄者,辟也,其行邪辟,其类有五:一曰月支,二曰秽貊,三曰匈奴,四曰单于,五曰白屋"。[④]

这是说"中国"东方居住的是东夷族群,南方居住的是南蛮族群,西方居住的是西戎族群,北方居住的是北狄族群。其分类及风俗民性特征如下:

东夷　玄菟、乐浪、高骊、满饰、凫臾、索家、东屠、倭人、天鄙,其风俗民性的特点是仁而好生。所谓"夷"者,蹲也,抵也。言其"蹲",是指无礼的意思,宋人马端临《文献通考》引《白虎通》云:"夷者蹲也,言无礼仪。"[⑤]言

---

① （汉）应劭撰,王利器校注:《风俗通义校注·佚文·四夷》,第487—488页。
② 同上。
③ 同上。
④ 同上。
⑤ （宋）马端临撰,上海师范大学古籍研究所、华东师范大学古籍研究所点校:《文献通考》卷三二四《东夷总序》,中华书局2011年版,第8909页。

其"抵"，是指其仁而好生："或云：夷者抵也，言仁而好生，万物抵而出，故天性柔顺，易以道御。"①这一说法符合应劭《风俗通义》之义，都是说东夷天性柔顺，且冠弁衣锦，因此比较容易以王道治之，《通典》又云其风俗"喜饮酒、歌舞，或冠弁衣锦，器用俎豆，所谓中国失礼，求之四夷者也"。②

从风俗喜好看，其与中原华夏儒者之风有相通之处，有崇礼之质。因此才有"中国失礼，求之四夷者也"之说。又《文献通考》云："有倭国一名日本，在中国直东；扶桑国复在倭国之东，约去中国三万里，盖近于日出处。"③"昔贤有言曰：失道而后德，失德而后仁，失仁而后义，失义而后礼，诚谓削厚为薄，散醇为醨。"④此语盖指中国失礼之质，而求之于东夷礼之仁也。

古代"四方"之域居于"中国"周边，"四方"之民风俗各异，人情不同。"四方"族群之中，惟东夷民风淳朴，近乎"仁"也。商末周初，箕子于此行圣德之法，加之此后"行数百千年，故东夷通以柔谨为风，异乎三方者也"。⑤ 由于"东夷"的历史变化复杂，在此我们施以引号，以求得一大致概念。一般认为，东夷分玄菟、乐浪、高骊、满饰、凫臾、索家、东屠、倭人、天鄙，共九夷。《文献通考》云"东夷"之九种："畎夷、方夷、黄夷、白夷、赤夷、玄夷、风夷、阳夷、于夷，率皆土著。"⑥其中乐浪、朝鲜之称呼，统以"朝鲜"称之。根据文献记载，"东夷"与华夏的关系史，最早见于尧之时。尧之时，"东夷"之地，称之曰"旸谷"。"尧命羲仲，宅嵎夷，曰旸谷，盖日之所出也"。⑦《尚书·尧典》有云："乃命羲和，钦若昊天，历象日月星辰，敬授人时。分命羲仲，宅嵎夷，曰旸谷。寅宾出日，平秩东作。"⑧孔安国传云："东

① （宋）马端临撰，上海师范大学古籍研究所、华东师范大学古籍研究所点校：《文献通考》卷三二四《东夷总序》，第8909页。
② （唐）杜佑撰，王文锦等点校：《通典》卷一八五《边防一·边防序》，第4984页。
③ （宋）马端临撰，上海师范大学古籍研究所、华东师范大学古籍研究所点校：《文献通考》卷三二四《东夷总序》，第8909页。
④ 同上。
⑤ 《后汉书》卷八五《东夷列传第七十五》。
⑥ （宋）马端临撰，上海师范大学古籍研究所、华东师范大学古籍研究所点校：《文献通考》卷三四四《东夷总序》，第8909页。
⑦ 同上。
⑧ 《尚书·虞书·尧典第一》。

夷之地称嵎夷,盖日之所出也。"①是说"东夷"所居处是太阳升起的地方,今天朝鲜半岛的人们仍自称其国曰"晨曦之国",很可能就是来自古"旸谷"之谓。这里的"命羲仲,宅嵎夷"是说尧之时,羲仲曾经为居东方之官,孔安国传云:"东方之官敬导出日,平均次序东作之事,以务农也。"②说明对"东夷"之地有所治理。

夏朝之时,"夏后氏太康失德,夷人始畔。自少康已后,世服王化,遂宾于王门,献其乐舞"。是说夏朝太康之时,由于太康失德,东夷才开始叛乱,一直到后发即位时,夏恢复了与东夷的关系,喜欢歌舞的东夷才"宾于王门,献其乐舞"。此一状况持续到夏朝末期,"桀为暴虐,诸夷内侵",东夷开始侵入华夏之地。

由上观之,夏朝时,"东夷"与华夏的关系总体上有治有乱,最终夏桀时由治而乱。史籍记载均非怪罪于东夷,而是言东夷之乱是由于太康、夏桀失德之故。史籍所论之倾向,是中国儒家文化习于反思历史,不好兵刑而强调"德治",具有"内省"功夫的表现。及至商朝,自武乙统治时期开始,东夷内侵,逐步迁居于中土淮、岱等地方。淮、岱之地,《禹贡》曰:"海、岱及淮为徐州。"《通考》认为商太师周陈洪范之地,本在今安东的东面,其地全部为东夷所占据。"商汤革命,伐而定之。至于仲丁,蓝夷作寇。自是或服或叛,三百余年。武乙衰弊,东夷寖盛,遂分迁淮、岱,渐居中土。周初封商太师国于朝鲜"。③自上述商朝武乙始,东夷逐渐内侵,占据岱、淮。周朝期间,最为典型事件的是"淮夷作乱"和"徐夷僭号"。"淮夷作乱",周公平定之。后来"徐夷僭号",周穆王命楚国灭之。到了楚灵王的时候,占据岱、淮的东夷也参加同盟,后来越迁于琅琊(安徽滁州),"遂陵暴诸夏,侵灭小国",这一"陵暴诸夏"的过程,也是他们逐渐同于华夏的过程。"时管、蔡畔周,乃召诱淮夷作乱,周公征定之。其后徐夷僭号,穆王命楚灭之。至楚灵王会申,亦来同盟。后越迁琅琊,遂陵暴诸

<hr>

① (汉)孔安国传,(唐)孔颖达正义:《尚书正义虞书·尧典第一》,第39页。
② 同上。
③ (宋)马端临撰,上海师范大学古籍研究所、华东师范大学古籍研究所点校:《文献通考》卷三二四《四裔考一》,第8909页。

夏，侵灭小国"。① 到秦朝时，在此设郡县，"其淮泗夷皆散为人户"。秦灭后，其帅复自称王，汉武帝元封初年灭其国，迁其人于江淮，从此以后内侵之夷不复有，内侵之地遂为郡县。"秦并天下，其淮、泗夷皆散为人户。其朝鲜历千余年，至汉高祖时灭。武帝元狩中开其地，置乐浪等郡"。②

南蛮 南蛮种国繁多，不同时期名称有异，史书有称者如越裳、黄支、盘瓠、天竺、埃首、僬侥、跂踵、穿胸、儋耳、狗轵、旁脊等。其风俗民性有同有异，在中原王朝的观念中，他们共同的特点是简慢无礼。所谓"蛮"者，慢也，是无礼的意思。"蛮，慢也，礼简怠慢"。③ 南方之礼简怠慢，这是相对于北方复杂的礼法而言，这还与南方多水的地理环境有关。观古籍所述，南蛮文化是水文化，水文化灵动、妙曼而神奇，水文化也塑造了南蛮独特的风俗和民性。南方之俗是文身断发，此不合中国之饰礼，"吴太伯，太伯弟仲雍，皆周太王之子，而王季历之兄也。季历贤，而有圣子昌，太王欲立季历以及昌，于是太伯、仲雍二人乃奔荆蛮，文身断发，示不可用……而昌为文王。太伯之奔荆蛮，自号勾吴。荆蛮义之，从而归之千余家"。④ "太伯奔吴"的故事是说周太王想传位于其子季历(周文王的父亲)，而季历的另外两个兄弟太伯、仲雍为了谦避而到了荆蛮，并且"文身断发，示不可用"。因此《周本纪》说："长子太伯、虞仲知古公欲立季历以传昌，乃二人亡如荆蛮，文身断发，以让季历。"⑤为了让季历继位，太伯、虞仲的做法是取东夷之俗而文身断发，以示自己已经成为东夷，没有资格再继位。《正义》说太伯、虞仲奔吴之地在今无锡县界梅里村，是江南水乡，"常在水中，故断其发，文其身，以象龙子，故不见伤害"。⑥

断发文身之俗因地理环境所致，华族文化成形于中原旱地，故无此风

---

① （宋）马端临撰，上海师范大学古籍研究所、华东师范大学古籍研究所点校：《文献通考》卷三二四《四裔考一》，第 8909 页。
② 同上书，第 8909—8910 页。
③ 《史记》卷二《夏本纪第二》，第 51 页。
④ 《史记》卷四《吴太伯世家第一》，第 1175 页。
⑤ 《史记》卷四《周本纪第四》，第 78 页。
⑥ 《史记》卷三一《吴太伯世家第一》，第 1175 页。

俗。太伯、虞仲奔吴虽然断发文身,但是仍然依华夏之礼,大有居蛮夷之地
而不行其礼的态度。后人的解释是其有"三让"之礼:"太伯少弟季历生文
王昌……太王薨而季历立,一让也;季历薨而文王立,二让也;文王薨而武
王立,遂有天下,三让也。又释云:……断发文身,示不可用,使历主祭祀,
不祭之以礼,三让也。"①这是华夏文物制度传播于东夷荆蛮的开始。到春
秋时,"楚之亡大夫申公巫臣怨楚将子反而奔晋,自晋使吴,教吴用兵乘车,
令其子为吴行人,吴于是始通于中国"。②

中国与南蛮的关系历史悠久,周初远在交趾之南的越裳国就与周建立
了交往关系。《尚书大传》:"周公摄政,制礼作乐,天下和平,越裳国以三
象重译而献白雉,曰:'道路悠远,山川阻,深音使不通,故重译而朝成王以
归周公。'"③并言之所以如此,乃是因周朝之德,是云:"德不加焉,则君子
不飨其质;政不称焉,则君子不臣其人。"④并称其君长曰:"中国有圣人乎?
有则往朝之。"⑤这说明了周公制礼作乐之功。即使是远在交趾之南的越
裳国也因此重译而献,说明了南蛮各部有自己的法俗,但是对周公摄政以
德,对其修订的中国礼俗也是认同的。在理论上,汉代贾谊上书认为中国
与南蛮的关系是首足的关系,云:"天子者,天下之首也,何也? 上也;蛮夷
者,天下之足也,何也? 夫下也。"⑥

总之,中国与四围种落之间在法俗上长期存在差异。东夷"行数百千
年,故东夷通以柔谨为风,异乎三方者也"。⑦ 所谓"夷","物抵而出,故天
性柔顺,易以道御"。西戎之侥夷、戎夷、老白、耆羌、鼻息、天刚,其风俗民
性的突出特点是斩伐杀生,不得其中。所谓"戎"者,凶也。北狄之月支、
秽貊、匈奴、单于、白屋,其风俗民性被认为是行为邪辟。所谓"狄"者,邪
辟也。所谓南蛮,所谓"蛮"者,慢也,是无礼的意思,南方之礼简省慢,这
是相对于北方复杂的礼法而言。总体来说,在中华民族漫长的融合过程

---

① 《史记》卷三一《吴太伯世家第一》,第 1175—1176 页。
② 同上。
③ 《太平御览》卷七八五《四夷部六》,第 3475 页。
④ 同上。
⑤ 同上。
⑥ 同上。
⑦ 《后汉书》卷八五《东夷列传第七十五》。

中，中国古代的法俗始终存在着复杂的族性差异，需要不断融合不同的法俗。以唐朝为例，我们可以看出这种差异的复杂性。

隋唐藩附诸族之法俗　唐朝全盛之时，藩附诸族民性不同，法俗各异，在西北主要有为突厥、薛延陀、回纥、契丹、室韦、党项、高昌等，在东北主要有靺鞨、奚国等，在西南有吐蕃、南诏等。

北方诸族之法俗，有明显的游牧时代的英雄主义遗风，其法俗与中原华族讲求的仁孝、恤刑相冲突。突厥、薛延陀如《隋书·北狄传》所言，其民性有贱老贵壮、尚武而性残等特征。"其俗畜牧为事，随逐水草，不恒厥处。穹庐毡帐，被发左衽，食肉饮酪，身衣裘褐，贱老贵壮"。[1]"有死者，停尸帐中，家人亲属多杀牛马而祭之，绕帐号呼，以刀划面，血泪交下，七度而止。于是择日置尸马上而焚之，取灰而葬。表木为茔，立屋其中，图画死者形仪及其生时所经战阵之状。尝杀一人，则立一石，有至千百者"。[2]突厥人立国后，已有官制等级，共二十八等，"官有叶护，次设特勤，次俟利发，次吐屯发，下至小官，凡二十八等，皆世为之"。[3]其刑法禁止叛谋、杀人、奸淫，犯此三者皆处以死刑。对于奸淫者，尤处以宫刑和腰斩。"谋反叛杀人者皆死，淫者割势而腰斩之"。[4]突厥国的伤盗案件，以赔偿了结。伤人眼睛者，以自家女儿赔偿受害者，如果没有女儿，则输妇财；伤人肢体者，则输马；盗人财物者，比照伤人者，加赔十倍。"斗伤人目者偿之以女，无女则输妇财，折支体以输马，盗者则偿赃十倍"。[5]其婚姻有收继之俗。"父兄死，子弟妻其群母及嫂"。[6]薛延陀部其风俗大抵与突厥同，不赘述。

贞观三年，突厥已亡，回纥始来朝，当时西北只有回纥部与薛延陀部最为强盛。回纥又称敕勒、铁勒、回鹘，《旧唐书》云其先匈奴之后裔。回纥部人数较少，"凡有五种，皆散碛北"。"其俗骁强"，多乘高轮车，因此元魏时亦号"高车部"。[7]回纥部于唐朝元和四年改称回鹘，"世以中国为舅，朝

---

① 《隋书》卷八四《北狄》。
② 同上。
③ 同上。
④ 同上。
⑤ 同上。
⑥ 同上。
⑦ 《旧唐书》卷一九五《回纥》。

廷每赐书诏,亦常以甥称呼之"。① 其君有"菩萨","初,有特健俟斤死,有子曰菩萨。……其母乌罗浑,主知争讼之事,平反严明,部内齐肃。回纥之盛,由菩萨之兴焉"。② 拔野古部,"风俗大抵铁勒也,言语少异"。③

黠戛斯为古坚昆国,其君叫"阿热",修职贡,"景龙中,献方物,中宗引使者劳之曰:'而国与我同宗,非它蕃比。'"④唐武宗时著宗正属籍,"命太仆卿赵蕃持节临慰其国,诏宰相即鸿胪寺见使者,使译官考山川国风。宰相德裕上言:'贞观时,远国皆来,中书侍郎颜师古请如周史臣集四夷朝事为《王会篇》。今黠戛斯大通中国,宜为《王会图》以示后世。'有诏以鸿胪所得缋著之。又诏阿热著宗正属籍"。⑤ 648 年,其首领失钵屈阿栈入唐,唐以其部为坚昆都督府,任失钵屈阿栈为都督,隶燕然都护府。

845 年,唐曾册立黠戛斯可汗为"宗英雄武诚明可汗"。《新唐书·回鹘下》有言其官制、婚嫁、丧俗、法律:"其官,宰相、都督、职使、长史、将军、达干六等。宰相七,都督三、职使十,皆典兵;长史十五,将军、达干无员。""祠神惟主水草,祭无时,呼巫为甘。""昏嫁纳羊马以聘,富者或百千计。""丧不髯面,三环尸哭,乃火之,收其骨,岁而乃墓,然后哭泣有节。""法最严,临阵桡、奉使不称、妄议国若盗者皆断首;子为盗,以首着父颈,非死不脱。"

契丹之法俗与东北的靺鞨风相同,室韦是契丹之别种,"室韦,契丹之类也"。⑥ 契丹先内附而后寄于高丽,隋朝开皇五年之后,"悉其众款塞,高祖纳之,听居其故地"。⑦ 与其他西北族群一样有尚武之风,契丹人喜寇盗,其孝义不合于中原礼制。《隋书》:"好寇盗,父母死而悲哭者,以为不壮。"⑧《旧唐书》:"其俗死者不得作冢墓,以马驾车送入大山,置之树上,亦

---

① 《旧五代史》卷一三八《回鹘》。
② 《旧唐书》卷一九五《回纥》。
③ 《新唐书》卷二一七下《回鹘下》。
④ 同上。
⑤ 同上。
⑥ 《隋书》卷八四《北狄》。
⑦ 同上。
⑧ 同上。

无服纪,子孙死,父母晨夕哭之;父母死,子孙不哭,其余风俗与突厥同。"①
《新唐书》:"子孙死,父母旦夕哭;父母死则否,亦无丧期。"②室韦作为契丹
之类,其内部权力继承、婚姻等法俗恐与契丹相同。有妇人不再婚的风俗,
又有抢盗婚之遗风。"死则子弟代之,无嗣则择贤豪而立之"。③《隋书》:
"婚嫁之法,二家相许,婿辄盗妇将去,然后送牛马为娉,更将归家。待有
娠,乃相随还舍。妇人不再嫁,以为死人之妻难以共居。……人死则置尸
其上,居丧三年。"④又《旧唐书》:"婚嫁之法,男先就女舍,三年役力,因得
亲迎其妇。役日已满,女家分其财物,夫妇同车而载,鼓舞共归。"⑤靺鞨在
高丽之北,为东夷强国,其地后为唐朝羁縻都护。隋朝初期,靺鞨遣使贡献
归附,隋文帝对其使者曰"朕视尔爹如子",其使者对曰:"闻国内有圣人,
故来朝拜……愿得长为奴仆也。"⑥炀帝时,拜其渠帅为光禄大夫,靺鞨"悦
中国风俗,请被冠带,帝嘉之"。⑦虽请被中国冠带,但与中国法俗不同:
"其俗淫而妒,其妻外淫,人有告其夫者,夫辄杀妻,杀而后悔,必杀告者,由
是奸淫之事终不发扬。"⑧

党项羌族、高昌、焉耆、龟兹、疏勒、于阗之法俗仍有原始遗风,与华制
异。党项羌族之法俗如《隋书》:"俗尚武力,无法令,各为生业。"⑨《旧唐
书》:"俗尚武,无法令赋役。"⑩《新唐书》:"俗尚武,无法令、赋役。人寿多
过百岁,然好为盗,更相剽夺。""无文字,候草木记岁。……妻其庶母、伯
叔母、兄嫂、子弟妇,惟不娶同姓。老而死,子孙不哭。"⑪高昌国,前汉成师
前王庭,后汉戊己校尉之故地。有官制,风俗政令与华夏略同。"官有令、
尹一人,次公二人,次左右卫、次八长史,次五将军,次八司马,次侍郎、校

①　《旧唐书》卷一九九下《北狄》。
②　《新唐书》卷二一九《北狄》。
③　《隋书》卷八四《北狄》。
④　同上。
⑤　《旧唐书》卷一九九下《北狄》。
⑥　《隋书》卷八一《东夷》。
⑦　同上。
⑧　同上。
⑨　《隋书》卷八三《西域》。
⑩　《旧唐书》卷一九八《西戎》。
⑪　《新唐书》卷二二一上《西域上》。

郎、主簿、从事、省事。大事决之于王,小事长子及公平断,不立文记。男子
胡服,妇人裙襦,头上作髻。其风俗政令与华夏略同"。① 焉耆国,无法制,
受印度影响尚有宗教,其婚姻之礼有同华夏。"国无纲维,其俗奉佛书,类
婆罗门。婚姻之礼有同华夏。死者焚之,持服七日。……大业中,遣使贡
方物"。② 龟兹国,其俗与焉耆同,法俗更简,有上古刑罚遗风。"俗杀人者
死,劫贼断其一臂,并刖一足。俗与焉耆同,大业中,遣使贡方物"。③ 于阗
国,俗无礼义,多贼盗淫众,其佛教有汉初以道释佛之遗风。"俗信佛,尤多
僧尼,……于阗西五百里有比摩寺,云老子化胡成佛之所。俗无礼义,多贼
盗淫众,……大业中,频遣使朝贡"。④

　　吐蕃、南诏之法俗"无文字,刻木结绳为约,其国统率有制,其法用刑严
峻"。《旧唐书·吐蕃上》言其法俗:"其国人号其王为赞普,相为大论、小
论,以统理国事。无文字,刻木结绳为约。虽有官,不常厥职,临时统
领。"⑤"征兵用金箭,寇至举烽燧,百里一亭。用刑严峻,小罪剟眼鼻,或皮
鞭鞭之,但随喜怒而无常科。囚人于地牢,深数丈,二三年方出之。""重壮
贱老,母拜于子,子倨于父,出入皆少者在前,老者居其后。军令严肃,每
战,前队皆死,后队方进。重兵死,恶病终。""其赞普死,以人殉葬,衣服珍
玩及尝所乘马弓箭之类,皆悉埋之。仍于墓上起大室,立土堆,插杂木为祠
祭之所。"南诏本哀牢夷后,乌蛮别种,有六诏。其官制备,与中原相差无
几,有王称"元",其下曰"昶"。《新唐书·南蛮上》言其制度法俗:"官曰
坦绰、曰布燮、曰久赞,谓之清平官,所以决国事轻重,犹唐宰相也。曰酋
望、曰正酋望、曰员外酋望、曰大军将、曰员外、犹试官也。"有具体职能分
工,其官员曰"爽":"幕爽主兵,琮爽主户籍,慈爽主礼,罚爽主刑,劝爽主
官人,厥爽主工作,万爽主财用,引爽主客,禾爽主商贾,皆清平官、酋望、大
军将兼之。"又有"乞托主马,禄托主牛,巨托主仓廪,亦清平官、酋望、大军
将兼之",另有酋爽、弥勤、勤齐掌赋税,兵獳司掌机密等。"百家有总佐

---

① 《隋书》卷八三《西域》。
② 同上。
③ 同上。
④ 同上。
⑤ 《新唐书》卷二一六上《吐蕃上》。

一，千家有治人官一，万家有都督一"；如此等等。其男女风俗，"女、嫠妇与人乱，不禁，婚夕私相送。已嫁有奸者皆死"。①

西南诸蛮有如东谢蛮、西赵蛮、牂牁蛮、松外蛮、西原蛮、南平獠等。东谢蛮其地在黔州之西数百里，有谢氏世为酋长，贞观三年入朝，首领谢元深始拜为刺史。西赵蛮其俗与东谢蛮同，贞观三年入朝，首领赵磨为刺史。《新唐书·南蛮下》言东谢蛮之法俗："俗无文字，刻木为契。""自营生业，无赋税之事。""有功者，以牛马铜鼓赏之；有犯罪者，小事杖罚之，大事杀之。""盗物倍还其赃。""婚姻之礼，以牛酒为聘。女妇夫家，夫惭涩之，旬日乃出。"②牂牁蛮，首领亦为谢氏，世为酋长，武德三年遣使朝贡，首领谢龙羽始拜为刺史，《新唐书·南蛮下》言牂牁蛮之法俗："俗无文字，刻木为契，无徭役。劫盗者二倍还赃，此与东谢蛮、西赵蛮之俗略同。""另有以物赔命之俗，杀人者出牛马三十头，乃得赎死，以纳死家。"③松外蛮凡数十姓，赵、杨、李、董为贵族，贞观中梁建方发兵进讨，杀获其十余万，谕降七十余部，余众感服。《新唐书·南蛮下》言其法俗："有城郭、文字，颇知阴阳历数。""为人所杀者，子以麻括发，墨面，衣不缉。""居丧，婚嫁不废，亦弗避同姓，婿不亲迎。""有罪者，树一长木，击鼓集众其下。强盗杀之，富者赀死，烧屋夺其田；盗者倍九而偿赃。奸淫，则强族输金银请和而弃其妻，处女、厘妇不坐。凡相杀必报，力不能则其部族助攻之。"④西原蛮、南平獠。隋唐之际，南平獠于贞观三年遣使内款，以其地隶渝州，《旧唐书·西南蛮》言其风俗："其地多女少男，为婚之法，女氏必先以货求男，贫者无以嫁女。""妇人任役，俗皆妇人执役。"⑤西原蛮、南平獠喜叛成俗。兹有一例，可见其性："戎、泸间有葛獠，……俗喜叛，州县抚视不至。"⑥"大中末，昌、泸二州刺史贪沓，以弱缯及羊强獠市，米麦一斛，得直不及半。群獠诉曰：'当为贼取死耳！'刺史召二小吏榜之曰：'皆尔属为之，非吾过。'獠相

---

① 《新唐书》卷二二二上《南蛮上》。
② 《新唐书》卷二二二下《南蛮下》。
③ 同上。
④ 《旧唐书》卷一九七《南蛮·西南蛮》。
⑤ 《新唐书》卷二二二下《南蛮下》。
⑥ 同上。

视大笑,遂叛"。

二、历史上的法俗之治

唐虞及三代法俗之治　尧舜之世,《新语·无为篇》言其初有洪水滔天,浩浩怀山襄陵,其后如《虞书·后稷篇》云其时是草木畅茂,禽兽繁殖,五谷不登,鸟迹之道交于中国。后有后稷教民稼穑、树艺、五谷;有契为司徒教以人伦,生产、教化逐渐恢复。贾子《新书·修政语篇》云斯时政俗是民或饥,曰此我饥之;民或寒,曰此我寒之;一民有罪,曰此我陷之也。《说苑·君道》云斯时是仁昭而义立,德博而化广,不赏而民劝,不罚而民治,其政俗呈现出一种十分自然无为的状态,以致于有"帝何德于我哉"之说。如《礼记·大学》云:"尧舜率天下以仁而民从之。"如《高士传》言壤父歌曰:"日出而作,日入而息,井而饮,耕田而食,帝何德于我哉。"如《列子·仲尼篇》云:"立我烝民,莫匪尔极,不识不知,顺帝之则。"其法俗已含正邪之义,有正之典型,亦有邪之典型;有"八元""八恺"之正,亦有浑敦、穷奇、梼杌、饕餮之邪。此时天下之黎民,如《尧典》云"以亲九族"。"九族"者,非指贵族与平民之九种等级,而是指天下之普罗黎庶。《中庸》有九经之亲,其"亲"即是指自近及远的敬大臣,体群臣,协和万邦黎庶,以怀诸侯远人,非是有似印度种姓之等级。

因之,唐虞之世,其法意在于无赏罚、无阶级、无种族之别,其政俗在亲仁而无为,其法俗则在于均法仪民,如《国语·鲁语》柳下惠云尧能"单均刑法以仪民",单是尽的意思,仪是善的意思,意指尧时之法俗"均平尽善"。如前所说,中国法律史分天治、人治和刑治,唐虞之世当是以天治为主。然中国古之天治、人治、刑治非单一之天治、人治、刑治,乃是合天治、人治、刑治三者于一体的治道。若单纯以西人之人治与法治对立二分,难以言中国之治道,且中国古代之人治,并非简单的"无法无天"的任性而治,而是在理论上有天道、地道、人道之约束。

关于夏商周三代法俗,自古有循环之论,言三代法俗在忠敬文质之间循环。夏朝之政俗在于忠,而忠之弊在野;由于夏朝政俗之弊在野而少敬,故商朝政俗承之以敬;殷人之敬在鬼神,其敬之弊又在小人以鬼;由于殷人政俗之弊在敬鬼神,故周之政俗又在文,①文之弊在小人以僿,救僿莫若以忠。故三代之俗若此循环,周而复始,《白虎通·三教篇》说三代之教就是依此而论。又依《礼记·表记》,夏俗是尊命、尊鬼、敬神而远之,其民近人而忠,野朴不文,其法俗是先禄而后威,先赏而后罚;殷俗率民事神,其民荡而不静,胜而无耻,其法俗先鬼而后礼,先罚而后赏;周俗尊礼尚施,敬神而远之,其民利而巧,文而不惭,贼而蔽,其法俗赏罚用爵列,繁文备设,亲而不尊。若以文与质的关系而论,《白虎通·三正篇》认为质法天,文法地,《春秋繁露·三代改制质文篇》认为三代之变,皆质文终而复始。宋代苏洵认为风俗之变乃是圣人为之,圣人因风俗之变而用其权,圣人之权用于当世,而风俗之变益甚,以致于不可复返,幸而又有圣人承其后而维之,则天下可以复治,不幸其后无圣人,其变穷而无所复。

秦法之治俗　学界有华夏居中原,东夷、南蛮、西戎、北狄远居四裔的旧说。其实不然,根据钱穆先生的研究,在平王东迁之前,中国已是华夷杂处。② 比如《左传·文公九年》秋"楚自东夷伐陈",说明东夷可能在陈;"楚破南阳九夷",说明九夷在南阳(此为中原)。《左传·哀公四年》夏,"楚谋北方,袭梁,围蛮氏"。《左传·隐公二年》春,"公会戎于潜(山东鱼台县)"。由此可以知,华夷的地理界线并不是那么清楚明晰,华夏居住的范围内也有夷狄。

此外,华夷互婚现象已经习见,如周襄王娶狄后;晋献公娶大戎狐姬生重耳,又娶小戎子生夷吾;齐桓公娶徐嬴,徐为夷;晋文公娶叔隗,赵衰娶季隗,隗是北戎姓氏。加之共主衰微,王命不行,内有诸侯兼并,无以统摄王道,北戎侵郑,北戎伐齐,山戎病燕,狄伐邢,狄入卫。闵公、僖公之世,狄最盛,又灭温,伐鲁,伐晋,今河北、河南、山东等地多有夷狄横行,交侵而入中原,华夷的文化边界已然模糊。因此,春秋战国时期,不仅有诸侯土地之争,且有华夷文化之争。华夷杂处,齐桓公朝夷礼,楚会盟于中原,不以蛮

---

① 与夏不同,如姬周祭祀之礼已然繁文备设,成五服系统。《礼记·祭法》:"设庙祧坛墠而祭之。"王立七庙,一坛一墠二祧,去祧为坛,去坛为墠,去墠为鬼;诸侯立五庙,一坛一墠,去祖为坛,去坛为墠,去墠为鬼;大夫立三庙二坛,去坛为鬼;适士立二庙一坛,去坛为鬼;官师立一庙,去王考为鬼;庶士、庶人无庙,死曰鬼。
② 钱穆:《国史大纲》(上册),第 56 页。

夷视之,即所谓"诸夏用夷礼则夷之,夷狄用诸夏礼则诸之"。在这样的形势下,在"尊王攘夷"这一传统的王道政治的口号下,列国之间相互兼并,以致于华夷边界日加模糊,而后战国法家的国家主义和帝国主义较之传统的王道政治,更适合于统华夷于一国的治理方式。

法家不讨论族性问题,法家以法为治国、强国的根本之具,避开了因风俗差异导致的族性纷争,以强国为出发点,以"民"而非以"族"为治理对象。商鞅变法,增加了爵禄,定二十级爵位,以替代贵族王等封爵之制,奴隶士兵可以凭战功而封爵,如贾谊所言:"商君弃礼仪,背仁恩,并心于进取,行之二岁,秦俗日败。"①贾子所说的"秦俗日败",是认为:"秦人家富子壮而分,家贫子壮则出赘,父借耕耰,虑有德色,母取箕帚,立而谇语。抱哺其子,与公并踞,妇姑不相悦,则反唇而相讥,其慈子嗜利,不同禽兽者希矣。"②破坏了传统的王道法俗,以此诟病其法。法家确是弃礼仪,背仁恩,因为法家只关注于国家制度,对于不同的种族、风俗,希望采取"以法化俗"的国家主义的做法来解决,以之一同于国家之法律。

首先,战国时期的郡县之制,在法家的理论框架下,有了更多"法家"的成分,这在一定程度上改变了传统的治外政略。商鞅变法是法家政治真正的开始,商鞅变法采取的是进取政略,其法追求整而齐之,改变势涣力散的国家局面,讲求实利,放弃"王者无外""化行自迩""协和万邦"的传统,求自强以外争,这不同于夏、商、周"政以内外,外与自迩"的政略,更不复有过去分封之制。战国法家之法治不同于以往之法治,法家之法是人定之法,是君权之法。法家不论天理,不尊王道,一断以法。法家虽然强调"因世而为之治,度俗而为之法,故法不察民之情而立之,则不成治",③但这也只是强调度俗而为之法,因俗而立法,进而再"以法化俗"。这不同于过去"以礼化俗"的"度训"模式,传统的"度训"模式是因俗而成礼教,因礼教而化俗,这也就是人们说法家背弃礼仁的原因。法家"以法化俗",形成的必然是以"律"直接面对"俗"的法治样式。面对文化风俗各异的边疆郡县,

①　转引麦梦华《商君评传》,《诸子集成》(五),第1页,
②　同上。
③　《商君书·壹言》,《诸子集成》(五),第19页。

其法律治理也必是强调律法之治，而非礼仪教化，此如《商君书》云："制度时，则国俗可化。民从制，治法明，则官无邪。国务一，则民应用。"①

再次，法家之法必然改变以往治外的"王会"制度。上古的"度训"模式是通过"王会"制度来使"中外"关系制度化的，"王会"制度的实质在于它是一种处理内外关系的礼制。"王会"制度通过礼的方式确立"华夏"王朝在制度和地理上的中心地位，无论是否是"伪史"，从《夏书》《商书》《周书》来看，从夏开始诸侯邦国由内向外的等级是处理"四方"边疆问题的"中和"型制度。"王会"制度所需要贯彻的是"和非中不立，中非礼不慎，礼非乐不履"。② 法家背弃礼仁，而郡县制的出现，在缘起上与"军事"相关联。春秋中期以后，郡县多设置于新开辟之边地，这些边地多通过战争获得，必然是军事化的治理，军事管理更多的是强调法律规则，而不是考虑当地的礼俗，在这样的情况下，以"法自然"和"教化"为基本手段的传统"度训"治边、治外模式自然会被改变。

最后，法家在"民弱国强，国强民弱，故有道之国，务在弱民"方针的指导下，③破除了传统分封制，实行职权层级制度，这改变了过去通过"王会"制度来约束"中外"关系的礼制。郡县制的基本特点是它的职权层级制度，它是通过法律规则构建中央与地方的行政科层，形成中外规则化、层级化的行政体制，而其法律则一以贯之。而"王会"制度毕竟只是一种礼制，它通过朝会礼制沟通"中外"关系，仅仅通过"朝贡"和封爵的手段来确立内外礼仪秩序，而不是用一以贯之的"硬法"来治理。从内容上看，"王会"礼制的理论是基于"王者无外""内圣外王""薄来厚往"这些仁义理念和手段，但是在法家看来，"仁者能仁于人，而不能使人仁。义者能爱于人，而不能使人爱。是以知仁义之不足以治天下也"，④认为以仁义为基本内容的礼制，不可能建立起"仁义之国"，故"圣王者，不贵义，而贵法"。⑤ 因此，郡县制作为一种新的地方行政制度，其实质意义在于它是法治而非分封之礼

① 《商君书·壹言》，《诸子集成》（五），第18页。
② 黄怀信修订，李学勤审定：《逸周书汇校集注·度训解第一》，第14页。
③ 《商君书·弱民》，《诸子集成》（五），第35页。
④ 《商君书·画策》，《诸子集成》（五），第33页。
⑤ 同上。

治,随着法家理论与郡县制的结合,必然会淡化"礼教"手段在边疆属国治理中的作用。春秋战国时期乃大争之世,强国弱民是时势使然,俗治之法治化也自然要服从于这一需要。

早在商鞅变法时,法与俗的矛盾就已经出现。战国末年李斯《谏逐客书》谓:"孝公用商鞅之法,移风易俗,民以殷盛,国以富强,百姓乐用,诸侯亲服,获楚、魏之师,举地千里,至今治强。"①可见秦国在商鞅变法时,已有以法变俗的"移风易俗"之举。商鞅变法需要同秦国旧俗进行斗争,韩非子总结商鞅变法的情况时就说:"商君说秦孝公以变法易俗而明公道,赏告奸,困末作而利本事。当此之时,秦民习故俗之有罪可以得免,无功可以得尊显也,故轻犯新法。"②也就是说,在商鞅变法时就已经提出"以法化俗"的方针,通过法律去改变与其法治相悖离的秦国旧俗。《商君书·算地》曰:"故圣人之为国也,观俗立法则治,察国事本则宜。不观时俗,不察国本,则其法立而民乱,事剧而功寡。此臣之所谓过也。"③《算地》所言之"观时俗",是针对儒家的法古主张而言,具体就是针对被《靳令》贬称为"六虱"的儒家古法。④ 法家认为"观时俗"就是要求不法这种古法,以防止出现《靳令》所说的"君之治不胜其臣,官之治不胜其民",认为因世为治、度俗为法才是圣人真正的为国之道,这是《商君书》也讲究俗治的理由,故《壹言》曰:"故圣人之为国也,不法古,不修今,因世而为之治,度俗而为之法。故法不察民之情而立之则不成,治宜于时而行之则不干。故圣王之治也,慎为察务,归心于壹而已矣。"《商君书》讲的因世为治、度俗为法的思想,在很大程度上是借古圣的名义来强化现世的君权,否定了古之常道对现世政法的制约性。

睡虎地秦墓竹简《语书》中有南郡郡守腾于秦王政二十年发布的一道文书实际上是重申了这方针,称:"凡法律令者,以教道(导)民,去其淫避(僻),除其恶俗,而使之之于为善也。"又说:"今法律令已具矣,而吏民莫

---

① 《史记·李斯列传》。
② 《韩非子·奸劫弑臣》。
③ 《商君书·算地》。
④ 《商君书·靳令》:"六虱:曰礼乐,曰《诗》《书》,曰修善,曰孝悌,曰诚信,曰贞廉,曰仁义,曰非兵,曰羞战。国有十二者,上无使农战,必贫至削。"

用,乡俗、淫佚(泆)之民不止。甚害于邦,不便于民。"①在变俗法令已经颁布的情况下,对于那些"私好、乡俗之心不变"的地方,凡包庇邪僻之民、知情不报、知情不管的官吏皆以大罪处罚,是云:"今法律令已布,闻吏民犯法为间私者不止,私好、乡俗之心不变,自从令、丞以下(智)(知)而弗举论,是即明避主之明法[也],而养匿邪避(僻)之民。如此,则为人臣亦不忠矣。若弗智(知),是即不胜任、不智(知)[也];智(知)而弗敢论,是即不廉[也],此皆大罪[也]。"②

　　秦始皇在位时共刻石六块,多有涉及俗治者。顾炎武认为此六块石刻"皆铺张其灭六王、并天下之事",③具有法令性质。秦统一六国两年后所立的《琅邪台刻石文》中,李斯歌颂秦始皇"匡饬异俗",是云:"是维皇帝,匡饬异俗,陵水经地,抚恤黔首,朝夕不懈,除疑定法。"《泰山刻石》强调"男女礼顺,慎遵敕事。昭隔内外,靡不清净",碣石门则云"男乐其畴,女修其业",这些针对风俗的文辞都比较一般化,只是泛泛而云罢了。但在风俗隔异、素有"淫泆"之风的越地则不然,其石刻内容大不同于其他几块,《会稽山刻石》对当地风俗有了明确而细致的规定,其词曰:"饰省宣义,有子而嫁,倍死不贞。防隔内外,禁止淫泆,男女洁诚。夫为寄豭,杀之无罪,男秉义程。妻为逃嫁,子不得母,咸化廉清。"④这实是针对当时越地淫俗的一项重要法令,其云"防隔内外,禁止淫泆",可见其"以法化俗"的主旨十分明确。对此,顾炎武的评价是:"故秦始皇为之厉禁刻石之文独著于越,则秦之任刑虽过,而坊民正俗意未异于三王。汉兴以家承用秦法至今,世儒言及于秦即以为亡国之法,亦为深考乎!"陈汉章之《中国历代民俗考》则认为:"顾氏此言未免为秦法治之名所欺矣,秦灭四维而不张,至于俗流失。世坏败,因恬而不知怪。"⑤其书引西汉贾山《至言·秦政力并万国》以证会稽刻石不足信:"秦始皇身在之时,天下已坏矣,而弗自知也。

①　睡虎地秦墓竹简整理小组编:《睡虎地秦墓竹简·语书》,文物出版社1990年版,第15页。
②　同上。
③　(清)顾炎武撰,黄汝成集释:《日知录集释·秦纪会稽山刻石》,第751页。
④　"寄豭",司马贞索隐:"豭,牡猪也。言夫淫他室,若寄豭之猪也豭,音加。"
⑤　陈汉章:《中国历代民俗考》,娄子匡编:《国立北京大学中国民俗学会民俗丛书》(第三辑),第45页。

秦始皇东巡狩,至会稽、琅琊,刻石著其功,自以为过尧舜统。……然身死绕数月耳,天下四面而攻之,宗庙灭绝矣。"又引贾山《至言·秦皇帝居灭绝》云:"秦皇帝居灭绝之中而不知者何也? 天下莫敢告也。"①

汉法之俗治 汉代重视法律的文治教化功能,对地方风俗有比较深入的研究,《汉书》称风俗,《史记》称谣俗,《史记》所谓谣俗即是《汉书》所谓的风俗。《汉书·地理志》中对先秦、秦汉时期中国地方法俗有一番概括和描写。

西方秦地,"其世家则好礼文,富人则商贾为利,豪桀则游侠通奸。濒南山,近夏阳,多阻险轻薄,易为盗贼,常为天下剧。又郡国辐凑,浮食者多,民去本就末,列侯贵人车服僭上,众庶放效,羞不相及,嫁娶尤崇侈靡,送死过度"。秦地之民俗有几类:一是世家,其俗好礼文;二是商贾,其俗好利;三是豪杰、游侠,易为盗贼;四是浮食者多;五是列侯贵人,僭上而崇侈靡。总之,秦风俗因其历史、地理有西周古风,存于世家,地虽偏僻,但尚有礼文;地多阻险,有豪杰轻薄任侠的戎狄遗风;东至中原,西去荒服,商贾往来,有中原嗜利崇侈的特点。其法俗虽有西周遗风,但有边缘与腹地文化混杂的特征。

西北天水、陇西及安定、北地、上郡、西河地区,"山多林木,……皆迫近戎狄,修习战备,高上气力,以射猎为先。……故此数郡,民俗质木,不耻寇盗"。自武威以西,"其民或以关东下贫,或以报怨过当,或以谇逆亡道,家属徙焉。习俗颇殊,地广民稀,水草宜畜牧,故凉州之畜为天下饶。保边塞,二千石治之,咸以兵马为务;酒礼之会,上下通焉,吏民相亲。是以其俗风雨时节,谷籴常贱,少盗贼,有和气之应,贤于内郡。此政宽厚,吏不苛刻之所致也"。

巴、蜀,"秦并以为郡,土地肥美……民食稻鱼,亡凶年忧,俗不愁苦,而轻易淫泆,柔弱褊阨。景、武间,文翁为蜀守,教民读书法令,未能笃信道德,反以好文刺讥,贵慕权势"。

北方"赵、中山地薄人众,犹有沙丘纣淫乱余民。丈夫相聚游戏,悲歌

---

① 陈汉章:《中国历代民俗考》,娄子匡编:《国立北京大学中国民俗学会民俗丛书》(第三辑),第47页。

忧慨，起则椎剽掘冢。……邯郸北通燕、涿，南有郑、卫，漳、河之间一都会也。其土广俗杂，大率精急，高气势，轻为奸。太原、上党又多晋公族子孙，以诈力相倾，矜夸功名，报仇过直，嫁取送死奢靡。……定襄、云中、五原，本戎狄地也，颇有赵、齐、卫、楚之徙。其民鄙朴，少礼文，好射猎"。

燕、蓟，"太子丹宾养勇士，不爱后宫美女，民化以为俗，至今犹然。宾客相过，以妇侍宿，嫁取之夕，男女无别，反以为荣。后稍颇止，然终未改。其俗愚悍少虑，轻薄无威，亦有所长，敢于急人，燕丹遗风也"。

朝鲜，"殷道衰，箕子去之朝鲜，教其民以礼义，田蚕织作。乐浪朝鲜民犯禁八条：相杀以当时偿杀；相伤以谷偿；相盗者男没入为其家奴，女子为婢，欲自赎者，人五十万。……是以其民终不相盗，无门户之闭，妇人贞信不淫辟。……吏见民无闭臧，及贾人往者，夜则为盗，俗稍益薄。今于犯禁浸多，至六十余条"。

东方齐、鲁，"太公治齐，修道术，尊贤智，赏有功……周兴……其民有圣人之教化……是以其民好学，上礼义，重廉耻……今去圣久远，周公遗化销微，孔氏庠序衰坏……然其好学犹愈于它俗"。

中原其民有先王遗教，君子深思，小人俭陋，比如周地雒邑，"周人之失，巧伪趋利，贵财贱义，高富下贫，憙为商贾，不好仕宦"。郑国，"今河南之新郑……男女亟聚会，故其俗淫"，此其风也。陈国，"今淮阳之地。……妇人尊贵，好祭祀，用史巫，故其俗巫鬼"。颍川、南阳，"本夏禹之国。夏人上忠，其敝鄙朴。……士有申子、韩非刻害余烈，高仕宦，好文法，民以贪遴争讼生分为失"。宋，"周封微子于宋，故其民犹有先王遗风，重厚多君子，好稼穑，恶衣食，以致畜藏"。

南方楚、吴、越、粤，"楚有江汉川泽山林之饶；江南地广，或火耕火耨。民食鱼稻……食物常足……不忧冻饿，亦亡千金之家。信巫鬼，重淫祀。而汉中淫失枝柱，与巴、蜀同俗"。"吴、粤之君皆好勇，故其民至今好用剑，轻死易发"。[①]

与秦代相比，汉代的边俗之治反映了汉代的儒道治国理念。由于在一

---

① 《汉书·地理志下》。

定程度上排除了法家"一断以法"的治国思想而更重视对风俗进行教化，汉朝边俗之治面临的形势依然复杂。

西羌之民，"性坚刚勇猛"，"以力为雄，杀人偿死，无它禁令"。① 乌桓之人，俗善骑射，随水草放牧，居无常处。"其性悍塞。怒则杀父兄，而终不害其母，以母有族类，父兄无相仇报敌也。有勇健能理决斗讼者，推为大人，无世业相继"。② 其法俗，"违大人言者，罪至死；若相贼杀者，令部落相报，不止，诣大人告之，听出马牛羊以赎死；其自杀父兄则无罪；若亡畔为大人所捕者，邑落不得受之，皆徙逐于雍狂之地，沙漠之中"。③

东胡之民，其鲜卑之人为东胡之一支，言语、习俗与乌桓相同，建武二十五年开始与汉通驿使，曾于汉建武三十年"慕义内属"。桓帝时，有头领曰"名檀石槐，年十四五，勇健有智略"，部落畏服之，"乃施法禁，平曲直，无敢犯者，遂推以为大人"。④ 鲜卑人之法俗尚还原始，"以勇健，断法平端，不贪财物，……每钞略得财物，均平分付，一决目前，终无所私"。⑤

南蛮之民，汉时多指巴郡南郡之长沙武陵蛮，为秦汉时期郡县之范围。秦时秦昭襄王与之未有加封，但与板楯蛮有约，内容有二：一是租税减免，"乃刻石盟要，复夷人顷团不租，十妻不算"；⑥二是依照旧俗，以㑇赎死，"伤人者论，杀人者得以㑇赎死"。⑦

这说明秦时对于恶性案件，仍然依照其赔命之风俗。更为有趣的是，其盟曰："秦犯夷，输黄龙一双；夷犯秦，输清酒一钟，夷人安之。"⑧只以清酒一钟为输，足见其朴实。汉初，汉高祖尚为汉王时，其人曾助汉伐秦，故汉允许其不输租赋。汉顺帝永和元年，有武陵太守上书，认为既然南方蛮夷已经率服，就应当与汉人一样输租赋。尚书令虞诩认为南蛮"不输租赋"是先帝旧典，其制由来已久，如果"计其所得，不偿所费，必有后悔"。⑨

———————————

① 《汉书》卷九四下《匈奴传第六十四下》。
② 《后汉书》卷九十《乌桓鲜卑列传第八十》。
③ 同上。
④ 同上。
⑤ 《三国志》卷三十《魏书·乌丸鲜卑东夷传》。
⑥ 《后汉书》卷八六《南蛮西南夷列传第七十六》。
⑦ 同上。
⑧ 同上。
⑨ 同上。

此议没有被汉顺帝采纳，结果澧中、溇中蛮果以"贡布非旧约"为由，举种反叛，且后患不绝。

> 其冬，澧中、溇中蛮果争贡布非旧约，遂杀乡吏，举种反叛。明年春，蛮二万人围充城，八千人寇夷道。遣武陵太守李进讨破之，斩首数百级，余皆降服。进乃简选良吏，得其情和。在郡九年，梁太后临朝，下诏增进秩二千石，赐钱二十万。桓帝元嘉元年秋，武陵蛮詹山等四千余人反叛，拘执县令，屯结深山。至永兴元年，太守应奉以恩信招诱，皆悉降散。①

东夷之人，汉时主要有夫余、挹娄、高句骊。东夷之人自古性宽和，先秦时为儒者称道，夫余人居于鲜卑和挹娄之间，"以腊月祭天，大会连日，饮食歌舞，名曰'迎鼓'。是时断狱，解囚徒。……其俗用刑严急，被诛者皆没其家人为奴婢。盗一责十二。男女淫皆杀之，尤治恶妒妇，既杀，复尸于山上。兄死妻嫂。死则有椁无棺。杀人殉葬，多者以百数"。② 夫余之俗，尚有原始会聚司法遗风，对死罪、盗窃罪、淫乱罪以及妒妇惩罚极严，且有殉葬风俗。此外，挹娄为古肃慎之国，当时于东夷之中属于"法俗最无纲纪者也"。③ 高句骊之民，本皆朝鲜之地，其人性凶急，有气力，习战斗，好寇略。"沃沮、东濊之人皆从属高句骊"。④ 西周时期周武王封箕子于朝鲜，箕子教以礼义田桑，又制以"八条之法"，其法俗"其俗淫，皆洁净自熹，暮夜辄男女群聚为倡乐。好祠鬼神、社稷、零星，……无牢狱，有罪，诸加评议便杀之，没入妻子为奴婢。其婚姻皆就妇家，生子长大，然后将还"。⑤ 高句骊之民在汉置乐浪东部都尉后，其人内属于汉后，"风俗稍薄，法禁亦浸多，至有六十余条"。⑥

① 《后汉书》卷八六《南蛮西南夷列传第七十六》。
② 《后汉书》卷八五《东夷列传第七十五》。
③ 同上。
④ 同上。
⑤ 同上。
⑥ 同上。

汉代俗治出现的矛盾依然是围绕国家与社会的关系而展开的。汉昭帝始元六年著名的"盐铁会议"提出的问题，①一般以为是讨论经济，研究民生疾苦，实际上是就国与民的利益关系来讨论汉朝国家的俗治。《盐铁论·本议》载贤良文学者认为国家对盐、铁、酒的专卖是"与民争利"，促使百姓就本者寡，趋末者众，以致于社会风俗"文繁则质衰"，"成贪鄙之化"，"刑非诛恶而奸犹不止"。《盐铁论》回顾秦以来的风俗历史："昔者，商鞅相秦，后礼让，先贪鄙，尚首功，务进取，无德厚于民，而严刑罚于国，俗日坏而民滋怨。"②

《盐铁论》认为，汉兴以来，文景之际，建元之始，"民朴而归本，吏廉而自重，殷殷屯屯，人衍而家富"。③ 但又云："昔文帝之时，无盐、铁之利而民富；今有之而百姓困乏，未见利之所利也，而见其害也。"④但昭帝之时，"今政非改而教非易也，何世之弥薄而俗之滋衰也！吏即少廉，民即寡耻，刑非诛恶，而奸犹不止"。⑤ 又云："建元之始，崇文修德，天下乂安。其后，邪臣各以伎艺，亏乱至治，外障山海，内兴诸利。杨可告缗，江充禁服，张大夫革令，杜周治狱，罚赎科适，微细并行，不可胜载。夏兰之属妄搏，王温舒之徒妄杀，残吏萌起，扰乱良民。当此之时，百姓不保其首领，豪富莫必其族姓。圣主觉焉，乃刑戮充等，诛灭残贼，以杀死罪之怨，塞天下之责，然居民肆然复安。然其祸累世不复，疮痍至今未息。故百官尚有残贼之政，而强宰尚有强夺之心。大臣擅权而击断，豪猾多党而侵陵，富贵奢侈，贫贱篡杀，女工难成而易弊，车器难就而易败，车不累期，器不终岁，一车千石，一衣十钟。常民文杯画案，机席绮跃，婢妾衣纨履丝，匹庶粺饭肉食，里有俗，党有场，康庄驰逐，穷巷蹋鞠，秉耒抱甿，躬耕身织者寡，聚要敛容、傅白黛青者众。无而为有，贫而强夸，文表无里，纨袴枲装，生不养，死厚送，葬死殚家，遣女满车，富者欲过，贫者欲及，富者空减，贫者称贷，是以民年急而岁促，

---

① 汉昭帝始元六年，贤良文学60多人到长安和桑弘羊等政府官员反思武帝时之国策，《盐铁论》卷一："惟始元六年，有诏书使丞相、御史与所举贤良、文学语。问民间所疾苦。"30年后其内容具记成桓宽之《盐铁论》。
② 《盐铁论》卷五《国疾第二十八》。
③ 同上。
④ 《盐铁论》卷二《非鞅第七》。
⑤ 《盐铁论》卷五《国疾第二十八》。

贫即寡耻，乏即少廉，此所以刑非诛恶而奸犹不止也。"①

自宣帝之后，国家与社会的关系问题稍有缓和，《汉书·循吏传叙》云："及至孝宣，繇仄陋而登至尊，兴于闾阎，知民事之艰难。"常称曰："庶民所以安其田里而亡（无）叹息愁恨之心者，政平讼理也。"期间又多赖良吏之俗治，汉世良吏于是为盛，有赵广汉、韩延寿、尹翁归、严延年、张敞皆称其位，然任刑罚，或抵罪诛。又有王成、黄霸、朱邑、龚遂、郑弘、召信臣等人，生有荣号，死见奉祀，人民从其教化，可称中兴焉！故化民成俗，唯此良吏是赖。如当时文翁为蜀郡守，仁爱好教化，见蜀地僻陋有蛮夷风，乃选郡县小吏遣诣京师，受业博士，或学律令；又修起学官于成都，"蜀地学于京师者比齐鲁焉。至武帝时，乃令天下郡国皆立学校官，自文翁为之始云"。

总体上，西汉自文景之后并没有真正解决俗治问题，故顾炎武《日知录》论两汉风俗，认为自汉武帝表彰六经之后，"师儒虽盛，而大义未明"，而东汉光武之时有鉴于此，"尊崇节义，敦厉名实，所举用者，莫非经明行修之人，而风俗为之一变。至其末造，朝政昏浊，国事日非"。②

三国时期之俗治　三国之世，天下分裂，三国割据一方，各有边疆，其治法或儒或法。三国时期诸葛亮曾研究"四裔"的族性和所处的地理形势，对"四裔"之俗治形成了一套自己的思想。

对东夷，诸葛亮认为若"其上下和睦"，则"未可图也"，只能待其内乱，行离间之计，遂修德以来之，再以甲兵击之。"东夷之性，薄礼少义，悍急能斗，依山堑海，凭险自固，上下和睦，百姓安乐，未可图也。若上乱下离，则可以行间，间起则隙生，隙生则修德以来之，固甲兵而击之，其势必克也"。③

对南蛮，诸葛亮认为南蛮因种落繁多，依山居洞，地域广大，故其"性不能教"，且地"春夏多疾疫"，所以利在疾战，而"不可久师"。"南蛮多种，性不能教，连合朋党，失意则相攻，居洞依山，或聚或散，西至昆仑，东至洋海，海产奇货，故人贪而勇战，春夏多疾疫，利在疾战，不可久师也"。④

---

① 《盐铁论》卷五《国疾第二十八》。
② （清）顾炎武撰，黄汝成集释，栾保群、吕宗力点校：《日知录集释》卷十三《两汉风俗》，第753页。
③ （三国）诸葛亮撰，段熙仲、闻旭初编校：《诸葛亮集》，中华书局2012年版，第104—105页。
④ 同上书，第105页。

对西戎，诸葛亮认为西戎之性勇悍好利，诸戎种繁，地广形险，俗负强狠，故人多不臣，因此，应当待其外隙内乱，则可以击破之。"西戎之性，勇悍好利，或城居，或野处，米粮少，金贝多，故人勇战斗，难败。自碛石以西，诸戎种繁，地广形险，俗负强很，故人多不臣，当候之以外衅，伺之以内乱，则可破也"。①

对北狄，诸葛亮认为北狄因其随逐水草而居的游牧生活方式，习惯于奔走射猎，以杀为务，所以不能以道德来教化之，又不可以兵戎而使之臣服。只能采取"守"势，在边地广设营田，充实军力。"北狄居无城郭，随逐水草，势利则南侵，势失则北遁，……奔走射猎，以杀为务，未可以道德怀之，未可以兵戎服之。……不得已，则莫若守边。守边之道，拣良将而任之，训锐士而御之，广营田而实之，设烽堠而待之，候其虚而乘之，因其衰而取之"。②

魏晋南北朝之俗治　中国古代的俗治，其方略是以道治为基础的，故其治法的风俗性亦强于法律性。比朝贡之治更为直接的做法则是"羁縻"之治，比单纯的羁縻之治更为直接的则是"编户齐民"，在有些时候边疆地区但得"编户齐民"已然是比较制度化的做法了，三国两晋南北朝时期的情况亦大致如此。

魏末晋初尚实行州郡置兵，"可令州郡并置兵，外备四夷，内威不轨，于策为长"。③ 后来晋因为东吴平定，晋武帝以为天下为一，诸州无事，于是罢州郡兵，以示天下大安。《世说新语·识鉴类》引《竹林七贤论》："咸宁中，吴既平，上将为桃林、华山之事，息役弭兵，示天下大安。于是州郡悉去兵，大郡置武吏百人，小郡五十人。"仆射山涛曾反对罢州郡兵而单纯依赖封国之武备的做法，但是"帝不听，及永宁以后，盗贼群起，州君无备，不能禽制，天下遂大乱，如涛所言"。④ 这样的局面自然也会影响边疆稳定，但是由于当时朝廷实行的州郡罢兵也非全罢，在西晋的南方边疆地区尚保持

① （三国）诸葛亮撰，段熙仲、闻旭初编校：《诸葛亮集》，第105—106页。
② 同上书，第106—107页。
③ 《三国志·魏志·司马郎传》。
④ 《资治通鉴》卷八一《晋纪三·世祖武皇帝中》。

了一定的兵力,这主要是因为听从了当时交州刺史陶璜之言。"吴既平,普减州郡兵,璜上言曰:'……臣所统之卒本七千余人,南土温湿,多有气毒,加累年征讨,死亡减耗,其见在者二千四百二十人,……未宜约损,以示单虚。'从之"。① 对此,陈寅恪认为:"不仅交州未罢,尚有广州及宁州的兴古,这些州兵是未罢除的。"② 据《晋书·地理志上》:"泰始元年封诸王,郡国兵五千人,次国兵三千人,小国兵千五百人。"③ 按此计算,南方一个边地州郡未罢之兵,尚相当于次国兵数,这对于西晋南方边地的稳定具有重要作用,此后北方"戎狄乱华"倒是与北方州郡罢兵有直接关系。除此之外,在官员的任用上,晋朝实行的是取本土之人任官,于郡国置中正,于州置大中正,这在很大程度上不符合实际情况,更加剧了地方豪强儒门之治,导致地方司法的混乱和不公,人治多于法治,亦无助于边疆地方的法律治理。

早在晋初,陈群就主张继续魏氏之九品中正制。"初,陈群以吏部不能审核天下之士,故令郡国各置中正,州置大中正皆取本土之人任朝廷官、德充才盛者为之,使铨次等级以为九品"。④ 后来,九品中正制行之日久,中正或非其人,"奸蔽日滋"。太康五年春,刘毅、王亮等大臣上疏,要求"尽除中正九品之制"。如王亮等认为由于"魏氏丧乱之后,人士流移,考详无地,故立九品之制",⑤ 只是一时权宜之计,但是"今九域同规,大化方始,臣等以为宜皆荡出末法,咸用土法"。刘毅上疏更是力陈"九品中正制"之损政之道有八,其中"公无考校之负,私无告讦之忌,用心百态,营求万端"的司法腐败、混乱之现象尤甚,为此要求"罢中正,除九品,弃魏氏之敝法",⑥ "陛下赏善罚恶,无不裁之以法,独置中正,委以一国之重,曾无赏善之防,又禁人不得诉讼,使之纵横任意,无所顾惮。诸受枉者,抱怨积直,不获上闻"。⑦ 这些建议并没有被采纳,"帝虽善其言而终不能改也"。⑧ 相反,

---

① 《晋书》卷五七《陶璜传》。
② 陈寅恪:《魏晋南北朝史演讲录》,贵州人民出版社 2012 年版,第 32 页。
③ 《晋书·地理志上》。
④ 《资治通鉴》卷八一《晋纪三·世祖武皇帝中》。
⑤ 同上。
⑥ 同上。
⑦ 同上。
⑧ 同上。

"九品中正之制"强化了西晋政治乃豪强儒门之治,导致朱衣当途,为身择利,礼法有贪鄙、淫僻之风,"礼法刑政,于此大坏"。"朝寡纯德之人,乡乏不贰之老,风俗淫僻,耻尚失所,学者以老庄为宗而黜《六经》,谈者以虚荡为辨而贱名检,行身者以放浊为通而狭节信,进仕者以苟得为贵而鄙居正,当官者以望空为高而笑勤恪"。"悠悠风尘,皆奔竞之士,列官千百,无让贤之举。其妇女,庄栉织纴皆取成于婢仆,未尝知女工丝枲之业,中馈酒食之事也。先时而婚,任情而动,故皆不耻淫泆之过,不拘妒忌之恶,父兄不之罪也,天下莫之非也。又况责之闻四教于古,修贞顺于今,以辅佐君子者哉! 礼法刑政于此大坏"。[1] 晋惠帝时已是政治大坏,危机四伏,边疆极不稳定,"思郭钦之谋,而寤戎狄之有衅"。[2] 尽管如此,虽然西晋之于边疆治理其官制法律未备,但是亦有治边能臣"导以王化之法"。

西晋于边疆种族的治理机构有大鸿胪、典客令,在地方有护羌、夷、蛮等校尉。晋武帝时有南蛮校尉(襄阳)、西戎校尉(长安)、南夷校尉(宁州)。元康中,护羌校尉为凉州刺史,西戎校尉为雍州刺史,南蛮校尉为荆州刺史。及江左初,南蛮校尉又置于江陵,改南夷校尉为镇蛮校尉。及安帝时,于襄阳置宁蛮校尉,护匈奴、羌、戎、蛮、夷、越中郎将。武帝置四中郎将,或领刺史,或持节为之,武帝又置平越中郎将,居广州,主护南越。[3]

在西南,晋惠帝时有王逊以严法治理边患有功。西晋时,西南诸郡设置有如汉代,晋惠帝末西南夷叛乱,宁州需有一得力刺史前往治理。永嘉四年,朝廷以王逊为南夷校尉、宁州刺史。当时宁州的形势是"外逼李雄,内有夷寇,吏士散没,城邑丘墟"。[4] 为迅速平息边患,王逊采取了严法的手段。"逊披荒纠厉,收聚离散,专杖威刑,鞭挞殊俗。……又诛豪右不奉法度者数十家,征伐诸夷,俘馘千计"。[5] 因此,威行宁州,莫不振服。王逊在平定叛乱、重立法度的基础上,又"以地势形便"改革原来的郡制,[6]分牂

① 《晋书》卷五《孝愍帝纪论》。
② 同上。
③ 《晋书》卷二四《职官》。
④ 《晋书》卷八一《王逊传》。
⑤ 同上。
⑥ 同上。

柯为平夷郡,分朱提为南广郡,分建宁为夜郎郡,分永昌为梁水郡,又改益州为晋宁郡。这里,王逊于西南边地"诛豪右不奉法度者数十家",而改革西南边疆郡制,当属于比较法律化和制度化的做法。

除王逊这样的严法而治之外,这一时期治理边疆还多施以谋略,比较突出的是吕光。吕光为东晋时期的人物,曾远征西域,为后凉政权奠定了基础。建元十八年(382)九月,吕光受符坚之命,率十万(一说七万)大军讨伐西域,以陇西董方、冯翊郭抱、武威贾虔、弘农杨颖为四府佐将。阳平公符融认为这是蹈汉朝的"过举",因为"西域荒远,得其民不可使,得其地不可食,汉武征之,得不补失"。① 建元十九年(383)正月,吕光自长安出发,符坚在建章宫为吕光送行时,要求吕光到任后,需"示以中国之威,导以王化之法":"西戎荒俗,非礼义之邦。羁縻之道,服而赦之,示以中国之威,导以王化之法,勿极武穷兵,过深残掠。"②吕光到任后的确是示以中国之威,在龟兹都城屈茨(库车东)西与敌展开决战,斩杀万余,王侯降者计三十余国。随后又"抚宁西域,威恩甚著,桀黠胡王昔所未宾者,不远万里皆来归附,上汉所赐节传,光皆表而易之"。③

此外,史籍中关于北魏、西魏、北齐、北周的治边情况都有记载。北魏在治国方面继承西周以来的政治传统,实行德政,认为"饥寒迫身,不能保其赤子,攘窃而犯法,以至于杀身。迹其所由,王政所陷也"。④ 对待边疆种族,自世祖太武帝即位以来,坚持认为"以五方之民各有其性,故修其教不改其俗,齐其政不易其宜,纳其方贡以充仓廪,收其货物以实库藏,又于岁时取鸟兽之登于俎用者以犒膳府"。⑤

西魏享国二十二年,西魏中期以后,修复了关中至汉中、巴蜀的通道,又与西域大规模通商,"卉服毡裘,辐辏于属国;商胡贩客,填委于旗亭"。地方守宰"多经营以致赀产",民间亦颇多商贾,不少边地游牧种族也开始定居农耕。此时的河西诸郡用西域金银之钱而"官不禁",皇帝以银钱赏

---

① 《资治通鉴》卷第一〇四《晋纪二十六》。
② 《晋书》卷一二二《载记第二十二》。
③ 同上。
④ 《魏书》一一〇《食货志》。
⑤ 同上。

赐臣下,说明此期金银作为货币开始流通。西魏注意在边地"恩威并重","政尚仁恕",其治边著名者有韩褒。韩褒于西魏大统十二年(546)任西凉州刺史治理河西羌胡之地,"羌胡之俗,轻贫弱,尚豪富。豪富之家,侵渔小民,同于仆隶。故贫者日削,豪者益富",[①]韩褒采取"免徭赋""调富人财物以振给之"这样的经济手段解决问题,而非一味去改变羌胡风俗,于是羌胡地区贫富渐均,户口殷实。"褒乃悉募贫人,以充兵士,优复其家,蠲免徭赋。又调富人财物以振给之。每西域商货至,又先尽贫者市之"。[②]

北齐为鲜卑政权,有六帝,共享国二十八年。其国不振,其法有《北齐律》。《北齐律》有承上启下之功,而关于其治边之法没有更多的记载。

北周统一北方,在司法上断案慎罚,力戒楚毒,自痛自诬,尽量减少冤假错案。大统十三年(552),宇文泰又下令废止宫刑。北周在西北边疆问题上主要是行"和亲"怀柔之策,如大统元年"蠕蠕请和亲,周文遣荐与杨宽使,并结婚而还"。[③]又如周孝闵帝践阼,"仍使突厥结婚",[④]而北朝在其范围内的东南蛮夷之地,则是直接实行风俗教化。

从三国到晋,东南吴越虽然有所开发,但其原住种落尚为蛮夷,平文帝因孙权旧所,都于丹阳,即旧扬州之地。"东南曰扬州,其山镇曰会稽,其薮泽曰具区"。[⑤]此地在春秋时为吴越,僻远一隅,不闻华土,其俗气轻急,不识礼教,"盛饰子女以招游客,此其土风也"。[⑥]战国时,其地并于楚,地远恃险,"世乱则先叛,世治则后服"。[⑦]汉末三国时,孙吴踞其地,跨而有之。此时"中原冠带呼江东之,皆为貉子,若狐貉类云"。[⑧]至晋司马叡时,"叡羁縻而已,未能制服其民"。[⑨]北周孝闵帝登基后,有薛慎通经学,兼学佛义,曾任湖州刺史,治理其东南边地。时当地风俗原始,"界既杂蛮夷,恒以劫掠为务"。薛慎到任后要求当地首领"每月一参,或须言事者,不限时

① 《北史》卷七一《韩褒传》。
② 同上。
③ 《周书》卷三三《杨荐传》。
④ 《周书》卷三三《王庆传》。
⑤ 《魏书》卷九六《司马叡传》。
⑥ 同上。
⑦ 同上。
⑧ 同上。
⑨ 同上。

节"，施之以德。凡有纠纷，必"殷勤劝诫，及赐酒食"，以致"一年之间，翕然从化"。当地诸蛮以之为真人父母，莫不欣悦。薛慎尊重当地风俗，多施教化，以同于汉俗。他依照当地蛮俗，凡婚娶之后，父母虽在，即与别居，薛慎认为"非唯萌俗之失，亦是牧守之罪"，于是他亲自诱导，示以孝慈。故《北史》云："慎谓守令曰：'牧守令长是化人者也，岂有其子娶妻，便与父母离析？非唯萌俗之失，亦是牧守之罪。'慎乃亲自诱导，示以孝慈。并遣守令，各喻所部。有数户蛮，别居数年，遂还侍养，及行得果膳，归奉父母。慎以其从善之速，具以状闻，有诏蠲其赋役。于是风化大行，有同华俗。"①

两晋南北朝继承了过去的边官设置，有南蛮校尉、西戎校尉、宁蛮校尉、南夷校尉、镇蛮校尉等针对边疆地区的设置。南齐时，开始罢南蛮校尉之职。当时王奂领南蛮校尉、南郡内史时，主张罢南蛮校尉的设置，认为"今天地初辟，万物载新，刑蛮来威，巴濮不扰。但使边民乐业，有司修务……制置偏校，崇望不足以助强，语实安能以相弊？且资力既分，职司增广，众劳务倍，文案滋烦。非独臣见其难，窃以为国计非允"。②王奂的建议"见许，于是罢南蛮校尉官"。③南朝宋齐时期，常以威服之势治理南方边地诸蛮，渐变其风土。刘宋时期萧道成第二子萧嶷治理诸蛮，时有治边官员沈攸之向诸蛮责赎（以赎罪为名，向边疆地方索钱财）千万，而酉溪蛮王只出五百，且酉溪蛮王田头拟杀死沈攸之的使者。因此官军讨伐荆州界内的蛮族，并禁断当地鱼、盐交易，由此激怒"群蛮"，加之田头拟之弟田娄侯篡位，于是"蛮部大乱，抄掠平民，至郡城下"。萧嶷击破蛮军，诛田娄侯于郡狱，让田都继承父位，"蛮众乃安"。④晋宋之际，"刺史多不领南蛮"，另以重要的大臣居此位。齐高帝时，以萧嶷都督荆、湘、雍、益、梁、宁、南、北秦八州诸军事，萧嶷给南蛮资费每年三百万，布万匹，绵千斤，绢三百匹，米千斛，"近代莫比也"。⑤萧嶷以荆州邻接蛮、蜑之地，因而顾虑当地人生

① 《北史》卷三六《薛辩传》。
② 《南齐书》卷四九《王奂传》。
③ 同上。
④ 《南齐书》卷二二《豫章文献王传》。
⑤ 同上。

谋反之心，"令镇内皆缓服"。同时，萧嶷"于南蛮园东南开馆立学"，[①]以宣教化。又比如南齐对于越州的治理就是如此。"越州，镇临漳郡，本合浦北界也"。[②]越州主要在今广西浦北县地界，地处广州和交州交界处，是边地种落的聚居地，历来被视为寇盗荒蛮之地，南朝刘宋泰始中始于此地立越州。南齐时期这里仍然是"夷獠丛居，隐伏岩障，寇盗不宾，略无编户"的状况。由于此地"越瘴独甚"，因此南齐以威服之势治之，以陈伯绍为刺史，"刺史常事戎马，唯以战伐为务"。[③] 不过，此后风土渐变，归统入编人口渐多。如《南齐书·州郡上》载："元徽二年，以伯绍为刺史，始立州镇，穿山为城门，威服俚獠。土有瘴气杀人。汉世交州刺史每暑月辄避处高，今交土调和，越瘴独甚。刺史常事戎马，唯以战伐为务。"陈朝后主陈叔宝南面继业，礼乐刑政，咸遵故典，以经律治国，严禁淫俗，诏曰："又僧尼道士，挟邪左道，不依经律，民间淫祀妖书诸珍怪事，详为条制，并皆禁绝。"[④]在治理淮、泗、青、徐的边民上，认为夷狄与汉人别无二致，后主的诏书中有："夷狄吾民，斯事一也，何独讥禁，使彼离析？……并赐衣粮，颁之酒食，遂其乡路，所之阻远，便发遣船仗卫送，必令安达。若已预仕宦及别有事义不欲去者，亦随其意。"[⑤]

　　三国两晋南北朝的边疆法制，继承了两汉以来礼法治边的传统，出现了许多治边能臣，他们对于这些非礼义之邦，宽严得法，"怀柔有术，清慎持法"。一方面，他们禁厚葬，断淫祀，进善黜恶，惩重罪而不问小过；另一方面又立学明训，做到风化大行。这些措施显然是两汉时期经学昌盛及法律儒家化的结果，从他们的措施来看，与内地汉区德主刑辅、礼法并用的法制方针并无二致。这一时期的边疆治理贯彻了儒家的法律思想，积累了经验，为以后的边疆法制在法律形式、治理思想、治理方法上奠定了基础。总之，这一切礼法治理都可以归结为陈朝后主陈叔宝诏书中所说的"夷狄吾民，斯事一也"。

---

① 《南齐书》卷二二《豫章文献王传》。
② 《南齐书》卷十四《州郡上》。
③ 同上。
④ 《陈书》卷六《本纪第六·后主》。
⑤ 同上。

　　三国两晋南北朝时期的治边之法，或宽或严；或重礼俗教化，或重国家法治；或以威服，或以德化。在恩威之间，在实行国家律典与风俗教化之间，没有整齐划一的模式，因地制宜本身成为一种管理艺术。从前面我们列举的人物事例可以看出，这一切都由治边官员个人来把握，具有个性化的人治色彩。不过这种个性化的人治，虽然有非理性的因素，但却有稳定的儒家政治学背景。

　　中国古代虽有秦律、汉律以及后来的唐律、大明律、大清律例这样一些官方法典，而且从法学的角度看还有律学。但是，中国古代的法学根本上讲是"礼法学"，或者说是"法俗学"。除秦代之外，中国古代治国的关注点一直是社会，而非政治；是社会本位，而非政治本位；是追求社会的稳定和谐，而非一味追求国家之强大。其所用之手段是礼俗而非专以法治，这亦是其"得人心者，得天下""民为本，君为轻，社稷次之"的民本思想的表现。诚如钱穆先生归纳的那样，"其实中国人提倡礼治，正是要政府无能，而多把责任寄放在社会。因此想把'风俗'来代替了法律，把'教育'来代替了治权，①把'师长'来代替了官吏，把'情感'来代替了权益"。② 所谓风俗、教育、师长、情感皆是社会的范畴，所谓法律、治权、官吏、权益皆是国家的范围。

　　总之，由于中国古代对于天下的治理是以对"社会"的治理为主，对社会的治理本质上是俗治，在手段上亦多以风化为主，以建立起礼俗社会而收长治之效为目的。中国古代王朝的俗治之难仍在于社会治理和边疆治理，历史上多采取法治与俗治并重的做法，在威服之后往往于这些地方开馆明训，及时进行礼俗教化。不过单纯的俗治作为一种软实力，虽然可以强化国家和文化认同，但是中国古代国家针对社会和边疆的控制力从来都不是十分强大，也许是由于农业经济财力不济的原因，在军事上王朝国家一直缺乏专门的野战集团力量，当遇外侮强敌时王朝往往反应迟钝，缺乏有效动员集结之能力，难以迅速应付边患，这是中国古代王朝总是容易出

①　与现代学校教育的公学性质相比，古代私人私塾教育和书院教育皆属于私学，现代大学的导师制在大学教育中有私学成分，但是在制度上仍属于公学。
②　钱穆：《湖上闲思录》（新校本），九州出版社 2012 年版，第 61 页。

现边患的重要原因之一,因此因于俗的社会治理和因于法的国家治理是弥补对社会和边疆控制力不足的需要。由于疆域广大,风俗各异,除了俗善、俗恶的文化认知之外,中国古代王朝国家一直致力于化正风俗、一同于俗,其目的仍然是最大限度地减少因文化差异性而导致的社会、政治矛盾,减少因这种差异性而出现的社会和边疆隐患。

事实上,从秦汉以来,中国古代王朝国家的法治进程与地方设治密切相关,但是因为文化上的阻隔和军力上的不足,其地方设治的能力也同样十分有限,所以历史上才会出现羁縻这样的制度。王朝地方设治的能力与法治进程密切相关,地方设治的能力是法治的基础。由于边地偏远,且农牧业居住分散,往往难以设治,而所谓的法治则难以深入。加之许多族群又多无文字,缺乏制度化的教育,难以在短时间内形成成熟的文化认同,更难以有儒家人文思想的传播和国家的法治建设。比如:一些边地族群的"贵壮贱老",奉行以强者为大,崇拜强权的风俗,与中国儒家遵循忠孝仁义的政治理想不相符。由于崇拜强权、强者,他们对待中原王朝的态度往往表现为"或降或叛",如江统《徙戎论》所言:"弱则畏服,强则侵叛。虽有贤圣之世,大德之君,咸未能以通化率导,而以恩德柔怀也。当其强也,以殷之高宗而伐于鬼方,有周文王而患昆夷、猃狁,高祖困于白登,孝文军于霸上。及其弱也,周公来九译之贡,中宗纳单于之朝,以元成之微,而犹四夷宾服。"①

由于这些原因,中国古代王朝国家的法治进程实际上一直是十分缓慢的,而且需要一直伴随"齐俗""化俗"活动,才能够比较有效地实现社会的长治久安,这也是儒教的法俗文化能够长期存在的客观原因。中国历代王朝的化俗运动一直是一个漫长的过程,虽然时至今日这一过程需要的时间正在缩短,但也不能够说就已经完成,因此可以说中国的法治进程仍然是一个同时需要"齐俗"的过程,中国的法治史仍然是一部法俗史,中国法治进程仍然需要加强不同"俗"文化之间的交往、交流和交融,这也许就是对孔子所说的"善人为邦百年,亦可以胜残去杀"的最好注释。②

① 《晋书》卷五六《江统传》。
② 《论语·子路第十三》。

第十九章　儒家俗治思想的总结

一、"王者无求"与"王者无外"

在前面,我们说过在中国古代的道法学理论中,皇、帝、王、霸、君子这五种号称,它们依次代表了天治、德治、仁治、义治、群治这五个层次的治道。这五种治道共同的特点是援天道及于人事,赋予了皇、帝、王、霸、君子以"道"的属性,体现了中国古代天人合一、道法合一、以合和为贵的道法学思想。这一思想在实践过程中,无论对内、对外都是一致的,因此早在唐虞之世,王朝对不同种落、不同风俗的治理,其根本目的在于《尚书》中所说的"协和万邦""以亲九族",这也是中国古代朝贡制度的宗旨。朝贡对于中华共同体的形成至关重要,而朝贡制度的原则是"王者无求""王者无外",《尚书·旅獒》体现了西周对于四方朝贡秉持的基本原则,这一原则充分体现了古代俗治的政法意义,兹录如下:

> 惟克商,遂通道于九夷八蛮。西旅底贡厥獒,太保乃作《旅獒》,用训于王。①
>
> 曰:"呜呼! 明王慎德,四夷咸宾。无有远迩,毕献方物,惟服食器用。王乃昭德之致于异姓之邦,无替厥服;分宝玉于伯叔之国,时庸展亲。人不易物,惟德其物。"②
>
> 德盛不狎侮。狎侮君子,罔以尽人心。狎侮小人,罔以尽其力。不役耳目,百度惟贞。玩人丧德,玩物丧志。志以道宁,言以道接。不

---

① 《尚书·旅獒》。
② 同上。

作无益害有益,功乃成。不贵异物贱用物,民乃足。犬马非其土性不畜,珍禽奇兽,不育于国。不宝远物,则远人格;所宝惟贤,则迩人安。[1]

呜呼!夙夜罔或不勤。不矜细行,终累大德。为山九仞,功亏一篑。允迪兹,生民保厥居,惟乃世王。[2]

这说明在周武王战胜殷商之后,已经修通了通往九夷八蛮的道路,加强了彼此间的往来,因此远方的旅国才来贡献一种叫做"獒"的狗。这里"旅獒"的意思是指旅国的狗。"明王慎德,四夷咸宾",意思是有德之君王,四夷自然来归附。"无有远迩,毕献方物",意思是周武王慎敬德行,因此四夷都来贡献各自的特产。这是以旅国贡献给武王狗这件事情来说明进贡的政治意义,进而阐明进贡的真义在于:一是"人不易物,惟德其物",意思是这些贡献的方物有其特殊的意义,需要用德行的眼光来看待这些贡献的物品;二是"不宝远物,则远人格",意思是不看重远方的物品,远方的人反而会来归附;三是"所宝惟贤,则迩人安",认为关键是要有贤德的人,才能安抚好近处的人。所谓"礼尚往来"就是要求为大国、强国者当持善德而无骄恃之态,以此待四方之国。上述这三层含义成为中国古代朝贡制度的基本政治原则。周朝吸取商朝的教训,强调"明王慎德"的王者政治,因此有"德盛不狎侮。狎侮君子,罔以尽人心;狎侮小人,罔以尽其力"的理论,这是周朝处理与"四方"关系的基本理论。上古有"谨小慎微"的哲学,其王朝治理亦奉行此道,对于四方的治理也同样如此。在《旅獒》中,不仅强调小小方物贡献的重要性质,更强调当以慎敬之心看待方物贡献之事,故《旅獒》中最后才有"不矜细行,终累大德。为山九仞,功亏一篑"之语。

中国古代的朝贡之制奉行的是"王者无外"的理念,这从中国古代对于疆域分界形势的理解可知,清人顾祖禹对疆域形势的解释亦说明了这一点。顾祖禹秉承家学,以一人之力撰《读史方舆纪要》,穷极天下形势,然在谈到"九州岛"分界时,其书亦云:伏羲都陈(河南陈州),神农都陈,又营曲阜。黄帝邑于涿鹿(涿州),为黄帝之都。少昊自穷桑(穷桑:曲阜北)登位,后从

---

[1] 《尚书·旅獒》。
[2] 同上。

曲阜。颛帝自穷桑徙帝丘(旧濮阳城)。帝喾都亳(河南偃师)。尧始封于唐县,后迁于晋阳,及为天子,始都平阳(山西临汾)。舜都蒲阪(山西蒲州)。夏都安邑(禹始封夏伯,今河南禹州,安邑:山西解州属县),其后帝相都帝丘(旧濮阳城)。少康中兴,复还安邑。从地理上看,尧、舜、禹之都,彼此相距不过二百里且都在冀州之内。所谓"冀州",相当于清代的彰德、卫辉、怀庆三府以及辽东之广宁诸卫地方,即今天的河北、山西、河南。因此,孔氏曰:"冀州,帝都也,三面距河。"在《禹贡》中不言冀州所至,其原因是:"蔡氏曰:禹贡冀州,不言所至,盖王者无外之义。"①意思是说《禹贡》中之所以不讲冀州的地理范围,是因为古代认为"王者无外",不需要言其所至。

对于疆域范围,之所以"不言所至",是因为"王者无外之义",凡愿意来朝贡者都不予以限制,因此不一定要限定其疆域范围。"王者无外"还包含了在当时分封建制条件下,中央王朝对于边地的态度有"但求得其人心,而不一定要得其地"的思想,这实际上是上古以来"德治"思想于边疆治理的体现。这与后来汉光武帝针对匈奴攻略一事对臧宫、马武所说的"务广地者荒,务广德者强"是一致的。"建武三十年,人康俗阜,臧宫、马武请珍匈奴,帝报曰:'舍近而图远,劳而无功。舍远而谋近,逸而有终。务广地者荒,务广德者强。有其有者安,贪人有者残'"。②广地者,不得其地而治,且治而无用;广德者,需固强其本而能使自己的声教文化远播。后之惯用的羁縻治法也正是这一思想的体现。正如唐杜佑于《通典·州郡序》开篇对"羁縻"的"德""仁"之义的历史性的解释:"天下之立国宰物尚矣,其画野分疆之制,自五帝始焉。道德远覃,四夷从化,即人而治,不求其欲,斯盖羁縻而已,宁论封域之广狭乎!尧舜地不过数千里,东渐于海,西被流沙,朔南暨声教,五帝之至德也。武丁、成王东则江南,西氐羌,南荆蛮,北朔方,三代之大仁也。"③因此,后世常谓之"王者无外",可以追溯到《尚书·旅獒》中昭示的"王者无求","王者无求"的思想为后世所以继承,后世

---

① (清)顾祖禹撰,贺次君、施和金点校:《读史方舆纪要》卷一《历代州域形势一》,中华书局2005年版,第2页。
② (宋)马端临撰:《文献通考》卷三二四《四裔考一·东》,中华书局2011年版,第8908页。
③ (唐)杜佑撰,王文锦等点校:《通典》卷一七一《州郡一·州郡序》,第4450页。

所谓的"王者无外""内固王畿,外维疆索""务广地者荒,务广德者强""羁縻"这些俗治话语,是立足于不同风俗的种落之间的交往、交流和交融,为中华共同体的形成提供了理论基础,它们共同构成了中华共同体的基本话语。

二、"礼不强为"与"渐次互适"

自春秋重视夷夏之别以来,中国与四围种落的关系,一直是以儒家礼法文化为核心价值,仍然向着中华共同体的方向发展,逐渐形成了以中华文化为准据,对四围进行文治教化,奉行"礼不强为""渐次互适"的文化交融传统,这一传统直到清代都是对待四围法俗的基本治法。

秦汉以来,中国王朝所谓的治国、平天下,不过是要解决两个问题:一是"安中国",二是"安夷狄"。"中国"不安,则"夷狄"不安;"夷狄"不安,则"中国"亦不安。这是历代国家治理最基本的政治格局和政治任务,这种政治格局是"中国"的地理形势和种落分布环境决定了的。在治边观念中,一直强调着"同一风俗"的价值性文化输送,这种价值性文化输送在内容上是儒家的义理,即其"五常之教";在形式上通过经义、礼俗教育进行;在方法上,如清人王树枏所云,是"俗之不可骤变,礼之不可强施"。[1] 历代在边疆地区传播的儒家文化不重在施行内地的政治、法律,而是重在努力用儒家基本义理去"变易习俗",以求"达其志,通其欲,安其俗"。所谓"安其俗",就是"因其言语、嗜欲、习惯之常",不一味改变其风俗形式,因此历代治边所以强调者,莫不以文化逐次融合为要。虽然讲"变易习俗",却不主张以强力行之。在理论上,"俗之不可骤变,礼之不可强施"起源于《礼记·曲礼下》对于君子(士)的行为规范:"君子行礼,不求变俗。祭祀之礼,居丧之服,哭泣之位,皆如其国之故,谨循其法而审行之。"[2] 又:"其所

---

① （清）王树枏撰:《新疆礼俗志》,载娄子匡编《国立北京大学中国民俗学会民俗丛书》第四辑,第1页。

② 《礼记·曲礼下》对君子(士)的行为有许多规范,如"君子已孤不更名"、"居丧不言乐"、"祭祀不言凶"、"公庭不言妇女"、"君子虽贫,不粥祭器"、"虽寒,不衣祭服"、"公事不私议"、"岁凶,……士饮酒不乐"、"士无故不彻琴瑟"、"士私行出疆必请,反必告"等等。"君子行礼,不求变俗"是《曲礼下》中对君子的诸多规范之一,这里的王树枏所称"俗之不可骤变,礼之不可强施",已经是在国家政策层面来说了。如隋炀帝见突厥启民时就说过:"夷夏殊风,君子教民,不求变俗。断发文身,咸安其性。……但使好心孝顺,何必改变衣服也。"见《隋书》卷八四《突厥》。

以达其志，通其欲，安其俗，和其民者，莫不因其言语、嗜欲、习惯之常，以曲施其左右裁成之术，故记曰：'礼，时为大，顺次之，体次之，宜次之，称次之。'又曰：'君子行礼，不求变俗。'"①文中所谓"以曲施其左右裁成之术"，是指推行礼法要奉行《礼记·礼器》中所讲的"时为大，顺次之，体次之，宜次之，称次之"的原则，以"达其志，通其欲，安其俗，和其民"为步骤，这就是首先要顺应时代变化而用礼法，其次因不同对象和具体事情而施礼法，再次才是对不同身份称谓者适用礼法，这反映了儒家"礼不强为""渐次互适"的俗治传统。

历史上，这一传统在实践中亦为诸多边臣所贯彻。如清代光绪朝布政使王树枏所撰《新疆礼俗志》，分析了从上古至光绪时期中国边疆礼俗变化的形势，强调了以礼俗治边的重要性。王树枏（1851—1936），字晋卿，直隶小兴州人，自幼迁居保定，先任四川青神及宁夏中卫知县、兰州道，光绪朝任礼部顾问官，甘肃、新疆布政使。光绪三十二年八月入疆，撰有《新疆礼俗志》《新疆图志》。作为治疆地方大员，王树枏所撰《新疆礼俗志》秉承儒家俗治观，总结了历代经验，深入了解和分析当地民俗，提出："俗之不可骤变，礼之不可强施也。"②

> 三代之时，其所谓夷蛮戎狄者，大抵皆在今行省域内，而先王尤于其礼俗兢兢焉不敢强为，大同盖迟之二三千年，而糅合种类、一道同风之效始著于今日。③

在王树枏看来，诸回的问题是性俗之别。而从大历史观来看，西域的问题是文化问题。汉唐都护之设，西域本可渐以成制，西域可望尽染华风，儒教可尽与之相融，然唐失西域，回教乘势浸漫，以致于此后中国有所谓宗教问题，又有所谓国家法律与西域民族法俗调适之问题。后清拓疆万里，

---

① 《礼记·曲礼下》。
② （清）王树枏撰：《新疆礼俗志》，载娄子匡编《国立北京大学中国民俗学会民俗丛书》第四辑，第1页。
③ 同上。

复据西域,致力融合,深察其民性、风俗,以图渐次化之。无奈回教于西域大势已成,表虽有异,里实相同,不可骤然更改,故王树枏叹曰:"俗之不可骤变,礼之不可强施也。"①

终观清代西域的民族格局,若采用清人旧辞,西域之主要民族有"甘回""缠回""布回""哈民""蒙民"。"甘回"与"缠回",不仅民性、风俗有异,其教亦有不同。首先看"甘回","甘回"可谓"华仪回诵",其服饰、丧葬孝悌与华俗大同小异,"汉装回多从",②有"古皮弁之制,周礼天子皮弁以临,大祀六经图考皆绘其形,注云:上锐下圆,鹿皮为之,用十二缝,此古时通制也"。③其"丧葬"之俗,"日穿穴奠尸,闭隧封墓,孝子遵遗嘱,次弟举行,朝夕省墓,亦有庐墓侧,百日者,三不宴客,不戏游,不嫁娶,冠服皆素皂,遵《王制》也"。④然其虽类华服,尽孝悌,却亦"不宗法"而以"诵经"为本,其社会内部形成了富有凝聚力的文化自组织形式和经济自救济习俗。概括其特点如下:

1. 其礼拜无贫富贵贱长幼。"七日一小会,七十日又大会,会之日无贫富贵贱,长幼皆澡身,盛衣冠入寺,跪听赞颂"。⑤

2. 其教育不取学资。"入学堂者,饮食教诲不取学资,皆礼拜诸寺给之"。⑥

3. 其读书用语不用汉字。与缠回用法尔西音不同,"其字二十八母横行,读书者,自右之左,用阿拉伯音"。⑦

4. 其组织为教法形式,分工有序。"司诵读者,曰掌教;司事者,曰社长;教授经典者,曰阿浑;号召大众者曰满尔金;诵经者曰海提卜"。⑧

5. 其社会救济守望相助,可不假于外。"其教重爱群合众,有不能自

---

① （清）王树枏撰:《新疆礼俗志》,载娄子匡编《国立北京大学中国民俗学会民俗丛书》第四辑,第1页。
② 同上书,第32页。
③ 同上。
④ 同上书,第34页。
⑤ 同上书,第35页。
⑥ 同上。
⑦ 同上。
⑧ 同上。

存、自活者,相与助资财、谋生聚。遇糊口远人,资而遣之,死亡未有不收瘗者".①

清代"甘回"社会抵近中土,虽在衣装、葬俗上与中土礼制有合,也重孝悌,然在生计、组织、信仰、教育、救济上却形成了一个封闭系统,"深闭固绝,自为风气"。其民性,"薄饮食,忍嗜欲,劳力耕作,废居远行贾。善居积财货,耻游手仰食于人"。② 然而清代"甘回"社会内部亦有派系,"甘回教主植门户,争权势,分为新旧,裂为四五,睚眦忿争,勇于持刺,犯上作乱习为故常"。③ 正出于此,由内而外,清代"甘回"与汉人矛盾较深。在清人看来,清代"甘回"民性除善积财货、吃苦耐劳外,还有"喜乱恶安"的一面:"然贪诈刁悍,喜乱恶安,枭黠之徒,各执一教,雄长仇杀,殃及异族,诛之而不惧,劝之而不德,深闭固绝,自为风气,此其弊也。"④此等固绝仇杀之风气延及汉回关系:"故汉回相仇杀,戾若水火,冰炭睊睊怒睨,如防大敌。十余年以来,河湟之族,岁出关者劣五六千人,盗窃之风遍于四境,白索之乱,满蒙之民,遭屠戮焚,掳者不可数计,孑遗零落,屡焉衰备,几不克。"⑤面对此等形势,作为甘肃、新疆布政使的王树枏认为"甘回"之治乃是百年之计,是"善人为邦"的文化之治,其有叹曰:"孔子曰:恐季孙之忧,不在颛臾,而在萧墙之内也,其斯之谓乎! 为今之策,惟有诛废教主而罢其权,仿古比闾族党之制,专设阿浑主经典,掌其礼俗,而后多立学堂,渐之以仁义,化之以诗书,潜运默移聛其种族,则亦庶几乎? 其有济也,孔子曰:善人为邦,百年亦可以胜残去杀矣! 呜呼! 安得若善人者而与之为邦也!"⑥

王树枏的"甘回"治法,推演其义可知,是要废教主而罢其权,其目的在于去除其宗教对世俗社会生活的掌控,从顶层消除因"甘回"内部教主分裂而导致的"喜乱恶安"局面。同时,在"诛废教主而罢其权"之后,再专

---

① （清）王树枏撰:《新疆礼俗志》,载娄子匡编《国立北京大学中国民俗学会民俗丛书》第四辑,第35页。
② 同上书,第37页。
③ 同上。
④ 同上。
⑤ 同上书,第38页。
⑥ 同上。

设阿浑诵经掌俗,不骤失其教,可维系其原有之社会秩序,以免造成信仰真空,反生变乱。同时,仿古之"比间党族"之制,促其形成汉人社会的"乡贤社会"。所谓"乡贤社会",是一种由士绅、里老、族长来主导的基层自治社会,华制不过是祖先崇拜,以族而居,又崇尚儒家教化,因此形成了以士绅、里老、族长为核心的民间基层自治组织,这类似于边疆民族地方苗人社会中的"老辈子"、伊斯兰社会中的阿浑、藏人社会中的活佛、彝人社会中的毕摩。至少从西周开始,中国已经有长行政公权向民间自治过渡的组织形式,即所谓的"比间党族"制。依周制,中国的乡村是由党、族、间、比构成,《周礼·地官·大司徒》:"五家为比,五比为间,五间为族,五族为党,五州为乡。"分别有党正、族长、间胥、比长。党正掌其党之政令教治,族长掌其族之戒令政事,间胥掌其间之征令,比长掌其比之治,皆统于地官,形成了从民治到官法的自然过渡。这一制度虽然层级、数量可能不同,但基本形式历代一直延续,也是后来地方保甲制的基础。"比间党族"制的理论基础实际上与儒家社会本位思想和西周分封制的自治性相一致,在此不多述论。

"甘回"社会是阿浑诵经、掌俗的自治社会,在形式上与华制类似,但内容却各异,阿浑主导的回人社会是伊斯兰宗教社会,而华制之"比间党族"则是儒教社会,二者之别,是回教与儒教之别。"甘回"之阿浑直面"真主",往往缺乏与国家政治的贯通性。而儒教则不然,儒教作为国家意识形态,在内地是一以贯之的,因此王树枏的这种比较只能是形式上相似。当然,王树枏也认识到要在回人社会中形成"比间党族"制,就要"多立学堂,渐之以仁义,化之以诗书,潜运默移聊其种族"。要传输儒家的义理定然是一件长期而艰难的事情,因此王树枏引孔子语说:"善人为邦百年,亦可以胜残去杀矣!"[1]王树枏认为新疆之治要达成儒家的礼治,是一个长期的过程,他引《荀子·礼论》说:"礼,始乎棁,成乎文,终乎悦,盖言渐也。"[2]因为自汉通西域,至于清初,虽然经历代君相经营两千余年,但新疆之地民族叛服离合,至于清朝已有同于化外之地,并没有被纳入儒家文化圈。"新疆自

---

[1] 《论语·子路第十三》。
[2] 《荀子·礼论》:"凡礼,始乎棁,成乎文,终乎悦。"

昔复绝不通,中国汉穷西域,而后历代君相力征经营两千余载,叛服离合,有同化外"。①

虽然我们说历代在边疆地区传播的儒家文化不重在施行内地的政治、法律,而是重在努力用儒家基本义理和礼去"变易习俗",但是整个清朝对于新疆的治理却是一个十分缓慢的过程。清朝对于新疆地方的治理首先是制度上的建设,这表现在对伯克实行品级任命,将之纳入清政府的官品系列,束之以法律,以实现控制伯克的目的。再于伯克与阿浑之间实行政教分离,最后于光绪十年(1884)废除伯克制度,设行省。但即使废除伯克制,改行省,设官吏,置郡县,这些也只是政治层面的措施。在文化方面,清政府一直没有"骤易而强之同",没有改变新疆地方的宗教、习俗、言语、文字,因此一直到王树枏所在的光绪朝时期,新疆仍然是"广袤二万余里,人类纷庞,各为礼俗",其种族、宗教、礼俗如旧,"曰蒙古,曰缠,曰布鲁特,曰哈萨克,曰甘回。而综核其教无[虑]两端,曰回,曰佛而已。至于满州驻防,其礼载在会典;流寓汉民,各从乡俗,不复著其同者"。这说明清朝在新疆的治理方略是立足稳定和长远,这也符合儒家"己所不欲,勿施于人"的原则和"因其教不易其俗,齐其政不易其宜"的思想,其治法是"齐之以政刑,化之以礼乐,深之以摩渐,需之以岁时,数百年后用夏变夷之治,其庶有豸乎"!②

我朝定鼎声教,西暨冰雪之窟,不毛之野,毡裘浑酪之族,筠冲天笃之众,逆者薙狝顺者卵翼。始则以其种族之人治其种族;继则改行省,设官吏,而郡县之以养、以教,视同赤子。然而宗教、俗尚、伦理之间未尝强而合也。饮食、衣服、言语、文字未尝骤易而强之同也。齐之以政刑,化之以礼乐,深之以摩渐,需之以岁时,数百年后用夏变夷之治,其庶有豸乎! 新疆广袤二万余里,人类纷庞,各为礼俗,今区其种,曰蒙古,曰缠,曰布鲁特,曰哈萨克,曰甘回。而综核其教无[虑]两

---

① (清)王树枏撰:《新疆礼俗志》,载娄子匡编《国立北京大学中国民俗学会民俗丛书》第四辑,第1页。
② 同上书,第2页。

端,曰回,曰佛而已。至于满州驻防,其礼载在会典;流寓汉民,各从乡俗,不复著其同者。①

三、"疵国之政"与"刑肃而俗敝"

"疵国之政"是儒家的俗治话语,表达了儒家关于法与俗关系的认识。所谓疵国之政,就是指某国法律虽"刑肃",其社会风化却是"俗敝"。在儒家看来,这样的国家虽有法律之治,但仍然是个病态的国家。《礼记·礼运》提到的病态之国的政治类型有幽国之政、僭君之政、僭乱之政、疵国之政,这几种政治类型虽各有不同,但它们的共同特点都是"非礼"或"俗敝"。其中"疵国"之政就是从法与礼俗的关系来讲的:"刑肃而俗敝,则法无常;法无常而礼无列,礼无列则士不事也。刑肃而俗敝,则民弗归也,是谓疵国。"②凡是法律之治,当避免人民"民免而无耻",避免国家"刑肃而俗敝",不要出现"疵国"之政。理想的政治不仅要有刑肃之治,还更需要有礼俗之治为基础,礼俗之治是学术大同之治,这才是历代儒家法治的基本要求。

近世以降,西学东渐之前,中国学术虽有派别,然皆以儒学为宗,学术、社会之价值取向,皆以儒宗为准据,各种学说不出其义理,是谓"大一统"。西学之特点在于分学析科,同一学科中各种学说、主义自由纷呈。西学东渐的一个后果就是自由、平等、阶级之学说冲击中国社会原有之政治、法律、文化秩序,是为"新文化运动"时之状况。当时的从政者更是莫衷一是,虽然当时的社会文化、经济生活、生产方式并没有发生根本性的变化,但新学术的先知者们却欲改变人们习惯已久的生活。随着新文化运动的兴起,西法东渐在当时已成大势,法随政改,政循法治,其势已不可阻挡,此中国两千年未有之巨变也。以社会为本位的俗治传统开始让位于近代以国家为本位的法治信念。在此形势下,当时许多坚持传统道法学术的学者,他们虽然并不完全排斥西方社会学术,但或多或少都有寄望于通过研

---

① （清）王树枏撰:《新疆礼俗志》,载娄子匡编《国立北京大学中国民俗学会民俗丛书》第四辑,第2页。
② 《礼记·礼运》。

究中国各地风俗以补时政的思想，此亦是民国时出现风俗研究盛行一时的原因，如民国时期学者胡朴安在其所著的《中华全国风俗志》中就提出：

> 中国本无约束也，盛为自由之说；本无阶级也，盛为平等之说；本无资本也，盛为经济支配之说；本不轻视农民也，也盛为劳工神圣之说。……此不知国情者不足以言治道也，即其号为知国情者，亦知其一不知其二。于是，甲唱一说，合于甲省之习惯，乙省之是否适宜不问也。丙唱一说，合于丙省之习惯，丁省之是否适宜不问也。推之戊巳亦然，所以不周知全国风俗，而欲为多数人民谋幸福，纵极诚心，于事无济。韫玉有见于此，而力不逮，未能周行国境，一一详考其风俗，乃退而读方志。①

在他们看来，文化失序的现象于民国时已然出现，时人所谓批评国人之如何者，正是文化失序之乱象的表现。若依照儒家的政治法律逻辑，文化失序意味着会出现《礼运》所说的疵国之政。若形成疵国之政，必然会出现春秋时礼崩乐坏的局面，整个社会也必然会出现风俗变乱，以致于世道人心无由一统。若世道人心无由一统，则会出现"民弗归也"的状况。在人心无所归依的状态下，社会就会失去自治之文化根基。加之民国时期战乱频仍，各种政法思想纷呈，城市乡间人心离散，社会正逐渐失去文化统合的基础，中国"一盘散沙"之论亦由是而起。当今之世，有"百家书院""千家祠堂""万家族谱"之倡行者（杜钢建），学界有"大陆新儒家"之风行者，又有"毛儒""马儒""原教之儒"等，终其目的，其所为者，不过是为公序良俗也；其所指者，不过是为免于"疵国"之政也。

要免于"疵国"之政，需要在国家、社会层面实现道法学术之统一，在意识形态上实现高度的价值认同，不仅在国家层面要做到"刑肃"，在社会层面也要有一定法俗之养成。法俗之养成需以理统法，以学入法，融学术于法理，融法理于社会，进而化以成俗。除此之外，作为"公序良俗"的法

---

① （民国）胡朴安编著：《中华全国风俗志·自序》，第1页。

俗是中国民间自组织能力的基础,中国古代民间社会何以能实现自治? 首先在于国家学术信仰之统一,其次在于民间教化之深入,再次在于对乡里英烈人物在物质和精神上的表彰与救济,如立庙、刻碑、树匾、抚恤、赐田、赐物,还有免税、赠予功名等,这种机制不仅可以有效地统合民间风化,维护社会的公序良俗,还能够依靠乡贤群体形成组织力量来维护道德和法律秩序。

中国古代的道法学还建立在其国族理论的基础上,这种国族理论的逻辑概念是人—族—民—国,人—族—民—国之统一是其理论追求的目标,这也是依"中国"而"合万国"之本义。中国之学术不仅是儒学,其学术统合路径是由儒学而汉学,由汉学而民学,由民学而国学。由于儒学本身具有超越宗教、民族、人种、阶级的特质,这其中的民学在"与化推移"的法俗融合过程中,自然也包含了各民族之学。

儒家的道法学还是一个普世的政治意识形态概念,中国古代法律的功能除了维护国家、社会的基本秩序,还要培养良风善俗,以此促进大同文化共同体的形成。自古中国"千里不同风,百里不同俗",民国时期胡朴安所著《中华风俗志》中详细总结了中国各地的风俗习惯,从其内容来看,民国时期中国各处古风尚存,仍然是俗性各异,有的气禀中和、性理安舒,有的机巧成俗、贱义贵财,有的士尚礼仪、民风淳厚、少狱讼,如此等等。纵观世界各国,古来各类风俗之异未有如中国之甚也。然数千年来,以中国广袤之地域,众多之种落,纷繁之风俗,因儒家思想成为王朝的政法伦理,且秉持"化成天下"之志,故其法俗犹可以一统,根本上在于学术之一统。以地域、种落、风化之异,而中华各族人卒能相维相持,其道安在? 曰:非只依国家之律法也,盖因学术之统一而已,学术之统一亦是谓文化之同一也! 故钱穆先生说凡中国之政治,即中国之学术。中国古典学术(道法学)于中国政治之贡献可谓大矣!

以法律而言,古代中国法律于风俗的意义亦远非泰西各国可比,以致于今日我中华大地上其民俗之异,又何可尽言大同哉! 故今之中国法律,其之于风俗之意义,亦本当不尽同于泰西之法,今若不研古今之方俗渊源,其全国、地方立法又何以得民法所谓之"公序良俗"? 又何以得法之常道

（常识、常理、常情）？又何以知学术于"法治中国"之重要？故欲完善今日中国之治道，犹需依中国学术之统一和文化之趋同。欲实现中国之法治，亦犹需研究中国之民性方俗。

近世以降，西法东渐，其多有合"现代性"者，亦有多不合于国人之"民性"者，是谓政府、公民、法院于适法之冲突，每有如"于欢案"之类，其于所谓"正邪""是非""良恶""公序良俗"等在观念上各执一词者常见，"道"与"理"的内涵出现多元格局，俗治、俗理发生了变化。今日中国法律深受德意志"概念法学"的影响，早已失其成文法与判例法混合适用之传统。数十年来虽有对少数民族地方"习惯法"之研究，但仍局限于某族某域。所谓"民间法"之研究，亦少有窥中国方俗之全豹，亦不得对其渊源、历史之考究，更少有对其进行中西法律义理之比较辨析，且其立场又多出于西法至上之观念，并无意于传统道法以法律之真切关怀。此诚如民国时细究全国民俗者胡朴安先生所言："不知国情者，不足以言治道。"胡先生感于当时从政者总是"主义"空转而不解国情之弊，故而"详考其风俗，乃退而读方志"，以期有补时政。

> 此不知国情者不足以言治道也，即其号为知国情者，亦知其一，不知其二。于是甲唱一说，合于甲省之习惯，乙省之是否适宜不问也；丙唱一说，合于丙省之习惯，丁省之是否适宜不问也，推之戊巳亦然。所以不周知全国风俗，而欲为多数人民谋幸福，纵极诚心，于事无济。①

民国时学者何以如此关注风俗？并为此专门成立"中国民俗学会"，编撰民俗丛书，研究地方志，进行民俗调查。原因在于中国本"千里不同风，百里不同俗"之国，其风俗虽多迥异，史上乱亡相继，由治而乱，由乱而治，然数千年来仍能依儒术之具来收拾人心，各种教法仍统一于儒家仁义之说，此乃"中国"之真义也。然近代以来，由于西法东渐，功利之说兴，儒家仁义之说衰，此类似孟子所云"杨墨之道不息，孔子之道不著，是邪说诬

---

① （民国）胡朴安编著：《中华全国风俗志·自序》，第2页。

民,充塞仁义也"。① 缘此,国家学术分裂而不能统一,又有自由、平等、阶级之说解构传统乡村、坊里社会,由此文化失序,更无以统一各族群之法俗,必终成一大问题。故民国时期,胡朴安有云:"功利之说兴,儒家仁义之说不能与之相抗,学术分裂,各执一端,于是不同风俗之国家(注:指中国)遂无统一之望矣。"②

由此可知,民国学者研究风俗之初衷,其目的在于求文化之统系,以此纾缓西法之解构中国社会,挽乡治之文化秩序也。然西法之东渐,功利之说兴,儒术之势式微,逢此乱世之际,中国之学术似更无统一之望,国家与社会治理亦难因病施药,于转型时期"从政者昧于中国情形,稗贩东西成法,强纳不适宜之中国",③认为既然学术又无统一之能力,当留意于风俗之习惯,进而为因病施药之举。

可以看出,逢此文化近世转型之际的民国,学者具有很强的"不适感"。中国自古之治道在于礼法并施、德主刑辅,终归之于法俗之治。儒家认为法律的目的不在于法治本身,而在于"公序良俗"之建设。"公序良俗"者,古今法律之所当求也,孔子坚持治国之本在于"仁",所谓"道之以政,齐之以刑,民免而无耻;道之以德,齐之以礼,有耻且格"。④ 认为惟有德礼教导,方可以做到使人"有耻且格"。反之,如果"民免而无耻",则社会将出现"刑肃而俗敝"的状况,是所谓"疵国"。

四、止于善俗:"公序良俗"的法理准据

儒家不甚关注经济,因为农耕经济本不是一种十分复杂的经济形式,也不是一种需要积极作为的经济活动,是一种流动性不强的经济生活;儒家不甚关注法律,因为儒家认为法治本不是国家治理、社会治理的目的,法治只是为社会形成善良风俗的手段之一,是为"官风""社风""民风"能够"止于至善"而服务的。

---

① 《孟子·滕文公下》。
② (民国)胡朴安编著:《中华全国风俗志·自序》,第1页。
③ 同上。
④ 《论语·为政篇》。

所谓"止于至善"的准据，根本上乃是实现儒家理想的"中和"社会，或者说是"和谐社会"。儒家为何强调"中庸"？因为儒家深知社会本是不同的利益群体构成，这就是我们今天所讲的"阶级"的本义。自古儒家面临的世界，是这样一个由不同利益群体构成的世界，在这个世界中，人的活动本身就是由不同利益驱动的，因此社会本就具有固有的极端性、偏执性，或者说这本是社会潜在的"野性"。为此，儒家之礼俗一直致力于唤醒人不同于动物的理性和自尊，节制人无边的欲俗，"敖不可长，欲不可从，志不可满，乐不可极"。① 认为人不能像动物一样随欲而行，"临财毋苟得，临难毋苟免。很（争讼），毋求胜；分，毋求多"。② 这就是为什么《礼记》是从人兽之别开始说礼的原因，③也是孟子为什么要讲"四端"的理由，是社会构建"公序良俗"的法理开端。

由人组成了社会，必然需要协调彼此，协调彼此必以构成秩序，这个秩序就是"社会理性"而不只是"个人理性"，所以要实现这个"社会理性"必然要有内在的道德和外在的法律，作为社会中的人也必然要有"德性"和"法性"，社会治理的目的就是要养成人群的"德性"和"法性"，因此儒家一直是在"德性"和"法性"两个方面做文章。在儒家看来，"德性"和"法性"的标准应遵循一种避免出现极端性的、相对主义的"中和"之性，窃以为儒家提倡的政治德性可名之曰"中道政治"，儒家提倡的法学可称之为"中庸法学"。"中道政治"在本质上是一种克服人的过度利益驱动，避免出现政治极端性的调和型政治，这种政治立足于人的内心自觉（道德），辅之外在约束（法律），一切都是极力避免社会中的人类陷入纠纷、斗争甚至战争的"互害模式"，所以儒家往往像一个成熟、善良的长者一样，不断用礼和法来"中和"人们的野性冲动，故"中和"就是"止于善"。

---

① 《礼记·曲礼上》。
② 同上。
③ 《礼记·曲礼上》云："今人而无礼，虽能言，不亦禽兽之心乎？""是故圣人作，为礼以教人，使人以有礼，知自别于禽兽。"在《礼记·曲礼上》看来，"人有礼则安，无礼则危"。人不分尊卑贫贱皆当行礼，礼关乎人不同于动物而具有的尊严和志向，"夫礼者，自卑而尊人。虽负贩者，必有尊也，而况富贵乎？富贵而好礼，则不骄不淫。贫贱而好礼，则志不慑"。

结 束 语

　　自清末学习、移植西法以来,民国时期虽然在国家层面制定西式法律,推行西式法治、宪制,但中国传统社会习俗并没有发生太大的变化,尤其是在县、乡、村,"新学""新风"的影响力是极其有限的。因此,民国时期中国的民间法俗、惯习仍处于一种传统状态,这些传统的法俗、惯习一直影响着近代中国的法治进程。要了解中国社会,很大程度上需要了解这些传统,即使是在国家法治时代,仍然是为政者推行国家政策、法律的考镜之资。这是因为中国自古以来的化俗运动并没有结束,所不同的只是在民国以前是以儒法化俗,而在民国时期则是以西法化俗。由于近代以来推行西法运动,中国社会在法观念和法意识上发生了新的变化,从儒法化俗变为以西法化俗,在中国社会中交织着三种不同的具有差异性的法律逻辑。随着近代中华法系的崩溃,三种不同的逻辑之间出现了分裂,这三种不同的逻辑至今仍然影响着中国的法治进程。

　　当今中国欲实现法治,若其有困实是法理之困。以余拙见,自近代法律变革以来,中国社会一直存在着三种涉法逻辑:一是法院之逻辑,法院之逻辑自然纯粹是法律的逻辑,这是国家制定和认可的权威逻辑;二是政府之逻辑,这是法律加政策的逻辑,在中国的许多基层地方,因法律与政策的矛盾而导致的"法律难题"在经济领域表现尤其明显;三是老百姓之逻辑,老百姓对于政策和法律的理解,对于"公正"的认识有其固有的法俗传习。三种逻辑构成了三方的博弈和冲突,法治的理想三者相互责难、批评中艰难行进:行政权力过多过大,导致因自行其是而压迫司法的现象;因为畏于法律和民意,而导致行政权力得不到有效实施的现象;由于这样一些原因,上访案件往往难以及时制止,并不能被有效疏通化解。自由主义者和笔者所谓的"凯尔森主义者"①坚持极端化的法治主义理想，而政府始终游走在法治主义和发展经济学的利益之间。法律有法律的正义观，政策有政策的正当性，由于二者"官方"的规则性矛盾，普通百姓则在传习和利益的驱动下，自得其理。因之，当出现官民纠纷时，三者各执一端，各得其理，自然各行其事，诸多法律乱象遂生。进入现代社会之后，中国一些传统的法观念、法思维作为一种俗观念、俗思维，仍在不同层面、不同程度影响着人们对现世司法的评判，尤其是一些新出现的问题，如关于孝的理解、关于同性恋问题、关于代孕问题、关于安乐死问题、关于遗体器官捐赠问题，如此等等。如果细察各种法律，应该还可以发现许多与此相关的问题，这些问题中涉及许多传统的法俗观念和思维方式。这些法观念和法思维上的冲突，不仅表现在法律逻辑上的问题，也表现在如"于欢案"等这一类案件的相关伦理问题。

　　当前对于法理学和法律史的研究之所以还有现实意义正是这一现象使然。在这样的情况下，人们往往更容易醉心于或左或右之激进主义，以取得话语的制高点。在法学领域，人们会对具有"现代"头衔的法学概念进行僵硬的理解，"制度决定论"成为理所当然的逻辑，而不考虑制度与习俗、传统逻辑、发展水平的关系，甚至对中国古代的法俗和法律也进行这样的解释，其结论往往也只是批判性的，这一现象在学术研究中值得注意。

　　三种不同的法律逻辑是从法俗意义上来讲的，是指在司法过程中，对同一案件法院、政府、民间三者之间存在不同的法理解释，司法中的冲突往往就是因为受到了这三种惯习的支配，造成了在法律和事实的对应关系上存在着不同的解释逻辑。三种逻辑的冲突实际上是法律、政策、风俗的冲突，本质上仍然是源于在遭遇西方法治主义后，中国传统天理、人情、国法、风俗合一的司法模式出现了一定程度的内在分离。这种分离仍然是近代中国学术失去一统的后果的自然延续。中华法系的重要内涵是天理、人情、国法、风俗的统一，这是中华法系不同于西方法治主义之处。中华法系浸染了中国人几千年，形成了中国人对法律习惯于采取情理主义或道德主

---

① 此系作者在国家民族事务委员会、世界民学会及中央民族大学 2012 年 5 月在北京举办的"中国民族理论重构研讨会"上的发言。

义的解释,这种情理主义具有很强的本土风俗色彩。

在这种情理主义的支配下,人们会依然认为法律的正义性只能是天理、人情、风俗的体现。在中国古代的法学语境中,"天理""人情"都寓于"俗"之中,属于"俗"的范畴,在"俗"当中包含了法律必须具有的历史继承性的形而上原理,法学中天理(道)、人情(历史)、国法(现世)的合一,本就意味着法律与道的合一、法律与历史的合一、法与俗的合一,也就是"法俗"。但在现代法治主义的语境下,西方式的法理上没有这样的理、情、法三位一体范式,退一步说,西方式的基督教法理(上帝),也不同于中国古代的自然天理(道);西方式在法律覆盖下"精于计算"的人情,也不同于中国需要"问俗"的地域化的自然历史风情。

在法律解释的意义上,现代法学对法律的解释来自法定的国家机构,在解释规范上早已经与宗教、人情这样的俗相分离,并有了一套基于近代政治历史经验总结出的,如"罪刑法定""法无规定不为罪""法不溯及既往""法律面前人人平等"这样的法律原则,因此不会造成对"理"在认识上的含混不清,不容易形成"公说公有理,婆说婆有理"司法局面,也不容易造成在司法中理俗与法治之间的冲突。但是近代以来,中华法系理、情、法的范式随着"中国法"在制度层面的崩溃而成为了"死法系"。所谓"中华法系"之死,首先是指在法理层面上原来道、理、俗、法合一的道法学内部出现了的割裂;其次是指在国家实践层面上中华法系已经不为所用,但中华法系的理、情、法这一文化解释系统在中国社会层面并没有完全消失。在学习西方法治的过程中,但我们常常会发现国人的规范性思维仍还是"中国式"的,会出现用西方式法律解释中国之理、情,或用中国之理、情解释西方式法律的情况。还会有关于"西法中用""中法西用"的研究,甚至在司法中还会出现三种法律逻辑之间相互冲突的情况,从中国历史来看,这种冲突同样需要在"与化推移"中渐次解决。

《大唐西域记·序》中有这样一句话,"圣贤以之叠轸,仁义于焉成俗",这正是对"与化推移"最好的解释。中国是一个统一的多民族、多法俗国家,古老的"与化推移"思想对于重塑中华法系,对于铸牢中华民族共同体意识,对于构建中华民族共同体学,都有着重要的政法学术意义。中国古代的"与化推移"思想，用今天的人类学理论来讲，实际上是关于"函化"的理论。近代关于法律文化冲突的理论中有"法律移植""法律传承""法律同化"这样一些概念，然中国历史多次证明，简单的"移植""继承""同化"皆非解决文化冲突之善道，只有抱定"函化"的立场，才能通古今之变，化古今之俗，如此才能"协和万邦"，此种立场当为我们研究"法俗"的意义所在。

　　法学的终极关怀是什么？与哲学的终极关怀一样，法学的终极关怀就是人类的终极关怀，本书提出了中国法学是"道法学"的概念，认为道法学就是中华法系的法理学。中国古代的道法学是建立在传统的道统论的基础上的，西汉《白虎通》《春秋繁露》是道法学理论的奠基时期，其特点是将战国时期阴阳家的理论与政法结合在一起互为解释，尽管近代这种互释受到如梁启超之类学者的批评，但从中国古代道法学的起源和内容来看，中国古代的道法学在法学理论上仍然具有人类终极关怀的意义。

　　本书提出的"道法学"是基于对原初之"道"的研究，中国人讲的原初之"道"是源于上古对天文的研究，"道"本是对上古天文规律的总结。因此"道"是由对自然客观规律的认识开始，实具有自然唯物论的基础。中国古代的道学谱系也并不止始于孔学，言道学即是孔学本就是偏颇之论，不能尽言其历史和内涵，孔学之所以有"实践理性"的特点，与孔学本是发轫于上古天道论直接相关。若论道学之源、道论之性、原道之初，至少当是始于伏羲时代具有朴素唯物论的易道。

　　人言中国古代无专门之法学，亦无专门之法理学，这恰恰是因为中国古代法学、法理学被包裹于孔学或经学之中，根本上是被包裹于道法学之中。中国古代的孔学、经学本就有道学之称，中国古代是以经学统法学，以道学统经学。无论是称孔学还是言经学，其终极概念都是"道"，故中国古代以经学为基本理论的"律学""刑名学"，其法理的根本也都是道法学。

　　中国古代文化的特点在于究天人之际，追求天人合一，与西人之法理学相比，中国古代道法学的不同之处亦在于此。如果说西方法学只是在人道上做文章，那么中国古代法学则是在天道、地道、人道这个大场域之中，去研究人类的法律生活。中国古代无"法理学"这样的概念，有的却是道法、理法这样的概念,即使是从西方翻译过来的法理学,其字面意思是"正义",这也只是在人道的语境下去讨论人类的法律生活。从这个意义上讲,中国古代的道法学在理论范式具有人类未来法学的价值。

今之所谓"法理学",是先法而后理,这至少在字面上有以法生理之嫌,不容易阐明法律生成之逻辑。依法律生成的一般性逻辑,法律本是特定文化的产物,是特定的法思想、法思维的具化,因此法律生成的逻辑就应当是由道而理、由理而法,是先道而后理、先理而后法,凡无道之法、无理之法往往是不具有权威性和遵从性的,如此方可言法系或法律文化。终观世界各大法系之生成无不如此,如此也方可言法律文化,如无基督教之《圣经》,则无西方法系之法理;无伊斯兰之《古兰经》,则无伊斯兰法系之缘由;无中国人关于天地人之常道,则无中华法系之根脉。因此,本书所言之"道法学""理法学",其关于法律生成的逻辑就是依上古之常道而生常理,依常理而生常法,"道法学""理法学"才是对中国古代法学最恰如其分的概括。

与礼法学、法理学相比,"道法学"最能够体现中国古代法学的文化属性。曾有西方人称中国是一个"装扮成国家的文明",这恰好说明中国是一个古老的道法之国,说明其王朝国家、礼乐政刑具有深厚的道法文化性格。中国的王朝国家、礼乐政刑根植于古老的道法论。历史上,作为其道法理论的天道论、阴阳论、五行论、中和论、大同论等之间都是可以相互解释的,形成了自己基于道法论的法学范式。如本书所述,中国人所言之"道"不仅历史悠久,而且代表了人类普适的欲求,无论是以俗还是以法的形式表现出来,都是具有人类文明意义的成果。中国古代之法是由道而生,其法律、国家、社会行为的正当性来自是否符合于"道"的精神。历史上所谓的"国家",在很大程度上是文化精神的产物,民主国家有民主之精神(自由、人权、平等),大一统之国有大一统之精神(儒家政治),宗教国家自有宗教之精神(基督教、伊斯兰)。法律同样在很大程度上也是精神的产物。若非如此,面对同样的"规律性",各国家、民族又何以有自己不同的国家形式和法律特质呢? 它的风格样式或是宗教的,或是世俗的;或者法典化的,或是风俗性的。一般说来,什么样的精神就会有什么样的对自然和人事的解释,这些解释构成了不同民族、不同国家的法律精神,这种法律精神往往决定了其法律的内涵和形式。因之,对整个法律史的解读必须从对原初文化的解释开始,即使是西欧中世纪出现所谓的"文化中断"现象,但是古希腊、罗马讨论和奉行"正义""理性""自然法"这些概念仍然是西欧近现代的法律创制的基本动力。

中国在世界上属于早熟的国家,中国传统法律的历史渊源十分深厚,"道"一直是中国文化和中国法律的原概念,故中国古代法学始终建立在对"道"的追求上。在中国法律史上,"道"有效地统合了天理、人情、国法,融俗与法于一体,避免了个人、社会、国家三者在价值观上的分离,因此在理论上也就不存在"三种法律逻辑"的冲突。历史上道法论一直是中国实现大一统的基本理论,中国古代历代法律也总是对原初之道不敢有须臾忘怀。总之,中国历代文化和法律皆以道为宗,努力实现道法一体、体用一贯,体现出自然与人文、精神与制度的高度统一,中国古老的"道法学"不仅是中华法律文化之源,而且是中华文化之根。

后　记

　　本书的部分内容是在过去研究的基础上修改而成，其中第九章和第十一章是与在日本攻读博士前期课程的杜珩先生共同完成。本书出版之际，我已年过半百，在这里我谨将该书献给我的妻子和母亲。

　　本书从开始写作到最终完成的数年，也是我与妻子顾雪莲教授相濡以沫的最后时光，这里我仅录当时所写的两首诗来表达我的怀恋："烛凝红蕊一生心，雨浥芳林寸草情。可归九天伴明月，燃纸焚香送卿魂。""燕子声绕青城峰，栏桥烟笼昧江虹。陌上公子空挂念，青山不语晚月中。"妻子的去世令我真正感受到另一半的重要性，懂得了什么叫缺失，以致于让我第一次感觉到人生竟也会如此举步维艰。也许好的妻子如同父母，当她在的时候人生所见皆是来处，当她走后人生仿佛竟只剩归途。短短数年间，我直面太多的永别，父亲、妻子、好友、恩师，一切都那么无奈，一切都无法弥补，正如画家陈丹青说的那样，有的只能是一句话："哥们儿！扛着，没问题的。"

　　本书写作之时，我常常想起远在家乡年近 90 岁的母亲。家母罗氏昌健生于四川乐山一个书香门第，家族中曾出过三名进士，其中亦有高中榜眼者，虽然都是一些遥远的故事，但母亲一生总是为此感到自豪。母亲少时长于重庆，民国时期其父罗氏汝成公任教于重庆大学采矿系，为中国早期不可多得的矿业人才。抗战期间应国府之邀，兴办重庆永荣铁矿厂，任厂长兼总工程师。汝成公于抗战艰危之际，在荣昌挖矿并用车马驮运至观音桥炼钢厂，再将钢铁送往大渡口兵工厂造枪炮以支持抗战。因中华人民共和国成立前夕，贵州的大学难以招到高中学生，毕业于教会学校的母亲应招转入美国人创办的贵阳医学院就读，成为中华人民共和国成立后贵州省首批支边人才。

母亲聪明、善良，是她用自己细微的日常行为，潜移默化间教会了我们要努力学习，善待弱者。母亲于学校和家庭深受民国女权思想的影响，崇尚女子自强自立之教导，无论父亲因军中调动辗转何处，她都始终工作在临床第一线。母亲生长在重庆，有重庆人平实、耿直、耐劳的性格，又有医者认真、仁爱的精神，50年代为消除苗区流行的梅毒、淋病，于贵阳、遵义、安顺各地走乡串寨，每次出诊，在村里睡板凳、桌子是常事。母亲医术高明，尤善总结，在疑难病症上有自己独特的中西医结合治疗方法，退休后20年内家中求医者不断。母亲是一名踏实、平凡而清高的传统知识分子，她用一生的辛劳和独立的品格让我相信，人生也可以在平实与坚守中很好地度过。

最后，要感谢西南民族大学社科处和哲学学院对本书出版的大力支持，尤其要感谢西南民族大学段吉福教授。本书获得了西南民族大学社科精品成果文库项目（编号：2022SCGWK01JP）、西南民族大学"双一流"建设经费（编号：2023－2025ZXXMK－G－9）资助，在此表示衷心的感谢！

图书在版编目（CIP）数据

道法学：中国古代法俗释义／杜文忠，杜珩著.
上海：上海古籍出版社，2024.12. —— ISBN 978-7
-5732-1375-4

Ⅰ.D909.22

中国国家版本馆 CIP 数据核字第 20247LY491 号

道法学：中国古代法俗释义

杜文忠　杜　珩　著

上海古籍出版社出版发行

（上海市闵行区号景路 159 弄 1－5 号 A 座 5F　邮政编码 201101）

（1）网址：www.guji.com.cn

（2）E-mail：guji1@guji.com.cn

（3）易文网网址：www.ewen.co

常熟市人民印刷有限公司印刷

开本 635×965　1/16　印张 38.25　插页 6　字数 551,000
2024 年 12 月第 1 版　2024 年 12 月第 1 次印刷
ISBN 978－7－5732－1375－4

B·1431　定价：198.00 元

如有质量问题，请与承印公司联系